연행사와 18세기
한중 문화교류

AKS 인문총서 37

연행사와 18세기
한중 문화교류

신익철 지음

한국학중앙연구원출판부

일러두기

1. 서양 선교사 이름은 중국에서 사용한 한자식 이름으로 표기하고, ( ) 안에 원어명을 밝혀주었다. 예) 비은(費隱, Xavier-Ehrenbert Fridelli)
2. 국명은 연행록 원전에 기록된 명칭으로 표기하고, ( ) 안에 현대의 국명을 함께 적었다. 예) 면전(緬甸, 미얀마)
3. 문장부호는 다음과 같이 정하여 사용하였다.
   - 책명 표시:『 』
   - 작품명, 편명, 문서명 표시:「 」
   - 그림, 시, 연행록 기사의 날짜, 웹사이트 표시:〈 〉
4. 표에서 바탕에 음영을 넣은 부분은 중요한 기사임을 표시한 것이다.
5. 인용문에서 밑줄을 그은 부분은 저자의 설명에 부합하는 내용을 표시한 것이다.

책머리에

연행록은 조선시대 사절단의 일원으로 연경(燕京, 북경)에 다녀온 사람들이 남긴 기록을 말한다. 전근대 동아시아 외교 질서인 조공 제도에 따라 조선에서는 중국에 정기적으로 사절단을 파견했으며, 이외에도 양국 간에 현안이 있을 때마다 수시로 사행이 이루어졌다. 필자가 연행록에 관심을 가지게 된 것은 이기지의 『일암연기』가 최초였는데, 그의 문집에서 「서양화기(西洋畫記)」를 우연히 접한 것이 계기가 되었다. 난생처음 서양화를 보고 느낀 감상을 진솔하게 적은 글인데, 그 내용이 무척 참신했다. 북경의 천주당 벽화를 대면하고 그 소감을 적은 것이 분명하기에 관련 기록이 남아 있는지 찾아보았다. 이기지의 연행록 유일본이 한국은행 귀중본 도서로 소장되어 있음을 알게 되어 명동에 있는 한국은행 본점에 찾아가 실물을 열람하고 전 책을 복사해 왔다. 그 뒤 이 책을 찬찬히 읽어가면서 한동안 그 재미에 푹 빠져 지냈던 기억이 아직도 생생하다. 이기지의 천주당 방문 체험과 예수회 신부와의 대화 내용 등이 무척 흥미로웠기에, 이를 중심으로 『일암연기』의 가치를 학계에 소개하였다. 이 논문이 2005년에 발표되었으니, 연행록과 인연을 맺은 지도 어느덧 20년 가까운 세월인 셈이다.

이후로 연행록에 대한 관심을 꾸준히 이어 나가면서 두어 가지 성과를 맺게 되었다. 주지하듯 조선 후기 실학사상의 형성에는 연행을 통한 서학(西學)의 수용이 커다란 계기로 작용하였다. 북경의 천주당은 조선 문인이 서양 문물과 사상을 직접 체험할 수 있는 유일한 장소였기에, 연행록에서 천주당 방문 기록을 모두 추려내어 정리하는 작업에 착수하였다. 북경에 최초의 천주당인 남당이 건립된 해가 1605년이기에, 17세기 이후의 연행록을 대상으로 천주당 방문 기사가 있는지 살펴보았다. 연행사가 북경에 머물던 시기의 기록을 빠짐없이 읽어나가면서 관련 기사를 뽑아내 번역하였다. 이 작업의 결과물이 『연행사와 북경 천주당』(2013)이다. 내심 상당히 많은 기사를 찾을 수 있으리라 기대했지만 『일암연기』처럼 풍부한 서학 접촉 사례는 발견되지 않았다. 그래도 36종의 연행록에서 관련 기사를 추출해 정리하면서 조선 문인이 북경 천주당에서 서학과 접촉한 양상을 통시적으로 살펴볼 수 있었다.

연행록에는 천주당 외에도 다양한 분야에 걸쳐 방대한 정보가 내장되어 있다. 중국에 다녀온 사신이나 그 수행원이 남긴 기행문인 연행록에는 한중 간의 문화교류와 관련해 여러 가지 의미 있는 기록들이 적잖이 담겨 있다. 수많은 연행록에 이런저런 정보가 산재해 있음을 확인한 터라 관심 있는 기사를 찾아내어 정리하는 자료집 편찬을 이어 가고 싶었다. 이에 뜻을 같이하는 연구자와 함께 18세기 연행록 중에서 서적·서화 교류와 관련된 기사를 찾아내어 번역한 책 또한 편찬하게 되었다. 『18세기 연행록 기사 집성-서적·서화편』(2014)이 그것이다. '서적·서화편'이라는 부제를 단 것은 이후로도 다른 주제의 기사를 집성하겠다는 의도였지만, 사정상 후속 작업을 이어 나가지 못한 것이 아쉽다. 대신 처음 흥미롭게 읽었던 『일암연기』를 동학들과 함께 완역하여 출간하였다.

이런저런 연행록 자료를 접하면서 관련 논문을 여러 편 발표하게 되었는데, 논문을 준비하며 흥미롭게 본 자료는 대부분 18세기의 연행록이었다. 이른바 3대 연행록이라 일컬어지는 김창업의 『연행일기』, 홍대용의 『연기』, 박지원의 『열하일기』가 모두 18세기 연행의 산물이거니와, 『일암연기』 또한 1720년의 연행 체험에서 나온 것이다. 기실 18세기는 한중 양국 모두 국운이 융성한 시기였다. 강희제·옹정제·건륭제로 이어지는 18세기 청나라는 현 중국의 영토보다도 넓은 영토를 개척하며 최고의 번영을 구가하였다. 숙종에서 영조·정조로 이어지는 이 시기는 조선의 르네상스로 불리는 문화적 부흥기이기도 했다. 이러한 시대적 분위기 속에서 양국 간의 문화교류가 활발하고 다채롭게 전개된 것이다. 이에 그동안의 논문을 발전시켜 18세기 연행록에 보이는 한중 문화교류의 다양한 측면을 소개하는 책을 저술하기로 마음먹게 되었다.

이제 독자의 이해를 돕기 위해 전체 5장으로 이루어진 이 책의 구성을 간략히 소개하고자 한다. 1장에서는 조선시대 사행의 성격을 개략적으로 소개하고, 18세기 연행이 지닌 의미와 이 시기 연행록의 특징적인 면모를 살펴보았다. 2장에서는 사행단을 대표하는 삼사와 이들을 수행한 자제군관의 중국 문인 교유와 북경 천주당 방문 양상에 대해 다루었다. 중국 문인과의 교유는 북경과 무령현·풍윤현 등 지역별로 나누어 살펴보았다. 김창업, 이기지와 홍대용을 비롯해 박지원, 박제가, 유득공 등 연암 그룹의 사례를 통해 중국 문인과의 교류가 이어지는 구체적인 모습을 소개하고자 하였다. 북경 천주당 방문을 통해 서학을 접하면서 조선 문인의 세계 인식이 확장되는 면모에 대해서는 절을 달리해 기술하였다.

3장에서는 역관, 의원, 마두 등 중하층 인물들의 중국 체험과 문화교류에 대해 다루었다. 연행의 실상에 심층적으로 접근하기 위해서는 중하층 신분의 연행 체험 또한 살펴볼 필요가 있는데, 연행록에 간간이 보이는 기록을 중심으로 특징적인 면모 몇 가지를 소개했다. 역관을 통한 중국 서적의 수입이나 중국 창기와의 접촉 사례, 연행 중 의원의 활동 양상이나 어의 이시필이 지은 『소문사설』의 의의를 살펴보았다. 아울러 연행에 참여한 마두의 역할과 연행사와 밀접하게 접촉한 중국 통관과 갑군의 몇몇 사례도 소개하였다. 이들이 연행사의 중국 체험에 있어 숨은 조력자임을 조명하고자 하였다.

 4장에서는 한양에서 북경, 때로는 열하까지 왕래하는 연행 노정에서 접한 각종 문물·고적 체험이나 문화교류의 양상을 다루었다. 연행사의 중국 문물·고적 체험을 책문, 동팔참, 심양, 요동벌, 산해관, 계주, 북경, 열하 등 8개 지역에 주목해 그 특징적인 면모를 살펴보았다. 연행사가 중국에서 접한 각종 연희나 음식에 관한 기록에도 주목해서 한중 문화교류의 다채로운 모습을 소개해 보려고 했다. 아울러 연행사가 지니고 간 한지와 부채, 청심환 등이 중국 유람의 인정 물품으로 사용되는 실례를 보여주어, 다양한 문화교류의 이면 또한 엿보고자 했다. 마지막 5장에서는 지금까지의 논의를 요약해 제시하고, 한중 문화교류에서 18세기 연행이 지니는 의미를 서술하였다. 그리고 부록에서는 18세기 주요 연행록을 대상으로 교유 기사를 표로 정리해 이 시기 한중 문인 간의 교유 양상을 한눈에 파악하는 데 도움을 주고자 했다.

 이 책의 저술 취지는 18세기 연행에서 이루어진 한중 문화교류의 실상을 여러 측면에서 다양하게 살펴보자는 것이었다. 대다수의 연행록은 기록 주체인 삼사와 수행원의 시각에서 기술된 것이기에 연행에 참여한 중하층 인물에 대한 기록은 매우 드물 수밖에 없다. 연행의 실상을 보다 깊이 있게 들여다보고자 역관, 의원, 마두 등 중하층 인물들의 중국 체험과 문화교류에 대해서도 소개하고자 노력하였다. 이와 함께 연행 노정에서의 문물·고적 체험과 중국의 각종 연희나 음식 체험, 중국인에게 건네주는 각종 인정 물품에 대해서도 살펴보고자 하였다. 연행록이 지닌 기행문학의 성격에 유념하면서 인문지리학적 관점에서 접근해 보고자 한 것이다. 모쪼록 미래의 한중 관계에 도움이 될 만한 실마리 하나라도 찾을 수 있기를 바란다.

 방대한 연행록에서 관련 기사를 찾는 일은 한국고전번역원의 〈한국고전종합DB〉에서 많은 도움을 받았다. 여기에서 제공하는 연행록 국역본도 상당수 있는데, 이 책에서 인용한 번역문은 대부분 필자 나름대로 가다듬은 것임을 밝혀둔다. 한국학중앙연구원 출판부의 조언과 수고에 힘입어 원고를 한결 매끄럽게 가다듬을 수 있었다. 이 자리를 빌려 감사드린다.

2023년 12월
청계산 자락 연구실에서
신 익 철

차례

책머리에 • 5

1장 조선시대 중국 사행의 성격과 18세기 연행록 개관

1. 중국 사행의 성격과 연행록의 가치 • 15
2. 18세기 연행록 개관 • 20

2장 삼사와 자제군관의 문예교류와 천주당 방문

1. 중국 문인과의 교유 양상 • 37
    1) 무령현과 풍윤현에서의 중국 문인 교유 • 42
    2) 북경에서의 중국 문인 교유 • 63
2. 북경 천주당 방문과 세계 인식의 확장 • 132
    1) 18세기 연행사의 천주당 방문 양상 • 135
    2) 천주상과 서양화 관람 • 140
    3) 서학서와 각종 서양 문물 접촉 • 155

3장 역관·의원·마두 등의 활동과 중국 체험

1. 역관의 중국 체험과 문화교류 • 185
    1) 중국 서적 수입을 통한 지식의 전파 • 188
    2) 홍순언 이야기의 유행과 중국 창기 • 204
2. 의원의 활동과 중국 문물 접촉 • 225
    1) 의원의 활동 양상 • 225
    2) 어의 이시필의 연행 체험과 『소문사설』 • 229
3. 한중 문화교류의 숨은 조력자, 마두·통관·갑군 • 242
    1) 마두의 역할과 활동 양상 • 242
    2) 통관과 갑군의 역할과 활동 양상 • 255

4장 연행 여정에서 문물·고적 체험과 문화교류

1. 연행 노정에서 문물·고적 체험 • 281
   1) 책문: 책문후시와 봉황산 유람 • 283
   2) 동팔참: 고토 의식과 천산 유람 • 292
   3) 심양: 심양관과 병자호란의 기억 • 303
   4) 요동벌: 명청교체기 전란의 기억과 의무려산 유람 • 310
   5) 산해관: 산해관성과 강녀묘·각산·징해루 유람 • 327
   6) 계주: 독락사와 반산 유람 • 337
   7) 북경: 자금성·상방·백운관·태학·유리창 등 관광 • 345
   8) 열하: 피서산장과 외국 사신과의 교류 • 372
2. 중국 연희·음식 체험과 문화교류 • 380
3. 연행의 인정 물품을 통해 본 문화교류의 풍경 • 398

5장 한중 문화교류에서 18세기 연행의 의의

1. 연행의 전통과 18세기 한중 문화교류 양상 • 411
2. 18세기 연행의 의의 • 422

부록 _ 18세기 주요 연행록의 중국 문인 교유 일람표 • 427
참고문헌 • 467
찾아보기 • 479

그림 목록

1 조선 후기 연행 노정의 주요 장소
2 양금, 〈한국민족문화대백과〉
3 육비, 〈고사관폭도〉
4 엄성이 그린 홍대용 초상
5 손유의가 보낸 편지의 첫 면
6 북경 남당 정문의 현재 모습
7 낭세녕이 그린 건륭제 초상
8 〈곤여만국전도〉
9 〈황여전람도〉 조선·만주 부분
10 『사고전서』에 수록된 『직방외기』 첫 면
11 이마두의 묘
12 『고금도서집성』「방여휘편·산천전」
13 연행 노정의 주요 유람 장소
14 봉황산성 터에서 바라본 봉황산의 모습
15 최근에 복원된 청석령 관제묘의 소상
16 연행로에 위치한 중국 명산
17 천산의 가을 풍경
18 『경진년 연행도첩』(1761) 중 〈산해관도(외)〉
19 조대수·조대락 패루
20 의무려산 전경
21 통관문첩
22 산해관 각산장성
23 『반산지』에 수록된 〈소림사도〉
24 태학 석고
25 〈만국진공도〉

표 목록

1 18세기 연행록 목록
2 무령현 서진사가 방문 기사
3 풍윤현 곡응태가 방문 기사
4 김창업 『연행일기』의 중국 문인 교유 기사
5 이기지 『일암연기』의 중국 문인 교유 기사
6 홍대용과 엄성·육비·반정균의 교유
7 박지원이 심양에서 교유한 인물
8 박지원이 열하에서 교유한 인물
9 박지원이 북경 유리창에서 교유한 인물
10 18세기 연행록 소재 천주당 관련 기사

1장
조선시대 중국 사행의 성격과
18세기 연행록 개관

1. 중국 사행의 성격과 연행록의 가치

연행록(燕行錄)은 조선의 외교 사절이 한양에서 북경까지 이르는 여정에서 보고 들은 내용과 북경에서 경험한 다양한 문물과 제도, 교유 관계 등을 기록한 서적이나 문서를 말한다. 전근대 동아시아 외교 관계는 중국을 중심으로 한 조공(朝貢) 체제를 근간으로 전개되었다. 조공이란 전근대 동아시아에서 주변국이 중국에게, 또는 주변국들 간에 외교를 위해 사신을 파견하며 예물을 바친 행위를 말한다. 조선을 비롯하여 몽골, 안남(安南, 베트남), 유구(琉球, 오키나와) 등은 조공 질서에 따라 정기적으로 북경에 사신을 파견하였다. 이 중 조선은 다른 나라에 비해 중국과 밀접한 관계를 유지하며 선진 문물의 수용에 적극적이었기에 외교 사절의 파견이 특히 빈번하였다.

조선은 일본으로도 외교 사신을 파견하였으며, 이를 통신사(通信使)라고 불렀다. 통신사란 명칭은 중국과 달리 대등한 국가 간에 신의(信義)를 통(通)하는 사절이라는 의미를 지닌다. 조선의 외교 관계는 중국을 중심으로 이루어졌기 때문에 조선의 사신은 대부분 중국 쪽으로 파견되었다.[1] 조선 전기에는 매년 새해가 되면 명나라로 사신을 보냈으며, 중국 황제와 황태자의 생일을 축하하는 의미에서 정기적으로 사신을 파견하기도 하였다. 매년 동지를 전후하여 파견되는 동지사(冬至使)도 있었다. 조선 후기에 청나라가 건국된 이후로 차츰 정기적인 사신은 동지사 하나로 통합되었다. 이 밖에 중대 사안이 발생하였을 때에는 예정에 없던 사신이 파견

---

[1] 조선시대에 중국에 외교 사절을 파견한 횟수가 1,000차례가 넘는 것으로 추산되는 데 비해, 일본에 통신사를 파견한 것은 20차례에 불과하다.

되었다. 조선 국왕의 왕위 계승을 인정받기 위해 파견되는 승습사(承襲使), 국왕의 죽음을 알리는 고부사(告訃使), 외교적으로 청하거나 알려야 할 사안이 있을 때 보내는 주청사(奏請使), 양국 간에 중요한 오해가 발생하였을 때 이를 해명하고 정정하기 위한 변무사(辨誣使), 중국 황실에 경사가 있을 때 이를 축하하기 위한 진하사(進賀使), 중국에 국상이 있을 때 조의를 표하기 위한 진향사(進香使), 중국 측에서 조선에 은혜를 베풀었을 때 이에 답례하기 위한 사은사(謝恩使), 중국 황제나 황후의 생일을 축하하기 위해 보낸 성절사(聖節使), 중국에 공문을 전달하거나 달력을 운반해 오기 위하여 파견하였던 재자사(齎咨使) 등 필요에 따라 그때그때 사행의 목적을 달리하는 사신단이 파견되기도 하였다.[2]

고려 말에서 조선 전기까지는 특별히 중국 사행 기록을 가리키는 명칭으로 '관광(觀光)', '조천(朝天)' 등의 단어가 사용되었다. '관광록(觀光錄)', '관광집(觀光集)', '조천록(朝天錄)' 등의 용례가 보인다. 관광이라는 단어가 오늘날에는 자신이 사는 곳을 벗어나 다른 지역 또는 다른 나라의 경치나 문화유산, 풍속 등을 구경하는 것을 두루 가리키지만, 이와 달리 고려 말 조선 초에는 주로 사신의 자격으로 중국의 문물을 경험하고 오는 것으로 사용되었다.[3] 조선 초부터 이 시기까지 이루어진 사행 기록 가운데 상당

---

2 만주족의 후금(後金)이 청(淸)이라는 국호를 사용한 1636년부터 마지막 연행사가 파견된 것으로 알려진 1894년까지 250여 년 동안 청국에 연행사가 파견된 횟수는 700여 차례인 것으로 알려져 있다. 이로 미루어보면 매해 대략 세 차례 연행사가 파견되었던 것으로 추산된다. 1894년이 마지막 연행이라는 것은 임준철의 「對淸使行의 종결과 마지막 연행록」, 『민족문화연구』 49(2008) 참고.

3 관광이라는 단어는 『역경(易經)』의 구절에서 유래되었다. 『역경』의 「관괘(觀卦)」에 "나라의 빛나는 모습을 보게 될 것이니, 왕의 빈객이 되기에 이로운 상황이다. (觀國之光, 利用賓于王.)"라고 하였다. 어떤 나라 왕을 보좌하는 빈객으로서 다른 나라에 사절 자격으로 파견되어 그 나라의 빛나는 문화를 경험하고 올 것이라는 점괘이다. 관광은 '빛나는 것을 보다', '훌륭한 문화를 보다'라는 뜻이다.

수는 조천록이라는 제목으로 되어 있다. 조천록은 천자의 나라를 조회하러 다녀와서 쓴 기록이라는 뜻이다. 청 왕조가 중국을 본격적으로 지배하기 시작하는 17세기 중반에 이르기까지 조선은 명나라에 대하여 자발적인 사대의 관계를 확고하게 유지하였다. 관광록이나 조천록은 조선과 명의 그러한 외교 관계의 성격을 대변하는 사행 기록의 명칭이었다.

병자호란(1636) 이후 한국과 중국의 외교 관계는 '조선-명'에서 '조선-청'의 관계로 대체된다. 조선은 한족(漢族)이 세운 명나라에 대하여 자발적으로 존중의 마음을 표하였다. 그러나 만주족이 세운 청나라는 무력을 통해 조선에게 복종을 강제하였다. 이같이 한중 외교 관계의 성격이 변화하면서 사행 기록의 명칭도 바뀌게 된다. 중국에 다녀온 사신의 사행 기록 명칭으로 '조천록'을 쓰는 경우가 없어지고, 대신 '연행록'이 널리 사용되었다. 조선은 청 왕조에 대해서도 불가피하게 사대(事大)의 외교를 해야 했으나, 조선 사람들은 청 왕조의 근간을 이루는 만주족을 오랑캐라고 생각하였기에 청나라를 중국의 정통 왕조로 간주하려 하지 않았다. 정통 왕조라 여겼던 명나라를 방문한 것이 아니기 때문에 조선 사람들은 더 이상 '조천'이라는 명칭을 쓰지 않고, 이제 단순히 북경을 방문하였다는 뜻의 '연행'이라는 명칭을 널리 사용했다. 연경은 북경의 옛 이름으로, '연(燕)'이 춘추전국시대 연나라의 수도였기 때문에 붙여진 명칭이다. 청나라를 방문하고 남긴 기록에는 대개 '연행일기(燕行日記)', '연행기(燕行記)', '연행가(燕行歌)' 등의 이름이 붙여졌으며, 현재 이들을 포괄하는 명칭으로 '연행록'이 널리 쓰인다.[4]

---

[4] 경우에 따라서는 '함인(含忍)'[(만주족 오랑캐가 중원을 지배하는 현실을) 참고 견딘다], '상봉(桑蓬)'(남아가 원대한 뜻을 지니고 큰일을 행한다), '초자(椒蔗)'(맵고도 달다는 의미로 동고동락함을 비유), '음빙(飮氷)'(사행의 어려움을 얼음물을 마신다는 뜻에 견준 표현) 등 사행에 참여하는 자신의 심정을 암시하는 말을 연행록의 제목으로 삼기도 하였다.

19세기 말 조선의 외교 관계가 일본과 서구 열강까지 아우르며 다각화되면서 1894년을 마지막으로 연행 사절의 파견이 중단된다. 이해에 갑오경장이 일어나 청나라와의 종속적인 관계가 청산됨에 따라 유구한 연행의 전통도 막을 내리게 된 것이다. 500여 년에 달하는 연행의 역사[5]에서 그 체험을 기록한 연행록은 500여 종이 넘는 방대한 기록이 현전한다. 조선의 한양에서 북경까지 거의 동일한 여정에 대한 기록의 집적인 연행록은 세계적으로도 그 유례를 찾기 힘든 기록 유산으로 주목받고 있다.

연행의 체험을 기록한 연행록은 1931년 「조선사대기행목록(朝鮮事大紀行目錄)」(『靑丘學叢』 6호)에서 53종의 목록이 소개된 이래, 각 대학의 연구소를 중심으로 여러 차례 정리되었으며, 현재까지도 새로운 연행록이 발굴 소개되고 있다. 연행록 자료를 최초로 집성한 것은 1960년 성균관대학교 대동문화연구원에서 펴낸 『연행록선집』(전 2책)으로 30종의 주요 연행록을 영인 출간한 것이다. 그 뒤 임기중이 더욱 광범위하게 연행록을 수집하여 정리하였다. 임기중 편 『연행록 전집』(전 100책, 2001), 임기중·부마진 편 『연행록전집-일본소장편』(전 3책, 2001)이 대표적인 성과이다. 임기중은 2008년에 『연행록속집』(50책)을 추가로 간행하여 더욱 많은 자료를 제공하였다. 대동문화연구원은 『연행록선집』에 실리지 않은 주요 작품들을 모아 『연행록선집 보유』(전 3책, 2008)를 간행하였으며, 이는 중국 푸단대학에서 『한국한문연행문헌선편(韓國漢文燕行文獻選編)』(전 30책, 2011)으로 재간행되었다. 한편 푸단대학은 베트남에 현전하는 연행록을 수집하여 『월남한문연행문헌집성(越南漢文燕行文獻集成)』(전 25책, 2010)을 간행하기도 하였다. 지금까지 수집된 500여 종에 달하는 연행록을 수록한 『연행록총간

---

5   현전하는 최초의 연행록은 1389년 권근(權近)의 『봉사록(奉使錄)』이며, 1894년 작자 미상의 『연행록』이 마지막 작품으로 알려져 있다.

증보판(燕行錄叢刊增補版)』은 현재 인터넷상(KRpia.co.kr)에서 볼 수 있다.

연행록은 근대 이전 문물과 사상의 국제적 교류 현장을 상세하게 반영하고 있기에, 이를 통해 당시의 국내외 정치·경제·사회 현실에 구현된 제반 문화 현상과 사상의 동향을 생생하게 확인할 수 있다. 아울러 조선을 벗어나 세계와 조우하던 조선 지식인의 의식과 사상이 심도 있게 담겨 있어 문학 외에도 외교사, 문화사, 사상사 등 다방면에 걸쳐서 중요한 학술적 가치를 지닌다.

아울러 중국 자료에서 접하지 못하는 주요 사료를 연행록에서 발견할 수 있기에 국내외를 막론하고 명청(明淸)시대 연구자를 중심으로 연행록에 주목해 왔다. 중국 학계에서도 연행록 자료를 출간하고 연행학(燕行學)이라는 용어가 등장할 정도로 연행록 연구가 활발하게 이루어지고 있다. 이처럼 연행록에 대해 역사학·국문학·중문학·미술사·복식사·과학사 등 다양한 분야에서 연구가 이루어져 왔으며, 그 자료적 가치에 한국 외에 중국과 일본 학계에서도 함께 주목하며 활발하게 연구를 진행하고 있다.

최근에 중국의 일부 연구자는 자민족중심주의 입장에서 새로운 중화주의의 이념을 내세우며 연행록 자료에 접근하는 경향을 드러내고 있다. 이러한 신중화주의의에 맞서 연행록 자료의 생산 주체인 우리의 입장에서 연구를 선도해 나갈 필요가 있다. 이러한 연구는 향후 이성적 대화에 기초한 동아시아 삼국의 우호와 연대에도 이바지할 바가 적지 않으리라 생각된다.

2. 18세기 연행록 개관

    연행을 통한 한중 간의 교류는 조선 후기, 그중에서도 18세기에 매우 활발하게 이루어졌다. 주지하다시피 명나라는 해금 정책을 고수하며 폐쇄적인 무역 정책을 취했으며 외국과의 교류에 소극적이었다. 이를 반영하듯 조선 전기의 대명 사행 기록에서는 문화교류의 실례를 찾아보기가 힘든 편이다. 명나라의 이러한 폐쇄적인 대외 관계에 균열을 일으키며 새로운 국제 질서의 등장을 예고한 것이 임진왜란이라고 할 수 있다. 임진왜란은 대항해시대 서세동점(西勢東漸)의 세계사적 조류를 반영하여 동아시아의 기존 질서를 뿌리째 뒤흔든 전란이었다. 임진왜란의 영향으로 중국은 명에서 청으로 왕조가 교체되었으며, 이는 한중 관계에 지대한 영향을 끼쳤다. 1636년 병자호란에 이어 1644년 청나라가 북경을 함락한 이후 조선과 청국의 외교 관계는 매우 경직되었으며, 사신 왕래도 전에 비해 위축되었다. 이는 효종 연간 북벌책(北伐策) 같은 대청 강경론이 지배적인 조류를 형성한 조선의 현실과 명나라 부흥 운동과 삼번(三藩)의 난 등으로 청국 또한 조선을 견제하고 있었던 시대 상황에 따른 것이다.

    이처럼 경직된 양국 관계는 18세기에 들어서면서 점차 해소되었다. 청나라는 1673~1681년에 일어난 삼번의 난을 진압하고, 1689년에 러시아 제국과 네르친스크조약을 맺음으로써 중국 전역에 대한 지배권을 확고히 하였다. 자국 내의 각종 반란을 진압하고 정치적 안정을 찾은 청나라는 만주족의 황실을 중심으로 광활한 영토를 통치하는 다민족 국가를 표방하며 제국으로 발돋움하게 된다. 강희제는 조선에 과도한 요구를 하는 것이 한족과 소수민족의 반청 감정을 자극할 수 있다고 보고, 청 제국의 질서에 조선이 순응하도록 조공물을 경감하고 여러 포상을 내리며 무역 기

회를 확대하였다.[6]

이를 잘 보여주는 실례가 1712년에 파견된 사은겸동지사(謝恩兼冬至使)가 강희제로부터 방대한 서책을 하사받은 일이다. 이해에 청나라는 백두산에 정계비를 세워 경계를 확정하고, 예단을 줄여서 방물로 대신하도록 허가하며, 금을 진공하던 제도를 혁파하고 표피를 감하며, 변경 백성이 국경을 넘은 자를 사의(查議, 죄과를 조사하여 논의함)하는 것을 면제하고는 이네 건에 대하여 사은하도록 하였다. 이에 조선 조정에서는 정사 김창집(金昌集), 부사 윤지인(尹趾仁), 서장관 노세하(盧世夏)를 사은겸동지사로 파견하였다. 강희제는 우리 사은사 일행에게 각별한 관심을 표하며, 사신이 출발할 즈음 『연감유함(淵鑑類函)』・『전당시(全唐詩)』・『패문운부(佩文韻府)』・『고문연감(古文淵鑑)』 등 370권에 달하는 방대한 서책을 하사한다.[7] 강희제가 자신의 명으로 편찬된 이들 방대한 유서를 조선에 전해준 것은 중국을 문화적으로 통치하고 있음을 과시하는 동시에, 조선과 우호적인 관계를 수립하고자 하는 의도에서 나온 행위로 보인다.

이러한 유화적인 태도에 발맞추어 조선 역시 효종 대의 북벌책에서 벗어나 청나라와 새로운 관계 수립에 나서면서 조선과 청은 이전의 경직된 외교 관계에서 벗어나 활발히 교류하게 된다. 강희제(1662~1722)・옹정제(1722~1735)・건륭제(1735~1795)로 이어지는 18세기 청나라는 최고의 번영을 구가하였고, 숙종에서 영조・정조로 이어지는 같은 시기 조선은 문화적 전성기를 이루었다. 이후 19세기에는 청과 조선의 국력이 쇠퇴하고 서구 열강의 침탈이 본격적으로 진행되면서 한중 간의 문화교류 또한 활력을 상실하며 위축된다. 따라서 조선시대 전 시기를 놓고 볼 때 한국과 중국

---

6   오드 아르네 베스타 저, 옥창준 역, 『제국과 의로운 민족』, 너머북스, 2022, 83~85쪽.
7   김창업, 『연행일기』 〈1713년 2월 6일〉.

의 문화교류는 18세기에 가장 활발하게 이루어졌음을 알 수 있다.

18세기 양국 간의 활발한 교류는 사행 기록인 연행록에도 그대로 반영되어, 가장 뛰어난 작품으로 인정받는 연행록이 모두 이 시기에 산출되었다. 이른바 4대 연행록으로 꼽히는 김창업(金昌業)의 『연행일기(燕行日記)』(한글본『연행일기』, 1712), 이기지(李器之)의 『일암연기(一庵燕記)』(1720), 홍대용(洪大容)의 『연기(燕記)』(한글본『을병연행록』, 1765), 박지원(朴趾源)의 『열하일기(熱河日記)』(1780)가 모두 이 시기에 저술된 것이다. 이는 18세기 조선과 청국 간의 활발한 문화교류를 반영한 것으로 결코 우연으로 볼 수 없는 현상이다. 현전하는 500여 종을 헤아리는 연행록 중에서 18세기의 연행록은 117종으로 추산되며 그 목록은 〈표 1〉과 같다.

현재까지 확인된 18세기 연행록을 보면 저자는 89인이고, 종수는 117종에 달한다. 1701년 맹만택의 『한한당연행록』부터 1798년 서유문의 『무오연행록』과 『무오연록』에 이르기까지 거의 매해 연행록이 산출된 것이다. 그런데 그 저작 시기를 살펴보면 18세기 전반에 비해 후반에 더 많은 연행록이 산출되었음을 알 수 있다. 이는 18세기 후반으로 갈수록 연행의 체험을 기록하려는 의식이 강화되었음을 말해주며, 이러한 의식은 글쓰기 방식에도 영향을 미쳐 다양한 체재의 연행록이 출현하게 된다.

예컨대 1765년에 연행한 홍대용은 한문본 『연기』와 한글본 『을병연행록』을 남겼다. 사대부 문인을 대상으로 한 한문본 『연기』는 주제별 기사체로 중국 인사와의 만남과 학술·문예 등에 대한 토론 등을 담고 있다. 『연기』의 기사 제목을 일별해 보면 「오팽문답(吳彭問答)」·「장주문답(蔣周問答)」·「유포문답(劉鮑問答)」·「양혼(兩渾)」·「왕거인(王擧人)」·「사하곽생(沙河郭生)」·「십삼산(十三山)」·「장석존(張石存)」·「갈관인(葛官人)」·「금포유생(琴鋪劉生)」·「납조교(拉助敎)」·「등문헌(鄧汶軒)」·「손용주(孫蓉洲)」·「무령현(撫寧縣)」·「가지현(賈知縣)」·「송가성(宋家城)」·「손진사(孫進士)」·「주학구(周學究)」·

표1 | 18세기 연행록 목록

사행 시기	저자	연행록	번역자
1701년	孟萬澤(1660~1710)	『閒閒堂燕行錄』	
1704년	李頤命(1658~1722)	『燕行雜識』/『燕行詩』	
1708년	金始煥(1661~1739)	『燕行日錄』	
1711년	金昌業(1658~1721)	『燕行塤篪錄』	
1711년	閔鎭遠(1664~1736)	『燕行日記』	
1711년	趙榮福(1672~1728)	『燕行錄』	
1712년	金昌業(1658~1721)	『燕行日記』(한문본·한글본)	한국고전번역원
1712년	洪致中(1667~1732)	『燕行錄』	
1712년	崔德中(?~?)	『燕行錄』	
1712년	金昌集(1648~1722)	『燕行塤篪錄』	
1713년	趙泰采(1660~1722)	『癸巳燕行錄』	
1713년	韓祉(1675~?)	『兩世燕行錄』	
1714년	李澤(1651~1719)	『兩世疏草』	
1719년	趙榮福(1672~1728)	『燕行日錄』	경기도박물관
1720년	李宜顯(1669~1745)	『庚子燕行雜識』/『庚子燕行詩』	한국고전번역원
1720년	李頤命(1658~1722)	『燕行雜識』	
1720년	李器之(1690~1722)	『一菴燕記』/『燕行詩』	조융희, 신익철, 부유섭
1720년	周命新(?~?)	『熱河行』	
1721년	李正臣(1660~1727)	『燕行錄』	
1721년	俞拓基(1691~1767)	『燕行錄』	
1721년	李健命(1663~1722)	『寒圃齋使行日記』	
1723년	黃晸(1689~1752)	『癸卯燕行錄』	
1723년	李宜萬(1650~1738)	『農隱入瀋記』	
1724년	權以鎭(1668~1734)	『癸巳燕行日記』	
1724년	金尙奎(1682~1736)	『啓下』	
1725년	金興慶(1677~1750)	『燕行詩贈季君』	
1725년	趙文命(1680~1732)	『燕行錄』/『燕行日記』	
1727년	姜浩溥(1690~1788)	『桑蓬錄』(한문본·한글본)	

사행 시기	저자	연행록	번역자
1727년	李時恒(1672~1736)	『燕行見聞錄』	
1728년	沈鋕(1685~1753)	『燕行錄』	
1729년	金舜協(1693~1732)	『燕行日錄』/『燕行錄』	최강현
1729년	趙錫命(1674~1753)	『墨沼燕行詩』	
1730년	南泰良(1695~1752)	『燕行雜稿』	
1731년	趙尙絅(1681~1746)	『燕槎錄』	
1731년	趙文命(1680~1732)	『燕行錄』	
1732년	李宜顯(1669~1745)	『壬子燕行雜識』/『壬子燕行詩』	한국고전번역원
1732년	韓德厚(1680~?)	『燕行日錄』/『承旨公燕行日錄』	
1732년	趙最壽(1670~1739)	『壬子燕行日記』	
1734년	黃梓(1689~1756)	『甲寅燕行錄』/『甲寅燕行別錄』	한국고전번역원
1735년	李德壽(1673~1744)	『燕行錄』	
1735년	任珽(1694~1750)	『燕行錄』	
1737년	李喆輔(1691~1775)	『燕槎錄』/『丁巳燕行日記』	
1738년	金相國(?~?)	『燕行贐行帖』	
1740년	洪昌漢(1698~?)	『燕行日記』	
1743년	趙顯命(1690~1752)	『燕行錄』	
1745년	趙觀彬(1691~1757)	『燕行詩』	
1746년	尹汲(1697~1770)	『燕行日記』	
1747년	洪景海(?~?)	『隨槎日錄』	
1747년	李喆輔(1691~1775)	『丁卯燕行詩』	
1749년	兪彦述(1703~1773)	『燕京雜識』	
1750년	黃梓(1689~1756)	『庚午燕行錄』	한국고전번역원
1752년	南泰齊(1699~1776)	『椒蔗錄』	
1754년	兪拓基(1691~1767)	『瀋行錄』	
1755년	鄭光忠(?~?)	『燕行日錄』	
1755년	李基敬(1713~1787)	『飮氷行程曆』	이영춘 외
1755년	黃景源(1709~1787)	『燕行詩』	
1760년	미상	『庚辰燕行錄』	
1760년	李義鳳(1733~1801)	『北轅錄』/『셔원녹』	한국고전번역원

사행 시기	저자	연행록	번역자
1763년	李憲黙(1714~1788)	『燕行日錄』	
1764년	金種正(1722~1787)	『瀋陽日錄』	
1765년	洪大容(1731~1783)	『燕記』/『을병연행록』	한국고전번역원 / 김태준 외
1767년	李心源(?~?)	『丁亥燕槎錄』	
1773년	嚴璹(1716~1786)	『燕行錄』	
1776년	미상	『燕行錄』	
1777년	李押(1737~1795)	『燕行記事』	한국고전번역원
1778년	蔡濟恭(1720~1799)	『含忍錄』	이종찬
1778년	李德懋(1741~1793)	『入燕記』	한국고전번역원
1780년	朴趾源(1737~1805)	『熱河日記』(한문본·한글본)	한국고전번역원 / 김혈조
1780년	盧以漸(1720~1788)	『隨槎錄』	김동석
1782년	洪良浩(1724~1802)	『燕雲紀行』	
1782년	미상	『燕行記著』	
1783년	李晩秀(1752~1820)	『輪車集』	
1783년	吳載純(1727~1792)	『航海朝天圖跋』	
1783년	李魯春(1752~?)	『北燕紀行』/『북연긔힝』	
1784년	金照(1754~1825)	『燕行錄』	
1784년	姜世晃(1713~1791)	『豹菴燕京編』	
1786년	沈樂洙(1739~1799)	『燕行日乘』	
1787년	兪彦鎬(1730~1796)	『燕行錄』	
1787년	趙瑍 (?~?)	『燕行日錄』	
1788년	魚錫定(1731~1793)	『燕行錄』	
1789년	金祖淳(1765~1832)	『燕行錄』	
1789년	趙秀三(1762~1849)	『燕行紀程』	
1790년	徐浩修(1736~1799)	『熱河紀遊』/『燕行記』	이창숙 / 한국고전번역원
1790년	柳得恭(1748~1807)	『熱河紀行詩註』	실시학사 고전문학연구회
1790년	李百亨(1737~?)	『열하긔행』	

사행 시기	저자	연행록	번역자
1790년	李喜經(1745~1807)	『熱河雜詠』	
1790년	金箕性(1752~1811)	『燕行日記』	
1790년	黃仁點(?~1802)	『乘槎錄』	
1790년	白景炫(?~?)	『燕行錄』	
1791년	金正中(?~?)	『燕行日記』/『燕行錄』	한국고전번역원
1793년	李繼祜(1754~1833)	『연행녹』(한글본)	최강현
1793년	金士龍(?~?)	『燕行錄』	
1793년	李在學(1745~1806)	『癸丑燕行詩』/『燕行日記』/『燕行記事』	
1794년	洪良浩(1724~1802)	『燕雲續詠』	
1794년	洪羲俊(1761~1841)	『燕行詩』	
1796년	洪致聞(?~?)	『丙辰笞塊錄』	
1797년	미상(?~?)	『燕行錄』	
1798년	徐有聞(1762~1822)	『戊午燕行錄』/『戊午燕錄』	한국고전번역원

※ 18세기 주요 연행록은 음영을 넣어 표시하였다.

「왕문거(王文擧)」·「희원외(希員外)」·「백공생(白貢生)」 등으로 연행 노정에서 만난 여러 인물과의 필담 내용이 담겨 있다. 홍대용은 이들 기록에 중국 인사와 만나게 된 경위와 그들과 나눈 대화 내용을 상세히 적어 놓은바, 그의 연행 체험에서 중국 인사와의 교류가 얼마나 큰 의미를 지녔는지를 잘 알 수 있다.

이에 비해 여성 독자를 대상으로 한 한글본 『을병연행록』은 여정에 따라 일기체를 사용해 서술하였으며, 연행에서 접한 흥미로운 사건이나 이국의 풍물 등을 담는 데 주안점을 두었다. 『연기』에 보이는 중국 문사와의 시문 교류나 학술 토론 등은 생략되었다. 따라서 홍대용의 연행 체험을 온전히 복원하기 위해서는 『연기』와 『을병연행록』을 함께 읽으면서 여정에서 겪은 사건을 면밀히 살펴보아야 한다.

박지원은 『열하일기』에서 일기체와 기사체를 병용하여 자신의 연행 체험을 기술하였다. 즉 연행 일정에 따라 일기체로 기록하는 동시에 「요동백탑기(遼東白塔記)」·「강녀묘기(姜女廟記)」처럼 그 지역의 고적을 본 소감을 따로 작성하기도 하였다. 이와 함께 「속재필담(粟齋筆談)」·「상루필담(商樓筆談)」에서는 심양의 골동품 가게 예속재와 비단 가게 가상루에서 중국 인사와 나눈 대화 내용을 기록해 놓기도 하였다. 이처럼 박지원은 일기체와 기사체를 함께 사용함으로써 여정 중에 접한 흥미로운 사건이나 중국 인사와의 깊이 있는 대화 내용을 자신의 연행록에 온전히 담아낼 수 있었다.

1790년에 연행한 유득공은 또 다른 방식을 이용해 『열하기행시주(熱河紀行詩註)』를 남겼다. 제목에서 알 수 있듯이 유득공은 칠언절구의 형식으로 연행에서 만난 인물이나 지명을 시로 노래하고, 시마다 주석을 달아 관련 정보를 상세히 소개하는 형식을 취하였다. 이러한 형식은 뛰어난 한시 작가로서의 재능을 살리면서, 연행에서 접한 중국의 문물·고적이나 중국 문사와의 교유 내용을 상세히 전달하기 위해 창안된 것이다.

한편 18세기 연행록 중에서 한글본은 총 8종이다. 김창업의 『연행일기』, 강호보(姜浩溥)의 『상봉록(桑蓬錄)』, 박지원의 『열하일기』, 이노춘(李魯春)의 『북연기행(北燕紀行)』은 동일한 제명의 한문본과 한글본이 전한다. 그리고 이의봉(李義鳳)의 『북원록(北轅錄)』과 『셔원녹』, 홍대용의 『연기』와 『을병연행록』, 서유문의 『무오연록』과 『무오연행록』은 한문본과 한글본의 제명이 다른 경우이다. 이 밖에 이계호(李繼祜)의 『연행녹』은 한글본만 전해지고 있다. 앞에서 홍대용의 『연기』와 『을병연행록』의 서술 방식의 차이를 설명하면서 언급했듯이, 한글본은 대부분 여성 독자를 위해 창작되었다. 1727년 사은겸동지사의 부사였던 이세근(李世瑾)의 자제군관으로 연행한 강호보의 경우를 통해 이 점을 구체적으로 살펴보겠다.

1727년 강호보가 나이 38세에 연행을 떠나면서 홀로 된 어머니의 안위를 걱정하며 하직 인사를 올리자, 어머니는 아들에게 돌아와서 여행길에 보고 들은 바를 자세히 이야기해 달라고 한다. 강호보는 연행 당시에 기록한 한문 연행록을 연행을 다녀온 지 13년이 지난 1741년에 어머니를 위해 한글로 번역한다. 현재『상봉록』이 한문본과 한글본의 두 종류가 전하는 까닭이다. 그런데 현전하는 한문본은 강호보가 기록한 초고가 아니다. 서문에 의하면 강호보의 친구인 정수연(鄭壽延)이 빌려 갔다가 유실하였는데, 다행히 집에 한글본이 남아 있어 그것을 저본으로 다시 번역한 것이다.[8] 번역한 이는 강호보의 증손 강재응(姜在應)으로 '숭정 갑신 후 97년 기해(崇禎甲申後九十七年己亥)'라 하여 1839년(헌종 5)에 번역이 이루어졌음을 밝히고 있다. 이러한 연유로 한문본『상봉록』에는 한글로만 표기되어 있는 어휘가 간간이 보인다. 특히 인명·지명 등 고유명사에 그러한 점이 빈번하니, 한글로 표기된 인명이나 지명 중 한자를 도저히 알 수 없는 것은 어쩔 수 없이 한글 그대로 적을 수밖에 없었던 정황을 알려준다. 아울러 강재응은 번역하면서 몇몇 중요한 기사에는 자신의 견해를 추록하기도 하였다. 이러한 강재응의 추록 중에서 천주당과 서학(西學)에 대한 부분은 18세기와 19세기의 시대 상황에 따라 서학에 대한 인식의 변화를 드러내고 있어 흥미롭다.[9]

---

8   강호보,『상봉록』권1「編述四養齋桑蓬錄序」, "英廟三年丁未, 我曾王考四養齋先生, 從行人遊燕京, 有記行日錄, 名曰桑蓬錄. […] 後其書爲公友人西岡處士鄭郡守壽延所借去, 未知何由而蓋逸未返璧. […] 幸家有諺本一通, 卽公嘗爲奉覽於慈庭, 而手自譯寫者也. […] 依其諺本翻作文字."

9   강호보,『상봉록』권7, "대개 들으니 서양인은 화법에 있어 신의 솜씨를 빼앗았기에 서양화를 보는 자는 그것이 살아 있는 것으로 의심하게 된다고 한다. 사양재공의 일기 중에서 천주당에 가서 본 대목을 보아도 증명되는 사실이다. 이는 비단 화법이 교묘하기 때문만이 아니니, 생각건대 그 속에 정상적인 이치로는 헤아릴 수 없는 특별한 요괴가 있는 것이 아닌가 한다. 지금 천주교를 배우게 되면 지혜롭거나 어리석은 이를 막론하고 모두들 그

이상에서 18세기 연행록의 다양한 서술 방식 및 한문본과 한글본의 독자층, 형성 배경 등에 대해서 간략하게 살펴보았다. 다음으로는 한중 문화교류의 양상과 특징을 해명하기 위해 이 글에서 주목하여 다루고자 하는 18세기 연행록에 대해 언급하기로 한다. 지금까지 밝혀진 18세기 연행록은 117종으로 파악되는데, 그 내용과 분량은 매우 다양한 편차를 지니고 있다. 이는 기실 18세기 연행록만의 현상이 아니다. 500여 년에 이르는 연행의 역사에서 산출된 500여 종의 연행록은 분량이나 내용, 형식에 있어서 천차만별이라 할 만큼 다기한 모습을 지니고 있다. 이러한 점을 고려하면 18세기에 산출된 연행록을 모두 독해하여 그 내용을 파악하는 것이 가장 바람직하겠지만, 많은 시간과 지난한 노력을 요하는 그러한 과정이 꼭 필요하다고 생각되지는 않는다. 대상 자료가 방대하고 다양한 편차를 지니고 있는 수많은 연행록 중에서 뛰어난 작품을 선별하여 이를 정밀하게 독해하고 분석하는 일이 보다 중요할 것이다. 당대에 이미 뛰어난 연행록으로 평가받았고 그동안 많은 연구자가 주목하여 살핀 연행록에 우선 주목할 필요가 있다.

일찍이 김경선(金景善, 1788~1853)은 자신의 연행록 『연원직지(燕轅直指)』에서 "노가재의 『연행일기』, 담헌의 『연기』, 연암의 『열하일기』는 견문을 기록함에 있어 그 모습을 빈틈없이 자세히 묘사하였다. 지금 비록 직접

마음이 미혹되게 된다. 아마도 그 속에 어떤 요괴가 언어 문자 외에 있어서 정상의 이치로는 헤아릴 수 없는 것이 아닐까? 그 화법이 사람을 현혹시키는 것과 같은 종류가 아닌가 싶으니 참으로 요망하고 괴이한 일이다. (蓋聞洋人於畵法, 多奪神造, 雖尋常墨畵, 見之者疑其爲活物云. 以思養齋公日記中, 往見天主堂條, 觀之亦可證. 此不但畵法之工, 意者其中必有別般妖幻, 有非常理可測者爾. 今其學之, 能令人無智愚, 皆迷蠱其心者, 無乃箇中有一段妖幻之套, 在乎言語文字之外, 而有非常理所可測與? 其所爲畵法之眩人者, 同其類者歟, 儘妖且怪矣.)" 밑줄 친 대목에서 강호보에 비해 강재응이 천주교에 대해 부정적으로 인식하고 있음이 드러난다. 강재응이 『상봉록』을 번역한 1839년은 천주교도에 대한 대대적인 박해인 기해사옥(己亥邪獄)이 일어난 해였다.

보고 기록할지라도 반드시 이보다 낫다고 할 수는 없다."[10]라고 하여 김창업·홍대용·박지원의 연행록을 뛰어난 연행록으로 꼽은 바 있다. 이들 연행록은 흔히 3대 연행록으로 일컬어지며 현대의 학자들에게도 가장 뛰어난 저작으로 인정받고 있다. 이른바 3대 연행록이 모두 18세기에 산출되었다는 사실 또한 이 시기에 양국의 문화교류가 가장 활발하게 이루어졌음을 방증한다고 할 것이다.

그런데 필자는 앞의 3대 연행록에 한 종을 더 추가하여 4대 연행록을 제안하고 싶다. 즉 1720년에 정사 이이명(李頤命)의 자제군관으로 연행한 이기지의 연행록『일암연기』를 더하고자 하는 것이다. 박지원은『열하일기』에서 북경의 천주당을 논하면서 "우리나라 선배들로 김가재(金稼齋, 김창업)와 이일암(李一菴, 이기지) 같은 이들은 모두 견식이 탁월하여 후세 사람들이 미칠 수 없는 바인데, 더구나 중국을 옳게 본 점에 뛰어남이 있다."[11]는 홍대용의 말을 회상한 바 있다. 김창업과 이기지가 중국을 옳게 보았다는 말은 이 두 사람이 존명배청(尊明排淸)의 관점에서 벗어나 청나라의 실상을 객관적으로 파악했음을 말한 것이다. 홍대용과 박지원이 전대 연행록 중에서 김창업과 함께 이기지의 연행록을 높이 평가한 점에 주목할 필요가 있다. 실제로『일암연기』는 그 자료가 소개된 이후 많은 연구자의 주목을 받았으며, 그 가치가 다각도로 해명되고 있다.[12]『일암연기』

---

10 김경선,『연원직지』「西天主堂記」〈1832년 12월 22일〉, "稼湛燕三記, 記其所聞見, 已備盡形似矣. 今雖親見而記之, 亦未必過之."

11 박지원,『열하일기』「皇圖記略」, "我東先輩若金稼齋·李一菴, 皆見識卓越, 後人之所不可及, 尤在於善觀中原."

12 조선영이 처음으로「『一庵燕記』해제」(동국대학교 한국문화연구소,『연행록해제 1』, 2005)에서 자료적 가치를 소개하였으며, 같은 해에 신익철이「이기지의『一菴燕記』와 西學 접촉 양상」(『동방한문학』29, 2005)에서『일암연기』의 가치를 본격적으로 해명하였다. 이후 김동건의「이기지의『일암연기』연구」(한국학중앙연구원 석사학위논문, 2007)가 이어졌고, 임종태의「극동과 극서의 조우: 이기지의『일암연기』에 나타난 조선 연행사의 천

의 가치에 주목하여 역주서가 발간되기도 하였다.[13]

앞에서 연행록 자료에 대해 소개하면서 1960년에 성균관대학교 대동문화연구원에서 『연행록선집』을 최초로 편찬하였음을 말한 바 있다. 당시까지 발굴된 주요 연행록 30종이 영인되어 소개되었는데, 이를 저본으로 하여 한국고전번역원의 전신인 민족문화추진회에서 1976년에 『국역연행록선집』을 간행하였다. 18세기의 연행록 중 이 국역서에 들어 있는 것은 〈표 1〉에서 '한국고전번역원' 번역이라 밝힌 13종의 연행록 중 『북원록』을 제외한 12종이 해당된다. 『북원록』(연세대학교 소장)은 최근에 자료가 알려지면서 그 가치가 주목되어 세종대학기념사업회의 지원을 받아 김영죽 등이 2016년에 번역을 완료하였다. 18세기 연행록 중 이들 13종의 국역서는 한국고전번역원 〈한국고전종합DB〉 사이트에서 확인할 수 있다.

이외에 이기지의 『일암연기』, 김순협(金舜協)의 『연행일록(燕行日錄)』, 이기경(李基敬)의 『음빙행정력(飮氷行程曆)』, 홍대용의 『을병연행록』, 노이점의 『수사록(隨槎錄)』, 채제공(蔡濟恭)의 『함인록(含忍錄)』, 박지원의 『열하일기』, 서호수(徐浩修)의 『열하기유(熱河紀遊)』, 유득공의 『열하기행시주』, 이계호의 『연행녹』 등이 번역이 이루어졌다. 이들 연행록은 연구자에 의해 그 자료적 가치를 인정받았기에 우선적으로 번역이 이루어진 것이다. 실제로 이를 일별해 본 필자의 견해로는 이들 번역서를 18세기의 주요 연행록으로 꼽아도 무리가 없으리라고 본다.[14] 지금까지 번역이 이루어진 주

주당 방문과 예수회사의 만남」,(『한국과학사학회지』 31-2, 2009), 「서양의 물질문화와 조선의 衣冠: 이기지의 『일암연기』에 묘사된 서양 선교사와의 문화적 교류」(『한국실학연구』 24, 2012)에서 서양 선교사와의 교류 양상과 그 의미를 다각도로 고찰하였다. 한편 김동건의 『일암연기』에 나타난 글쓰기 방식」(『민족문화』 40, 2012)에서는 『일암연기』의 문답체 및 고증적 글쓰기 방식이 지닌 의미에 주목하기도 하였다.

13 이기지 저, 조융희·신익철·부유섭 역, 『일암연기』, 한국학중앙연구원 출판부, 2016.
14 강호보의 『상봉록』이나 홍양호의 『연운기행』처럼 그 내용과 깊이가 뛰어난 연행록이 번

요 연행록을 시기순으로 제시하면 다음과 같다.

① 1712년 김창업(동지겸사은사의 정사 김창집의 자제군관)『연행일기』
② 1720년 이의현(동지겸성절진하사의 정사)『경자연행잡지』
③ 1720년 이기지(고부청시승습사의 정사 이이명의 자제군관)『일암연기』
④ 1729년 김순협(동지겸사은사의 정사 이중의 수행원)『연행일록』
⑤ 1732년 이의현(사은사의 정사)『임자연행잡지』
⑥ 1734년 황재(진주사의 서장관)『갑인연행록』
⑦ 1750년 황재(동지사의 부사)『경오연행록』
⑧ 1755년 이기경(동지사의 서장관)『음빙행정력』
⑨ 1760년 이의봉(삼절연공사의 서장관 이휘중의 자제군관)『북원록』
⑩ 1765년 홍대용(삼절연공겸사은사의 서장관 홍억의 자제군관)『연기』·『을병연행록』
⑪ 1777년 이압(진하사은진주겸동지사의 부사)『연행기사』
⑫ 1778년 채제공(사은겸진주사의 정사)『함인록』
⑬ 1778년 이덕무(사은겸진주사의 서장관 심염조의 수행원)『입연기』
⑭ 1780년 박지원(진하겸사은사의 정사 박명원의 자제군관)『열하일기』
⑮ 1780년 노이점(진하겸사은사의 정사 박명원의 비장)『수사록』
⑯ 1790년 서호수(성절진하사은사의 부사)『열하기유(熱河紀遊)』·『연행기』
⑰ 1790년 유득공(성절진하사은사의 부사 서호수의 수행원)『열하기행시주』
⑱ 1791년 김정중(동지겸사은사의 정사 김이소의 수행원)『연행일기』
⑲ 1793년 이계호(삼절연공겸사은사의 부사 이재학의 자제군관)『연행녹』

역되지 않은 아쉬움이 없는 것은 아니다. 그렇지만 18세기의 연행록 중 주요 작품은 대부분 번역이 이루어진 것으로 볼 수 있다.

⑳ 1798년 서유문(삼절연공겸사은사의 서장관)『무오연행록』

  필자는 이 책에서 이상의 18인의 저자에 의해 산출된 연행록을 주 자료로 삼아 한중 문화교류의 양상을 고찰하고자 한다. 먼저 연행의 주역이라 할 수 있는 삼사(三使)와 자제군관(子弟軍官)[15]의 문화교류 양상을 살피기로 하겠다. 이들은 당대의 대표적인 문사로 대부분 연행록의 저자이기도 하다. 다음으로는 연행에서 실무적인 역할을 수행했던 역관·의원·마두(馬頭) 등의 활동에 대해 살펴보기로 한다. 이들은 연행에 지속적으로 참여한 당대의 '중국통'이라 할 수 있는데, 관련 기록이 희소하기에 지금까지 거의 주목받지 못했던 존재들이다. 연행록에 단편적으로 등장하는 이들에 대한 기록과 함께 각종 문집과 사서, 필기류 저작 등에 보이는 관련 자료를 동원하여 한중 문화교류에서 이들이 수행한 역할과 활동 양상을 추적하고자 한다. 이와 함께 압록강을 건너 북경까지 이르는 연행 노정에서 접한 중국의 각종 문물·고적 체험과 문화교류 양상에 대해서도 살펴보고자 한다. 이는 연행록이 지닌 기행문의 성격에 유념하면서 한중 문화교류의 실례를 고찰하고자 함이다. 여기에서는 책문·동팔참·심양·요동벌·산해관·계주·북경·열하의 8개 지역을 중심으로 그 구체적인 양상을 살펴보기로 한다. 아울러 중국의 연희(演戱)와 음식 체험, 한지·청심환·부채 등 연행의 인정(人情) 물품을 통해 한중 문화교류의 현장을 추적해 보고자 한다. 이처럼 다양한 접근을 통해 그동안 주목받지 못했던 연행의 이면을 새롭게 소개해 한중 문화교류에 대한 이해를 심화하고자 한다.

---

[15] 연행 사절을 대표하는 삼사의 경우 '자제군관'이라는 명목하에 자신의 인척 중에서 한두 사람을 자천(自薦)할 수 있는 특권이 있었다.

2장
삼사와 자제군관의
문예교류와 천주당 방문

1. 중국 문인과의 교유 양상

　연행사는 압록강을 건너 봉황성 책문(柵門)에서 입국 절차를 거치고 심양과 산해관을 지나 북경에 이르는 동안 연로 곳곳에서 중국 문사와 교유하였다. 18세기의 연행 노정은 1780년에 박지원(朴趾源), 1790년에 서호수(徐浩修) 일행이 열하로 간 경우 외에는 모두 북경을 목적지로 하였으며, 경로도 동일했다. 북경까지 이르는 노정이 동일한 만큼 사행 일정이 매우 급박한 경우가 아니면 대부분 비슷한 거리를 이동하며 같은 장소에서 숙박하였다. 이처럼 동일한 노정을 반복하여 왕래함에 따라 연행사는 해당 지역에 대한 정보를 축적하게 되었고, 그 지역을 지날 때면 잠시 짬을 내어 그곳에 거주하는 대표적인 중국 문사를 방문하여 교유했다.

　연행록은 연행 노정에서 체험한 사실이나 견문한 내용을 일기체의 형식으로 기록한 것이 대부분을 차지하는 만큼 연행사의 중국 체험이나 중국 문사와의 교유를 파악함에 있어서도 우선 연행 노정에 따라 그 양상과 특징을 살펴볼 필요가 있다. 북경으로 가는 도중에 연행사가 중국 문사와 교유했던 대표적인 장소로는 산해관 안에 위치한 무령현(撫寧縣)과 풍윤현(豊潤縣)의 두 곳이 주목된다. 연행 노정에 위치한 고을 중 무령현과 풍윤현은 옥전현(玉田縣)과 함께 대대로 독서하는 사족이 많이 거주하며 과거 급제자를 많이 배출한 곳으로 알려져 있다.[1] 특히 연행사가 무령현의 서진사가(徐進士家)와 풍윤현의 곡응태가(谷應泰家)를 방문하여 교유하는 기사가 18세기 연행록에 지속적으로 출현하는바, 그 양상을 먼저 살펴볼

1　1727년에 연행한 강호보는 "연경 이북에서 과거에 올라 이름을 떨친 인사들은 주로 무령·풍윤·옥전의 3현에서 나온다."라고 하였다. 강호보, 『상봉록』 권5 〈1727년 12월 23일〉, "燕京以北之以科擧出類知名者, 尙多出於撫寧豊潤玉田三縣云."

필요가 있다.

무령현의 서진사나 풍윤현의 곡응태가는 연행사가 북경으로 향하거나 고국으로 돌아가는 길에 잠시 틈을 내어 방문하던 장소였다. 지나는 길에 잠시 들러 만났으므로 그 교유가 깊이 있게 지속적으로 이루어지기는 어려웠다. 이에 비해 외교 사안에 따라서 차이가 있었지만 연행사는 북경에 대개 한 달에서 두 달가량 체류하였다. 머무는 기간이 길었던 만큼 북경에서의 교류는 여러 방식으로 이루어졌다. 이전에 사행 다녀온 인사들로부터 습득한 정보를 바탕으로 연행사가 중국 문사의 집을 직접 찾아가 만나거나, 북경 시내를 구경하다가 우연히 만난 새로운 인사들과 교제하기도 했다. 중국 문사들이 사신이 머무는 관소를 방문하여 교류가 이루어지기도 했다.

연행 사절이 머무르는 북경 관소에는 문금(門禁) 제도가 있어서 출입을 통제하였지만, 연행사는 기회가 되는 대로 관소를 벗어나 북경 시내를 자유롭게 유람하고자 하였다. 강희 연간(1661~1722) 후반기에 해당하는 18세기부터는 명대에 비해 상대적으로 문금이 완화되어 연행사가 이전에 비해 상대적으로 자유롭게 관소를 드나들 수 있었다. 특히 정해진 임무 없이 사행에 참여하여 자유로운 처지에 있었던 자제군관은 중국 문사와의 만남에 적극적이었다.

연행 사절을 대표하는 삼사(三使) 즉 정사·부사·서장관은 자신의 인척 중에서 한두 사람을 '자제군관(子弟軍官)'으로 자천(自薦)할 수 있었다. 자제군관은 사신을 개인적으로 호위하며 보좌하는 군관의 신분으로 연행에 참가하여 무관 복장을 하였지만, 실제로는 대부분 문인 학자들이었다. 이들의 연행은 세상의 견문을 넓히기 위한 일종의 수학여행 같은 성격을 띠었다.[2] 자제군관은 일행 중에서 가장 자유로웠고 문인 학자로서 지적 호기심 또한 왕성하였기에 관소를 벗어나 곳곳을 유람하며 중국 문인과 폭넓게 교류하였다. 김창업, 이기지, 홍대용, 박지원 등은 모두 자제군관의 자격으로 연행에 참가하여 자유롭게 유람하고 중국 문인과 활발하게 교유할 수 있었다. 이러한 풍부한 체험을 바탕으로 모두 뛰어난 연행록을 남길 수 있었던 것이다.

18세기 연행사가 관소를 벗어나 찾은 북경의 명소로는 태학(太學)·천단(天壇)·백운관(白雲觀)·관제묘(關帝廟)·동악묘(東岳廟)·두로궁(斗姥宮)·오룡정(五龍亭)·천주당(天主堂)·유리창(琉璃廠)·상방(象房)·호권(虎圈)·화초포(花草鋪)·만수산(萬壽山) 등을 꼽을 수 있다.[3] 이 중 유리창은 중국 문인과의 교류와 관련해 단연 주목되는 공간이고, 천주당은 조선인이 서양 선교사와 접촉하며 서양 문물을 경험한 현장이다. 천주당에 대해서는 다음 절에서 따로 살펴보기로 하겠다. 유리창은 18세기 후반 이후에 서점가로 형성된 곳이다. 유리창이란 지명에서 짐작할 수 있듯 이전에는 이곳에 유리를 제조하는 공장이 있었는데, 『사고전서(四庫全書)』 편찬을 계기로 강남 지

---

[2] 조선 조정에서는 자제군관의 제도를 두어 문인 학자들이 연행에 자유롭게 참여하도록 하였다. 이는 청국의 허실을 자세히 살피고 청국에 대해 나름의 대비를 하기 위한 정치적 의도가 아닌가 생각된다.

[3] 태학은 주나라 선왕(宣王)의 수렵 내용을 기록한 것으로 알려진 석고(石鼓)가 있는 장소이고, 남송의 충신 문천상(文天祥)의 사당인 문승상사(文丞相祠)가 부근에 있어 연행사가 즐겨 찾은 곳이다. 하늘에 제사 지내는 천단은 관람하기가 쉽지 않았지만 많은 연행사가 관심을 가지고 찾은 곳이다. 백운관·동악묘·두로궁은 도교 사원이고, 관우의 사당인 관제묘는 중국 각처에 위치해 있으나 북경에 있는 관제묘도 연행사가 자주 찾았다. 오룡정은 자금성 북서쪽 태액지(太液池)에 있는 경화도(瓊華島)에 지어진 다섯 개의 정자이다. 상방과 호권은 코끼리와 호랑이를 사육하는 곳인데 호권은 원명원 부근에 있어 원명원을 방문하며 연행사가 함께 들른 곳이다. 화초포를 방문해서는 땅을 파서 움집을 짓고 그 안에서 화초를 재배하는 광경을 목격했고, 만수산은 명나라 숭정제가 자결한 곳으로 알려져 있어 연행사가 자주 찾은 곳이다. 북경의 고적과 명소를 방문하는 양상에 대해서는 4장에서 다시 살펴볼 것이다.

방에서 이곳으로 서적이 대거 유입되면서 서점가가 형성되었다.[4]

한편 북경에서의 교유 양상을 고찰함에 있어서 1765년 홍대용의 연행은 중요한 분기점이 된다. 홍대용이 북경에서 절강(浙江) 출신의 육비(陸飛)·엄성(嚴誠)·반정균(潘庭筠) 등을 만나 깊은 우정을 나누고 귀국한 후에도 교류를 지속한 것은 한중 문인 교유의 정점을 찍은 일대 사건이었다. 이들의 교류는 훗날 박지원을 비롯해 박제가, 이덕무, 유득공 등 북학파 문인에게 이어져 한중 지적 네트워크를 조성하는 중요한 계기가 되었다. 홍대용을 비롯한 북학파 문인과 중국 문인의 교유는 대상이나 횟수가 이전에 비해 비약적으로 증가함은 물론 교유의 깊이 또한 매우 심화된다.[5] 따라서 18세기 연행사와 중국 문사의 교유를 통시적으로 살펴볼 때 이 점을 고려하며 접근해 변모 양상을 포착할 필요가 있다.

앞에서 18세기 연행록 중 내용이 풍부한 18인의 연행록을 주요 대상으로 확정한 바 있다. 이들 연행록의 저자가 중국 문인과 교류한 총횟수와 북경에서 교류한 횟수는 각각 김창업 29회/14회, 이의현(1720) 3회/1회, 이기지 29회/19회, 김순협 8회/6회, 이의현(1732) 5회/1회, 황재(1734) 7회/1회, 황재(1750) 3회/0회, 이기경 5회/1회, 이의봉 21회/10회, 홍대용 50회/35회(귀국 후에 주고받은 서신 많음), 이압 3회/1회, 이덕무 19회/15회, 채제공 4회/1회, 박지원 16인/열하 10인, 북경 유리창 6인, 노이점 5회/3회, 유득공 28인/열하와 북경 26인, 서호수 14회/열하와 북경 13회, 김정중 18회/14회, 이계호 2회/1회, 서유문 19회/13회로 확인된다. (부록 참고)

박지원은 『열하일기』에서 열하에서 만난 중국 문사와의 필담 내용을 「태학유관록(太學留館錄)」, 「경개록(傾蓋錄)」, 「양매시화(楊梅詩話)」 등의 저

---

4   王振忠, 「朝鮮燕行使者與18世紀北京的琉璃廠」, 『安徽史學』, 2011年 第5期.
5   이에 대해서는 정민, 『18세기 한중 지식인의 문예공화국』(문학동네, 2014)에서 자세하게 다루었다.

작으로 묶었고, 유득공은 『열하기행시주』에서 각 인물을 칠언절구의 시로 노래하고 시주(詩註)에 만남의 경위를 덧붙였다. 따라서 이 두 사람은 횟수가 아니라 사람 수로 표기하였다.

여기에서 북경 및 열하에서 중국 문사와 교류한 횟수(또는 사람 수)가 10회(인)가 넘는 연행사는 김창업(14), 이기지(19), 이의봉(10), 홍대용(35), 이덕무(15), 박지원(16), 유득공(26), 서호수(13), 김정중(14), 서유문(13)이다. 이 중 이의봉은 안남 사신과의 만남이 대부분을 차지하여 여타 연행사의 교유와 다른 면모를 보이며, 유득공의 『열하기행시주』에도 안남 사신과의 교류가 소개되어 있다. 그리고 서유문의 경우는 북경에서의 교류 횟수가 13회에 이르지만, 직접 만난 것이 적고 대부분 치형(致馨)이란 인물로부터 전해 들은 것이 많다.

한편 교류한 내용을 보면 연행사와 중국 문사 모두 시서화에 관심을 지닌 사대부 문인이기에 이에 관한 것이 대부분을 차지한다. 이외에 과거 제도나 복식의 차이점, 최근에 출판된 서적 현황, 주자학과 양명학에 대한 논의, 청조의 금서 정책에 대한 것 등 대상이나 상황에 따라 다양한 주제가 필담의 화제로 등장한다. 여기에서는 김창업(1712), 이기지(1720), 홍대용(1765), 박지원(1780)의 연행록을 중심으로 중국 문인과의 교유 양상을 살펴보기로 하겠다. 앞에서 언급한 무령현의 서진사가와 풍윤현의 곡응태가에서의 교유와 함께 북경과 열하에서 만난 중국 문인과의 교유에 집중해서 살펴보기로 한다. 이때 문집이나 관련 자료를 함께 검토하여 연행에서 이루어진 중국 문인과의 교유가 귀국 후에도 지속되는 양상 또한 함께 검토할 것이다. 연행 이후에도 지속적으로 이루어지는 교유야말로 한중 문인 교류에 있어 각별한 의미를 지니기 때문이다.

1765년 홍대용의 연행 이후 북학파 문인과 중국 문인의 교유 양상에 대해서는 학계에 상당한 연구가 축적되었는데, 이를 바탕으로 이덕무

(1778년 연행), 유득공(1790년 연행), 서호수(1790년 연행) 등 북학파 문인과 중국 문인의 교유 양상에 대해서도 홍대용을 다루면서 함께 살펴보기로 한다. 박제가의 경우 연행록을 따로 저술하지는 않았지만 문집『정유각집(貞蕤閣集)』이나『호저집(縞紵集)』등에 관련 내용이 많이 보이기에 필요한 경우 함께 언급할 것이다. 이를 통해 18세기 후반 북학파 문인과 중국 문인의 다채로운 교유 양상이 드러날 수 있을 것으로 기대한다.

1) 무령현과 풍윤현에서의 중국 문인 교유

(1) 무령현 서진사가에서의 교유

연행 사절은 압록강을 건너 책문을 통과하여 북쪽으로 심양을 지난 다음에 서쪽으로 남하하여 발해만 연안 지역을 지나서 산해관(山海關)에 이르게 된다. 산해관은 만리장성의 동쪽 끝에 위치한 관문이며 중원 지방에서 만주 방면으로 통하는 요새로 북서쪽으로는 연산산맥(燕山山脈), 동쪽으로는 발해만(渤海灣)에 접해 있다. 산해관이란 지명은 14세기 초 명대(明代)에 성을 쌓고 산해위(山海衛)를 설치해 군대를 주둔시킨 데서 유래했으며, 산과 바다 사이에 있는 관(關)이라는 뜻을 지닌다. 화(華)와 이(夷), 즉 문명과 비문명을 가르는 기준이 중국에서는 만리장성이었던 만큼 산해관의 안을 관내라 하고, 바깥 지역을 관외라 불렀다. 이 관문에 들어서야 중화(中華)의 세계, 즉 문명의 세계로 들어선다는 관념을 갖고 있었던바, 박지원은『열하일기』에서 산해관을 지나 북경에 이르는 여정의 기록을「관내정사(關內程史)」라 이름 붙였다.

산해관에서 북경에 이르는 노정은 대략 산해관 → 심하역 → **무령현** →

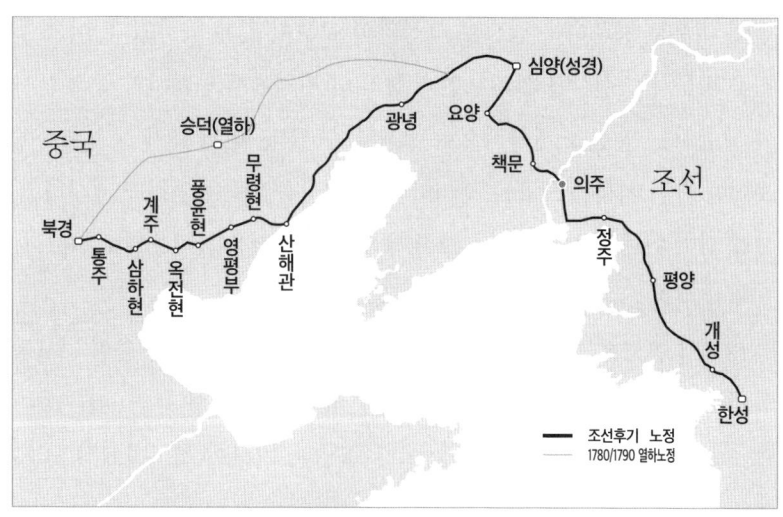

그림 1 | 조선 후기 연행 노정의 주요 장소, 저자 편집

영평부 → 칠가령 → **풍윤현** → **옥전현** → 계주 → 심하현 → 통주 → 북경에 이르는 길이었다. 이 중에서 무령현, 풍윤현, 옥전현은 과거 합격자가 많이 배출되는 문향(文鄕)으로 알려진 곳이었다. 1727년에 연행한 강호보는 "연경 이북에서 과거에 올라 이름을 떨친 인사들은 주로 무령·풍윤·옥전의 삼현에서 나온다."[6]라는 전언을 기록하고 있다. 세 현이 다른 지역에 비해 경제적 여유를 바탕으로 대대로 학문하는 집안이 많았음을 말해주는 것이다.

18세기 연행록에는 이들 세 현을 지나면서 학문과 문장으로 이름난 지역의 인사들을 탐문하는 경우가 많이 보인다. 그중에서도 무령현의 서진사가(徐進士家)와 풍윤현에 있는 곡응태(谷應泰) 후손가는 연행사가 지나는

---

6 강호보,『상봉록』권5〈1727년 12월 23일〉, "燕京以北之以科擧出類知名者, 尙多出於撫寧·豐潤·玉田三縣云."

길에 대부분 방문하는 집으로 사신과의 교분이 깊은 곳이었다. 이들 두 집을 방문하는 실상을 살펴보면 북경 외의 지역에서 연행사가 중국 문사와 교류하는 양상을 개략적으로 이해할 수 있다. 먼저 18세기 연행록에 보이는 관련 기사를 도표로 정리하여 그 실상을 일목요연하게 제시하고, 그중 의미 있는 기록을 중심으로 교류 양상과 특징을 살펴보기로 하겠다. 먼저 무령현 서진사가의 경우를 보도록 하자.

18세기 연행록 중 총 13종의 연행록에서 무령현 서진사가 관련 기사를 확인할 수 있는데, 가장 이른 기록은 1746년에 연행한 윤급(尹汲, 1697~1770)의 『연행일기(燕行日記)』에 보인다. 윤급은 기사의 첫머리에서 "공사(貢士) 서승립(徐升立)의 집을 방문하였는데, 승립은 이미 죽고 세 아들이 있어 이름이 송년(松年)·학년(鶴年)·부년(皋年)이었으며 모두 범속하지 않았다."7라고 하였다. 방문하는 집의 주인 이름을 밝힌 것으로 보아 윤급은 연행을 출발하기 전에 무령현에 가면 서승립이라는 사람이 있으며 그 집을 방문할 만하다는 정보를 지니고 갔음을 알 수 있다.

윤급은 서진사가를 두루 구경하면서 윤순의 글씨를 접하고는 "중화(仲和, 윤순) 종형(宗兄)이 쓴 7언시 병풍 한 폭이 있었는데 고운 비단으로 꾸며 놓고 매우 아끼며 중시하였다. 유려한 필적을 이역 땅에서 오늘에 만져 보노라니 그 물건은 남아 있는데 사람은 사라졌다는 탄식이 절로 나왔다."8는 감회를 덧붙였다. 윤순(尹淳, 1680~1741)은 자가 중화로 서예의 대가로 알려진 인물이다. 1723년(경종 3) 사은사 서장관으로 청나라에 다녀

---

7 『연행록전집일본소장편 1』, 『燕行日記』, "歷貢士徐升立家, 升立已歿而有三子, 曰'松年'·'鶴年'·'皋年', 皆不凡庸."

8 위의 자료, "北入後堂, 則位置益精妙. 盆花盈室, 梅已半綻, 淸香襲鼻, 畫屛書簏, 可翫者多. 而其中有仲和宗兄所寫七言詩障子一面, 而以彩緞粧之, 甚寶重之. 筆迹流落異域, 摩挲於今日, 亦自有物在人亡之歎矣."

표 2 | 무령현 서진사가 방문 기사

저자, 출전	방문 일자	교유 인물	주요 내용
尹汲, 『燕行日記』	1746.12.21.	徐松年, 徐鶴年, 徐皐年	집 안의 서적·서화 및 정원의 회심정(會心亭)을 구경하고, 병풍에 있는 종형 윤순(尹淳)의 글씨를 보고 감회에 젖음
鄭光忠, 『燕行日錄』	1755.12.22.	서학년, 서부년	문 앞에 대기하고 있던 사람의 안내를 받아 집안의 서적, 서화를 보고 안목을 황홀하게 만든다고 함
李義鳳, 『北轅錄』	1760.12.21/ 1761.2.16.	서부년과 종제	정원과 집 안 곳곳을 관람하고 서양금 연주를 들음. 방 안에 있는 조명채(曺命采)와 윤순의 글씨 및 회심정에 있는 역관 안명열(安命說)의 글씨를 봄. 귀로에도 방문함
洪大容, 『燕記』	1765.12.21.		무령현이 문향이며 부호 서진사 가문이 우리나라 사신을 반갑게 맞이한다고 함. 서진사의 집을 방문하려 했는데, 북경의 호부상서가 들를 예정이라 방문하지 못함
李心源, 『丁亥燕槎錄』	1768.2.19.	집주인	진귀한 서책이 많았으며 『순화각첩(淳化閣帖)』과 미불의 서화 및 아버지 서학년의 문집을 봄
嚴璹, 『燕行錄』	1773.12.23.		서진사의 집이 이전에 비해 가세가 기울었고 사신들의 폐해가 많아 지금은 영접하지 않는다고 함
李岬, 『燕行記事』	1777.12.21.	徐紹芬, 徐紹薪	필담에 응수하는 솜씨가 매우 민첩하며 진귀한 서화 고동이 많다고 함. 조명채와 윤순의 글씨를 봄
李德懋, 『入燕記』	1778.5.8.	서소분	시장 점포 끝에 서학년의 집이 있으며, 우리나라 사행이 구경하는 곳으로 즐길 만하다고 함. 조명채와 윤순의 글씨를 보고 회심정을 구경함. 사고전서 등교관으로 북경에 있는 서소신을 만나 필담을 나눔
朴趾源, 『熱河日記』	1780.7.25.	서소분	집이 사치스럽고 진귀한 고동 서화가 많으며, 심양에 가는 북경 고관들이 지은 시가 많다고 함. 침실에 윤순과 조명채의 시를 새겨 걸어 놓았음
洪良浩, 『燕雲紀行』	1782.	서소신	서소신과 함께 회심정을 구경하고 시를 지어줌. 윤순과 조명채의 글씨가 있다고 시의 주석에서 밝힘
沈樂洙, 『燕行日乘』	1786.7.11/ 윤7.21.	서소신	당대의 문장과 학문에 뛰어난 이를 묻고, 조명채와 윤순의 글씨를 봄. 귀에 재차 방문하여 책상에 놓인 심덕잠(沈德潛)의 『국조시선(國朝詩選)』을 화제로 필담을 나눔. 전겸익(錢謙益)의 옥사에까지 화제가 미치자 서소신이 필담한 종이를 찢어 입에 넣어 삼키며 더 이상 말을 안 함
金正中, 『燕行錄』	1791.12.16.		서진사의 집이 호화롭고 우리나라 사신을 잘 접대한다는 말을 들었는데, 지금은 북경에서 벼슬하여 방문할 수 없다고 아쉬워함
李在學, 『燕行日錄』· 『癸丑燕行詩』	1794.2.9.	서소신 조카	정유년(1777) 사행 때 이 집에 들러 서화 고동을 감상하고 시를 지어주었는데, 지금은 서소신이 산동지현으로 나가 만나볼 수 없다고 아쉬워함

온 적이 있는데, 이때 서진사가를 방문하여 글씨를 남긴 것으로 여겨진다. 연대를 고려하면 서승립 생존 당시에 써준 것으로 추정된다. 〈표 2〉에서 알 수 있듯이 서진사가를 찾은 연행사는 대부분 윤순과 조명채(曺命采)의 글씨를 보았던바, 서진사의 집에서 이 두 사람의 글씨를 방문한 사신 일행에게 자랑삼아 내보였음을 짐작케 한다. 이로 미루어 보면 무령현 서진사가는 서승립 생존 당시부터 조선 사신과 교류하였으며, 윤순과 조명채가 시를 짓고 글씨를 써준 일이 각별한 인연의 계기가 되었음을 알 수 있다.[9]

1746년 윤급 이후로 1793년 연행한 이재학(李在學)의 『연행일록』에 이르기까지 관련 기록이 지속적으로 등장하고 있어, 18세기 연행사가 서진사가를 꾸준히 찾아가 교류했음을 알려준다. 13건의 관련 기사 중 서진사가를 방문하지 못한 경우는 1765년의 홍대용, 1733년의 엄숙(嚴璹), 1791년의 김정중(金正中)의 세 차례이다. 홍대용은 북경의 호부상서가 심양으로 가는 길에 서진사 집을 방문한다고 하여 찾아가 볼 수가 없었고, 김정중은 북경에서 벼슬살이 하느라 손님을 맞아줄 사람이 없다고 들었다. 엄숙은 서진사 손자 대에 이르러 가세가 많이 기울었고 사신 일행이 폐를 끼치는 일이 많아 그 집에서 맞이하지 않으려 한다는 전언을 기록하고 있다.[10] 3인 외에 다른 연행사는 모두 서진사가를 직접 방문하였으

---

9 이러한 추정을 뒷받침하는 기록이 『열하일기』에 보이니, "서학년은 성격이 본시 손님을 좋아하여, 백하(白下) 윤공(尹公)을 처음 만나면서 흉금을 열고 관대하게 대접하고 소장하던 서화를 많이 꺼내어 보여주기까지 하였습니다. 그로부터 무령현 서진사의 이름이 우리나라 사람들의 입에 오르내려 매년 사행 가는 길에 반드시 서학년의 집을 방문하여, 드디어는 관례가 되었습니다."(박지원 저, 김혈조 역, 『열하일기 1』, 돌베개, 2009, 347쪽; 『열하일기』 「關內程史」 〈1780년 7월 25일〉)라고 하였다. 다만 여기에서 '서학년'은 1746년 윤급의 기록으로 미루어 보면 그의 아버지 서승립을 착각한 것으로 보아야 할 것이다.

10 엄숙, 『燕行錄』 〈1773년 12월 23일〉, "今聞其孫家計, 大損於前, 使行亦多貽弊, 今則揮而不接云."

며, 그중 이의봉(李義鳳)과 심낙수(沈樂洙)는 북경으로 가고 오는 길에 모두 들러 두 차례 방문하였다. 연행사를 맞이하는 서진사가의 인물로는 서승립 → 서송년·서학년·서부년 → 서소분·서소신에 이르는 3대가 등장한다. 아마도 서승립의 손자 대인 서소분, 서소신에 이르면 서진사 가문의 가세가 상당히 기울었던 것으로 보이는데, 그래도 1794년에 이르기까지 연행사를 맞이하여 교류하고 있음을 알 수 있다.

서진사가를 방문한 연행사의 눈길을 사로잡은 것은 진귀한 서화 고동과 운치 있는 집 안 모습이었다. 1760년에 연행한 이의봉은 서진사의 집 곳곳을 구경하고 그 모습을 자세히 기록으로 남겼다. 그 묘사의 상세함은 다른 연행록에서 찾아볼 수 없는 것인데, 주요 대목을 소개하면 다음과 같다.

아버지께서 먼저 진사(進士) 서부년의 집에 가셨고 나 역시 따라 들어갔다. 두 개의 겹문을 지나니 외사(外舍)였는데 집이 크고 아름다웠으며 휘황찬란하였다. 뜰에는 괴석으로 담을 둘러 세웠다. 꽃나무를 돌계단에 둘러 심었는데 모두 가는 그물을 설치해 막았으니, 마구 짓밟지 못하게 하기 위해서이다. 문 바깥 좌우로 각각 작은 솥 하나가 있었는데 풀방석을 덮어 놓았다. 열어 보니 금색 은색 붕어 수십 마리가 있었다. 솥에 물을 담고 넣어 놓았던 것이다. 혹은 붉은 반점이 곳곳에 찍혀 있기도 하고, 혹 온몸이 붉은 것도 있었다. 혹 머리 하나에 꼬리를 2개 가진 것도 있고 혹 꼬리가 3개인 것도 있었으니 갇혀서 파닥거리는 놈, 활발하게 움직이는 놈들이 가히 볼 만하였는데 이는 남쪽에서 나는 것들이라 한다. 문안 바닥에는 작은 벽돌을 깔고 협실을 만들었다. 들보 사이엔 양각등(羊角燈)을 달았는데 둥글기가 수박만 하고 투명하긴 티 없는 수정과 같았다. 금으로 아로새겨 연잎 형상을 만들어 위아래로 붙이고 또 유소(流蘇, 깃발이나 수레 등에 다는 술)로 잎 모양을 만들어 그 앞에 드리웠다. 또 백동[白鑞]으로 육방입등(六方立燈, 여섯 모서리를 세운 등)을 만들어 그 겉은 칠하지 않고 속에 백동 등잔을 놓았는데 기름을 사르기 위해서이다. […] (부친 이휘중과 서부년이 필담을 나눔)

서부년이 이에 우리를 이끌고 좌편 방으로 들어가니 밖에는 조명채의 시를 걸고 안에는 상서(尙書) 윤순의 시를 걸어 놓았다. 분벽에 격자창이 있고 왼편에는 그림, 오른편에는 서적이 사람의 이목을 끌었다. 여러 책상엔 층층의 시렁을 만들고 경서(經書), 사서(史書), 제자서(諸子書), 문집(文集)들을 쌓아 놓았다. 상아 찌[牙籤]와 비단 책갑은 사람의 눈을 열리게 하였다. 또 고인의 묵희(墨戱, 문인화를 말함)가 많았는데 그중 미원장(米元章, 미불)과 문태사(文太師, 문징명)의 글씨가 가장 득의(得意)한 것이었다. 층으로 나무 화분에 심겨 있는 황매(黃梅)는 꽃이 난만하게 피어 좋은 향기가 사람에게 스몄고 그 아래에 나무 그릇을 두어 떨어진 꽃을 거두었다. 탁자 위에는 벼루 하나를 놓았는데 용이 엎드려 못물을 들이키는 형상을 만들었다. 곁에 상아로 만든 통을 두어 상아 찌 수십 매(枚)를 꽂아 놓았는데 대개 우리나라에서 말하는 골패(骨牌)류이다. […]

김군이 밖에서 작은 거문고를 가지고 왔는데 이름하여 서양금(西洋琴)이었다. 그 형상은 부채를 편 듯하며 넓이는 위가 8촌가량 되고 아래는 6촌가량 되었다. 길이는 4촌에 지나지 않았는데 가운데 철 두 조각을 붙이고 5개의 동그란 구멍을 뚫었다. 좌우에 못 36개를 박고 13개의 줄을 못에 매었는데 줄 하나에는 실 세 가닥을 사용하였다. 실은 주석으로 만든 것으로 가늘기가 당면사(唐綿絲) 같았으며 뿔로 만든 채로 마음대로 퉁기니 쟁쟁하며 삼현(三絃, 가야금·거문고·비파) 소리 같았다. 주인이 나를 위해 한번 연주해주었는데 더욱 들을 만하였다. […]

주인이 또 일어나 뒷문으로 이끌어 들어가니 이는 중사(中舍)였다. 기용(器用)의 사치와 서화의 빛남이 좌우에 있던 방과 같았다. 화분 위에 구기자 큰 포기 하나를 심었는데 서려 있는 것이 소나무 같았으니 아직 떨어지지 않았다. 또 작은 협문으로 연정(蓮亭)으로 들어갔다. 편액하여 이르기를 '회심당(會心堂)'이라 하고 네 기둥에 우리나라 역관 안명열(安命說)의 글씨로 편액하였다. 주인은 안대인(安大人)이라 불렀다. 그는 또 나에게 물어보았다.

"윤 상서의 자손은 여전히 조정에 있습니까?"

"아들이 지현(知縣)을 지냈는데 지금은 이미 세상을 떠났습니다."라고 하니 서부년이 슬퍼하였다.[11]

이의봉은 서장관인 부친 이휘중(李徽中)의 자제군관 자격으로 연행에 참여하였는데, 당시 나이는 28세였다. 서장관으로 연행의 공식 기록을 책임진 이휘중이 병환으로 고생하였기에 이의봉이 기록자의 역할을 대신하였다. 그만큼 『북원록』에는 연행에서 겪은 일이 상세하게 기술되어 있다.[12] 서진사가 방문을 기록한 이 기사 또한 매우 자세한 내용으로 서진사가의 모습을 눈에 선하게 전달해주고 있다.

두 개의 문을 지나자 아름답고 휘황찬란한 외사(外舍)가 나타났다. 뜰에는 괴석으로 담을 두르고 계단에 꽃나무가 심겨 있는데, 가는 그물을 쳐 꽃나무를 보호하고 있었다. 이의봉의 눈길을 끈 것은 문의 좌우에 놓인 작은 솥단지였는데, 그 속에 갖가지 모양의 금붕어가 들어 있었다. 외사

---

11 이의봉, 『북원록』 권3 〈1760년 12월 21일〉. 한국고전번역원 〈한국고전종합DB〉에서 제공하는 김영죽(세종대왕기념사업회, 2016)의 번역문을 참조하여 필자가 가다듬었다.

12 이의봉의 『복원록』에 대해서는 감준희의 「이의봉의 『북원록』 연구」(한국학중앙연구원 석사학위논문, 2017) 참고.

로 들어가는 문의 바닥에는 벽돌이 깔린 협실이 있고, 들보 사이에는 양각등과 육방입등을 달아 놓았는데, 금으로 연잎 형상을 만들어 붙이고 유소가 드리워진 화려한 모습이라고 하였다. 양각등과 육각입등에 대해 자세하게 기술하였는바, 당시 조선에서 볼 수 없었던 등에 대한 젊은 조선 문사의 호기심을 느낄 수 있다. 생략한 필담 내용은 이휘중이 서부년에게 서진사 가문과 벼슬 내력을 묻고 호화스러운 집을 어떻게 유지하는지, 부근에 있는 창려현과는 거리가 얼마나 되며 한유의 무덤이 남아 있는지 등에 대해 질문하고 서부년이 답한 것이다. 이휘중은 풍윤현에도 문인이 많은데, 교제할 만한 인사로 어떤 사람이 있는지도 물었다. 무령현과 함께 문향으로 알려진 풍윤현을 며칠 뒤에 지나게 되므로 이곳에 대한 정보를 얻고자 한 것이다.

대화를 마치고 서부년이 인도한 좌측 방에는 조명채와 윤순의 시가 문 안팎으로 걸려 있었고, 왼편에는 서화 오른편에는 서적이 비치되어 있었다. 이의봉은 그중 미불과 문징명의 글씨가 볼 만하다고 하였다. 방안에 비치된 진기한 서적과 서화, 그리고 나무 화분에 심겨진 매화와 떨어진 꽃잎을 받는 나무 그릇, 용의 형상을 조각한 벼루와 상아 골패 등이 모두 이의봉의 눈길을 끌었다.

서진사가에서 단연 연행사의 눈길을 끈 것은 벽에 걸린 조명채와 윤순의 시로, 이에 대해서는 여러 연행사가 기록을 남겼다. 윤급부터 이의봉, 이압, 이덕무, 박지원, 홍양호, 심낙수 등 7인이 자신의 연행록에서 이 시를 본 사실을 말하였다. 그중 1786년에 연행한 심낙수는 "윤순이 초서로 쓴 당시(唐詩) 절구 한 수가 족자에 걸려 있었다."[13]라고 하여, 윤순의 글씨

---

13 심낙수, 『연행일승』 〈1786년 7월 11일〉, "壁上有刻板一絶句, 印章曹參判命采也. 余曰: "曹詩與筆, 並無可觀, 揭板何也?" 答曰: "詩果不好, 筆則好." 仍引余入小室, 壁上尹判書淳草書唐詩一絶句掛簇. 問曰: "此謂如何?" 余曰: "此人筆名國中."

가 당시 절구를 초서로 쓴 것임을 알려주고 있다. 윤순은 당대에 명필로 널리 알려졌기에 대부분의 연행사가 이를 관심 있게 보았음을 알 수 있으며, 박지원은 윤순이 이 글씨 때문에 귀국한 뒤 탄핵을 받기도 하였다는 말을 덧붙였다.[14] 윤순이 1723년 당쟁이 치열하게 벌어지던 상황에서 청국 문인과 교유한 일을 문제 삼았던 당시의 분위기를 알려준다. 한편 1778년에 연행한 이덕무는 사행길을 떠나 개성에 머물 때에 정경문(鄭景文)으로부터 윤순의 글씨 한 축을 중국에 전해달라는 부탁을 받았다.[15] 그리고 1783년에 연행한 이전수(李田秀)는 중국 문사와 이별하면서 윤순과 이광사의 글씨를 선물로 주기도 하였다.[16] 이들 기록은 윤순의 글씨가 중국에 상당히 알려졌으며, 중국 문사에게 그의 글씨를 선물하는 경우 또한 많았음을 알려준다.

이의봉 일행은 이날 서양금 연주를 듣기도 하였는데, 이는 다른 연행록에서는 찾아볼 수 없는 장면으로 주목된다. 1765년에 연행한 홍대용이 서양금을 접하고 이를 기록으로 남긴 것이 널리 알려져 있는데, 이의봉은 그보다 5년 앞서 서진사가에서 양금을 접한 것이다. 이의봉은 양금의 모양에 대해 위는 8촌 아래는 6촌 너비에 길이는 4촌으로 13개의 줄이 있고, 줄 하나마다 주석으로 만들어진 가는 줄 세 가닥을 사용하였다고 매우 상세하게 묘사하였다. 처음 접한 서양 악기에 대한 젊은 문사의 호기심이 짐작되는 대목이다. 양금(洋琴)은 유럽에서 온 현악기라는 뜻으로 '구라금(歐邏琴)'이라고도 하고, 유럽에서 왔으며 철현(鐵絃)을 가지고 있는

---

[14] 박지원 저, 김혈조 역(2009), 앞의 책, 348쪽; 『열하일기』 「關內程史」 〈1780년 7월 25일〉, "윤공은 귀국하여 오랑캐에게 알량한 재주를 팔았다고 탄핵을 받았으니, 대개 이 시를 가리켜 말한 것이다. 말의 터무니없음이 이와 같도다."

[15] 이덕무, 『入燕記』 〈1778년 3월 19일〉, "訪鄭童子慶三, […] 慶三之叔文淵, 贈尹判書淳所書行草一大軸, 要傳中原."

[16] 이전수, 『農隱入瀋記』 〈1783년 9월 7일〉, "告別而去, 以白下半行二紙·圓嶠行草八紙贈之."

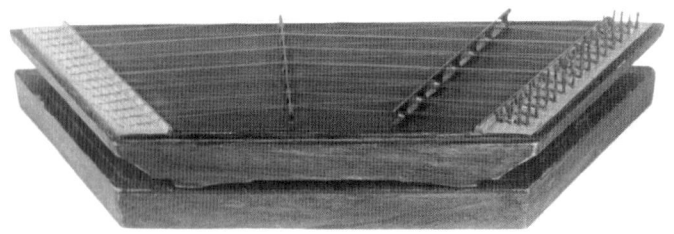

그림 2 | 양금, 『한국민족문화대백과사전』 수록

악기라는 뜻에서 '구라철사금(歐邏鐵絲琴)' 또는 '구라철현금(歐邏鐵絃琴)'으로도 불렸다. 서부년이 양금 연주를 즐겼다는 점에서 서진사가 매우 부유하고 문화 향유 수준 또한 최첨단이었음을 알 수 있다. 이의봉은 난생 처음 서양금 연주를 듣고는 삼현 소리와 흡사하여 들을 만하다고 흡족해 하였다.

서양금 연주를 마치고 서부년은 일행을 중사(中舍)로 인도하였는데, 이곳도 고동 서화가 마찬가지로 화려하였다고 했다. 그리고 협문을 통해 연정(蓮亭)으로 갔는데, 이곳의 현판 '회심당(會心堂)'은 우리나라 역관 안명열(安命說, 1677~?)의 글씨였다. 안명열은 1717년(숙종 43) 역과에 급제한 인물이다. 『영조실록』에는 1745년(영조 21)에 안명열이 『신법역상고성후편(新法曆象考成後編)』을 중국에서 구입해 온 것으로 상을 받는 기사가 실려 있어[17] 그가 서적에 식견이 높았던 인물임을 짐작하게 한다. 서부년이 안명열을 '안대인'이라 부르고 있는 점 또한 그를 단순한 역관이 아니라 박

---

17 『영조실록』 21년(1745) 7월 13일, "역관 안명열과 황력 재자관(皇曆賫咨官) 김태서(金兌瑞) 등이 『신법역상고성후편』을 구납(購納)하였고, 일관(日官) 안국빈(安國賓)이 신수 제법(新修諸法)을 배워 왔으며, 역관 현덕연(玄德淵)이 『세원록(洗冤錄)』을 구납하였는데, 모두 차등 있게 시상하였다."

식한 문사로 여기고 있었음을 말해준다.

인용문에 이어지는 대목에서 역관들은 이의봉에게 안명열이 재자관(齎咨官)으로 왔을 때 열흘이 넘도록 이 집에 머물러 있었으며, 서진사가는 해마다 백만 냥을 거두어들이는 부호라고 말한다.[18] 안명열이 『신법역상고성후편』을 구입해 와 영조로부터 상을 받은 것 또한 재자관으로 사행 왔을 때의 일이다. 그렇다면 안명열이 서진사가에 열흘 이상을 머물렀던 이유는 어쩌면 이 책을 구입하기 위한 것이었는지도 모른다는 추정이 가능하다. 특별한 목적 없이 연행사가 사가에서 열흘 이상을 머물 이유는 없었을 것으로 생각되기 때문이다. 당시 서양으로부터 막 들어온 서양금을 구입해 놓고 즐길 정도의 경제력을 지녔을 뿐 아니라 심양으로 가는 길에 북경의 고위 관료들이 방문하여 시를 남기는 서진사가의 인적 네트워크를 알고 있던 안명열이 그와의 친분을 활용해 『신법역상고성후편』을 구입한 것이 아닌가 생각해 볼 수 있다. 서진사가에는 서적 매매상 또한 출입하고 있었던바, 이의봉은 귀국길에 이 집에 재차 방문했을 때 서적 파는 자를 만나기도 하였다.[19] 당시 조선에서는 최신 역서의 구입이 중대한 현안이었던 반면에 중국에서는 역서의 유출을 엄격하게 금하고 있던 시대 상황을 고려하면 이러한 추론은 한층 개연성이 높은 것으로 생각된다.

18세기 연행사의 주요 임무 가운데 하나는 중국 역서의 수입이었다. 동양에서는 전통적으로 천문과 제왕의 정치 득실이 밀접한 관련이 있다는

---

[18] 이의봉, 『북원록』 권3 〈1760년 12월 21일〉, "諸譯云, '我使無歲不入此家, 家主亦以爲榮. 至於安命說, 則其爲齎咨官也, 浹旬留連'云, '主家歲收白金萬兩'云."

[19] 이의봉, 『북원록』 〈1761년 2월 16일〉, "有賣書者, 携『永平志』·『靑州志』·『孟氏三遷志』·『齊乘』·『涷水志』·『武夷志』等書秩, 或缺板或刓, 正使只取武夷志而來. 諸書似主家物, 而難於論價, 諉之他人云."

재이론적(災異論的) 관념을 갖고 있었다. 따라서 천문에 대한 관찰은 제왕의 중요한 임무로 간주되었으며, 여기에는 농경 사회에서 기후의 정확한 예측이라는 현실적 요구 또한 무시할 수 없는 이유로 작용하였다. 조선에서 서양 역법을 처음 접한 것은 1631년(인조 9) 정두원(鄭斗源, 1581~?)이 연행했을 때 선교사 육약한(陸若漢, Johannes Rodrigues, 1561~1633)으로부터『천문략(天文略)』과『치력연기(治曆緣起)』등을 얻어 오면서부터인 것으로 알려져 있다.[20] 이후 조선 왕조에서는 좀 더 정확한 서양 역법을 배우고자 지속적으로 노력하였으며, 이는 연행사의 주요 임무 중 하나였다.[21]

인용문 끝에서 서부년은 윤순 자손의 안부를 물었고, 그의 아들이 현감을 지냈는데 이미 고인이 되었다는 말을 듣고 슬픈 기색을 지었다. 이러한 태도는 서진사가 사람들이 조선 사신과 진정을 나누었으며 사신 일행을 매우 호의적으로 대했음을 알게 해준다. 서진사가 중문(中門)의 주련(柱聯)에는 "바다 동쪽 머나먼 곳에서 온 사신님네, 푸른 하늘에서 내려온 신선의 자태라네.(海東絶域皇華使, 天上仙官碧落卿.)"라는 시구가 걸려 있기도 했다.[22] 한편 서진사가 사람들은 조선 역관에게 편지 전달을 부탁하기도 하였다. 1778년 서소분은 역관 김재협(金在協)에게 북경 유리창에 머물고 있는 아우 서소신에게 편지를 전해달라고 부탁하였다. 이덕무와 박제가는 이 편지를 전달하러 가서 사고전서(四庫全書) 등교관(謄校官)으로 있던 서소신과 필담을 나누기도 했다. 이덕무는 서소신이 한 달에 5만 자를 등사(謄寫)하고 있으며, 필담하는 솜씨가 매우 민첩하다고 하였다.[23]

---

20   이익,『성호사설』권4「萬物門」.
21   정성희,『조선후기의 우주관과 역법』, 지식산업사, 2005.
22   이덕무,『입연기』〈1778년 5월 8일〉.
23   위의 자료,〈1778년 5월 17일〉, "譯官金在協, 將傳撫寧縣徐紹芬書于其弟紹薪, 時紹薪寓琉璃廠北佛菴, 余與在先隨往. 紹薪方充四庫全書謄校官, 自言一月課謄五萬字. 相與筆談, 翻

1786년에 연행한 심낙수는 귀국길에 서진사가를 재차 방문하여 서소신의 책상에 놓여 있던 심덕잠의 『국조시선(國朝詩選)』을 화제로 필담을 나누었다. 심덕잠의 자손이 『전겸익문집(錢謙益文集)』으로 인한 옥사(獄事)에 연루되어 귀양가 있다는 말을 듣고, 심낙수는 전겸익의 문집인 『목재집(牧齋集)』이 세상에 나온 지 오래되었는데 어째서 이런 옥사가 벌어졌는지 물었다. 이에 서소신은 원수진 사람이 고발하여 자손 중에 사형에 처해진 사람도 있다고 대답하였다. 심낙수가 다른 옥사에 대해서도 물으려고 하자, 서소신은 필담한 종이를 입에 넣어 씹어 삼키고는 손을 내저으며 더 이상 말을 하지 않았다.[24] 이러한 사례는 서진사가 사람들이 조선 사신과 당시 금기시되던 일까지 솔직하게 이야기하며 진심으로 교유했음을 말해준다.

(2) 풍윤현 곡응태가에서의 교류

무령현을 출발한 연행사가 영평부(永平府)와 사하현(沙河顯)을 거쳐 풍윤현에 도착하는 데에는 대략 2~3일가량 걸렸다. 풍윤현에서 연행사가 가장 많이 방문한 곳은 곡응태(谷應泰, 1620~1690)의 후손들이 살고 있는 집이었다. 풍윤현 출신인 곡응태는 순치(順治) 4년(1647) 진사(進士)에 올라 호부주사(戶部主事)와 원외랑(員外郞), 절강제학첨사(浙江提學僉事) 등을 역임

翻可愛."

24 심낙수, 『연행일승』 〈1786년 윤7월 21일〉, "案上有『國朝詩選』, '禮部尙書臣沈德潛刪正'. 余問曰: '沈公文章, 近來罕有, 其子孫方有顯仕否?' 徐曰: '未能承家, 見方流竄. 蓋以近來, 以『錢謙益文集』連有大獄. 沈亦與此事矣.' 余問: '『牧齋集』行世已久, 何乃至此?' 徐曰: '家藏此集者多, 爲其讐人所告, 其子孫, 或至有大辟者, 慘矣慘矣. 但牧齋集必有藏best, 以俟後日者.' 余曰: '沈公以徐守髮事, 罪及泉壤云, 尊亦知之否?' 徐噸蹙曰: '掘死人事, 何必提說?' 遂裂去酬酌所書之紙, 納于口中咋噬, 揮手而不復言."

표 3 | 풍윤현 곡응태가 방문 기사

저자, 출전	방문 일자	교유 인물	주요 내용
金昌業, 『燕行日記』	1712.12.22.		곡씨의 집을 구경하고 건너편 집에서 묵음. 책을 팔러 오는 자가 많았는데, 역관들이 데리고 오기도 했음
李宜顯, 『庚子燕行雜識』	1720.12.22.	谷碩	곡응태가에 묵으면서 조빈(曹彬)의 후손이 팔러 온 필첩을 구경함. 필첩 내용을 소개하고, 집안의 보배인데 팔러 온 바 그 불초함이 애석하다고 함
李器之, 『一庵燕記』	1720.9.12.	谷磩, 谷確	곡응태가에 묵을 때 서적 매매인이 팔러 온 책을 소개하고, 곡응태가의 모습을 대략 기술함
李健命, 『寒圃齋使行日記』	1721.12.23.		부채를 주고 『명사본말』을 구매함
李喆輔, 『丁巳燕行日記』	1737.11.19.	집주인	곡응태가 『명사기사본말』에 '대명종흥(大明終興)' 등의 문구를 써 놓아 필화가 발생한 일을 기술함. 〈순안도(巡按圖)〉를 구경함
洪大容, 『燕記』	1765.		풍윤현에 사족과 서적상이 많음. 곡응태의 증손을 자칭하는 자가 『통지(通志)』 300권이 있다 하며 가격이 권당 은 1냥이라고 한 전언을 기록함
李德懋, 『入燕記』	1778.5.10.	곡응태 5대손	『명사기사본말』에 대해 묻자, 이 때문에 집안이 화를 입어 판본을 없앴다고 함
盧以漸, 『隨槎錄』	1780.		홍대용『연기』의 기록과 동일한 내용으로 원문도 똑같음
徐有聞, 『戊午燕行錄』	1799.2.13.	谷延興	『명사기사본말』에 대해 묻고, 과거제도와 풍속 등에 대해 필담을 나눔

한 인물로『명사기사본말(明史紀事本末)』[25]의 저자로 유명하다. 18세기 연행록에서 확인되는 곡응태가 관련 기사를 정리하면 〈표 3〉과 같다.

풍윤현 곡응태가 관련 기사에서는 서진사가에서와 달리 연행사에게 서적을 팔러 오는 서적상이 많이 보인다. 김창업(1712), 이의현(1720), 이기

---

25 『명사기사본말』은 총 86권의 방대한 내용으로 주원장(朱元璋)의 기병으로부터 숭정 17년 (1644)에 이자성(李自成)이 북경을 공격하여 함락한 일까지 기술하고 있다. 명대 환관들의 전횡(專橫)·엄당(閹黨)·왜구(倭寇) 등에 대해서도 자세하게 서술하였다. 또한 곡응태 자신이 경험한 사회적 변화나 명나라 멸망에 대한 교훈 등을 총결하고 있다.『명사고(明史稿)』와『명사(明史)』이전에 편찬되었으며,『명사』에 보이지 않는 기사가 포함되어 있어 명대 정치사 연구에 유용한 역사서로 평가받는다.

지(1720), 이건명(1721), 홍대용(1765) 등의 여러 연행록에서 곡응태가에서 이루어진 서적 매매와 관련한 기사를 찾아볼 수 있다. 풍윤현은 병자·정축호란으로 납치되어 온 조선인 후손들이 살고 있는 땅으로도 알려져 있는데,[26] 연행사는 이곳에 이르면 곡응태 후손가에 유숙하면서 서화를 감상하거나 서적을 구입하는 경우가 많았다. 가장 이른 시기인 1712년 김창업의 기록부터 보자.

> 서문 안의 남쪽 작은 거리에 한인 곡씨의 집이 있는데 전부터 사행이 숙소로 써 오던 곳이다. […] 방이 작아 의자 둘을 놓기가 어려웠으므로 나는 방을 나와 건너편 집으로 갔다. […] 책을 팔러 오는 자가 많았는데 값을 부르는 것이 매우 비쌌다. 『화원(畫苑)』·『서원(書苑)』 두 책이 있는데 옛사람의 서법과 화법을 평론한 책이었으나 돈이 없어 사지 못했다. 또 소명태자의 주가 없는 『문선(文選)』이 있었다. 글자가 커서 노안(老眼)으로 보기에 적합하였다. 값은 별선(別扇) 8자루였는데 역시 사지 못했다. 역관 김만희(金萬喜), 김상현(金尙鉉), 최수창(崔壽昌) 세 사람이 책장수를 데리고 와서 밤이 깊은 뒤에 돌아갔다. 이 집의 방도 작았는데 주인은 나를 다른 방으로 옮겨주었다. 내 나이를 묻더니, 자기와 동갑이라면서 대우가 특히 후했다. 나는 주인에게 서명(書名)을 적어주어 구해 오게 했으며, 돌아올 때에 값을 주기로 했다. 그의 성은 왕씨(王氏)이며 이름은 미처 물어보지 못했다.[27]

---

26 소재영 외 저, 『연행노정, 그 고난과 깨달음의 길』, 박이정, 2004, 37쪽. 이 책에서는 풍윤성 도로변에 고려보 역참이 자리 잡고 있으며, 시장에는 김치와 인절미[高麗餠]를 만들어 파는 여인이 많다고 하였다. 곡응태 후손가에 대한 언급은 없다.

27 김창업, 『연행일기』 〈1712년 12월 22일〉, "入西門內, 南邊小巷有谷姓漢人家, 自前使行宿處也. […] 炕小難容二榻, 余出往越邊家. […] 賣書者多, 而索價甚高. 有『畫苑』·『書苑』兩書, 評論古人書法畫法, 無價不得買. 又有昭明『文選』無註者, 字樣大, 宜於老眼. 其價別扇

위의 기록을 통해 연행 사절이 풍윤현에 도착하면 곡응태가에서 유숙하는 것이 관례였으며, 서적상이 이곳에 와서 책을 팔았음을 알 수 있다. 또한 조선 역관이 이곳의 서적상과 평소 친분이 있으며 매매에 관여했음을 알 수 있다. 『문선』한 질의 값이 별선 8자루라는 기록에서 당시의 책값을 대략 짐작해 볼 수 있다. "『삼재도회(三才圖會)』에 실려 있는 접선(摺扇)의 주에 '대쪽을 엮어서 부챗살을 만드는데, 살이 많은 것을 귀히 여긴다.'라고 했는데, 이는 바로 지금의 오십죽별선(五十竹別扇)이다."라는 기록이 이덕무의 『청장관전서』에 있는바, 별선은 일반 부채보다 살이 많은 질 좋은 '특별한 부채'였던 것 같다. 접선, 곧 접부채는 당시 조선에서 중국에 조공하던 물품 중의 하나로 중국인들이 좋아하는 것이었기에 책값을 부채로 지급하는 경우가 많았다. 예컨대 김창업은 승두선(僧頭扇) 9자루로 『문선』을 구입하였고,[28] 이의현은 송나라 신종의 그림을 부채·부싯돌·어물 등을 주고 구입했으며,[29] 이건명은 『명사본말』을 선병(扇柄)을 주고 구입했다는 기사가 보인다.[30] 한편 김창업이 필요한 책명을 적어주고 귀로에 값을 치르기로 했다는 말에서 당시 풍윤성에 상당한 서적이 유통되고 있었으며 서적상의 활동 또한 활발했음을 추정할 수 있다.

이철보의 기록에 의하면 곡응태는 청나라 조정에 들어가 벼슬하였지만 『명사본말』의 초고에 '大明終興(명나라가 끝내는 부흥할 것이다)' 등의 문구를

八柄, 而亦不能買. 譯官金萬喜·金尙鉉·崔壽昌三人, 各引賣書者入來, 夜深散去. 此炕亦小, 主人乃以余移他炕, 問我年, 謂渠同甲, 而待之特厚. 遂書冊名與之, 令求訪, 待歸時相報. 其人姓王, 名未能問."

28 위의 자료, 〈1713년 2월 19일〉, "文選亦在, 而其直更討, 僧頭扇九柄, 乃許之."
29 이의현, 『경자연행잡지』, "神宗御畫障子, 慮價高難買, 譯輩中有與序班相親者, 使之居間周旋, 以扇柄火鐵魚物雜種給之."
30 이건명, 『寒圃齋使行日記』〈1723년 12월 23일〉, "夕抵豊潤城中, 胡人持來『明史本末』, 給扇柄, 換取."

썼다가 이것이 발각되어 직책을 삭탈당하고 사면 뒤에도 벼슬하지 않고 은거했다고 한다.³¹ 이처럼 청조에 비판적인 의식을 지닌 인사였기에 대명의리에서 자유로울 수 없었던 사신 일행에게 곡응태의 후손가에서 유숙하는 일은 각별한 의미를 지녔던 것으로 여겨진다. 1720년에 연행한 이기지의 기록을 보기로 한다.

갑신년(1704)에 대인이 연행길에 올랐을 때 곡응태의 종손 집에서 머무셨는데, 이 지역의 대족(大族)으로 친족이 거의 1,000여 명이라고 한다. 그 집은 서쪽 성안의 남쪽 거리에 있었는데, 갑신년에 있었던 주인은 이미 죽었고, 그 아들이 나와서 우리를 맞이했다. 그의 나이는 16세로 이름은 거(磲)였다. 그의 종형제 몇 사람도 함께 왔는데, 이름이 '확(確)'인 자가 있었다. […]

내가 "서책과 법서와 명화를 많이 가져오면 보고 난 후에 마땅히 살 만한 것을 사도록 하겠소."라고 써 보이자, 곡확이 글로 써서 말하였다.

"앞서 귀국의 노야(老爺)들께서 서화를 보고자 하였으나, 그저 구경만 할 뿐 끝내 한 권도 사 가지 않았습니다. 그래서 이곳 사람들이 가져오고 싶어 하지 않습니다."

내가 "우리 가운데 마땅히 살 사람이 있을 터이니 걱정 말고 어서 가져오시오."라고 쓰자, 주인이 꽃과 산수·인물·새와 짐승이 그려진 족자 하나를 꺼내어 보여주었다. 길이가 수 장이며 매우 정교하고 훌륭하였으나, 이것은 팔지 않았다. 다른 사람이 또한 서화와 서책을 몇 건 가져왔는데, 그다지 좋은 것이 없었다. 김덕삼(金德三)과 박태중(朴泰重)은

---

31 이철보, 『丁巳燕行日記』〈1937년 11월 19일〉, "夕宿豊潤縣高哥庄, 上使所寓, 卽明御史谷嶸之遺宅也. 嶸之孫應泰, 入淸爲江南學官, 曾著『明史本末』, 有'大明終興'等語, 書發而削其職, 刪其語. 其後, 遇赦 而仍自廢不仕."

부채를 주고 『한서(漢書)』와 『사기(史記)』를 샀다. 주인이 또 『어제고문(御製古文)』 한 부를 꺼내었는데, 황제가 손수 가려 뽑은 고문으로 『좌전(左傳)』부터 원·명 시대에 이르는 글들까지 실려 있었다. 책장 위쪽에는 노란 글씨로 비평을 해두었으며, 비단으로 장정하고 아첨(牙籤)도 있었다. 분지(粉紙)에 큰 글자로 쓴 것이 매우 정교하고 훌륭했으나, 나는 쓸 데가 없어 사지 않았다. 주인 집 아이는 나이가 비록 어리나 매우 단아하여 마음에 들었다. 나는 청심환과 소합환과 화철(火鐵) 등의 물건을 주고 숙소로 돌아와 저녁 식사를 하였다.[32]

1704년 부친 이이명(李頤命)이 연행했을 때에도 곡응태의 후손가에서 묵었다고 하며, 종친이 1,000여 명에 이르는 풍윤현의 대족이라고 하였다. 당시의 주인은 이미 죽고 16세인 그의 아들 곡거(谷磲)와 곡확(谷確)을 비롯한 종형제들이 함께 맞이했다는 말에서 곡응태의 후손가에서 사신 일행을 상당히 후대했음을 알 수 있다. 서책과 서화를 보여달라고 하자 지난번에 아무도 산 사람이 없어 이곳 사람들이 가져오기를 꺼린다고 하는 곡확의 말에서 서적상을 부르고 나서 살 사람이 없을까 난처해하는 주인의 심리가 드러나 보인다. 그중에서 황제가 직접 산정한 『어제고문』은 정교하고 화려함이 보기 드문 것이었는지 책의 모습을 자세히 설명해 두었다.

주인이 족자와 『어제고문』을 내어 보여주었다는 것에서 서적상뿐 아니라 곡씨 집안에서도 직접 그림이나 서적을 매매했음을 알 수 있는데, 때에 따라서는 중국 사족이 직접 자기 집안의 가보를 들고 와서 팔고자 한

---

[32] 이기지 저, 조융희·신익철·부유섭 역, 『일암연기』, 한국학중앙연구원 출판부, 2016, 144~145쪽, 〈1720년 9월 13일〉. 이하 『일암연기』의 번역본은 이 책을 참고한 것임을 밝혀둔다.

경우도 있었다. 이의현은 곡응태 후손가에서 조빈(曹彬)[33]의 후손이 가져온 필첩을 구경한 후 연행록에 자세히 기록해 두었다. 18첩으로 된 이 필첩은 호안국(胡安國)·손적(孫覿)·주필대(周必大)의 글씨와 조빈과 그 후손들에게 내린 황제의 칙명, 조위공(曹魏公)·조무의공(曹武懿公)·조무목공(曹武穆公)의 화상, 진덕수(眞德秀)와 허형(許衡)의 발문 등이 있는 진귀한 것이었다. 이의현은 이것이 위조품은 아닌 듯하다고 하면서 "이는 실로 조씨 집안에 전해지는 보배인데, 이것을 팔아서 값을 받고자 하니 그 불초함이 애석하였다."[34]라고 하였다. 이를 통해 당시 곡씨 집안에서 연행사에게 서화나 서적을 매매하는 일이 중국 내에서도 상당히 알려졌던 것으로 짐작된다.

1727년에 연행한 강호보는 곡응태가에 대해 언급하지는 않았지만, 풍윤현에서 『천하명산기(天下名山記)』를 파는데 이를 사지 못한 아쉬움을 기록으로 남겼다. 강호보는 한 호인(胡人)이 『천하명산기』 5갑(匣)을 팔려하였는데, 중국의 역대 유산기(遊山記)를 모아 십이성(十二省)으로 나누어 지역마다 유취(類聚)한 책이라고 하였다. 책 장수가 책값으로 은 30냥을 제

---

33 조빈(931~999)은 자가 국화(國華)로 송 태조를 도와 천하를 평정하고 노국공(魯國公)에 봉작되어 장상(將相)을 겸한 인물이다. 촉(蜀) 토벌 때 다른 장수는 성을 도륙하였지만 조빈은 영만 내려 진압시켰으며, 이로 인해 후손들이 대대로 영화를 누렸다고 한다.

34 이의현, 『경자연행잡지』, "有人携一年少者, 持一帖以示, 所謂年少者, 卽宋曹彬後孫, 携來者, 乃其中表而姓魯云. 見其帖, 首帖, 大書曹氏遺譜之寶, 胡安國書. 第二帖, 大書文章華國翰苑名家, 孫覿書. 第三帖, 以八分大書平陽侯裔武惠流芳, 周必大書. 第四帖, 卽下曹彬之勅, 開寶七年五月三日, 印御寶. 第五帖, 下曹瑋之勅, 天禧四年正月十二日, 印御寶. 第六帖, 曹氏族譜敍, 紹興二十九年三月下浣, 陳康伯撰. 第七帖, 王素撰贊. 第八帖, 曹魏公像. 第九帖, 太末里人趙抃撰贊. 第十帖, 曹武惠公傳, 皇祐元年十月下浣之吉, 胡瑗書. 第十一帖, 武惠公像. 第十二帖, 程洵撰贊. 第十三帖, 曹武懿公像. 第十四帖, 汪大猷撰贊. 第十五帖, 曹武穆公像. 第十六帖, 族譜跋, 乾道三年正月吉日, 虞允文撰. 第十七帖, 寶慶二年正月下澣之吉, 眞德秀撰跋. 第十八帖, 魯齋許衡撰跋. 筆法事蹟, 俱可觀玩, 亦似非一時贗作也, 此實爲曹氏傳家之寶, 而乃欲賣而取直, 其不肖, 殊可痛也."

시행는데, 역관이 나서서 중재했으나 값을 깎아주지 않아 사지 못했다. 강호보는 북경에 들어와서도 이 책을 찾았으나 구할 수가 없었다.[35] 『천하명산기』는 청대 오추사(吳秋士)가 편집한 책으로 16권에 도(圖) 1권으로 이루어져 있다. 『사고전서총목제요』에 따르면 하당(何鏜)의 『유명산기(遊名山記)』와 왕세정(王世貞)의 『광편(廣編)』을 산삭한 것이라고 한다. 이를 보면 풍윤현에서는 청대 당시에 간행된 최신 서적도 유통되고 있었음을 알 수 있다.

1765년에 연행한 홍대용은 "풍윤현은 원래 사족(士族)들이 많은 곳이다. 사행(使行)이 성에 들어오자 서화·골동들을 가지고 와서 팔려는 사람이 많았는데, 소년 수재(秀才)들이었다. 곡가(谷哥)라는 사람이 있어 곡응태의 증손이라고 자칭하였다. 자기 집에 정어중(鄭漁仲)의 『통지(通志)』 1부 300권이 있는데, 명나라 때의 인본(印本)으로 권당 가격이 은 1냥씩이라고 했다."[36]라고 적었다. 사족들이 많이 사는 풍윤현의 젊은 수재들이 연행사에게 책을 파는 일이 많았으며, 곡응태의 후손들 또한 서적 매매에 참여하였음을 알 수 있다.

한편 이덕무와 서유문은 곡응태의 후손들에게 『명사기사본말』에 대해 묻고 있는데, 두 사람 모두 이 책 때문에 집안이 화를 당하여 책판을 없애

---

35 강호보, 『상봉녹』 〈1728년 2월 7일〉, "이번 길에 풍윤 고을 이르니 한 되놈이 『천하명산기』란 책 다섯 갑을 가져와 팔려 하거늘 보니 대개 중국 고금인의 유산기를 모아 십이성을 나누어 땅으로 유취한 책이라. 중원(中原) 산천이 가히 놀아 구경할 만한 한 곳이 하나도 이 책에 빠진 것이 없으니 동방 사람이 이 책을 얻은즉 가히 천하명산을 누워서 구경할지라. 그런 고로 극히 사고자 하여 마두(馬頭)와 역관에게 그 값을 의논하라 하니 책 임자가 은 삼십 냥을 달라하거늘 역관이 다투되 마침내 내리지 아니하기에 사지 못할지라. 북경 들어온 후에 내 역관에게 청하여 이 두 책을 구하라 하고 영공(令公)도 내 말을 듣고 또한 사고자 하여 역관에게 엄히 분부하되 그 두 책이 없다 하고 얻어드리지 아니하더니…."

36 홍대용, 『燕記』 『沿路記略』 〈1799년 2월 13일〉, "豊潤素多士族. 使行入城, 持書畫器玩求賣者, 亦多少年秀才也. 有谷姓, 自稱谷應泰之曾孫, 聞其家有鄭漁仲『通志』一部三百卷, 前朝印本, 每卷價銀一兩云."

버렸다는 답을 듣는다. 1798년에 연행한 서유문은 귀로에 곡생(谷生)과 나눈 필담을 자세히 기록해 두었다. 곡생은 서유문이 쓴 갓과 망건을 보고 명나라 때의 유제로 귀한 것이라고 하였다. 그리고 나서 두 사람은 조선과 청의 과거제도의 차이점에 대해서도 길게 이야기를 나누었다. 서유문은 벽에 붙여 놓은 〈구구소한도(九九消寒圖)〉의 의미를 묻기도 하였다. 곡생은 "이 고을에 일찍이 미인이 한 사람 있어, 동짓날 매화 한 가지를 그리되, 꽃이 무릇 여든 한 송이라. 벽 위에 붙이고 날마다 단장할 때면 연지(臙脂)를 찍어 매화 한 송이에 찍으니, 여든 한 날이 지난 후 매화가 변하여 살구꽃이 되니, 본래 교묘하게 미인을 생각나게 하더니, 혹 모방하여 이곳에 이 그림이 성행하니라."[37] 라고 하여, 당시 중국에서 〈구구소한도〉가 성행하던 세태를 알려주기도 한다.

2) 북경에서의 중국 문인 교유

(1) 18세기 전반 김창업·이기지의 중국 문인 교유[38]

가. 김창업의 교유

김창업(金昌業, 1658~1721)은 1712년(숙종 38) 동지겸사은사의 정사인 김창집(金昌集)의 자제군관 자격으로 연행하였다. 『연행일기』에는 이해 11월

---

37 서유문, 『무오연행록』, 〈1799년 2월 13일〉.
38 김창업과 이기지의 중국 문인 교유를 다룬 내용은 필자의 논문 「김창업·이기지의 중국 문인 교유 양상과 특징」, 『대동문화연구』 106(2019)을 정리한 것임을 밝혀 둔다.

3일부터 이듬해 3월 30일까지 5개월 동안 연행에서 겪은 일들이 빠짐없이 기록되어 있다. 먼저 『연행일기』에 실려 있는 중국 문사와의 교유 내용을 〈표 4〉에 정리하여 제시하고, 그중 북경에서 나눈 교유의 특징적 면모 두 가지를 살펴보기로 한다.

가) 마유병과의 만남과 수선화

김창업은 서울 외곽 송계(松溪)에 은거해 지내면서 동장(東莊)이라 이름 붙인 별장을 경영하였다. 그는 이곳에 수십 종의 꽃나무를 심고 일일이 오언절구를 지어 감흥을 노래했다. 김원행(金元行)은 행장에서 "옛사람이 맑은 세상에서 원림의 즐거움을 누리는 것을 사모하여, 동교(東郊)의 송계에 나아가 밭과 집을 마련하고 나무와 꽃을 심고 채소밭을 일구며 늙어 죽을 계획으로 삼았다."[39]고, 김창업의 원예 취미에 대해 특기한 바 있다.

이처럼 화훼에 남다른 관심을 지녔던 김창업은 북경에 도착해서도 중국의 화초에 대해서 관심을 가지고 수소문하였다. 이를 알려주는 것이 1713년 1월 22일 기사이다. 이날 마유병(馬維屛)이란 중국 문사가 사신이 머무는 관소를 방문하였는데, 역관 오지항을 통해 그의 집에 화초가 많다는 이야기를 듣고 김창업이 초대한 것이다. 열흘 뒤인 2월 3일에는 김창업이 마유병의 집을 방문하여 명화(名花)를 구경하였는데, 이날 탁상에는 압구자(鴨子口)라 불리는 수선화 2분이 놓여 있었다. 마유병은 산수화 그림 한 장과 함께 그중 하나를 김창업에게 선물로 주었다.[40] 2월 8일에도

---

[39] 김원행, 『渼湖集』 권19 「從祖老稼齋公行狀」, "公雅慷慨豪俠, 疎於富貴功名, 慕古人淸世園林之樂. 於是就東郊之松溪, 治田舍, 種樹卉, 疏池闢圃, 以爲終老計."

[40] 김창업, 『연행일기』 〈1713년 2월 3일〉, "余索筆紙, 書曰: '特來相訪, 兼欲一見各樣名花.' […] 以水仙花二盆寘卓上, 其葉甚短, 僅數寸許. 維屛曰: '這水仙花, 名爲鴨子口, 卽蘇州地方進貢的. 如愛, 可取去看.' 卽以一盆與元建."

표 4 | 김창업 『연행일기』의 중국 문인 교유 기사

일자	장소	교유 인물	내용
1712.12.15.	寧遠衛	王寧潘	정축년(1697) 연행의 서장관 송상기(宋相琦)가 만났던 왕녕반을 만나봄
12.18.	山海關	郭如栢	늠상생(廩庠生) 곽여백과 시를 주고받음
12.22.	豊潤縣	谷家 주인	책을 팔러 오는 자가 많았는데 비싸서 사지 못함
12.24.	薊州	康田	강전과 과거제도, 유명한 의관, 산해관 등 계주와 관련된 이야기를 나눔
1713.1.3.	북경	李廷宰, 李廷基	영원백(寧遠伯) 이성량(李成樑)의 둘째 아들 이여백(李如柏)의 초상화 모사를 화원 김진여(金振汝)에게 부탁함
		潘德輿	서반(序班) 반덕여와 몽골인에 대해 이야기함
1.6.	북경	羅延	정사 김창집의 초상화를 그리는 화가를 구함
1.7.	북경	나연	화가 나연이 자신의 친척 조유인(曹孺人)의 묘지(墓誌)가 적힌 서첩에 관해 이야기 함
1.10.	李元英의 집	이원영	이원영이 집 앞을 지나는 김창업을 초대해 그 집을 방문함. 시를 짓고, 소주를 나눠 마시고, 『패문재광군방보(佩文齋廣群芳譜)』에 대한 이야기를 나눔. *〈次李元英韻〉3수(『노가재집』권5)
1.11.	관소	이원영	이원영이 편지와 절구 5수와 함께 선물을 보내고, 조선의 종이·담배·해삼·멥쌀·찹쌀 등을 얻고 싶다고 함
1.12.	관소	이원영	이원영에게 편지와 종이·담배·찹쌀·멥쌀과 함께 유기그릇을 보내고, 책을 빌리고자 함.
1.20.	관소	王四	길을 안내해주는 갑군(甲軍) 왕사에 대한 내용
1.22.	관소	馬維屛	역관 오지항(吳志恒)을 통해 마유병의 집에 화초가 많다는 이야기를 듣고 관소로 초대함. 마유병의 집에 있는 화초에 대해 이야기 나눔
		이원영	이원영이 찾아와 시를 짓고, 조선 음식을 나누어 먹음. 이원영이 창희(唱戱)를 함께 볼 것을 권유하고, 김창집의 관대를 착용해봄. 조선의 관대가 매우 좋다고 하였는데, 나중에 필담 기록에서 삭제함
1.23.	관소	이원영	이원영이 시와 음식과 함께 「난정서(蘭亭序)」를 보내옴
1.25.	북경	환관들	강희제를 볼 수 있는 기회가 생겨, 가는 길에 여러 환관들과 이야기를 나눔
2.3.	이원영의 집	이원영, 이원영의 아우	이원영 집을 방문하여 이원영 및 그의 아우와 이야기 나누고 거문고 연주를 듣고 식사함
	마유병의 집	마유병	마유병의 집을 방문하여 화초에 대해 이야기 나누고, 인물·산수·화조·어해(魚蟹) 등 10폭 병풍에 대한 이야기도 나눔. 수선화와 산수화 1장을 얻음. *〈水仙花〉(『노가재집』권2)

일자	장소	교유 인물	내용
2.8.	관소	마유병, 王之啓, 趙華	마유병이 관소로 찾아옴. 양심전(養心殿)의 화원 강국충(强國忠)이 그린 그림에 대한 이야기를 나누고, 마유병의 친구 왕지계를 소개받음. 정선(鄭歚), 조영석(趙榮祏), 이치(李穉)의 산수화와 윤두서(尹斗緖)의 인물화 중 마음에 드는 것을 묻자, 정선의 그림이 좋다고 해 그에게 줌. 조화가 만남을 청함
2.12.	관소	조화	조화에게 편지를 보냄
2.13.	마유병의 집	마유병, 왕지계	마유병의 집에 가서 그림을 감상하고, 함께 있던 왕지계와 이야기를 나눔
	조화의 집	조화, 楊澄	조화의 집을 방문하여 직접 대면하고, 양징을 소개받음. *〈寄楊澄〉2수, 〈酬楊澄〉2수(『노가재집』권5); 金信謙, 〈楊澄〉(『檜巢集』권2,「百六哀吟」)「鈍庵集序 代家君作」(『증소집』권8); 李器之,「楊鈍菴文集序」(『一菴集』권2); 李德懋,「農巖·三淵慕中國」(『淸脾錄』4)
2.19.	풍윤현	王化	수재(秀才) 가운데 왕화와 과거제도에 대해 이야기하고 음식을 나누어줌
2.22.	楡關	榮琮, 榮箴	유관에 도착한 저녁에 온돌방에 모여 영종과 그의 아들 영잠, 숙소 주인 부자와 함께 이야기를 나눔
2.23.	角山寺	程洪	절에서 만난 소년인 정홍과 과문(科文)의 '팔고(八股)'에 대한 이야기를 나눔
2.24.	각산사	정홍	정홍이 지은 시에 대해 이야기 나누고, 노승을 소개받음. *「寄角山寺僧 並序」(『노가재집』권5)
2.26.	영원위	왕녕반, 王眉祝	귀국하는 길에 왕년반의 집에 들러 그의 조카 왕미축과 이야기 나눔
2.29.	대릉하	王俊公	김창업에게 명소를 소개해줌
3.1.	醫巫閭山	秀行	의무려산 감로암의 주지 수행과 대화를 나누고 시를 지어줌. *「甘露庵」(『노가재집』권5);『일암연기』〈1720년 9월 2일〉 기사
3.4.	孤家子	郭垣	곽원과 이야기를 나눔
3.6.	永安寺	崇慧	지난 겨울에 만났던 승려 숭혜를 다시 만나 천산(千山)으로 가는 길에 대해 이야기 나눔
3.8.	龍泉寺	雲生, 朗然, 精進	천산을 유람하는 데 길잡이가 되어준 승려들에게 편지를 보냄
	羅漢洞, 大安寺	淸閒, 正悟	천산 유람할 때 같이 간 승려에 대한 이야기

※ 교유 기사 중 • 표시한 부분은 문집 등에 보이는 관련 자료를 소개한 것이다.

관소를 찾아와 자신이 직접 그린 그림 하나를 선물로 주었다. 김창업이 답례로 정선·조영석·이치가 그린 산수화와 윤두서의 인물화를 꺼내 보이자 마유병이 정선의 그림이 좋다고 하여 그것을 선물로 주었다.

추해당(秋海棠), 수구화(繡毬花), 수선화(水仙花) 등은 18세기 들어 중국에서 수입된 화초로 알려져 있는데,[41] 이 중 수선화는 다음 시를 통해 김창업이 직접 북경에서 구입해 왔음을 알 수 있다.[42]

銀臺金盞絕纖瑕　은대와 금 받침엔 티끌 하나 없는데
東土何曾見此花　우리나라 어느 누가 이 꽃을 보았으랴?
燕市購來不論直　연경 시장에서 구입함에 값을 따지지 않았나니
稼翁好事亦堪誇　노가재의 호사로 또한 자랑할 만하다네.

김창업이 1713년 북경에서 구입해 온 수선화는 아마도 조선 땅에 들어온 최초의 것이 아닌가 여겨진다.[43] 이후 수선화는 선비들의 각별한 애호를 받아 18세기 중후반에서 19세기까지 수선화를 읊은 시가 성행하게 된다.

나) 이원영·조화·양징과의 만남과 시문 교류

김창업이 북경에 도착한 지 얼마 안 된 1월 10일 북경 거리를 지날 때 이원영(李元英)이란 이가 김창업을 자신의 집으로 초대한 일이 있다. 『일통지(一統志)』 찬수관(纂修官)이라고 자신을 소개한 그는 김창업의 시를 보

41　이종묵, 「조선 후기 연행과 화훼의 문화사」, 『한국문화』 62, 2013, 107~109쪽.
42　『老稼齋集』 권2 「水仙花」.
43　"연경 시장에서 구입함에 값을 따지지 않았나니"라는 구절로 미루어 보아, 김창업은 마유병에게 선물로 받은 것 외에도 연경 시장에서 따로 수선화를 구매했던 것으로 추측된다.

고는 대뜸 벗으로 사귀자고 했을 만큼 조선 문사와의 교류에 적극적이었다. 그는 자신의 시 수십 수를 보여주었는데, 김창업은 정교한 솜씨라고 하였다. 김창업이 탁상 위에 놓인 『패문재광군방보(佩文齋廣群芳譜)』에 관심을 보이자, 한 갑을 주면서 보고 나서 돌려주면 차례로 보내주겠다고 하였다.[44]

이원영은 조선에 대해서 무척 관심이 많았던 인물이다. 첫 만남이 있고 난 다음 날 조선의 종이·담배·해삼·멥쌀·찹쌀을 각각 조금씩 얻고 싶다고 했다. 1월 22일에는 관소를 방문하여 정사 김창집의 관대(冠帶)를 보고는 서대(犀帶)를 허리에 둘러 보고 호연건(浩然巾)을 써 보기도 하였다. 우리들의 의관이 어떠냐는 김창업의 물음에 이원영은 이야말로 진짜 의관이라고 답하였으나, 관소를 떠나면서 이 말을 붓으로 지워버렸다.[45] 필시 금령(禁令)을 범할까 염려해서 한 행동일 것이다. 그리고 조선 포목을 한 필 사려고 한다면서, 조선 포목으로 만든 수건을 중국에서 최상품으로 여긴다는 말도 하였다.

『노가재집』에는 이원영의 시에 차운한 시가 3수 실려 있는데, 그중 마

---

[44] 『패문재광군방보』는 총 100권으로 이루어진 유서로 1685년 강희제의 칙명을 받아 왕호(汪灝), 장일소(張逸少) 등이 편찬하였다. 명나라 때 왕상진(王象晉)이 편찬한 책을 개편·보충하여 22년 만인 1708년에 완성한 것으로 알려져 있다. 김창업이 연행한 1712년에는 출간된 지 4년밖에 안 된 시점이었기에 조선 사람으로는 김창업이 처음 접한 것이 아닌가 생각된다. 이 책은 천시보(天時譜)·곡보(穀譜)·상마보(桑麻譜)·소보(蔬譜)·다보(茶譜)·화보(花譜)·과보(果譜)·목보(木譜)·죽보(竹譜)·훼보(卉譜)·약보(藥譜) 등 11보로 나누어 해당 항목의 정보를 상세히 수록하고 있다. 화훼에 관심이 많았던 김창업은 이 책에 상당한 흥미를 느끼고, 이틀 뒤에 다시 또 한 갑을 보내달라고 부탁하였다. 이원영은 내부(內府)에 있던 책을 빌려 온 것이라 오래 둘 수 없기에 앞서 빌려간 책을 보내주면 다른 책을 보내주겠다고 답한다. 김창업, 『연행일기』 〈1713년 1월 12일〉, "要送『羣芳譜』一匣, 則答以此書卽內府所在, 而我爲有考取來, 不可久留. 還送前去書, 則後得送他件云矣."

[45] 김창업, 『연행일기』 〈1713년 1월 22일〉, "伯氏因寫眞冠帶在傍, 元英求見犀帶, 自圍其腰. 又求見浩然巾, 與之, 卽脫其帽而着之, 顧眄自笑." 余曰: '我輩衣冠, 君見如何? 得無哂否?' 答曰: '不哂, 此正衣冠也.' 去時, 以筆抹其語."

지막 수에서는 "바다 밖에서 미친 노래 부른 지 50년, 교유함에 늘 흰머리 되도록 서먹함이 한스러웠다오. 뉘라서 알았으랴! 오늘 황금대 주변에서 간담을 터놓고 사귈 사람 우연히 만나게 될 줄.(海外狂歌五十春, 交遊常恨白頭新. 誰知今日金臺畔, 邂逅輸肝剖膽人.)"이라고 하였다. 이방의 인물을 친근하게 대하며 벗으로 사귀자는 이원영에 대해 김창업 또한 간담을 터놓을 만한 우정을 느끼게 되었음을 알 수 있다.

조화(趙華)와 양징(楊澄)은 관소의 갑군(甲軍)인 왕사(王四)가 청하여 만나게 된 인물인데, 이 역시 조화가 먼저 만나 보고 싶다고 해서 만남이 이루어졌다. 북경을 떠나기 며칠 전인 2월 13일에 김창업은 조화의 집을 방문하게 되었다. 조화는 만주인으로 김창업의 시를 보고자 하며 자신이 지은 문장의 수정을 청하였다. 김창업은 겸허히 사양하며 귀국해서 그의 시를 동국의 문인들에게 보여주겠다고 했다. 이 자리에는 50여 세 되어 보이는 노인이 있었는데 간간이 조화를 대신해 필담을 거들었다. 김창업이 관소로 돌아온 뒤에 그 사람에 대해서 묻자, 성명은 양징으로 벼슬길을 단념하고 문장과 시주(詩酒)를 즐기는 이라고 하였다. 이에 김창업은 아마도 조화의 스승일 것이라고 추측하였다. 그 후 김창업은 양징을 다시 만나 보지 못하고 귀국하였다.

그런데 『노가재집』에는 정작 조화에게 보낸 시는 보이지 않고, 양징에게 준 시가 〈기양징(寄楊澄)〉, 〈수양징(酬楊澄)〉이라는 제목으로 각기 2수씩 실려 있다. 김창업이 연행을 마치고 조선으로 돌아온 뒤에 양징과 시를 주고받으며 교류했음을 알려준다. 그중 한 수를 보면 "먼 곳에서 부쳐 오는 서찰 때때로 보며, 지기를 그리는 거문고 가락 홀로 뜯어 보네. 함께 쇠미한 세상에 태어나, 각기 뜨거운 마음을 지니고 있구려. 구유에 엎드려 있는 천리마 신세로 여위었는데, 나부끼는 바람 예장 나무에 무성하구나. 연경에서 한번 해후한 뒤, 6년 동안 잠시도 잊기 어렵다네.(魚雁書時見,

峨洋琴獨張. 同生老天地, 各抱熱心腸. 伏櫪衰騏驥, 翻風鬱豫章. 燕都一邂逅, 六載耿難忘.)"⁴⁶라고 하였는바, 뛰어난 재주를 지니고도 뜻을 펼쳐 보지 못하고 늙어감을 안타까워하는 내용이다. 평생 포의로 늙어가는 자신의 신세와 겹쳐지면서 유독 마음이 쓰였던 것인지,⁴⁷ 김창업은 6년 동안 잠시도 잊기 어렵다는 말로 시상을 끝맺었다. 통성명도 제대로 하지 못한 한 차례의 짧은 만남이었지만 김창업과 양징은 상대를 지기로 허여하였던 듯하다.

이는 김신겸(金信謙, 1693~1738)이 부친 김창업의 명으로 양징의 문집 서문을 대신 지은 사실에서도 짐작된다. 양징이 문집 서문을 다른 사람이 아닌 김창업에게 부탁한 것은 자신을 가장 잘 알아주는 지기로 김창업을 꼽았다는 것으로 보아도 무방할 것이다. 이 글에서 김창업은 "선생은 절강 소흥 사람이고 나는 조선 사람이다. 서로 만 리 밖에 떨어져 있으면서 한자리에서 우연히 만났으니 이것이 이미 기이한 일인 데다 하물며 그 시문을 보게 됨에 있어서랴! […] 나는 선생을 대하여 그 얼굴을 한번 보고 화이(華夷)의 구분을 잊었으며 그 문장을 읽고서는 성정의 감응이 통하였으니, 신교(神交)라 하여도 괜찮을 것이다. 대저 신교는 천년의 아득한 세월을 떨어져 있어도 아침저녁으로 만나는 것과 같은 것이다. 만나봄을 기다릴 것이 없는바, 함께 이야기를 나누고 못 나눔은 어찌 족히 논할 바 있겠는가?"⁴⁸라고 하여 자신과 양징의 사귐을 신교로 규정하고 있다. 이 같은 김창업과 양징의 교유는 김신겸과 이기지에게도 감명을 준 것으로 보

---

46 『노가재집』 권5 「酬楊澄-其二」.

47 김창업의 명으로 아들 김신겸이 지은 「둔암집서(鈍庵集序)」에도 "其詩文, 非紹興之山川風物, 則皆燕冀落魄語也. 顧何間於海外一圃翁, 而其感若此, 豈非以其志同歟? 此余之不覺莞爾而唱然者也." 라고 하여 자신과 뜻이 같기에 양징의 시에 깊이 공감한다고 하였다.

48 김창업, 『檜巢集』 권8 「鈍庵集序」, "先生浙紹人也, 余朝鮮人也. 相去萬里, 而邂逅於一席之上, 斯已奇矣, 而況讀其詩文耶? […] 余於先生, 觀其面而忘華夷之分, 讀其文而通性情之感, 雖謂之神交可矣. 夫神交者, 千載之遠而猶朝暮遇之也, 無待乎見, 言不言, 又何足論乎?"

인다. 김신겸은 〈백육애음(百六哀吟)〉에서 〈양징(楊澄)〉을 따로 노래했고, 이기지 또한 김창업이 준 양징의 문집을 읽고 나서 서문을 지었다. 이기지는 서문에서 그를 기인(畸人)으로 칭하면서 그의 문장을 극구 칭찬하였다.[49]

나. 이기지의 교유

1720년 6월 8일 숙종이 승하하자, 조정에서는 숙종의 승하를 알리고 시호를 청함과 동시에 경종의 승계를 인준받기 위해 고부청시승습사(告訃請諡承襲使)를 파견한다. 이 사행의 정사로 이이명(李頤命)이 임명되었는데, 이기지(李器之)는 부친 이이명을 수행하여 자제군관 자격으로 연행하였다. 5년 전에 진사시에서 장원급제하여 문명(文名)을 떨친 바 있는 이기지는 당시 31세의 나이로 지적 호기심이 왕성한 인물이었다. 그의 지적 호기심은 누구보다 적극적으로 서학을 접하고자 한 점에서 잘 드러난다. 이기지는 당시 북경에 있던 세 곳의 천주당(남당·동당·북당)을 모두 방문하여 많은 서양 선교사와 교류하였으며, 이들과 다방면으로 깊이 있는 대화를 나누었다. 조선 후기의 연행록에서 천주당을 중심으로 이루어진 서학 접촉은 이기지의 『일암연기』가 가장 방대하고 심도 있는 내용을 담고 있다.[50]

---

49 이기지, 『一菴集』 권2 「楊鈍菴文集序」, "今年春, 金先生送示二卷詩曰: '鈍菴之胸次在是.' 余受而讀之, 彌月不厭, 非惟造語之精深有過人者, 其立論敍懷, 又可以想見其人焉, 則於是乎余亦許以高士. 余聞鈍菴畸人也, 自放於詩酒, 故其文多感慨不平之意, 詩亦往往不拘聲律. 而意趣獨至, 絕無塵臼語, 以是其文益奇, 而身益窮, 棲棲燕市中已十年, 又何悲也?"
50 신익철, 「18세기 연행사와 서양 선교사의 만남」, 『한국한문학연구』 51, 2013, 458~461쪽.

표 5 | 이기지 『일암연기』의 중국 문인 교유 기사

일자	장소	교유 인물	주요 내용
1720.8.20.	鳳城	覺羅明德	수재 각라명덕과 의관, 팔고문에 대해 이야기를 나눔
8.22.	通遠堡	徐成紋	숙소인 노진제(盧進第)의 집에서 주인의 아들, 아우와 대화를 나눔. 시를 짓고 곡식 이름에 대해서도 질문함
9.2.	醫巫閭山	秀行	의무려산을 유람하다가 김창업이 이전에 만났던 감로암 주지 수행을 만나 안부를 전함. 수행이 점심밥을 지어주겠다고 함. *「薊州路上望盤山」(『一菴集』권1)
9.5.	高橋舖	宋美成	고교포의 수재 송미성과 팔고문, 과거제도에 대해 이야기를 나눔
9.7.	七里坡	張瑞	칠리파 인가에서 책을 읽는 수재 두 사람, 동자 넷과 대화를 나눔. 이기지가 부탁을 받고 육유(陸游)의 시를 써줌
9.13.	풍윤현	谷確	1704년 이이명이 연행길에 머물렀던 곡응태의 종손 집에 가서 종형제들과 서화를 보고 이야기를 나눔
9.14.	옥전현	鄭愉	한 집안의 부자와 숙질이 함께 과거에 급제한 정유 집안의 사람들과 대화를 나눔. 종이와 먹을 주고 과일을 답례로 받음
9.15.	계주	陳徵	계주 어양하(漁陽河)에 정박한 세곡선(稅穀船)을 구경하다가 풍윤지현의 아들인 진징을 만나 관소에서 대화를 나눔. 진징은 북경에 가면 자신의 형 진법을 만나 보라고 권함. *「豊潤縣期陳秀才不遇」(『一菴集』권1)
9.16.	盤山	胡世圖	반산을 유람하다가 소림사에 요양차 와 있는 한림 호세도를 만나 소림팔경에 대해 듣고 청심환 두 알을 줌
	三河縣	谷一柱	풍윤현에서 만난 곡거(谷碟)의 숙부 곡일주를 만나서 근방의 수재에 대해 질문함
9.18.	관소 (法華寺)	王四	김창업의 연행 때 길잡이가 되어 준 왕사를 만나 외출 시 동행할 것을 부탁함
9.25.	法藏寺	璧行	법장사의 스님 벽행과 시를 짓고, 벽행 스님에게 글씨를 써달라고 부탁함
9.27.	조화의 집	양징, 조화	김창업과 교유했던 조화의 집에 가서 양징, 조화와 시를 짓고 과거제도에 대해 논함
10.2.	관소	天然	법화사의 승려 천연이 꽃떨기와 나비가 그려져 있는 부채에 시를 지어달라고 하여 써줌. *「法華寺僧天然 持扇求詩 扇面畵叢蝶蝶」(『一菴集』권1)
10.3.	白雲觀	李元堈	백운관을 안내해준 도사 이원강과 책에 대한 이야기를 나누고, 다시 만날 것을 약속함(사주를 부탁함)
10.5.	진법의 집	진법	계주를 지날 때 진법의 동생과 만난 인연으로 진법을 찾아 필담을 나눔. 진법은 한림원 검토관으로 최치원에 대해 묻고 고려 판본 두보 시를 본적이 있다고 함. 두보의 시에 대해 논하고, 진법이 두시 주석서로 전겸익(錢謙盆)의 『두공부집전주』와 구조오(仇兆鰲)의 『두시상주』를 추천함

일자	장소	교유 인물	주요 내용
10.8.	관소	양징	양징 시의 '微' 자 운에 차운한 시와 연경을 읊은 시 3수를 보냄. *〈次楊澄韻〉·〈贈楊澄四絶句〉·〈附楊澄次韻〉(『一庵遺稿』권1)
10.9.	관소	양징	양징이 차운시와 눈을 읊은 절구 2수, 가사 10수를 보내옴
10.10.	조화 집	조화, 양징	천주당을 방문하고 오는 길에 조화의 집에 들러 양징과 조화의 아들 국벽을 만나 봄
10.11.	天寧寺	이원강	이원강과 다시 만나 대화를 나눔
10.16.	조화의 집	양징, 조화	양징이 이기지에게 서(序)를 주고, 조화가 이기지에게 글씨를 부탁함. 소화가 소장한 그림을 함께 구경하다가 당인(唐寅)의 그림으로 소개한 것의 작자가 구영(仇英)임을 판별함. 식사를 하고, 『본초강목』의 도상을 세밀화로 그릴 화사로 왕진(王璡)을 추천받음. *〈北京贈楊澄〉·〈又贈楊澄〉 2수(『一菴集』권1)
10.17.	관소	조화	조화가 부탁한 글씨로 연구 4장(정사룡, 박은, 이기지, 김춘택의 시구)과 박은의 칠언율시를 써서 보냄
10.21.	관소	瞿珍	이이명이 구진을 불러 강희제와 라마승에 대해 질문함
10.23.	관소	진법	진법이 관소를 방문하여 대화를 나누고, 상품의 붓과 먹, 귀주차(貴州茶)를 선물함
10.25.	관소	진법	진법이 보내온 서화를 구입하지 못하고, 『읍취헌집』을 보내면서 표지 안쪽에 읍취헌 시의 뛰어남을 설명한 글을 써 보냄. *「與陳翰林法書」 『附答書』(『一菴集』권2)
10.30.	북경	조화, 양징, 왕진	조화의 집에 가서 조화의 아들, 양징, 화가 왕진과 함께 대화함. 왕진은 『본초강목』의 도상을 세밀화로 그릴 화가로 추천받은 인물임
11.12.	관소	양징	이기지가 부탁한 그림은 아니지만 양징이 산수화와 편지를 보냈고, 이기지가 답을 함
11.13.	兎兒山	金國用, 禹天爵	고려인 후손 두 사람을 만나서 이야기를 나눔. 소설을 읽으며 조선말을 읽혀 통관이 되려 한다는 이야기를 듣고, 그들이 읽는 소설 『서한연의(西漢演義)』와 『두첩여전(杜婕妤傳)』에 대해 이야기 나눔
11.18.	북경	양징	양징과 『본초강목』 세밀화를 그릴 화가를 의논하여 유작구(兪作求)로 정함
11.24.	通州	常伸	수재 상신과 『대학(大學)』과 조선의 의관에 대해 이야기함
12.12.	白旗堡	蔣晨	장신의 집으로 가서 사주를 점쳐 봄
12.19.	通遠堡	盧進孝	집안사람들이 다 함께 사는 노진효의 집에 머물며 시를 짓고 대화를 나눔
12.21.	봉성	趙明德	조명덕이 놀러와서 바둑 두는 것을 구경하고, 시 교정과 글자를 써줄 것을 부탁함

※ *표시한 부분은 문집 등에 보이는 관련 자료를 소개한 것이다.

이처럼 왕성한 지적 호기심을 지니고 연행에 참여한 이기지는 중국 문사와의 만남에도 매우 적극적이었다. 그는 북경에 도착하기까지의 노정에서 각 지역의 수재(秀才)와 필담을 나누고자 애썼고, 북경에 도착해서는 연행 이전부터 김창업을 통해 알고 있던 인물 외에도 새로운 문사와의 만남에 적극적이었다. 『일암연기』에 보이는 중국 문사와의 교유 기록을 정리하면 〈표 5〉와 같다.

이기지는 책문(柵門)에 들어서자마자 봉성(鳳城)에서 각라명덕(覺羅明德, 8월 20일), 고교포(高橋舖)에서 송미성(宋美成, 9월 5일), 칠리파(七里坡)에서 장서(張瑞, 9월 7일) 등의 수재와 만나 과거제도와 시문 등을 주제로 대화를 나누었다. 칠리파에서 이기지가 앞으로 지날 지역에서 교유할 만한 수재에 대해 묻자, 장서는 무령현의 수재로 학일진(郝一振)·서호(徐昊)·풍근(馮瑾)·김지탐(金之琛) 등이 있고, 창려현에 제양아(齊楊我), 산해관(山海關)에 손천성(孫天成)이 있다고 답한다. 풍윤현에서 수재 곡거(谷䃴)로부터 소개받은 삼하현(三河縣)의 현학 교유(縣學敎諭) 곡일주(谷一柱)를 만나서도 근방의 수재로 어떤 사람이 있는지 물었다. 이 밖에 노정 중에 머무는 숙소에서도 문자를 아는 이가 있으면 그때마다 필담을 나누었다. 통원보(通遠堡)에서 서성문(徐成紋), 노진후(盧進侯) 등과 필담을 나누었고, 옥전현(玉田縣)에서는 부자와 숙질이 과거에 급제한 정유(鄭愉)[51] 집안의 사람들과 대화를 나누기도 하였다.

이기지는 이처럼 북경으로 가는 노정에서 사귈 만한 중국 문인을 수소

51　정유는 정순(鄭恂, 1658~1730)을 오기한 것으로 여겨진다. 『일암연기』에서 "을축년(1685)에 진사가 되었으며, 본디 벼슬은 하남도(河南道)를 맡았었습니다. 지금은 모친상을 당하여 집에 돌아와 수제하고 있습니다.(乙丑科進士, 原任掌河南道. 今爲母喪回家守制.)"라고 하였는데, 1685년에 과거에 합격한 정씨 성을 가진 인물로는 유일하게 정순만 보인다. 『明淸進士題名碑錄索引』(상해고적출판사, 2006) 참고. 정순은 하남도 어사(御史)를 역임한 인물로, 풍윤현의 명망 있는 가문 출신이다.

문하였는데, 이를 통해 얻은 이가 진법(陳法)이다. 그리고 8년 전에 연행했던 김창업을 통해 이미 알고 있던 조화와 양징을 대면하게 된다. 이기지는 북경에서 이들 중국 문인과 깊이 있는 교유를 나눈다.

가) 진법과의 만남과 시문 교유

이기지는 1720년 9월 15일 계주의 어양하(漁陽河)에 정박한 세곡선(稅穀船)을 구경하고 돌아오는 길에 진법의 동생을 우연히 만났다. 하천 변에 산더미처럼 쌓인 곡식을 자루에 담아 점옥(簞屋)으로 옮기는 광경을 구경하던 이기지 일행에게 어떤 이가 봉미문서(捧米文書, 쌀을 거두어들인 문서)를 지닌 채 다가왔다. 그 외모가 준수하고 화려한 의복에 행동거지도 단아하여 인사를 나누게 되었는데, 상대방은 풍윤지현 진용석(陳龍錫)[52]의 아들로 아버지를 대신해 봉미문서를 가져온 것이라고 했다. 호감을 느낀 이기지는 대화를 나누고 싶으니 자신의 처소로 방문해달라고 요청한다. 그날 저녁에 그가 숙소로 찾아와 통성명을 하고 대화를 나누게 되었는데, 자신의 성명은 진징(陳徵)이고 21살이며, 북경에 도착하면 자신의 형 진법을 찾아보라고 당부하였다.

9월 18일 북경에 도착한 이기지는 일주일이 지난 9월 25일에 갑군 왕가(王哥)를 통해 진법에게 편지를 전달하였다. 그리고 10월 5일 보국사(報國寺)를 구경하고 돌아오는 길에 진법의 집을 방문해 첫 대면을 한다. 이기지가 계주를 지날 때 아우가 권해 방문하게 되었노라고 하자, 진법은 자신이 28세이며 한림원 검토관이라고 소개하였다. 청대의 한림원 검토관

---

[52] 王鍾翰 點校, 『淸史列傳』 권67(中華書局, 1981)에 수록된 「진법전(陳法傳)」에 따르면 진법의 부친은 진공석(陳恭錫)으로 되어 있는바, '龍'은 '恭'의 오기로 여겨진다. 『일암연기』는 연행 직후 저자 이기지가 옥사하여 초고 상태로 전해지다가 훗날 아들 이봉상(李鳳祥)에 의해 정리되었기에 인명 등에 간혹 착오가 보인다.

은 황제의 측근에서 각종 조서(詔書)를 기초하던 직책으로 매우 엄격한 선발 과정을 거치는 것으로 알려져 있다. 즉 진사시에서 우수한 성적을 거둔 이를 선발해 한림원 서길사(庶吉士)라 하여 3년간 교습하게 한 뒤에, 다시 시험을 거쳐 우수한 자를 편수(編修)나 검토(檢討)의 관직에 임명하였다.[53] 진법(1692~1766)은 자가 세수(世垂), 또는 성천(聖泉)이며 말년의 호는 정재(定齋)로 건륭 연간에 활동한 저명한 학자이다. 그는 철학, 정치, 수리(水利), 시문, 교육 등 다방면에 걸쳐 많은 저작을 남겼다. 특히 자신의 체험을 바탕으로 저술한 『하간문답(河干問答)』은 역대 치수 경험을 총결한 것으로 후대에 황하(黃河), 회하(淮河), 운하(運河)의 치수 관리에 크게 도움이 된 저작으로 평가받는다. 아울러 그의 저서 『역전(易箋)』 8권이 『사고전서』에 수록되었는데, 이는 귀주(貴州) 출신 학자로는 유일한 경우라고 한다. 진법은 서화에도 조예가 깊었으며 〈완역도(玩易圖)〉 등의 그림이 전한다.[54]

    이기지와 진법 두 사람은 여러 화제로 필담을 나누었다. 주요한 것을 소개하면 동국의 과거제도와 서적 현황, 최치원의 문집, 고려 판본 두시(杜詩)와 두시 주석서, 이기지의 시 소개와 진법의 평, 풍윤현에서 일어난 은 분실 사건에 대한 처리 문제, 서장(西藏) 지역의 전투 상황 등이다. 이 중 풍윤현에서 일어난 은 분실 사건은 1718년 역관 이모(李某)가 찰원(察院)에서 은 1,200냥을 분실한 사건인데, 당시 풍윤지현이 진법의 아버지

---

[53] 〈바이두백과〉「한림원검토」참고.
[54] 王鍾翰 點校(1981), 앞의 책; 〈바이두백과〉「陳法」참고. 그의 가문은 부친 진공석이 강희 기묘년(1699)에 진사시에 올라 풍윤지현이 된 뒤로 두 아들 진법, 진징과 진법의 아들 진경승(陳慶升) 또한 진사시에 급제해 '조손 사진사(祖孫四進士)'의 가문으로 유명하다. 특히 진법과 진경승 부자는 한림원 서길사를 거쳐 한림원 검토를 지냈기에 '부자 양 한림(父子兩翰林)'이라 칭해지기도 하였다.

였기에 화제에 오른 것이다.[55] 여기에서는 두보 시를 주제로 두 사람이 나눈 대화를 소개해 본다.

(진법이) 또 묻기를,

"고려 판본 두보 시를 본 적이 있는데 중국의 판본과 다른 글자가 많았습니다. 어느 때 출간된 것인지 모르겠습니다."

라고 하였다. 답하기를,

"우리나라에는 두시(杜詩) 판본이 매우 많아서 그 책이 언제 출간되었는지는 모르겠습니다."

라고 하였다. 또 말하기를,

"두시에는 오자(誤字)로 의심되는 것이 매우 많은데, 중국본들 또한 똑같지가 않습니다."

라고 하였다. 내가 말하기를,

"그렇습니다. '風吹滄江樹, 雨洒石壁來.(창강의 숲에 바람이 불고, 석벽 위로 비가 뿌리네.)'의 '樹' 자는 '去' 자의 오류[56]이고, '朝廷燒棧北, 鼓角滿天東.(조정

---

[55] 9월 15일에 숙소로 찾아온 진정이 북경에 도착하면 자신의 형을 찾아보라고 권유한 것 또한 은 도난 사건의 처리 문제와 연관이 있는 것으로 추측된다. 이기지는 이날 진법과 나눈 필담에서 다음과 같이 말하였다. "그(진법-인용자)가 말하길 '은을 잃어버린 경부(更夫)는 형벌을 받았습니다.'라고 하였다. 무술년(1718, 숙종 44)의 사신 일행이 풍윤현에 이르렀을 때 역관 이모가 찰원에서 자다가 은 1천 2백 냥을 잃어버린 일이 있었다. 잃어버린 은의 양은 정확하지 않지만 은을 잃어버린 일을 동행한 사람들이 모두 알아 풍윤지현에게 알렸는데 그가 곧 진법의 아버지였다. […] 또 말하기를 '지난해에 지현이 1천 냥의 은을 스스로 준비하여 조선인에게 주길 예부에 요청하였지만 당시는 조선 사행이 마침 오지 않았기 때문에 예부에서 조선 사신을 기다렸다 주도록 한 것입니다.'라고 하였다. 지금 이처럼 청하는 것은 혹시라도 지현 자신이 은을 충당해야 할까봐 경부가 형벌을 받았단 이야기로 핑계를 대며 우리 일행이 글을 올려 감독을 재촉하지 않길 바라는 것이었다." 이기지 저, 조융희·신익철·부유섭 역(2016), 앞의 책, 294~295쪽.

[56] 두보의 오언고시 〈우(雨)〉에 실린 3, 4구로 이 시구의 '樹' 자를 '去' 자로 바꾸어 '風吹滄江去'가 되면 '창강물결 위로 바람이 불어오고'라고 번역된다. 현전하는 두보 시집 또는 주석

은 잔도 북쪽에서 불타고, 뿔피리 소리 하늘 동쪽에 가득하네)'의 '滿' 자는 '漏' 자의 오류[57]입니다. 이러한 종류가 매우 많으니 혼동하여 기록해서는 안 될 것입니다. 또 여러 학자들의 주석이 너무나도 제멋대로라서 언제나 하나의 기준으로 정리하고 싶었습니다. 근래에 오자를 바로잡아 두시에 훌륭하게 주석을 붙인 것이 있는지 모르겠습니다."

라고 하니, 그가 대답하였다.

"여러 학자의 두시 주석 가운데 명나라 전목재(錢牧齋, 錢謙益)의 『두공부집전주(杜工部集箋註)』보다 훌륭한 것은 없습니다. 근래에는 구창주(仇滄柱, 仇兆鰲)의 『두시상주(杜詩詳註)』가 또한 자세하게 주석을 갖추었지만, 앞 시대 학자들의 논의를 고치지 않은 것이 많으니 신중함 때문입니다."[58]

진법이 먼저 최치원에 대해 묻고 나서, 우리나라 판본 두시가 중국본과 차이가 많다고 하였다. 그러면서 우리나라에서 간행된 두시를 본 적이 있는데, 어느 시대에 간행된 것인지를 물었다. 이에 대해 이기지는 우리나라는 두시 판본이 매우 많기에 어느 때 간행된 것인지 알 수 없다고 하였다. 그리고 진법이 두시에는 오자로 의심되는 것들이 많으며 중국본들 또한 그렇다고 하자, 이기지는 이 말에 공감하면서 두보의 시 2연을 예로

서 가운데 '樹' 자로 되어 있는 판본은 『어정전당시(御定全唐詩)』, 『어정전당시록(御定全唐詩錄)』 등이고, '去' 자로 되어 있는 판본은 『당시품휘(唐詩品彙)』, 『고금시산(古今詩刪)』 등이다.

[57] 두보의 오언고시 〈배장유후시어연남루득풍자(陪章留後侍御宴南樓得風字)〉의 3, 4구로 이 시구의 '滿' 자를 '漏' 자로 바꾸어 '鼓角漏天東'이 되면 '뿔피리 소리 하늘 동쪽에서 새어 나오네'라고 번역된다. 두보 시집 또는 주석서 가운데 '滿' 자로 되어 있는 판본은 『어정전당시』 등이고, '漏' 자로 되어 있는 판본은 『문원영화(文苑英華)』와 『영규율수(瀛奎律髓)』 등이다.

[58] 이기지 저, 조융희·신익철·부유섭 역(2016), 앞의 책, 292~293쪽.

들어 두시의 오자에 대해 자신의 견해를 표명하였다. 그리고 나서 이기지는 두보 시의 주석서 중 뛰어난 것에 대해 물었는데, 진법은 전겸익(1582~1664)의 『두시전주』와 구조오(1638~1717)의 『두시상주』를 들고 있다. 진법이 거론한 두 책은 오늘날에도 대표적인 두시 주석서로 인정받는 책이다. 이 중 『두시상주』는 1703년에 초간본이 간행되었는데, 이기지는 북경에서 간행된 지 얼마 안 되는 이 책을 구입하였다.[59] 아마도 진법과의 대화에서 얻은 정보에 따라 구입한 것으로 여겨진다.

이날 진법은 이틀 뒤인 10월 7일에 관소로 찾아가겠다고 했으나, 23일이 되어서야 관소를 방문하게 된다. 진법은 일이 바빠 약속을 지키지 못하다가 이제야 오게 되었다면서, 이기지에게 붓 열 자루, 먹 열 개, 귀주차(貴州茶) 한 덩이를 선물로 준다. 이날도 두 사람은 필담을 나누었으나 『일암연기』에는 별다른 기록이 없고, 진법이 준 붓의 품질이 매우 좋아 우리나라의 황모필(黃毛筆)과는 비할 바가 아니라는 것만 적고 있다.

10월 25일에 진법은 관소로 서화 3첩과 5축을 보내면서 다른 사람의 물건을 팔아주려는 것이라고 하였다. 이기지는 이들 서화가 모두 훌륭하지만 값이 비싸 사지는 못한다며, 그것이 미안했던지 답하는 편지에서 전에 우리나라의 시문 선집을 얻고 싶다고 하였기에 시집 한 권을 보낸다면서 『읍취헌집(挹翠軒集)』을 보내준다. 이기지는 『읍취헌집』의 비장(碑狀)에 우리나라의 실상을 기록한 것이 많기에, 행문(行文)과 서문(序文)을 찢어

---

[59] 구조오는 1693년(강희 32)에 황제의 칙령에 따라 수년간에 걸쳐 집필한 『두시상주』 24권, 권수(卷首) 1권을 바쳤고, 그 후에 계속 수정 보완하여 1703년에 초각본(初刻本)을 간행하였다. 1711년에 사직하고 고향으로 돌아간 뒤에도 계속 보완 작업을 하여 1713년에 보주(補注), 1714년에 제가논두(諸家論杜)를 집필하여 현재의 『두시상주』를 완성한 것으로 알려져 있다. 이기지가 『두시상주』를 구매한 것은 1720년 10월 23일 기사에서 확인된다. "買『十七代全史』·張中承證輯『八編類纂』·『朱子語類』·『邵子全書』·『陸放翁集』·『歸震川集』·『錢牧齋集』·『明紀全載』·『仇註杜詩』·『中晩唐詩』·『本草綱目』·『遵生八牋』等書, 餘不能盡記." 밑줄 친 『구주두시』는 '구조오가 주석한 두시'라는 뜻으로 곧 『두시상주』이다.

버리고 시(詩)만으로 한 권을 만들어 보내주었다. 그리고 표지 안쪽에 박은(朴誾) 시의 뛰어남을 설명하면서 진사도(陳師道)나 진여의(陳與義)와 비교해도 손색이 없으며, 명대 이후로는 이러한 격조를 지닌 것이 없다고 하였다. 아울러 박은의 시는 송대 시의 격률을 썼으나 자신도 모르는 사이에 당시(唐詩)에 매우 가까워졌으니, 당시를 따르려 한 것은 아니지만 천부적인 자질 때문이라고 하였다. 그리고 박은이 수(壽)를 더 누려 원숙하게 변화하였다면 분명 소동파 아래에 있지 않을 것이며, 지금 중국에는 그에게 대적할 만한 이가 없을 것이라고 극찬하였다.[60]

이기지가 이날 보낸 편지는 『일암집(一菴集)』에 「여한림진법서(與陳翰林法書)」라는 제목으로 수록되어 있으며, 여기에는 진법이 보낸 답서 또한 실려 있다.[61] 진법은 답서에서 읍취헌의 시는 송시(宋詩)와 자못 비슷한데 송시는 이미 온유돈후(溫柔敦厚)의 시교(詩敎)에서 멀어졌으며, 동파 또한 시에 있어서는 본래 뛰어난 재주가 있는 것이 아니라고 하였다. 그러면서 그대가 시에 뜻을 둔다면 『문선(文選)』을 깊이 음미하고 국풍(國風)과 이소(離騷)에 거슬러 올라가며 성당(盛唐)의 여러 대가의 시에 침잠한다면 한 시대의 뛰어난 시인이 되기 어렵지 않을 것이라고 하였다.[62] 이를 보면 진

---

60 이기지, 『일암연기』 권4, "昨者求東文選, 余言無帶來者, 此有東人詩集一卷, 當寄送云. 欲送『抱翠軒集』, 而集中碑狀多我國事實, 故遂攣去行文及序文, 但以詩作一卷, 蓋詩中無一可諱者矣. 冊衣之內書, 翠軒詩雄爽矯健, 筆勢橫逸, 絶不作小巧媚人態, 而語多天成, 可與后山簡齋相頡頏, 而明以下無此格力矣. […] 其詩雖用宋人格律, 自不覺其逼唐, 蓋不期唐而天才近唐故耳. 若使加之以年, 熟而化之, 當不在東坡之下, 卽今中國恐無此對手也."

61 진법의 시문은 2010년에 貴州人民出版社에서 『陳法詩文集』 上, 下, 續 3책으로 발간한 것이 확인된다. 이 책은 상책에 『역전(易箋)』 8권, 하책과 속책에 진법의 산문과 시를 수록하였는데, 여기에는 이기지에게 보낸 편지가 실려 있지 않다.

62 이기지, 『일암집』 권2, "承示翠軒詩集氣味頗近宋人, 然未到古人佳處. 詩之爲敎, 溫柔敦厚, 晚唐人已傷纖巧, 至宋人, 更淺薄流露, 風雅一道, 掃地盡矣. 昔人謂東坡於詩, 本無甚解, 特其才大耳. 東坡以下, 自鄶無譏也. […] 賢有志於此, 當沉酣于文選上, 溯乎風騷, 浸淫於盛唐諸大家, 爲一代巨手不難也."

법은 박은의 시가 당시에 가깝다는 이기지의 평에 수긍하지 않았으며, 소식 또한 뛰어난 시인으로 인정하지 않았음을 알 수 있다. 그러면서 온유돈후의 시교에 부합하려면 『시경』과 『이소』, 한위(漢魏)의 고시 및 성당의 시를 법도로 삼아야 할 것이라는 상고적(尙古的) 시관을 피력한다.

이상에서 이기지와 진법의 교유에 대해 두시와 읍취헌의 시에 대한 견해를 중심으로 살펴보았다. 두 사람은 당시 이기지가 31세, 진법이 28세의 혈기 방장한 나이로 조선과 청의 촉망받는 문사였다. 이기지는 12월 11일 귀로에 소흑산(小黑山)에 이르러 북경으로 가는 동지사 일행을 만나 함께 묵게 되었는데, 이들 편에 서양 선교사 서무승(徐懋昇)[63]과 진법에게 보내는 편지를 전달해달라고 부탁한다. 서무승에게는 서양 천문학에 따라 제작한 혼천의를 전달해달라고 부탁하는 내용이고, 진법에게는 편지와 함께 시 1수를 적어 보냈다. 『일암집』에는 〈풍윤현기진수재불우(豐潤縣期陳秀才不遇)〉라는 시 또한 실려 있는데, 이는 귀로에 풍윤현을 지나면서 진법의 동생인 진징을 만나지 못한 아쉬움을 노래한 것이다. 귀국하는 길에도 잊지 못할 만큼 이기지가 진법과 진징 형제와의 만남을 소중히 여기고 있었음을 알 수 있다.

나) 조화·양징과의 만남과 『본초강목』 세밀화

조화와 양징은 이기지가 연행 이전에 이미 알고 있던 중국 문사이다. 김창업은 이기지에게 자신의 연행 체험을 들려주면서 조화와 양징에 대해 말해주었고, 양징이 그의 문집을 보내오자 이기지에게 보여주었다.[64]

---

[63] 영국계 포르투갈인 선교사인 서무덕(徐懋德, Andreas Pereira, 1690~1743)을 오기한 것으로 여겨진다.
[64] 김창업의 셋째 아들인 김신겸이 이이명의 넷째 딸과 혼인하여 두 집안은 사돈지간이 된다.

이기지는 김신겸과 함께 양징의 문집 서문을 짓기도 하였는데, 여기에서 양징을 시주(詩酒)로 소일하는 기인(畸人)으로 규정하고, 문장은 강개하여 울분에 찬 뜻이 많고 시는 성률에 구애받지 않고 투식어가 없는 독창적인 의취(意趣)를 지니고 있다고 평하였다.[65]

이기지가 북경에 도착한 지 열흘쯤 지난 9월 27일에 조화의 집을 방문하였을 때, 양징은 김창업의 안부를 묻고는 자신이 김창업을 그리며 지은 시를 꺼내 보였다. 양징은 이기지를 기다리며 지은 시 또한 보여주었으며, 끝에 '화답을 구한다(求和)'라고 쓰여 있는 것을 본 이기지가 즉석에서 차운시를 지어주었다. 이처럼 첫 만남에서부터 시를 주고받은 두 사람은 이후 수시로 편지와 시를 주고받는다. 10월 8일 이기지는 '미(微)' 자 운에 차운한 시와 연경을 읊은 절구 3수를 보냈고, 10월 9일 양징은 이에 차운한 시와 눈을 읊은 절구 2수, 가사 10수를 보내온다.

『일암유고』에는 이기지가 지은 시와 양징이 차운해 보내온 시가 함께 수록되어 있다.[66] 이기지가 보낸 칠언절구에 양징이 화답한 시 한 수를 나란히 보자.

不是新知亦非舊　처음 알게 된 것 아니나 구면이라 할 수도 없는데

65　이기지, 『일암집』 권2 「楊鈍菴文集序」, "稼齋金先生自燕還, 余往候之, 語及山川道里城郭寺觀及其他所經歷可觀可異之事. 且問有好人物, 則曰: '記在北京時, 於趙員外座上, 適見一客在傍, [⋯] 其後因趙員外書, 始聞鈍菴之名. [⋯] 今年春, 金先生送示二卷詩曰: '鈍菴之胸次在是, 余受而讀之, 彌月不厭, 非惟造語之精深有過人者, 其立論叙懷, 又可以想見其人焉, 則於是乎余亦許以高士. [⋯] 余聞鈍菴畸人也, 自放於詩酒, 故其文多感慨不平之意, 詩亦往往不拘聲律, 而意趣獨至, 絶無塵臼語.'"

66　목판본 『일암집』에는 양징에게 준 시가 〈北京贈楊澄〉 1수, 〈又贈楊澄〉 2수로 도합 3수가 실려 있는 데 비해, 필사본 『일암유고』에는 〈北京贈楊澄〉 1수(〈附楊澄次韻〉 1수), 〈次楊澄韻〉 1수, 〈贈楊澄四絶句〉 4수(〈附楊澄次韻〉 2수)로 이기지의 시 6수와 양징의 차운시 3수가 함께 실려 있다.

今朝對面昔神交	오늘에야 지난날의 신교(神交)와 얼굴 마주했네.
識荊有願能如願	만나 인사하고픈 평소의 바람 이제사 그 소원 이루었으니
閉戶無嘲詎解嘲	문 닫고 지내도 조롱 없거늘 어찌 해조할 것 있겠소?

性僻不同時俗好	편벽된 성품으로 세속과 기호가 같지 않아
金臺東閣淡無交	황금대 동각[67] 있어도 담담히 사귈 이 없었다오.
乍逢伯樂來燕市	백락이 연경에 왔기에 잠시 만나 보았더니
昂首高鳴作解嘲	고개 들고 소리 높여 해조문을 짓는구려.

이기지의 시는 이국에 서로 멀리 떨어져 정신으로 교유하다가 처음 대면한 소감을 노래했는데, '해조(解嘲)'란 두 글자에 묘미가 있어 보인다. 양웅(揚雄)이 「해조부(解嘲賦)」를 짓게 된 것에 빗대어, 뛰어난 재주를 지니고도 벼슬길에 오르지 못한 채 시주로 소일하는 양징을 위로한 것이다. 양웅이 『주역』을 본떠 『태현경(太玄經)』을 지었는데, 그 내용이 매우 심오하여 사람들이 알아보지 못하고 도리어 그를 조롱했다. 이에 양웅이 「해조부」를 지어 "나는 세속적인 성공을 거둔 몇몇 사람들과는 나란히 할 수 없소이다. 그러므로 묵묵히 혼자서 나의 태현(太玄)을 지킬 뿐이오."라고 하였다고 한다. 따라서 이기지 시의 마지막 구절은 당신이 은거하며 지내도 당신의 재주와 문장은 (조선의 나도 알아줄 만큼) 누구나 인정하는바, 구태여 스스로 해명할 필요가 없다는 뜻이 된다. 이에 차운하여 지은 시에서 양징은 천리마를 알아보는 백락 같은 이가 연경에 와서 나를 위해 해명하는 글을 짓는다는 것으로 시상을 끝맺었다. 운자뿐만 아니라 원시의 시상에

---

67 황금대는 전국시대 연(燕)의 소왕(昭王)이 대를 지어 그 위에 천금을 쌓아 놓고 천하의 어진 선비를 초빙하였다는 곳이다. 한무제 때 포의로 재상에 오른 공손홍(公孫弘)이 객관(客館)을 짓고 그 동쪽으로 작은 문[東閣]을 열어 놓고 현사를 초빙하였다고 한다.

도 조응하는 차운시의 특성을 잘 살려 화답한 것이다.

10월 16일 이기지는 조화의 집에 세 번째로 방문하였다. 양징은 이기지를 위해 쓴 서문을 주고, 조화는 이기지에게 글씨를 써달라고 부탁하였다. 그리고 조화가 소장하고 있는 그림을 구경하는 중에 이기지가 당인(唐寅)의 작품이라고 소개받은 그림의 작자를 구영(仇英)으로 판별하자 그의 높은 안목에 조화가 감탄하기도 한다. 조화가 자신이 소장한 그림 중 마음에 드는 것을 가져가라고 하였고, 이기지는 사양하다가 그림 11점을 고른 후 함께 식사를 하였다. 이날 이기지는 조화에게 그림에 능한 중국 화가를 구해달라고 요청하여 왕진(王璡)을 추천받았다. 이기지는 초목·조수(鳥獸)·충어(虫魚) 등을 채색화로 그리게 하고 그 이름을 적어 넣고자 한다고 하였다.[68] 조화가 떠날 날이 얼마 남지 않아 그림 그릴 시일이 부족할 것을 염려하자, 이기지는 올해 동지사가 와서 내년 봄에 귀국할 것이니 그때 보내주면 된다고 답하였다.

10월 30일 이기지는 조화의 집을 네 번째로 찾았는데, 이는 마지막 방문이었다. 이날은 화가 왕진도 조화, 양징과 함께 자리에 있었는데, 왕진이 이기지의 요청을 감당하기 어려워하였으므로 이기지는 북경을 떠나기 직전까지 다른 화가를 물색하게 되었다. 11월 12일과 18일, 양징과 두 차례 편지를 주고받은 끝에 이기지는 유작구(兪作求)란 화가에게 그림을 부탁하였다.

---

68 이기지는 북경에서 이시진의 『본초강목(本草綱目)』을 구입하고 그 안에 실린 도상을 채색 세밀화로 그려 가고자 하였다. 이에 대해서는 뒤에서 상술하기로 한다.

다. 교유의 의의와 영향

　명문가의 후예인 김창업은 벼슬길에 나아가길 포기하고 일생을 은거하였지만 연행에 대한 갈망이 있었기에 55세의 고령으로 백형 김창집(金昌集)을 수행하여 청나라에 다녀왔다. 김창업은 조선 후기 숭명배청(崇明排淸)의 화신으로 여겨졌던 김상헌(金尙憲, 1570~1652)의 증손이다. 이러한 가문의 내력에도 불구하고 그의 『연행일기』는 숭명배청 사상에서 벗어나 청나라의 실상을 객관적으로 기술하여 후대 북학의 가교 역할을 한 것으로 평가받는다. 김창업의 『연행일기』는 '연행록의 교과서'로 일컬어질 만큼 후대 연행사에게 많은 영향을 미쳤는데,[69] 숭명배청 의식에서 벗어나 중국 문사와 폭넓게 교유한 것도 『연행일기』의 가치를 더해주는 부분이다.[70]

　이덕무(李德懋)는 『청비록(淸脾錄)』에서 김창업과 양징의 교유에 대해 언급하면서 양징이 『김씨연방집(金氏聯芳集)』에 평을 하고 서문을 지어 이 책이 중국에 널리 알려졌다고 하였다. 그러면서 양징이 김창협(金昌協)의 시를 높이 평가하고, 그의 〈관후묘시(關侯廟詩)〉를 더욱 칭찬했다고 하며 시 전문을 소개하고 있다.[71] 이로 미루어 김창업이 양징에게 자기 형제들

69　김현미, 『18세기 연행록의 전개와 특성』, 혜안, 2007.

70　홍대용 또한 "김가재(金稼齋, 김창업의 호)는 청음(淸陰)의 손자로 임진년(1712, 숙종 38)에 사행에 따라왔다. 그 당시는 병자년의 난을 겪은 지 그리 오래지 않았으므로 심양관에서 당했던 곤욕(김상헌이 끌려갔던 일을 말함)이 아직 가시지 않았다. 그러나 그는 박득인(朴得仁) 등과 내왕하며 예물을 보내는 것도 사양하지 않았고, 조화·이원영·마유병·정홍지(程洪之)의 무리와도 사이좋게 어울렸다. 그 당시 부형(父兄)·사우(師友)의 사이에는 위독(危篤)한 언론(言論)이 한세상을 휩쓸었는데도 이 일을 가지고는 가재를 잘못이라고 했다는 말은 듣지 못하였다."고 하여, 김창업이 중국 문사와 교유한 것을 높이 평가하였다. 『연기』「아문제관(衙門諸官)」. 번역은 〈한국고전종합DB〉에서 제공하는 『국역담헌서』(민족문화추진회, 1976)의 번역을 참조하여 저자가 다듬은 것으로 이하 동일함.

71　李德懋, 『靑莊館全書』 권35, 『淸脾錄四』 "其弟稼齋先生, 則隨其伯兄夢齋先生入燕, 壯觀山河之固·人物之盛·城池·樓臺·風俗·儀文, 著錄而歸. 選輯昆季之詩, 爲金氏聯芳集, 屬浙士

의 시를 모은 시집을 보내고 평과 서문을 받아 온 일이 있었음을 알 수 있다. 이러한 사실은 김창업이 양징을 얼마나 높게 평가했는지를 말해준다. 앞에서 본 것처럼 양징 또한 자신의 문집 서문을 김창업에게 부탁한 바 있는데, 이는 김창업과 양징이 국경을 초월해 깊은 우정을 나누며 서로 지기로 사귀었음을 말해준다. 연행에서 처음 알게 된 조선과 중국의 문사가 이후로 왕래를 계속하며 문집에 평을 하거나 문집 서문을 부탁하는 일은 아마도 김창업의 사례가 최초가 아닌가 여겨진다. 중국 문사와 진정으로 교유함에 있어서 김창업은 18세기의 선구자로 불러도 좋지 않을까 싶다.

김창업에 이어 이기지는 북경에 가서 조화와 양징을 만나고, 양징과 여러 차례 시문을 주고받았다. 이기지와 양징이 서로 화답한 시를 보면 신교(神交)라 칭하며 서로를 지기로 인정하고 있음이 드러난다. 또한 이기지는 진법과 두시의 판본 및 오자 등을 화제로 대화를 나누었는데, 두보 시에 대한 두 사람의 식견이 매우 높았음을 짐작할 수 있다. 이기지는 진법에게 읍취헌 박은의 시집을 보내주기도 했는데, 이는 18세기 한중 문화교류에서 적잖은 의의를 지닌다.

실학적 학문 성향을 지닌 이기지는 천주당 방문을 통해 접한 서학에도 깊은 관심을 가졌다. 그가『본초강목』의 물상들을 채색 세밀화로 그려 가고자 한 것은 사물에 대한 정확한 관찰을 통해 그 이치를 탐구하고자 했던 서양 학문관에 자극받은 것으로 이해된다.[72] 그런데 이이명·이기지 부

揚澄寧水, 評序而來. 於是金氏文獻, 照爛中國. 寧水推獎農巖之詩, 尤賞其關侯廟詩, '廟貌森牖戶, 窺臨颯有風. 丹青炤神接, 涕淚古今同. 北地羞啷躄, 南陽效鞠躬. 忠貞恨一槃, 合此幷幽宮.'"〈關侯廟詩〉는『농암집』권3에〈關王廟次子益韻〉이라는 제목으로 실려 있다.

[72] 1721년 주청겸동지사(奏請兼冬至使)의 정사로 연행한 이건명은 1722년 2월 14일 서양 선교사로부터 편지와 흡독석(吸毒石), 천리경(千里鏡) 등의 물건을 이기지에게 전달해 달라는 부탁을 받는다.『寒圃齋使行日記』, "西洋人送二橀饌·數丈畫, 且送書封及吸毒石·千

자는 연행에서 돌아온 이듬해인 1722년 신유사옥에 휘말려 졸지에 죽음을 맞이하였으며, 김창업은 신유사옥이 발발한 1721년에 세상을 떠났다. 이로 인해 중국 문사인 양징, 조화, 진법 등과의 교유는 후배 문인들에게 이어질 수 없었다. 김창업과 이기지의 갑작스런 죽음 이후에 양징, 조화, 진법 등은 조선 연행사에게 잊혀진 인물이 된 것으로 보인다.

(2) 18세기 후반 홍대용·박지원의 중국 문인 교유

가. 홍대용의 교유

홍대용은 한글 연행록인 『을병연행록』을 연행 여정에 따라 순차적으로 기술한 데 비해, 한문 연행록인 『연기』는 제목을 달아 특정 주제별로 기술하였다. 독자층의 관심을 반영하여 기술 방식을 달리한 것인데, 사대부 문인을 대상으로 한 한문본 『연기』는 중국 문사 및 서양 선교사와의 필담 기록이 대부분을 차지하고 있다. 그 제목을 일별해 보면 「오팽문답(吳彭問答, 한림 검토관 오상과 팽관)」·「장주문답(蔣周問答, 유리창에서 만난 감생 장본과 주응문)」·「유포문답(劉鮑問答, 서양 선교사 유송령과 포우관)」·「아문제관(衙門諸官, 관소에 있는 여러 통관)」·「양혼(兩渾, 황실의 종친)」·「왕거인(王擧人, 영원위에서 만난 왕상빈)」·「사하곽생(沙河郭生, 사하소 점방 주인)」·「십삼산(十三山, 십삼산에서 만난 만주족 인사)」·「장석존(張石存, 유리창 점포 주인 장경)」·「갈관인(葛官人, 장경의 집에서 만난 관인 갈씨)」·「금포유생(琴鋪劉生, 유리창 거문고 점포에서 만난 악공 유씨)」·「납조교(拉助敎, 심양부학의 조교)」·「등문헌(鄧汶軒, 삼하에서 만난 등문헌)」·「손용주

里鏡等物, 以爲傳送蓮洞進士之地." 원문에서 '연동진사'는 연동에 살던 이기지를 칭한 것이다. 이기지가 귀국한 뒤에도 서양 선교사와 교류를 이어 나갔음을 알 수 있다.

(孫蓉洲, 삼하에서 만난 손유의)」・「무령현(撫寧縣, 무령현에서 만난 서씨, 단씨)」・「가지현(賈知縣, 영평부 지현 가회)」・「송가성(宋家城, 송가성 주인)」・「손진사(孫進士, 팔리포에서 만난 손진사)」・「주학구(周學究, 심양에서 만난 인사)」・「왕문거(王文擧, 차부 왕문거)」・「희원외(希員外, 책문 세관)」・「백공생(白貢生, 첨수점에서 만난 공생)」 등으로 연행을 통해 만난 각계각층 인물과의 다양한 필담 내용이 담겨 있다. 여기에서 홍대용은 중국 인사와 만나게 된 경위와 그들과 나눈 대화 내용을 상세히 적어 놓은바, 그의 연행 체험에서 중국 인사와의 교류가 얼마나 큰 의미를 지녔는지를 잘 보여준다.

그런데 『연기』에는 홍대용이 중국에서 만난 인물 중 가장 소중하게 생각하여 '천애지기(天涯知己)'라 칭한 인사들과의 만남이 빠져 있다. 그들은 바로 절강성 항주 출신의 선비 엄성(嚴誠)・반정균(潘庭筠)・육비(陸飛) 등 3인이다. 홍대용은 이들과 8차례에 걸쳐 만남을 갖고 깊이 교류하였는데, 이때 나눈 필담은 『간정동필담(乾淨衕筆談)』에 정리되어 있다. 그리고 연행 당시에 주고받은 편지는 귀국한 뒤에 내왕한 편지들과 함께 『항전척독(杭傳尺牘)』에 수록하였다. 따라서 홍대용의 연행에 따른 기록물은 총 4종이 된다. 곧 일기체로 기술한 한글본 『을병연행록』, 기사체로 기술한 한문본 『연기』, 항주 출신 세 문사와의 필담 내용을 정리한 『간정동필담』, 연행 당시와 귀국 후에 주고받은 편지를 묶은 『항전척독』이다.[73] 이와 함께 2016년에 처음 공개된 중국 문사가 홍대용에게 보낸 서찰을 엮은 『중사기홍대용수찰첩(中士寄洪大容手札帖)』은 홍대용이 작고하기 직전까지 중국 문사와 교류한 실상을 자세하게 보여주고 있다.

홍대용이 엄성・반정균・육비와의 교유를 문집에 따로 수록한 것은 이

---

73   홍대용의 문집 『담헌서(湛軒書)』에는 외집 권1에 「회우록서」와 함께 『항전척독』이 실려 있고, 권2에 『간정동필담』이 실려 있다. 『연기』는 외집 권7~9에 수록되어 있다.

들과의 만남을 중시하여 귀국한 이후에도 편지를 주고받으며 교류를 지속하였기 때문이다. 홍대용은 『항전척독』의 서문을 박지원에게 구했는데, 여기에서 박지원은 "홍군은 벗 사귀는 도리에 통달하였으니, 내 이제야 벗 사귀는 도리를 알게 되었도다. 그가 벗 삼는 바도 보았고 그 벗 되는 바도 보았으며, 또한 내가 벗하는 바를 그는 벗하지 않음도 보았도다."[74] 라고 썼다. 이는 비좁은 조선 울타리를 벗어나 이역만리에서 진정한 우도(友道)를 이룩한 홍대용에게 바치는 찬사라 할 것이다. 이덕무 또한 홍대용이 귀국 후에 『간정동필담』을 보여주자, 홍대용과 김재행(金在行)[75]이 엄성 등과 주고받은 필담에 주석을 달고 자기 생각을 덧붙여 『천애지기서(天涯知己書)』를 편찬했다. 홍대용은 1766년 연행을 마치고 돌아온 뒤에도 엄성·반정균·육비 등의 중국 문사와 지속적으로 교류를 이어 갔으며, 이는 박지원을 비롯한 이덕무·박제가·유득공 등 북학파 문인들에게 많은 영향을 끼쳤다. 홍대용 이후 이들 북학파 문인들도 차례로 연행에 참가하여 중국 문사와 본격적으로 교류하게 된다.

연행을 통해 중국의 참된 선비를 만나 흉금을 터놓고 대화를 나누고자 한 홍대용의 소원은 1766년 2월 1일 상사의 비장(裨將) 이기성(李基成)이 유리창에서 우연히 두 선비를 만난 일을 계기로 이루어지게 되었다. 처음에 이기성으로부터 절강 출신 선비가 과거를 보려고 상경해 간정동에 머물고 있다는 말을 전해 들은 홍대용은 절강에서 이곳까지 과거를 보러 왔다면 명리(名利)에 물든 선비가 아닌가 생각하기도 하였다. 다음 날 이

---

74 홍대용, 『담헌서』 외집 권1 「會友錄序」, "余旣讀畢而歎曰: '達矣哉! 洪君之爲友也. 吾乃今得友之道矣, 觀其所友, 觀其所爲友, 亦觀其所不友, 吾之所以友也.'"
75 김재행은 사절단의 부사였던 김선행의 사촌동생으로 홍대용과 함께 간정호동의 천승점(天陞店)에 묵고 있는 항주 선비들과 교류한 인물이다.

표 6 | 홍대용과 엄성·육비·반정균의 교유

회차	일자	장소	교유 인물	주요 내용
1차	2.3.	천승점	엄성, 반정균	김재행·이기성과 함께 방문하여 시문·서화·역사·동정호·서호·풍속·과거 등에 대한 이야기를 나눔. 반정균이 김상헌에 대해 묻고, 담헌 일행이 육비의 시를 보고 여유량(呂留良), 왕양명(王陽明)에 대해서도 물음. 『감구집(感舊集)』을 받음
2차	2.4.	관소	엄성, 반정균	엄성과 반정균이 복식, 혼례 등을 이야기 하고 시를 수창함. 홍대용이 거문고 연주를 들려주고, 담헌팔경(湛軒八景)에 대한 시와 문, 김재행은 「양허당기」를 부탁함
	2.5.	관소	엄성, 반정균	홍대용이 담헌팔경의 내력을 적은 편지를 보내어 두 사람으로부터 답서를 받음
	2.7.	관소	엄성, 반정균	편지 내왕. 엄성이 부채 두 자루와 붓 두 자루, 복건수산인석(福建壽山印石) 세 개를 보냄. 반정균이 『한예자원(漢隸字源)』 한 부를 보냄
3차	2.8.	천승점	엄성, 반정균	김재행과 함께 방문하여 허난설헌의 시, 일본의 능화지(菱花紙), 불교의 『능엄경(楞嚴經)』, 주자, 소고기, 복식 등에 대한 이야기를 나눔
	2.9.	관소	엄성	엄성과 편지를 주고받음
	2.10.	관소	엄성	엄성과 편지를 주고받음
	2.11.	관소	엄성, 반정균	편지 내왕. 홍대용이 서산에 가기 전에 편지를 써서 엄성과 반정균에게 보냄
4차	2.12.	천승점	엄성, 반정균	양국의 복식과 두발, 개가 금지, 김상헌 문집, 주자가례, 아동 교육서 등에 대한 이야기를 나눔
	2.14.	관소	반정균	홍대용이 반정균에게 서첩을 보냄
	2.15.	관소	엄성, 반정균	동국의 역사와 고적을 개략적으로 소개한 편지를 보냄. 엄성이 홍대용과 김재행의 수적(手迹)을 청함
5차	2.16.	천승점	엄성, 반정균	홍대용은 관소의 아문(衙門)에서 저지해 나가지 못하고 김재행 혼자 방문함. 홍대용은 김재행이 가져온 필담 초고를 읽음. 김재행이 엄성, 반정균과 함께 시문, 경치, 그림 등에 대한 이야기를 나눔
6차	2.17.	천승점	엄성, 반정균	엄성, 반정균과 함께 밥을 먹고 천주교, 과거, 복식, 관직, 풍속, 일본 종이, 전목제(錢牧齋) 등에 대한 이야기를 나눔. 엄성이 지은 담헌팔영시를 봄
	2.19.	관소	엄성, 반정균	편지 내왕. 반정균이 지은 「담헌기」와 엄성이 지은 「양허당기(養虛堂記)」를 받음. 반정균에게 네 시구와 고원정(高遠亭)의 부(賦)를 써줌

회차	일자	장소	교유 인물	주요 내용
7차	2.23.	천승점	엄성, 반정균, 육비 山西韓兄	육비와 첫 만남을 갖고, 시고 5책과 초화(綃畵) 5폭을 받음. *〈고사관폭도〉, 간송미술관 소장. 홍대용이 반정균과 엄성에게 주려고 이별의 회포를 적은 글을 내보임. 조선의 금주령에 대해 이야기를 나누면서 술을 마시기 시작하여 김재행이 대취함
	2.24.	관소	엄성, 반정균, 육비	편지 내왕
	2.25.	관소	엄성, 반정균, 육비	편지 내왕
8차	2.26.	천승점	엄성, 반정균, 육비	엄성, 육비와 함께 이야기를 나누고 이별함. 반정균은 밤에 다른 곳에서 자고 돌아오지 않음. 육비가 명청교체기 동국의 환란에 대해 물어, 홍대용이 대답하면서 홍익한·윤집·오달제 삼학사의 사적을 언급함. 형제의 의를 맺어 천애의 지기를 이룸
	2.27.	관소	엄성, 반정균, 육비	편지 내왕. 육비가「농수각기(籠水閣記)」지은 것을 편지와 함께 보내옴
	2.28.	관소	엄성, 반정균, 육비	3인에게 각기 이별의 회포와 경계로 삼을 내용의 편지를 보내고 답서를 받음. 육비가 편지와 함께 그림을 그린 부채 9자루를 보내옴
	2.29.	관소	엄성, 반정균, 육비	귀국 전날에 작별 편지를 주고받음. 3인의 시와 그림이 있는 첩(帖) 두 개를 보내옴

※ 음영을 넣은 부분은 천승점 숙소와 관소에서 대면한 만남을 표시한 것이다.

덕성으로부터 두 사람의 절강향시 시권(試券, 과거 답안지)[76]을 받아 본 홍대용은 엄성과 반정균의 이름을 확인하고, 다음 날 김재행과 함께 이들의 숙소를 방문한다. 이후 북경에서 홍대용의 생활은 항주 선비와의 만남에 집중되어, 북경을 떠날 때까지 총 8차에 걸쳐 만남을 가지게 된다. 『간정동필담』과 『을병연행록』을 참조하여 이들이 만난 일자와 주요 내용을 소개하면 〈표 6〉과 같다.

---

76 이날 이덕성이 얻은 답안지는 정사 순의군(順義君) 이훤(李煊)이 『절강향시주권(浙江鄕試硃卷)』으로 성첩하였으며, 하버드 옌칭도서관에 실물이 전한다. 정민, 『18세기 한중 지식인의 문예공화국』, 문학동네, 2014, 28~30쪽 참고.

홍대용은 항주 선비들과 유리창 천승점(天陞店)에서 7차례, 관소에서 1차례 등 총 8차의 만남을 가지고, 13차에 걸쳐 편지를 주고받았다. 홍대용은 2월 16일 관소의 통관들의 제지를 받아 김재행 혼자 찾아간 날까지도 필담 초고를 바탕으로 이들과의 만남을 자세히 기록하였다. 양국 문사들은 복식과 풍속의 차이에서부터 김상헌(金尙憲), 전겸익(錢謙益) 등의 시와 문집, 주자학과 양명학의 차이 및 불교에 대한 견해 등 다양한 주제로 필담을 나누었다. 홍대용은 이들에게 우리나라의 역사와 고적을 개략적으로 적은 편지를 보냈으며, 2월 26일의 마지막 만남에서는 병자호란 때 결사항전을 주장하다 심양에 끌려가 처형당한 홍익한(洪翼漢), 윤집(尹集), 오달제(吳達濟) 등 삼학사의 행적을 소개하기도 하였다. 만주족 치하의 청나라에서 금기시되던 사안 또한 화제에 올랐던바, 친분이 두터워져 흉금을 터놓고 대화를 나누었음을 알 수 있다.

8차에 걸친 이들의 만남은 마지막 모임에서 의형제를 맺어 천애지기의 우정으로 꽃피우게 되었거니와, 양국 문사의 만남이 얼마나 진솔했는지는 다음의 예문에서 충분히 짐작할 수 있다. 1766년 2월 23일 귀국을 앞두고 가진 술자리 풍경이다.

> 육생(육비)이 김형(김재행을 말함)은 술을 얼마나 먹은 후에 비로소 취하느냐고 물었다. 내가 그 주량이 매우 넓으나 다만 두어 잔이 지난 후에는 미친 말이 많다고 하자, 평중(김재행의 자)이 말하기를, 그 미침은 다른 사람의 미칠 바가 아니라고 하였다. 육생이 말하길, "이 사람은 술을 먹지 아니하여도 이미 미쳤으니, 어찌 술을 기다리겠습니까" 하였다. […]
> 엄생(엄성)과 반생(반정균)은 열대여섯 잔이 지난 후에는 다시 먹지 않으니, 반생은 낯빛이 가장 취하여 주량이 크지 않음을 알겠고, 엄생은

희미하게 붉을 따름이며, 한생[韓生, 천승점에 함께 머무는 거인(擧人)]은 이미 술기운을 이기지 못하여 밖으로 도망하였다. 육생은 기색이 보통 때와 같아 더욱 호방할 따름이고, 평중은 이미 정신이 어지러운 지 오래였다. 이때 여러 사람이 다 웃옷을 벗고 서로 얼굴을 들어 기롱과 재담이 갈수록 신기하여 한 말이 나오면 한마디 웃음이 좌상에 가득하니, 또한 물외(物外)의 모꼬지라 이를 만했다. […]

내가 두 사람(엄생과 반정균)에게 권하여 육생에게 돌아갈 일을 이르라 하고, 평중을 달래고 붙들어 캉에서 내렸다. 육생이 또한 두 사람의 말을 듣고 한가지로 일어나 평중과 더불어 손을 이끌고 나갈 때, 서로 등을 두드리고 문에 이르러 웃고 기롱하여 서로 뺨을 쳤다. 이에 문안에 구경하는 사람이 매우 많은 까닭에 다 크게 웃어 소리가 우레와 같았다.[77]

국적을 떠나 선비의 예절과 격식 따위는 안중에 두지 않는 진솔한 인간미가 훈훈히 느껴지는 장면이다. 이러한 격의 없는 만남 속에서 홍대용은 항주의 선비들과 양국의 문학, 역사, 사상, 풍속 등 다양한 주제에 대해 거리낌 없이 이야기를 나눌 수 있었다. 여기에서는 그 내용을 다 다루지는 못하고, 시문 및 서화 교류와 학술 사상에 대한 토론의 두 가지 측면에 주목해 살펴보고자 한다. 시문 및 서화는 문예교류의 사례로 북학파 문인에게 미친 영향이 크고, 학술 사상은 주자학과 실학에 관한 양국 문사의 태도를 가늠하는 잣대의 하나로 의미가 있을 것이다.

---

[77] 홍대용 저, 김태준·박성순 역, 『산해관 잠긴 문을 한 손으로 밀치도다』, 돌베개, 2001, 380~387쪽.

가) 시문과 서화 교류

문인 선비인 홍대용과 엄성·육비·반정균의 교유에서 시문과 서화는 큰 비중을 차지하는 주제였다. 2월 3일 첫 만남에서 반정균이 김재행의 성씨를 듣고 김상헌을 아느냐고 묻자, 홍대용이 놀라며 어떻게 김상헌을 아느냐고 되물었다. 그러자 엄성이 곧장 곁방에서『감구집(感舊集)』을 들고 와 보여주어, 홍대용은 김상헌이 해로로 연행하면서 등주(登州) 지방을 지날 때 창수한 시가 여기에 수록되어 있음을 알게 되었다.『감구집』은 청대의 저명한 시인 왕사정(王士禎, 1634~1711)이 만년에 평소 교유했던 벗들의 시를 모아 편찬한 것이다. 이 책 권12에 김상헌의 시 8수가 수록되어 있어 이들이 알게 된 것인데, 반정균은 이날 즉석에서『감구집』을 선사하였다.『을병연행록』에는 빠져 있으나 박지원의『열하일기』에 따르면 김재행이 집안의 할아버지라는 말을 하자 반정균이 이를 증정한 것이라고 한다.[78] 홍대용의 이 기록은『감구집』을 언급한 가장 이른 것으로, 이후로 김상헌과『감구집』은 연행사와 중국 문사의 만남에서 자주 화제에 오르게 된다.[79]

첫 만남 다음 날인 2월 4일에 엄성과 반정균이 곧바로 사신단이 머무르

---

[78] 박지원 저, 김혈조 역,『열하일기 3』, 돌베개, 2017, 173쪽;『열하일기』「避暑錄 補遺」, "병술년(1776)에 사은사가 연행을 갈 때에 청음 선생의 방계 족숙(族叔)인 김재행이 수행하여 북경에 들어가서 전당(錢塘) 사람인 엄성과 반정균을 만났다. 그들이 '귀국의 청음 김상헌 선생을 압니까?'라고 묻기에 김재행은 집안의 할아버지라고 대답하였다. 반정균이 한참을 감탄하다가 그의 책 상자 안에 가지고 있던『감구집』한 부를 꺼내어 김재행에게 증정하고, 또『감구집』안에 있는 청음 선생의 시를 차운하여 이별할 때에 서로 예물로 주었다고 한다."

[79] 홍대용 이후로『감구집』이 등장하는 연행록은 이덕무의『입연기』1778년 5월 19일 조; 박지원의『열하일기』「避暑錄」·「銅蘭涉筆」조, 1780년; 서유문의『무오연행록』, 1799년 2월 1일 조; 유득공의『熱河紀行詩註』「瀋陽」, 1790년 등으로 확인된다. 신익철·권오영·박정혜·임치균·조융희 편역,『18세기 연행록 기사 집성-서적·서화편』, 한국학중앙연구원 출판부, 2014, 715쪽.

는 관소로 찾아왔다. 홍대용은 이 자리에서 은거하며 지내는 자신의 뜻을 밝히고 담헌팔경(湛軒八景)의 내력을 적어 보내며, 두 사람에게 시와 기문을 부탁하였다. 이에 엄성은 2월 17일 만남에서 홍대용에게 담헌팔경을 노래한 〈담헌팔영(湛軒八詠)〉을 내보이고, 2월 19일에는 반정균이 「담헌기(湛軒記)」를, 엄성이 「양허당기(養虛堂記)」를 지은 것을 편지로 보내온다. 엄성의 〈담헌팔영〉과 반정균의 「담헌기」는 『담헌서』 외집 부록에 수록되어 있다. 〈담헌팔영〉은 홍대용이 은거하는 정취를 노래한 시로 산루고금(山樓鼓琴)·도각명종(島閣鳴鐘)·감소관어(鑑沼觀魚)·허교농월(虛橋弄月)·연방학선(蓮舫學仙)·옥형규천(玉衡窺天)·영감점시(靈龕占蓍)·구단사곡(彀壇射鵠)의 8장으로 이루어져 있다. 홍대용의 문집 『담헌서』에는 엄성의 시를 필두로 이정호(李鼎祜)·손유의(孫有義)·조욱종(趙煜宗)·등사민(鄧師閔)·이송(李淞) 등 6인의 시가 차례로 실려 있다. 이 중에서 이정호의 시를 제외하고는 모두 연행을 계기로 알게 된 중국 문사들의 작품으로, 중국 문사에 대한 홍대용의 애정을 짐작할 수 있다.

육비(陸飛)는 엄성·반정균보다 뒤늦게 북경에 도착해서 2월 23일 7차 만남 자리에서 처음 대면하게 되었다. 이 자리에서 그는 자신의 시고(詩稿)와 그림을 내보였다. 『을병연행록』에는 "심장이 불같이 타올라 한 조각 애달픈 마음 품을 곳이 없어, 마지못하여 졸한 재주를 잊고 다섯 장의 깁을 잘라 촛불을 밝히고 그림을 그려 망령되이 폐백을 갖추고자 하니, 그림을 마치매 밤이 이미 삼경이 되었습니다."[80]라고 하여, 육비가 도착하자마자 폐백을 삼고자 그림을 그렸음을 말하고 있다. 육비의 그림 중에 하나는 폭포를 그린 것이고 다른 하나는 구름을 그린 것이라고 하였는데, 폭포를 그린 그림은 간송미술관에 소장되어 전하는 〈고사관폭도(高士觀瀑

---

[80] 홍대용 저, 김태준·박성순 역(2001), 앞의 책, 367쪽.

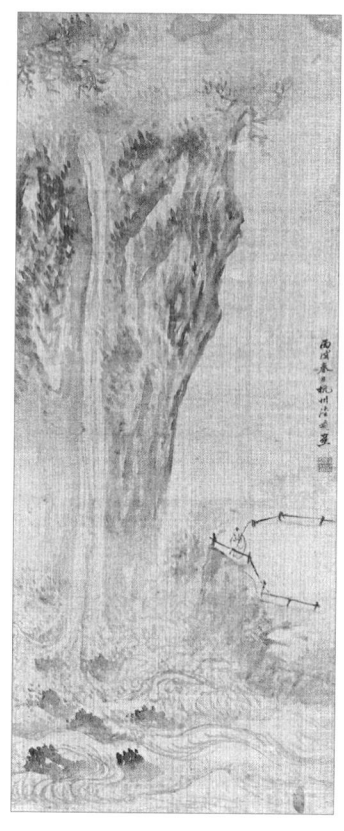

그림 3 | 육비, 〈고사관폭도〉, 간송미술관 소장

그림 4 | 엄성이 그린 홍대용 초상, 국사편찬위원회 소장

圖)〉(그림 3)로 여겨진다.

사실 홍대용은 엄성, 반정균과 처음 만났을 때부터 육비의 이름을 들었다. 이날(23일) 반정균이 육비의 그림을 보여주었는데, 홍대용은 육비의 그림을 고평하고 세 사람 중에서 육비의 시가 가장 뛰어나다고 했다.[81] 육

---

81 위의 책, 222쪽. "반생이 말하기를 '유유히 풍진에 쌓여 이룬 것이 없지만, 길을 떠날 때에 동향에 한 벗이 있는데 성명은 육비이고, 우리의 동방(同榜) 장원입니다. 일이 있어 함께 떠나지 못하는 고로 한 장 그림으로 길에 보내주었는데, 우연히 적은 글이 있으니 용졸(庸拙)함을

비는 자신의 시고 속에 있는 〈하풍죽로초당도(荷風竹露草堂圖)〉를 노래하는 시문을 청하였다. 그리고 홍대용은 2월 24일 보낸 편지에서 농수각에 혼천의를 설치하게 된 경위를 대략 설명하고, 이에 대한 글을 부탁하였다. 이로부터 사흘 뒤인 2월 27일에 육비가 「농수각기(籠水閣記)」를 지어 보냈다.

사행단이 북경을 떠나기 전날인 2월 29일에 하마연(下馬宴)이 열렸는데, 홍대용은 항주 선비들에게 마지막 편지를 써서 전하며 관소에 머물렀다. 이날의 편지에서는 서로 이별의 아쉬움을 극진히 토로하고 훗날 경계로 삼을 만한 말을 청하였다. 그런데 이날의 『연기』 기사는 "돌아오는 길에 종의 말을 들으매, 일찍이 간정동에 가니 그 종들이 화첩 하나를 내보이는데, 화첩 가운데에 우리들의 형상이 그려져 있더라는 것이다. 그 모습이 대단히 닮아서 얼핏 보아도 누가 누구인지를 알아볼 수 있었다고 한다. 그런데 그린 까닭을 물어보았더니 그 종들이 대답하기를, '두 분 주인어른께서 이것을 만들어 놓고 귀국하신 뒤에 이것을 보고 생각하기 위한 것이라고 하더라.'고 하였다."[82]라는 대목으로 끝맺고 있다. 이를 보면 엄성이 생전에 그려 훗날 엄성의 유고집과 함께 홍대용에게 전해진 홍대용 일행의 초상화는 간정동에서 만났을 당시에 초본을 그린 것임을 알 수 있다.

박지원은 홍대용의 사후 묘지명을 지으면서 이들의 만남과 귀국 후에 이어진 우정에 대해 기술하며 다음과 같은 일화를 덧붙였다.

웃지 마십시오.' 하고, 그림 한 장을 내보였다. 수묵으로 연꽃 두어 송이를 그렸는데, 필획이 매우 임리(淋漓)하여 속된 솜씨가 아니고, 위에 육비의 칠언절구 하나와 엄생의 가사 하나와 반생의 고시 하나를 썼다. 글씨와 그림이 다 속되지 아니하고 육비의 시는 더욱 높았다."

82 『국역 담헌서』 「외집」 권3 「乾淨衕筆談」.

그는 숙부가 서장관으로 중국에 갈 때 따라가 유리창에서 육비·엄성·반정균 등을 만났다. [⋯] 그들과 더불어 필담한 수만 언(言)은 모두 경지(經旨), 천인 성명(天人性命), 고금 출처(出處)의 대의(大義)에 대해 변론한 것인데, 굉사(宏肆)하고 준걸(儁傑)하여 이루 말할 수 없이 즐거웠었다. 그리고 헤어지려고 할 때, 서로 보고 눈물을 흘리면서 말하기를, '한번 이별하면 다시 보지 못할 것이니 황천(黃泉)에서 서로 만날 때 아무 부끄러움이 없도록 생시에 학문에 더욱 힘쓰기를 맹세하자'고 하였다. 덕보(홍대용의 자)는 엄성과 특히 뜻이 맞았으니 그에게 풍간(諷諫)하기를 '군자는 자기를 드러내고 숨기는 것을 때에 따라 해야 한다.'고 하였을 때, 엄성은 크게 깨달아 이에 뜻을 결단하였다. 그 후 남쪽으로 돌아간 뒤 몇 해 만에 민(閩) 땅에서 객사하였는데, 반정균이 덕보에게 소식을 알렸다.

덕보는 이에 애사(哀辭)를 짓고 향폐(香幣)를 갖추어 용주(손유의)에게 부치니 이것이 전당으로 들어갔는데, 바로 그날 저녁이 대상(大祥)이었다. 대상에 모인 사람들은 서호(西湖)의 여러 군에서 온 사람들인데 모두들 경탄하면서 이르기를 '명감(冥感)이 이른 것이다.'라고 하였다. 엄성의 형 엄과(嚴果)가 분향 치전(致奠)하고 애사를 읽어 초헌(初獻)을 하였다. 엄성의 아들 앙(昻)은 덕보를 백부라고 써서 그 아버지의 『철교유집(鐵橋遺集)』을 부쳐 왔는데, 돌고 돌아 9년 만에야 비로소 도착하였다. 유집 중에는 엄성이 손수 그린 덕보의 작은 영정(影幀)이 있었다. 엄성은 민에서 병이 위독할 때 덕보가 기증한 조선산 먹과 향기로운 향을 가슴에 품고 세상을 떠났다. 그리하여 마침내 먹을 관 속에 넣어 장례를 치렀는데, 오하(吳下)의 사람들은 유별난 일이라 하여 성대하게 전하며, 이것을 두고 다투어 가며 서로 시문을 지었다. 이러한 사실은

주문조(朱文藻)란 사람이 편지를 하여 말해준 것이다.[83]

북경에서 헤어진 뒤에도 이들의 교유가 지속되었음을 알 수 있거니와, 특히 엄성의 죽음과 관련한 일화가 감동적으로 그려져 있다. 엄성이 죽을 때 홍대용이 준 조선산 먹을 품고 영면한 사실이나 반정균으로부터 부고를 받고 보낸 홍대용의 애사가 대상을 치르는 날에 도착한 일 등이 당시 전당 사람들에게 기이한 일로 회자되며 시문의 소재로 널리 전파되었음을 알 수 있다. 엄성의 유집 중에 있다는 홍대용의 영정은 오늘날 전해지는 유일한 초상화이기도 하다.

나) 학술 사상에 대한 토론

홍대용은 시문·서화와 같은 문예 외에 중국의 학술 동향에 대해서도 깊은 관심을 가지고 엄성·반정균·육비 등과 대화를 나누었다. 2월 3일 첫 만남에서부터 이들은 주자학과 양명학을 화제로 이야기를 나누었는데, 발단은 홍대용이 여유량(呂留良)의 출신지와 인품을 묻는 데에서 시작되었다. 반정균은 여유량이 항주 석문현(石門縣) 사람으로 학문이 높은데 화란(禍亂)에 걸렸다고 답하였다.[84] 그러자 홍대용이 왕양명(王陽明) 또한 절강 사람인데 절강 선비들은 누구의 학문을 존숭하느냐고 물으면서, 주자학과 양명학에 대한 각자의 견해를 밝히게 된다. 이 대목을 인용하면 다음과 같다.

---

[83] 『국역 담헌서』「외집·부록」「洪德保墓誌銘」.
[84] 여유량은 정주학(程朱學)을 깊이 연구한 학자로 명이 망한 뒤 머리를 깎고 중이 된 인물이기에 연행사가 관심을 가졌다. 그의 화이사상에 영향을 받은 증정(曾靜)이 배만(排滿)을 위해 거병을 하도록 천섬총독(川陝總督) 악종기(岳鍾琪)를 종용하다가 붙잡히는 사건이 벌어져, 옹정제가 이를 비판하는『대의각미록(大義覺迷錄)』을 저술하기도 했다. 그뿐만 아니라 건륭제는 그의 무덤을 파헤치고 일족을 사형에 처하기도 하였기에 반정균이 화란에 걸렸다고 한 것이다.

내가 말하기를,

"절강 선비들은 누구의 학문을 존숭합니까?"

라고 하니, 반생이 다 주자를 존숭한다고 하며 이어서 말하기를,

"왕양명은 절강 사람으로, 학문이 큰 선비이며 성묘(聖廟, 공자를 받드는 사당)에 배향한 사람입니다. 다만 그 학문의 경계가 주자와 다른 까닭에 학자들이 존숭하지 않고, 가는 이 한두 사람 있으나 또한 드러남이 없습니다."라고 하였다. […]

내가 말하기를,

"양명은 천하에 기이한 재주를 가졌습니다. 문장과 사업으로 명나라의 제일 인물이지만, 다만 학문의 경계는 진실로 난공(蘭公, 반정균)의 말과 같습니다."

하니, 엄생이 말하기를,

"조선에서도 육상산(陸象山)을 배척합니까?"

하고 물었는데, 육상산은 송나라 때의 선비이며 주자와 같은 시대 사람이다. 또한 마음을 숭상하는 학문을 했고, 양명이 존숭하는 사람이었다. 내가 말하기를,

"이미 주자를 존숭하고, 상산은 주자가 배척한 사람인데 어찌 배척하지 않겠습니까?"

하니, 엄생이 말하기를,

"육상산은 자품(資稟)이 심히 높고 왕양명은 공적이 천하를 덮었으니, 두 사람은 고금의 큰 인물입니다. 어찌 가벼이 책망하겠습니까?"

하자, 반생이 말하기를,

"천하의 사업은 반드시 학문의 경계를 먼저 바로 할 것인데, 양명의 학문이 어찌 미진함이 없겠습니까?"

하니, 엄생은 다만 희미하게 웃을 따름이었다. 내가 말하기를,

"양명의 학문이 진실로 그른 곳이 있지마는, 다만 후세 학자들이 겉으로 주자를 숭상하며 입으로 의리를 논할 따름이고, 몸의 행실을 돌아보지 아니하니, 도리어 양명의 절실한 의론에 미치지 못할 것입니다. 어찌 부끄럽지 아니하겠습니까?"

하니, 반생이 좋다고 하였다.[85]

왕양명은 학문이 깊은 인물이지만 주자의 사상과 다르기 때문에 요즘 선비들이 따르지 않는다는 반정균의 말을 듣고, 홍대용은 왕양명이 문장과 사업은 명나라에서 제일이지만 바른 학문이 아니라며 이에 동의한다. 엄성이 왕양명의 심학에 영향을 미친 육상산을 거론하며 조선에서 배척하느냐고 묻자, 홍대용은 주자를 존숭하기에 배척한다고 답하였다. 그러자 엄성은 육상산의 학문과 왕양명의 공적은 쉽게 배척할 수 없는 것이라고 하는데, 홍대용은 입으로만 주자를 내세우며 행실은 돌아보지 않는 오늘날 선비들에 비하면 왕양명의 절실한 의론이 뛰어나다고 인정하였다. 반정균 또한 이에 동의하면서 이 화제가 마무리되는데, 홍대용이 '절실한 의론'이라 한 것은 왕양명의 사상이 그 시대와 세상에 대한 깊은 문제의식에서 나온 것이기에 진정성을 지니고 있음을 인정한 것이다.

주자학과 양명학에 대한 논의가 뒤에 이어진 만남에서 다시 본격적으로 화제에 오르지는 않지만, 이후에도 학문하는 자세는 계속해서 논의된다. 특히 과거와 선비의 출처 등의 문제와 관련해 진지한 대화가 이어지는데, 엄성은 과거와 상관없는 진실된 학문에의 지향을 자주 표명하며 홍대용에게 심복하게 된다. 홍대용 또한 엄성이 육상산과 왕양명, 불학(佛學)에 정통하다고 하며, 위기지학(爲己之學)에 힘쓰는 이로 편벽된 기질이

---

[85] 홍대용 저, 김태준·박성순 역(2001), 앞의 책, 224~225쪽.

있지만 오히려 그로 인해 벗 삼을 만하다고 여겼다.[86]

　홍대용과 엄성·반정균의 논의에 불교가 화제에 오르게 된 것은 홍대용이 서림(西林) 선생이란 인물에 대해 물은 것에서 시작되었다. 서림 오영방(吳潁芳)은 2월 3일의 첫 만남에서 언급되었던 인물이다. 반정균은 엄성을 소개하면서 형 엄과(嚴果) 또한 뛰어난 선비인데 두 사람이 서림 선생과 매우 친하다고 하며, 서림 선생은 은거하여 도를 닦고 일이 없으면 성시에 들어오지 않으며 벼슬자리에 나아간 사람은 만나지 않는다고 하였다. 이를 기특하게 여겼던 홍대용이 2월 8일의 세 번째 만남에서 엄성에게 그가 어떤 사람인지 묻게 된 것이다.

　홍대용의 물음에 엄성은 서림 선생이 항주성 밖에 숨어 살면서 많은 저술을 하고, 효성이 지극하여 상처한 후로 30년 동안 구십 노모를 모시고 잤는데 3년 전에 모친이 죽었다고 했다. 그러면서 한 가지 병통이 있는데, 불도를 숭상하여 여러 가지 불경을 외우지 않는 것이 없다고 하였다. 이를 계기로 홍대용과 엄성 사이에 불교에 대한 필담이 이어졌는데, 대략 다음과 같은 내용이다.

　　내가 말하기를,
　　"성(盛)한 덕과 지극한 행실이 사람으로 하여금 마음이 감동하나 다

86　홍대용, 『담헌서』「외집」권3 「杭傳尺牘」「乾淨錄後語」, "철교는 처음 내가 왕·육(王陸)과 불학을 논박하는 것을 듣고서 자못 좋아하지 않는 기색을 가졌다. 그 당시에는 물어도 대개 답변하려 하지 않았고, 답변을 해도 자세히 말하려 하지 않고 세상을 조롱하고 사람을 무시하는 말을 가끔 잘 섞었다. 그 뜻을 보건대, 아마도 세상에서 무엇이 무엇인지 모르면서 한갓 남이 무엇이라 하면 따라서 무엇이라 하는 자들을 미워한 것이 아닌가 한다. 이러므로 나에 대하여 자못 오만한 빛을 가졌으니, 이것은 그 기질의 편벽된 곳이었다. 그러나 내가 그를 매우 좋아하여 더불어 벗 삼을 만하다고 생각한 까닭 역시 이것 때문이었다. 그 후에 나의 의론이 평담(平淡)하여 진실을 힘쓸 뿐 경망하고 과격한 습성을 일삼지 않는 것을 보고, 나를 세상의 떠들썩한 무리들과는 다르다고 생각하여 진정으로 좋아해서 날로 친밀해졌다."

만 불도를 숭상함이 극히 아까운 일입니다. 송나라 때 윤화정(尹和靖)은 정자(程子)의 높은 제자였지만 오히려 날마다 『금강경(金剛經)』을 외웠으니, 선생의 마음이 어찌 화정의 일을 본받음이 있습니까?"

하니, 엄생이 말하기를, 윤화정을 본받음이 아니라 『능엄경(楞嚴經)』을 극히 좋아하고, 또 불도의 보응(報應) 받을 일을 하지 않고자 하는 것이라 하였다. 내가 말하기를,

"『능엄경』은 비록 불도의 말이나 진실로 마음을 의논하는 묘한 말이 많은데, 보응하는 말에 이르러서는 극히 낮습니다. 어찌 아깝지 않겠습니까?"

하니, 엄생이 말하기를,

"『능엄경』은 저도 또한 보기를 좋아하여 마음을 다스림에 가장 좋습니다. 그 마음을 의논한 곳의 근본은 우리 유도(儒道)와 더불어 대단한 분별이 없는데, 마침내 대단한 분별에 이름은 오로지 빈 것을 숭상하는 때문입니다."

하였다. 내가 말하기를,

"우리 유도의 마음을 의논함이 지극히 분명하고 스스로 즐거운 곳이 있으니, 어찌 내가 도를 버리고 밖으로 다른 데를 구하겠습니까?" […]

이때 반생이 밖에서 들어와 『능엄경』을 말하는 것을 듣고 말하기를,

"저는 『능엄경』을 외움에 있어 반드시 손을 씻은 후에 책을 붙들고, 또 손수 불경 베끼기를 좋아합니다." 하니, 내가 희롱하여 말하기를,

"두 형이 불도를 존숭함이 이러하니 후생에 반드시 천당에 오를 것입니다."

하니, 다 크게 웃었다. 엄생이 말하기를,

"제가 『능엄경』을 봄은 다름이 아니라 몇 년 전에 중한 병을 얻어 죽기에 이르러 우연히 글을 보았는데, 몸과 마음에 크게 유익함이 있어

한 첩 시원한 약을 먹은 듯하였습니다. 그때에 생각하기를 '사람의 일신이 천지 기운으로 우연히 모였으니 사생(死生)을 정함이 있는데, 어찌 마음에 거리끼겠는가' 하여 마침내 이로써 병이 나았으나, 이후에는 다시 보는 일이 없었습니다." […]

내가 말하기를,

"그대의 장처(長處, 장점)를 취하여 나의 마음을 다스리는 공부를 돕는 것이 혹 해롭지 아니하나, 다만 한번 빠지면 몸을 돌려 돌아오지 못할까 저어합니다."[87]

홍대용이 정이(程頤)의 고제(高弟)인 윤화정[88]이 날마다 『금강경』을 외운 일을 본받은 것이냐고 하자, 엄성은 『능엄경』을 매우 좋아한다고 답하며 『능엄경』이 화제에 올랐다. 홍대용이 『능엄경』에 마음을 논한 곳에 묘한 말이 많다고 하자, 엄성 또한 마음 다스리는 데에 좋으며 마음을 논한 것은 유도와 큰 차이가 없으나 허무를 숭상하는 것에 차이가 있다고 하였다. 이때 밖에서 들어오며 대화 내용을 들은 반정균이 자신은 손을 씻고 『능엄경』을 읽으며 불경 베껴 쓰기를 좋아한다고 하였다. 이에 홍대용이 두 형은 후생에 반드시 천당에 오를 것이라는 농담을 하여, 세 사람이 웃음을 터트렸다. 그런데 반정균은 훗날 실제로 불교에 깊이 빠져, 1790년에 연행한 유득공은 반정균에 대해 "그는 바야흐로 칩거하면서 객을 사양하고, 관음상을 걸어두고는 아침저녁으로 정례(頂禮)하였다."[89]고

---

87 홍대용 저, 김태준·박성순 역(2001), 앞의 책, 269~270쪽.
88 윤화정은 윤돈(尹焞, 1071~1142)을 말하니, 화정은 그의 호이다. 그는 정이의 제자로 평생 과거에 응시하지 않았고, 여러 차례 추천받았으나 벼슬길에 나아가지 않았으며, 내성 함양을 중시하고 박람을 추구하지 않았으며 오로지 경(敬) 공부를 위주로 하였다고 한다. 그가 날마다 『금강경』을 읽었다는 사실은 미상이다.
89 유득공 저, 실시학사 고전문학회 역주, 『열하를 여행하며 시를 짓다–열하기행시주』, 휴머니

소개하기도 하였다. 엄성은 홍대용에게 자신이 몇 년 전에 중한 병에 걸렸을 때 『능엄경』을 보게 되었으며, 지금은 보는 일이 없다고 토로하였다. 이 말을 듣고도 홍대용이 불교에 깊이 빠질까 우려하는 말을 계속하자, 엄성은 지금은 『근사록(近思錄)』을 매우 즐겨 본다고 하면서 학문의 동지를 얻게 되었다고 기뻐하였다.

한편으로 홍대용은 남방에도 천주학을 존숭하는 사람이 있느냐고 물어, 양명학과 불교 외에 천주교도 화제에 올렸다. 이에 대해 반정균은 명나라 만력 연간 이마두(利瑪竇, Matteo Ricci, 1552~1610)가 중국에 오면서 전래되었는데, 극히 미혹된 말로 사대부 중에는 믿는 사람이 없다고 답한다. 이에 홍대용은 천문 역산에 있어서는 서양 학술이 뛰어나지만 천주학은 유교의 상제(上帝) 칭호를 도적질하여 불교의 윤회한다는 말을 꾸민 것이라고 하였다. 그러면서 중국인 중에 존숭하는 이가 왕왕 있으니, 괴이한 일이라고 하였다. 엄성이 천주학은 나라에서 금령으로 금지한다고 하자, 홍대용이 금령이 있으면 북경에 어찌해서 천주당이 있느냐며 자신이 이미 두 군데를 구경하였다고 하였다. 그러자 반정균과 엄생은 자신들은 북경에 온 지 얼마 안 되어 이러한 일을 듣지 못했다고 답하는 것으로 마무리된다.[90]

다) 교유의 의의와 영향

홍대용은 연행 이후에도 편지를 통해 중국 문사와 교유를 지속하였다. 『담헌서』에 수록된 「항전척독」에는 엄성·반정균·육비의 3인 외에 엄과(嚴果, 엄성의 형), 서광정(徐光庭), 엄앙(嚴昂, 엄성의 아들), 등사민(鄧師閔), 손유

스트, 2010, 〈어사 반추루〉조.
90 홍대용 저, 김태준·박성순 역(2001), 앞의 책, 335~336쪽, 2월 17일 기사.

의(孫有義), 조욱종(趙煜宗), 주문조(朱文藻) 등에게 보내는 편지가 실려 있다. 그리고 최근에 소개된 숭실대학교 박물관 소장본에는 중국 문사로부터 받은 다양한 편지가 묶여 있다.『○돈묵연(○敦墨緣)』은 북경 체류 당시 엄성과 반정균에게 받은 편지를 묶은 것이고,『계남척독(薊南尺牘)』은 귀국 후 청나라에서 부쳐온 편지 20통을 묶은 서간첩이며,『고항적독(古杭赤牘)』은 북경에서 헤어진 후 항주에서 조선으로 보내온 편지를 묶은 서간첩이다.『계남척독』에는 양혼(兩渾), 주응문(周應文), 등사민, 손유의, 조욱종, 주덕해(朱德㠫), 적윤덕(翟允德) 등의 편지가 수록되어 있다. 여기에 실린 많은 편지들은 홍대용과 중국 문인이 교유한 실상을 생생히 전해주고 있다. 이를 상세히 살피는 것은 별도의 논고가 필요하거니와, 여기에서는『계남척독』에 실린 홍대용과 손유의의 서신 문답 내용을 살펴봄으로써 교유의 일단을 짐작해 보기로 한다.

「홍대용과 손유의의 서신 문답」[91]

(1차: 1774년 10월에 홍대용이 질문의 문목(問目)을 보냈고, 1775년 2월에 손유의가 답을 적어 보냄)

① 청나라 조정의 직위 체계
② 관우의 사당과 신격: 관우는 충성과 용맹이 그 당시에 현저하였고 공훈과 업적이 뒷세상에 전해졌는데, 청나라 시대에 여러 번 영험한 반응이 나타나서 더욱 두드러졌으므로 가가호호에서 그에게 제사 지내고 기도한다고 함.

---

[91] 『中士寄洪大容手札帖』(숭실대학교 한국기독교박물관, 2016)에 실린 정민의 해제「『중사기홍대용수찰첩』6책의 성격과 자료적 가치」에서 정리한 질문 문목을 참고하고, 해당 편지에서 확인되는 답변 내용을 간략히 정리한 것이다.

③ 중국의 과거제도와 선발 방법

④ 약재인 육계(肉桂)가 귀한 까닭

⑤ 회부(回部)의 바른 명칭

⑥ 중국의 서적 판각법과 토판법: 토판법은 없다고 답함.

⑦ 인주에 쓰는 기름: 조선 인주도 건명하고 기름져 중국 인주와 다름없다고 함.

⑧ 용호산 장천사(張天使)의 후예와 도교의 영험성: 알 수 없다고 답함.

⑨ 환술의 기묘한 재주

⑩ 의자 생활의 역사와 예절: 별도로 길게 답함.

⑪ 중국에서 숟가락을 쓰지 않는 까닭: 물을 마실 때는 숟가락을 사용한다고 함.

⑫ 소에 코뚜레를 하지 않는 까닭: 중국 북방은 소가 작아서 코뚜레를 하지 않으나, 산서와 하남 등의 지역에서는 코뚜레를 함.

⑬ 가정에서 부녀자들의 역할

⑭ 서양의 천주학과 천문학: 홍대용이 중국에 천주교 신자가 많다고 들었다고 한 것에 대해 중국 사람도 숭신하지 않는다고 함.

⑮ 화약과 조총의 유래 (무답)

⑯ 나무 화살의 유래 (무답)

⑰ 양모(凉帽)의 터럭 종류: 이우(犛牛, 야크 종류)의 털이라고 함.

⑱ 각궁 뿔의 종류와 산출지: 물소 뿔로 남방에서 산출됨.

⑲ 라마승의 종족과 제도: 라마는 청나라 북쪽 지역의 승려라고 함.

⑳ 국자감 감생 중의 몽골인: 알지 못한다고 함.

㉑ 중국의 풍수설과 택지법: 중국도 풍수설을 좋아한다고 함.

㉒ 소년들의 초학과 학서법: 사서로 시작하고 글씨는 모사하여 익힘.

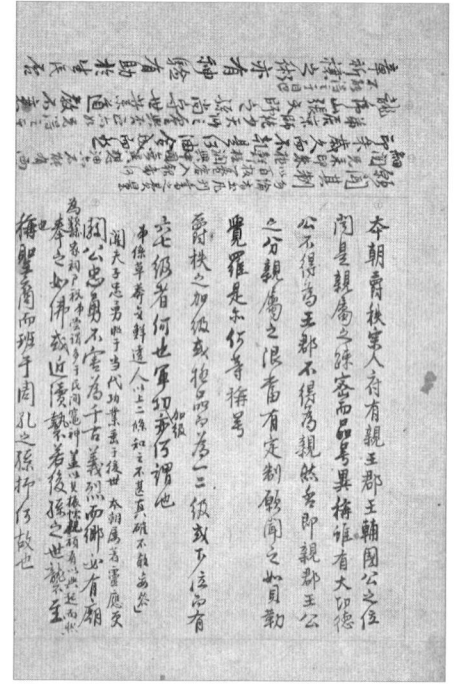

그림 5 | 손유의가 보낸 편지의 첫 면, 『계남척독』 수록

    소개한 22개의 문목에는 청나라 조정의 관직 체계와 과거제도, 관우의 신격, 중국의 인쇄술, 서양의 천주학과 천문학, 화약과 조총의 유래, 라마교, 중국의 풍수설, 소년의 학서법 등을 비롯하여 각종 중국의 풍속과 제도에 대한 다양한 질문이 담겨 있다. 이처럼 다양한 질문에 대한 답장을 받은 것이 1775년 2월인데, 홍대용의 지속적인 중국 문사와의 교유는 그와 어울렸던 북학파 문인들에게 심대한 영향을 미쳐 18세기 한중 문인 교유의 새로운 장을 여는 계기가 되었다. 홍대용이 이 편지를 받은 이듬해인 1776년에는 유금(柳琴)이 연행하면서 이덕무·박제가·유득공·이서구 4인의 시를 선집한 『한객건연집(韓客巾衍集)』을 지니고 가서 이조원(李調

元)·반정균의 평을 받고 돌아온다. 이를 통해 조선 후기 한시사대가로 불리는 이들의 시가 중국에 알려지면서 연행사와 중국 문인의 교유는 한층 더 긴밀해진다.

반정균은 홍대용이 천애지기를 맺은 인물로 북학파 문인이 연행 이전부터 교유하고 있었지만, 이조원은 유금의 연행을 통해 새롭게 소개된 중국 문사이다. 이조원은 유금과의 만남을 기뻐하며 〈기하주인가(幾何主人歌)〉를 지어주고,[92] 유금은 이조원의 초상을 얻어 가지고 귀국하여 서호수, 유득공, 박제가 등과 함께 생일을 축하하며 시를 짓는 모임을 갖기도 하였다. 이때 지은 시들이 문집에 남아 전하는데, 서얼 출신인 자신들의 재능을 알아봐준 중국의 지기에 대한 감사의 마음이 담겨 있다. 유금에 이어 1778년에는 이덕무와 박제가가 북경을 다녀왔고, 1780년에는 박지원이 북경을 거쳐 열하까지 다녀온다. 그리고 1778년에 심양문안사(瀋陽問安使)의 수행원으로 심양을 다녀온 유득공이 1790년에는 열하와 북경까지 다녀오면서 북학파 문인과 중국 문인의 교류는 극성기에 이르게 된다. 이러한 일련의 흐름을 염두에 두면 홍대용과 중국 문사의 교유와 함께 『한객건연집』의 전파가 연행사와 중국 문인의 교유에 미친 영향이 지대했음을 알 수 있다.

박제가는 1778년, 1790년(2차례), 1801년의 네 차례에 걸친 연행을 통해 중국 문사와 널리 사귀었는데, 아쉽게도 연행록을 따로 남기지는 않았다. 그렇지만 그의 문집 『정유각집(貞蕤閣集)』에는 연행에서 지은 시와 함께 관련 기록이 수록되어 있다. 박제가가 연행에서 교유한 문사들의 명단과 주고받은 시문은 박제가의 둘째 아들인 박장암(朴長馣)이 편찬한 『호저집(縞紵集)』에 빠짐없이 정리되어 있다. 여기에는 박제가가 중국에서 만난

---

92 이조원의 문집 『동산집(童山執)』 권19에 실려 있다.

중국 인사 166인의 명단과 그들과 주고받은 시문들이 수집되어 있어 당대 중국통이라 불린 박제가의 중국 인사와의 네트워크가 얼마나 광범했는지를 보여주고 있다. 박제가가 사귄 방대한 중국 인사는 그의 제자 김정희(金正喜)에게 그대로 이어져 19세기 연행사와 중국 문사의 교류에 밑거름이 된다.

유득공은 1790년과 1801년 두 차례의 연행에서 이조원, 철보(鐵保), 진전(陳鱣), 유대관(柳大觀), 왕제(王霽), 곽집환(郭執桓), 반정균, 이정원(李鼎元; 이조원의 종제) 등과 교류하였다. 이덕무는 1778년 한 차례 연행하였는데, 이때의 기록인 『입연기(入燕記)』에 중국 문사와 교류한 사실이 담겨 있다.[93]

나. 박지원의 교유

박지원(朴趾源, 1737~1805)은 1780년(정조 4) 건륭 황제의 70회 생일을 축하하는 진하겸사은사(進賀兼謝恩使)의 일원으로 청나라에 다녀왔다. 당시 사행의 정사는 박명원(朴明源)이고 정원시(鄭元始)가 부사, 조정진(趙鼎鎭)이 서장관이었는데, 박지원은 박명원의 자제군관 자격으로 참여하였다. 사절단은 6월 24일 압록강을 건너 요동 벌판을 지나 요양·성경·산해관·통주 등을 지나 8월 1일 북경에 도착하였다. 당시 건륭 황제는 열하의 별

---

[93] 홍대용을 위시한 북학파 문인이 중국 문인과 교유한 전모는 정민(2014), 앞의 책에 상세하게 소개되어 있다. 이외에 다음의 개별 논문 연구 성과를 참고할 수 있다. 김동석, 「조선과 청나라 문인의 교류와 특징」, 『한국한문학연구』 61, 2016; 김윤조, 「18세기 후반 한중 문인 교유와 李調元」, 『한국학논집』 51, 2013; 유재형, 「연암 그룹과 담원 곽집환의 문예교류」, 『한국한문학연구』 66, 2017; 이철희, 「18세기 한중 문학 교류와 유득공의 『二十一都懷古詩』」, 『동방한문학』 38, 2009; 이홍식, 「연행록 소재 북경 유리창 기록의 변화 추이와 의미 탐색」, 『근역한문학』 41, 2015.

궁에 머무르고 있었다. 조선 사신 일행은 생신 축하 예식은 열하에서 거행되고 자신들은 북경에서 거행되는 망하례(望賀禮)에만 참석하는 것으로 알고 있었다. 그런데 열하의 예식에 참석하라는 황제의 특명이 하달되어 8월 5일 사절단 일부가 황급히 열하로 떠나게 되었고, 박지원도 동행하였다. 열하에 도착한 일행은 예식에 참여한 후 8월 15일에 열하를 떠나, 8월 20일 북경에 돌아와 한 달을 더 머물렀다. 그리고 9월 17일 북경을 출발해 10월 27일에 한양에 도착하였다.

 4개월여의 연행 과정에서 박지원은 문인 학자뿐만 아니라 중국의 상인, 숙소의 주인 노파, 주점 주인, 노정에서 만난 행인, 심지어 화류계의 기생에 이르기까지 다양한 계층의 사람들을 직접 접하며 청나라의 실상을 꿰뚫어 보고자 했다. 아울러 당시 청나라는 국력이 최고조에 달하였으므로 열하는 건륭 황제를 알현하러 온 몽골·티베트·위구르 등의 외교 사절로 붐볐다. 박지원이 연행에 나선 그해에는 달라이 라마와 더불어 티베트 불교를 영도하는 2대 지도자인 판첸 라마가 열하에 머물고 있기도 하였다. 박지원은 북경을 거쳐 열하까지 갔으며, 이를 통해 황제와 반선(班禪, 판첸 라마)을 직접 만나 볼 수 있었다. 그가 연행록의 표제를 '열하일기(熱河日記)'라 붙인 까닭이 여기에 있다.

 다른 연행록과 달리『열하일기』는 인물보다 필담 내용을 담는 데 치중하였기에, 동일 인물이 여러 편의 기사에 중복 등장한다. 예컨대 「황교문답(黃敎問答)」, 「반선시말(班禪始末)」과 같은 필담에는 태학관(太學館)과 유리창에서 회동한 문인들이 동일하게 출현하고 있다. 따라서 연행 일자별로 중국 문사와의 교유를 정리하는 것이 사실상 불가능하고 그 의미도 크지 않기에, 여기에서는 주요 필담별로 살펴보기로 한다. 박지원과 중국 문사의 교유는 대략 세 가지로 나누어 살펴볼 수 있다. 첫째는 북경을 향해 가던 중에 성경(盛京, 심양)에서 나눈 필담이고, 둘째는 박지원이 열하에 도착해 숙소로 배정된 태학관에 머물면서 나눈 필담, 셋째는 열하에서 돌아와 북경 유리창 양매서가(楊梅書街)에서 나눈 필담이다.

중국 문인과의 필담을 통해 박지원은 주자학에서 고증학으로 대세가 옮겨 가던 청나라의 학술 동향, 만주족의 지배에 대한 한족의 은근한 저항 의식 등을 간취할 수 있었고, 몽골과 티베트 등 주변 민족들의 동향과 청나라 대외 정책에 대해서도 귀중한 정보를 얻을 수 있었다. 『열하일기』는 다양한 중국 문사와의 교류와 필담 기록이 주된 내용을 차지하는데, 여기에서는 앞에서 언급한 세 가지 내용을 차례로 살펴보기로 한다.

가) 심양에서 중국 문인과의 교유

박지원은 7월 10일 심양에 도착하여 12일까지 이틀을 묵는 동안 심양 관소를 나와 이야기를 나눌 만한 상대를 찾았다. 7월 11일에는 골동품 가게인 예속재(藝粟齋), 다음 날에는 비단 가게인 가상루(歌商樓)에서 모두 8명의 상인을 만나 교유하였으며, 참석자 중 글자를 쓸 줄 알아 필담에 참여한 사람은 5인이었다. 수준 높은 학문적 대화가 이어진 것은 아니었지만 일상생활의 어려움, 골동품 진위 판별법, 경서 강독 방법, 중국 각 지역 소식, 사농공상의 신분제 등 다양한 화제로 이야기를 나누었다. 그 내용은 「속재필담(粟齋筆談)」과 「상루필담(商樓筆談)」에 실려 있다.

박지원은 심양에서 이틀 동안 밤을 새우며 교유한 인물들에 대해 풍모와 특이점을 비교적 상세히 기록해 놓았다. 이 8명 외에도 몇 사람이 더 있었으나, 풍골도 없고 녹록한 장사치에 불과하여 그 이름을 잊었다고 하였다. 이 중 전사가(田仕可)는 양등(楊登)과 함께 이곳에 점포를 냈다고 하며, 고기(古器)의 내력을 잘 알고 있는 것으로 미루어 예속재의 주인으로

표 7 | 박지원이 심양에서 교유한 인물

성명, 나이	자/호	출신지	인물 정보
田仕可, 29세	代耕, 輔廷/ 抱關	無終	키는 일곱 자이고, 넓은 이마와 갸름한 코에 풍채가 날렵함. 전주(田疇)의 후손이며 집은 산해관에 있는데, 태원(太原) 사람 양등(楊登)과 함께 이곳에 점포를 냈다고 함. 고기(古器)의 내력을 잘 알고 다정다감한 성격
李龜蒙, 39세	東野/ 麟齋	蜀 綿竹	키는 일곱 자이고, 입이 모나고 턱은 넓으며 얼굴은 분 바른 듯 희고, 글 읽는 소리가 낭랑하여 금석을 울리는 듯함. 온백고·목춘과 함께 촉 땅에서 비단을 배에 싣고 1776년 소성으로 들어와 심양에 점포를 낸 지 3년째라고 말함
費穉, 35세	下榻, 芝洲/ 稼齋	大梁	아들 여덟을 두었음. 그림을 잘 그리고 조각에도 능하며, 경의(經義)도 곧잘 이야기함. 목수환(穆繡寰)·온목헌(溫鶩軒)을 위해 회계를 봐주고자 방금 촉에서 돌아온 것이라 함
裵寬, 47세	褐夫/ 미상	盧龍縣	키는 일곱 자 남짓이며, 수염이 아름다움. 술을 잘하고 문장에 능하여 나는 듯 빠르고, 너그러운 풍도를 지님. 아내 두씨(杜氏)는 열아홉에 요절. 『과정집(薖亭集)』 2권을 새기고, 『청매시화(青梅詩話)』 2권을 지음. 『임상헌집(臨湘軒集)』 서문을 연암에게 부탁함
吳復, 40세	天根/ 一齋	杭州	학문은 짧으나 사람은 얌전함
穆春, 미상	繡寰/ 韶亭	蜀	눈매가 그린 듯함. 글을 모름
溫伯高, 31세	鶩軒/ 미상	蜀 成都	글을 모름
馬鑠, 23세	耀如/ 미상	山海關	장사하러 심양에 왔으며, 글을 대략 안다고 함

짐작된다. 전사가는 박지원에게 변문(邊門, 책문의 별칭)에서 연행 사절에게 고동 기물을 속여 파는 실정을 터놓고 말하였다. 값이 싼 것만 찾고 무거운 것을 꺼리기에, 북경 장사꾼들이 내지(內地)에서 쓰지 못할 물건들을 변문으로 넘겨 보내고 속여서 이익을 취한다는 것이다. 전사가는 진한시대의 호(壺)·고(觚)·정(鼎)·이(彝) 등 각종 고동 11개를 꺼내 놓고 보여주며, 위조품을 만드는 방법을 상세히 설명해주고 진위를 감별하는 법을 일러주었다. 그러고는 『박고도(博古圖)』와 『서청고감(西淸古鑑)』을 참조하여 고동의 종류를 적고 편지를 덧붙여주었는데, 박지원은 이를 「고동록(古董錄)」이라 이름 붙여 『열하일기』에 따로 수록해 놓았다.

이들 중 오복(吳復)은 항주 출신이어서 박지원은 그에게 서림(西林) 오영방(吳穎芳) 선생과 일가가 되느냐고 묻고, 육비·엄성·반정균을 아느냐고도 물었다. 오복은 그들을 모두 알지 못하고, 다만 육비가 그린 모란 그림을 본 적이 있다고 답하였다. 홍대용이 연행에서 사귄 항주 선비들에 대한 안부가 궁금해 물은 것이다.

비서(費墀)는 『주역』과 『서경』의 문구에 대해 훈고의 뜻을 박지원에게 질문하였다. 박지원은 여러 사람의 청에 의해 글씨를 써주면서 그 아래에 고송과 괴석, 용 등의 그림을 덧붙여 그려주었다. 박지원이 그린 용 그림을 보면서 배관(裵寬)이 건륭 8년 계해(1743) 3월에 산해관 밖 여양(閭陽) 벌판에 화룡(火龍)이 출현했다는 이야기를 했다. 박지원이 장사하는 것이 괴롭지 않느냐고 묻자, 이귀몽(李龜蒙)은 고달픈 때도 있지만 마음이 맞는 벗들과 자유롭게 여러 지방을 다니는 것이 즐거움이라고 했다. 그러면서 "소위 사류(士類) 중에도 대체로 세 층이 있으니, 상등은 벼슬아치가 되어 관록을 먹는 것이요, 중등은 학관(學館)을 열어서 생도를 모집하는 것이요, 하등은 남에게 창피를 무릅쓰고 빌붙고 꾸러 다니는 축들입니다."[94]라고 하여, 은근히 선비들을 비판하기도 하였다.

나) 열하에서 중국 문인과의 교유

박지원은 8월 9일 열하에 도착해서 14일까지 숙소로 배정된 태학관에 머물렀다. 열하에 머무는 동안 박지원은 청나라의 고관을 비롯해 과거시험을 준비하는 거인(擧人) 및 학자들과 만나서 필담을 자주 나누었다. 필담의 화제는 조선의 지리·풍속·제도, 중국 시집에 기록된 조선 관련 기록

---

[94] 박지원, 『열하일기』 「商樓筆談」, "士類亦有三等, 上等仕而仰祿, 中等就館聚徒, 最下干求假貸."

표 8 | 박지원이 열하에서 교유한 인물

성명, 자/호, 출신지, 관직	인물 정보	주요 필담 내용
王民皡, 미상/鵠汀, 江蘇, 擧人	키는 7척이 넘고 사람됨이 순진하고 질박하며 꾸밈 없음. 거인 자격으로 태학에서 학문을 닦고 있는데, 나이가 많다는 이유로 회시(會試)에 응시하지 않음	「태학유관록」: 과거제도, 전족 풍습을 화제로 필담 나눔 「곡정필담」: 우주와 천체, 물체의 본질, 생물의 기원 같은 자연과학적 문제와 철학적 주제에서부터, 종교·정치·역사·문화·인물 등 다양한 분야에 대해 논함 「망양록」: 윤가전이 양 한 마리를 통째로 쪄서 왕민호와 연암을 초청해 먹었는데, 이때 고금의 음악에 대해 논함
郝成, 志亭/長城, 安徽省 歙州, 山東都司	키가 8척이 넘는 무인으로 박학다식함. 저서는 모두 시화(詩話)	「황교문답」: 연암이 액이덕니(5세 반선 라마)를 만난 날 밤에 학성의 처소에서 술을 마시며 필담을 나눔.
尹嘉銓, 미상/亨山, 直隷省 博野, 전 大理寺卿	시와 글씨·그림에 조예가 깊으며, 황제와 동갑이기에 더욱 지우를 입어 열하에 초청받음. 집은 북경 동단패루에 있는데, 북경에서의 평판으로는 당나라 시인 백거이(白居易)에 비견된다고 함	「태학유관록」: 『명시종(明詩綜)』의 오류를 지적해달라고 하여, 박지원이 이정귀·월산대군·허난설헌의 기록 중 오류를 말해줌 「피서록」: 윤형산은 어떤 사람이냐 물었더니 모두들 "백낙천 같은 일류 선비입니다"라고 함 「망양록」: 양 한 마리를 통째로 쪄서 왕민호와 연암을 초청해 먹으며 고금의 음악을 논함
敬旬彌, 仰漏/미상, 몽골인, 講官 敎授	키는 7척이 넘고 얼굴은 희며 눈이 길고 눈썹이 짙은 미남. 다소 오만해 보이지만 연암에게 라마교와 활불의 역사적 내력을 설명해줌	「황교문답」: "지금 열하의 지세를 살펴보니 열하는 천하의 두뇌에 해당하는 지역이다. 황제가 북으로 열하에 연이어 가는 것은 다른 특별한 이유가 없다. 두뇌를 깔고 앉아서 몽골의 숨통을 조이려는 것뿐이다."
鄒舍是, 미상/미상, 山東, 擧人	왕민호와 태학에서 수양 중이며 회시에 응시하지 않음. 비분강개를 잘하고, 과격한 성품으로 사람들이 광생(狂生)이라 지목함	
奇豐額, 麗川/미상, 만주인, 貴州 按察使	본래 조선 사람으로 중국에 들어간 지 4대가 됨. 조상은 알 길이 없고, 본성은 황씨(黃氏)라고 함. 박학다식하고 글을 잘 지으며 우스개 이야기를 잘함. 인간됨이 교만하고 잘난 체를 함	「피서록」: "기려천은 만주족이다. 성품이 교만 방자해서 윤형산을 무시하는 기색을 아주 노골적으로 드러냈으며 […] 윤공도 언젠가 뒤에서 그를 욕하였다. 한족과 만주족이 원수가 되어 서로 미워함이 이와 같다." 「태학유관록」: 기풍액과 밤중에 달을 쳐다보면서 지구가 자전한다는 설을 이야기함
汪新, 又新/미상, 浙江 仁和, 廣東 按察使	기풍액이 마련한 자리에서 연암과 만나 교유하였으며, 연암과 나이가 같음. 오영방, 육비, 엄성의 안부를 물어봄	「경개록」: 육비의 안부를 묻자, 괴짜 선비로 강호에 불우하게 떠돌며 시와 그림을 타고난 운명으로 여기고 산수를 벗으로 삼아 세월을 보낸다고 함. 대취하면 미친 듯 노래하고 분개하여 욕을 퍼붓는다는 말을 함

2장 삼사와 자제군관의 문예교류와 천주당 방문

성명, 자/호, 출신지, 관직	인물 정보	주요 필담 내용
破老回回圖, 孚齋/華亭, 몽골인, 講官	강희 황제의 외손으로 학문이 깊고 넓음. 키가 8척에 수염이 길며 얼굴이 깡말랐는데, 연암은 기품 있다고 평함	「황교문답」: 필담하는 솜씨가 정갈하고 민첩함. 반정균에 대해 묻자, 무영전에서 한번 만난 적이 있다고 함. 몽골족은 어떤 종교를 숭상하느냐고 물음
曹秀先, 地山/미상, 江西 新建, 禮部尙書	새로 창건한 관후묘(關侯廟)에 들렀다가 만나서 필담을 나눔. 『명사(明史)』 편찬에 참여함	「경개록」: 연암에게 조선의 과거제도에 관해 상세히 물음

에서부터 천체, 음률, 라마교 등에 이르기까지 다양한 내용이었다. 열하에 머무는 동안의 동정은 「태학유관록(太學留館錄)」에 실려 있으며, 「경개록(傾蓋錄)」에는 열하에서 교유한 인물들에 대한 정보와 만나게 된 계기 등이 소개되어 있다. 박지원은 이때 청나라의 전 대리시경(大理寺卿)인 윤가전(尹嘉銓), 선비 왕민호(王民皡) 등과는 거의 매일 만나서 중국 고금의 역사·정치·학술·문예·음악·천문·풍속 등 광범위한 주제를 놓고 필담을 나누었다. 그 내용은 별도로 「망양록(忘羊錄)」·「곡정필담(鵠汀筆談)」 등에 기록해 두었다. 이 밖에 「황교문답(黃敎問答)」은 라마교에 대한 내용이고, 「피서록(避暑錄)」은 피서산장을 구경할 때의 일을 기록한 것이다. 이들 여러 기록을 참조하여 박지원이 열하에서 교유한 인물 정보와 필담의 주요 내용을 정리하면 〈표 8〉과 같다.

박지원은 열하에 도착해서 윤가전을 맨 처음 만났는데, 그는 나이가 70세로 대리시경으로 치사(致仕)한 인물이었다. 그가 만나자마자 박인량(朴寅亮)의 후손이냐고 물어, 박지원은 주이존(朱彝尊)의 『명시종(明詩綜)』에 실린 박미(朴瀰)가 5대조라고 답한다. 이로 인해 『명시종』이 화제에 오르자 박지원은 『명시종』에 이정귀의 호가 율곡(栗谷)으로 잘못 적혀 있고, 월산대군(月山大君)은 공자(公子)인데 그의 이름이 '정(婷)'이어서 여자로 오인하였으며, 허난설헌을 여관(女冠, 女道士)으로 소개한 것 등의 오류를 말해주었다. 후에 윤가전은 박지원과 함께 수업재(修業齋)에 들어가 악기(樂器)를 관람하고 돌아와서 양을 통째로 쪄서 박지원을 대접하였다. 이날 윤가전은 음식이 식은 것도 잊은 채 박지원과 함께 고금의 악률(樂律)에 대해 논하였다. 이 자리에는 왕민호도 함께 있었는데, 중국 악률 제도의 변천과 우리나라 악률과의 차이, 서양금의 유래, 악공들의 복식, 『악경(樂經)』과 고보(古譜)의 유무, 악률의 변천에 따른 고금의 치란(治亂) 등에 이르기까지 음악 전반에 대한 논의가 이어졌다. 그 내용은 「망양록」에 실려 있거니와, 이는 한중의 문인이 직접 대면하여 나눈 음악에 대한 논의로는 가장 깊이 있는 내용을 담고 있는 것으로 여겨진다.

 왕민호는 강소(江蘇) 출신 거인으로 호가 곡정(鵠汀)이며 나이가 54세였는데, 사람됨이 몹시 질박하여 박지원이 자주 이야기를 나누었다. 「곡정필담」은 박지원과 왕민호가 인시(寅時)에서 유시(酉時)까지 8시간에 걸쳐 나눈 대화를 기록한 것인데, 학성(郝成)도 함께 참여하였다. 이날의 대화는 왕민호가 기풍액(奇豊額)으로부터 박지원이 기하학에 정통하다는 말을 전해 들었다며, 지구에 밤낮이 생기는 이치에 대해 말해달라는 것으로부터 시작되었다. 이 중에서 박지원이 지구가 자전함을 논한 대목을 소개해 본다.

 곡정은,
 "비록 제 손으로 우주 밖을 더듬어 본 적은 아직 없습니다만, 자못 지구가 둥글다고 믿습니다."
 한다. 나는,
 "하늘이 창조한 것은 모가 난 것이 없습니다. 비록 모기의 넓적다리와 누에의 꽁무니, 빗방울과 눈물, 콧물과 같은 것도 처음부터 둥글지 않은 게 없습니다. 지금 저 산과 강, 대지, 일월성신은 모두 하늘이 창조한 것이건만 아직 모난 별은 보지 못했습니다. 그렇다면 지구가 둥글다는 사실을 증명할 수 있지요. 제가 비록 서양인의 저술을 본 적은 없으나 일찍부터 지구가 둥글다는 사실은 의심할 게 없다고 말했습니다.

대저 지구란 그 형체[形]는 둥그나 그 작용[德]은 모나며, 일의 효과[事功]는 동적이며 그 성질[性情]은 정적입니다. 만약 허공 가운데에 지구를 붙박아 놓고 움직이지도 돌지도 못하게 하여 우두커니 공중에 매달아 둔다면, 바로 물을 썩게 만들고 흙을 죽게 해서 즉시 썩어 문드러져 흩어지는 현상을 보게 될 것입니다. 어떻게 오래도록 정지하여 머물면서 허다한 물건들을 실을 수 있으며 강물을 쏟아지지 않게 할 수 있겠습니까?

지금 지구의 곳곳마다 각자의 세계를 열어 별의별 종류들이 발을 붙이고 하늘을 이고 땅에 서 있는 모양은 우리와 다를 바가 없습니다. 서양인은 지구가 둥글다고 인정하면서도 둥근 것이 돈다고 말하지는 않았습니다. 이는 지구가 둥글다는 사실만 알았지, 둥근 것이 반드시 회전한다는 사실은 몰랐던 것입니다. 그러므로 제 생각에는 지구가 한 번 돌아서 하루가 되고, 달이 지구 주위를 한 번 돌아서 보름이 되며, 태양이 지구를 한 번 돌아서 한 해가 되고, 목성이 지구를 한 번 돌아서 12년이 되며, 북극성 같은 붙박이별이 지구를 한 번 돌아서 1회(會, 10,800년)가 됩니다. 저 고양이의 눈동자를 보아도 땅이 돈다는 것을 징험할 수 있습니다. 고양이의 눈동자는 열두 때의 변화가 있으니, 그 한 번 변하는 즈음에 지구는 벌써 7천여 리를 운행합니다."

했다. 곡정이 크게 웃으며,

"토끼 주둥이에 달린 건곤이 있고, 고양이 눈동자에 천지가 있다고 말할 수 있겠습니다.

라고 했다.[95]

박지원은 하늘이 창조한 세상 만물이 모두 둥글기에 지구 또한 둥글 것임은 의심의 여지가 없다는 말로 시작하여, 지구의 자전과 달과 해의 공전 등으로 논의를 전개한다. 그리고 서양인들 또한 지구가 둥근 것만 알았지 지구가 자전한다는 사실은 모르고 있다고 비판하였다. 그러고 나서 박지원은 이는 자신의 창견이 아니라, 우리나라의 김석문(金錫文)이 지구가 둥글다는 설을 제기했고, 벗 홍대용이 지전설을 주창하였다고 언급하였다. 조선 후기에 서양의 천문학이 유입되면서 지구가 둥글다는 설은 진보적인 문인 학자에게 일찍부터 받아들여졌으나,[96] 지구 자전설은 서양 과학기술에 관심이 많았던 실학자 이익(李瀷)도 명확히 인식하지 못했던 주장으로 알려져 있다. 이처럼 우주와 천체, 물체의 본질, 생물의 기원과 같은 자연과학적 문제와 철학적 주제로부터 시작된 왕민호와의 필담은 종교·정치·역사·문화·인물 등 다양한 분야에 대해 논하며 하루 종일 이어졌다. 이날의 대화를 기록한 「곡정필담」은 『열하일기』 중에서도 학술적 가치가 매우 높은 이채로운 내용을 담고 있다.

「황교문답」은 학성(郝成), 왕민호, 추사시(鄒舍是)와의 필담을 기록한 것으로 라마교의 교리에 대한 내용이 주를 이루고 있다. 뒷부분에는 대궐을

---

95 박지원 저, 김혈조 역, 『열하일기 2』, 돌베개, 2009, 392~393쪽; 『열하일기』 「鵠汀筆談」. 이하 『열하일기』에 대한 번역은 이 책을 참고한 것이다.
96 지구가 둥글다는 학설을 최초로 언급한 것은 김만중(金萬重, 1637~1692)으로 알려져 있다. 그는 『서포만필(西浦漫筆)』에서 "명 만력 연간에 서양의 지구설(地球說)이 나타나서 혼천(渾天), 개천(蓋天)설이 비로소 하나로 통일되었으니 역시 한 쾌사(快事)이다. 대저 고금의 천문을 말한 사람들은 코끼리를 만지는데 각각 한 부분만 만진 격이라면, 서양 역법은 비로소 그 전체를 만졌다고 하겠다."[홍인표 역주, 『서포만필』, 일지사, 1990(2쇄본), 284쪽]라고 하였다.

나오다가 거리에서 우연히 만난 파로회회도(破老回回圖)와의 필담 내용도 기록되어 있다. 그가 몽골인이며 강관(講官)의 직책에 있다는 말을 듣고는 박지원이 박명(博明)을 아느냐고 묻자, 파로회회도는 아우처럼 친하다고 하였다. 박지원이 반정균도 아느냐고 묻자, 그는 무영전(武英殿)에서 한 번 본 적이 있다고 하였다. 박지원은 박명이 박식한 데다가 글씨를 잘 써 수십 년 이래로 그의 필적을 많이 보았는데 박명 또한 몽골인이라서 물어 본 것이며, 반정균의 소식을 물어 그가 사는 집이 어딘지를 알고자 했다고 하였다. 박지원은 파로회회도와 라마교의 이치에 대해 문답을 나눈 후 저녁에는 윤가전을 찾아가 라마교와 활불(活佛)에 대해서 대화를 나누었다.

박지원이 이처럼 여러 사람과 대화를 나누며 라마교의 교리와 활불의 정체에 대해 정확히 파악하고자 한 것에는 이를 통해 청나라의 정치적 실상을 간파하고자 하는 의도가 있었다. 「황교문답」의 서문에서 "내가 열하에 이르러 묵묵히 천하의 형세를 살펴본 것이 다섯 가지였다. 황제는 해마다 열하에 잠시 머무는데, 열하라고 하는 곳은 만리장성 밖의 황량한 벽지이다. 천자는 무엇이 '괴로워'서 이런 변방 밖의 쓸쓸한 벽지에 와서 거주하는 것일까? 명분으로는 피서를 위한 것이라 하지만 그 실상은 천자 자신이 몸소 나가서 변방을 방어하려는 목적이다. 그렇다면 여기서 몽골의 강성함을 알 수 있겠다. 황제는 서번(西番, 티베트)의 승왕(僧王)을 맞이하여 스승으로 삼고 황금전각을 지어 거기에 거처하게 하고 있다. 천자는 또 무엇이 '괴로워'서 이런 격에 넘치고 사치한 예우를 하는가? 명목은 스승으로 모시면서도 기실은 황금전각 속에 감금해 두고 세상이 하루하루 무사하기를 빌고 있는 것이다. 그리고 본즉 서번이 몽골보다 더 강성함을 알 수 있겠다. 이 두 가지 일은 황제의 심정이 이미 '괴롭다'는 것을 보여준다."⁹⁷라고 하여, 청나라 황제가 피서산장에서 지내는 것이 몽골과 서번을 통제하기 위한 고심의 산물임을 필담을 통해 간파하게 된다.

중국 문사와의 다양한 필담과 자신의 관찰을 통해 살핀 청국의 실상을 박지원은 다음과 같이 총괄하여 말한다.

> 황제는 천하의 선비란 선비는 다 모으고, 국내의 도서를 모두 걷어들여 『도서집성(圖書集成)』과 『사고전서(四庫全書)』 같은 방대한 책을 만들고, 온 천하에 외치기를 "이는 자양(紫陽, 주자의 호)이 남긴 말씀이고, 고정(考亭, 주자의 별호)이 남긴 뜻이다"라고 하였다. 황제가 걸핏하면 주자를 내세우는 까닭은 다른 뜻이 있는 게 아니다. 천하 사대부들의 목을 걸터타고 앞에서는 목을 억누르며, 뒤에서는 등을 쓰다듬으려는 의도이다. 천하의 사대부들은 대부분 그러한 우민화 정책에 동화되고 협박을 당해서 쪼잔하게 스스로 형식적이고 자잘한 학문에 허우적거리면서도 이를 눈치채는 사람이 아무도 없다. [⋯]
> 한편 천하의 우환은 언제나 북쪽 오랑캐에게 있으니, 그들을 복종시키기까지 강희 시절부터 열하에 궁궐을 짓고 몽골의 막강한 군사들을 유숙시켰다. 중국의 수고를 덜고 오랑캐로 오랑캐를 막는 법이 이와 같으니, 군사 비용은 줄이고 변방을 튼튼하게 한 셈이다. 지금 황제는 그 자신이 직접 이들을 통솔하여 열하에 살면서 변방을 지키고 있다. 서번(西藩)은 억세고 사나우나 황교(黃敎, 라마교)를 몹시 경외하니, 황제는 그 풍속을 따라서 몸소 자신이 황교를 숭앙하고 받들며, 그 나라 법사(法師)를 맞이하여 궁궐을 거창하게 꾸며서 그들의 마음을 즐겁게 하고 명색뿐인 왕으로 봉함으로써 그들의 세력을 꺾었다. 이것이 바로 청나라

---

97 박지원 저, 김혈조 역(2009), 앞의 책, 168쪽; 『열하일기』 「黃敎問答序」.

사람들이 이웃 사방 나라를 제압하는 전술이다.[98]

만주족 출신의 소수민족으로 한족을 지배하면서 서번이나 몽골 같은 외이(外夷) 세력을 방비해야 하는 청국의 고민을 꿰뚫어 본 발언이라 하겠다. 문치를 내세워 주자를 학문의 종주로 삼고 고증학에 몰두하게 하여 한족 사대부의 반발을 무마하는 한편, 열하에서 반선을 숭앙함으로써 외이로 인한 우환(憂患)을 제거함이 청국의 실상이라는 것이다. 이는 여타 연행록에서 볼 수 없는 탁견으로 당시 청국의 실상을 매우 예리하게 간파한 발언이라 할 것이다. 이에 천하대세의 전망을 논한다는 제목의 이「심세편(審世編)」은『열하일기』의 핵심 주제가 담긴 편으로 주목된다.[99]

다) 북경에서 중국 문인과의 교유

박지원은 8월 20일에서 27일까지 북경의 유리창 양매서가에서 과거시험을 준비하는 거인 유세기(兪世琦) 등과 교유한다. 박지원은 처음 북경에 도착해 찾은 유리창에서 유세기를 만났으며, 열하로 급히 떠났다가 다시 북경에 돌아온 뒤로 그를 일곱 차례 더 만났다. 유세기와의 대화를 기록한「양매시화」에는 중국 시인 전방표(錢芳標, 1644~?)와 왕사진의『감구집

---

[98] 위의 책, 284~286쪽.

[99] 임형택,「박지원의 주제의식과 세계인식:『열하일기』분석의 시각」,『실사구시의 한문학』, 창작과비평사, 2000. 김문식은 이러한 시각을 계승하여 "『열하일기』는 박지원이 조선에서 알았던 정보와 중국에서 목격한 내용을 종합하여 정리한 '심세서(審勢書)'라고 할 수 있다."라고 하였다. 김문식,「박지원이 파악한 18세기 동아시아의 정세」,『한국실학연구』 10, 2005, 31쪽. 한편 이현식은『열하일기』필사본에「심세편」이「필담의례(筆談義例)」란 제목으로 되어 있는 것에 주목하여,「심세편」이 원래「망양록」과「곡정필담」처럼 중국 문사와 필담을 할 때에 지침을 제공한 해설서인 것으로 보았다. 그리고 이를 따로 둔 것은 조선의 연행사가 중원 야만화론에서 벗어나 청나라의 학술과 사상 동향을 제대로 살피게 하기 위한 의도에서 연유한 것으로 보았다. 이현식,『『열하일기』「심세편」, 청나라 학술과 사상에 관한 담론」,『동방학지』181, 2017.

(感舊集)』에 실린 청음 김상헌의 시 등에 대한 시화뿐 아니라 상복을 입는 기간, 안질(眼疾)에 대한 처방법 등에 관한 논의 등 다양한 주제의 필담이 기록돼 있다.[100]

양매서가는 유리창 부근에 있는 양매죽사가(楊梅竹斜街)를 가리키며, 박지원은 이곳에 있는 서점 육일재(六一齋), 약방 백고약포(白膏藥鋪) 등에서 유세기를 만났다. 박지원은 서문에서 유세기가 거인 능야(凌野), 태사 고역생(高棫生), 한림 초팽령(初彭齡), 한림 서길사(庶吉士) 왕성(王晟), 거인 풍승건(馮乘騝) 등을 이끌고 나왔으며, 이들은 모두 중국의 명사들이라고 했다.[101] 그런데 박지원이 양매서가에서 만난 중국 문사들과 나눈 필담 내용은 「양매시화」뿐 아니라 『열하일기』의 다른 여러 기사에 흩어져 기록돼 있기에 그 출처와 함께 주요 내용을 정리해 보면 〈표 9〉와 같다.

박지원은 유리창의 서점 육일재에서 유세기를 처음 만났을 때 유득공, 김상헌의 시를 써주고 반정균을 아느냐고 물어보았다. 유세기는 반정균의 집이 양매서가의 백고약포의 맞은편 집이라고 일러주었다. 이날의 만남을 기록한 필담은 다소 긴 내용인데, 홍대용의 연행 이후 북학파 문인을 중심으로 중국 문사와의 교유가 한층 긴밀해져 가는 정황을 잘 보여준다. 해당 대목을 소개하면 다음과 같다.

유리창의 육일재에서 황포(黃圃) 유세기를 처음 만났는데, 그의 자(字)는 식한(式韓)이다. 눈이 맑고 눈썹이 빼어난 모습에서 혹 그가 반정

---

100 박지원은 「양매시화」 서문에서 필담했던 대부분의 초고는 여러 명사들이 빼앗아 갔으며, 돌아올 때 행장을 점검해 보니 10분의 3, 4 정도가 남았다고 했다.

101 그동안 「양매시화」는 『열하일기』에서 빠져 있다가 최근에 영인 공개되었으며, 김혈조 교수가 2017년 『열하일기』 번역본을 개정 출간하면서 보유편에 중국 문사가 박지원에게 보낸 편지 9통[풍승건의 편지 3통, 단가옥(單可玉)의 편지 3통, 유세기의 편지 2통, 하난태(荷蘭泰)의 편지 1통]과 함께 수록하였다.

표 9 | 박지원이 북경 유리창에서 교유한 인물

성명, 자/호	출신지, 관직	주요 필담 내용
俞世琦, 式韓/黃圃	복건, 擧人	「피서록」: 유리창 육일재(六一齋)에서 유세기를 처음 만나 그에게 유득공·김상헌의 시를 써주고 평한 내용과 박지원이 반정균을 아느냐고 물어보자 유세기가 반정균의 집이 양매서가에 있다고 알려준 내용 「양엽기」「夕照寺」: "유세기를 방문하러 석조사에 갔다. […] 절에는 중이라곤 한 명도 거처하지 않고, 복건이나 광동 지방에서 올라왔다가 과거시험에 낙방한 수재들이 고향에 돌아갈 밑천조차 없어 대부분 이곳에 머물며 살고 있다. […] 유세기 군은 본래 복건 사람으로, 섬서 지방의 병비도(兵備道)를 지내는 진정학(陳庭學)의 자형이다. 금년(1780) 2월에 아내를 잃었다. 아들은 없으며, 네 살배기 어린 딸을 처가에 맡기고, 자신은 홀로 어린 심부름꾼과 함께 이 절에서 지내고 있다." 「동란섭필」: "유세기 집에 방문했을 때 빌려온 난초를 임시로 거처하는 방에 두고, 방의 이름을 '동란재'라 했다"고 기록
馮乘驥, 建一/明齋	미상, 거인	「피서록」: 박지원이 고역생, 풍병건, 능야 등과 함께 반정균이 왕추사(王秋史)의 한류(寒柳)에 차운한 시에 대해 논함
凌野, 一/簑軒	절강, 거인	「황도기략」「黃金臺記」: "노군(노이점)과 함께 동악묘의 연희 구경을 하고, 같이 수레를 타고 조양문을 나와 돌아오던 길에 태사 고역생을 만났다. 그는 사헌 능야와 함께 수레를 타고 지금 황금대를 찾아가는 길이라고 했다. 능야는 절강 사람으로 아주 특이한 선비인데, 북경이 초행이라고 했다. 고적을 탐방하러 가는 길이니 나에게 함께 가자고 청했다. 노군은 하늘이 내린 인연이라고 말하며 크게 기뻐했다."
高棫生	미상, 太史	「동란섭필」: "명나라 문인 왕세정이 지은 『완위여편(宛委餘編)』에는 여자로서 장군이나 군관이 된 자를 실어 놓았다. […] 그런데 알 수 없는 일은 당나라 태종이 신라의 선덕여왕을 추증하여 광록대부로 봉한 일과, 진덕여왕을 책봉하여 상주국으로 삼고 낙랑군왕에 봉한 일과, 진덕여왕이 죽은 뒤에는 당 고종이 개부의동삼사(開府儀同三司)에 추증한 일이 실려 있지 않은 것이다. […] 유리창의 양매서가에서 능야, 고역생 등과 술을 마시며 이야기하다가 이런 내용을 언급했더니, 능·고는 나의 학식이 풍부하다고 칭찬해 마지않는다." 「반선시말」: "하루는 태사 고역생 등 여러 사람들과 단가루에서 술을 마시고 있을 때였다. 고 태사가 반선의 일을 말하며 이야기를 막 끄집어내려 했는데, 자리에 있던 풍생(馮生)이란 자가 눈짓으로 이야기하지 말도록 했다. 나는 매우 괴이하게 생각했다. 나중에 알고 보니 산서 지방 출신의 선비가 황제에게 일곱 조목으로 상소를 하였는데, 그중 한 조목에서 반선의 일을 극렬히 논하는 바람에 황제가 크게 분노해서 살가죽을 벗겨 죽이는 형벌에 처하라고 했다는 사실을 한참 뒤에 들었다. 우리나라의 마부들 중에는 선무문 밖에서 형벌에 처하는 광경을 본 자가 많다고 한다."
初彭齡	미상, 翰林	「황도기략」「彩鳥舖」: "한림 초팽령과 주 거인(周擧人)이 각각 빈 새장을 가지고 점포로 와서 암수 두 마리가 든 새장과 바꾼다. 이 새는 곧 우리나라 속명으로 '뱁새(뱁새)'라는 놈인데, 그다지 기이하거나 희귀한 새가 아닌데도 그 값이 50냥이나 한다." 「동란섭필」: "중국인들은 『시경』의 각 편마다 저작 동기를 밝혀 놓은 소서(小序)를 반드시 폐지할 수 없다고 생각한다. […] 나는 일찍이 한림 초팽령, 태사 고역생과 함께 단가루에서 술을 마시며 '소서' 문제를 가지고 떠들썩하게 토론한 적이 있었다."

성명, 자/호	출신지, 관직	주요 필담 내용
王晟	曉亭, 庶吉士	「반선시말」: 반선의 내력을 기록한 「반선시말」이 왕성에게서 들은 바를 기록한 것이라고 함. "왕성은 금년 초에 평생 처음으로 북경에 들어와 4월 회시에 몇 등으로 합격했고, 전시에 13등으로 합격했다. 경서와 역사서에 박학했으며 기억력이 아주 뛰어났다. 나는 우연히 유리창에서 그를 처음 만났는데, 그의 의중을 살펴보니, 자못 자기도 기이한 인연으로 여기는 것 같았다. 게다가 그는 북경에 처음 오는 길이어서 교유하는 범위가 넓지 않았으며, 숨기고 꺼려야 할 일이 무엇인지도 몰랐다. 그 이튿날 천선묘(天仙廟)로 나를 찾아와서 서번 승려에 대한 일을 소상하게 말해주었다."

균(潘庭筠), 이조원(李調元), 축덕린(祝德麟), 곽집환(郭執桓) 등 여러 명사 중 하나가 아닌가 하고 의심을 했다. 나보다 앞서서 이 명사들과 교유한 친구들이 있었기 때문에 그들의 아름다운 이름이나 얼굴의 모습은 마치 눈앞에서 보는 것처럼 선하였다.

내가 유황포와 필담을 하면서 혜풍(惠風) 유득공이 그의 숙부 탄소(彈素) 유금(柳琴)의 연행을 전송하면서 지은 시를 다음과 같이 썼다.

佳菊衰蘭映使車　고운 국화, 시든 난초 사신의 수레에 비치고
澹雲微雨九秋餘　옅은 구름 가랑비 내리는, 때는 늦가을.
欲將片語傳中土　한마디 시구 중국 땅에 전하고자 하는데
池北何人更著書　지북처럼 그 누가 다시 책에 실어줄는지.

황포가 내게 묻기를,
"'지북처럼 그 누가'라는 구절은 누구를 가리키는 말입니까?"
하기에, 내가,
"완정(阮亭) 왕사정(王士禎)이 『지북우담(池北偶談)』을 저술할 때 우리나라 청음 김상헌의 시를 실은 적이 있는데, 이를 말한 것입니다."
하니, 유황포가,

"왕사정이 편집한 『감구집』이란 책에 실려 있기를, 이름은 상헌(尙憲), 자는 숙도(叔度)라고 하는, 바로 그 사람입니까?"

라고 하였다. […] (박지원이 김상헌과 왕사정의 해당 시를 소개하고, 유세기의 청에 따라 유득공의 다른 시 한 수를 소개함. 유세기는 『치청전집(豸靑全集)』이 금서가 되었다고 함.)

내가 또 혜풍의 다른 시를 써서 보였다.

有箇詩人郭執桓　곽집환이란 한 시인이 있어
澹園聯唱遍東韓　담원을 읊은 시 조선 땅에 널리 퍼졌다네.
至今三載無消息　지금까지 삼 년 동안 소식조차 끊어졌기에
汾水悠悠入夢寒　유유히 흐르는 분수,[102] 꿈에 들어 서늘하다오.

유황포는 시에다 비점(批點)을 치면서,

"곽집환(郭執桓)이란 시인은 어느 지방 사람입니까?"

하고 묻기에, 내가,

"그는 산서 지방의 태원(太原) 사람입니다. 그런데 사동망(師東望)과 양유동(楊維棟)은 어떤 사람인지 혹 아십니까?"

"모두 모르는 사람들입니다."

"서점에 새로 출판한 『회성원집(繪聲園集)』이 나와 있는지요? 그 책에 두 사람의 서문이 있고, 제가 쓴 서문도 거기에 실려 있습니다."

유황포가 즉시 '회성원집' 넉 자를 써서 문수당(文粹堂)이란 서점에 사람을 보내어 책을 구해 오라고 했는데, 그가 돌아와서 없더라고 말한다. 내가 그에게,

---

102　분수(汾水)는 중국 산서성 서남쪽에 있는 강으로 곽집환의 집이 분수 인근에 있었다.

"그대는 학사 반정균이란 이를 아시나요?"

하고 물으니, 황포는,

"아직 교분을 나눈 적이 없습니다."

하기에, 내가,

"반씨의 집이 종인부(宗人府) 건물과 벽 하나를 사이에 두고 있답니다. 제가 중국에 올 때에, 종인부 건물을 먼저 찾아서 대문을 지나 오른쪽으로 돌면 벽 하나 사이에 있는 집이 바로 반씨의 집이라고 일러준 친구가 있었습니다. 종인부가 여기서 어느 정도나 떨어져 있습니까?"

하니 유황포는,

"박공께서는 예부(禮部)의 건물은 알고 계실 테지요?"

하는데 웬 사람이 하나 자리에 들어오자마자,

"종인부를 찾을 것까지도 없습니다. 반씨의 댁은 여기서 멀지 않습니다. 양매서가라는 거리에서 단씨(段氏)의 약방인 백고약포와 대문을 마주하고 있는 집이 바로 반씨가 살고 있는 집이랍니다."

라고 한다. […] (박지원이 반정균의 시와 유득공의 시를 적어 보임.)

유황포는 다시 (시에) 동그라미를 치면서,

"반정균도 정말 명사이긴 하지만, 혜풍 역시 본시 크고 아름다운 인물입니다."

하고는 즉시 필담했던 종이를 품속에 간직하며,

"제가 바야흐로 『구당시화(毬堂詩話)』라는 책을 저술하고 있는데, 다행스럽게도 이런 아름다운 시화를 얻게 되었습니다."

한다. 함께 육일재 문에서 나와 작별하려는데 유황포가 손으로 가리키며,

"이리로 가시면 양매서가 가는 길입니다. 단씨의 약방은 패루에 큰 물고기 그림이 그려져 있는 곳, 바로 거기입니다."

라고 일러준다.[103]

　박지원은 유리창의 육일재란 서점에서 유세기를 처음 보았을 때 반정균, 이조원, 축덕린, 곽집환 같은 중국의 여러 명사 중 한 사람이 아닌가 하는 생각이 들었다고 했다. 그리고 자신보다 앞서 1766년에 홍대용, 1788년에는 박제가와 이덕무 등이 이들과 교유하였기에 그 이름이나 얼굴 모습이 눈에 보이듯 선하다고도 하였다. 홍대용이 항주 출신의 세 선비와 만나고, 유금이 이조원과 반정균으로부터 『한객건연집』의 평을 받아 온 이래로 북학파 문인들과 중국 문인의 만남이 빈번해지면서 매우 친밀해졌음을 보여준다.

　박지원은 유세기와의 필담을 유득공이 숙부 유금의 연행을 전송하면서 지은 시를 소개하는 것으로 시작한다. 유세기가 "지북처럼 그 누가 다시 책에 실어줄는지.(池北何人更著書)"라는 마지막 구절의 의미를 묻자, 왕사정이 『지북우담』에 김상헌의 시를 실은 사실을 말한 것이라 답한다. 그러자 유세기는 왕사정이 편집한 『감구집』에서 김상헌을 본 적이 있음을 떠올리며 그 사람이 맞느냐고 되물었고, 박지원은 맞다고 하며 김상헌의 시구를 소개해준다. 이어서 왕세정이 「논시절구(論詩絶句)」에서 이를 고평하여 "과연 동국은 시를 잘 안다고 하겠구나.(果然東國解聲詩)"라고 한 사실도 일러주었다. 앞에서 홍대용과 항주 선비의 첫 만남에서 반정균이 김재행의 성씨를 듣고는 김상헌에 대해 아느냐고 물어, 홍대용이 놀라며 어떻게 김상헌을 아느냐고 되물었던 일을 소개한 바 있다. 이러한 사례를 통해 김상헌의 시구가 양국 문사의 만남에서 중요한 매개가 되고 있음을 짐

103　박지원 저, 김혈조 역, 『열하일기 3』(돌베개, 2017), 61~66쪽을 참고하였다. 다만 유득공의 시는 최근에 실시학사 고전문학연구회에서 번역한 『영재 유득공의 영재집』(학자원, 2019), 322~324쪽에 수록된 번역문을 따랐다.

작할 수 있다.[104]

유세기가 유득공의 시를 뛰어난 작품이라고 칭찬하며 다른 시를 소개해달라고 하자, 박지원은 유득공이 곽집환에 대해 읊은 시를 소개해주었다. 곽집환은 홍대용이 1766년 북경에서 돌아오는 길에 교분을 맺게 된 등사민을 통해 조선 문사와 교유한 인물이다. 곽집환은 등사민을 통해 홍대용에게 자신의 시고(詩稿)인『회성원집(繪聲園集)』을 보내주며 조선 명사들의 서문을 요청하였다. 이에 홍대용과 박지원이 발문을 짓고, 이덕무·유득공·박제가 등이 회성원을 노래한 시를 지은 바가 있다.[105] 이처럼 곽집환은 자신을 비롯한 북학파 문인과 두루 교제한 인물이기에 박지원이 일부러 그에 대해 노래한 시를 써주었던 것으로 보인다. 유세기가 곽집환에 대해 모른다고 하자 박지원은 그에게 반정균은 아느냐고 묻고 그의 집이 종인부 옆이라고 하면서 종인부의 위치를 묻는다. 박지원은 두 해 전인 1778년에 북경에 다녀온 이덕무를 통해〈연암산거(燕巖山居)〉라는 반

---

[104] 한치윤의『해동역사』권69「인물고」에서는 김상헌에 대한 소개를 사행 중에 지은 이 시구가 중국에 널리 알려지게 된 경위를 말하는 것으로 대신하고 있다. 이는 척화파의 주동자로 지목되어 훗날 심양에 볼모로 잡혀간 김상헌이 명나라에서 널리 인정받은 명사였음을 알려주는 일화로, 당시 이 사실이 널리 회자되었음을 말해준다.『해동역사』의 관련 대목을 소개하면 다음과 같다. "살펴보건대, 청음의 시는 왕어양(王漁洋)의『감구집』및 손개사(孫愷似, 孫致彌)의『조선채풍록(朝鮮採風錄)』중에 많이 실려 있다. 숭정 말에 청음이 뱃길로 해서 경사(京師)에 조회하였는데, 제남(濟南)의 길을 통해서 갔다. 이때 어사(御史) 장연등(張延登)이 파직당하고서 집에 거처하고 있어 청음이 만나볼 수 있었다. 어사가 청음의 시를 한 번 보고는 탄복하면서 청음이 지은『조천록』에 서문을 쓰고 판각하였다. 장 어사는 바로 왕어양의 전 부인인 장씨(張氏)의 할아버지이다. 그러므로 왕어양이 매번 선생을 표장(表章)한 것이 이같이 많은 것이다."라고 하였다.〈한국고전종합DB〉번역문을 참고하여 다듬었음.

[105] 곽집환(1746~1775)은 청나라 산서 평하인(平河人)으로, 시를 잘 지었으며 집이 대대로 부유하였는데, 담원은 곽집환의 부친 곽태봉(郭泰峯)의 거처이다. 이에 화답하여 박지원·유득공·박제가 등이「담원팔영」을 지은 바 있으며, 홍대용과 박지원은 곽집환의 문집『회성원집』에 발문을 지어주었다.『담헌서』「내집」권3「繪聲園詩跋」;『연암집』권3「孔雀館文稿」「繪聲園集跋」.

정균의 편액 글씨를 전해 받은 바 있다.[106] 반정균은 홍대용을 통해 익히 들었던 인물이거니와 아마도 반정균을 만나 글씨 써준 것에 대해 직접 사례하고자 하는 뜻도 있었을 것이다. 유세기가 종인부의 위치를 말해주려고 할 때에 마침 어떤 사람이 나타나 반정균의 집이 여기서 가깝다며 자세히 일러주었다. 이어서 박지원이 반정균과 유득공의 시를 소개해주자, 유세기는 유득공의 시가 뛰어나다며 거듭 칭찬하고는 자신이 저술하고 있는 『구당시화』의 좋은 소재를 얻었다고 하였다. 그러고는 육일재를 나와 작별하면서 반정균의 집으로 가는 길을 손으로 가리켜 알려주었다.

위의 인용문은 홍대용의 연행 이후 박지원, 박제가, 이덕무, 유득공 등 북학파 문인이 중국 문사와 시문으로 교류하였으며, 이들 문인들이 북경에 도착하여 반정균, 이조원 및 그의 주변 문사들과 빈번하게 교류하게 된 정황을 잘 알려준다. 반정균의 집 위치를 확인한 박지원은 반정균을 찾았으나, 그가 무영전(武英殿)에 숙직하느라 갇혀 있어 실제 만남은 이루어지지 못하였다.

라) 교류의 의의와 영향

박지원의 『열하일기』는 500여 종에 달하는 연행록 중 백미로 손꼽히며, 한국 고전문학 중에서도 탁월한 작품으로 인정받고 있다. 『열하일기』는 단순한 여행 기록이 아니라 연행 노정에서 마주친 수많은 인간들을 생생하게 묘사하고 있다는 점에서 그 가치가 더욱 빛난다. 박지원은 자신이 겪은 연행 체험을 기록하는 데 그치지 않고 해학과 풍자가 번득이는 우언

---

106 박지원은 이를 연암협의 서재에 걸었다고 하며, "그 수인(首印, 서화의 앞부분에 찍는 도장)은 '무더운 여름철에도 서리 내린 듯 서늘하다. (暑月亦霜氣)'라고 하였고, 낙관(落款) 및 말미에 '덕원(德園)'이라 칭했는데 그것이 그의 자인지 호인지 모르겠습니다."(『연암집』 권3 「孔雀館文稿」 「세 번째 편지」)라고 한 바 있다.

의 형식으로 실학사상을 개진하면서 당시 지배층의 무능과 위선을 꼬집었다. 박지원은 연행에서 접촉한 새로운 사물들을 선입견이나 감각에 현혹되지 않고 주체적으로 사고하면서 개방적인 자세로 포용하였다.『열하일기』의 문체적 특징으로는 장면 중심의 구성과 다양한 복선의 배치, 정밀한 세부 묘사를 통해 대상을 사실적으로 표현한 점 등이 알려져 있다.[107] 이처럼 풍부한 내용과 참신한 표현으로 인해『열하일기』는 당대부터 최고의 베스트셀러가 되어 사대부 문인층에 회자되었다. 아울러 국문본이 창작되기도 하였으며, 후대의 연행록에 지대한 영향을 끼쳤다.

박지원은『열하일기』에서 일기체와 기사체를 혼용하여 자신만의 독특한 연행록을 이루었는데, 중국 문인과의 교유는 주제 중심의 기사체에 담겨 있다. 중국 문사와 나눈 필담은「속재필담」,「상루필담」,「황교문답」,「망양록」,「곡정필담」에 주로 실려 있다. 앞에서 일부 대목을 살펴보았거니와, 박지원과 중국 문사의 대화는 우주와 천체, 물체의 본질, 생물의 기원과 자연과학적 문제와 같은 철학적 주제로부터 종교·정치·역사·문화·풍속·인물 등 거의 전 분야에 걸친 것이었다. 논의의 내용 또한 18세기 조선과 청의 문사들이 나눈 필담 중에서 최고의 수준과 깊이를 갖춘 것으로 평가된다. 아울러 중국 문사들과 문예로 교유한 기록이나 시화 등에 대한 것은「피서록」,「동란섭필(銅蘭涉筆)」,「황도기략(皇圖紀略)」,「반선시말(班禪始末)」,「행재잡록(行在雜錄)」,「양매시화」등에 주로 실려 있다. 홍대용을 위시한 북학파 문인과 중국 문인의 밀접한 교류는 19세기 김정희를 비롯한 연행사의 중국 문인 교류로 이어지는 촉매 역할을 한 것으로 평가된다.

---

[107] 김명호,『열하일기 연구』, 창작과비평사, 1990.

2. 북경 천주당 방문과 세계 인식의 확장

청국(淸國)을 매개로 하여 조선과 서구의 문명이 접촉하던 주된 장소는 북경의 천주당이었다. 북경에는 천주당이 네 곳 있었으며, 이곳은 유럽의 선교사가 서구의 과학 문명 및 종교를 전파하는 진원지였다. 북경 천주당을 중심으로 한 조선과 서구 문명의 만남은 18세기에 가장 활발하게 이루어진 것으로 여겨지며, 천주당 관련 기사는 18세기 연행록에 집중되어 나타난다.[108]

북경의 천주당은 1605년(만력 33) 이마두(利瑪竇, Matteo Ricci)가 방적아(龐迪我, Diego de Pantoja) 신부와 함께 선무문(宣武門) 안에 건립한 남당(南堂)이 최초이며, 1653년에는 탕약망(湯若望, Johann Adam Schall, 1591~1661) 신부가 동안문(東安門) 밖에 동당(東堂)을 건립한다. 1703년에 프랑스 예수회 선교사 홍약한(洪若翰, Jean de Fontaney) 신부가 키니네(Quinine)를 사용하여 강희제(康熙帝)의 학질을 고친 공로로 하사받은 부지에 북당(北堂)을 축성하였고, 1725년 라자리스트회[遣使會]의 덕리격(德理格, Teodorico Pedrini) 신부가 서직문(西直門) 대로에 있던 자신의 집을 개조하여 서당(西堂)을 건립하였다. 네 개의 성당이 모두 명말 청초에 건립된 것이다.[109] 이들 천주당 중에서 연행사가 가장 많이 방문한 곳은 숙소가 있던 옥하관(玉河館) 부근에 위치한 남당이었고, 동당 또한 그리 멀지 않은 곳에 있어 관심 있는 이들이 찾았다.

청나라 강희 연간(1662~1722) 이래 북경 천주당은 연행 사절이 자주 찾는

---

108 연행록에 실려 있는 북경 천주당 방문 기사는 신익철, 『연행사와 북경 천주당』(보고사, 2013)에 정리되어 있다.
109 顧衛民, 『中國天主敎編年史』, 상해서점출판사, 2003.

명소가 되었으며, 옹정(1722~1735), 건륭(1735~1795) 연간에 이르기까지 이러한 풍조가 지속된 것으로 보인다. 홍대용의 다음 기록은 이러한 사정을 잘 말해준다.

명나라 만력(萬曆) 연간에 이마두가 중국에 들어오면서부터 서양 사람과의 통교(通交)가 시작되었다. [⋯] 성안에 사당(四堂, 동당·서당·남당·북당)을 지어 그들을 살게 하고 천상대(天象臺)라 불렀다. 이 때문에 서양의 학문이 성하기 시작하여 천문(天文)을 말하는 이는 모두 그들의 기술을 조술하게 되었다. [⋯]

강희 연간 이후로 우리나라 사신이 연경에 가서 더러 그들이 있는 집에 가서 관람하기를 청하면, 서양 사람들은 매우 기꺼이 맞아들여 그 집 안에 설치된 특이하게 그린 신상(神像) 및 기이한 기구들을 보여주고, 또 서양에서 생산된 진기한 물품들을 선물로 주었다. 그러므로 사신으로 간 사람들은 선물을 탐낼뿐더러, 그 이상한 구경을 좋아하여 해마다 찾아가는 것을 상례로 삼고 있었다. [⋯] 유송령과 포우관은 남당에 거처하였는데 산학(算學)에 더욱 뛰어났다. (남당은) 궁실과 기용(器用)이 네 당 중에서 으뜸이었는데 우리나라 사람이 항상 내왕하는 곳이었다.[110]

위의 글을 통해 이 시기에 연행사들이 북경 천주당에서 선교사들의 환대를 받으며 서양 그림이나 기물을 자유롭게 접하고, 서양의 진귀한 물품들을 선사받기도 했던 정황을 알 수 있다. 이처럼 환대를 받으며 기이한 구경을 할 수 있었기에 사신 일행에게 천주당 방문은 하나의 관례가 되

---

110 홍대용, 『연기』 「劉鮑問答」.

그림 6 | 북경 남당 정문의 현재 모습, 저자 촬영. 왼쪽 동상이 이마두, 오른쪽 동상이 사물략(沙勿略)이다.

었다. 홍대용은 북경의 천주당 네 곳 중에서 특히 남당이 가장 뛰어났으며, 우리나라 사람들이 자주 내왕하는 곳이라 했다. 1760년(영조 36)에 자제군관의 신분으로 연행한 이의봉(李義鳳)[111]은 연행의 가장 큰 구경거리로 서양 풍악·망원경·천주당 그림 및 서양 지도 등을 꼽고 있는데,[112] 이는 이 시기 연행사들의 북경 천주당에 대한 관심이 지대했음을 알려준다.

조선의 일급 문인인 연행사와 유럽의 선진적 지식인인 예수회 선교사들이 북경의 천주당에서 만나 나눈 대화 내용은 연행록에 적잖게 남아 있다. 여기에는 매우 생소하고 이질적인 서구 문명을 접한 충격과 경이로움, 이를 소화해내기 위한 갈등 등이 생생하게 담겨 있다. 조선 후기 지식

---

111 이의봉은 초명이 이상봉(李商鳳)이고 연행 당시에 자신을 이상봉으로 소개하고 있으나, 후에 이의봉으로 개명하였다. 여기에서는 학계에 널리 통용되는 이의봉으로 표기한다.

112 『연행록선집 보유 上』, 731a면; 이의봉, 『북원록』「往來總錄」 권1, "第一奇觀, 薊門烟樹, 西洋風樂及遠鏡·天主堂畫, 圓明園宮室. 其次, 西洋方輿圖, 太液池, 五龍亭, 雍和宮轉臺, 正陽門外市肆, 寧遠衛祖氏牌樓, 宋家庄敵樓, 弘仁寺萬佛."

인들이 서구 문물을 직접 접하고 보인 반응과 이에 대한 관심과 이해의 수준을 솔직하게 드러내주고 있는 것이다. 18세기 조선 문인의 서구 문명에 대한 인식을 살펴봄에 있어서 북경 천주당과 관련한 기사는 각별한 의미를 지니는 것으로 유의할 필요가 있다.

먼저 18세기 연행사의 천주당 방문 양상을 도표와 함께 개략적으로 살펴본 다음에 천주상(天主像)과 서양화 관람, 서학서(西學書)와 각종 서양 문물 접촉을 차례로 살펴보기로 한다. 이를 통해 18세기 연행사의 서학 접촉 양상과 그 의미가 개략적으로 파악될 것으로 기대한다.

1) 18세기 연행사의 천주당 방문 양상[113]

18세기 연행록 중 북경 천주당 방문 기사는 총 27종의 연행록에서 확인할 수 있다. 현전하는 17세기 연행록 중에는 천주당 방문 기사를 하나도 찾을 수 없고, 19세기 연행록 중 관련 기사가 보이는 9종은 아라사관(俄羅斯館, 러시아관)을 방문한 기록이라는 점을 고려하면 연행의 기관(奇觀)으로 거론된 북경 천주당 방문이 18세기에 열풍처럼 불었던 정황을 충분히 짐작할 수 있다. 18세기 연행록에 보이는 천주당 방문 기사를 표로 나타내 보이면 〈표 10〉과 같다.[114]

---

[113] 18세기 연행사의 천주당 방문 양상은 다음을 참고하여 정리하였다. 신익철, 「18세기 연행사와 서양 선교사의 만남」, 『한국한문학연구』 51, 2013, 450~455쪽.

[114] 〈표 10〉은 원재연의 「17~19세기 조선사행의 북경 천주당 방문과 서양인식」(『서세동점과 조선왕조의 대응』, 한들출판사, 2003)에서 제시한 도표 〈1649~1876년 연행록에 나타난 천주당 관련기록〉과 원재연의 「17~19세기 연행사의 북경 내 활동공간 연구」(『동북아역사논총』 26, 2009)에서 제시한 도표 〈17~19세기 연행사 북경 내 유관 일람표〉에서 천주당 관련 기록을 참고하고 누락된 것을 보충하여 정리한 것이다. 이번에 새로 제시한 자료는 총

〈표 10〉에서 보듯 연행사가 방문한 천주당은 대부분 남당에 집중되어 있다. "(남당은) 궁실과 기용(器用)이 네 당 중에서 으뜸이었는데 우리나라 사람이 항상 내왕하는 곳이었다."고 한 홍대용의 언급이 정확한 것임을 확인할 수 있다. 그다음으로 연행사가 즐겨 찾은 천주당은 동당으로, 이는 남당과 함께 사신의 숙소였던 옥하관에서 비교적 가까이 위치하고 있다. 서양 선교사는 18세기 전반의 경우 대진현(戴進賢, Ignatius Kögler, 1680~1746), 소림(蘇霖, Joseph Suarez, 1656~1736), 비은(費隱, Xavier-Ehrenbert Fridelli, 1673~1743) 등이 연행사와 접촉한 횟수가 많고, 18세기 후반에는 유송령(劉松齡, Augustin von Hallerstein, 1703~1774)에 집중되어 있음을 알 수 있다.

18세기에 연행사가 접촉한 선교사는 1790년에 서호수(徐浩修)가 만난 프란치스코회 소속의 탕사선(湯士選, Alexandre de Gouvea, 1751~1808) 주교를 제외하고는 모두 예수회 소속의 선교사이다. 예수회 선교사는 전반적으로 높은 문화적 소양을 지니고 있었으며, 현지의 습속에 적응하여 전교하는 전략을 택하면서 서구의 과학기술을 이용해 중국 사대부 지식인을 흡인했다. 이 과정에서 예수회 선교사들은 적극적으로 서구의 과학지식을 번역하고 전파하며 천학(天學)의 우월성을 증명하고자 했다. 1644년부터 1775년 북경의 예수회가 해체되기까지 청나라 조정에서 천문 역산을 담당한 흠천감(欽天監) 감정(監正)은 대부분 예수회 수도사가 역임했다. 이 직위를 담당한 예수회 선교사는 8인에 이르렀고, 이 중 대진현은 30년

16종으로 * 표시하였다. 원재연이 〈17~19세기 연행사 북경 내 유관 일람표〉에서 1695년의 연행 기록으로 제시한 홍수주(洪受疇)의 『연행일록』은 1765년에 연행한 정광충(鄭光忠)의 『연행일록』에 대한 착오이다. 이는 『연행일록』이 『연행록전집』 39권과 61권에 중복 수록된 데서 빚어진 오류이다. 원재연의 도표에는 18세기의 연행록 중 민진원(閔鎭遠)의 『연행일기』(1711년 사행), 최덕중(崔德中)의 『연행록』(1712년 사행), 이의현(李宜顯)의 『경자연행잡지』(1720년 사행) 3종이 더 제시되어 있는데, 이는 단순히 천주당을 지나쳤다는 식으로 언급하는 데 불과한 것이기에 여기에서는 제외했다.

표 10 | 18세기 연행록 소재 천주당 관련 기사

일자	연행사, 연행록	선교사	장소	주요 내용
1713.2.9.	김창업, 『연행일기』		남당	천주상·혼천의·자명종 언급
1719.2.14.	조영복, 『연행일록』	성명 미상(3인)	관소	천리경과 천주교 관련 서적 등을 예물로 줌
1720.10.3.	이이명, 『연행잡지』	蘇霖, 戴進賢	남당	삼사가 방문하여 천문 역법 토론. 편지를 보내어 역법의 세차와 혼천의 제조법 및 유리와 청기와 제조법에 대해 물음
1720.9.22. ~11.24.	이기지, 『일암연기』*	소림, 張安多, 麥大成, 대진현(남당), 費隱, 소림, 羅懷中, 徐懋昇(동당), 白晋, 雷孝思, 湯尙賢, 殷弘緖(북당)	남당(3차), 동당(4차), 북당(1차), 관소(4차), 편지(11차)	여러 선교사와 필담을 나누며 천문 역법의 이치 및 서양의 제도 등에 대해 논의함. 서양화(낭세녕의 개 그림), 포도주, 카스텔라, 지도, 천문도, 추보서(推步書), 서양 본초(동식물도감), 천리경, 일영공구(日影公器), 『칠극(七克)』, 〈곤여도〉, 『천주실의』, 지구도, 자명종, 혼천의 등 각종 서양 물품을 선사받음
1721.12.29. 1722.1.29.	유척기, 『지수재연행록』, 이건명, 『한포재사행일기』*	麥大成, 穆敬遠, 대진현	남당, 관소, 편지(1차)	서양 그림책 세 권을 보라고 보내줌. 관상대 관람(편지 및 흡독석, 천리경 등의 물건을 이기지에게 전해달라고 보내줌)
1727.12.29. 1728.1.22.	강호보, 『상봉록』*	낭세녕	남당, 동당(?), 관소	천주상·자명종 언급. 낭세녕에게 초상화를 요청했으나 거절당함
1729.10.12. 1729.10.17.	김순협, 『연행일록』*	대진현 외 5인	남당, 동당, 편지(1차)	『만물진원(萬物眞元)』, 『벽망(闢妄)』과 여러 물품을 보내옴
1731.	조상경, 『연사록』*			〈천주당〉, 〈서양국인〉 시 남김
1732. 1732.10.28.	이의현, 『임자연행잡지』, 한덕후, 『연행일록』	비은	남당, 관소	『삼산논학기(三山論學記)』, 『주제군징(主制群徵)』과 여러 물품을 예물로 보내옴
1753.1.20.	남태제 『椒蔗錄』		동당	천주상을 비롯한 그림 관람
1756.1.21. 1756.1.24.	정광충, 『연행일록』*	유송령	남당, 관소	풍금 관람. 양화 4장 등 각종 물품을 예물로 보내옴

일자	연행사, 연행록	선교사	장소	주요 내용
1761.1.8. 1761.1.27. 1761.2.6.	이의봉 『북원록』*	유송령	동당, 남당(2차)	유송령·서승은(서광계의 7대손)과 필담 『직방외기』, 『곤여도설』을 50면에 걸쳐 초록함 『곤여도설』 2책, 〈황도총성도(黃道總星圖)〉 2본 등을 선사받음
1766.1.9. ~2.2.	홍대용, 『을병연행록』/ 『연기』	유송령, 鮑友官	남당(3차), 동당	유송령과 필담을 나누며 혼천의를 비롯한 천문학에 대해 대화를 나눔 풍금, 서양화 관람. 자명종, 원경을 통해 태양의 모습을 관찰함
1774.2.25.	엄숙, 『연행록』*	유송령	남당	풍금 관람
1777.	이압, 『연행기사』			포도주에 대한 언급
1778.6.14.	이덕무, 『입연기』*		남당	천주당 벽화 관람
1780.6.	박지원, 『열하일기』		남당	「북경천주당기」·「양화」남김
1784.1.7.	이노춘, 『북연긔힝』*		미상	조선 사람을 대접하지 않는다는 말을 들음
1784.12.25.	강세황, 『표암연경편』*		남당	천주당을 읊은 시
1788.1.27.	조환, 『연행일록』*	성명 미상	남당	성명 미상의 선교사와 필담
1790.5.	서호수, 『열하기유』*	湯士選, 索德超	선교사 묘지, 관소, 편지(1차)	탕사선이 『혼개도설집전(渾盖圖說集箋)』의 서문을 지어 보내고, 규비비례척(規髀比例尺)·〈만국전도〉를 보내옴. 색덕초와 편지를 주고받음
1791.1.2.	백경현, 『연행록』*	周氏	남당(?)	선교사 주씨와 필담을 나누고, 천리경·자명종·〈곤여도설〉 등을 봄
1792.1.26.	김정중, 『연행록』		동당(?)	서양고과(西洋苦果) 2환을 얻음
1794.1.30.	이계호, 『연행록』*	劉大人	남당	천주당 벽화 감상
1799.1.19.	서유문, 『무오연행록』	탕사선	미상	치형(致馨)의 천주당 방문 사실 기록

간 이 직위에 있었다.[115] 신학뿐만 아니라 천문 역학을 비롯한 과학기술에

---

115 이상 예수회의 중국 전교에 관한 소개는 杜赫德(Jean-Baptiste Du Halde) 저, 鄭德弟·呂一民·沈堅·朱靜·耿昇 역, 『耶蘇會士中國書簡集』(6권 3책, 大象出版社, 2005)의 첫머리에 실린 鄭德弟의 서문을 참고하였다.

도 높은 소양을 지니고 있던 예수회 선교사는 연행사에게 많은 호기심을 불러일으켰다. 연행사들이 천주당에서 처음 대면한 서양 선교사의 모습을 도인(道人)이나 신선 같은 풍모를 지녔다고 설명하는 것을 흔히 볼 수 있는데, 이는 예수회 선교사의 높은 문화적 소양에서 우러나온 느낌을 말한 것으로 여겨진다.

연행사 중 남당과 동당을 함께 방문한 이는 강호보·김순협·이의봉·홍대용 4인이고, 남당·동당과 함께 북당까지 방문한 연행사로는 이기지가 유일하다. 한편 북경 외성의 서북쪽인 서직문(西直門) 부근에 위치하여 연행사의 숙소에서 가장 멀리 떨어져 있던 서당은 아무도 방문한 사실이 없다. 아울러 서호수의 경우에는 천주당을 방문하지 않고 이마두의 묘지를 방문했고, 관소에서 서양 선교사와 편지를 주고받고 있어 독특하다. 이외에 천주당을 방문한 횟수를 보면 이기지가 8차, 강호보가 2차, 김순협이 2차, 홍대용이 4차에 걸쳐 방문하고, 나머지 연행사는 1차 방문에 그치고 있다. 선교사와 서신을 주고받은 횟수는 이기지가 11차로 가장 많고, 이건명·김순협·서호수가 각기 한 차례이다.

이상으로 볼 때 천주당을 방문하여 서양 선교사와 접촉한 주요 인물로는 1720년에 남당·동당·북당을 방문한 이기지, 1727년에 남당·동당을 방문한 강호보, 1729년에 남당·동당을 방문한 김순협, 1761년에 남당·동당을 방문한 이의봉, 1766년에 남당·동당을 방문한 홍대용 등이 주목된다. 아울러 1790년에 연행하여 선교사 묘지를 찾고 자신의 저서에 서양 선교사로부터 서문을 받은 서호수의 경우도 주목할 필요가 있다.

2) 천주상과 서양화 관람

북경의 천주당을 방문한 사신 일행의 시선을 가장 먼저 사로잡은 것은 들어서자마자 눈에 들어오는 천주상(天主像)이었다. 천주당 문을 열고 들어서면 누구나 맞은편인 북벽(北壁)에 걸린 천주상을 바라보게 된다. 동양화만 보던 연행사의 눈에 서양화법으로 그려진 천주상은 그 자체가 충격과 놀라움의 대상이었을 것이다. 이 때문에 천주당을 방문한 대부분의 연행사가 천주상과 서양화를 본 소감을 기록으로 남기고 있다. 18세기 연행록 중에서 이에 관한 주요 기록을 제시하면 다음과 같다.[116]

① 김창업, 『연행일기』〈1713년 2월 9일〉, "그 안(남당)에 들어가 보니 북쪽 벽에는 소상 하나가 걸려 있었다. 그 모습은 머리를 풀어 헤치고 어깨를 드러내었으며, 화주(火珠)를 쥐고 있는데 얼굴이 살아 있는 듯했다. 그 위에 '천지진주(天地眞主)' 4자와 '경천(敬天)' 2자가 씌어져 있는데, 황제의 글씨였다. 좌우의 벽에도 소상이 하나씩 걸려 있는데, 그 모습은 북벽에 그려진 것과 같았다."

② 이기지, 『일암연기』〈1720년 9월 22일〉, "북쪽의 정전(正殿)은 높고 크며 깊숙했다. 당 안의 가장 높은 벽 위에 천주상이 그려져 있었는데, 한 사람이 붉은 옷을 입고 구름 가운데 서 있었다. 그 옆에는 여섯 사람이 구름 기운 속에서 출몰하고 있었는데, 어떤 이는 온몸을 다 드러냈고, 어떤 이는 몸을 반만 드러내었으며, 어떤 이는 구름을 헤치고

---

[116] 신익철(2013), 앞의 책에 수록된 천주당 방문 기사 중 천주상과 서양화를 보고 그 감회를 기록한 내용 중 주요 대목을 예시한 것이다. 번역문은 이 책의 내용을 그대로 옮긴 것이며, 번다함을 피하기 위해 원문은 제시하지 않기로 한다.

얼굴을 드러내고 있기도 하였다. 또한 몸에 두 날개가 돋은 이도 있었는데, 얼굴 모습과 머리카락이 곧 살아 있는 사람 같았다. 코는 높이 솟고 입은 들어갔으며, 손발이 불룩하게 솟아 있어 양각(陽刻)한 것 같았다. 주름 잡힌 옷이 아래로 드리워져 있었는데 마치 구름 기운[雲氣]을 잡아 비틀어 놓은 듯했고, 머리카락은 마치 솜을 탄 듯 더부룩하게 풀어져 있었다. 가장 이상했던 것은 구름을 헤치고 얼굴을 드러낸 자가 두어 장(丈) 정도 깊은 곳에 있는 듯 보였던 것이다. 처음에 전당 안에 들어서서 고개를 들자 벽 위에 커다란 감실이 있는 것이 보였는데, 감실 안에는 구름 기운이 자욱하였다. 구름 가운데 5~6인이 서 있었는데 아득하고 황홀하여 마치 신선이나 귀신이 변환(變幻)한 듯했다. 자세히 살펴보니 벽 위에 붙인 그림일 뿐이었으니, 사람의 솜씨가 이러한 경지에 이를 수 있으리라곤 생각도 못했다."

 (서양화첩을 본 감상) 〈1720년 10월 21일〉, "내가 대인을 모시고 그 그림을 자세히 완상해 보았는데, 필법이 심히 정묘하고 신기해서 묘사한 물물마다 살아 있는 것과 매우 비슷했다. 또한 예컨대 나비와 벌 따위의 아주 작은 곤충일지라도 반드시 수십 종(種)을 그렸으니, 흰나비[粉蝶]·무늬나비[繡蝶]·꿀벌·낭봉(囊蜂)과 같은 것도 갖가지 모습과 색깔을 털끝만 한 차이를 다투어 그렸으며 반드시 같은 종류에 속하는 것들을 다 그렸다. 부리, 눈, 수염, 눈썹까지도 각각 그 모양을 지극히 묘사했기에 채색하지 않고 이름을 적지 않았더라도 한번 보면 그것이 어떤 벌레이고 어떤 짐승인지를 분명히 알 수 있었다. 책을 펼치면 갑자기 벌레와 물고기가 꿈틀거리며 움직이거나 날아올라 마치 손에 잡힐 듯했다. 그림 아래마다 서양 글자로 그것의 이름과 성질을 써 두었는데 알아볼 수는 없었다. 성과 해자(垓子)의 제도가 또한 기이해서 혹 여섯 모서리이거나 혹 여덟 면이었고, 혹 물 안에 짓거나 혹 산 위에 지어서 지형에 따

라 성을 축조했으며 성안에는 인가가 즐비하고 길거리는 반듯했다. 그림으로는 겨우 두 자에 불과하지만, 마치 높은 곳에 올라 아래를 내려다보는 듯해서 성에 가득한 인가가 단지 그 기와지붕만 보였다. 대개 먹의 농담으로 밝고 어두운 명암과 보이지 않거나 드러나 있는 모습을 표현해서 사람들로 하여금 원근과 고저의 형상을 볼 수 있게 했으니, 솜씨의 교묘함은 조화옹을 능가할 만했다."

③ 유척기, 『지수재연행록』〈1721년 12월 29일〉, "천주전 안에는 천주상을 안치해 놓고 검정색 비단 보자기로 덮어 놓았다. 천주전의 난간과 문은 모두 색칠한 나무를 사용했으며 주백(朱白)색 무늬가 특이한 돌처럼 보였다. 천주상은 채색된 감실 안에 두었는데, 감실의 좌우는 모두 용이 기둥을 감고 오르는 모습을 새겼다. 천주전의 네 벽에는 많은 천신(天神)의 상을 그려 놓았는데, 살아 있는 듯 생기가 있어 단청과는 달라 보였다."

④ 이건명, 『한포재사행일기』〈1722년 1월 29일〉, "서양인이 화도책(畫圖冊) 여러 권을 보내왔다. 이는 곧 서양 여러 나라의 궁실(宮室)과 인물을 그린 것이었는데, 대부분 알 수 없는 것들이었다."

⑤ 강호보, 『상봉록』〈1727년 12월 29일〉, "북쪽 벽 가운데 칸에 천주신상(天主神像)을 그리고 서쪽 벽 한 칸에 한 고운 부녀(婦女)를 그려 놓았다. 일어서 있으며 머리에 쓴 것이 내려와 손으로 그 터럭을 쥐었는데 매우 핍진하여 그림 속의 사람인 줄 깨닫지 못하였다. 당 가운데 아롱진 탁자와 채색 기둥이 처음에는 화반석(花斑石)이라 여겼는데, 손으로 긁어 본 후에야 비로소 그림을 그려 놓은 것임을 알았다. […] 세상에

서 서양 그림의 신기함이 대개 이처럼 빼어나다고 하는데, 내가 보니 사람도 요괴 있고 금수도 괴이한 것이 있으니 재주도 또한 그러함이 있다. 그 그림이 진실로 꿈에 군말하는 것과 귀신이 변환(變幻)하는 것과도 같아서 알 수가 없으니 짐짓 요괴의 재주라 이를 것이다."

⑥ 이의현, 『임자연행잡지』〈1732년〉, "천상을 그린 것이라 높이가 하늘의 별에 닿을 만하고, 일월성신을 그린 것은 물론이고 벽에 음귀(陰鬼)를 많이 그려 놓아 절의 시왕전(十王殿)과 비슷하다. 그렇지만 유암(幽闇)하고 양명(陽明)한 기상이 없으니 괴이한 일이다."

⑦ 정광충, 『연행일록』〈1756년 1월 21일〉, "천주당 문을 열어 보니 그 안이 매우 넓었고 네 벽면에는 모두 그림이 그려져 있었다. 그림은 공교로워 신의 솜씨에 부합하였으니, 진실로 천하의 기이한 그림이었다."

⑧ 이의봉, 『북원록』〈1761년 1월 8일, (동당)〉, "무지개 문을 따라 들어가니 북쪽 벽에 소녀상이 많이 그려져 있었는데, 그중 한 여자가 머리를 산발하고 팔뚝을 드러내고 있었다. 이가 이른바 천주인데, 쏘는 듯한 눈빛이 매우 정채(精彩)가 있었다. 처음에 들어설 때에 멀리서 바라보니 마치 화난 듯 보였기에, 마두배(馬頭輩) 중 어떤 이는 뒷걸음질 치는 자도 있었다. 동서(東西)의 벽에는 많은 어린아이를 안고 있는 여인의 형상이 무수히 그려져 있었는데, 하나하나가 마치 움직이는 듯하였다. 비단 휘장을 걷어 올리거나, 벽돌 계단의 네모반듯한 모습에 이르러서는 더욱 그 진위를 분별할 수 없었다. 몇 걸음 떨어져서 쳐다보아도 여전히 그림인지 알 수 없었으며, 손으로 쓰다듬어 보아 아무런

물건도 없음을 확인한 후에야 비로소 분별할 수 있었다. □□[117]이 말하기를, '옛사람들이 그림이란 칠분(七分) 흡사하게 그려내는 것으로 여겼는데, 이것은 거의 구분(九分) 흡사하다고 해도 과분한 칭찬이 아닐 것이다.'라고 하였으며, 어떤 이는 말하기를 '음양을 사용해서 대상의 정신을 그려내기에 멀리서 바라보면 살아 있는 듯 생동감이 넘친다'고 하였다."

⑨ 홍대용『연기』〈1766년 1월 9일〉, "북쪽 벽 위 한가운데 한 사람의 화상을 그렸는데 여자의 상으로, 머리를 풀어 좌우로 드리우고 눈을 찡그려 먼 데를 바라보니, 무한한 생각과 근심하는 기상이다. 이것이 천주(天主)라 하는 사람이다. 형체와 의복이 다 공중에 서 있는 모양이고, 선 곳은 깊은 감실 같아 처음 볼 때는 소상인 줄만 알았는데 가까이 간 후에 그림인 줄을 알았다. 안정(眼精)이 사람을 보는 듯하니, 천하에 이상한 화격(畵格)이었다. 동서 벽에 각각 열 명 정도의 화상을 그렸는데, 다 머리털을 드리우고 장삼(長衫) 같은 긴 옷을 입었으니, 이것은 서양국의 의복 제도인가 싶었다. 화상 위로 각각 칭호를 썼는데, 다 서양 사람 중에 천주 학문을 숭상하고 명망이 높은 사람이었다. 이마두와 탕약망 두 사람밖에는 알지 못하였다."

『을병연행록』〈1766년 1월 24일〉, "문을 들어가니 북벽에 천주화상과 좌우에 벌인 집물이 대강 한 모양이었고, 바람벽에 가득한 그림이

---

[117] 이의봉의『북원록』에는 중간에 인명을 지운 부분이 종종 보인다. 이는 당시 사행의 정사인 홍계희(洪啟禧)와 그의 수행원으로 연행한 이봉환(李鳳煥)이 나중에 역모에 연루되어 죽었기에 이를 기휘(忌諱)한 것이다. 홍계희는 1777년(정조 1) 아들 술해(述海)와 손자 상간(相簡)이 대역죄로 사형을 받자 관직을 추탈당했고, 이봉환은 1770년 사도세자의 능에 참배하기를 청하여 영조의 진노를 사서 일어난 경인옥사에 연루되어 물고당하였다. 여기에서 □□은 이봉환의 자인 '성장(聖章)'으로 추측된다.

더욱 이상하여 그 인물과 온갖 물상이 두어 걸음을 물러서면 아무리 보아도 그림인 줄을 깨닫지 못할 것 같았다. 동쪽 벽에는 층층한 누각을 그리고 여러 사람이 앉았는데, 아래에 깃발과 장식을 많이 벌인 것을 보니 왕자의 모습과 같았다. 서쪽 벽에는 죽은 사람을 관 위에 얹어 놓고 좌우에 사나이와 계집이 혹은 서고 혹은 엎드려 슬피 우는 모양을 그렸는데, 아니꼬워 차마 바로 보지 못하였다. 왕가에게 그 곡절을 물으니 왕가가 이르기를, '이것은 천주가 죽은 모습을 그린 것입니다.'라고 하였다. 이 밖에 괴상한 형상과 이상한 화격(畵格)이 무수하였지만 다 기록하지 못한다."

⑩ 박지원, 『열하일기』「황도기략」「양화」〈1780년〉, "지금 천주당 안의 벽과 천장에 그려 놓은 운무와 인물들은 보통 사람의 지혜와 생각으로는 헤아릴 바가 아니고, 언어와 문자로도 형용할 수 있는 것이 아니다. 내 눈으로 그림 속의 인물을 보려고 하자, 번개처럼 번쩍번쩍하면서 광채가 내 눈을 아득하게 만들었다. 그림 속의 그들이 내 속을 훤히 꿰뚫어 보는 것 같아 싫었다. 내가 귀로 들어 보려고 하자, 굽어보고 올려보며 돌아보고 흘겨보며 내 귀에 먼저 속삭이는 것 같다. 나는 그들이 내가 숨기고 있는 것을 꿰뚫어 보는 것 같아 부끄러웠다. 내가 입으로 말하려고 하자, 그들이 깊은 침묵을 지키고 있다가 갑자기 뇌성벽력을 지르는 것 같다. 가까이 가서 그림을 살펴보니 붓질이 아주 거칠고 엉성하다. 다만 인물들의 이목구비의 간격과, 턱과 살결의 사이를 희미하게 달무리가 지듯 구분지어 놓았을 뿐이다. 그 털끝만 한 것도 구분할 수 있어 마치 산 사람이 숨을 쉬고 움직이는 듯하다. 대개 음양의 향배가 서로 잘 어울려서 밝은 곳과 어두운 곳의 윤곽이 절로 드러나기 때문에 그렇게 보이는 것이다."

⑪ 서유문,『무오연행록』〈1799년 1월 19일〉, "북편 벽 위 한가운데에 한 사람의 화상(畫像)을 그렸으니 계집의 상이요, 머리를 풀어 좌우로 두 가닥을 드리우고 눈을 치떠 하늘을 바라보니, 무한한 생각과 근심하는 거동이라. 이것이 곧 천주(天主)라 하는 사람이니, 형체와 의복이 다 공중에 띄워 서 있는 모양이요, 선 곳이 깊은 감실(龕室) 같으니, 처음 볼 때는 소상(塑像)으로 여겼더니, 가까이 간 후에 그림인 줄을 깨치니, 나이가 30세 남짓한 계집이요, 얼굴빛이 누르고 눈두덩이 심히 검푸르니, 이는 항상 눈을 치떠 그러한가 싶고, 입은 것은 소매 넓은 긴 옷이로되 옷 주름과 섶을 이은 것이 요연(瞭然)하여 움직일 듯하니, 천하에 이상한 화풍이요, 그 앞에 향로를 놓고 향을 피우니 향기 그치지 않고, 화상 서편 벽 밑으로 큰 의자를 놓고 위에 용을 그린 방석을 깔고 꾸민 것이 극히 화려하니, 누가 앉는 곳인지? 황제나 앉을 곳이요, 평민이 앉을 곳이 아닐러라.

동서 벽에 각각 여남은 화상을 그렸으되 다 머리털을 늘이고 장삼(長衫) 같은 옷을 입었으니, 이는 서양국 의복 제도인가 싶고, 혹 아이 안은 모양을 그렸으되, 아이가 눈을 치올려 떠서 놀라는 형상이라, 부인이 어루만져 근심하는 빛이요, 늙은 사나이 겁내어 손을 묶어 무엇을 비는 거동이며, 또 부인이 병든 아이를 돌봐주는 모양이로되, 위에 흰 새 한 마리가 날개를 벌리고 부리로 흰 것을 뿜어 부인 이마에 쏘이며, 천상에는 사방으로 구름이 에웠으되 어린아이들이 구름 속으로 머리를 내어 보는 것이 그 수를 세지 못하게 많으며, 혹 장차 떨어지는 거동이라. 노인이 손바닥으로 하늘을 향하여 받으려 하는 체하니, 인물의 정신이 두어 칸을 물러서서 보면 아무리 보아도 그림으로 알 길이 없으니, 기괴 황홀하여 오래 섰으니 마음이 언짢아 좋지 않더라."

천주당을 방문한 이들이 대부분 천주상을 본 소감을 남기고 있는바, 연행사들이 서양화를 직접 대면하여 그 기이한 화풍에 얼마나 놀랐는지 잘 드러나 있다. 무엇보다도 "보통 사람의 지혜와 생각으로는 헤아릴 바가 아니고, 언어와 문자로도 형용할 수 있는 것이 아니다."라는 박지원의 말이 서양화를 처음 대했을 때의 당혹감을 여실히 말해주고 있다. 연행사가 서양화를 대하고 가장 경탄했던 것은 인물과 사물 묘사의 핍진함이었다. 많은 이들이 이 점을 공통적으로 지적하고 있음을 알 수 있다. 천주상을 대하여 "몇 걸음 떨어져서 쳐다보아도 여전히 그림인지 알 수 없었으며, 손으로 쓰다듬어 보아 아무런 물건도 없음을 확인한 후에야 비로소 분별할 수 있었다."는 이의봉의 말이나, 서양화첩을 보면서 "책을 펼치면 갑자기 벌레와 물고기가 꿈틀거리며 움직이거나 날아올라 마치 손에 잡힐 듯했다."라는 이기지의 말은 이 점을 여실히 드러내고 있다.

　　이와 관련하여 재미있는 에피소드는 남당의 안쪽 담벽에 그려진 개의 형상을 보고 실물인 줄 알고 깜짝 놀라는 대목이다. 홍대용은『을병연행록』에서 "큰 문을 들어가니 서쪽으로 또 문이 있는데, 이것은 안으로 통하는 문이다. 동쪽에 벽돌로 담을 정결히 쌓고 가운데 문 하나를 내었는데, 반만 열려 있어 문밖의 집들이 은은히 비치었다. 세팔을 불러 그곳을 물으니 세팔이 웃으며 말하기를, 이것은 진짜 문이 아니라 담에 그림을 그려 구경하는 사람에게 재주를 보이려고 한 것이라고 하였다. 내가 이상히 여겨 두어 걸음을 나아가 보니, 과연 담에 그린 그림이고 진짜 문이 아니었는데, 이것만 보아도 서양국의 그림 재주를 상상할 수 있었다."라고 하였다. 이기지와 강호보도 연행록에 벽에 그려진 개를 보고 놀란 사실을 기록으로 남기고 있다.

　　서양화의 뛰어난 수법으로 여러 사람이 주목하고 있는 것은 원근법과 명암법이다. 이기지는 성읍과 인가를 그린 그림을 보고 부감법(俯瞰法)으로 원근의 형상을 여실히 표현한 점을 높이 평가하고 있는바, 서양화의 장점이 원근법에 있음을 그가 분명히 인식하였음을 알 수 있다. 홍대용은 서양화의 원근법에 대해 보다 깊이 있는 이해를 보여준다. 천주당과 관련된 위의 기사에는 없지만 홍대용은 「유포문답(劉鮑問答)」에서 "원근법에 조예가 깊었는데, 냇물과 골짜기의 나타나고 숨은 것이라든지, 연기와 구름의 빛나고 흐린 것이라든지, 먼 하늘의 빈 공간까지도 모두 정색(正色)을 사용하였다. 대개 들어 보니, '서양 그림의 묘리는 교묘한 생각이 출중할 뿐만 아니라 재할(裁割) 비례의 법이 있는데, 오로지 산술(算術)에서 나왔다'고 한다."[118]라고 하여 원근법이 서양의 발달된 수학에서 유래한 것임을 지적하고 있다. 원근법과 함께 명암을 적절히 대비하여 사물의 입체적 형상을 표현하고 있는 점 또한 서양화법의 장점으로 파악하고 있다. 이의봉은 "음양을 사용하여 그림을 그려 전신(傳神)하는 까닭에 멀리서 바라보면 살아 움직이는 듯하다."라고 했고, 박지원은 "숨을 쉬고 꿈틀거리는 듯 음양의 향배가 서로 어울려 저절로 밝고 어두운 데를 나타내고 있었다."라고 했다. 두 사람의 언급은 명암의 교묘한 배합으로 인물의 형상을 핍진하게 그려낸 수법을 가리켜 말한 것이다.

한편 서양화의 낯선 화풍은 보는 이에 따라 부정적으로 인식되기도 하였다. 서양화풍에 대한 부정적인 인상은 절집의 시왕전(十王殿)과 비슷한데 유암(幽闇)하고 양명(陽明)한 기상이 없다는 이의현의 말에서 드러난다. 아마도 동양화와는 전혀 다른 재질을 사용하는 서양화가 환기시키는 느낌을 두고 한 말로 이해된다. 즉 비단에다 부드러운 필묵으로 그리며 여백의 공간을 활용하는 동양화가 담담하며 산뜻한 느낌을 주는 데에

---

[118] 홍대용, 『담헌서』『외집』권7 「燕記」「劉鮑問答」, "尤工於遠勢, 若川谷顯晦, 烟雲明滅, 至於遠天空界, 皆施正色. 環顧憬然, 不覺其非眞也. 盖聞洋畫之妙, 不惟巧思過人, 有裁割比例之法, 專出於筭術也."

비해, 캔버스에 기름으로 갠 물감을 사용하여 다채로운 색상을 표현하며 여백을 두지 않는 유화는 강렬하면서도 거친 느낌을 주기 마련인데, 이에 대한 인상을 표현한 것으로 여겨진다. 화의(畵意)에 대해서도 부정적으로 인식하고 있는 대목을 찾아볼 수 있다. 홍대용은 예수의 죽음을 슬퍼하는 남녀의 모습을 보고 "아니꼬워 차마 바로 보지 못하였다."라고 하였으며, 이의현이 "일월성신을 그린 것은 물론이고 벽에 음귀(陰鬼)를 많이 그려 놓아 절의 시왕전과 비슷하다"고 한 것 역시 절집 같은 분위기를 풍기는 것을 못마땅하게 여기고 한 말로 보인다.

연행록에 있는 이러한 기록을 통해 볼 때 18세기 조선의 연행사들은 서양화에 대해 일부 부정적인 시선이 없었던 것은 아니지만 대다수는 긍정적으로 인식하였던 것으로 여겨진다. 서양화의 사실적인 화법에 매료된 일부 연행사는 자신의 초상을 그려 가고자 시도하기도 하였다. 1727년에 자제군관으로 연행한 강호보는 부사인 이세근(李世瑾)의 초상을 서양 사람으로부터 그려 가고자 하였다. 강호보는 천주당에 사람을 보내 초상화를 그려달라고 청을 하였는데, 서양 선교사는 새로 건립하는 천주당의 역사(役事)에 복무하느라 한가한 틈이 없다고 하면서 마건(馬建)이란 중국인 화가를 소개한다. 마건이 사신의 관소로 와서 초상화를 그렸는데, 그 초본을 본 강호보는 흡사하지 못한 모습에 실망한다.[119] 마건은 다음 날인

---

119 강호보, 『상봉녹』 〈1728년 1월 11일〉, "부사(副使) 영공(令公, 이세근)이 무술년(1718)에 사신으로 왔을 때 중국 명화를 구하여 얻어 화상(畵像)을 그리려 하되 여러 번 이름난 화사(畵師)를 다 청하여 여러 번 그리되 마침내 방불(彷佛)하지 아니한 고로 그쳤더니, 이번에 들으니 서양국 화법이 천하에 독보(獨步)한다 함에 홍만운(洪萬運)에게 천주당에 가 서양인을 보고 영공 화상 그리기를 청하니 서양인이 사양하여 왈(曰), '내가 바다 밖에 있는 사람으로서 바야흐로 천자가 사랑하는 은혜를 입어 천자가 바야흐로 천주당을 너희 사신 들어오는 관(館)의 오른편에 따로 짓기 때문에 실로 잠간도 틈이 없으니 실로 청하는 뜻을 따를 길이 없으니 연경의 화상을 잘 그리는 자가 있으니 내 마땅히 소개하여 천거하리라.' 하더니 금일에 마건이란 자가 오니 대개 서양인이 보낸 바더라. 방석(方席)을 주니

1728년 1월 12일에도 관소에 와서 초상화를 그렸으나 실패하자, 서양인 제자 중에 솜씨가 뛰어난 자를 데려오겠노라고 하였다. 강호보는 1월 22일에도 새로 건립하는 천주당을 방문하여 부사의 초상화 그려주기를 간절히 청하였으나, 낭세녕(郎世寧, Giuseppe Castiglione, 1688~1766)은 "내 이미 황지(皇旨)를 받아 이 집 역사를 맡았으니 어찌 그 소임을 버리고 마음을 등한(等閒)한 그림에 옮기리오."라고 하며 거절하였다.[120] 『상봉녹』에는 더 이상 초상화에 관한 기록이 보이지 않는 것으로 보아, 서양 사람이 그린 초상화를 얻어 오고자 한 계획은 실패하였던 것으로 여겨진다. 낭세녕은 1715년 중국에 온 이후 강희·옹정·건륭 3대에 걸쳐 50여 년간 궁정화가로 활동하면서 많은 그림을 그린 선교사이다. 원명원에 세운 서양루의 설계에도 참여했으며, 인물·산수·동물 등의 묘사 및 미술 전반에서 뛰어난 실력을 인정받은 대표적인 서양 화가로 알려져 있다.[121]

 1760년에 자제군관으로 연행한 이의봉 또한 서장관인 부친 이휘중(李

올라앉아 영공의 얼굴을 우러러 자세히 보다가 앞에서 초본(草本)을 그려내되 또한 심히 방불치 아니한지라 건(建)이 왈, '처음으로 그리니 능히 같게 못하였으니 명일에 마땅히 다시 그려내겠습니다.' 하거늘 영공이 종이와 부채를 주어 보냈다."

[120] 강호보, 『상봉녹』〈1728년 1월 22일〉, "새로 짓는 천주당에 이르니 집 짓는 역사를 오히려 마치지 못하여 각색(各色) 장인이 당중(堂中)에서 역사를 바야흐로 방장(方張, 막 벌여 놓음)하였고 부계(浮階)를 설치하여 판자(板子)의 그림 그리는 역사가 또한 반(半)이 못하였더라. 그 제도(制度) 굉걸(宏傑)함이 선무문(宣武門) 안에서 보던 것만도 미치지 못하되, 그 굉교(宏巧)하고 사치함은 다름이 없더라. 두루 보기를 마침에 서양인이 또 인도하여 그 방으로 돌아와 아이를 불러 차(茶)를 드리더라. 홍만운(洪萬運)이 부영공 뜻으로 화상 그림을 간절히 청하니 서양인이 왈, '내 이미 황지(皇旨)를 받아 이 집 역사를 차지하여 시키니 어찌 가히 그 맡은 소임을 버리고 마음을 등한(等閒)한 그림에 옮기리오.' 하거늘 달래기를 만단(萬端)으로 하되 마침내 즐겨 허락하지 아니하더라. 서양인의 성(姓)이 낭가(浪哥, 郎世寧)라 하더라."

[121] 이기지의 『일암연기』 1720년 10월 22일 기사에는 낭세녕이 그린 개 그림을 선사받아 관소 탁자에 놓아두었더니, 비장과 역관들이 살아 있는 개로 여겼으며 관소에 있던 개가 그림에 다가가 냄새를 맡았다는 기록이 보이기도 한다.

徽(中)의 초상화를 서양 사람으로부터 그리고자 하였다. 1761년 2월 6일 남당을 방문한 자리에서 이의봉은 선교사 유송령의 서기 신분으로 있는 서승은(徐承恩)에게 초상화에 능한 서양 선교사를 탐문하기도 하였다.[122] 연행사는 천주당에 있는 선교사가 천문 역법과 그림에 뛰어나, 흠천감의 관원 대부분이 서양 선교사이며 궁궐에서 그림 그리는 일이 있을 때면 이들이 동원됨을 알고 있었다.[123]

서양화가 지닌 사실성을 깨닫고 이를 응용하여 객관 사물을 정확히 인식하는 데 활용하고자 한 시도도 있었다. 앞에서 살펴본 것처럼 이기지는 1720년 9월 27일과 10월 10일에 천주당 남당을 방문한 자리에서 서양화집을 본 적이 있고, 10월 20일에는 관소를 방문한 선교사들에게 전에 본 서양화집 중 짐승과 충어·초목을 그린 그림을 정사가 보고 싶어 하니 빌려달라고 부탁한다.[124] 약속대로 이튿날 이를 받아 보는데, 이기지는 서양화집을 보고 두 가지 측면에서 특히 감탄하였다. 첫째는 묘사가 세밀하여 살아 있는 듯 생동하는 자태였고, 둘째는 나비나 벌 같은 작은 곤충도 수십 종씩 그려서 같은 부류의 종을 하나하나 모두 그림으로 표현한 점이었다. 그리고 10월 28일에는 천주당 북당을 방문한 자리에서 동판화로 찍어낸 화첩 3권을 보게 된다. 이 그림에는 짐승 한 마리마다 정면과 측면

---

122 이의봉, 『북원록』 〈1761년 2월 6일〉, (내가) "서양 사람들 가운데 초상화[傳神]를 잘 그리는 사람이 있습니까?"라고 묻자, (서승은이) "성이 낭(郞)인 사람과 애(艾)인 사람이 있는데, 모두 황상이 머무르는 대궐 안에 있습니다."라고 하였다.

123 정광충, 『연행일록』 〈1756년 1월 21일〉, "어릴 때부터 고기를 먹지 않고 아내를 두지 않으며 마음을 보존하고 계율을 지킨다. 중국의 언어와 문장을 흠모하여 자기 나라를 떠나 부모와 헤어져서 중국에 와서 벼슬하며 종신토록 돌아가지 않는 자가 있다고 한다. 그 사람들은 역법(曆法)에 매우 정통하고, 그림에도 뛰어나다. 흠천감의 관원 태반이 서양 사람이다. 그중에서 그림을 잘 그리는 자는 궐내에서 돌아가며 숙직하며, 무릇 화역(畵役)이 있을 때면 모두 완성을 책임진다고 한다."

124 이기지, 『일암연기』 권4, "余言: '頃日所示西洋禽獸·蟲魚·草木畵, 大人欲見之, 未可借送耶?' 答: '明日當送.'"

그림 7 | 낭세녕이 그린 건륭제 초상, 1736년, 북경 고궁박물원 소장

및 앉아 있거나 걷는 모습이 함께 그려져 있었고, 장부(臟腑)와 골절(骨節) 또한 그 곁에 그려져 있었다. 이 화첩을 서양 선교사는 '서양 본초(本草)'라고 칭하였는데, 이기지는 사물의 이치를 탐구하여 모든 것을 정확하게 함이 이와 같았다고 하며,[125] 서양인들이 사물을 자세히 관찰하여 그 이치를

---

125 이기지, 『일암연기』 권4, "又引入東邊屋, 乃藏書所也. 四邊設架, 積西洋冊萬餘卷. 大者方四五尺, 小者菫一寸餘, 皆以皮爲衣. 冊葉單而不摺, 以絲縫合冊後, 字與畵, 皆銅板印出云. 而畵如毫髮, 愈看愈分明. 出大冊三卷, 示之曰: '此是西洋本草.' 乃南天主堂所見者也. 更細

철저히 탐구하는 태도에 감탄하였다.

이기지는 천문 역학 등에 관심이 많고 학문에 있어 철저하게 탐구하고 논증하는 실학적 학풍을 지닌 인물이었다.[126] 각종 동식물을 사실적이며 다각적으로 세밀하게 묘사하고 장기와 골절까지 그려 놓은 서양화집의 그림은 실학적 학문관을 지니고 있던 이기지의 커다란 관심을 불러일으켰던 것으로 보인다. 이기지는 북당에서 이른바 '서양 본초'를 보기 5일 전인 10월 23일에 이미 『본초강목』을 구매한 상태였다.[127] 그리고 이로부터 일주일 뒤인 10월 30일에는 북경에서 교유한 조화(趙華)란 인물을 통해 왕진(王璡)이란 중국인 화가를 추천받아 『본초강목』에 수록된 도상을 채색 세밀화로 그려 가고자 시도한다.[128] 이는 사물을 자세히 관찰하여 그 이치를 철저하게 탐구하는 서양의 학문 자세에서 자극을 받았기 때문으로 여겨진다.

看, 則一獸皆畵數個, 正面·側面·行坐之狀, 各極其態. 又畵其臟腑骨節於其旁, 雖微細之物亦然. 其窮極物理, 到底精確如此." 여기에서 서양 선교사가 화첩을 '서양 본초'라 부르고 있음이 흥미롭다. 한국, 중국 등 동아시아에서 본초는 일반적으로 동양의학에 활용되는 약물을 지칭하는데, 후세에는 점차 약물에 관한 서적을 가리키는 뜻으로도 쓰였다. 여기서는 동식물에 관해 정확하게 파악할 수 있도록 그린 오늘날의 동식물 도감과 같은 것을 '본초'라 칭하고 있다.

126 신익철,「李器之의『一菴燕記』와 西學 접촉 양상」,『동방한문학』29, 2005, 166~171쪽.

127 이기지 저, 조융희·신익철·부유섭 역(2016), 앞의 책, 389쪽. "십칠대전사(十七代全史)』, 장중승(張中承)이 고증하여 편집한『팔편유찬(八編類纂)』,『주자어류(朱子語類)』,『소자전서(邵子全書)』,『육방옹집(陸放翁集)』,『귀진천집(歸震川集)』,『전목재집(錢牧齋集)』,『명기전재(明紀全載)』,『구주두시(仇註杜詩)』,『중만당시(中晚唐詩)』,『본초강목(本草綱目)』,『준생팔전(遵生八牋)』등의 책을 샀으며, 나머지는 이루 다 기록할 수가 없다." 1596년 출간된『본초강목』은 1712년 김창업이 연행을 통해 구매한 것이 최초이며, 조선에서『본초강목』을 인용한 저작물은 18세기 초 홍만선의『산림경제』부터인 것으로 알려져 있다. 김정선, 「『본초강목』해제」, 민족의학연구원 역, 『본초강목 1』, 문사철, 2018, 28~29쪽. 이러한 정황을 고려하면 이기지의『본초강목』구매 또한 매우 이른 시기로 주목된다 하겠다.

128 이기지 저, 조융희·신익철·부유섭 역(2016), 앞의 책, 431~432쪽.

서양 선교사는 천주당을 방문한 연행사에게 서양화를 선물로 주는 경우가 많았으니, 연행록에 관련 기록이 많이 보인다. 아마도 미지의 동양 선비에게 서양의 풍속과 제도 등을 알려주려고 할 때에 그림만큼 효과적인 수단도 없었을 것이다. 17세기 말 이후 연행사들이 천주당을 통해 조선에 들여온 서양화는 조선 후기 회화의 구도나 채색에서 입체적이고 사실적인 묘사에 큰 영향을 미쳤다. 조선 사절은 천주당뿐만 아니라 유리창 등지에서 서화를 구입하였는데, 강남에서 출판되는 수많은 전적들뿐만 아니라 서양화법에 영향을 받은 회화 또는 채색판화가 활발하게 유통되었다.[129]

18세기 당대의 여러 인물에 대한 전기를 남긴 이규상(李奎象)은 정조 연간 최고의 화가로 꼽히는 김홍도(金弘道)에 대해 기술하면서, "당시 화원의 그림은 서양의 사면척량화법(四面尺量畫法)을 새로이 본받고 있었는데, 그림을 완성하고 나서 한쪽 눈을 감고 보면 기물들이 반듯하고 입체감이 있어 보였다."[130]라는 흥미로운 기록을 남겼다. '사면척량화법'이란 명칭으로 보아 아마도 4면을 질량감 있게 표현하는 수법을 말하는 것으로 보이는데, 한쪽 눈을 감고 보면 반듯하고 입체감이 있어 보였다는 설명으로 미루어 투시도법을 지칭하는 것으로 여겨진다. 이 기록은 18세기에 궁중 화원들 또한 서양화의 명암법과 원근법을 수용하여 대상을 묘사할 만큼 서양화법이 널리 수용되고 있었음을 말해준다. 이익(李瀷)의 『성호사설』에도 "근세에 연경에 사신 간 자는 대부분 서양화를 사다가 마루 위에 걸

---

129 이성미, 『조선시대 그림 속의 서양화법』, 대원사, 2000; 정은주, 「燕行使節의 西洋畵 인식과 寫眞術 유입-北京 天主堂을 중심으로」, 『명청사연구』 30, 2008.
130 이규상 저, 민족문학사연구소 한문분과 역, 『18세기 조선 인물지-병세재언록』, 창작과비평사, 1997, 151쪽.

어 놓고 있다."[131]라고 하였는바, 연행한 이들이 서양화를 구매하여 애호하는 풍조가 당시 유행처럼 번졌던 정황을 알 수 있다.

3) 서학서와 각종 서양 문물 접촉

예수회는 종교개혁에 대항하기 위해 생겨난 수도회로 로마 교황청의 친위대와 같은 성격을 지닌 것으로 알려져 있다. 종교개혁으로 인해 천주교가 서구에서 적지 않은 기반을 상실하자 로마 교황청은 동방 전교를 통해 이를 만회하고자 예수회 선교사를 적극 파견하게 된다. 예수회의 동방 전교와 관련해서 주목할 점은 예수회가 단순히 신학만이 아니라 르네상스의 학문적 성과를 흡수하기 위해 교육을 중시했다는 점이다. 이런 까닭으로 예수회 선교사는 전반적으로 높은 문화적 소양을 지니고 있었다. 이들은 현지의 습속에 적응하여 전교하는 전략을 택하였다. 예수회는 천문학과 역학 등 발달된 서구의 과학기술을 이용해 중국의 사대부 지식인의 관심을 끌었다. 그 본의는 당연히 전교를 위한 것이었지만 서학을 중국에 알리는 결과를 낳았다.

서양의 학문과 과학의 성과를 전교에 활용하고자 한 예수회 선교사는 한역서학서(漢譯西學書)를 적극적으로 출간하였다. 한역서학서란 명말·청초에 걸쳐 중국에서 천주교 포교에 종사하던 서양 선교사들이 중국인에게 천주교를 전파하는 한편 서양 문명을 전수하기 위하여 서양 중세의 스콜라 철학과 문예부흥기의 서양 종교·지리·천문·역사·과학기술 관련 서적을 한문으로 번역 또는 저술한 서적을 말한다. 조선은 한역서학서를 비

---

[131] 이익, 『성호사설』 권4, 「萬物門」 '畫像坳突' 조.

롯해 세계지도 등을 통해 서양을 인식하고 이들의 종교와 학술 사상을 이해하였는데, 이는 대개 연행사를 통해 조선 사회에 유입되었다.

명나라가 존재하던 17세기 전반까지만 해도 조선과 서구 문명의 접촉은 비교적 활발히 이루어졌으며, 한역서학서의 유입 시기 또한 빨랐던 것으로 보인다. 1603년 연행사 이광정(李光庭)·권희(權憘) 등이 북경에서 가져온 〈곤여만국전도(坤輿萬國全圖)〉는 바로 전해인 1602년에 이마두와 이지조(李之藻, 1564~1630)가 함께 만든 것으로 알려져 있다. 그리고 명청교체기인 1630년 수로(水路)를 통해 연행한 진주사(陳奏使) 정두원(鄭斗源)은 등주(登州)에서 예수회 선교사 육약한(陸若漢, Johannes Rodrigues)을 만나 서학서(西學書)와 천리경(千里鏡), 홍이포(紅夷砲) 등 각종 서기(西器)를 가지고 귀국한 바 있다.『국조보감(國朝寶鑑)』권35에 따르면 정두원이 육약한으로부터 받아 가지고 온 서학서는『치력연기(治曆緣起)』1책,『천문략(天文略)』1책,『이마두천문서(利瑪竇天文書)』1책,『원경설(遠鏡說)』1책,『천리경설(千里鏡說)』1책,『직방외기(職方外記)』1책,『서양국풍속기(西洋國風俗記)』1책,『서양국공헌신위대경소(西洋國貢獻神威大鏡疏)』1책,〈천문도남북극(天文圖南北極)〉2폭,〈천문광수(天文廣數)〉2폭,〈만국전도(萬國全圖)〉5폭,「홍이포제본(紅夷砲題本)」1건이었다.¹³² 이외에도 1644년 북경의 문연각(文淵閣)

---

132 강재언은『서양과 조선』(이규수 역, 학고재, 1998)에서 정두원이 가지고 온 서학서 중 중요한 것이 많았다며 다음과 같이 소개하였다. "『치력연기』는『숭정역서』에 수록된 서광계와 롱고바르디의 저작으로 치력(治曆) 사업의 연혁에 관한 것이고, 디아스의『천문략』은 프톨레마이오스 천문학의 개요를 서술한 것이다. […]『이마두천문서』1책은 마테오 리치가 구술하고 이지조가 필술한『혼개통헌도설』임에 틀림없다. […]『천리경설』1책은 아담 샬의『원경설(遠鏡說)』이고, […]『직방외기』는 알레니가 집필한 세계 지리서로 마테오 리치의〈곤여만국전도〉와 함께 아시아의 화이론(華夷論) 세계관에 커다란 충격을 준 명작이다. […]〈천문도남북극〉2폭은 아담 샬이 망원경으로 관측하여 작성한〈적도남북총성도(赤道南北總星圖)〉임에 틀림없다. […]「홍이포제본」은 확실치 않지만 관련해 말하면 서광계의 제자 손원화는 서양식 대포의 제작법과 조작법을 소개한『서양신기(西洋神機)』2권을 지었다."(49~51쪽)

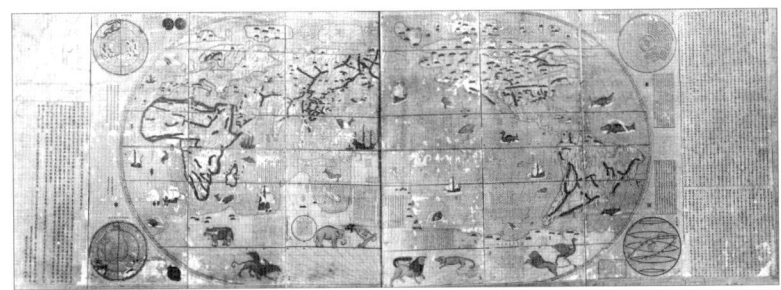

그림 8 | 〈곤여만국전도〉, 서울대학교 규장각한국학연구원 소장

에 머물던 소현세자가 남당에 있던 탕약망과 교류하고 귀국할 때에 여러 서학서를 지니고 귀국한 것으로 알려져 있다.

이처럼 활발했던 서양 문명과의 접촉은 청나라가 중원을 점령한 17세기 중반 이후로 한동안 소원해지게 된다. 인조를 거쳐 효종 연간에는 북벌론 같은 대청 강경론이 지배했던 조선의 현실과 명나라 부흥 운동과 삼번(三藩)의 난 등으로 청국 또한 조선을 견제하고 있었던 상황에 따른 것이다. 18세기 들어 청국은 국내의 각종 반란을 진압하고 정치적 안정을 찾게 되면서 조선과 화해를 도모하였으며, 조선 역시 효종대의 북벌책에서 벗어나 청국과 새로운 관계 수립에 나서게 된다.

여기에서는 18세기 연행록 중 천주당 관련 기록이 풍부한 연행록을 대상으로 서학 접촉과 인식의 추이를 살펴보고자 한다. 대상 연행록은 이기지의 『일암연기』(1720), 강호보의 『상봉녹』(1727), 이의봉의 『북원록』(1760), 홍대용의 『을병연행록』(1765, 한문본 『연기』), 서호수의 『열하기유』(1793)이다. 이들 5종의 연행록은 여타 연행록에 비해 천주당 기사가 풍부한 편이며 서학 인식과 관련해서 주목할 만한 내용을 담고 있다.[133]

---

133 18세기 연행록 중 천주당 관련 기사를 수록하고 있는 나머지 연행록은 필요한 경우 관련

연행 이전에는 조선 땅을 벗어날 수 없었던 연행사에게 북경의 천주당은 하나의 별천지처럼 인식되었다. 난생처음 대하는 서양 선교사의 외모에서부터 천주당 벽면을 장식하고 있는 각종 서양화와 천문 기기 및 세계지도, 파이프오르간 같은 악기나 카스텔라, 포도주 등의 음식에 이르기까지 모든 것이 신기하게 다가왔을 것이다. 이 중 연행사가 특히 주목했던 것은 천문 역법과 세계지도, 서양화, 서교(천주교), 파이프오르간 등 네 가지를 꼽을 수 있다. 이는 서양의 근대 학문(천문 역법과 세계지도)과 종교(천주교), 예술(서양화, 파이프오르간)과 관련하여 연행사가 지속적으로 관심을 가졌던 것들이다.[134] 이 중에서 서양화는 앞에서 이미 살펴본 바 있기에 나머지 세 가지를 통해 서학서를 비롯한 서양 문물에 대한 연행사의 인식 양상을 가늠해 보기로 하겠다.[135]

내용을 소개하여 논의의 보조 자료로 활용하기로 한다.

[134] 1760년에 연행한 이의봉은 "第一奇觀, 薊門烟樹, 西洋風樂及遠鏡・天主堂畫, 圓明園宮室. 其次, 西洋方輿圖, 太液池, 五龍亭, 雍和宮轉臺, 正陽門外市肆, 寧遠衛祖氏牌樓, 宋家庄敵樓, 弘仁寺萬佛."(『북원록』 「往來總錄」 권4〈1761년 1월 8일〉)이라 하여 서양 음악과 망원경, 천주당 벽화, 서양 지도 등을 연행의 기관으로 꼽고 있다.

[135] 기존 연구 중 장경남의 「조선후기 연행록의 천주당 견문기와 서학 인식」(『우리문학연구』 26, 2009)이 본고와 연구 방향이 일치하기에 차이점을 밝혀 둘 필요가 있겠다. 장경남의 논문은 천주당 견문기의 주요 내용을 ① 서양 문물 기기, ② 문화 예술, ③ 종교 사상의 세 측면에서 살피고, 이를 바탕으로 천주당 견문기에 나타난 서학 인식에 대해 논하면서 동도서기론의 맹아를 확인할 수 있다는것으로 결론지었다. 이에 비해 본고는 다음과 같은 차별성을 지닌다. 먼저 자료 대상이 대폭 늘어났기에 천주당 방문의 실상을 보다 정확하게 파악할 수 있다. 기존 논문은 대개『국역 연행록선집』에 수록된 조선 후기의 연행록을 대상으로 검토하였기에『일암연기』,『북원록』,『열하기유』등 천주당 방문과 관련해 주목해야 할 연행록에 대한 고찰이 이루어지지 못하였다. 장경남의 논문에서는『일암연기』를, 조선영의『일암연기』해제와 필자의 논문인「이기지의『일암연기』와 서학 접촉 양상」(2005)을 참고하여 검토하였기에 주요 내용이 구체적으로 다루어지지 못하였다. 둘째, 기존 논문이 조선 후기 전체를 대상으로 한 데 비해, 본고는 18세기 연행록만을 대상으로 하면서 전반기와 후반기의 차이점에 유의하여 보다 정밀하게 서학 인식을 파악하고자 하였다. 이를 통해 18세기 연행사의 서학 인식의 구체적 양상과 층위가 보다 세밀히 드러날 것으로 기대한다.

실학적 기풍에서 성장한 이기지(李器之)는 당시 북경에 있던 세 천주당인 남당, 동당, 북당을 모두 방문하여 각종 서양 문물을 상세히 체험하고 선교사들과 적극적으로 교류하였다. 『일암연기』에는 이에 대한 기록이 상세히 실려 있는데, 이는 현전하는 연행록 중 가장 많은 분량을 차지하는 것이다. 실학적 사유를 지니고 적극적으로 서학과 접촉한 이기지에게 천주당은 연행 체험의 중심을 이루었다. 그는 천주당에서 접한 각종 문물 기기인 천주당 벽화, 서양화첩, 혼천의, 천리경, 세계지도, 해시계, 만년필, 식당의 수도 장치, 프리즘, 자명종, 뇨종(鬧鐘, 알람시계), 사루(沙漏, 모래시계), 포도주, 서양병(西洋餠, 카스텔라) 등에 대해 하나하나 상세히 기록하였다. 따라서 여타 연행록에서 볼 수 없는 다양한 서학 관련 기사를 찾아볼 수 있는데, 앞에서 언급한 것처럼 천문 역법과 세계지도, 서교(천주교), 파이프오르간 등 네 가지에 대해서만 살펴보기로 한다.[136]

천주당을 방문한 이기지가 가장 관심을 가진 것 중의 하나는 천문 역법이다. 탕약망에 의해 완성된 시헌력(時憲曆)은 중국을 통일한 청 왕조 내내 사용된 역법이었으며, 흠천감의 책임자는 줄곧 예수회 선교사가 역임했다. 예수회 선교사가 청 왕조의 승인 아래 북경에 존속할 수 있었던 현실적 이유가 발달된 천문 지식에 있었음은 널리 알려진 사실이다. 18세기 연행사가 지속적으로 천주당을 찾은 주된 이유의 하나도 시헌력의 도입과 관련해 서양의 천문 역법에 대한 정확한 지식을 얻고자 함이었다.

---

[136] 김창업의 『연행일기』(1712)에 파이프오르간에 대한 기사가 보이는 데 비해, 각종 서양 문물 기기를 빠짐없이 기록한 『일암연기』에 이에 대한 기록이 전혀 보이지 않는 것은 의아한 일이다. 이기지가 연행한 1720년에는 북경에 지진이 일어나서 남당의 일부가 파손되어 복구 중이었는데, 이때 파이프오르간 또한 손상을 입은 것이 아닌가 추측된다. 이기지는 남당을 처음 방문한 9월 22일 기사에서 "나는 천주당의 바깥문으로 나갔다가 작은 중문(中門)으로 들어갔는데, 마침 집을 수리하느라 커다란 벽돌과 잘라 놓은 돌들을 가지고 많은 공인(工人)들이 분주하게 움직였다."라고 적었다. 이기지 저, 조융희·신익철·부유섭 역 (2016), 앞의 책, 219쪽

조선에서 서양 역법을 처음 접한 것은 앞에서 본 것처럼 1631년(인조 9) 정두원이 연행했을 때 육약한으로부터 『천문략(天文略)』과 『치력연기(治曆緣起)』 등을 얻어 오면서부터인 것으로 알려져 있다.[137] 그 후 1648년(인조 26) 조선력(朝鮮曆)과 청국의 시헌력 사이에 윤달의 설정 등에서 차이가 생기게 되면서부터 조선에서 서양 역법에 대한 관심이 본격화되었다. 시헌력의 타당성을 검토하던 관상감에서는 1653년(효종 4)에 이르러 시헌력의 정확성에 대한 확신을 가지고 서양의 신법을 사용할 것을 적극 건의하게 되었고, 조정에서 이를 받아들여 처음으로 시헌력을 사용하였다.[138] 하지만 이때의 시헌력은 청국의 것을 그대로 수입한 것이었다. 이후 조선에서는 연행할 때마다 청국의 흠천감에서 시헌력의 원리에 대해 누차 배워 오고 서양 역서를 수입하는 과정을 거쳐, 1708년(숙종 34)에는 시헌력에 대해 보다 정확히 이해한 후 자체적으로 계산하여 역서를 제작하는 단계에 이른 것으로 알려져 있다. 그렇지만 이 것은 일월식(日月蝕)의 계산이라든가 오성산법(五星算法)이 정확하게 반영된 것이 아닌 불완전한 것이었다. 이에 조선 조정은 좀 더 정확한 서양 역법을 배우고자 지속적으로 노력하였으며, 이는 연행사의 주요 임무 중의 하나였던 것이다.[139]

당시 정사로 천문학에 관심이 많았던 이이명[140] 또한 이러한 의도에서 서양 선교사와 천문 역법의 이치를 토론하고 역서를 구입하고자 하였으며, 소림(蘇霖, Joseph Suarez)과 대진현(戴進賢, Ignatius Kögler)에게 편지를 보내

---

[137] 이익, 『성호사설』 권4 「萬物門」 참고.
[138] 노대환, 「조선 후기의 서학유입과 서기수용론」, 『진단학보』 83, 1997, 126~128쪽.
[139] 정성희, 『조선후기의 우주관과 역법』(지식산업사, 2005) 참고.
[140] 이이명의 증손자인 이영유(李英裕)는 이이명이 장인 김만중으로부터 학문을 전수받았음을 말하였다. 이영유, 『雲巢漫錄』 4책 「疎齋李先生行狀」, "及聘于西浦判書金公萬重之門, 金公聰明博識, 旁及勾股地球之學. 公盡通其說, 文章贍達, 德基渾成." 여기서 '勾股地球之學'이란 천체의 운행을 관측하는 기구 및 행위를 지칭한다.

세차(歲差)와 혼천의(渾天儀)의 제조법 등을 묻는 등의 노력을 기울였다.[141] 이기지 또한 천주당에 비치된 혼천의와 세계지도 등을 보면서 서양 선교사와 천문 역법의 이치에 대해 수차례 필담을 나누었는데, 그중 10월 26일 남당에서 대진현과 나눈 대화가 가장 상세하다. 이 자리에서 이기지는 동양 전통의 역법에 의거해 주천도수(周天度數), 재이론(災異論), 이십팔수(二十八宿), 분야설(分野說) 등에 대한 선교사의 견해를 묻는다. 『역상고성후편(曆象考成後編)』을 저술하여 역법에 조예가 깊은 것으로 알려진 대진현은 서양 역법에서는 주천도수가 360도이며, 천문과 인사를 대응시키는 재이론과 분야설을 부정하고 28수는 별자리를 기준으로 삼은 것이 아니라고 답한다.[142] 대진현의 말은 동양 천문학의 근간을 부정하는 것이었기에 이기지는 아마도 상당한 충격을 받았으리라 짐작된다. 며칠 뒤 동당을 찾은 이기지는 서무덕(徐懋德, Andre Pereira, 1689~1743)과 혼천의를 돌려보면서 서양인의 천문 관측 기술에 탄복하고 천원지원설(天圓地圓說)을 수긍하고는, 고국에 돌아가 천문 이치를 궁리하고자 한다며 혼천의 제작을 부탁한다.[143] 서양 선교사로부터 천문 역법의 이치를 탐구하고자 한 이이명·이기지 부자의 노력에는 시헌력의 도입과 관련된 실용적 정보의 획득을 넘어서서 서학에 근거하여 세계와 우주에 대한 이해를 일신하려는 실학적 사유가 담겨 있어 보인다.

서양 선교사와 매우 적극적으로 교제한 이기지는 천주교에 대해서도 개방적인 태도를 지녔다. 1720년 9월 27일 이기지는 천주당에서 우연히 아기 예수를 안고 있는 성모상을 그린 그림을 보고 이를 얻고자 했는데,

---

141　이이명, 『疎齋集』 권19 「與西洋人蘇霖戴進賢, 庚子」.
142　이기지 저, 조융희·신익철·부유섭 역(2016), 앞의 책, 404~408쪽.
143　위의 책, 429~431쪽.

선교사가 천모(天母)의 상이기에 함부로 줄 수 없다고 하자 "천주의 가르침이 만약 우리나라에서도 행해진다면 이는 또한 여러분의 공이 될 것입니다. 천주의 화상이 유포된다고 해서 무슨 해가 되겠습니까?"[144]라고 말한 데에서 이 점이 단적으로 드러난다. 이 밖에도 천주의 가르침을 전파하기 위해 왔다는 비은(費隱, Xavier-Ehrenbert Fridelli)의 말을 듣고는 황제께 고하여 천하의 불사(佛寺)를 천주당으로 고쳐 짓고, 승려들을 예수회의 사도들로 개종시키라고 권유하기도 하였다.

천주교에 대한 이기지의 이처럼 거리낌 없는 태도는 기본적으로 서학을 편견 없이 개방적으로 받아들이고자 한 데서 연유한 것인데, 이는 조선에 대한 서양 선교사의 관심을 불러일으켰다. 비은은 이기지에게 조선의 지리와 그곳으로 가는 육로와 해로의 노정을 여러 차례 물었으며, 북당을 방문한 자리에서 탕상현(湯尙賢, Petrus V. du Torte)은 "우리들은 조선으로 가서 천주당을 짓고 천주의 가르침을 멀리까지 포교하고 싶습니다. 가능하겠습니까?"[145]라고 하여, 조선에 천주교를 포교하고자 하는 속내를 대담하게 드러내기도 하였다.[146] 이기지는 이 말을 듣고 조선에 올 수는 없는 일이기에 그 뜻을 은근히 내비쳤는데도 이들이 간절히 노정을 물어오니 근심스러운 일이라고 내심 걱정하는 마음을 기록하였다.

---

[144] 위의 책, 251쪽.

[145] 위의 책, 417쪽,

[146] 이기지가 교류한 서양 선교사 중 탕상현·비은·백진(白普, Joachium Bouvet) 등 세 신부는 강희제의 명에 따라 〈황여전람도(皇輿全覽圖)〉의 작성에 참여한 이들이다. 비은과 백진은 이기지에게 목극등(穆克登)을 따라 영고탑과 장백산을 가본 적이 있다고 하였는데, 이는 1709년 만주 및 조선 북부 지역을 실측하면서 조선 국경 부근까지 답사했던 경험을 말한 것이다. 이들에게 조선은 실측의 경험을 통해 매우 구체적인 지역으로 인식되었을 법하거니와, 조선에 가서 천주교를 포교하려는 뜻을 드러낸 데에는 이러한 경험도 작용했을 것으로 생각된다. 〈황여전람도〉의 작성은 1708년부터 1718년까지 10년간에 걸쳐 이루어졌으며, 지도의 작성에 참여한 선교사는 총 10인이다. 이에 대해서는 方豪,『中國天主敎史人物傳』中冊(中華書局, 1988), 298~306쪽 참고.

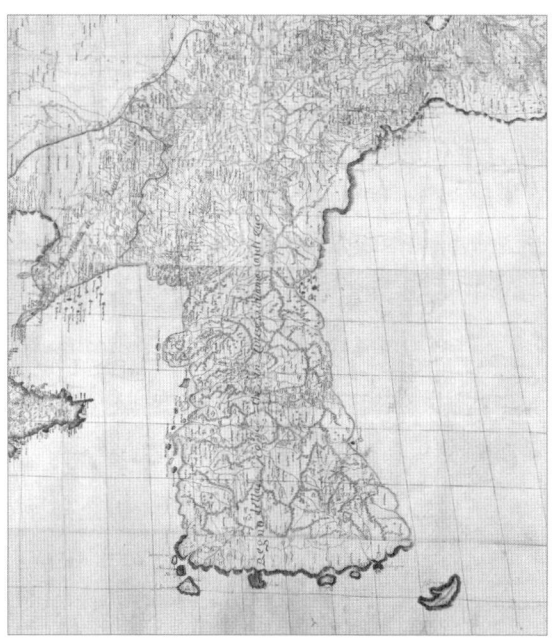

그림 9 | 〈황여전람도〉 조선·만주 부분, 조융희 촬영

　강호보(姜浩溥)는 1727년 부사 이세근(李世瑾)의 천거를 받아 연행하여 국문 연행록인 『상봉록』을 남겼다. 그는 천주당을 두 차례 방문하고 이에 대한 기록을 남겼는데, 『일암연기』에 비해서는 소략한 내용이다. 선교사와 대화를 나누지는 않았기에 필담 기록이 없으며, 천주당 건물 모습을 간단히 적고 천주당 벽화를 본 소감을 약간 서술하였다. 강호보는 예전에는 천금(天琴)이 있어 교묘한 구경거리였으나 지금은 오래되어 훼파(毁破)되어 볼 수 없다고 하였는바, 그 또한 파이프오르간을 관람하지 못하였다.
　강호보는 1727년 12월 29일 천주당을 방문한 소감을 간략히 말하고 나서, 천주교의 교리와 서양인이 천문 역법에 뛰어나다는 사실을 다소 길게 서술하였다. "천주의 이름은 예수[耶蘇]인데, 구라파 사람이다. 예수라는 이름은 세상을 구제함을 말하니, 존재하는 제일 큰 이라. 바다 밖의 성인이라 하고, 하늘로 으뜸을 삼는 고로 또 일러 천주라고 한다. 대개 그 학설이 입을 열면 반드시 하늘을 일컬으며, 일이 크나 적은 것 없이 깊으나 얕은 것 없이 다 반드시 하늘로써 근본을 삼는다."147라고 시작하는 이 기사는 아마도 관련 서적을 참고하여 서술한 것으로 보인다.148 천주교에 대해 간략히 소개하고 나서 그 학술은 불도와 선도를 합하여 하나로 만든 것으로 탄망하고 허황한 것이라고 결론 내리고 있는 데서 강호보가 천주교를 부정적으로 인식하고 있음을 알 수 있다. 서양인의 천문 역법에 대해서는 대략 이마두의 〈곤여도(坤輿圖)〉(〈곤여만국전도〉를 말함)를 언급하며 대지가 둥근 형상이고 은하수가 기운(氣運)이 아니라 별이라 한 것 등은 놀라운 견해라고 소개하였다. 이를 종합하면 강호보는 천주교는 부정적으로 인식하며 배척한 데 비해, 서양의 천문 역법에 대해서는 그 뛰어남을 수긍한 것으로 보인다.

그런데 강호보가 천주교를 부정적으로 인식한 것은 당시 조선에서 이미 천주교 신자가 생겨나고 있음을 인지한 상태에서 한 말임에 유념할 필요가 있다. "그 말과 글이 점점 전하여 성행하여 이제는 연중(燕中, 북경)이 사람마다 존대하지 아니하는 이가 없다. 우리 동방 사람도 이따금 그 도를 숭상하고 그 말을 좇는 자가 있으니, 그 해가 이미 천하를 덮었다."149라고 하여, 북경에서 천주교가 성행하고 조선에서도 천주교 신자가 생겨

---

147 강호보, 『상봉녹』 〈1727년 12월 29일〉; 신익철(2013), 앞의 책, 131쪽.
148 1729년에 연행한 김순협 또한 『연행일록』 11월 26일 기사에 천주당을 관람하고 와서 천주교의 교리와 서양 풍속을 길게 소개하였는데, 이는 북경 주변의 경물·고적·인물 등을 기술한 『제경경물략(帝京景物略)』의 「천주당」 조를 초록한 것으로 확인된다.
149 강호보, 『상봉녹』 〈1727년 12월 29일〉; 신익철(2013), 앞의 책, 133쪽.

나고 있음을 우려하고 있는 것이다. 이처럼 천주교가 성행하고 있는 현상에 대해 강호보는 동주(東周) 말기에 석가가 서방에서 난 것처럼 명말(明末)에 이르러 예수가 출현한 것 또한 해가 서쪽으로 떨어질 때에 잠시 빛을 발하는 석양과 같은 말세의 현상이라고 하였다. 그러면서 이러한 이단은 결국 정도로 회귀할 것이라고 하면서 서학에 대한 자신의 견해를 끝맺었다.

이의봉(李義鳳)은 1760년 부친 이휘중(李徽中)이 삼절연공사의 서장관으로 떠날 때 자제군관으로 연행에 참여했다. 그는 남당 두 차례, 동당 한 차례 해서 모두 세 차례 천주당을 방문하였다. 이의봉이 1789년에 완성한 『고금석림(古今釋林)』은 동양의 여러 언어와 문자에 관한 사서(辭書)로 무려 1,400여 종류의 참고문헌을 통해 광범위한 고증을 거친 저작으로 알려져 있다. 그는 연행 중『고금도서집성(古今圖書集成)』(1725년 간행)을 처음 접한 후 『북원록』에 1만여 권, 5천여 책으로 이루어진 이 책의 목록과 체제에 대해 상세한 기록을 남기고 있다. 이처럼 서적에 관심이 많았던 이의봉은 연행 전에 이미 『천학초함(天學初函)』등의 서학서를 읽고 연행에 임하였다.

이의봉이 천주당에서 가장 관심을 가지고 본 것은 세계지도와 천문도였다. 그는 당시 흠천감의 최고 직위에 있으면서 남당에 거주했던 유송령과 오랜 시간 필담을 나누면서, 천문 지리에 대해 이야기할 기회를 가졌다. 삼사(三使)와 함께 처음 방문했을 때 이의봉은 유송령의 안내에 따라 망원경과 자명종, 시경(時鏡, 벽시계) 등을 관람하고 남당에 있는 관상대 또한 볼 수 있었다. 이때 역법에 관한 서책이 놓여 있는 것을 본 이의봉은 유송령에게 자신이『천학초함』을 몇 차례 읽었음을 말하고 혼천의 보기를 청하였다. 유송령이 사람이 너무 많으니 나중에 들르라고 하여, 이의봉은 후에 남당을 다시 방문하여 유송령과 천문 역법에 관한 대화를 길게 나누게 된다. 이 자리에는 서광계의 7대손인 서승은이 유송령의 서기로 참여하였다.

천주당을 구경하던 중 이의봉은 동서 벽면에 걸려 있는〈천상도(天象圖)〉와〈곤여도〉를 보게 되었다. 이때 그가 본 것은 "지형·지진·산악·해조(海潮)·해동(海動)·강하(江河)·인물·풍속과 각 지방의 특산물이 상세히 적혀 있지 않음이 없었는데, 어떤 것은 그림으로 되어 있고 어떤 것은 이야기로 되어 있었다. 강희 갑인년에 서양 선비 남회인(南懷仁)이 이마두(利瑪竇)·애유략(艾儒畧)·고일지(高一志)·웅삼발(熊三拔) 등 여러 사람이 일찍이 논변했던 바에 근거해서 그 설을 드러내고 보충했다. 그 학설은 다만 앞시대 사람들이 드러내지 못한 바를 새롭게 확충시켰을 뿐만 아니라,『직방외기』에 이르기까지 기이한 이야기를 모두 수록해 놓았다."[150]고 한 것으로 보아 남회인(南懷仁, Ferdinand Verbiest, 1623~1688)이 1673년에 편찬한〈곤여전도〉였던 것 같다. 이의봉은 이 세계지도에 무척 흥미를 느꼈던지 "지금 그 학설의 대강을 기록해 두어 이로써 격물치지의 한 주요 단서로 삼고자 한다."고 하며 관련 내용을 초록해 두었는데, 그 분량이 무려 원문으로 49면에 이르는 긴 분량이다. 그 내용은〈곤여전도〉외에『직방외기』와『곤여도설』을 참조하여 5대양 6대주의 지리 풍속을 망라하고 있는 것이다. 이는 이의봉이 중국 중심을 넘어선 근대 세계지리 인식을 수용하고 있음을 분명히 말해주는 것이며, 그가 연행록에 이를 자세히 기록한 것은 연행록의 독자들에게 이를 알리고자 하는 의도로 보인다.

이러한 모습을 지켜보던 유송령은 이의봉에게『곤여도설』2책을 주면서 천문의 이치를 배워 본 적이 있느냐고 묻는다. 이의봉이 뜻은 있지만 익히지 못했다고 하자, 유송령은 그에게 지도와 혼천의를 보여주며 주천

---

[150] 이의봉,『북원록』〈1761년 2월 6일〉; 신익철(2013), 위의 책, 192쪽.

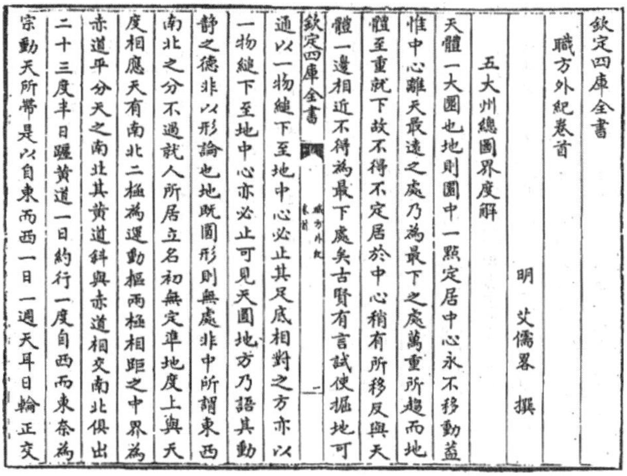
欽定四庫全書
職方外紀卷首
明 艾儒畧 撰
五大州總圖界度解
天體一大圜也地則圜中一點定居中心永不移動蓋
惟中心離天最遠之處乃為最下之處萬重所趨而地
體至重就下故不得不定居於中心稍有所移反與天
體一邊相近不得為最下處矣古賢有言試使掘地可
欽定四庫全書 職方外紀 卷首
通以一物縋下至地中心必止其足底相對之方亦以
一物縋下至地中心亦必止可見天圓地方乃語其動
靜之德非以形論也地既圓形則無處非中所謂東西
南北之分不過就人所居立名初無定準地度上與天
度相應天有南北二極為運動樞兩極相距之中界為
赤道平分天之南北其黃道斜與赤道相交南北俱出
二十三度半日躔黃道一日約行一度自西而東奈為
宗動天所帶是以自東而西一日一週天并日輪正交

그림 10 | 『사고전서』에 수록된 『직방외기』 첫 면, 〈바이두백과〉

도수가 360도이며 지구 대지의 둘레는 9만 리가 된다고 일러준다. 그러고는 중국·흑인(黑人, 아프리카인)·회자(回子, 아랍인)·일본·서달(西㺚, 러시아)·구라파 등의 산천과 인물이 표시된 세계지도를 보여주었다. 이의봉은 여기에서도 『곤여도설』의 서문에 해당하는 첫머리의 내용을 『북원록』에 모두 초록하여 제시함으로써 독자의 이해를 돕고자 하였다. 유송령은 헤어질 즈음 이의봉이 매우 총명하다고 칭찬하며 〈황도총성도(黃道總星圖)〉 2본을 선물로 주었다. 〈황도총성도〉는 1723년 대진현이 제작하였으며 조선에는 1741년에 전래된 것으로 알려져 있는바, 이 당시에는 상당히 희귀한 천문도였을 것으로 짐작된다.

천문 지리에 대한 지대한 관심에 비해 이의봉은 천주당에서 접한 서양화에 대해서는 별다른 소감을 남기지 않았다. 동당을 방문했을 때에 "북쪽 벽에 소녀상이 많이 그려져 있었는데, 그중 한 여자가 머리를 산발하고 팔뚝을 드러내고 있었다. 이가 이른바 천주(天主)인데, 쏘는 듯한 눈빛이 매우 정채가 있었다."[151]고 하였을 뿐이다. 이에 비해 천주에 대해서는 "천주란 곧 이른바 만물을 탄생시키는 주재(主宰)로서 마치 우리 유자들이 귀신이라고 하는 것과 같다. 서양인들은 삼교(三教, 유불도)를 숭상하지 않고 오직 천주만을 존숭하는데, 한 번 마시고 먹는 것을 모두 천주가 내려준 것으로 여기어 높이기를 제왕처럼 하고, 사랑하고 섬기기를 부모처럼 하였다."[152]라고 하였다. 그러고서 그들 무리 중 애유략(艾儒略, Aleni Julio, 1582~1649)의 말은 다음과 같다고 하면서 천지만물을 창조한 조물주의 이치를 길게 설명하였는데, 이는 애유략이 저술한 『직방외기』의 자서(自序) 중 일부를 초록하여 제시한 것이다. 『직방외기』와 『곤여도설』의 내용을 초록하여 서양의 천문 지리를 소개한 것과 마찬가지로 천주교의 이치에 대해서도 『직방외기』의 서문을 인용하여 제시하고 있는 것이다. 이처럼 서학서의 내용을 그대로 인용해 서양의 학술과 종교를 소개한 것은 여타 연행록에서 찾아볼 수 없는 『북원록』만의 독특한 특징이다. 이는 이의봉이 서학에 강한 관심을 지니고 있음을 말해주며, 서학의 주요 학설을 독자들에게 정확히 알리고자 이처럼 기술한 것으로 추측된다. 여기에는 이의봉이 연행 당시 28세의 젊은 나이로 다양한 서적에 관심을 지녔던 인물이라는 점도 하나의 원인으로 작용했을 것이다.

이의봉은 남당에서 유송령에게 청하여 파이프오르간 연주를 들을 수 있었다. 연주가 끝나자 이의봉은 악기 보기를 청하였으며, 납을 바른 원통이 87개이고, 27개의 건반과 10여 개의 건반이 층을 달리하여 있었다고 하며 건반을 하나하나 눌러 그 소리를 확인하였다. 그리고 나서 "작은 방의 가죽 부대[革囊]가 여닫히는 것에 따라서 바람이 구멍 속에서 나왔다

---

[151] 이의봉, 『북원록』, 〈1761년 1월 8일〉: 신익철(2013), 위의 책, 173~174쪽.
[152] 신익철(2013), 위의 책, 175쪽.

들어갔다 하는데 소리가 마치 구르는 것 같아서 천기를 꿰뚫고 조화를 빼앗았다고 할 만하여, 보고 있노라니 넋이 빠지게 했다."153라고 감탄하면서 기사를 끝맺었다.

홍대용(洪大容)은 1765년 연행사의 서장관으로 임명된 작은 아버지 홍억(洪檍)을 따라 자제군관 자격으로 북경에 다녀왔다. 그는 국문과 한문으로 기록한 2종의 연행록을 남겼는데, 천주당을 방문했을 때 현장의 느낌이나 서양 선교사와의 대화 내용은 『을병연행록』에 보다 자세히 보인다.

홍대용은 연행 이전에 이미 사설 천문대라 할 수 있는 농수각(籠水閣) 안에 나경적(羅景積)과 정철조(鄭喆祚) 같은 과학자의 도움을 받아 제작한 혼천의와 자명종 등을 비치하고 천문을 직접 관측한 실학자였다. 이런 그가 남당을 세 차례, 동당을 한 차례 방문하여 자명종·혼천의·파이프오르간·원경·뇨종(鬧鍾, 알람시계)·일표(日表, 회중시계)·윤도(輪圖, 나침반) 등의 서양 기기를 접하고 느낀 소감은 분명 남달랐을 것이다. 홍대용은 이들 각종 서양 기기에 비상한 주의를 기울이며 하나하나 물어가며 그 원리를 터득하고자 노력하였다. 그는 유송령에게 자신이 직접 혼천의를 제작한 경험이 있음을 밝히고, 서양의 천문 관측 기구를 보여달라고 청하였다. 이들 기구는 관상대(觀象臺) 안에 비치되어 있으며 황상(皇上)의 허락이 있어야만 볼 수 있다는 말을 듣고 실망하는 그에게 포우관(鮑友官, Antonine Gogeisl, 1701~1771)은 관상대 그림을 보여주었다. 홍대용은 이를 보자 더욱 보고 싶다며 다시 한 번 청하고 이후에도 관상대를 보고자 하는 뜻이 간절함을 드러냈는데,154 여기에서 단순한 호기심이 아니라 천문 관측 기구의 비교

---

153 이의봉, 『북원록』 〈1761년 1월 27일〉: 신익철(2013), 위의 책, 181쪽.
154 남당뿐만 아니라 동당을 방문하였을 때에도, "관상대는 이곳의 제일 구경처인데, 너희는 어찌 우리를 속이고 보여주지 아니하느냐?'라고 하니, 왕가가 웃으며 '관상대를 어찌 아십니까?' 하였다. […] 문틈으로 안을 엿보니 이상한 의기를 가득 벌였는데 안이 어두워 자세

를 통해 서양 천문학의 장점을 직접 확인하고자 하는 실증적 자세가 느껴진다.

홍대용이 원경을 통해 태양을 관측하면서 태양의 흑점이 보이지 않는 이유를 캐묻거나, 선교사에게 서양의 수학책을 달라고 하여 이를 확인하는 데에서도 이러한 면모가 드러난다. 이러한 점을 고려하면 홍대용의 천주당 방문에는 천문 관측 기구를 실제로 접하고 서학의 수준을 확인해 보려는 의도가 있었던 것으로 보인다. 이전의 연행사가 서양 선교사에게 천문 역학의 원리를 묻고 이를 통해 세계에 대한 인식을 확장하였다면, 홍대용은 이러한 세계 인식의 문제보다는 매우 실용적이고 과학적인 측면에서 접근했던 것이다. 홍대용은 천문학에 관심을 둔 실학자로서 연행 이전에 이미 서학에 대한 상당한 지식이 축적되어 있었다. 그리고 연행 직후에 저술한 것으로 추정되는 『의산문답(醫山問答)』에 보이는 세계와 우주에 대한 광대한 인식으로 미루어 보면 홍대용은 이미 중국 중심을 넘어선 세계 인식을 하고 있었으며, 서양 천문학의 수준을 확인하고 이를 응용하려는 의도로 천주당을 방문한 것으로 여겨진다.

천주교에 대해서 홍대용은 "그 학문의 대강은 하늘을 존숭하여 하늘 섬기기를 불도의 부처 섬기듯이 하고, 사람을 권하여 조석으로 예배하고 착한 일을 힘써 복을 구하라고 하니, 대개 중국 성인의 도와 다르고 이적의 교회(敎會)여서 족히 말할 것이 없다."(『을병연행록』〈1766년 1월 7일〉)라고 하며

히 보지 못하였다. 그중 두어 자 쇠통을 틀에 얹은 것이 있으니, 이는 원경(遠鏡)인가 싶었다. 가운데 집은 위로 남쪽을 향하여 길게 구멍을 통하고 쇠로 문짝을 만들어 얹었는데, 물었더니 왕가가 말하기를, '밤에 천문을 볼 때면 이 문을 열어제치고 집 안에 들어가 남방에 보이는 별을 상고하게 한 것입니다.'라고 하였다."(『을병연행록』〈1761년 1월 24일〉)라는 것에서 관상대를 보고자 하는 홍대용의 간절한 생각을 확인할 수 있다. 그런데 홍대용이 이때 문틈으로 본 것은 북경 흠천감 소속의 관상대가 아닌 동당의 선교사가 천문을 관측하는 곳이었다.

이교로 단정하고 배척하였다. 유송령을 만나 이야기를 나누는 자리에서 홍대용은 천문 역학에만 집중할 뿐, 천주교의 이치에 대해서는 거의 대화를 나누지 않았다. "천주는 상제를 가리킵니까? 아니면 별도로 그런 사람이 있습니까?"(〈1766년 1월 19일〉)라고 묻거나, "천주의 학문은 처첩을 두지 못합니까?"(〈1766년 2월 2일〉)라고 물은 것이 전부였다.

이에 비해 파이프오르간을 처음 본 홍대용이 유송령이 시험 삼아 한번 눌러 보는 것을 보고는 곧바로 우리나라 곡조를 연주해 보인 일은 유명한 일화이다. 그 원리에 대해 "대개 이 악기의 제도는 바람을 빌려 소리를 나게 하는데, 바람을 빌리는 법은 풀무 제도와 같았다. […] 틀 속은 비록 열어 보지 못하였으나 겉으로 보아도 그 대강의 제작을 짐작할 수 있었다."라고 말하고 있는데, 이는 물론 홍대용이 평소 악률(樂律)에 깊은 조예를 지니고 있었기에 가능한 일이었다. 홍대용은 북경에 와서 유리창 거문고 점포에서 만난 악공 유씨와 서로 거문고를 연주하며 악률의 이치를 논한 경위를 기술한 「금포유생(琴鋪劉生)」을 남기기도 했으며, 양금(洋琴)의 원리를 처음으로 이해하고 연주해 보인 것도 홍대용이었음은 박지원이 증언하는 바이다.[155]

1790년 건륭제의 80세를 축하하기 위한 진하겸사은사(進賀兼謝恩使)의 부사로 연행한 서호수(徐浩修) 또한 천문 역법에 조예가 깊었던 인물이다. 당시 연행의 체험을 기록한 것으로는 『연행기(燕行記)』와 『열하기유(熱河紀遊)』 두 종류가 전해지는데, 두 책을 비교해 보면 『연행기』에는 서호수의 서문과 서학과 관련한 내용 등이 누락되어 있음을 발견할 수 있다. 이러

---

155 박지원, 『열하일기』 「銅蘭涉筆」, "歐邏鐵絃琴, 吾東謂之西洋琴, 西洋人稱天琴, 中國人稱番琴, 亦稱天琴. 此器之出我東, 未知何時, 而其以土調解曲, 始于洪德保. 乾隆壬辰六月十八日, 余坐洪軒, 酉刻立見其解此琴也. 槪見洪之敏於審音, 而雖小藝, 旣系刱始, 故余詳錄其日時. 其傳遂廣, 于今九年之間, 諸琴師無不會彈."

한 사실을 처음으로 지적한 조창록은 신유사옥(1801) 이후 후손들이 필사하는 과정에서 의도적으로 산삭했을 가능성이 높은 것으로 보고 있다.[156]

『연행기』에 누락된 서학 관련 기사는 〈1790년 7월 26일 기사〉, 〈1790년 8월 19일 기사〉, 〈1790년 8월 22일 기사〉 등 총 3건이다. 이 중 1790년 7월 26일 기사는 이마두를 비롯한 서양 선교사들의 묘지를 방문하고 자신의 감회를 적은 것이다. 천주당을 방문한 기록은 많이 보이지만 서양 선교사의 묘지를 방문한 기록은 박지원의 『열하일기』[157]와 서호수의 『열하기유』에 보일 뿐이다. 이 중 서호수의 기록에는 이마두를 애도하는 고문(告文)까지 수록되어 있어 더욱 흥미롭다. 서호수는 이날 부성문(阜城門) 밖 2리에 있는 이마두의 묘소를 찾아 무덤의 제도를 세밀하게 기록한 다음 "이서태(利西泰)의 묘가 가장 처음에 있었고, 담장 안 동북쪽으로부터 나아곡(羅雅谷)·등옥함(鄧玉函)·탕약망(湯若望) 이하 근래의 서일승(徐日昇)·유송령(劉松齡) 등 여러 서양 선교사들의 무덤이 정로(正路)의 동서쪽에 늘어서 있었다. 정로의 동쪽에는 31기, 정로의 서쪽에는 13기의 무덤이 있었으며, 모두 좌자오향(坐子向午)에 위치하였다."[158]고 하며, 여러 선교사들의 묘지를 둘러본 뒤에 다음과 같은 「고이서태묘문(告利西泰墓文)」을 지었다.

地之相去九萬里	지역이 서로 떨어짐은 9만 리요
世之相後二百年	세월이 흐른 지가 200여 년이라.

---

156 조창록, 「학산 서호수와 『열하기유』-18세기 서학사의 수준과 지향」, 『동방학지』 135, 2006.
157 『열하일기』 「盎葉記」에 '利瑪竇塚'이란 제목으로 수록되어 있다.
158 『연행록전집』 51권, 538~539쪽; 서호수, 『열하기유』 〈1790년 7월 26일〉, "利西泰墓爲首, 在墻內東北維, 而自羅雅谷·鄧玉函·湯若望以下, 至近古徐日昇·劉松齡等, 諸西士墓, 分列于正路東西. 正路東爲三十一墳, 正路西爲四十三墳, 皆子坐午向."

胡爲乎逾巨流過碣石	어찌하여 큰 파도 넘고 갈석을 지나
訪衣履于冀燕	기연 땅에서 무덤을 찾았는가?
西泰之道昭事上帝	서태의 도는 상제를 밝게 섬기고
西泰之藝欽若昊天	서태의 학술은 하늘을 공경하였네.
器傳于箕子之邦	기물은 기자의 땅에까지 전해지고
書衍于鶴山之編[159]	서적은 학산의 편찬에 미치었다네.
窃附幾何之增題	내 『기하원본』을 보충하여 지은 바 있는데,
敢曰子雲之譚玄	감히 자운처럼 현묘한 이치를 논했다 말하리.
抱書器而升中	남긴 서책과 기물을 안고 공중에 날아올라,
仰寥廓于九重之圜	구중천 드넓은 허공을 올려다보리.

이마두는 9만 리 떨어진 서양에서 온 200년 전의 사람으로 지역이나 세월 모두 아득히 먼 사람이라 하였다. 그런데 자신이 험한 연행길에 올라 북경에 이르러 그 무덤을 찾은 것은 상제(上帝)를 밝게 섬기고 천문의 이치를 밝힌 학술에 공감했기 때문이라 하였는데, 여기에서 서태(西泰)는 이마두의 자(字)이다. 7, 8구에 기물은 혼개통헌(渾盖通憲)이고 서적은 『혼개도설집전(渾盖圖說集箋)』이라는 자주가 달려 있으니, 자신의 저작이 이마두가 전한 서학으로부터 연원했음을 표명한 것이다. 그리고 이에 대해 『태현경(太玄經)』을 저술하고 나서 "후세에 나 자운(子雲) 같은 학자가 나오면 알 것이다."라고 한 양웅(揚雄)의 고사를 빌어 자신이 이마두의 학술을 계승했다고 자부하는 말로 끝맺고 있다.

혼개통헌은 서양의 평면구형 천체 측량 기구인 아스트로라브(planisheric astrolabe)를 이르는 말이다. 아스트로라브는 고대로부터 만들어져 발전되

---

[159] "器卽渾盖通憲, 書卽渾盖圖說集箋."라는 원주가 있다.

그림 11 | 이마두의 묘, 〈바이두백과〉

어 온 천문 도구로서, 태양, 달, 행성, 별의 위치를 예측하는 기능을 하였다. 현지 시간, 위도, 측량과 같은 실용적인 도구여서 천문학자뿐만 아니라 항해가들에게도 널리 사용되었다고 한다.『혼개도설집전』은 서호수 자신이 지은 천문서인『혼개통헌도설집전(渾蓋通憲圖說集箋)』을 말한다. 이지조(李之藻)는 서광계와 함께 이마두에게 서양 과학을 배우고 천주교도가 된 인물로 이마두와 함께『혼개통헌도설(渾蓋通憲圖說)』을 저술하였다. 서호수가 지은『혼개통헌도설집전』은 곧『혼개통헌도설』을 해설하기 위해 여러 학설을 모은 총 4책의 주석서로 앞의 2책은 이지조의 원래 책이고 뒤의 2책이 서호수의 집전으로 알려져 있는데, 현재 이 책이 전하지 않아 자세한 내용은 알 수 없다.

서호수는 연행 당시『혼개통헌도설집전』을 지니고 연행하여 서양 선교사 탕사선에게 보여주고 그 서문을 받았는데, 〈1790년 8월 19일〉 기사가 이 사실을 기록한 것이다. 탕사선은 서문의 말미에서 "직접 쓰신 서문에서, '정유년(1777) 천주당을 내방하였을 때 이 기기의 작용을 상세히 연구하였으나 서사(西士) 중에 그 이치를 말해주는 자가 없었다'고 하셨는데, 이는 비밀로 하여 감추려 한 것이 아니라 동서양의 문자가 너무 달라서 그 뜻을 다 전하지 못했기 때문입니다. 삼가 이 책을 돌려보내오니, 서공께서 저의 어리석은 생각이 이러하다는 것을 참작하여 덧붙여주십시오."[160]라고 하였다. 서호수가 1777년 연행했을 때에 이미 천주당에 있는 아스트로라브를 접하고 탕사선 신부에게 이에 대해 물었음을 알 수 있다. 요컨대 이마두에 대한 서호수의 고문(告文)은 그를 애도하면서 자신의 천문학이 서학으로부터 유래된 것임을 명확히 밝힌 것으로, 서호수의 서학 인식의 수준과 신념은 조선 서학사의 정점에 위치하는 것으로 평가된다.[161]

이상에서 이기지, 강호보, 이의봉, 홍대용, 서호수 5인의 연행사가 북경 천주당을 방문하여 서학서를 비롯한 서양의 각종 문물 기기 등과 접촉한 양상 및 천주교에 대한 인식 등을 살펴보았다. 연행록의 천주당 방문 기사는 연행사가 서학의 여러 성과를 구체적으로 접촉하면서 느낀 충격과 경이로움을 잘 드러내 보여주지만, 그것만으로 조선 후기 문인 지식인의 서학 수용과 인식을 가늠하기에는 부족한 것 또한 분명하다. 일례로 이익(李瀷, 1681~1763)은 조선 후기에 서학 수용을 개척한 것으로 평가받는 인물이지만, 정권에서 소외된 재야 학자로서 연행에 참여할 수 없었다.

---

[160] 130~131쪽. "自序云'丁酉來堂, 詳究是器之作用, 而西士未有言'其故者, 非敢秘而私之. 東西文字逈殊, 不能畢陳意致也. 謹以原編歸之, 徐公附余遇見如此云爾."

[161] 조창록(2006), 앞의 글 참고. 마지막으로 1790년 8월 22일 기사는 서양 선교사 색덕초(索德超, Joseph-Bernard d'Almeida, 1728~1805)와 편지 및 예물을 주고받은 사실을 기록한 것이다. 색덕초는 포르투갈 출신의 예수회 선교사로 흠천감 감정을 역임하였으며, 예수회 해산령이 내려진 뒤에도 북경 천주당에 남아 있던 최후의 예수회 선교사로 알려져 있다. 費賴之 저, 馮承鈞 역, 『在華耶蘇會士列傳及書目(하책)』(中華書局, 1986), 933~935쪽 참고.

그렇지만 그의 문집에 보이는 서학서는 다방면에 걸쳐 매우 방대하며,[162] 서학의 수용을 빼놓고 그의 실학사상 형성을 논하기는 어렵다. 훗날 남인에 속하는 이익의 제자 중에서 이벽(李檗), 이승훈(李承薰), 정약용(丁若鏞) 등이 서학에 한층 경도되면서 서교(천주교)까지 수용한 것은 우리가 익히 아는 사실이다. 노론이 정권을 장악하고 있었던 18세기 당시 연행에 참가하는 특혜는 대부분 조정의 실력자와 그 자제들에게 집중되었기 때문에, 서학에 적극적인 관심을 지니고 있던 남인계 인사들은 배제될 수밖에 없었던 것이다.

대부분의 연행사들은 서양의 학술 사상이나 과학 문명에는 관심을 보였지만 서양의 종교에 대해서는 부정적으로 인식하였다. 18세기 연행록에서 서교를 비교적 객관적으로 인식하며 개방적으로 포용하려고 한 것은 이기지의 『일암연기』가 유일해 보인다. 천주당의 선교사는 연행사에게 『천주실의』, 『칠극(七克)』, 『삼산논학기(三山論學記)』 같은 종교 서적을 선물로 주었지만, 그 내용이 무엇인지 기록으로 남긴 것은 보이지 않는다. 대부분의 연행사는 서교를 이단의 종교로 배척했으며, 이에 대해서는 일체 기록을 남기지 않는 경우가 많았다. 그렇지만 주지하다시피 18세기 후반에 이르면 천주교는 조선에 상당히 전파되었으며, 1791년(정조 15)에는 진산 사건 같은 사회적 문제를 야기하게 된다. 진산 사건 이후 북경

---

[162] 강재언은 이익이 열람한 서학서를 다음과 같이 정리하고 있다. "종교·윤리서: 마테오 리치의 『천주실의(天主實義)』와 『교우론(交友論)』, 판토하(龐迪我)의 『칠극(七克)』, 아담 샬(湯若望)의 『주제군징(主制群徵)』. 천문·역산서: 디아스(陽瑪諾)의 『천문략(天問略)』, 서광계와 롱고바르디(龍華民)의 『치력연기(治曆緣起)』, 아담 샬의 『시헌력(時憲曆)』과 『일식추보서(日食推步書)』, 마테오 리치의 『기하원본(幾何原本)』, 『혼개통헌도설(渾盖通憲圖說)』, 『건곤체의(乾坤體義)』, 우르시스(熊三拔)의 『간평의설(簡平儀說)』, 그리말디의 『방성도해(方星圖解)』. 세계지리서 및 지도: 알레니(艾儒略)의 『직방외기(職方外紀)』, 페르비스트(南懷仁)의 『곤여도설(坤輿圖說)』. 과학서: 우르시스의 『태서수법(泰西水法)』, 아담 샬의 『원경설(遠鏡說)』." 강재언(1998), 앞의 책, 102~103쪽.

천주당은 금기시되었으며, 1801년 발생한 신유박해 이후에는 연행사의 천주당 방문이 공식적으로 금지되었다.

18세기 후반 조선 사회에 천주교가 전파된 양상에 대해서는 최근에 발굴된 『수기(隨記)』란 책에 등장하는 천주교 관련 서적을 통해 어느 정도 가늠해 볼 수 있다. 장서각에 소장된 이 책은 박종악(朴宗岳)이 1791년부터 1795년까지 국왕 정조에게 보낸 편지글을 모아 놓은 것이다.[163] 이 책은 이른바 정조의 어찰 정치의 실상을 밝히는 데 중요한 의미를 지니는데, 그중에는 박종악이 충청도 관찰사 재직 시 1791년 내포(內浦)의 천주교도를 처리하는 과정을 정조에게 상세히 보고한 내용이 들어 있어 특히 주목된다. 정조는 박종악에게 천주교도를 은밀히 색출하여 다스리고 천주교 서적은 소각할 것을 지시했는데, 박종악은 신해년(1791) 12월 11일자 편지의 별지에서 소각했다는 서적을 다음과 같이 구체적으로 밝혔다.

충주의 [참봉] 홍장보·홍계영은 『성년광익』 전편 중 첫 번째 책, 『문답(問答)』 1책, 『칠요(七曜)』 3~5책 1건, 『석판진본연해언서(石板眞本演解諺書)』 1책, 『일과언서(日課諺書)』 1책, 『구은축문(九恩祝文)』 1책, 『여미살규정언서(與彌撒規程諺書)』 1책, 『천주십계언서(天主十誡諺書)』 1책, 『성사문답(聖事問答)』 1책, 『이십오언(二十五言)』 1책, 『점성수경(點聖水經)』 2책, 『만물진원(萬物眞原)』, 『칠극(七克)』 권2 1책, 『성모괴고경(聖慕魁告經)』 1책, 『인진주(認眞主)』 1책 등의 책자를 가지고 자수하였는데 모두 16건입니다. 관청 뜰에서 불태웠으며 허물을 고치겠다는 공초를 받고 풀어주었습니다. 최종국은 『성교일과(聖敎日課)』 단권 1책, 『천주십계언책(天

---

[163] 박종악 저, 신익철·권오영·김문식·장유승 역해, 『수기』, 한국학중앙연구원 출판부, 2016.

主十誡諺)』1책의 책자를 지니고 자수하여 관청 뜰에서 불태웠다고 합니다. 허물을 고치겠다는 공초를 받고 풀어주었습니다. 이기연은 『이십오언(二十五言)』1책, 『성세추요(盛世芻蕘)』1책의 책자를 지니고 자수하여 관청 뜰에서 불태웠다고 합니다. 허물을 고치겠다는 공초를 받고 풀어주었습니다.

보령의 최벽지·박일선·차정복은 자수하였는데 그들의 말에 따르면 예전에 『십계(十戒)』책자를 가지고 있었으나 작년에 관청에 바쳐 불태웠다고 합니다. 김덕돌은 언문으로 쓰여진 『성경일과(聖經日課)』1책, 김용복·김진갑은 각기 언문으로 쓰여진 『십계』1책을 바치고 자수하였기에 책은 불태우고 공초를 받고 보냈습니다. 문막재·임귀봉·조시산은 자수하였기에 공초를 받고 보냈습니다. […]**164**

천주교 서적명이 상세히 등장하고 있는데, 먼저 예수회 선교사가 저술한 책으로 『성년광익』, 『이십오언』, 『만물진원』, 『칠극』 등이 보인다. 이외에 천주교의 교리 문답서로 추정되는 『문답』, 『성사문답』·『인진주』 등이 있고, 천주교 신자로서 행할 기도문을 모은 것으로 보이는 『일과』가 있다. 십계명을 풀이한 『십계』·『천주십계』, 세례 의식과 관련된 책으로 추정되는 『점성수경』, 묵주 기도와 관련된 내용으로 보이는 『성모괴고경』

---

164 위의 책, 89~91쪽. "忠州[參奉]洪章輔·洪桂榮, 『聖年廣益』全篇之首冊一·『問答』冊一·[38-b]『七克』三之五冊一·『石板眞本演解諺書』冊一·『日課諺書』冊一·『九恩祝文』冊一·『與彌撒規程諺書』冊一·『天主十誡諺書』冊一·『聖事問答』冊一·『二十五言』冊一·『點聖水經』冊二·『萬物眞原』冊一·『七克』卷之二冊一·『聖慕魁告經』冊一·『認眞主』冊一, 持冊子自首, 合十六件, 官庭燒火云云, 改過納招放送. 崔宗國, 『聖敎日課』單冊一·『天主十誡』諺冊一, 持冊自首, 官庭燒火云云, 改過納招放送. 李箕延, 『二十五言』冊一·『盛世芻蕘』冊一, 持冊自首, 官庭燒火云云, 改過納招放送. 保寧崔碧之·朴日先·車丁卜, 自現, 言內曾有『十戒』冊子, 上年納官燒火云云. 金德乭, 諺書『聖經日課』冊一, 金龍卜·金振甲, 各納諺書『十戒』冊一, 自現, 燒冊納招而去. 文莫才·林貴奉·趙時山·自現,"

등의 서명이 확인된다.[165]

　언문으로 된 천주교 서적 중 『석판진본연해언서』·『일과언서』·『여미살규정언서』·『천주십계언서』·『언서성경일과』·『언서십계』 등은 앞에 언급한 책을 언문으로 풀이한 것으로 보인다. 이 밖에도 서명을 일일이 밝히지 않고 '방서책이십일권(方書冊二十一卷)', '책자십이권(冊子十二卷)', '방책육십여권(方冊六十餘卷)' 등으로 압수한 서적의 숫자만 기록한 것도 보여 당시 천주교 서적이 상당히 널리 유포되고 있었음을 알 수 있다. 이들 중 상당수는 언문 서적으로 확인되니, 18세기 말엽 충청도 일대에 일반 양인층에 천주교가 상당히 성행하고 있었음을 확인할 수 있다. 『수기』를 통해 우리는 18세기 후반에 양반층과 양인층을 막론하고 천주교도가 이미 상당한 규모로 형성되어 있음을 충분히 짐작할 수 있으며, 이들이 소지하고 있었던 천주교 서적은 당연히 북경 천주당으로부터 유입된 것이 모태가 되었을 것이다.

165　이 밖에 『칠요(七堯)』, 『석판진본연해언서(石板眞本演解諺書)』, 『구은축문(九恩祝文)』 등의 서명이 보인다. 『칠요』는 『칠극』의 오기가 아닌가 하고, 『구은축문』은 성모가 내려주는 은혜를 비는 내용이거나 『칠극』에 나오는 우정의 덕목으로 마땅히 갖추어야 할 아홉 가지를 말하는 것으로 추정해 볼 수 있다. 『석판진본연해언서』는 어떤 내용의 책인지 짐작되지 않는다.

3장
역관·의원·마두 등의 활동과 중국 체험

조선의 중국 사행은 명청교체기에 해로(海路)로 연행했던 일부 시기를 제외하면 대부분 육로로 동일한 노정에 따라 행해졌다. 그리고 이러한 연행길을 안내했던 이는 연행에 지속적으로 참여했던 역관과 마두(馬頭)를 비롯한 하례(下隷)들이었다. 사대부나 종실 출신으로 연행에 자주 참여하게 된 경우라도 그 횟수가 많아야 서너 차례에 지나지 않는 데 비해, 역관이나 마두 중에는 연행 경험이 수십 번에 이르는 자들이 적지 않았다. 중국 인사와의 통역을 담당한 역관은 말할 나위도 없거니와, 서북 지방의 관노 출신으로 수십 차례 연행에 참여한 마두배들 또한 중국의 현지 풍속에 대해서 훤히 알고 있었다.

예컨대 평안북도 선천(宣川) 출신의 마두 최운태(崔雲泰) 같은 이는 1828년 동지사행에 참여할 당시, 이미 북경을 다녀온 횟수가 47차례나 되었다. 그는 중국의 세태 풍속에 대해 역관보다 더 잘 알고 있었기에 사행길의 문제를 해결한 공로로 변장(邊將)을 제수받았다고 한다. 박사호(朴思浩)는 자신의 연행록에서 의주에 머무를 때에 연행길이 초행인 자들이 빙 둘러앉아 최운태의 북경 유람 경험을 듣고 눈이 휘둥그레지며 입이 딱 벌어졌다고 했다.[1] 따라서 대부분 처음으로 북경에 가게 된 연행사로서는 중국 유람을 뜻한 대로 이루기 위해 연행 경험이 풍부한 하례들의 도움이 절실했다.

---

1 박사호, 『燕薊紀程』〈1828년 11월 18일〉, "최운태는 선천 마두다. 연경을 무릇 47번이나 내왕했으므로 그곳의 유람할 만한 곳 및 풍요(風謠), 물정(物情)과 재물이 많은 곳이나 잇속을 볼 만한 근원 따위를 남김없이 꿰뚫어 알고 있기에 비록 노련한 통역들도 그를 따르지 못했다. 전후의 사신들이 온갖 일을 꼭 그에게 물었는데, 그 자리에서 척척 대답하였다. 그 공로로 몇 해 전에 사신이 어전에서 아뢰어 승자(陞資)하여 변장을 제수받기에 이르렀다. 이에 그 사람을 보니 늙었으나 더욱 원기 왕성하여 연경에서 노닌 발자취를 들려주었는데, 산천, 길의 이수(里數), 누대, 성궐, 시장, 상점, 원유(苑囿), 화초, 금수, 보화, 진기한 물건들을 전부터 잘 알고 있는 글을 외듯 하였다. 처음으로 가는 사람들이 죽 둘러앉아 듣고서 모두 눈이 휘둥그레지고 입이 딱 벌어졌다."

연행 사절은 대략 정사·부사·서장관의 3사신과 대통관(大通官) 3인, 압물관(押物官) 24인(대부분 역관으로 구성됨)으로 도합 30인 내외가 정관(正官)이었다. 이외에 의원, 화원, 군관(자제군관을 포함), 사자관 등을 포함하여 사대부 중인층의 숫자는 많아도 50~60명을 넘지 않았다. 연행의 성격에 따라 그 규모는 차이가 있었지만 대략 200~400여 명으로 구성된 연행 사절의 전체 숫자에 비하면 이들의 비중이 매우 적은 편임을 알 수 있다. 사대부 중인층 외에 정관에 딸린 하인과 마두, 그리고 방물(方物) 및 무역품, 식량 등을 운송하는 말을 모는 구인(驅人) 등 하례의 숫자가 사실상 연행 사절의 대다수를 차지했던 것이다. 따라서 연행의 전모를 심층적으로 파악하기 위해서는 삼사와 자제군관 외에 역관과 의원 같은 중인층의 활동과 마두배를 위시한 하례의 역할 또한 함께 살펴보아야 할 필요가 있다. 그런데 대부분의 연행록은 삼사나 자제군관의 기록으로 남겨져 전한다. 따라서 이들 중인층과 하례들에 대한 기록은 단편적으로 등장하며 비중이 미미하여 그 실상을 온전히 파악하기가 쉽지 않다. 이러한 난점을 염두에 두고서 여기에서는 연행록에 보이는 이들에 대한 기록들과 여타 방증 자료를 동원하여 역관·의원·마두 등이 중국 체험과 문화교류에서 차지하는 역할 등을 살펴보기로 한다.

1. 역관의 중국 체험과 문화교류

일반적으로 역관은 역학생도(譯學生徒)부터 사역원정(司譯院正) 도목취재(都目取才)에서 상등(上等)으로 합격한 사람으로 사행에 참여하는 통역관까지 모두를 통칭하는 말이다. 사행에 참여한 역관은 직무에 따라 당상통사(堂上通事), 상통사(上通事), 차상통사(次上通事), 압물통사(押物通事) 등으로 불리기도 했지만, 통사보다는 역관으로 불리는 경우가 대부분이었다. 한편 중국 측 역관은 통사, 또는 통관(通官)이라고 부르는 것이 일반적이었다. 사행에서 역관의 주요 임무는 삼사의 지휘를 받아 통역에 종사하는 것이었으며, 국용(國用)으로 소요되는 서적·약재·악기 등을 구매해 오기도 하였다. 또한 역관은 중국과의 무역에서도 중요한 역할을 하였다. 조선 후기에 중국과의 무역을 통해 부를 축적한 역관이 늘어나면서 양반 못지않은 지식과 경제력을 바탕으로 여항문학의 발전을 주도한 이들이 많이 출현했음은 잘 알려진 사실이다.

역관들이 중국과의 무역을 통해 치부하는 데에는 팔포(八包) 제도가 중요한 계기가 되었다. 아울러 팔포 제도를 매개로 사상(私商)들 또한 연행 사절에 참여하여 역관과 함께 중국 무역의 주역으로 등장하게 되었으므로, 이에 대해 잠시 살펴볼 필요가 있다. 연행사의 노자와 무역 자금으로 허용됐던 팔포는 세종 때부터 인삼 17근짜리 8꾸러미로 시작되었는데, 1682년(숙종 8)에 은 2,000냥으로 충당되었다. 그런데 역관 중 가난해서 팔포를 가지고 갈 수 없는 이들은 그 포의 권리를 송도·평양·안주(安州) 등의 상인에게 팔아서 대신 가지고 가게 했다. 즉 상인이 출자하고 의주인 혹은 만상(灣商)이 사람을 내어 역관의 무역을 대신하게 된 것이다. 대청 무역에 공식적인 직함을 달고 가기 어려웠던 사상들은 자신들의 자본을

투자하여 역관들로부터 포권(包權)을 사들이고 마부나 시종이 되어 직접 연행에 참여하였다.²

1760년에 북경에 간 이의봉(李義鳳)의 기록을 보면, 역관 중에 인삼을 지니고 갈 만한 재력이 없었던 사람이 자신에게 할당된 인삼에 대해 의주와 평양, 선천, 개성 등 5곳의 상인들에게 그 권한을 주고, 그 대신에 할당된 양을 돈으로 환산하여 그 돈의 1할에 해당되는 돈을 받았다. 그러나 금법(禁法)이 해이해져 포를 사지 않고 몰래 국경을 넘는 상인들도 있었다. 이 때문에 역관 무리들 중 포(包)를 통해 경비를 조달하지 못하고 조정에 빚을 진 사람도 있었다고 한다.³

연행의 대다수를 차지하였던 하례들 중에는 이처럼 사상으로 마두나 시종이 된 이들이 적잖게 포함되었으리라 추정된다. 당시 조선 땅을 벗어나 중국 체험을 할 수 있는 기회는 연행 사절에 참여하는 것이 유일했기에, 대청 무역 외에도 여러 가지 목적으로 연행에 참가하려는 사람들이 있었을 것이다.⁴ 이 사상들은 역관과 함께 연행에 여러 번 참가하여 중국

---

2   노혜경,「조선후기 私商의 대청무역 연결망과 정책의 변화」,『동북아문화연구』35, 2013, 67쪽.
3   이의봉,『북원록』〈1760년 7월 26일〉, "예로부터 북경에 들어가는 인원은 인삼 80근을 가지고 가는 것을 허가하여서 매매할 수 있는 기반으로 삼았으니 이것이 이른바 팔포란 것이었다. 그 뒤에는 은으로 대신하여서 매 근마다 25냥으로 절가(折價)하니, 80근은 계산하면 2,000냥으로 한 사람의 팔포가 되고 당상관(堂上官)과 상통사(上通事)는 1,000냥을 추가해서 주지만 원래 정해진 것 이외에는 조금도 더 휴대하는 것을 허락지 않는 것이 법이었다. 가지고 갈 만한 은이 없는 원역은 다섯 곳의 상인들이 이름을 대신해서 숫자를 보충해서 그 10분의 1을 거두어서 베를 사는 돈이라 하였으니, 또한 근래에 정해진 예였다. 근래에 와서는 법으로 금지하는 것이 해이해져서 장사치들이 싸 가지고 가는 것을 적당히 하지 않고, 사사로이 몰래 국경을 넘어간다. 이에 역관들이 이따금 꾸러미가 비어서 더러는 빚을 지기도 하는 것이다."
4   예컨대 당시 조선의 천주교 신자 중에 북경 천주당의 선교사들과 접촉하기 위해 자신의 신분을 속이고 연행에 참여한 경우가 있었을 것이다. 이 경우는 극비에 속하는 것이기에 알려진 사례가 없지만, 단지 중국 유람을 하기 위해 하인이 되어 연행에 참가한 경우를 신광

상인과 오랜 친분을 유지하고 있었다.

> 되놈들이 구경한다고 떼거리를 지어 책문 안에 늘어섰는데, 모두들 입에는 담뱃대를 물고 번들거리는 이마에 부채를 부치지 않는 놈이 없었다. […] 역관과 마두들이 책문 밖에 서서 양손으로 악수를 하며 은근하게 인사를 주고받는다. 되놈들은, "당신은 언제 서울에서 출발했느냐? 오는 길에 장마를 만나지는 않았느냐? 집안은 모두 평안한가? 가지고 온 은자는 얼마인가?"라고 사람들마다 수작을 붙이는데, 한 입에서 나온 말처럼 똑같다. 또 "한 상공(韓相公)과 안 상공(安相公)도 함께 왔느냐?"며 다투어 묻는다. 한 상공과 안 상공이란 모두 의주 사람으로 해마다 북경을 출입하며 장사를 하는 아주 교활한 장사치들로, 북경의 일을 훤히 알았다. 이른바 상공이란 장사꾼들끼리 서로 존칭으로 부르는 말이다. […] 만상 중에서 한(韓)이나 안(安)과 같은 자들은 해마다 북경 출입하기를 마치 제집의 문과 뜰을 드나들듯이 하여, 북경의 장사치들과는 서로 짝짜꿍이 맞아서 물건을 조종하고 값을 올리고 내리고 하는 것이 모두 그들의 손아귀에 달려 있다.[5]

『열하일기』에서 연행사가 책문에 막 도착했을 때의 광경을 묘사한 대목이다. 청국 상인과 역관들의 친분이 두터웠음을 알 수 있는데, 역관과 함께 마두들 또한 중국 상인과 낯익은 얼굴로 인사를 주고받고 있다. 은자를 얼마나 가지고 왔느냐고 하고 한 상공이니 안 상공이니 하면서 존대하며 안부를 묻고 있는 데서 이들의 긴밀한 관계를 짐작할 수 있다. 여기에 등장하는 중국 장사치는 북경까지 사행의 운송과 물자 수송을 도맡아

수(申光洙)의 「서마기사사(書馬騎士事)」에서 볼 수 있다. 임형택, 『한문서사의 영토 1』, 태학사, 2012, 396쪽.
5 박지원 저, 김혈조 역, 『열하일기 1』, 돌베개, 2009, 58~59쪽.

했던 난두(欄頭)로 짐작되는데, 김창업의 연행록에는 난두들이 역관들을 대접하는 사례가 보이기도 한다.[6] 북경 상인들 또한 연행사의 역관과 상인들을 후히 접대하는 것이 관례였다.[7]

이처럼 연행에 많이 참가하였던 역관들은 다양한 중국 체험을 바탕으로 한중 문화교류에서 기여한 바가 적지 않다. 여기에서는 서적의 수입과 중국 창기와의 접촉 등 두 가지 측면에서 역관들의 중국 체험과 문화교류를 살펴보기로 한다. 서적의 수입은 전근대 사회에서 고급 정보와 지식의 전파라는 측면에서 한중 문화교류의 핵심적 사안에 해당하며, 중국 창기와의 접촉은 우리가 미처 몰랐던 연행의 이면을 살펴보는 계기가 될 수 있을 것이다.

1) 중국 서적 수입을 통한 지식의 전파

전근대 시기 세계 체험의 기회였던 연행에 참여한 사대부 문인은 연행 기간 내내 중국에서 출간된 서적에 많은 관심을 기울였다. 앞에서 북경을 오가는 도중에 중국 문사와 교유한 곳으로 무령현 서진사가(徐進士家)와

---

[6] 김창업, 『연행일기』 〈1712년 12월 5일〉, "'난니보(爛泥堡)에 이르니, 민가는 겨우 수십 채인데 점방이 절반이었다. 주인집에 악기가 있어서 살펴보니 비파와 비슷한데, 배는 둥글고 목이 길었으며 줄이 둘이고 곡조는 매우 촉박하였다. 아침에 난두 이종신(李終信)의 집에 갔던 수역(首譯) 이하 6, 7인이 돌아와 말하기를, 훌륭한 접대를 받았으며 그의 손자 4, 5명이 다 글을 읽는다고 했다."

[7] 홍대용, 『연기』 〈1766년 1월 4일〉, "십수 년 전에는 사신 일행이 관소에 들어오면, 정가가 여러 통역들과 상인들을 초대하여 접대하는데 술·밥과 음악의 비용이 여간 많이 들지 않았고, 침구(寢具)와 포개(鋪盖)의 공급도 잘 하였다. 이는 정세태의 옛 규례였는데, 지금은 그렇지 못하다. 정가의 젊은이들이 주색과 도박 등으로, 그의 영업이 점점 패망했기 때문이었다."

풍윤현 곡응태가(谷應泰家)에 주목해 살펴보면서 곡응태가에서 중국 서적 매입이 이루어진 사실을 확인하기도 하였다. 그렇지만 중국 서적의 매입은 역시 대부분 북경 체류 중에 이루어졌다. 북경에 도착한 연행사가 공식적으로 중국 서적을 매입하는 경로는 대부분 서반(序班)을 통해 이루어졌다.

사전에는 서반이 중국 명청대에 홍려시(鴻臚寺: 외국에 대한 사무나 조공을 담당하는 관청)에 속한 벼슬로 백관(百官)의 반차(班次)를 담당했으며 황제의 칙명을 전하는 일을 담당한 것으로 나온다.[8] 그런데 연행사가 접했던 서반은 홍려시가 아니라 외국 사신의 접대를 관할하던 회동관(會同館)에 속했기에 그 성격이 조금 달랐다. 서반은 연행사의 서적 구입과 관련해 중요한 존재이기에 좀 더 자세히 그 성격을 알아볼 필요가 있다. 서반에 대해 상세히 기술한 대목은 이의현(李宜顯, 1720년 연행)과 홍대용(洪大容, 1765년 연행)의 연행록에 보이는데, 관련 기록은 다음과 같다.

서반이란 곧 제독부(提督府)의 서리인데 오래되면 간혹 승진되어 지현(知縣)이 되는 자도 있다. 우리나라 사람이 연중(燕中) 사정을 알려고 하면 이 서반을 통해야 알 수가 있는데, 이들은 번번이 위조 문서를 만들어 많은 값을 받고서 역관들에게 비싸게 팔기도 한다. 이들의 집은 대부분 남방(南方)에 있는데, 서책은 모두 남방으로부터 이르기에 이들이 매매를 담당하게 되니 우리나라에서 말하는 거간과 같다. 역관들이 또 그 중간에 끼어 있어서 사신이 책을 사려고 하면 반드시 역관들을 시켜 서반에게 구한다. 이들은 상호 간에 이익이 되는 바가 있기 때문

---

8 『한어대사전』 3권, 1211면.

에 몹시 교분이 깊다.**9**(이의현, 『경자연행잡지』)

서반이라는 것은 서리(胥吏)다. 사행이 연경에 도착하면, 예부(禮部)에서 서반 10인을 뽑아 번(番)을 돌려 가며 아문을 직숙(直宿)하여 관아의 역사(役使)에 충당한다. 이들은 모두 지방의 성(省)으로부터 뽑혀 온 자들로 봉급이 매우 낮았다. 그리하여 수십 년 동안 내려오면서, <u>연경의 화물(貨物) 중 좀 고상한 것은 모두 서반을 시키어 무역을 주관하고 그 이윤을 먹도록 하였다. 때문에 서적·서화·붓·먹·향차(香茶) 등은 다른 상인은 참예할 수 없게 되어 있다.</u> 그리하여 물가가 해마다 올라가게 되었다. 우리나라 사람들은 그들의 등쌀에 시달리게 되어 혹 그들 몰래 사고팔다가, 그들로부터 온갖 곤욕을 받기도 한다."**10**

18세기 전반과 후반에 쓴 두 기사를 비교해 보면, 서반을 서리라고 하였고 지방 출신으로 서적의 매입을 중개하면서 이익을 취한다고 본 것은 똑같다. 그런데 이의현은 제독부(提督府)의 서리라 하였고 홍대용은 예부에 소속된 자들이라 하여 그 소속을 달리 말하였다. 이러한 차이점을 규명하기 위해서는 연행사가 접한 서반의 소속과 직책을 구체적으로 살펴볼 필요가 있다.

『황조통전(皇朝通典)』 권25 직관(職官) 조에 따르면 예부의 제독회동사역관(提督會同四譯官)에 소속된 관원으로 낭중(郎中), 대사(大使), 서반(序班),

---

9 『한국문집총간』 181권, 502면; 이의현, 『도곡집』 권30, "序班, 卽提督府書吏, 而久則間有陞爲知縣者. 我國人欲知燕中事情, 則因序班而求知, 輒作僞文書, 受重價而賺譯輩. 其家多是南方, 而書冊皆自南至, 此屬擔當買賣, 如我國所謂僧人. 而譯官居其間, 使臣欲購冊子, 必使譯輩求諸序班, 彼此互有所利, 故交結甚深."

10 『국역 담헌서』 「외집」 권7 「연기」 「아문제관」.

통사관(通事官)의 직책이 보인다. 이로 미루어 보면 서반은 예부 소속이면서 외국 사신의 접대 및 통역을 담당한 제독회동사역관에 소속된 직책임을 알 수 있다. 홍대용과 이의현이 각기 예부와 제독부 소속으로 기록한 것은 모두 틀린 기록이 아니니, 제독부는 곧 예부에 소속된 관서이기 때문이다.

한편 『흠정역대직관표(欽定歷代職官表)』 권11에는 이들이 관소를 관장하면서 외국 사신의 접대를 담당하는 것이 임무이며 외국의 언어와 문자를 익힌다고 하였다. 아울러 서반은 한인(漢人) 2인, 조선통사관은 만주(滿洲) 12인이 정원임을 명시하고, 서반은 애초에 20인에서 2인으로 줄어든 반면 통사관은 6인에서 12인으로 늘어난 연혁을 기록하였다.[11] 여기에서 조선통사관은 우리 측의 역관과 같은 존재인데, 만주인으로 기록되어 있는 것이 일견 의아할 수 있다. 그러나 이어지는 기록에서 조선어 역생(譯生) 20인을 두고 통사관이나 서반 중에 결원이 생기면 이 역생 중에서 선발하여 보충한다고 하였다. (朝鮮譯學, 置譯生二十人, 於下五旗朝鮮子弟內選充 […] 通事官及序班員闕, 均以譯生選補) 조선어 역생은 팔기 중 하오기(下五旗)[12]에 속한 조선인 자제 중에서 선발한다는 기록을 통해 통사관은 조선인의 후예 중에서 선발하여 임명했음을 알 수 있다.

이상의 검토를 통해 우리는 서반 및 통사관의 성격을 개략적으로 파악

---

11 『欽定歷代職官表』 권11(사고전서 전자판), "會同四譯館, 大使漢人一人, 序班漢人二人, 朝鮮通事官滿洲十有二人, 掌治館舍委積, 以接待人使, 通外國語言, 繙習文字."

12 청나라의 독특한 군사 행정 조직인 팔기제는 시조인 누르하치가 만주족을 통일하는 과정에서 만주족 고유의 사회 조직을 기(旗)라고 불리는 군사 집단으로 편성하여 운용한 것에서 비롯되었다. 1601년 누르하치가 이 제도를 창시했을 무렵에는 황, 백, 홍, 남의 4기였으나 누르하치의 세력이 확장되며 기인의 수가 증가하자 각 색을 두 개의 기로 나누어 1615년에는 정황, 양황, 정백, 양백, 정홍, 양홍, 정람, 양람의 8기로 개편하였다. 팔기는 황제의 영에 따른 상삼기(上三旗)인 정황기·양황기·정백기와 그 외의 하오기(下五旗)인 정홍기·양홍기·양백기·정람기·양람기로 나누어졌다.

했는데, 정작 왜 이들이 서적의 매매를 전담하게 되었는지는 여전히 알 수가 없다. 아마도 서적의 매매를 중개하는 일이 서반의 공식적인 직무는 아니었기에 위의 기록에는 명시되지 않은 것으로 여겨진다. 따라서 그 이유는 우리 측의 연행 기록을 종합해서 추론해 볼 수밖에 없다. 인용문에서 이의현은 서반이 남방 출신이며 서적이 대부분 남방에서 출간되어 북경에 이르기에 이들이 서적의 매입을 중개한다고 하였다. 이는 명말에 비약적으로 발전한 강남 지방의 출판문화를 염두에 둘 때,[13] 상당히 흥미로우면서 일리 있는 지적으로 생각된다.[14] 이에 비해 홍대용은 서반의 낮은 보수 때문에 서적·서화 등의 물품에 대해서 이들에게 매입을 전담하도록 한 것이라고 말하고 있다. 즉 서반의 낮은 봉급을 보전해주기 위해 직무 수행과 관련한 일종의 경제적 특혜를 준 것으로 파악한 것이다.

이기지(李器之) 또한 "대개 서책의 매매는 서반들이 관례에 따라 이를 모두 담당했으며, 그 가운데 이윤을 남기는 일이 많다고 한다. 서반은 전부 절강 사람들로 다들 경박하고 사람을 잘 속여서 북방 사람에 크게 미치지 못한다."[15]라는 간략한 기록을 남겼다. 서반이 강남의 절강 출신으로 서적 중개를 통해 이익을 취했으며 이는 관례에 따른 것이라는 것이다. 이러한 여러 기록을 종합해 볼 때 강남 지방의 한족 출신으로 서적에 대해 잘 아는 서반에게 직무와 관련한 경제적 이익을 주기 위해 서적 중개를 전담하도록 한 것으로 보는 것이 온당해 보인다. 서반은 이처럼 북경

---

[13] 명말 강남의 출판문화의 성행에 대해서는 오오키 야스니 저, 노경희 역, 『명말 강남의 출판문화』(소명출판, 2007)에서 자세히 논하였다.

[14] 이민희, 「조선과 중국의 서적중개상과 서적 유통문화 연구」(『동방학지』 141, 2008) 328쪽에서는 이의현의 이 기록을 근거로 서반을 "일종의 서리직을 맡은 관리로서 인쇄업이 발달했던 중국 남방의 외성(外城)에서 선발된 자들이었다."라고 파악하였다.

[15] 『일암연기』〈1720년 9월 25일〉, "盖書冊買賣, 序班例皆爲之, 而中多餘剩云. 序班盡是浙人, 皆輕佻詐薄, 大不及北方人."

의 관소에서 연행사의 중국 서적 매입을 전담하였는데, "역관들이 또 그 중간에 끼어 있어서 사신이 책을 사려고 하면 반드시 역관들을 시켜 서반에게 구한다"는 이의현의 기록으로 보아 이 과정에 역관 또한 개입했음을 알 수 있다.

이기지는 서반을 통해 서적을 매입하는 광경을 다음과 같이 적었다.

> 서책이 이날부터 들어오기 시작하였다. 대개 사고자 하는 서책을 서반에게 써주면 서반이 대강 값을 매겨서 서점상에게 주는데, 책마다 첫째 권만 가져온다. <u>자세히 살펴보고 살 책을 결정하면 역관이 서반과 가격을 흥정하였는데, 5~6일이 지나서야 비로소 값을 정할 수 있고 그 후에 책값을 준다.</u> 값을 지불한 뒤에야 전질을 모두 보내오는데, 이번에는 서반들이 모두 능력이 변변치 못하고 솔직하지도 않아 단지 값을 높게 매길 줄만 알았지 책을 원하는 대로 구입해주지도 못했다.『십칠대전사(十七代全史)』, 장중승(張中承)이 고증하여 편집한『팔편류찬(八編類纂)』,『주자어류(朱子語類)』,『소자전서(邵子全書)』,『육방옹집(陸放翁集)』,『귀진천집(歸震川集)』,『전목재집(錢牧齋集)』,『명기전재(明紀全載)』,『구주두시(仇註杜詩)』,『중만당시(中晚唐詩)』,『본초강목(本草綱目)』,『준생팔전(遵生八牋)』등의 책을 샀으며, 나머지는 이루 다 기록할 수가 없다.[16]

위의 기록을 살펴보면, 서반은 서책의 전질을 다 가져오지 않고 첫째 권만을 가져와 보여준 후 살 책을 결정하면 그 책값을 우리 측 역관과 흥정하였음을 알 수 있다. 책값이 정해진 후에야 전질을 들여보냈으며, 사

---

16 이기지 저, 조융희·신익철·부유섭 역,『일암연기』, 한국학중앙연구원 출판부, 2016, 388~389쪽.

행이 떠날 즈음에 급히 책을 가져와서 낙질(落帙) 여부를 상세히 살펴보지 못하는 경우도 있었다.[17] 연행사는 책의 전질을 다 살펴보지 못하고 첫째 권만 보고 사야 하는 것과 서반이 이문을 남기는 데에만 관심이 있고 사고 싶은 책을 제대로 구해주지 않아 분개하기도 하였다.[18]

서적을 중개하면서 이문을 취했던 서반은 연행사가 개인적으로 책을 사지 못하게 감시하며 엄하게 금지했다. 이와 관련한 흥미로운 일화가 1727년에 연행한 강호보의 『상봉녹』에 보인다. 풍윤현에서 『천하명산기』를 매입하지 못한 강호보[19]는 북경에 도착하자마자 역관을 통해 이 책을 찾도록 했으나 구할 수가 없었다. 이때 강호보의 마두인 수만(壽萬)이 자신과 친분이 있는 왕전장(王傳章)을 통해서 구해 보겠노라고 나선다. 그러면서 수만은 왕전장이 자신에게 빚이 있는데, 이 책을 구입하는 것으로 빚을 대신 받으려고 한다는 말을 한다. 그러나 왕전장은 『천하명산기』를 구하지 못하고, 대신 『팔대가(八大家)』와 『주서유취(朱書類聚)』를 가지고 와서 강호보와 부사 이세근(李世瑾)은 이 책을 구입하게 된다. 그런데 이 일을 알게 된 서반 부가(富哥)와 범가(范哥)가 왕전장을 구타하고 강호보에게도 죄를 물으려 소지(所志)를 올리는 등 한바탕 소동이 벌어진다. 강호보는 이때 1,380여 권의 서적을 구입하였는데, 이를 본 역관들은 군관 중에 이처럼 많은 서적을 구입한 이는 보지 못하였다고 하였다.[20] 강호보의

---

17 이기지, 『일암연기』〈1720년 10월 15일〉, "書冊頭卷入來, 已十餘日, 而尙未定價, 盖定價後入全帙也. 書冊買賣, 序班例當之, 而今番序班皆孱劣, 不能隨求. 卽入且延拖日子, 欲臨行猝急, 不能詳考書冊之落篇, 其情可痛."

18 이상 서반을 통해 서적을 매입하는 양상에 대해서는 신익철, 「연행록을 통해본 18세기 전반 한중 서적교류의 양상」(『대동고전연구』 25, 2009) 233~237쪽의 내용을 정리한 것이다.

19 풍윤현에서의 『천하명산기』 매입에 관해서는 2장에서 풍윤현 곡응태가에서의 중국 문인 교유를 다루면서 언급한 바 있다.

20 이 기사는 서적 매입과 관련해 여러 가지 흥미로운 점을 알려주기에 긴 내용이지만 관련 대목을 아래에 제시한다. 강호보, 『상봉녹』〈1728년 2월 7일〉, "북경 들어온 후에 내 역관

에게 청하여 이 두 책을 구하라 하고 영공(令公)도 내 말을 듣고 또한 사고자 하여 역관에게 엄히 분부하되 그 두 책이 없다 하고 얻어드리지 아니하더니 마두 수만이 내 서책에 벽(癖)이 있는 줄을 익히 알고 또 내 이 두 가지 책을 구하여 얻지 못하는 줄 보고 조용히 나에게 일러 왈(曰), '연법(燕法)이 오직 서반에게만 우리 사행에게 책을 팔게 하고 다른 되는 감히 서책을 가지고 관(館)에 들어오지 못하니 서반이 다 강남 사람으로 올라와 입번(入番)하는 고로 그 멀리서 왔다 하여 서책을 팔아 그 남는 값을 먹게 함이라. 다른 길로 서책을 구하지 못하는 고로 길이 좁아 구하는 것을 얻지 못하는 것이 많으니 북경에 왕전장이란 자가 있어 이전부터 서로 친하여 서책을 구함에 못 얻는 것이 없던 것이니 청컨대 가만히 물어보겠습니다. 소인이 이전에 왕전장에게 빚 준 은냥이 있되 갚지 못하였는 고로 이번에 서책으로 갚으라고 하려서 서책을 받으시면 빚을 받게 하였으니 다행입니다.' 하니, 의주에서부터 수만이 매양 돈을 꾸라 하며 북경 들어가 빚 받아 갚으마 하거늘 곧이 듣지 아니하고 월강(越江)한 후에 되놈들이 수만에게 빚 갚지 아니한다 하고 보채는 놈이 많음을 여러 번 보았던 고로 내 꾸짖어 왈(曰), '네 되를 속여 빚을 많이 썼으니 네 빚을 갚아야 할 이 어이 없으리오.'라고 하니, 수만 왈, '다만 책 이름을 적어주시고 전두(前頭)를 보소서.' 하거늘 믿지 아니하되 시험하여 두 책 이름을 적어주었더니, 수일 후 수만이 와 고왈(告曰), '왕전장이 와 이르되 구하는 두 책은 아직 얻지 못하였으되 마침 다른 좋은 책을 얻었으니 너희 노야(老爺)가 반드시 기뻐할 것이므로 가져왔노라 합니다.'라고 하였다. 내 가져오라 하여 보니 하나는 『팔대가(八大家)』요, 하나는 강희(康熙) 선(選) 『주서유취(朱書類聚)』더라. 내 동방(東方)에 있을 적부터 당판(唐板) 『팔대가』를 무수히 보되 다 판(板)이 완(刓)하고 가늘어 볼 만하지 아니하고 이번 길에도 또한 좋은 본을 보지 못하였더니 왕전장이 바친 본이 과연 드문 본이거늘 내 사고, 『주서유취』는 내각본(內閣本)으로 종이가 두껍고 글자가 크거늘 부영공(副令公)이 샀더니, 서반 부가(富哥)와 범가(范哥) 두 되놈이 그 형상을 알고 왕전장을 잡아 치고 끌며 그 의상을 찢고 또 내 왕전장과 함께 교역한 줄을 노하여 내 앞에 이르러 연유를 물으며 말이 불손하다 하거늘 내 군뢰(軍牢)를 불러 두 놈을 등밀어 내치니 두 되놈이 더욱 대로(大怒)하여 적은 종이에 날을 읽어 소지(所志)를 써 영공께 청한대 영공이 웃으며 말하기를 '왕전장과 더불어 교역함이 내 또한 참예(參預)하여 책망이 있노라.' 하고 역관을 분부하여 군뢰를 불러 몰아 내치니 서반이 더욱 노하여 제독(提督)에게 청하러 가노라 하더니 그 후에 다시 소문을 듣지 못하더라. 그 소지에 가로되, '회동관(會同館) 서반 등은 한가지로 이노야(二老爺) 좌전(座前)에 노(怒)하노라. 우리 등이 마을에서 맡은 일이 청한(淸閑)함이 남보다 배나 많은즉 귀국(貴國) 사신이 서울 들어오매 종이장 출입을 맡아 신고(辛苦)한 것이 많아도 하나도 나는 것이 없고 다만 서책 매매를 맡았으되 값을 남겨 먹는 것이 많지 아니하거늘 이제 강진사(姜進士) 적은 이(利)를 탐하여 우리에게 집물(什物)을 구하다가 욕심을 이루지 못하고 이에 적은 매매인 왕전장을 교통(交通)하여 사사로이 서책을 사 값을 논하려 하니 어찌 귀국 진사가 재물을 탐하고 이(利)를 도모하여 체면을 돌아보지 아니함이 이같이 할 길이 있으리오? 만일 제독 노야가 이런 줄을 알면 그 죄가 장차 어디로 돌아가리오? 이에 감히 삼가 고하니 이노야는 자세히 살펴 시행하라.' 하였으니 그 꾸며 무함(誣陷)함이 가히 요망하여 족히 한 번 웃음을 자뢰(資賴)하나 나도 또한 놈의 나라에 들어 법금(法禁)을 묻는 한

마두 수만과 친분이 있는 왕전장은 북경 상인으로 여겨지며, 그에게 돈을 빌려주었다고 한 것으로 미루어 볼 때 수만은 마두로 참가한 사상(私商)이 아닌가 생각된다. 이 기록을 통해 볼 때 서적의 중개를 통해 얻는 이익이 상당했음을 짐작할 수 있다.

홍대용 또한 유리창을 구경하는 자신을 감시하는 서반을 발견하고는, "일행의 서적 매매는 다 서반이 담당하여 이익을 취하였는데, 이날 서반 한 명이 나를 따라와 곳곳을 지키며 떠나지 않았다. 대개 내가 은을 많이 갖고 있고 서책을 많이 살 것이라 생각하고는 관의 허가 없이 몰래 사고 파는 장사가 있을까 하여 살피는 것이었는데 매우 괴로웠다. 여러 차례에 걸쳐 먼저 돌아가라 해도 듣지 않더니, 유리창 이문(里門)을 나간 후에야 웃으며 먼저 갔다."[21] 라고 하였다. 실제로 서반 이외에 서적 매매상이 사신의 숙소를 찾았다가 관소의 문이 닫힌 줄 모르고 있다가 몸을 숨기는 경우도 있었다. 발각될 경우 관아에 붙잡혀 가 곤욕을 치르고 많은 벌금을 물어야 했기 때문이다.[22]

경계를 범하였으니 또한 능히 검연함이 없지 아니하더라. 부가 범가 두 놈이 다 키 짧고 말솜씨가 좋고 성식(性息)이 심히 사독(邪毒)하니 강남 사람은 대저 다 그렇다고 하더라. 이로 인하여 『독례고(讀禮考)』와 『명산기(名山記)』 두 책을 마침내 얻어 사지 못하니 가히 한스럽더라. 내 이번 길에 소득이 자못 적지 아니하되 치행(治行)하노라 인용한 것을 계규(戒規)하여 덜고 그 밖은 다 서책을 사니 무릇 1,380여 권이니 자는 방에 쌓으매 반간(半間)에 가득한지라. 역관들이 보고 다 이르되, '군관으로서 책 사기를 1,000권이 넘는 자를 이전에 듣지 못하였고 비록 사신이라도 진실로 서책에 벽(癖)이 없는 이는 또한 상사(上舍)같이 많이 사지 아니한다.' 하더라. 서책을 다 역관에게 청하여 되놈의 고차(雇車)에 세(貰)를 주고 실어내어 오더니 돌아와 책문에 이른 후에 난리(亂離) 기별로 인하여 심사가 요란하여 전혀 살피지 아니하고 왔더니 서울 들어온 후에 찾아 얻은 것이 오분지일이 못하고 다 잃어버리니 평생의 한이러라."

21 홍대용, 『연기』 〈1766년 1월 11일〉.
22 이기지, 『일암연기』 〈1720년 9월 28일〉, "自是日, 買賣人始任意出入, 門禁漸緩, 且日暮閉門矣. 門閉後, 有一買賣人, 不知門閉, 尙在門內, 大生恐慟, 哀乞於寺僧, 藏蹤僧房. 若現發, 送衙門, 則受困辱, 多捧銀云矣."

이상에서 북경 관소에서 연행사가 서반을 통해 중국 서적을 매입하는 경우를 살펴보았는데, 이제 역관들의 서적 매입 양상을 구체적으로 살펴보기로 한다. 서반과 함께 서적 매매를 중개하면서 중국의 서적을 많이 접하게 되는 역관들은 연행 사절단이 주목하지 못한 최신 서적을 가져오기도 했다. 이는 최신 지식의 수용 및 전파와 관련해 주목되는데, 몇 가지 예를 들어 본다.

① 역관 오지항(吳志恒)이 책 한 권을 얻어 왔는데, 이름이 『대흥현지(大興縣志)』다. 대개 북경성(北京城) 안에 두 현이 있는데, 동쪽은 대흥(大興), 서쪽은 완평(宛平)이다. 북경성 동쪽 안팎에 있는 궁궐, 사단(祠壇), 촌방(村坊), 산천, 인물, 풍속이 모두 기재되어 있고, 그 지방에서 생산되는 화과(花果), 금수들도 모두 적혀 있다. 이 책을 얻으니 더욱 바깥으로 나가고 싶은 마음이 생겼다. 드디어 백씨(伯氏, 김창집)와 함께 정해진 수 외의 방물(方物) 중에 호조에 되돌려 바칠 것을 제외한 것으로 이 책을 바꾸어 옥당(玉堂)에 보내기로 의논하였다. (김창업, 『연행일기』〈1713년 1월 6일〉)

② 수역(首譯, 이정희)이 『흠정고금도서집성총목(欽定古今圖書集成總目)』과 목록 10책을 30투(套)에 담아 가지고 왔는데, 그 책은 권수로는 1만 권이요, 책수로는 5천 책이 된다. 건상전(乾象典)과 역법전(曆法典)을 취해 보니, 『천학초함(天學初函)』과 『수리정온(數理精蘊)』 같은 책도 여기에 들어 있고, 직방전(職方典)과 변예전(邊裔典)을 살펴보니 『일통지(一統志)』와 『광여기(廣輿記)』 또한 여기에 들어 있었다. […]
분지(粉紙)에 찍어내고 황전(黃牋)으로 꾸몄으며, 판본 또한 매우 뚜렷하니, 참으로 기이한 보배에 든다고 할 만하다. 판본을 처음 찍은 것

이 강희 연간에 시작해서 옹정 초년에 끝마쳤으며, 천하의 거질이기에 겨우 다섯 본만 찍어낼 수 있었다. 두 본은 내부(內府)에 소장하고, 두 본은 친왕(親王)에게 하사하였으며, 한 본은 부마에게 내려졌는데, 이것이 그 본이다. 이 책을 팔고자 한 것이 이미 오래되었는데 아직껏 팔리지 않은 것은 가격이 너무 비싸기 때문이다. 수역이 총목(總目)을 얻어 왔기에 그 값을 물어보자, 대답하기를 "2천 5백 냥이니, 너희 나라 사람들이 마련할 수 있는 바가 아닐 것이다."라고 했다고 한다. (이의봉, 『북원록』〈1761년 1월 19일〉)

③ 수역관 이언용(李彦容)이 『어제전운시(御製全韻詩)』 4책을 구하였다. 지금의 황제가 그 선조의 어려웠던 창업(創業)을 서술한 것으로 동(東)·동(冬) 이하의 운을 차례로 달아 고시(古詩)를 모방하여 짓고 각각 제목을 달았으며 또 주해(註解)가 있는데 우리나라의 「용비어천가」와 흡사하고 신이(神異)한 사적이 많다. 강홍립(姜弘立)이 투항(投降)한 일을 기록하면서 강공렬(姜功烈)이라고 잘못 기록하였으며, 또 나덕헌(羅德憲)·이확(李廓)의 일을 기록하기를 "조선이 청(淸)을 섬기자 나씨·이씨가 복종하지 않았다." 하였다. 이 두 사람은 대개 무인(武人)으로 기미년 이후에 우리나라에서 청나라로 보낸 사신이다. 후금(後金)이 우리나라에 보내는 국서(國書)에 황제라 칭하였으므로, 두 사람은 그 글을 길에 버리고 돌아왔다. 우리나라의 사대부들은 이러한 대절(大節)을 지닌 두 사람을 알지 못하니 한탄스러울 뿐이다. (이덕무, 『입연기』〈1778년 6월 12일〉)

①은 역관 오지항이 북경의 지리 정보서인 『대흥현지』를 가져와 김창업이 알게 되는 내용이다. 『대흥현지』는 이개태(李開泰) 등이 만든 것을 장

무절(張茂節)이 수보(修補)한 6권의 책으로 1685년에 간행되었다. 김창업이 말한 대로 대흥현의 역사, 자연지리 등이 망라되어 있어 연행사가 북경을 유람할 때에 요긴하게 활용할 수 있는 책이다. 그 가치를 알아본 정사 김창집은 호조에 반납할 연행사의 공금으로 이 책을 구매해 홍문관에 비치하려는 결정을 내린다. 실제로 김창업은 이 책에 실린 정보를 바탕으로 북경 외성 동남쪽의 약왕묘(藥王廟)·금어지(金魚池)·법장사(法藏寺) 등을 최초로 탐방하였고, 이를 계기로 이후 연행사들이 이곳을 자주 찾게 된다. 북경은 황성을 기준으로 동쪽이 대흥현, 서쪽이 완평현에 속해 있었는데, 김창업에 이어 1720년에 연행한 이기지는『대흥현지』와 함께『완평현지』또한 참고하여 북경의 명소를 탐방했다.[23] 오지항을 통해 구한 북경성의 대표적 지리서인『대흥현지』는 북경 유람에 매우 요긴한 정보를 담고 있어 매우 빨리 전파·활용되고 있음을 확인할 수 있다.

②는 1765년 삼절연공사의 수석 역관으로 연행한 이정희(李挺熺, 1694~?)가 청나라의 대표적 백과사전인『고금도서집성』의 목록을 사신단에게 소개한 것이다. 이정희는 전주이씨 역관 집안에서 태어나 1710년(숙종 36) 증광시에서 1등 3위로 급제한 인물이다. 강희제 때부터 편찬되기 시작한『고금도서집성』은 옹정 6년인 1728년에 동활자를 사용해 출간되었는데,[24] 이의봉은 조선의 연행사 중『고금도서집성』을 처음 접하고 기록으로 남긴 인물로 보인다. 이의봉은『천학초함(天學初函)』과『수리정온(數理精蘊)』같은 서학서도 여기에 들어 있으며, 판본 또한 매우 뚜렷하여 참으로 기이한 보배라고 감탄하였다. 서양의 최신 역법을 소개한 서학서를 포함한 방대한 내용에 활판의 정밀함을 높이 평가한 것이다.

---

[23] 임영길,「18~19세기 조선 문인들의 北京 인식과 기록 양상」,『동양한문학』54, 2019, 169~170쪽.
[24] 〈바이두백과〉참고.

이의봉은 서학에 대한 관심이 높았던 인물이다. 2월 6일 천주당을 방문한 자리에서 이의봉은 유송령(劉松齡)과 그의 서기로 있는 서광계(徐光啟)의 후손 서승은(徐承恩)을 만나 필담을 나누면서 『천학초함』을 보고 싶다며 자세하게 물었다. 이의봉이 천주당 벽면에 붙은 〈곤여도〉에 깊은 관심을 보이자 유송령은 『곤여도설(坤輿圖說)』 2책을 선물로 주기도 하였는데, 이의봉은 자신의 연행록에 『직방외기(職方外紀)』와 『곤여도설』의 내용을 자세하게 서술하기도 하였다.[25] 『고금도서집성』은 1777년 진하겸사은사로 다녀온 이은(李溵), 서호수(徐浩修) 일행이 은자(銀子) 2,150냥을 지급하고 구입해 오게 되는데, 위의 기록에서 말한 책값 2,500냥과 거의 차이가 안 나는 것도 흥미롭다. 서적에 관심이 많았던 정조는 즉위 초에 『사고전서』의 간행 소식을 듣고 연행사에게 이를 구입하라고 지시하였는데, 『사고전서』의 편찬 작업이 끝나지 않았기에 대신 『고금도서집성』을 구입하게 된 것이다.[26] 여하튼 청 초기의 대표적인 백과사전인 『고금도서집성』이 조선으로 유입된 데는 1765년 이정희가 이 책을 처음으로 소개한 것이 계기가 된 것이 분명하다. 이정희의 사례는 서적을 통한 최신 지식의 전파에서 역관의 역할이 지대함을 보여준다.

③은 1778년 연행사의 수석 역관 이언용이 『어제전운시(御製全韻詩)』 4책을 구한 것을 기록하였다. 『어제전운시』는 건륭제가 각 편마다 하나의

25　신익철 편저, 『연행사와 북경 천주당』, 보고사, 2013, 184~195쪽.
26　『정조실록』 1년(1777) 2월 24일, "신 등이 또 작년 10월 초7일에 내린 황지(皇旨)를 살펴보았는데 심초(沈初)·전여성(錢如誠) 등을 사고전서 부총재(副摠裁)로 차출하였으니, 그 공역이 끝나지 않았다는 것을 더욱 믿을 수 있었습니다. 삼가 생각건대 『사고전서』는 실로 『도서집성』에 의거하여 그 규모를 확대한 것이니, 『도서집성』이 바로 『사고전서』의 원본인 것입니다. 이미 『사고전서』를 구득하지 못할 바에는 먼저 『도서집성』을 사오고 나서 다시 공역이 끝나기를 기다려 계속 『사고전서』를 구입하여 오는 것도 불가할 것이 없을 것 같기에, 서반들에게 문의하여 『고금도서집성』을 찾아냈는데 모두 5,020권에 502갑(匣)이었습니다. 그 값으로 은자 2,150냥을 지급했는데, 지금 막 실려 오고 있습니다."

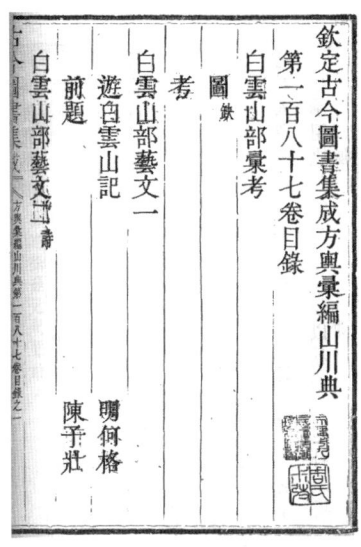

그림 12 | 『고금도서집성』「방여휘편·산천전」 〈바이두백과〉

운을 사용하여 청대의 제왕을 비롯한 명 이전 역대 제왕의 업적과 득실을 5언·7언시로 노래한 것이다. 전운시란 제목 그대로 모든 운자를 사용해 쓴 시인데, 널리 통용되는 106운을 그 대상으로 하였다. 이덕무는 이 책에 대해 "주해(註解)가 있는데 우리나라의 「용비어천가」와 흡사하고 신이한 사적이 많다."고 하였는데, 이는 만주족의 기원과 관련된 신이한 이야기가 이 책에 실려 있음을 말한 것이다. 18세기 조선의 지식인은 청국을 지배하고 있는 만주족의 실상에 대해 대부분 거의 무지한 편이었다. 이는 청 황실의 성씨를 동(佟)이나 조(趙)로 알고 있는 데에서 극명하게 드러나니, 이익(李瀷) 같은 박식한 실학자도 청 황실의 성을 잘못 알고 있었다. 조선의 지식인들이 청 황제의 성이 애신각라(愛新覺羅)임을 알게 된 것은 바로 『성경통지(盛京通志)』나 『어제전운시』의 기록을 접하고 나서부터였다.[27] 만주족에 대한 이해는 박제가, 유득공, 이덕무, 박지원 같은 북학파 문인에 의해 심화되는데, 이덕무는 『어제전운시』가 만주족의 실상을 객관적으로 인식하는 데 유용한 정보를 지니고 있음을 간파한 것이다.[28]

이덕무는 『어제전운시』에 후금(後金)이 우리나라에 보내는 국서(國書)에 황제라 칭하였으므로 나덕헌(羅德憲)과 이확(李廓)이 그 글을 길에 버리고 돌아왔다는 기록이 있다고 소개하였다. 이는 두 사람이 명청교체기인 1636년(인조 14) 심양에 회답사(回答使)로 갔을 때의 일을 말한 것이다. 당시 심양에서는 국호를 청(清)이라 고치고 왕을 황제로, 연호를 숭덕(崇德)이라 하여 교외에서 하늘에 제사를 올리려고 하면서, 나덕헌과 이확을 조선 사신으로 참여시키려고 하였다. 두 사람은 이에 결사적으로 항거하여 구타를 당하고 의관이 찢어지는 등 온갖 모욕을 당하면서도 결사적으로 거부하여 불참하고 돌아왔다. 당시 조선에서는 전혀 그 실상을 모른 채 두 사람을 효시해야 한다고 청하는 자들까지 있었다. 『어제전운시』의 기록을 통해 두 사람의 충절을 알게 된 정조는 이덕무의 연행 다음 해인 1779년에 특명으로 『어제전운시』를 구입해 오라 명하고, 이 책을 보고 난

---

[27] 이규경, 『오주연문장전산고』 「인사편 1」 「청제(清帝)·왜황(倭皇) 성씨에 대한 변증설」, "세상에서 청제의 성씨에 대해 혹은 동(佟), 혹은 조(趙)라 하여 정확히 알지 못하고, […] 심지어 성호(星湖) 같은 박식으로도 이를 분변하지 못하여, 청 성조(清聖祖) 연호는 강희(康熙)의 본성(本姓)을 퉁(佟)으로 썼다가 뒤에 다시 조(趙)로 고치었다. […] 상고하건대, 청제의 성은 애신각라씨이다. 즉 천녀(天女) 불고륜(佛古倫)이 신작(神鵲)이 물어온 주과(朱果)를 삼키고 나서 아들 천남(天男)을 낳자, 성을 애신각라로, 이름을 포고리옹순(布庫哩雍順)으로 지어주었다. 이는 『성경통지(盛京通志)』와 청 고종(高宗)의 『건륭어제전운시』 주(注)에 자세히 보이는가 하면, 애신은 금(金)을, 각라는 종실(宗室)을 말하는 것으로 여진족의 방언이다. 즉, 금나라 종실의 후예라는 뜻이다. 그 성씨가 사책(史策)·비패(碑牌)에 뚜렷이 게시되었는데, 우리나라 사람들이 고증할 줄을 알지 못하고 그저 퉁이니, 조이니 하니, 어찌 그다지도 노망(鹵莽)한지 모르겠다."

[28] 이에 대해서는 최다정, 「북학파 문인의 만주족 인식과 문예교류 양상 연구」(한국학중앙연구원 석사학위논문, 2020) 참고.

뒤에 이확에게 충렬(忠烈)이란 시호를 내렸다. 이 사실은 박지원이 지은 이확의 신도비명에 자세하게 기록되어 있다.[29]

이상에서 역관이 중국 서적을 통해 최신 정보 및 지식을 전파하는 사례를 『대흥현지』, 『고금도서집성』, 『어제전운시』를 통해 살펴보았다. 연행록에 보이는 이러한 사례 외에도 역관이 최신 서적을 구득하여 오는 경우가 매우 많았다. 이가환(李家煥)의 「고문연감발(古文淵鑑跋)」에 따르면, 역관 김지남(金指南, 1654년~?)이 『고문연감』을 얻었는데 그가 죽고 가세가 기울어 이 책을 보전할 수 없게 되자 이용휴가 김지남의 손자인 김홍철(金弘喆)에게 말을 주고 사왔다는 기록이 보인다.[30] 김지남은 숙종 연간의 대표적인 역관으로 수차례의 연행을 통해 중국의 발달된 화약 제조법을 습득하고 이를 『신전자초방(新傳煮硝方)』으로 저술해 군기시에서 간행한 바 있다. 1712년에는 청나라와 국경선을 확정 짓기 위해 양국 대표가 회동할 때, 아들 김경문(金慶門)과 함께 수행해 청나라 대표 목극등(穆克登)을 상대로 하여 백두산정계비를 세우는 데 공이 컸다. 그리고 사대와 교린의 외교에 관한 연혁·역사·행사·제도 등을 체계화한 『통문관지(通文館志)』를 아들과 함께 편찬하기도 하였다. 이외에도 역관 황하성(黃夏成)이 의서 『적수현주(赤水玄珠)』 1질 51책을 개인적으로 구매하여 내의원에 바친 일이 보이며,[31] 다양한 중국 소설이나 서학서 등이 역관을 통해 국내에 유입

---

29 박지원, 『연암집』 권2 「嘉義大夫行三道統制使贈資憲大夫兵曹判書兼知義禁府事 五衛都摠府都摠管 諡忠烈李公神道碑銘」, "今上三年, 特命購其書(『어제전운시』를 말함), 覽而嘉歎之, 命旌其閭, 而諡之曰忠烈."

30 이가환, 『금대시문초』 下 「古文淵鑑跋」, "此本爲書初成, 進御呈覽者也. 故紙墨粮良, 用黃絹粧, 後以賜親王某. 某與本國首譯金指南厚輗以贈之, 指南死, 家貧, 其孫弘喆, 不能守. 先君聞之, 斥廐馬以取之, 自是, 家遂無馬."

31 『경종실록』 2년(1722) 10월 11일.

되어 전파되는 일 또한 빈번했다.[32]

2) 홍순언 이야기의 유행과 중국 창기

앞에서 역관이 중국 측 서반과 함께 서적 매입에 관여하고, 최신의 중국 서적을 직접 소개함으로써 연행을 통한 지식 정보의 전파에 큰 역할을 하였음을 살펴보았다. 여기에서는 역관의 중국 문화 접촉의 일면으로 중국 창기와의 만남을 살펴보고자 한다. 양한적(養漢的)[33]이라 불리는 중국 창기는 연행 사절단 중 역관이나 만상(灣商)·사상(私商)같이 대청 무역에 종사하면서 중국 실정을 잘 알고 있는 계층들만 접촉할 수 있었던 대상으로 보인다. 양한적과의 만남은 중국통이라 할 수 있는 역관이나 사상들의 중국 문화 접촉의 일면을 잘 보여주는데, 이와 관련해 역관 홍순언(洪純彦, 1530~1598)에 관한 이야기가 널리 알려져 있다.[34]

연행에서 만난 양한적의 딱한 처지를 동정하여 그녀를 범하지 않고 거금을 들여 속량시켜준 홍순언의 의로운 행동은 조선 후기 내내 수많은 이

---

[32] 이에 대해서는 진재교, 「18·19세기 동아시아 지식·정보의 메신저, 역관」(『한국한문학연구』 47, 2011)에서 자세히 다루었다.

[33] 양한적은 관아에 소속되지 않고 독립적으로 운영된 사창(私娼)을 이르는 말로, 명나라 만력 연간(1573~1620)에 이르러 각지에 사창이 증가했으며, 북경이 더욱 심했다고 한다. 청대에는 순치(1644~1661)부터 강희(1662~1722)를 거치면서 역대로 전승된 관기 제도를 폐지했으나, 이는 개인이 경영하는 창기가 비약적으로 증대하는 결과를 초래했다. 이에 18세기 이후 중국 각지에 사창이 두루 존재했으며, 19세기 들어서는 연행 연로와 북경 등지에 사창이 매우 번성했던 것으로 알려져 있다. 그 실상에 관해서는 왕원주의 「燕行與解語花」(『이화사학연구』 50, 2015)가 참고된다.

[34] 이하 양한적과의 접촉에 대해서는 필자의 「연행사와 양한적 - 역관·사상이 접한 중국의 창루 풍경」(『한국고전여성문학연구』 34, 2017)의 내용을 요약 정리한 것이다.

야기로 회자되었다.³⁵ 그녀를 첩으로 둔 석성(石星)이 임진왜란 때에 조선을 힘써 도와주었으며, 보답의 예물을 거절하고 그녀가 손수 글자를 새긴 보은단(報恩緞)만 받고 돌아와 보은단동이란 지명이 생겼다는 등의 의로운 내용으로 인해 이 이야기는 널리 전파될 수 있었다.

그런데 홍순언과 동시대에 활동한 유몽인(柳夢寅, 1559~1623)의 홍순언 이야기에는 양한적과 관련한 내용이 없다. 유몽인은 역관 곽지원(郭之元)과 홍순언의 의로운 행동을 기술하면서 자신이 홍순언과 한 마을에 살고 있다고 하였는데, 잘 알고 지내는 중국인이 파산해서 처자까지 팔 처지에 놓인 것을 보고 금 500냥으로 빚을 대신 갚아주었다고 했을 뿐이다. 홍순언에 관한 최초의 기록인 『어우야담』에 양한적 이야기가 등장하지 않는 것을 보면 홍순언에 관한 미담은 재조지은(再造之恩)에 기반한 대명의리 관념에 따라 미화·윤색되었을 가능성이 다분한 것으로 여겨진다.³⁶ 『어우야담』에서 양한적과 관련한 이야기는 안정란(安廷蘭)에 관한 기사에 보이는데, 중국인 복장을 하고 창가에 들른 안정란이 조선인임이 들통나 쫓겨

---

35 홍순언에 관한 이야기는 유몽인의 『어우야담』을 비롯하여 김만중의 『서포만필』, 심재의 『송천필담』, 이익의 『성호사설』 등의 필기 야담집이나 박지원의 『열하일기』, 박사호의 『연계기정』 같은 연행록, 이중환의 『택리지』나 조선 후기의 각종 악부시 등에 두루 전하고 있다.

36 유몽인 저, 신익철·이형대·조융희·노영미 역, 『어우야담』, 돌베개, 2006, 584쪽. "곽지원과 홍순언은 역관의 거두로 모두 중국어를 잘하여 여러 차례 중국 조정에 갔다. […] 홍순언은 나와 같은 마을 사람인데 사람됨이 영민하고 용모도 뛰어났다. 그가 중국에 갔을 때 그 역시 예전에 알고 지내던 이를 만났는데, 환란을 만나 가업을 망치고 처자까지 모두 팔아야 할 신세였다. 홍순언이 즉시 금 오백 냥을 써서 그의 처자와 전장을 돌려받게 했다. 이 때문에 홍순언의 이름이 중국에 널리 알려져 이르는 곳마다 사람들이 그를 가리켜 반드시 '홍노야(洪老爺)'라고 일컬었다." 왕원주는 앞의 논문에서 『어우야담』의 홍순언 이야기에서 양한적이나 종계변무(宗系辨誣), 임진왜란 등과 관련한 내용이 없다는 점에서 홍순언 이야기가 대명의리론의 관점에서 후대에 미화되었을 가능성을 거론하였다. (168~169쪽) 김경록 또한 「선조대 洪純彥의 외교활동과 朝·明관계」(『명청사연구』 41, 2014)에서 임진왜란 시 외교 관계와 명나라에 대한 청병(請兵) 과정을 면밀하게 분석하면서 홍순언 이야기가 재조지은에 기반한 대명의리론의 관점에서 윤색된 것으로 보았다.

난다는 내용이다. 관련 대목을 인용해 본다.

> 안정란은 이문학관(吏文學官)으로 중국말을 잘해서 중국에 간 것이 여러 차례이다. 작은 모자를 쓰고 검푸른 도포를 입고 운혜(雲鞋)를 신고는 중국 사람의 모습을 하였다. 서너 명의 중국인과 함께 양한(養漢) 관창(官娼)의 집에 들어가서 스스로 섬서(陝西) 지방의 장사꾼이라고 일컫고는 창녀에게 자기를 청하였다. 관창은 스스로 비싼 값을 부르고 외국인은 받아들이지 않았다. […] (안정란의 귀에 귀걸이 자국이 있는 것을 보고 중국인이 아님을 의심하였으나 안정란이 변명하여 넘어감.) 술잔을 들어 서로 권함에 이르러 안정란이 잔을 쥐었는데, 손톱이 술잔에 잠겼다. 중국 사람은 잔을 잡을 때 으레 두 손가락을 사용하여 술잔 바깥쪽을 쥐어서 손톱이 술잔 속으로 들어가지 않는다. 이런 까닭에 창녀들이 안정란이 술잔 잡는 것을 보고는 크게 놀라며 말하기를, "술잔 잡는 것이 정말로 고려 사람이구나!" 하고는 손바닥으로 안정란의 등을 치면서 매우 화를 내면서 내쫓았다.[37]

여기에 등장하는 안정란은 1574년 성절사(聖節使)의 서장관으로 연행한 허봉(許篈)의 『조천기(朝天記)』에 여러 번 등장하는 인물로 홍순언과 동시대에 활동하였다. 이문학관으로 중국어에 능통하였다고 했는데, 허봉이 그와 시를 짓고 있는 것으로 보아[38] 사대부 신분의 역관일 가능성도 있다. 그런데 조헌(趙憲)의 기록에서는 사류하의 양한적이 먼저 연행사를

---

37 유몽인 저, 신익철·이형대·조융희·노영미 역(2006), 위의 책, 714쪽.
38 허봉, 『조천기』 〈1574년 5월 17일〉, "나는 안정란과 이관(李寬)을 불러서 같이 마셨는데 이관은 곧 상사가 데리고 온 자이며 술을 잘 마신다고 들었다. 나는 안정란에게 명하여 운자(韻字)를 부르게 하고 구두로 두서너 편을 불렀다."

유혹하고 있는 데 비해,[39] 여기 북경의 양한적이 있는 창루는 외국인 출입을 엄금하고 있는 것으로 되어 있다. 아마도 문금(門禁)이 엄격히 시행되었던 수도 북경과 지방 군현의 법령 차이에서 연유하는 것이 아닌가 생각된다. 이수광의 『지봉유설』에도 양한적에 대해 말하면서 서장관 송(宋) 아무개가 북경 창루에서 음행한 것이 발각되어 처형되었다는 기록[40]이 있는 것을 보면, 당시 북경에서는 조선인의 창루 출입이 금지되었으며 그 처벌 또한 매우 엄격했음을 알 수 있다.

홍순언과 안정란 이야기를 통해서 우리는 연행 사절 중 양한적과 접촉하였던 주된 계층이 역관임을 알 수 있다. 중국어에 능통하고 현지 습속에 밝은 역관들이 창기인 양한적과 가까이할 기회가 많았으리란 점은 쉽사리 수긍되는 사실이다. 그런데 조선 후기 연행록의 양한적 기사를 보면 역관과 함께 하례도 양한적과 접촉한 것이 이따금 보인다. 연행에 참가한 하례는 대부분 서북 지방의 관노로서, 이들은 양한적을 돈으로 살 만한 경제력이 없다고 보아야 할 것이다. 따라서 양한적과 접촉한 하례는 실상 조선 후기에 사상(私商)으로 대청 무역을 위해 하례의 명목을 빌어 연행에 참가한 이들로 추정된다.[41]

한편 박지원은 『열하일기』에서 연행에 참가한 역관과 비장(裨將)들의 놀이로 '구첩(口妾)'이란 것을 소개하고 있다.

---

[39] 조헌, 『조천일기』〈1574년 9월 11일〉, "十一日壬午, 朝陰, 午後雨. 歷城中節婦葉氏門, 憩于沙流河之道南人家, 有淫女三人, 摻李寬以惑之, 蕩之甚矣."

[40] 이수광, 『지봉유설』권18「技藝部·妓樂」, "今中朝號娼女爲養漢的, 隨其色貌美醜而上下其價. 亦有本夫牙儈而取利者, 俗謂王八, 蓋賤之也. 頃歲有宋某以書狀官赴京, 變着唐服, 出入倡店淫逐爲事, 乃前古所未聞也. 竟被罪死, 至今華人嗤點之, 辱國之罪, 曷勝誅哉!"

[41] 조선 후기 사상의 연행 참여와 이들의 대청 무역 실상에 대해서는 노혜경, 「조선후기 私商의 대청무역 연결망과 정책의 변화」, 『동북아문화연구』 35(2013) 참고.

비장과 역관들은 말 위에 앉아 건너편에서 오며 마주치는 한족과 만주족 여성들을 골라잡아 각기 첩으로 하나씩 정하는데, 남이 먼저 정해서 차지해버리면 감히 겹쳐 정하지 못하며, 그것을 서로 피하는 법이 아주 엄중하다. 말로만 정하는 것이므로 이를 구첩이라 하는데, 때때로 시샘도 하고 웃고 욕하며 조롱하고 떠들기도 한다. 이 역시 긴 여정에서 심심풀이로 시간을 보내는 한 가지 방법이다.[42]

구첩이란 놀이는 연행 노정에서 마주친 중국 여성에 대한 연행사의 관심을 잘 보여준다. 박지원은 구첩 놀이를 행하는 이들이 비장과 역관이라 하였는데, 이 중 역관은 연행에서 중국 무역을 독점하고 있었기에 조선 후기에 거부(巨富)가 된 이들이 적지 않았다. 연행에 지속적으로 참여하면서 무역에 종사했던 역관으로서는 중국 측 인사와의 연결망을 유지하는 일이 중요했을 것이다. 중국 측 통역관인 통관(通官)이나 북경까지 사신단을 호송하는 책임을 맡아보았던 장경(章京), 책문에서 북경까지 사행의 운송과 물자 수송을 도맡아 했던 난두(欄頭), 그리고 북경의 중국 상인 등이 조선 역관이 친분을 유지해야 했던 주요 대상으로 꼽힌다.

무역을 매개로 경제적 이해관계를 공유했던 이들 무리의 사교 공간에는 양한적이 있는 창루가 한자리를 차지했다. 1727년에 연행한 강호보의 연행록에는 다음과 같은 내용이 보인다.

홍만운(洪萬運)이 일행과 함께 청루(青樓)에 모여 있으면서 상의하여 나를 속이고자 하여 군뢰(軍牢)를 시켜 말을 전하길, "이곳에 기이한 구경거리가 있는데, 어째서 와서 함께 구경하지 않으십니까? 조금이라도

---

42   박지원 저, 김혈조 역(2009), 앞의 책, 137쪽.

지체하시면 볼 수 없으니 빨리 오시기 바랍니다."라고 하였다. 내가 군뢰에게 "무슨 기이한 구경거리란 말이냐?"라고 묻자, 군뢰는 이미 홍만운의 지시를 받은지라 "어떤 기이한 구경거리인 줄은 모르오나 일행들이 모두 가득 모여 있는데, 소인은 엿볼 수가 없었습니다."라고 하였다. 내가 그 말을 믿고 군뢰를 따라 한곳에 이르니, 문 앞에서 갑군 여러 명이 막으려 하였다. 군뢰가 꾸짖으며 "우리 어른이시다."라고 하자 들여보내주었다. 3겹의 문을 통과해서 한 건물 앞에 이르자 동행한 역관 변창화(卞昌華)가 내려와 문을 열고 맞이했다. 문안에 들어서니 기이한 향기가 방에 가득한데 향기가 너무 진해 도리어 구역질이 나려 했다. 눈을 들어 보니 동행한 10여 인이 통관·장경 등의 청국 관원과 함께 동서로 앉아 있었고, 미녀 7명이 그 사이에 뒤섞여 앉아 있었다. 가운데에는 커다란 탁자에 갖가지 음식과 술이 놓여 있었다. 내가 비로소 홍만운에게 속임을 당한 줄 알아차리고 즉시 밖으로 나가려고 했는데, 문을 이미 밖에서 잠갔으니 이들이 미리 지시해 놓은 것이다.[43]

강호보가 이날 양한적이 있는 창루에 이르게 된 것은 중국 여성의 복식에 대한 호기심 때문에 벌어진 일이었다.[44] 연행길에서 중국의 옛 제도가

---

43 강호보, 『상봉록』, "萬運與一行, 會坐靑樓, 相議欲詒余, 令軍牢傳語曰: '此有一奇觀, 何不臨柱而同看耶? 稍緩則不及, 須促來也.' 余問軍牢曰: '有何奇玩也?' 軍牢已受萬運指矣, 對曰: '不知有何奇觀, 而第一行皆會團團圍坐, 小人不得闖見矣.' 余信之, 隨軍牢行至一處, 門有甲卒數人欲防余, 軍牢呵曰: '我老爺也.' 始許入. 入三重門, 到一堂前, 同行譯官卞昌華下來開門迎入. 入門內, 異香滿室, 臭太酷, 反嘔穢. 擧目視之, 同行十餘人, 與通官·章京諸官胡, 分東西而坐, 美女七人錯坐其間. 中設大卓, 列饌進酒. 余始覺見瞞於萬運, 卽欲還出, 而門已自外鎖之, 亦同行之預指也."

44 김창업과 홍대용 등 많은 연행사가 중국 여성의 복식에 대해 관심을 가졌는데, 이는 중화의 고제(古制)에 대한 호기심 때문이었다. "도중에 얼굴에 면사를 드리우고 나귀를 타고 오는 한 여인을 만났는데, 옷을 보니 소매는 넓고 치마 주름은 가늘며 앞은 3폭, 뒤는 4폭으로 한인의 복제였다." 김창업, 『연행일기』〈1712년 12월 18일〉.

여성의 복식에 남아 있다고 생각한 강호보는 역관 홍만운에게 이를 자세히 볼 기회를 갖고 싶다고 하였다. 홍만운이 여염집 여자의 옷차림에는 남아 있지 않고 양한적이 입은 옷이 옛 복식이라고 하자, 강호보는 양한적을 한번 보기로 약속하였다. 그런데 홍만운이 정작 양한적이 있는 곳으로 안내하려 하자, 강호보는 사대부로서 창루 출입은 안 될 일이라고 생각해 자신의 약속을 번복하고 가지 않았다. 그러자 위의 인용문처럼 홍만운 일행이 군뢰를 시켜 강호보를 속이고 인도해 오도록 하여 창루에 이르게 된 것이다. 강호보로서는 뜻하지 않은 곤욕을 당하게 되었다 할 것인데, 이 기사를 통해 역관배와 청국의 통관, 장경 등이 양한적을 끼고 향락하는 주연을 가졌음을 확인할 수 있다. 문 앞에서 갑군 여러 명이 출입을 통제하고 있는 것을 보면 이곳은 손님을 선별하여 받는 고급 창루였던 것으로 보인다.

여기에서 우리는 대청 무역을 통해 부를 축적한 역관과 사상이 조선 후기 왈짜 무리의 일원으로 활동한 사실을[45] 상기할 필요가 있다. 조선 후기 유흥 문화를 주도한 왈짜 무리에 역관과 함께 부상(富商)이 포함되는 사실은 이들이 궁중 및 중앙 관청과 밀접한 관계에 있었음을 말해주는데,[46] 아마도 이들 사상은 평소에도 역관들과 긴밀한 관계를 지니며 연행에 참가했을 것으로 여겨진다. 조선 후기 왈짜는 유흥의 관리자, 소비자이면서

---

[45] 「게우사」, 『한국학보』 65, 1991, 214쪽. "청누고당 노푼 집의 어식비식 올느간니, 좌반의 안진 왈즈 상좌(上座)의 당하천충(堂下千總) 느금위장(內禁衛將) 쇼년출신(少年出身) 선전관(宣傳官) 비별낭(備邊郞)의 됴충(都摠) 경역(經歷) 안즈 익고, 그 지츠(其次) 바라본니 각영문(各營門) 교전관(敎鍊官)의 셰도(勢道) ᄒ는 중방(中房)이며 각스 서리(各司書吏) 북경 역관(北京驛官) 좌우포청(左右捕廳) 니히군관 디젼별감(大殿別監) 불긋불긋 당당홍의 색색이라. 또 ᄒ편 바라본니 느장(羅將)니 중원수령(政院使令) 무녀별감(武藝別監) 셕겨익고, 각젼 시졍(各廛市井) 남촌 할양(南村閑良)[…]"

[46] 김종철, 「무숙이타령(왈자타령) 연구」, 『한국학보』 68, 1992, 90쪽.

동시에 생산자로서 유흥적 분위기의 확산에 주도권을 행사했다.[47] 왈짜 무리의 일원인 역관과 사상들이 연행길에 창루에 출입하며 양한적과 유흥을 즐기는 것은 유흥 문화를 주도했던 이들에게 그다지 어색한 일이 아니었을 것이다.

  1784년에 연행한 김조(金照)의 연행록에는 "양한적(倡女이다-원주)을 연행 도중에 때때로 볼 수 있었다. 정태(情態)가 촌가의 여인네와는 매우 달라 눈으로 떠보고 마음으로 유혹하는 것이 이미 감출 수 없었다. 책문 안에는 나이 어린 계집 여러 명이 있어 매우 어여쁜 모습으로 사내를 유혹하였다. 조선말을 할 줄 알아 조선 사람을 보면 담배 한 대를 달라고 소리치면서 전혀 부끄러운 기색이 없었다."[48]라고 한 것이 보인다. 조선말을 건네며 접근하고 있는 데서 18세기 후반에 이르면 양한적이 적극적으로 조선의 연행사를 유혹하고 있음을 알 수 있다. 1798년에 연행한 서유문(徐有聞)의 연행록에는 연행사의 하례가 요즘 네 벌이가 어떠하냐고 묻자, 양한적이 네 마누라 벌이나 물어보라고 되받아치는 모습 또한 보인다.[49] 조선 후기에 이르러 연행길에서 양한적을 보는 것이 매우 빈번한 일이 되었음을 충분히 짐작할 수 있다.

  역관과 사상 무리처럼 중국어에 능통하고 중국 현지 풍속을 꿰뚫고 있는 계층이 아니라면 아무리 경제적 여유가 있더라도 말도 통하지 않는 낯

---

47 강명관, 「조선후기 서울의 중간계층과 유흥의 발달」, 『민족문학사연구』 2, 1992; 고석규, 「18·19세기 서울의 왈짜문화와 상업문화」, 『서울학연구』 13, 1999.

48 김조, 『연행록』 「倡市」, "養漢的【倡女】, 路次時或見之. 情態與村婦女大異, 目挑心招, 已不能自掩. 柵內有童女數人, 最愛偸漢, 輒能作朝鮮語, 見朝鮮人, 呼覓烟茶一盃, 了不羞人."

49 서유문, 『무오연행록』 〈1798년 12월 13일〉, "이곳에 양한지[養漢的]라 하는 것이 있으니 우리나라 창녀와 같은 것이라. 문에 기대 구경하거늘, 마두 한 놈이 묻기를 '너의 벌이가 요사이는 어떠하냐?' 하니, 계집이 웃으며 말하기를 '이익이 없으나 있으나 네가 알 바 아니니, 네 마누라 벌이나 물으라.' 하니, 매우 우습더라."

선 이국땅에서 양한적이 있는 창루에 출입하기는 사실상 불가능했을 것이다. 사행을 대표하는 책무를 지닌 삼사는 말할 것도 없고, 이들의 자제군관으로 참여하여 자유로운 처지에 있던 사대부들 또한 윤리적 이유 외에도 여러 가지 현실적 난관으로 중국 미희가 있는 창루를 구경할 기회를 갖기는 쉽지 않았을 것이다. 따라서 조선 후기 수많은 연행록에서 양한적이 있는 창루의 연회 광경을 구체적으로 기술한 경우는 거의 찾아볼 수 없다. 오직 강호보와 박지원의 연행록에서 이를 발견할 수 있었는데, 이들의 기록을 통해 중국 창루 풍경의 일단을 살펴보기로 한다. 앞에서 강호보가 역관의 속임수에 넘어가 양한적이 있는 창루에 갇히게 된 것을 보았는데, 다음은 그 이후에 벌어진 일이다.

내가 눈을 부릅뜨고 캉(炕)에 오르지 않자, 변창화(卞昌華)가 "이미 이곳에 이르렀으니, 다른 나라 사람에게 너무 속 좁은 모습을 보이지 마십시오."라고 하며, 내 옷자락을 끌어당겼다. 내가 한참 동안 캉 아래서 있자니 부끄러운 마음이 들고 달리 어찌할 도리도 없었다. 옷자락을 뿌리치며 "올라갈 테니 재촉하지 말라."라고 하자, 홍만운이 자리를 비워 나를 맞이하였다. 그러고는 나를 또 곤혹스럽게 하려고 일부러 양한적 옆의 첫 번째 자리에 나를 앉혔다. 여자들은 모두 내가 문에 들어오는 것을 보고는 일어나 있다가, 내가 캉에 올라가 앉자 비로소 다시 자리에 앉았다.

여자들은 모두 미모가 뛰어났는데 첫 번째 자리에 앉은 두 여자가 더욱 빼어나게 아름다웠다. 내 앞에 와서 앉아 손으로 내 무릎을 문지르면서 손을 들어 무어라 재잘거리는 것이 묻는 것이 있는 듯했다. 내가 자리를 뒤로 물리며 대답하지 않자, 그 여자가 내 기색을 살피고는 실망하여 다시는 감히 다가와 교태를 부리지 않았다. 홍만운에게 가서 나를 가리켜 보이며 무언가 묻더니 홍만운의 대답을 듣고서는 고개를 끄덕이며 알겠노라고 하였다. 내가 홍만운에게 묻자, 그가 말하길 "이 여자가 저 어르신은 가까이 다가가자 뒤로 물러나 앉고 묻는 말에는 대답하지 않고 안색이 매우 엄숙하니, 이유가 무엇이냐고 물었습니다. 내가 세상사에 오활하고 고상한 선비인지라 너희 따위는 가까이하고 싶어 하지 않는 것이라고 했더니, 알겠노라고 하더이다."라고 하였다. […] (여자가 강호보의 부채를 달라고 하여 일행이 주면 뺏긴다고 하였으나, 강호보가 던져주자 여인들이 돌려가며 재봉 자국 등을 살펴보고는 돌려줌.) 내가 억지로 앉아 있자니 바늘방석에 앉은 듯해서 드디어 옷자락을 떨치며 일어섰다. 윤도(尹도)[50]가 나를 따라 나오려 하자, 여러 여자가 윤도의 옷자락을 붙들고는 놓아주려 하지 않다가 끝내는 그 부채를 빼앗은 뒤에야 놓아주었다. 윤도가 웃으며 나에게 말하길 "내가 오늘에야 사람은 지키는 바가 없어서는 안 된다는 것을 알았소. 당신은 오랑캐 땅에라도 갈 만한 사람[51]이라 할 것이오."라고 하였다.[52]

---

50 상사의 수행원으로 연행했던 윤석사(尹碩士)라는 이로 '도'가 이름인데, 한자가 무엇인지 알 수 없어 한글로 표기한 것이다. 강호보의 『상봉록』은 한문본과 한글본이 전하는데, 현전하는 한문본은 그의 중손 강재응이 1839년에 한글본을 저본으로 하여 한역한 것이다. 이는 강호보가 귀국한 뒤 저술한 한문본 연행록을 그의 친구 정수연(鄭壽延)이 빌려 갔다 유실했기 때문이다. 이처럼 특이한 저작 경위로 인해 한문본 『상봉록』에는 인명이나 물명 등의 고유명사로 한자를 정확히 알 수 없는 경우에는 간혹 한글을 그대로 표기한 경우가 있다.

51 『논어』 「위영공(衛靈公)」에 "말이 충신(忠信)하고 행실이 독경(篤敬)하면 비록 오랑캐의 나라라고 하더라도 행해질 수 있다."라고 하였다.

52 강호보, 『상봉록』 "余瞪目不上, 卞昌華曰: '已到此矣, 毋太見狹隘於異國人也.' 仍挽余袖. 余久立炕下, 亦辱矣, 又無奈何矣. 拂袖曰: '上矣, 勿迫也.' 萬運虛席迎坐, 而又欲困余, 故坐余於養漢的傍第一座. 諸女見余入門, 皆起立, 余上炕而坐, 然後始坐矣. 諸女大抵皆絶色, 而首坐二女子尤巧艶. 詣余前坐, 手拍余膝, 擧手喋喋而言, 若有問說話者. 余却坐不答, 其女見余色, 卽憮然不敢更暱. 詣洪萬運, 指余而說說, 聞萬運答語, 點頭領可之. 余問萬運, 萬運曰: '彼女問, 這老爺近前則却坐, 問言而不答, 顏色甚烈, 何也?' 答曰: '迂疎高尙之儒者, 故不欲與汝輩狎也云爾, 則渠然之云.' […] 余强留之, 如坐鍼氈, 遂拂衣起. 尹도從余欲出,

1727년 사은겸동지사의 부사인 이세근의 천거를 받아 자제군관 자격으로 연행에 참여한 강호보의 당시 나이는 38세였다. 그가 문과에 급제하여 벼슬길에 나간 것은 훨씬 뒤인 1754년(영조 30)의 일이었다. 장부로 태어나 큰 뜻을 품어 펼치려 한다는 '상봉지지(桑蓬之志)'란 말을 연행록의 제목으로 삼은 데서 짐작할 수 있듯이 포의의 신분으로 참여한 강호보는 연행에 대한 기대가 남달랐다. 11권으로 이루어진 방대한 분량의 『상봉록』은 중국 유적지에 대한 역사적 고증이나 개인적 체험을 상세히 기술한 것이 특징이다.[53] 이러한 기록 정신이 뜻하지 않게 창루를 방문하게 된 작자의 곤혹스런 심리와 여기에서 벌어진 일을 이처럼 자세히 기술하도록 했던 것으로 보인다.

여기에서 눈길을 끄는 것은 역관들이 사대부인 강호보를 조롱하고 있는 점이다. 홍만운은 양한적을 만나 보겠다는 약조를 번복한 것에 대한 분풀이로 강호보를 이곳에 이르게 하였거니와, 일부러 가장 어여쁜 양한적 옆자리에 강호보를 앉게 한다. 아마도 미모의 양한적를 대하는 강호보의 태도를 확인하고 싶어서 그리했을 것으로 짐작된다. 강호보가 무릎을 만지며 교태를 부리는 양한적을 물리치자, "세상사에 오활하고 고상한 선비인지라 너희 따위는 가까이하고 싶어 하지 않는 것"이라고 말하는 데서는 사대부의 엄격한 윤리 의식을 조롱하는 듯한 심리가 느껴진다. 중국 사람에게 속 좁은 태도를 보이지 말라며 옷자락을 끌어 캉에 오르길 권하는 변창화의 태도에서도 그러한 혐의가 느껴진다. 바늘방석에 앉아 있는 듯 불안해하던 강호보가 자신의 부채를 돌려받고 일어서는 데 비해, 상사

諸女執尹衣不肯捨, 竟奪其扇而後乃止. 尹도笑謂余曰: '吾今日乃知人不可以無所守, 君則可謂行於蠻貊矣.'"

53 고운기, 「상봉록 해제」, 동국대학교 한국문화연구소, 『국학고전 연행록해제』(유성문화사, 2003), 455쪽 참조.

의 수행원인 윤도란 인물(그 또한 사대부 신분이었을 것이다)은 양한적에게 부채마저 빼앗기며 나오게 된다. 조선의 역관과 중국의 통관·장경 등이 어울리는 유흥의 자리에서 강호보와 윤도 같은 사대부는 멋쩍은 불청객 신세로 전락했음을 느끼고 서둘러 자리를 피한 것이다.

강호보가 속임을 당해 양한적이 있는 창루에 억지로 가게 된 데 비해, 박지원은 하례들이 이곳을 방문한다는 걸 눈치채고는 뒤를 밟아 이르게 된다. 강호보가 접한 양한적이 기껏해야 교태를 부리며 조선 부채를 빼앗으려는 장난을 걸고 있는 데 비해, 박지원이 만난 양한적은 가악에 능하며 술자리를 주도하고 있는 모습으로 그려져 있다.

일행이 진자점(榛子店)에 이르렀다. 이곳 진자점은 본시 창기(娼妓)가 많기로 이름난 곳이다. 강희 황제가 천하의 창기들을 엄금(嚴禁)하여 양자강 판교(板橋) 등의 이름난 창녀 누각과 기생집은 곤궁하여 쑥밭이 되었는데, 다만 이곳만은 씨가 끊어지지 않았다. 이런 여성을 일러 양한적(養閒的, 養漢的의 오기)이라 하는데 제법 용모가 아름답고 악기도 다룰 줄 안다.

재봉(再鳳)과 상삼(象三)이 뒷집으로 들어가다가 나를 보고는 야릇한 웃음을 짓고는 간다. 나 또한 그들의 뜻을 알아차리고 몰래 그 뒤를 밟아 가서 문틈으로 엿보았다. 상삼은 이미 한 여자를 끌어안고 앉았는데 아마도 아는 사이인 것 같다. 두 젊은이가 의자를 마주하여 비파를 뜯고, 또 한 여자가 의자를 마주하고 피리를 입에 비스듬히 물고 부는데, 피리의 머리에는 금으로 된 고리를 달고 붉은색의 색실로 된 장식 술을 드리웠다. 재봉이 의자에서 일어서서 손으로 피리의 장식 술을 어루만진다. 또 한 여자가 주렴을 걷고 나오는데, 손에는 단판(檀板)을 쥐었다. 재봉을 부축하여 의자에 앉으라고 청하나, 재봉은 말을 듣지 않는다.

주렴 안에 있던 한 노인이 주렴을 걷고 서서는 재봉에게 인사를 한다.

내가 드디어 큰 소리로 기침을 하고 침을 뱉었다. 방 안에서는 모두들 깜짝 놀라고 상삼과 재봉은 서로 쳐다보고 웃다가, 즉시 일어나 문밖으로 나와서 나를 맞이한다. […] 재봉이 노랑 저고리와 붉은 치마를 입은 여자를 가리키며, "저 아가씨의 이름은 유사사(柳絲絲)인데, 지난 병신년(1776)에 여기를 지날 때는 나이가 스물넷이고 일색이더니, 오 년 사이에 얼굴이 팍 삭아서 영 보잘것없게 되었습니다."라고 하고, 상삼은 "유사사는 나이 열넷부터 노래로 이름을 날렸답니다." 하고는 검은 저고리에 붉은 치마를 입은 여자를 가리키며, "저 여자는 이름이 요청(幺靑)이고 금년에 나이 스물다섯입니다. 작년부터 여기에 와 있는데 산동(山東) 여자입니다."라고 한다. 내가 검은 저고리에 녹색 치마를 입은 여자를 가리키니 상삼이 "저 여자는 처음 보는 사람이라, 나이와 이름을 모르겠습니다."라고 한다.

세 여자는 아주 빼어난 자태와 미모는 아니지만, 대략 당나라 미인도에서 본 여자들과 닮았다. 노인은 이 집 주인이고, 두 젊은이는 모두 산동에서 온 장사치이다. […] (유사사의) 노랫소리가 대단히 쓸쓸하여 애간장을 녹이는 것 같아서, 정말 사람을 교묘하게 감동시킨다고 할 만하다. 상삼이 계속 노래를 부르라고 청하자 유사사는 눈을 흘기며, "채소를 사십니까? 더 달라 그러게."라고 쏘아붙인다. 내가 일어나 나오니 재봉도 따라 나왔다. 재봉의 말에 의하면 상삼이 주인에게 은 두 냥, 대구 한 마리, 부채 한 자루를 주었다고 한다.[54]

1574년에 연행한 조헌의 『조천일기(朝天日記)』에서 삼하현(三河縣), 진자

---

54 박지원 저, 김혈조 역(2009), 앞의 책, 374~377쪽; 『열하일기』〈1780년 7월 27일〉.

점(榛子店), 사류하(沙流河) 등에 음녀가 많았다고 하였는데, 이 중에서도 진자점은 양한적으로 가장 이름난 곳이었다.[55] 이날 박지원 일행은 진자점에서 점심을 먹었으니, 한밤중이 아니라 점심 먹은 직후 대낮에 벌어진 일이다. 여기에 등장하는 재봉과 상삼은 하례들인데, 이 중 상삼은 상판사(上判事)의 마두였다. 상판사는 수석 역관인 상통사(上通事)를 달리 일컫는 칭호이며, 그의 마두는 연행사 무리 중에서도 중국 물정에 가장 밝으며 중국어에도 능통한 이로 뽑았다. 연행사가 책문에 들어갈 때에는 중국 측에 예단(禮單)을 주는 것이 관례인데, 중국 측의 과도한 요구를 적절히 처리하여 책문에 빨리 들어가는 것이 상통사의 마두 손에 달려 있었다. 상판사 마두의 솜씨가 서툴거나 중국말이 시원찮으면 저들의 요구대로 들어주게 되어 있기 때문이다.[56] 상삼과 재봉이 점심 식사 시간을 이용해 대낮에 짬을 내어 양한적이 있는 창루를 찾을 수 있었던 것은 이처럼 현지 물정에 훤하고 중국어에 능통했기에 가능했을 터이다. 아울러 이들이 뒷집으로 가면서 흘린 웃음을 보고 창루에 가는 줄 알아채고 뒤를 밟은 박지원의 눈치 또한 비상하다고 하겠다.

   재봉이 유사사를 소개하면서 5년 사이에 얼굴이 팍 삭았다고 하거나, 상삼이 요청에 대해 작년부터 여기 와 있는데 산동 출신이라고 하는 것을 보면 이들은 거의 매년 연행에 참여할 때마다 이곳을 찾았을 것으로 짐작된다. 주인 노인이 재봉에게 인사를 건네거나, 상삼이 노래를 더 청하자 유사사가 쏘아붙이는 말에서도 이들이 친근한 사이임이 잘 드러나고 있다.

   박지원이 뒤를 밟아 문틈으로 엿보았을 때 두 젊은이가 마주 앉아 비파

---

55 조헌, 『조천일기』〈1574년 9월 11일〉, "十一日壬午, 朝陰, 午後雨. 歷城中節婦葉氏門, 憩于沙流河之道南人家, 有淫女三人, 摻李寬以惑之, 蕩之甚矣."

56 박지원, 『열하일기』〈1780년 6월 27일〉.

를 뜯고 한 여자가 피리를 불고 있었다고 했는데, 두 젊은이는 산동 출신의 장사치였다. 생략된 대목을 보면 그중 한 젊은이가 노래를 부르자 다른 젊은이가 노래의 가사를 써서 알려주며 〈계생초(鷄生草)〉·〈답사행(踏莎行)〉·〈서강월(西江月)〉 등의 사곡(詞曲)이라고 하였다. 이 노래에 맞춰 창기 3인은 각기 단판을 두드리거나 비파를 타고 피리를 불어 화답하기도 하였으며, 유사사와 요청 두 창기는 그 노랫가락에 이어 노래를 부르기도 하였다. 이를 보면 양한적의 주요 고객은 중국 상인이었을 것으로 보인다. 난하(灤河) 부근에 위치한 진자점은 운하로 연결되는 교통의 요지 부근에 위치하였기에 중국 상인의 왕래가 많았을 것이며, 이로 인해 양한적이 있는 창루 또한 번성했던 것으로 짐작된다.

서유문의 『무오연행록』에는 방균점(邦均店)에 북경 상인이 많은데 사행을 따르는 갑군(甲軍)과 차부(車夫)들 중 양한적을 찾아가 잔 사람이 많다고 하였다. 이로 미루어 보면 양한적이 있는 창루는 교통의 요지로 상인을 비롯한 유동 인구가 많은 곳에 번성한 것으로 여겨진다. 연행사 일행이 양한적을 자주 목도하였다는 삼하현, 진자점, 사류하, 방균점 등은 대략 풍윤현에서 계주, 통주에 이르는 지역으로 이 일대는 항주에서 북경에 이르는 경항운하(京杭運河) 주변에 위치해 있다. 따라서 중국 상인의 왕래가 빈번했을 것이며, 양한적이 있는 창루 또한 번성했을 것으로 짐작된다. 그리고 이런 요지의 양한적은 경우에 따라 길손이 머무는 숙소 등지에서도 매음을 했던 것으로 보인다.[57]

---

[57] 서유문, 『무오연행록』 〈1798년 12월 17일〉, "방균점에 이르니 옛 성터가 있으며 동서 두 문이 있고 문밖에 또 이문(里門) 같은 문이 있으며 민가와 시장이 수 리에 이었으니, 신민둔(新民屯)과 여양역(閭陽驛)보다 더 나을 듯하며 […] 이곳에 북경 상인이 많은지라, 역관을 보고 인사하는 자가 많더라. […] <u>이곳에 본래 양한적이 많으니 사행을 따르는 갑군과 차 몰아오는 오랑캐들이 다 양한지를 찾아가 잔다 하며, 곁 온돌방 벽 위에 절구를 쓴 것이 있으니, 계집을 이별한 글이라. 운태가 양가더러 묻되, '네 집에도 양한지를 두었는</u>

『상봉록』과 『열하일기』의 기사를 통해 연행에 지속적으로 참여해 중국 물정에 정통한 역관과 하례들의 경우 마음만 먹으면 양한적이 있는 창루를 손쉽게 찾을 수 있었음을 알 수 있다. 얼마간의 경제적 능력이 있어야 했겠지만, 대청 무역에 종사해 치부한 역관과 사상들에게 '은 두 냥, 대구 한 마리, 부채 한 자루' 정도는 큰 문제가 되지 않았을 것이다. 19세기에 접어들면 양한적이 더욱 번성하였다고 하거니와, 1828년의 연행록에는 다음과 같은 기사가 보인다.

> 일행 가운데 하인배들이 몰래 창가(娼家)에 가서 잔 자가 많이 있다. 경읍(京邑)의 기녀(妓女)는 은 수십 냥을 쓰지 않고서는 한번 보지도 못하는데, 기녀 이외에 행음(行淫)하는 여자가 있으니, 바로 이른바 양한적이다. 이들은 따로 음소(淫所)가 있는데 마을마다 있다. 집을 지어 놓고 주인이 세를 독촉하며 매일 음행을 과(課)하는데, 음부들이 아침마다 모여 방으로 들어가 문을 마주하고 침상에 걸터앉으면 음부(淫夫)가 지나면서 용모를 보아 문안에 들어가 서로 한껏 즐긴다. 하급은 당전(唐錢) 50냥을 교음(交淫)한 대금으로 하는데, 좀 자색(姿色)이 있는 자는 하루에 수십 남자를 겪는다고 한다.[58]

정사의 비장(裨將)으로 연행한 자(의술에 능한 중인층으로 추정되며 성명 미상)의 연행록 중 한 대목이다. 하인들 가운데 양한적이 있는 창가에 가서 잔

가?' 하니, 대답하기를 '둔 일이 없노라.'라고 하더라."

58 작자 미상, 『赴燕日記』「主見諸事」「人物」, "一行下輩, 多有潛宿娼家者. 京邑妓女, 非數十銀兩之費, 無由一見. 而妓女之外, 另女行淫之女, 卽所謂養漢的也. 此輩別有淫所, 村村有之, 爲作室屋, 屋主責貰錢日有課. 淫婦輩朝朝而聚, 逐室入處, 踞床對門而坐. 淫夫過之, 看色入門, 相與盡奸."

자가 많다고 하였는데, 연행에 참여하기 위해 신분을 속이고 하인으로 참여한 사상(私商)이었을 것으로 추측된다. 연행록에 묘사된 하인들의 행색을 보면 몇 달 동안 옷을 갈아입지 못한 채 비가 내리거나 눈이 오면 그대로 맞은 채 걸어서 연행길을 따라야 했기에 그야말로 거지꼴이기에 보기에도 민망하다는 묘사가 자주 보인다. 연행에 동원된 서북 지방의 관노 신분으로는 필시 양한적을 살 만한 경제력이 없었다고 보아야 할 것이다.[59]

한편 여기에 그려진 양한적은 앞의 강호보나 박지원의 연행록에 등장하였던 양한적과는 그 행태가 사뭇 다르다. 문을 향해 침상에 걸터앉아 있는 여인의 용모를 보고 방에 들어가 음행을 즐긴다는 말에서 이들 양한적은 그야말로 매음만을 전문적으로 하는 창녀 집단임을 알 수 있다. 그렇다면 집을 지어 놓고 세를 독촉하며 음행을 부과한다는 주인은 곧 포주에 다름 아닐 것이다. 명대 말엽부터 번성하기 시작한 사설 창기 집단[60]은

---

[59] 김경선은 연행에 참여한 하인배들의 실상에 대해 "대개 하인배들은 다 적수 공권으로 걸어서 연경에 들어왔다. 관소에 머무른 지 한 달 남짓이 되어 비용이 들지 않을 수 없다. 그래서 수용(需用)을 더러 동행들에게 꾸고, 또 저들에게 빚을 많이 지고서는 시일을 미루어 나가는 것으로 상책을 삼는다. 그러다가 이제 떠날 기일이 임박해서는 외상 준 자는 갚기를 요구하고 빚 준 사람은 갚기를 독촉하여, 심지어는 끌어당기고 욕설을 하고 옷을 벗기고 물건을 빼앗는 짓을 하는가 하면, 끝내는 혹 분을 이기지 못해 만취된 자는 대성통곡을 하고, 쟁송(爭訟)하는 사람은 뜰에 들어와서 따지기도 한다."(『연원직지』〈1833년 2월 2일〉)라고 하였다.

[60] 명대 북경 주변에 사설 창기 집단이 유행했음은 음태산(陰太山)의 『매포여담(梅圃餘談)』에 보이는 다음 기록에서 확인할 수 있다. "세상이 너무나 음란하고 남녀가 부끄러움이 없었다. 황성 밖에는 창사가 늘어섰으며, 노랫소리와 피리 소리가 한데 어우러졌다. 성 밖에서 생계가 어려운 서민들이 왕왕 여자 거지들을 구인하여 창사를 설치하였는데, 이와 같은 사설의 창사를 요자(窯子)라고 하였다. 방 가운데 천장에는 구멍을 뚫고 길에 접해 있는 벽에는 작은 구멍 2, 3개를 뚫어 놓았다. 거지들의 용모를 잘 꾸며서 그 안에 살게 하였다. 입으로는 간단한 사(詞)를 노래하게 하였고, 행동은 음란한 몸짓을 하도록 하였다. 지나가던 부랑아들이 구멍을 통하여 그녀들이 하는 짓을 엿보았다. 색정을 자제하지 못하고 문을 열고 들어오면 그녀들은 나신으로 그 앞에 열을 지어 섰다. 그녀들 가운데 한 사람

청대 들어 더욱 늘어났으며 19세기에는 이러한 풍조가 더욱 확산되었다고 하는데, 위의 인용문은 그 실상을 잘 보여주는 기록이다.

양한적은 연행을 통해서만 접할 수 있었던 중국 여성이었기에, 조선으로 귀국한 연행사들의 양한적에 대한 경험담은 상당히 과장되며 윤색되기도 했을 것이다. 그러한 경험담의 일단을 중국 여성의 전족 풍습을 설명한 『오주연문장전산고(五洲衍文長箋散稿)』의 기사에서 찾아볼 수 있다.

전족은 본래 의도가 음란함을 가르치는 데서 나온 것이다.【혹자가 말하길 "내가 연경에 갔을 때 양한적(창녀를 부르는 말이다-원주)의 작은 발을 보고자 하여 은화와 연초를 흡족히 주어 마음을 사고는 청하기를, '내가 네게 마음을 둔 것은 환락을 구하고자 함이 아니다. 바라는 바는 다만 전족을 보고자 함이다.'라고 하였다. 창녀가 이 말을 듣고 굳게 사양하며 난처한 기색을 보이면서 '나의 은밀한 곳을 볼지언정 발을 볼 수는 없소이다.'라고 하기에, 내가 은화를 아끼지 않고 더 주자 창녀가 비로소 신을 벗어 동여맨 비단을 풀고는 발을 보여주었다. 마치 예닐곱 살 된 어린아이 발처럼 작았으며 살은 전혀 없이 거죽과 뼈만 있었다. 종아리를 보자 절굿공이처럼 풍만하고 부드러웠으며, 차차 올라가 은밀한 곳에 이르자 음부가 물집이라도 잡힌 양 팽팽히 부풀어 올라 있어 사람을 깜짝 놀라게 하였다. 이에 그만두라고 하고는 돌아보지도 않고 뛰쳐나왔다. 내가 비로소 전족을 하여 다리를 동여매는 것이 기름진 피부와 혈맥이 오로지 음부에 모이도록 해서 그곳이 부풀어 올라 풍만하

을 선택하여 돈 7푼을 던져주고 침상에 오르게 할 수 있었다. 한 시간이 지나면 나와야 했다. 오늘날 사람들은 창사를 요자라고 하며, 그렇게 성급하게 하는 성행위를 타정(打釘)이라고 하였다." 왕서노 저, 신현규 편역, 『중국창기사』(2012), 369~370쪽 재인용.

고 윤택하게 하려는 것임을 깨닫게 되었다."]⁶¹

　중국에서 전족은 남당(南唐)의 이후주(李後主) 때 시작된 것으로 알려져 있다. 이후주가 비빈 요랑(窅娘)의 두 발을 둘둘 휘감고 그 자그마한 발을 또 굽히게 해서 금련대(金蓮臺) 위에서 춤을 추며 하늘하늘 아름다운 자태를 보이도록 한 것에서 유래되었다는 이야기다. 이후 전족은 민간으로 널리 퍼지며 송·원·명대에 두루 유행하게 된다. 만주족의 청나라가 들어서자 순치 2년(1645)에 전족 금지령을 내렸지만 결국 강희 6년(1667)에 금지령을 해제해야만 할 만큼 전족은 중국에서 끈질기게 유행하였다. 한족 남성은 변발을 따르게 하였지만 여성의 전족은 금지할 수 없었기에 "남성은 무릎을 꿇었지만 여성은 무릎 꿇지 않았다.(男降女不降)"라는 말까지 생겨났다고 한다. 만주족 여성들 또한 전족을 숭배하는 풍조가 생겨나서, 건륭제가 만주족 여성의 전족을 금지하는 엄명을 수차례에 걸쳐 내려서야 이를 제지할 수 있었다고 한다.⁶²

　전족의 유행은 여러 가지 이유에서 설명되고 있지만, 가장 유력한 설은 성적인 매력에서 찾는 것이다. 즉 여성이 전족을 하면 서 있거나 걷는 자세가 불안정하기 마련인데 그 모습이 남성에게 성적으로 매력적으로 보인다거나, 발의 성장 발달을 막아서 전체적으로 여성의 몸이 연약해지고 부드러워지기 때문에 이를 강요했다는 것이다. "가냘픈 발은 보면 볼수록

61　이규경, 『오주연문장전산고』 「人事篇·服食類」 「網頭纏足辨證說」, "纏足, 其本意乃是誨淫也.【或曰: 余入燕京, 欲見養漢的娼女之稱小足, 贈以銀錠煙草款情合, 請曰: '吾之寓意於爾, 非求歡也. 所欲者, 試玩纏足.' 娼初苦辭, 有難色曰: '雖見吾私處, 勿看足也.' 余不吝錠銀更施之, 娼始解弓鞋纏帛, 以出其足. 其少如今六七歲小兒足, 而無肌止皮骨. 見其脛脚, 則豐膚如杵杵, 次第至私處, 私處墳起若跑, 則令人驚也. 仍請止焉, 不顧而走. 始覺纏足札脚者, 使肥膚血脈專湊於私, 俾得墳起肥厚嫩澤故也.】"

62　왕이쟈 저, 이기흥 역, 『중국 문화 속의 사랑과 성』(인간사랑, 2015), 296~301쪽 참고.

사랑스럽다. 이것이 바로 자그마한 발이 한낮에 필요한 점이다. 뼈가 없는 듯한 부드러움은 쓰다듬으면 쓰다듬을수록 너무 좋아서 차마 손을 뗄 수 없다. 이것이 자그마한 발이 한밤에 필요한 점이다."63라고 한 말이 있는 것을 보면, 전족이 남성의 성적인 욕구를 충족시키기 위한 이유에서 유행했다는 설이 유력해 보인다.

이규경(李圭景, 1788~?) 또한 전족의 이유를 성적인 이유에서 비롯된 것으로 설명하고, 중국에서 양한적의 전족한 발을 본 이의 경험담을 덧붙이고 있다. 전족으로 흉측하게 변형된 발을 보여주기 꺼리는 양한적에게 아낌없이 은화를 주고서야 볼 수 있었다며 들려주는 혹자의 경험담은 전족으로 여성의 몸이 연약해지고 부드러워진다는 내용과 흡사하다. 그러면서 전족이 특히 여성의 음부를 풍만하고 윤택하게 하기 위한 것임을 확인할 수 있었다고 하였다. 이는 전족을 한 여성은 성교를 할 때 음부 근육이 비교적 팽팽하게 되어 마치 처녀 같은 느낌을 준다고 하는 근대 일본 학자 나가오 류조(永尾龍造)의 연구와도 상통하는 바가 있다.64 양한적을 통해 중국 여인의 전족 이유를 알게 되었다며 들려주는 혹자의 상세한 진술은 포르노그래피를 연상시키는 매우 외설적인 내용인데, 그 속에서 호색 체험을 과장하며 떠벌리는 남성의 심리를 읽을 수 있다.

연행 사절 중 양한적과 주로 접촉한 계층은 역관과 사상들로 추정된다.

---

63 李漁,『閑情偶記』; 위의 책, 298쪽 재인용.
64 왕이쟈 저, 이기흥 역(2015), 위의 책, 300쪽 참조. 의사 출신인 저자는 "전족을 한 발 가운데 둥근 형태의 밑바닥 안쪽의 오목한 부분은 보들보들한 연한 살결로 가득하여 남성에게 또 다른 성기와 같은 느낌을 줄 것이다. '그것을 천 번 만져도 싫증나지 않네'라는 말은 이런 느낌과 관계가 있을 가능성이 높다. […] 발이 자그마하게 변하면 몸을 지탱하기 위하여 대퇴부와 음부의 근육은 분명 더욱 바짝 죄어들 수밖에 없을 것이다. 따라서 자그마한 발은 남성의 성적 쾌감과 더 직접적인 관계가 있다고 볼 수 있다."(299~300쪽)라고 전족의 성적 효능에 대하여 설명하고 있다.

이들은 대청 무역의 담당자로 수십 차례 연행에 참가하면서 중국 측 인사와 두터운 친분을 유지했다. 조선 후기 유흥 문화를 주도했던 왈짜패의 일원이기도 했던 역관과 사상은 연행 도중 양한적이 있는 창루를 찾아 행락을 즐기기도 하였다. 『청구야담』에는 '보중은운남치미희(報重恩雲南致美姬)'라는 제목의 이야기가 실려 있는데, 이여송(李如松)의 통역관으로 특별한 총애를 받은 김역(金譯)이 천하일색을 보고 싶다는 소망을 말하여 절세 미녀인 운남왕(雲南王)의 딸과 결연하였다는 줄거리다. 그 결말은 김역이 매년 수행 역관으로 북경에 가서 이 미녀와 행락을 누렸으며, 그 후예들이 북경에서 번창한 것으로 끝을 맺고 있다. 홍순언 이야기와 유사한 성격의 보은담이라 하겠는데, 부귀와 성에 대한 욕망이 한층 강조된 것이라 하겠다.[65] 조선 후기 야담 중에는 역관·상인 계층들이 중국을 치부를 이룰 수 있는 '행운'과 '기회'의 땅으로 인식하고 있는 작품이 많이 등장한다.[66] 양한적 이야기는 500여 년의 역사를 지속해 온 연행의 이면 풍경을 볼 수 있는 사례로, 연행의 주요 담당자인 역관·상인 계층들에 의해 이루어진 중국 문화 접촉의 특이한 사례를 보여준다. 이를 통해 연행의 인정세태의 새로운 면모를 접할 수 있다.

---

65 임형택, 『한문서사의 영토 2』, 태학사, 2012. 354~360쪽.
66 박경남, 「'행운'과 '기회'의 땅으로서의 중국-16·17세기 대중국무역 관련 야담에 형상화된 중국의 이미지」, 『한문학논집』 37, 2013.

2. 의원의 활동과 중국 문물 접촉

1) 의원의 활동 양상

조선시대 연행단에는 의원이 반드시 포함되었으며, 그중에는 어의(御醫)에 오를 만큼 의술이 뛰어난 이들이 참여한 경우가 적지 않았다. 의원은 연행에 참여한 이들의 건강을 책임지는 한편 내의원(內醫院)에서 필요로 하는 약재를 수입해 오는 임무를 지니고 연행에 참여했다. 때로는 중국 측의 요청에 따른 의료 행위를 하기도 하였다. 연행록에서는 의원들이 중국 현지에서 침을 놓는 등 의료 활동을 하는 장면을 서술한 것을 간간이 찾아볼 수 있다.

여기서는 1712년의 동지겸사은사와 1720년의 고부청시승습사행(告訃請諡承襲使行)에 참여한 어의 김덕삼(金德三)의 경우를 통해 그 일면을 살펴보기로 한다. 김덕삼은 1712년 연행단이 산해관(山海關)의 망해정(望海亭)을 구경할 당시에 정자 안에 이름을 적어 놓기도 했으며, 북경에서는 호인(胡人)들과 손바닥에 글씨를 써서 필담을 나누거나 감세관(監稅官)에게 여러 차례 침을 놓아주며 친분을 쌓기도 하였다. 황제의 제7자가 어의 김덕삼을 보내도록 요청하고 있는 것으로 보아,[67] 그의 의술은 중국 내에서

---

67 최덕중, 『연행록』〈1713년 1월 6일〉, "황제의 제7자가 수레를 보내며 어의 김덕삼을 오도록 요청하므로 그가 창춘원에 갔다가 돌아왔다." 한편 이때 함께 연행했던 김창업은 황자(皇子)를 치료하고 온 김덕삼의 말을 다음과 같이 기록해 두기도 하였다. "황자가 누운 곳에 이르러 통관과 더불어 온돌 밑에서 절하니 자리를 주어 앉게 하였습니다. 차를 마신 뒤에 문병하였습니다. 황자는 나이가 30여 세쯤 되고 병든 지 5년이라 하는데, 몹시 여위고 혈색이 없으며, 안색은 희기가 눈과 같았습니다. 증세는 담이 결리고 무릎이 쑤시며 머리도 아프다고 하였습니다. 머리 몇 군데에 침을 놓고, 약 처방은 다시 진료한 뒤에 의논하여 정하겠다고 하였습니다. 드디어 인사하고 나와 대문 바깥 가게에 나와 앉아 있으니, 안

도 상당히 높은 평가를 받았던 것으로 보인다. 이를 알려주는 또 다른 사례가 김덕삼이 귀국길에 금주(錦州)를 지날 때 벌어진 일이다. 금주의 관원 2인이 반나절이나 그를 기다렸으며, 반년 동안 일어나지 못하던 관원의 노복에게 침을 놓아 그 자리에서 일어나는 것을 보고 사람들이 갈채를 보냈다는 내용이 보인다.[68] 이기지의 『일암연기』에도 친왕(親王)의 손자가 김덕삼에게 진료를 받으러 조선관을 찾고, 예부시랑 나첨(羅詹)을 진료해준 일을 기술한 것이 보인다.[69]

조선 의원의 진료 행위에 대해 중국 사람들은 그 대가로 비단이나 서화 따위를 주었다. 김창업은 김덕삼이 진료를 해주고 받은 〈설야입섬도(雪夜入剡圖)〉의 필법이 뛰어나다고 하였으며,[70] 이기지는 김덕삼이 가지고 온 문징명(文徵明)의 서화가 뛰어난 솜씨였으나 값이 비싸 사지 못했다고 하였다.[71] 이러한 기록으로 미루어 보면 김덕삼은 서화 방면에도 상당한 식

으로부터 성찬을 가져다 대접하였습니다."

[68] 김창업, 『연행일기』 〈1713년 2월 22일〉, "금주의 관원 2인이 과일과 떡을 가지고 김 의원을 기다린 지 이미 반나절이었다. 아역(衙譯)이 들어와 불러 가더니 얼마 안 있어 김 의원이 돌아와 말하기를, '그 호인이 침을 맞은 뒤에 또 그의 노복의 병을 보게 했는데, 두 다리가 아파 굴신(屈伸)을 못한 지가 이미 반년이 되었다고 하니, 습담(濕痰)이 맺힌 것임을 알았습니다. 침을 난자한 후 두 손으로 힘을 써서 펴게 하고는 시험 삼아 일어서라고 하니 홀연히 일어섰습니다. 그리고 걸어 움직여 보라고 했더니, 또한 걸어 움직일 수 있었습니다. 그러자 주인은 기뻐 소리 지르며 기절해 넘어지고 구경꾼들은 갈채를 보내지 않은 사람이 없었습니다.'라고 하였다."

[69] 이기지, 『일암연기』 〈1720년 11월 6일〉; 〈1720년 11월 20일〉.

[70] 김창업, 『연행일기』 〈1713년 1월 23일〉, "김덕삼이 그림 족자 1장을 가져왔다. 곧 왕자유(王子猷)의 〈설야입섬도〉인데, 필법이 꿋꿋하고 훌륭하다. 병을 진료하려고 왔던 사람이 주었다고 한다. 일찍이 듣건대 이곳 사람들은 우리나라 의원에게 진찰을 받으면 효과의 유무를 막론하고 모두 선물을 가져다주는데, '면피(面皮)'라고 하며, 물건은 모두 비단이었다고 한다. 지금은 그렇지 않고 서화 등 물건도 가지고 오는 자들이 상당히 많다고 한다."

[71] 이기지. 『일암연기』 〈1720년 10월 29일〉, "김덕삼이 문징명의 서화를 가지고 왔는데, 부채의 한 면에는 '취옹정기(醉翁亭記)'가 쓰여 있고, 한 면에는 그 내용을 그려 놓았다. 그

견을 갖춘 인물이었던 것으로 추측된다.

연행에 참가하는 의원은 내의원에서 필요로 하는 약재를 수입해 오는 임무가 있었던바, 금주에서 녹용과 사향 등을 구매하는 행위 또한 연행록에 보인다.[72] 의원들은 중국 약재 구입 과정에서 다소간 이문을 남길 수 있었을 것으로 보이며, 이는 진기한 서화를 구매하는 재력으로 이어졌을 것으로 추정된다. 이를 잘 보여주는 사례가 조선 후기 내의원 출신 김광국(金光國, 1727~1797)이 소장한 『석농화원(石農畫苑)』이다. 김광국을 배출한 경주김씨 가문은 고조부 김경화(金慶華)가 살았던 17세기 이래 19세기까지 의관직을 세습했던 중인 명문 집안이다. 내의원이 중국 약재의 수입을 관장하는 부서였던 만큼, 김광국의 집안은 부연사행(赴燕使行)을 통해 신문물을 비교적 쉽게 접하는 동시에 공사(公私)의 무역 활동에 종사함으로써 재산을 축적할 수 있었다. 1747년 의과에 합격하여 1749년 내의원에 들어간 김광국은 1776년과 1779년에 각각 연행에 참여했는데, 1779년 연행 시에 우황 별무역(牛黃別貿易) 관계로 문제가 생겨 의적(醫籍)에서 제명되었다. 이는 의관 직위를 활용한 영리 추구가 실재했음을 알려주는 사례이며, 누대에 걸쳐 계속되었을 가능성이 크다.

김광국의 처가는 18세기 대표적인 화원 가문 중 하나로, 다수의 화원을 배출한 인동장씨(仁同張氏) 집안이었다. 부유하고 세력 있는 의관 집안에서 태어나 중인층 명문 가문끼리의 통혼을 통해 안정적인 사회적 기반을 다진 김광국은 신분이나 당색을 초월하여 당대 유명한 문인들과 친밀한

림은 진위를 분간할 수 없었지만, 세자(細字)로 쓴 글씨는 엄정(嚴整)하면서도 힘이 있어 문징명의 글씨임이 분명했다. 그러나 값이 매우 비싸서 살 수 없었다."

72 김창업, 『연행일기』 〈1713년 2월 28일〉, "강을 지나 반 리쯤 가서 금주 서문(西門)에 도착했다. 성 밖 시장에는 몽골 수레가 빽빽하게 길을 메우고 있었다. 김덕삼과 최수창·신지순 두 역관이 녹용과 사향을 사기 위해 잠시 머물기를 청했다."

교분을 맺었다. 그러한 가운데 서화 감상 및 수집 활동을 전개하고, 수집한 서화 작품들을 품평하기도 했던 김광국은 그 활동의 결과물들을 서화첩의 형태로 만들어 보존함으로써 18세기 문예계의 발전에 기여한 것으로 평가받는다. 김광국이 모은 외국 그림으로는 원대 조맹부(趙孟頫)의 작품으로 전칭되었던 〈호기응렵도(胡騎鷹獵圖)〉, 명대 여기(呂紀)의 〈화조도〉, 정룡(程龍)의 〈묵란도〉, 청대 탁점(托霑)의 〈묵죽도〉, 김부귀(金富貴)의 〈낙타도(駱駝圖)〉 같은 중국 회화, 작자 미상의 〈미인도〉 같은 일본 풍속화의 일종인 우키요에(浮世畵), 네덜란드 풍경화가인 피터르 스헹크의 〈술타니에 풍경〉 같은 유럽 동판화 등 총 7점이 알려져 있다.[73]

한편 주명신(周命新, 1729~1798) 같은 의원은 자신의 연행 체험을 한시로 노래해 문인으로서의 정체성을 추구하기도 하였다. 그는 '허준(許浚)의 대무(大拇, 수제자)'라고 일컬어지기도 하며, 1784년(정조 8) 임상 부문의 의학 입문서라 할 수 있는 『의문보감(醫門寶鑑)』 8권을 저술한 뛰어난 의원이었다. 다방면에 걸쳐 박식하고 치병(治病)에 능하여 명성을 떨쳤던 그는 1780년과 1784년 두 차례에 걸쳐 연행 사절에 참여하였다. 그의 문집 『옥진재시고(玉振齋詩稿)』에는 두 차례의 연행 당시 지었던 연행시가 다수 수록되어 있다.

주명신의 연행시를 보면 심양(瀋陽)에서 정묘호란과 병자호란의 아픔을 노래하고 있는가 하면, 요동성[廣寧城]에서는 이성량(李成梁)의 양자인 누르하치[努爾哈赤]의 등장을 안타까워하였다. 또한 청나라에 투항한 조대수(祖大壽)와 조대락(祖大樂)을 비판적인 시각으로 바라보는 등 배청사상을 드러내고 있다. 그중에서 〈열하행(熱河行)〉은 칠언고시 형태로 읊은 126구 882자의 장편 서사시로 사행의 출발 시점부터 시작해서 열하를 향

---

73 이상 김광국에 관한 서술은 『한국 역대 서화가 사전』 「김광국(金光國)」 조 참고.

해 가던 과정과 열하의 풍경, 그곳에서 있었던 사건 같은 것을 기록하였지만, 열하에서 북경으로 돌아오는 과정은 생략하고 있다. 또한 열하의 문묘(文廟)를 숙소로 삼았던 내용이나, 황제를 배알하고 음식과 상금을 하사받은 내용, 반선(班禪)의 외양을 묘사한 내용 등 1780년 연행의 대략적인 내용을 언급하고 있다.

이상에서 의원 신분으로 연행에 참여한 김덕삼, 김광국, 주명신의 경우를 간략히 살펴보았다. 18세기에 활동한 의원 중에 자신의 연행 체험을 학술적인 업적으로 남기어 당시 낙후된 조선의 현실을 개선하고자 한 인물로는 이시필이 주목된다. 다음에서는 이시필과 그의 저작『소문사설(謏聞事說)』에 대해서 보다 상세히 살펴보기로 한다.

2) 어의 이시필의 연행 체험과『소문사설』

이시필(李時弼, 1657~1724)은 본관이 경주(慶州)이고 자는 성몽(聖夢)이다. 1678년 의과에 합격하였으며 훗날 숙종의 어의가 되었다. 현재 남아 있는 자료를 참고하면 이시필은 1694년, 1711년, 1714년(심양행), 1716년, 1717년 등 적어도 5차에 걸쳐 연행한 기록이 확인된다. 이시필은 이이명(李頤命)이 내의원 도제조로 있는 동안 그를 보좌하였으며, 이후 정치적 운명을 같이하였다. 1714년 숙종의 눈병이 심해 청나라로 서담(鼠膽)과 공청(空靑)을 구하러 갈 사람을 선발하였는데, 이때 민진후(閔鎭厚)가 이시필을 적극 추천하였다. 이시필은 심양에서 공청을 구입하여 공청의 즙을 추출하는 실험을 하였는데, 초기에 약간의 성공을 거둔 사실을 성급히 본국에 보고하였으나 이후 실험에 실패하는 바람에 연행에서 돌아온 뒤 북청에 유배되었다. 1718년(숙종 44) 3월 22일의 일이었다. 1720년(경종 즉위년) 중궁의 병이 심해지자 조정에서는 이시필을 다시 내의원으로 불러들였다. 이시필은 2년간의 유배 생활을 마치고 서울로 돌아와 다시 어의가 되었으며, 여러 차례 경종을 진맥하기도 하였다. 1723년(경종 3) 임금의 환후를 논하는 자리에서 실언한 것이 문제가 되어 1724년 제주도로 유배되었는데, 유배지로 가는 도중에 세상을 떠났다.[74]

1720년 정사 이이명의 자제군관으로 갔던 이기지(李器之)는 천주당에서 서양병(西洋餠, 카스텔라)을 대접받고는 어의 이시필이 연경에서 심양 장군 송주(松珠)의 병을 고쳐주고 서양병을 먹었던 사실을 떠올렸다. 이시필은 조선으로 돌아와서 새로운 음식을 먹고 싶어 하던 숙종을 위해 서양병을 만들었으나 북경에서 먹던 서양병의 맛과 같지 않았다고 했다.[75] 이시필은 조선인 최초로 카스텔라를 맛보았던 사람으로 여겨지는데, 숙종을 위해 이 특이한 음식을 직접 만들어 올릴 만큼 중국의 각종 문물과 생활용구에 대한 관심이 남달랐던 인물이다.

『소문사설(謏聞事說)』은 1720년에서 1722년 사이에 편찬된 것으로 추정되는데, 「전항식」, 「이기용편」, 「식치방」, 「제법」의 네 부분으로 이루어져

---

[74] 이시필의 생애에 대해서는 이시필 저, 백승호·부유섭·장유승 역, 『소문사설』(휴머니스트, 2011) 30~31쪽 참고.

[75] 이기지 저, 조융희·신익철·부유섭 역(2016), 앞의 책, 250쪽, "(서양 선교사들이) 식사를 대접하려고 하기에 이미 먹었다고 사양하니, 서양떡 30개를 내왔다. 그 모양이 우리나라의 박계(薄桂)와 비슷했는데, 부드럽고 달았으며 입에 들어가자마자 녹았으니 참으로 기이한 맛이었다. 만드는 방법을 묻자, 사탕(砂糖)과 계란과 밀가루로 만든다고 하였다. 선왕(숙종)께서 말년에 음식에 물려 색다른 맛을 찾자, 어의 이시필이 말하길, '연경에 갔을 때 심양 장군 송주의 병을 치료해주고 계란떡을 받아 먹었는데, 그 맛이 매우 부드럽고 뛰어났습니다. 저들 또한 매우 진귀한 음식으로 여겼습니다.'라고 했다. 이시필이 그 제조법에 따라 만들기를 청하여 내국(內局)에서 만들었지만 끝내 좋은 맛을 낼 수가 없었는데, 바로 이 음식이었던 것이다. 내가 한 조각을 먹자 그들이 곧 차를 내왔는데, 이것을 먹은 후에 차를 마시면 소화가 잘되어 체하지 않기 때문이다. 배 속이 매우 편안했으며, 배가 부르지 않으면서도 시장기를 잊을 수 있었다."

있다. 각 편의 내용을 간략히 소개하면 다음과 같다. 「전항식(甎炕式)」은 벽돌을 이용하여 열효율을 배가한 온돌 설치법을 설명하고 있다. 벽돌식 온돌은 시공이 편리하고 짧은 기간에 완성할 수 있다는 장점이 있다. 문제는 조선에 규격화된 벽돌을 만드는 기술이 부족하였다는 점인데, 이시필은 벽돌 제조법을 「제법」에서 따로 자세히 소개하였다. 「이기용편(利器用篇)」에는 이시필이 사행에 참여하여 청나라에 갔을 때 인상 깊게 보았던 실용적 기기의 제작법과 사용법이 실려 있다. 그림을 싣고 설명을 덧붙였는데, 이처럼 기기를 도설(圖說)로 설명하는 방법은 1637년 명나라에서 간행된『천공개물(天工開物)』에서 선례를 찾을 수 있다. 「이기용편」에 수록된 기기들은 수렵 및 어로를 위한 기기, 곡물 저장 및 탈곡, 착유를 위한 기기, 방직을 위한 기기, 기타 생활 소품으로 분류할 수 있다.

앞에서 이시필이 서양병을 숙종에게 바치려 했음을 말했는데, 「식치방(食治方)」은 숙종의 어의로서 음식을 통한 병환의 치료에 관심을 가진 내용이 들어 있다. 「제법(諸法)」에서는 중국에서 접한 다양한 기술의 활용 방법을 소개하고 있다. 공청과 안경에 대한 기록이 자세하며, 벽돌 제작법에 대해 상세히 기록하고 있다. 벽돌 사용의 이점이나 효과를 강조하는 데 치우친 사대부의 기록에 비해, 벽돌 제작법을 단계별로 체계적으로 소개하고 있다는 점이 특징이다. 벽돌 반죽을 위한 전지(甎池)를 만드는 과정, 벽돌을 찍어내는 과정, 벽돌 굽는 가마의 형태와 제작 과정, 가마 안에 벽돌을 굽기 위해 쌓는 과정, 벽돌을 굽는 과정, 그리고 땔감에 대한 기록까지 적어 놓았다.

이처럼 다양한 내용이『소문사설』이라는 하나의 책으로 엮이게 된 까닭은, 내의원 의관인 이시필이 여러 차례의 중국 사행과 중국 서적 열람을 통해 알게 된 궁중에서 국왕의 병을 치료하는 과정에서 필요한 지식과 기술을 정리하여 한곳에 모아 놓았기 때문이다. 각 부분의 성격은 상이하

지만 이시필에게 필요한 지식과 기술이 모여 실용적인 생활백과사전이 만들어지게 된 것이다.[76]

『소문사설』에서 가장 중요한 비중을 차지하는 것은 벽돌을 이용한 온돌 설치법과 벽돌 제조에 관한 것이라 할 수 있다. 그런데 벽돌식 온돌 설치법을 설명한「전항식」은 기실 이이명의 저작이고,「이기용편」은 이시필이 짓고 이이명이 명명한 저작이다. 이이명은 서문에서 자신이 벽돌식 온돌 설치법에 관심을 가진 이유에 대해 다음과 같이 말하고 있다.

중국 산동 이남 지역에서는 방에 불 때는 아궁이가 없고 모두 침상에서 잠을 잔다. 오직 동북 지방의 높고 추운 곳에만 온돌이 있는데, 이 또한 그다지 넓지 않아서 세로가 몇 칸이라도 가로는 반 칸 정도에 불과하다.

내가 일찍이 중국에 사행 갔을 적에 아궁이 만드는 방법을 자세히 살펴보았는데, 전부 벽돌을 사용하였다. 볏짚과 석회로 불을 때는데, 우리나라에서 땔나무를 쓰는 것에 비하면 비용은 10분의 1정도이지만 항돌(炕堗)로 추위를 막을 수 있었다. 땅이 평야 지대이므로 산에서 나무를 구하기가 어려워 예로부터 이러한 제도가 있었다고 한다.

우리나라 사람 중에는 간혹 중국의 온돌 설치하는 방법을 배워 온 사람이 있다. 역관 김지남이 이 제도를 알았다고 하는데 지금은 죽어서 전하지 않는다. 요새 들으니 평안도 사람인 박천군수(博川郡守) 박동추(朴東樞)가 여러 번 중국에 갔다가 이 제도를 배워 왔다고 한다. 그래서 그에게 물어보고 이와 같이 도설을 만들어 기록한다. 또 들으니 역관

---

76 이상『소문사설』의 내용 소개는 이시필 저, 백승호·부유섭·장유승 역(2011), 앞의 책의 해제를 참고하여 정리한 것임.

이석채가 북경 사람들의 벽돌 빨리 굽는 방법을 배워 왔다고 한다. 수어청(守禦廳)에서 남한산성에 가마를 만들고 시험하였는데, 와서(瓦署) 장인들의 벽돌 굽는 방법보다 효과는 갑절이면서 비용은 적었으며 벽돌도 지극히 견고했다고 한다. 이것은 북경의 흙과 같은 성질의 흙을 얻었기 때문이다.

만약 이 방법이 유행한다면 벽돌은 예전보다 흔해질 것이다. 벽돌이 흔해져 쉽게 얻을 수 있고, 거기다 이 온돌 만드는 방법을 본뜬다면, 땔나무 때는 비용이 열에 일고여덟은 절약될 것이며 벽돌을 사는 비용으로 바위를 가져오는 수고를 대신할 수 있을 것이다. 그 비용이 절감되리라는 사실을 분명히 안다면, 온돌을 본떠 만드는 것은 권하지 않아도 다투어 할 것이 분명하다.

사옹원(司饔院)으로 옮겨 숙직하는 곳에서 온돌을 고칠 일이 있어서 시험 삼아 북경의 방법에 따라 온돌을 벽돌로 만들었더니, 땔나무 반 다발 정도만 때고도 밤을 지낼 수 있었으니 그 방법이 참으로 오묘하다. 제조(提調) 민진원이 그 도설을 언해해서 민간에 전해야 한다고 하기에 그 말을 따라 이것을 시작으로 삼는다. 사대부 집에서 먼저 실행하면 백성들도 반드시 많이들 본받을 것이다.[77]

이이명이 벽돌로 만든 온돌에 주목한 이유는 돌로 만든 우리나라 온돌

---

77 이시필, 『소문사설』 「甎炕式」, "中國山東以南, 室無大炕, 皆寢處床榻. 唯東北高寒之地有大炕, 亦不甚廣, 縱雖數間, 橫不過半間. 余嘗使燕諦審之, 造炕皆用甎, 所費黍稭石灰[炭?], 非我國柴薪之用, 董費十分之一, 而炕煖可禦寒. 地居平野, 山木難取, 故自古有此制云. 其安炕之法, 我人或有學得者, 譯官金指南, 曾知此制, 今亡不傳. 今聞博川郡守朴東樞, 以關西人數赴燕, 亦學此制, 故問而錄成圖說如此. 且聞譯官李碩采, 新學燕人燒甎捷法, 守禦廳開窯漢南而試之, 功倍費省於瓦署匠人之法, 甎且極精. […] 廚院移直處, 有可改支堗, 故試以燕法用甎造炕, 半束薪柴可爨而經夜, 其法誠妙矣. 提調閔聖猷以爲宜諺解其圖說, 以傳于閭巷, 故亦從之, 此用爲之兆也. 士大夫家先行之, 小民必多效之矣."

에 비해 열효율이 높아 땔감 비용이 10분의 1에 불과했기 때문이다. 그러면서 중국식 온돌 설치법을 배워 온 이로 역관 김지남(金指南)을 꼽았다. 김지남은 17세기 말에서 18세기 초엽에 활동한 역관으로 중국에서 국법으로 유출을 금하는 자초법(煮硝法)을 알아내 화약 제조에 큰 공을 세운 바 있다. 그가 숙종의 윤허를 얻어 화약 제조법을 수록한 『신전자초방(新傳煮硝方)』은 정조에 의해 '금석(金石)과 같은 성헌(成憲)'이라고 높이 평가받은 것으로 알려져 있다. 1712년에는 아들 김경문(金慶門)과 함께 우리 측 대표를 수행해 청나라 대표 목극등(穆克登)을 상대로 백두산정계비를 세우는 데 공이 컸으며, 아들과 함께 『통문관지(通文館志)』를 편찬하기도 하였다. 중국의 신기술을 배워 화약 제조에 큰 공을 세운 김지남이 벽돌을 사용하는 중국식 온돌 제도에도 깊은 관심을 지녀 이 기술을 습득했음을 알 수 있다.

이이명은 김지남 외에 중국의 온돌 제조법을 배운 이로 박동추가 있어 그에게 물어 얻은 정보를 바탕으로 도설을 작성했다고 하였다. 박동추는 의주 출신의 무변으로 뛰어난 능력을 인정받아 창성부사(昌城府使), 거창부사(居昌府使) 등의 지방관을 역임한 인물이다. 그는 이인좌의 난 때 탁월한 지모로 반란군을 제압하여 여러 재신(宰臣)들이 장군으로 천거하기도 했는데, 그 또한 중국식 온돌 제조법에 관심을 가지고 그 방법을 습득했음을 알 수 있다. 중국식 온돌을 만들기 위해서는 무엇보다 그 재료인 규격화된 벽돌의 제조법이 확보되어야 했다. 이이명은 역관 이석채(李碩采)가 중국의 벽돌 제조법을 배워 왔다고 했다. 수어청에서 그 방법대로 시험했더니, 와서(瓦署)에서 만든 것에 비해 비용이 적으면서도 강도가 좋은 벽돌을 갑절은 빨리 만들 수 있었다고 했다. 벽돌식 온돌을 제조하기 위해 당대의 뛰어난 인재들이 모두 동원되고 있음을 알 수 있거니와, 사옹원의 숙직소를 이 방법에 따라 설치했더니 참으로 효과가 좋았다며 오묘한 방법이라고 하였다. 민진원이 벽돌식 온돌 설치법에 대한 도설을 언해해서 민간에서 사용하도록 해야 한다고 한 말을 덧붙이며, 사대부 집에서 먼저 실행할 필요가 있다고 하였다. 실제로 이이명은 연동(蓮洞)에 있는 자신의 집에도 직돌식(直埃式)과 풍조식(風灶式)을 설치하였음을 이시필의 기록에서 확인할 수 있다.[78]

이이명은 1705년(숙종 31) 와서(瓦書)의 와장(瓦匠)을 부경노(赴京奴) 명색으로 위장해 사행에 딸려 보내 중국의 벽돌 제조 방법을 배워 오도록 하자고 건의하여 숙종의 윤허를 받았다. 이에 매번 사행마다 와장을 함께 보낼 것을 지시한 일이 있다.[79] 벽돌을 이용한 온돌 축조 방식의 효율성에 관심을 가지고 이를 실행에 옮긴 것은 이이명이 최초로 보이며, 이는 북학(北學)을 통해 이용후생을 추구한 사례로 주목할 만하다.[80]

주지하다시피 벽돌을 이용한 중국식 온돌에 대해서는 18세기 후반의

---

78 이시필은 「전항식」에서 이이명이 지은 「직돌식」과 「풍조식」을 먼저 소개하고 그 제조 경위를 밝힌 이이명의 위 글을 수록하고 나서, 이에 대한 설명을 붙인 자신의 글을 수록하였다. 그 내용은 대략 다음과 같다. "이상의 내용은 내의원 도제조 판부사 이상국(이이명을 말함)께서 지으신 글이다. 정유년(1717)과 무술년(1718) 무렵 주상께서 편찮으실 적에 사용원으로 옮겨 숙직한 지가 여러 해였는데, 제조 세 사람과 낭관, 권속들이 모두 엄동설한에 머물러 있을 곳이 없었다. 그래서 도제조의 방과 제조 및 낭청의 방을 모조리 이 방법대로 마루를 철거하고 개조하였는데, 비용이 절감되고 일이 줄어들 뿐만 아니라 아침에 온돌을 설치하기 시작하면 저녁에 거기서 잠을 잘 수 있으니, 매우 빠른 방법이라 하겠다. 연잉군(延礽君)께서 선왕의 병간호를 하시다가 종종 사알(司謁)의 방에서 쉬셨는데, 역시 이 방법대로 온돌을 만들어드렸다. 연동 정승(이이명을 말함) 댁에도 이 방법대로 직돌과 풍조를 설치하였는데, 참으로 오묘하였다. (此內局都提調判府事李相國所製. 當丁酉戊戌, 上候違豫之日, 移直廚院多年矣. 三提調及郎官率屬, 嚴冬寒沍無所住着. 都提調房及提調郎廳, 盡以此法撤去抹樓而改造, 不但費廉功省, 朝安而夕寢, 可謂捷法. 延礽君侍湯之隙, 憩宿司謁房, 而亦用此法, 蓮洞相國第, 亦用此法, 安直埃風灶誠妙矣.)"
79 윤용출, 「조선후기 燔甓築城 논의와 기술 도입」, 『한국민족문화』 67, 2018, 274쪽.
80 이에 대해서는 신익철, 「1720년 李頤命·李器之 부자의 연행과 北學의 성격」, 『장서각』 49, 2023. 이이명의 벽돌식 온돌 축조법에 대해서는 김대중, 「조선 중기 벽돌 사용 담론과 조선 후기 북학론」, 『한문학보』 46, 2022), 79~80쪽에서 민간 영역에서의 벽돌 사용 담론의 사례로 그 의의를 살핀 바 있다.

북학파 학자들 또한 주목하여 그 이점을 강조한 바 있다. 박지원은 『열하일기』에서 중국식 온돌이 우리나라 온돌보다 못한 것 같다는 변계함(卞季涵)의 말을 반박하면서 우리나라 온돌의 폐단을 6가지 조목을 들어 논하였고,[81] 자신이 안의(安義)현감을 지낼 때에 폐허가 된 관사를 벽돌로 신축한 바 있다. 박제가 또한 자신의 집에 벽돌을 사용한 온돌을 축조하였는데, 유득공의 시를 통해 이러한 사실이 확인된다.[82] 이러한 점에서 보면 벽돌을 이용한 온돌 제도의 편리함과 효율성에 주목하고 벽돌식 온돌의 보급을 위한 도설을 제시한 이이명과 벽돌 제작법을 체계적으로 소개한 이시필은 북학파의 선구라 불러도 손색이 없을 듯하다.

이시필의 『소문사설』은 자신이 연행 과정에서 직접 견문한 것 외에 주변에서 습득한 정보를 정리하여 실용적인 지식을 제시하기도 하였다. 그 실례를 동유(桐油)와 화기(畫器)의 재료를 설명한 조목에서 찾을 수 있다. 동유는 선박의 틈새에 물이 스며드는 것을 방지하는 오동나무 기름을 말하는데, 연행 과정에서 이에 대한 정보를 최초로 습득한 사람은 1720년에

---

[81] 박지원 저, 김혈조 역(2009), 앞의 책, 118~119쪽; 『열하일기』 〈1780년 7월 5일〉, "(우리나라 온돌은) 진흙을 쌓아서 구들 골을 만들고 그 위에 돌을 얹어서 구들을 만든다. 그 돌의 크기나 두께가 본래 각각 다르기 때문에 반드시 작은 자갈돌을 포개어 네 귀퉁이를 괴어서 절름거리는 것을 막지만 구들돌이 타버리고 진흙이 말라 항시 무너지거나 떨어질까 염려하니, 이게 첫째 잘못된 점이네. 구들돌의 표면이 울퉁불퉁한 곳에는 흙으로 메우거나 진흙을 발라서 평평하게 만들기 때문에 불을 때도 골고루 따뜻해지지 않으니, 이게 둘째 잘못이네. 불길이 지나가는 고래가 높고 넓적해서 화염이 서로 닿지 못하는 것이 셋째 잘못이네. 담벼락이 성기고 얇아서 항상 틈이 생기는 것이 괴로우며, 바람이 불어 불길이 거꾸로 가고 연기가 새어 방에 가득 차는 것이 넷째 잘못이네. 불목(온돌방 아랫목의 가장 따뜻한 자리)의 아래가 번갈아 목구멍 노릇을 하지 못해 불이 멀리 넘어가지 못하고 불길이 뒤로 장작 쪽으로 밀려나는 것이 다섯째 잘못이네. 방구들을 건조시키는 공력에 반드시 장작 백 단은 들어가고, 열흘 안에는 방으로 들어가기 어려운 것이 여섯째 잘못이네. 어떤가? 자네와 함께 벽돌 수십 개를 깔면 잠시 담소하는 사이에 이미 여러 칸의 온돌이 만들어져 그 위에서 놀고 자고 할 수 있지 않은가?"

[82] 유득공, 『泠齋集』 권5 「次貞蕤居士前寄薑山侍郞韻 賀甋炕新成」.

연행한 이기지였다. 이시필의 『소문사설』과 이기지의 『일암연기』의 관련 대목을 비교하면서 이를 확인해 보자.

푸른 기와를 굽는 데 필요한 오동나무 기름을 하남(河南) 출신으로 만씨(萬氏) 성을 가진 사람이 조운선(漕運船)에 싣고 통주(通州)에 왔다. 그는 이렇게 말하였다.
"우리는 오동나무 기름을 섞어 배의 틈새를 수선하고, 포대를 사용하지 않은 채 쌀을 보관합니다. 이 오동나무 열매의 크기는 산앵두씨만합니다. 예전에 표류하여 당신 나라의 외고려(外高麗)에 가보았는데, 오동나무 열매가 가득했다고 합니다. 9월 보름쯤 통주에 도착하여 정박했다가 23일 무렵 배를 띄워 돌아갈 것입니다. 이때 중국에 책력(冊曆)을 받으러 가는 행차에 자금정(紫金丁)을 보내신다면 우리는 오동 열매와 화기(畵器) 굽는 법을 글로 써서 사례하겠습니다."
또 이렇게 말하였다. "화기에 그림을 그리는 재료는 회회청(回回靑)이 아니라 다른 것입니다. 회회청은 진귀한 물건이니, 어찌 여기저기 궁벽하고 가난한 집마다 있겠습니까? 사기그릇을 만들 때 흙으로 모양을 만들어 말린 뒤에 동록이나 은실로 가늘게 선을 그리고 푸른색으로 메워 잿물을 붓습니다."
우리나라의 사기소(沙器所)에서는 간혹 회회청으로 그려서 구워내는데, 모두 흐릿하여 분명치 않으니, 만씨의 말이 믿을 만한 것 같다. 이추(李樞)는 이렇게 말하였다. "중국인들은 제주(濟州)를 외고려라고 한다.[83]

---

[83] 이시필 저, 백승호·부유섭·장유승 역(2011), 앞의 책, 219~220쪽; 『소문사설』「제법」「造甄法」

내가 큰 배가 보고 싶어 뱃사람에게 다시 배를 타고 백하(白河) 북쪽에 있는 가장 큰 배로 가자고 하였더니, 그 사람이 흔쾌히 따라주었다. […] 가장 큰 배 아래로 가서 뱃사공에게 기다리라고 한 뒤 사다리를 타고 배에 올라갔다. […] 내가 그 사람의 성명을 물었더니, "성은 만(萬)이고 이름은 천형(天衡)이며 배 이름은 경리(經俚)입니다."라고 하였다. […]

(강서에서 이곳까지의 거리와 수로, 명승지 등에 대해 문답하고 나서 내가 물었다.)

"배 갑판의 이음새에는 동유에 석탄을 섞어 바른다고 하는데, 동유는 어떤 것입니까?"

"조선서도 배를 몰 텐데, 만약 동유가 없다면 어떻게 배를 운항합니까?"

"조선에는 동유가 없으며, 사용하는 법도 알지 못합니다. 동유가 나는 나무는 오동나무와 다른 것입니까?"

"그것은 동자수(桐子樹)의 열매로 만드는데, 그 수종이 오동과는 다릅니다. 봄에 꽃이 피고 가을에 열매를 맺습니다. 꽃잎의 크기가 복사꽃이나 오얏꽃과 같고 모양은 치자꽃과 비슷한데 붉은색과 흰색 두 종류가 있습니다. 열매는 푸른빛을 띠고 둥글며, 그 크기는 포도와 비슷합니다. 기름을 취하는 방법은 마(麻) 기름을 짤 때와 같습니다. 이 나무는 남쪽 지방에는 많지만 북쪽 지방에는 없습니다. 전에 바다를 표류하였던 사람에게 들은 적이 있는데, 외고려에 이 나무가 많다고 합니다."

외고려는 곧 제주(濟州)를 말한다. 한참 얘기를 나누는 사이에 이추가 갑자기 나타나더니 배 위로 올라왔다. 내가 물었다.

"어떻게 내가 이 배에 있는지 알았는가?"

그가 대답하였다.

"강가에 안장을 얹은 말이 서 있기에 주위에 물어서 알았습니다. 통역해줄 사람이 없는 것이 걱정되어 배를 타고 물어서 찾아왔습니다."[84]

새벽에 통주를 출발할 때 대인(사행의 정사인 이이명을 말함)께서 이추를 시켜 종이부채를 가지고 백하의 만천형을 다시 찾아가 유동(油桐) 열매와 채색 자기의 안료를 구해 오라고 하였는데, 두 물건은 모두 강서 지방에서 나는 것이었다. 중국의 채색 자기는 모두 회회청(回回靑)을 쓰지 않고 따로 청색과 홍색의 안료를 써서 굽기 때문에 잿빛이 나지 않으면서도 색이 선명하였다.

이추가 뒤쫓아 와서 길 위에서 말하였다.

"부채를 전하면서, '큰 어른께서 그대에게 주는 것입니다.' 하고, 다시 말하기를 '유동 열매와 도자기 안료를 얻고 싶습니다. 그대가 내년에 다시 올 때에 이 두 물건을 가지고 이곳을 다시 지나게 된다면, 우리가 여름·가을·겨울에 이곳을 다시 지날 터이니 그때 내가 편지로 기별하겠습니다.'라 하였습니다. 그 한인(漢人)이 대답하기를, '내년에 다시 올 때 반드시 두 가지 물건을 가지고 올 것이니 때를 놓치지 않기를 바랍니다.' 하였습니다. 또한 서찰에 쓰는 표신(表信)을 요구하기에 바로 '이추(李樞)'라는 두 글자와 서명을 해서 그에게 주었습니다. 그 사람이 말하기를, '어제 이 노야(李老爺)께서 주신 자금단(紫金丹)은 매우 신묘한 약입니다. 어제 세 알을 얻었는데 기이한 보배를 얻은 것과 같습니다. 내년에 편지를 보낼 때 이 약을 보내주셨으면 합니다.'라고 하였습니다."[85]

---

[84] 이기지 저, 조융희·신익철·부유섭 역(2016), 앞의 책, 185~188쪽; 『일암연기』〈1720년 9월 17일〉.

[85] 위의 책, 195~196쪽; 『일암연기』〈1720년 9월 18일〉.

예시한 글에서 밑줄 친 대목에 유의해 대조해 보면『소문사설』의 기록은 이기지의『일암연기』의 관련 정보를 정리한 것임을 알 수 있다. 먼저 이시필이 정보의 출처로 제시한 "하남 출신으로 만씨 성을 가진 사람이 조운선에 싣고 통주에 왔다"는 것은 곧『일암연기』에 등장하는 만천형을 말함이 분명하다. 이기지가 선박 제도를 구경하기 위해 배에 오른 곳이 통주에 정박한 조운선이었고, 만천형이 자신을 강서성 남창(南昌) 사람이라 하였기 때문이다. 동유가 외고려에 많다고 하는 말 또한 일치한다.『소문사설』에서는 "중국에 책력을 받으러 가는 행차에 자금정을 보내신다면 우리는 오동 열매와 화기 굽는 법을 글로 써서 사례하겠습니다."라고 하였는데, 이는 다음 날 이이명이 오동나무 열매와 채색 자기의 안료를 얻기 위해 이추를 보내 만천형과 나눈 이야기를 정리한 것임을 알 수 있다. 이추가 여름, 가을, 겨울 즈음에 지나는 사신 행차 편에 편지로 기별할 것이라고 하자, 만천형은 자금단을 보내줄 것을 요청하였다.『소문사설』에는 만천형이 "9월 보름쯤 통주에 도착하여 정박했다가 23일 무렵 배를 띄워 돌아갈 것입니다."라고 하여, 통주에 머무는 날짜를 구체적으로 밝혀 놓았는데, 이는 아마도『일암연기』의 기사가 9월 17일과 18일의 기사임을 참고하여 조운선이 통주에 정박하는 일자를 파악했던 것으로 추측할 수 있다.

이상에서 동유와 채색 자기의 안료에 대한『소문사설』과『일암연기』의 관련 기록을 세밀하게 대조해 살펴보았다. 이를 통해 연행 과정에서 얻은 지식 정보가 가공되는 실례를 확인할 수 있는데, 정리해 보면 다음과 같다. 배의 틈새를 수선하는 데 필요한 동유와 채색 자기의 안료에 대한 정보를 최초로 습득한 것은 이기지가 1720년 9월 17일 통주에서 중국의 선박 제도를 구경하다가 남창 출신의 만천형을 만난 것이 계기가 되었다. 이기지를 통해 정보를 얻은 정사 이이명은 이튿날 새벽 역관 이추를 보내 다음 사행 때 동유와 채색 자기의 안료를 구입하고자 했으며, 만천형은 사례품으로 자금단을 요청했다. 이이명과 밀접한 관계에 있던 이시필은 관련 정보를 『소문사설』의 「제법」에서 벽돌 제조법을 기술한 「조전법(造甎法)」 말미에 기록해 두었다.[86]

---

[86] 『일암연기』의 내용과 비교해 보면 『소문사설』에서 "푸른 기와를 굽는 데 필요한 오동나무 기름(燒綠瓦所用桐油)"이라고 한 것은 푸른 기와를 굽는 데 쓰이는 안료와 선박의 갑판에 물이 새는 것을 방지하는 동유의 두 가지를 구분 없이 혼용한 것으로 보인다.

3. 한중 문화교류의 숨은 조력자, 마두·통관·갑군

1) 마두의 역할과 활동 양상

(1) 연행에서 마두의 역할

　마두(馬頭)는 연행 일정 내내 사행(使行)을 수행하는 하례(下隷)를 통칭하는 말이다. 조선시대 연행은 정사, 부사, 서장관의 삼사(三使)를 비롯하여 반당(伴倘), 역관(譯官), 의관(醫官), 마두배(馬頭輩) 등이 긴 여정을 함께 하였다. 통상 4개월에서 6개월에 걸친 연행을 무사히 마치고 귀국하기 위해서는 수많은 하례들이 각자의 직역에서 일사불란하게 움직여주어야 했다. 연행의 실상을 온전히 파악하기 위해서는 삼사나 역관, 의원 외에 연행단의 대다수를 차지했던 하례들의 역할과 활동 양상에 대한 이해가 필요하다. 그런데 대다수의 연행록에서는 이에 관한 기록을 찾아보기 힘든데, 1860년에 부사로 연행했던 박제인(朴齊寅, 1818~1884)은 『연행일기』의 「부록(附錄)」에서 하례들의 역할과 연행 노정 중의 행태 등을 자세히 언급하고 있어 주목된다. 이는 연행 기록으로서는 매우 희귀한 경우인데, 여기에서 가장 흥미로운 것이 마두배에 관한 내용이다.

　박제인은 마두란 명칭이 역참의 역마를 관리하는 마두를 빌어다 쓴 것으로, 지방 아문의 급창(及唱)과 비슷하다고 했다. 급창은 고을 원의 명령을 간접적으로 받아 큰 소리로 전달하는 일을 맡아보던 사내종을 말한다. 군아(郡衙)에 소속된 급창처럼 마두의 역할은 연행 노정에서 경유하는 역참을 일일이 고하고, 각방에 전갈을 하달 보고하는 것이다.[87] 그런데 마두는 기실 마두배로 불리며, 마두, 구인(驅人), 서자(書者), 좌견(左牽) 등을 포괄하여 일컫는 칭호이다. 이는 연행 과정에서 마두배의 역할이 어느 하나로 고정되지 않고 현지의 상황에 따라 서로 간의 직분이 융통성 있게 넘나들기 때문이다. 박제인의 『연행일기』 「부록」을 참고해 마두배의 역할을 정리하면 다음과 같다.

　-마두: 연행 노정에서 경유하는 역참을 일일이 고하고, 각방에 전갈을 하달 보고한다. 또한 삼사를 시종일관 수행한다.
　-서자(書者): 역마(驛馬)와 구부(驅夫), 하례를 영솔하며 근태를 점검한다. 산해관 도착 이후 옥하관으로 먼저 출발하여 숙소의 캉[炕]을 청소한다.
　-좌견(左牽): 압록강을 건너는 전후로 마두와 함께 말고삐를 끌고 인도한다. 역참에서 말의 사료를 공급하며, 산해관 이후부터는 좌견이 서자의 역할을 대신 수행한다.
　-농마두(籠馬頭): 의농(衣籠) 등의 기물과 짐, 역참의 침구를 정리하고 관리한다.
　-교마두(轎馬頭): 쌍교(雙轎)를 점검하고 수리한다.
　-건량 마두(乾糧馬頭): 사행 중 식량을 현지에서 사서 조달한다.
　-상판사 마두(上判事馬頭): 노정 중에 만나는 청인과의 의사소통 및 현지인과의 분쟁을 조율한다. 책문과 산해관 등지에서 예단(禮單)을 바칠 때 그 액수를 조정하며, 배·수레와 같은 교통편의 조달을 담당한다. 북

87　박제인, 『연행일기』 「부록」, "赴燕下人, 謂之房下人, 房下人名色, 皆倣驛站下人之名, 目而稱之馬頭. 如外邑之及唱, 在途立於雙轎之右, 一動一靜專責於馬頭. 沿路所經諸站坊名, 一一就前而告之. 入站亦不離於左右, 各房傳喝之往復也, 各處所號令之施爲也, 並皆擧行."

경에 도착하면 진신안(縉紳案), 조보(朝報)를 삼사에게 올리며, 예부의 심부름을 담당한다.

이외에도 『통문관지(通文館誌)』를 살펴보면 표자문 마두(表咨文馬頭), 방물 마두(方物馬頭), 세폐 마두(歲幣馬頭), 대강 마두(擡扛馬頭) 등 박제인의 『연행일기』「부록」에 기재되어 있지 않은 마두의 역할이 더 존재한다. 그렇지만 이들 다양한 마두의 역할이 연행 기간 내내 고정되었던 것은 아니다. 좌견이 산해관 도착 이후에 서자의 역할을 대신하듯이, 세폐미 마두(歲幣米馬頭)는 세폐미를 모두 교부한 후에는 일산봉지(日傘奉持)로 역할이 바뀌는 등 매우 가변적이었다.[88]

마두배는 관서 지방 그중에서도 특히 의주(義州) 지역 사람들로 구성되는 것이 관례였다. 마두배가 의주 출신을 중심으로 구성되는 이유는 이 지역의 특성과 연관이 깊다. 의주는 전쟁을 대비하고 외교와 무역을 수행하는 곳이며 이를 위한 제도와 인력, 물력을 갖춘 요지로 중국의 봉황성, 책문과 일상적인 정보의 소통이 이루어지던 지역이었다.[89] 의주를 비롯한 관서 지방의 백성들에게 연행은 무역을 통해 치부할 수 있는 큰 기회였다. 이들은 기꺼이 사행단의 하례가 되기를 자처했고 일부는 의주에서 책문까지, 일부는 북경까지의 전 일정을 수행하며 고역을 마다하지 않았다.

이에 따라 가함(假銜)으로 사행단의 노자(奴子) 이름을 빌려 마두배가 되는 경우도 종종 있었다. 1760년에 연행한 이의봉(李義鳳)은 자신의 연행

---

88 마두배의 역할과 그 실상에 대해서는 김영죽, 「연행, 그 이면의 풍경」(『한국문학연구』 52, 2016)에서 자세히 살펴본 바 있다.
89 박범, 「17, 18세기 의주부 경제상황과 재정운영의 변화」, 『조선시대사학보』 58, 2011, 90~137쪽.

록 서두에서 연행에 참여한 사람의 명단을 자세히 기록하였는데, 이 중에는 삼사의 반당이나 군관으로 동참하기 위해 마두나 노자의 이름을 임시로 빌려 동행한 실례가 보인다. 즉 정사 홍계희(洪啟禧)의 반당으로 참여한 장제인(張齊仁)은 이정희(李挺熺) 노자의 이름을 빌렸으며, 군뢰 이덕항(李德恒)은 구인(驅人) 충근(忠勤)의 이름을 빌린 것이라고 주를 통해 밝혔다.[90] 앞서 언급한 박제인의 『연행일기』「부록」에 따르면 연행에 참여하기 위해 마두나 노자의 이름을 빌리는 경우가 매번 사행마다 40~50인에 이른다고 하였는바,[91] 연행 사절의 평균 규모가 400~500인이라는 점을 고려하면 대략 열에 한 사람은 다른 사람의 이름을 빌려 연행단에 끼어든 것으로 볼 수 있다.

흔치 않은 경우이지만 단지 중국 유람을 하기 위해서 하인이 되어 연행에 참여한 사람도 있었다. 18세기의 문인 신광수(申光洙, 1712~1775)는 마기사(馬騎士)란 기인의 행적을 기록으로 남겼는데, 마기사는 자신과 함께 유람을 즐긴 친구로 동생(董生)을 소개하면서 "연전에는 스스로 역관에게 몸을 팔아 하인이 되어 연경에 노닐어 연나라 소왕(昭王)과 악생(樂生)의 유허를 둘러보고는 요나라, 금나라가 대를 이은 자취와 대명(大明) 유민들도 모두 낯선 풍속을 하고 있는 것을 보고 돌아왔습니다. 강개한 마음으로 나에게 보고 온 사적들을 자세히 말해주었지요."[92] 라고 했다. 이는 극히 예외적인 경우로 생각되지만, 중국 유람을 목적으로 하인 신분으로 위장

---

90 이의봉, 『북원록』 권1 「一行人馬入柵數」, "張齊仁【李挺熺奴子假名】, 軍牢 李德恒【居義州, 刷馬一匹, 竝卜私持馬無, 驅人忠勤假名.】伴倘 金若水【奴子假名】柳聖和【攝察乾糧. 軍官. 私持馬. 驅人假名.】"

91 박제인, 『연행일기』「부록」, "原額之外, 多有冒入者, 每行洽計四五十人."

92 신광수, 『石北集』 권16 「書馬騎士事」, "後遇董生者, 董亦奇士也. 能詩善歌, 從吾游山澤間, 倡和詩甚多. 年前自賣爲譯者奴, 遊於燕市, 觀昭王樂生之墟, 遼金迭代, 大明遺民, 盡化爲異俗. 歸來, 慷慨爲余道其事甚悉."

하여 연행에 참여한 경우도 있었음을 알려준다.

관서 지방의 백성 중 하례로 연행에 참여한 이들 가운데는 연행 횟수가 30~40차례에 이르는 자들도 적지 않았다. 이들은 중국어에 능통하고, 중국 현지의 지리와 민간 풍속을 환히 꿰뚫고 있었기에 연행 일정에서 부딪치는 여러 난관을 해결하는 데에도 큰 역할을 하였다. 예컨대 선천(宣川) 마두 최운태(崔雲泰)는 연행에 47차에 걸쳐 참여하여 중국의 세태 풍속에 대해 역관보다 더 잘 알고 있었다고 한다.[93] 대부분 처음 중국 땅을 밟게 된 연행사로서는 중국 유람을 뜻한 대로 이루기 위해서는 연행 경험이 풍부한 이들의 도움이 절실했다.[94]

한편 연행록을 읽다 보면 마두에 대한 부정적인 기록도 간간이 눈에 뜨인다. 연행 노정에서 만나는 청인들과 시비가 붙거나 숙소 주인과 실랑이를 벌이는 경우 또한 없지 않았다. 그런데 이러한 분쟁은 마두의 개인적인 문제뿐만 아니라 사행단의 편의와 관련 있는 사항들이 적지 않았다. 유득공은 마두배가 고역을 마다하지 않고 연행에 참가하는 이유를 말하면서 보통 백성들과 다른 면모를 지적했는데, 이는 마두배의 실상을 적확하게 지적한 말로 여겨지기에 여기에 소개한다.

관서 지방의 마두배는 서역의 이사(吏士)처럼 모두 효자나 순손이 아

---

[93] 朴思浩, 『燕薊紀程』 〈1828년 11월 18일〉.

[94] 김경선(金景善)이 압록강을 건너기 전 의주에 머물 때의 기록에서 이러한 정황을 확인할 수 있다. "장차 하인배들을 거느리고 이역에서 해를 넘길 것이므로 생색 내지 않을 수 없어, 밤에 거느릴 여러 하인들을 내 방으로 불러 얼굴을 보이며 그 거주지 및 경력을 물었다. 마두 대원(大元)은 선천에 사는데, 전후 연경 내왕이 무릇 18번이나 되어 관화(官話)에 익숙하였다. 앞으로의 노정을 물었더니 그 대답이 유창하였으며, 또 그 사람됨이 자못 순실하고 근간하였다. 그 밖에 농마두 천석(千石)과 좌건 승학(昇學)은 모두 선천 사람이고, 서자 달배(達陪)는 서흥(瑞興) 사람이며, 일산받이[日傘奉持] 익렬(益烈)은 곽산(郭山) 사람이다. 역시 모두가 여러 번 이 길을 다녔고, 근간하여 자못 의지할 만하니 실로 다행스러운 일이다." 『燕轅直指』 〈1832년 11월 20일〉.

닌데도 여름철에 떠나면 진흙창 길을 수천 리나 고생하며 가고, 겨울철에 떠나면 2~3개월을 벽돌 바닥에서 잠을 잔다. 이 어찌 사람이 감당할 바이겠는가. 관에서 나눠주는 상은은 많아야 10냥에 불과하여 의지하여 쓰는 밑천으로 부족한 듯한데도, 돌아오자마자 금방 떠나며 여러 번 떠나게 되어도 싫어하지 않으니 그 까닭을 알 수 없었다. 그 실정을 자세히 살펴보니 이들은 모두 청천강 북쪽의 천졸(賤卒)들로 유식(遊食)하며 이리저리 떠도는 무리이다. 서울과의 거리는 멀고 저곳은 비교적 가까운데, 일단 중국 땅에 들어가면 태평거를 타고 도시의 번화한 곳을 두루 다니며 금물을 옆구리에 끼고서 가짜 상품을 발매하여 여러 간악한 일을 하지 않음이 없다. 이 같은 까닭에 지극한 즐거움이 여기에 있어 연경에 가는 횟수가 30~40차례를 넘는 자도 있다. 이들은 일반 백성이라고 할 수가 없다.[95]

(2) 주요 마두의 활동 양상

마두 세팔(世八)은 서흥(瑞興)에 거주하던 금교역 노비 출신으로 40여 차례 연행 경험이 있으며 좌거마(座車馬)를 잘 모는 것으로 유명했다.[96] 그에 대한 기록은 1760년에 연행한 이의봉의 『북원록』과 1765년에 연행한 홍대용의 『연기』에 보인다. 먼저 이의봉의 경우를 보면, 세팔은 연행 노정의 지리에 밝고 중국어에 능통해서 노정에서 접하는 고적에 대해 그 유래

---

[95] 실시학사 고전문학연구회 편역, 『열하를 여행하며 시를 짓다-열하기행시주』, 휴머니스트, 2010, 182쪽.

[96] 이의봉, 『북원록』 〈1760년 11월 28일〉, "赴京書者世八, 左牽禾里同現身, 皆金郊驛奴也. 世八有善驅座車名, 以三房書者赴京, 幾四十餘次, 禾里同則有門客稱念. 故在京時, 行關該驛, 使之治裝來待, 至是現身."

를 설명하면서 이의봉의 북경 유람을 수행하며 안내하였다. 이의봉은 북경에 머무를 때에 남장(南掌, 라오스) 사신 일행이 머무르는 유구회관(琉球會館)을 방문하고 두모궁(斗母宮)·천단(天壇)·법장사(法藏寺) 등의 명소를 관광하였는데, 이날 기사에서 마부 세팔이 등장하는 대목을 소개하면 다음과 같다.

옛 유구회관에 이르렀는데 이는 곧 남장 공사가 머무는 곳이다. 집은 매우 누추하고 좁은데 문에는 고시방(告示榜)을 걸었다. 또한 아문의 문지기가 있기에 세팔이 들어가 연통한 후 허락하니 마침내 말에서 내려 문으로 들어갔다. […] 운남 통사(雲南通事)가 옆에 있었는데, 물을 것이 있으면 남장 통사에게 말을 전하고 남장 통사가 또 공사에게 전달해주었다. 답변도 이와 같았으니 이것이 중역(重譯)이란 것이었다. 내가 세팔에게 말을 전하게 하였다. […]
세팔이 말하기를 "연전에 이곳(두모궁을 말함-인용자)을 들렀는데 문밖에 패루 하나가 있었고, 전우는 허물어져 황폐해진 먼지에 신발이 빠질 지경이었습니다. 지금은 모습이 크게 달라져 분별할 수 없습니다."라 하고, 또 "이곳은 옛사람들의 서화가 많이 쌓여 있어서 사신 행렬들이 대부분 두루 살폈습니다."라 하였다. 나는 김창업이 진미공(陳眉公, 진계유)의 〈수묵룡도(水墨龍圖)〉를 완상하던 곳이 과연 이곳임을 비로소 알게 되었다. 지키고 있는 승려에게 물어보니 "과연 그렇습니다만, 지금은 이미 귀족 집에서 가져가 버렸습니다. 현재는 글씨 한 점, 그림 한 점도 없습니다."라고 하였다. […]
천단에 이르자 3개의 문이 모두 닫혔는데 옆에 협문으로 사람들이 사뭇 오갔다. 세팔이 먼저 가서 문지기에게 물어보자 문지기가 화를 내며 밀어내 문밖으로 나오게 되었다. 내가 온화한 말로 해명하였으나 저

들은 심한 말로 더하였다. 하는 수 없이 마침내 밖에서 안을 엿보게 되었다. […]

　(법장사) 왼쪽 편에는 벽돌로 만들어진 28개 계단의 돌사다리가 있어 세팔에게 먼저 올라가 보게 하였다. 걸어 올라가니 한낮임에도 컴컴하여 계단 수를 다 헤아려 보지 못하였다. 밝은 빛이 공중에서부터 생겨나자 발걸음을 따라 올라가 비로소 평대(平臺)에 이르렀다.[97]

세팔은 이의봉을 수행하며 통역을 전담하고, 예전에 방문했을 때의 모습을 이야기해주면서 관련 정보를 제공했다. 남장 사신과의 대화는 세팔이 중국어로 이야기하면 운남 통사와 남장 통사를 거쳐 사신에게 전달하는 중역의 과정으로 이루어졌다. 마두 세팔이 의사소통에 아무런 문제가 없을 만큼 중국어에 능통했음을 알 수 있다. 두모궁은 북두칠성의 어머니인 두모신(斗母神)을 모시는 도교 사원[道觀]으로, 북경 천단의 서쪽에 위치해 있어 천단과 함께 연행사가 자주 찾는 곳이었다. 세팔은 예전에는 여기가 황폐했던 곳이라 하면서 서화를 많이 소장하고 있어 이를 완상하는 사신들이 많았다는 설명을 보태었다. 이 말을 들은 이의봉은 김창업의 연행록에서 진계유의 〈수묵룡도〉를 보았다는 곳이 이곳임을 떠올리고 두모궁의 승려에게 그 행방을 물었다. 실제로 김창업은 두모궁에서 〈수묵룡도〉를 본 사실을 그의 연행록에 기록하며 이를 연행의 기이한 구경거리[奇觀]의 하나로 꼽기도 하였다.[98] 천단에서도 이의봉은 세팔을 시켜

97　이의봉, 『북원록』 〈1761년 1월 24일〉. 〈한국고전종합DB〉에서 제시하는 번역문(박동욱·김영죽 역, 2016)을 따랐다.

98　김창업, 『연행일기』 〈1713년 2월 1일〉, "抵斗姥宮, 車俊傑已來待. 守宮者見余復至, 有喜色, 盡開前日所見處. 遇陽·俊傑皆叫絶, 守者出二畫軸, 〈西園雅集圖〉及陳眉公〈水墨龍圖〉, 皆前日未見者也. 〈水墨龍〉, 畫法絶奇."; 『노가재연행일기』「往來總錄」 "第一奇觀, 薊門烟樹, 太液池五龍亭, 正陽門外市肆, 兔兒山太湖石, 崇文門外器玩, 太學石鼓. 其次, 祖

들어갈 수 있는지 여부를 물어보고, 법장사에서는 평대에 올라가는 사다리를 먼저 올라가 보도록 하고 있다. 세팔은 통역을 하며 고적지를 안내하고 관련 정보를 제공하고 있는바, 오늘날 우리가 해외여행을 할 때 관광객을 안내하는 가이드의 역할을 하였음을 확인할 수 있다.

홍대용 또한 연행 중에 세팔의 도움을 받았음을 곳곳에서 확인할 수 있다. 중국 문사와의 교유에 특히 관심이 많았던 홍대용은 세팔에게 탐문하게 하여 만남을 성사하는 경우가 보인다. 1766년 정월 1일 홍대용은 조참(朝參) 자리에서 잠깐 대면했던 한림(翰林) 오씨(吳氏)와 팽씨(彭氏) 두 사람을 다시 만나 보고자 하였다. 홍대용은 조정 고관의 명부를 기록한 『진신안(縉紳案)』을 통해 두 사람이 한림 검토관(翰林檢討官) 오상(吳湘)과 팽관(彭冠)임을 확인하고는 세팔을 시켜 두 사람의 거처를 탐문하게 하였다. 세팔은 북경 성문 밖까지 두루 수소문하여 10여 일 만에 팽관의 집을 찾아내어 홍대용과 이들의 만남을 주선하고, 이후에 다시 만날 때에도 줄곧 홍대용을 수행한다.[99] 이 밖에도 서양 선교사 유송령과 포우관을 만나 볼 때나 태학의 생도들을 수소문할 때에도 홍대용은 세팔에게 의지했다. 홍대용은 관소의 문금(門禁)을 풀기 위한 방안을 강구할 때도 역관들보다 마두 세팔의 말을 더 신뢰하며 그의 계책을 따르기도 하였다.[100] 이러한 모습들을 보면 노련한 마두를 만나고 좋은 관계를 유지하는 것이 연행에서 의도한 목적을 달성하는 데 매우 중요한 것임을 충분히 짐작할 수 있다.

家牌樓, 西直門外夜市, 法藏寺塔, 斗姥宮龍泉寺, 西閣立石, 通州畫器, 呂紀〈水墨孔雀〉, 陳眉公〈水墨龍〉."

[99] 일련의 과정은 홍대용의 『연기』 「오팽문답」에 자세히 기술되어 있다.

[100] 홍대용, 『연기』 〈1766년 1월 7일〉, "是日, 余將出, 乃招任譯問之, 皆曰今門如鐵桶, 我輩不敢出一言. 當待怒氣稍解徐圖之, 不然, 必有葛藤. 余觀其相顧欷歔無人色, 實不足與計事, 乃謝送諸譯, 招馬頭數人相與謀, 世八日, 徐通官雖凶狠, 亦虛懷, 若待之以禮, 交之以幣, 一得其懽心, 餘不足憂也. 余始悟."

앞에서 마두의 역할에 대해 살펴보면서 상판사 마두의 역할이 특히 중요함을 말하였다. 상판사(上判事)는 역관 중에서도 중국어에 능통한 자인 상통사(上通事)를 달리 일컫는 말인데, 연행 과정에서 잡무의 처리를 맡은 직명을 뜻하기도 했다. 이 상판사를 보좌하는 상판사 마두의 역할 중에는 중국 현지에서 분쟁을 조율하는 것도 있었는데, 그 첫 임무가 압록강을 건너고 나서 책문에 들어갈 때 관례로 바치는 예단의 액수를 조정하는 일이었다. 상판사 마두는 2인으로 의주의 통사가 중국어에 능통한 자를 차출하여 정하는데,[101] 1780년 연행한 박지원의 『열하일기』에서는 이들의 활약상을 다음과 같이 기록하고 있다.

> 시냇가에서 떠들썩하니 다투는 소리가 나는데, 말하는 소리가 새소리인지 벌레 소리인지 한 마디도 알아들을 수 없었다. 급히 달려가 보니, 득룡(得龍)이 되놈들과 더불어 예물이 많으니 적으니 하면서 다투고 있었다. 대체로 예단(禮單)을 나눠줄 때는 전례를 따르는데, 봉성의 간교한 되놈들은 반드시 명목을 부풀려 숫자를 더해주기를 요구한다. 이 일을 잘 처리하고 못하고는 전적으로 상판사 마두의 수완에 달려 있다. 솜씨가 서투르거나 중국말이 시원찮은 마두를 만나면, 변변히 싸워 보지도 못하고 그들이 요구하는 대로 모두 주게 된다. 금년에 이렇게 주면 명년에는 그것이 전례가 되기 때문에 반드시 다투게 된다. 사신들은 이런 이치도 모르고 항상 책문에 들기에만 급급하여 역관에게 맡겨 재촉하고, 역관은 마두에게 맡겨 재촉하니, 그 폐단이 유래된 지 오래되었다.
> 상판사의 마두 상삼(象三)이 막 예단을 뭇 되놈들에게 나눠주려는데

---

101 박제인, 『연행일기』 「부록」, "上判事馬頭, 自灣府通事中擇送二人, 而能解官話者也."

빙 둘러선 사람이 백여 명이나 되었다. 그중의 하나가 갑자기 큰소리를 치며 상삼에게 욕을 하자, 득룡이 수염을 쓸어올리고 눈을 부릅뜨며 곧바로 튀어나갔다. 그리고 그 되놈의 가슴을 틀어쥐고 주먹으로 때릴 듯하며 여러 사람을 둘러보고는,

"이 뻔뻔스럽고 무례한 놈이 왕년에 대담하게 우리 어른의 쥐털 목도리를 훔쳤고, 또 작년에는 우리 어른을 속이고 어른이 잠든 사이에 내 허리에 찼던 칼을 뽑아서 칼집의 가죽과 술을 끊어 갔으며, 내가 차고 있던 주머니마저 자르려다가 내게 발각되어 부장에게 넘겨져서는 호된 주먹맛을 보고 나서야 겨우 정신을 차렸지. 그때 이놈이 온갖 애걸복걸을 다하면서 나한테 목숨을 살려주신 부모라고 부르더니, 이제 세월이 오래되었다고 우리 어른이 이놈의 낯가죽을 모를 것이라고 속이고는 아주 겁대가리 없이 큰소리를 쳐. 이따위 쥐새끼 같은 놈은 불끈 잡아다가 봉성장군에게 넘겨야 돼."

라고 소리를 쳤다. 물러섰던 되놈들이 일제히 풀어주길 말하고, 수염이 좋고 복장이 고운 한 늙은이가 앞으로 나와 득룡의 허리를 끌어안고는,

"형님께서 화를 푸시지요."

하니, 득룡이 화를 풀고 씽긋이 웃으면서,

"아우님의 체면을 보지 않았다면, 이까짓 놈의 코쭝배기를 한번 삐뚤어지게 쳐서 저 봉황산 밖으로 날려버렸을 거야."

하며 넉살을 떤다. 그 행동거지가 시끄럽고 소란스러워 우습기 짝이 없다.[102]

여기에서 소란을 떠는 청인을 노련하게 제압하는 상판사 마두 득룡은

---

[102] 박지원 저, 김혈조 역(2009), 앞의 책;『열하일기』「渡江錄」〈1780년 6월 27일〉.

가산(嘉山, 평안북도 박천) 사람으로 14세 때부터 북경에 드나들어 1780년 연행 당시엔 이미 30여 차례나 북경에 다녀온 경험이 있는 자였다. 그는 이미 가산과 용천(龍川), 철산(鐵山) 등지에서 중군(中軍)을 지냈고 품계가 가선(嘉善, 종2품 문관 품계)에까지 이르렀다. 사행이 있을 때마다 미리 가산에 통첩하여 그 가속(家屬)들을 단속하고 그가 도피하는 것을 막을 정도였으니, 그가 연행에서 얼마나 중요한 역할을 담당했는지 충분히 짐작할 수 있다. 이처럼 연행 경험이 풍부하며 중국어에 능통했던 득룡은 어느 장소에서 누구를 대하든 능숙하게 처신하며 거리낌 없이 행동하였다. 사신 일행이 열하에 도착해서 처음으로 피서산장에 갔을 때도 득룡은 몽골왕(蒙古王)을 비롯한 여러 귀인(貴人)들과 인사를 나누며 스스럼없이 대화를 했다. 그러면서 박지원에게 자신처럼 행동해 보라고 권하기도 했는데, 배짱 좋은 박지원이라도 처음 하는 일이어서 어색하며 중국어가 서툴러 어찌할 도리가 없다고 하였다.[103]

득룡이 이처럼 중국어에 능통할 수 있었던 이유는 남다른 가학(家學)이 있었기 때문이었다. 중국 강남 출신의 명나라 유민(遺民) 강세작(康世爵)이 청나라 군사의 포로로 잡혔다가 탈출하여 조선 땅으로 몰래 숨어 들어왔는데, 이때 조선 땅에서 제일 처음 머문 곳이 바로 득룡의 조부 집이었다.

---

[103] 박지원 저, 김혈조 역, 『열하일기 2』, 돌베개, 2009, 31~32쪽; 『열하일기』 「태학유관록」 〈1780년 8월 10일〉, "가산 사람인 득룡은 말몰이꾼으로 40여 년이나 중국에 드나들어 중국말을 아주 잘한다. 이곳 사람들 틈바구니에 있다가 나를 보고 멀리서 부른다. 내가 인파를 헤치고 나아가서 살펴보니, 바야흐로 그는 늙은 몽골의 왕과 양손을 붙잡고 뭐라고 지껄이고 있었다. […] 또 다른 몽골왕은 크고 건장해 보이기에, 득룡과 함께 나아가서 말을 붙여 보았다. 그는 말총으로 만든 내 갓을 가리키며 묻더니 말을 못 알아들었는지 나는 듯이 가마를 타고는 가버린다. […] 득룡이 지위가 높게 생긴 사람을 여기저기 두루 찾아다니며 함께 읍을 하고 말을 거니 모두들 답례로 읍을 하고 말을 받아준다. 득룡은 내게도 자기처럼 해보라고 권하지만, 나는 처음이라 껄끄럽고 어색할 뿐 아니라 게다가 중국말을 할 수 없으니 어쩔 도리가 없었다."

강세작은 득룡의 조부와 친밀하게 지내면서 서로 중국어와 조선어를 가르쳐주었다.[104] 득룡은 이처럼 어린 시절부터 집에서 중국어를 접할 수 있었기 때문에 중국어에 유달리 능통할 수 있었던 것이다.

마두 최운태(崔雲泰)는 선천(宣川) 출신의 마두이다. 그는 1828년 당시 연행 횟수가 무려 47차례에 이르렀고, 현지 사정에 매우 밝고 한어에도 능통하여 노련한 통역조차 그를 따르지 못했음을 앞에서 언급한 바 있다. 그에 대한 기록은 18세기 후반에서 19세기 전반의 연행록에 단편적으로 보인다. 박사호(朴思浩)의 『연계기정(燕薊起程)』에서는 최운태가 연경의 누대, 성곽, 궁궐, 상점, 화초, 금수에 이르기까지 해박하여 연행의 초행자들이 그에게 많은 정보를 얻고 있음을 기록했다. 아울러 최운태가 청나라 고위 관료이자 문장가로 이름이 높았던 철보(鐵保)에게 글씨를 써달라고 청하고 다음 날 찾아갔더니 질 좋은 종이에 10여 장이나 써주었다는 일화를 기록하기도 하였다.[105] 1798년에 연행한 서유문(徐有聞)의 『무오연행록』에는 역관을 대신해 최운태로 하여금 청나라 사람들과 이야기를 주고받도록 한 것이 보인다. 1822년에 연행한 남이익(南履翼)은 『초자속편(椒蔗續編)』에서 연행 내내 최운태에게 통역을 시키면서 고죽군의 사당이나 호권(虎圈) 등을 그의 도움으로 구경할 수 있었다고 하였다.

흔치 않지만 마두를 통해 중국 서책을 구입하는 일도 있었다. 1727년 연행사에 마두로 참가한 김수만(金壽萬)은 정주(定州) 사람으로 강호보의 『상봉록』에 보이는 인물이다. 김수만은 강호보를 시종 수행하며 통역 및

---

104 강세작의 일생에 대해서는 박지원의 『열하일기』에 득룡으로부터 전해 들은 바가 상세히 기록되어 있다. 『열하일기』 「도강록」 〈1780년 6월 26일〉.

105 박사호, 『연계기정』 「留館雜錄」, "연전에 사행 마두 최운태가 철(鐵) 상서를 길에서 만나 인사를 올리고 글씨를 써달라고 청했더니, 철보가 빙그레 웃고 고개를 끄덕이면서 내일 아침에 와서 기다리라고 하였다. 이튿날 최운태가 찾아갔더니 아주 상품인 여러 가지 종이에 10여 장이나 써주었다."

잔심부름을 도맡아 했는데, 강호보가 서책에 벽(癖)이 있음을 알고는 북경에서 중국 상인 왕전장을 통해 서책을 구입하도록 주선한다. 그런데 나중에 서책의 매매를 독점하고 있던 서반(序班)에게 발각되어 큰 곤욕을 당하기도 하였다.[106]

2) 통관과 갑군의 역할과 활동 양상

(1) 통관과 갑군의 역할

통관(通官)은 청나라 정부의 통역 담당 관료로, 예부에 대통관(大通官) 6명, 차통관(次通官) 8명이 소속되어 있었다. 통관은 대부분 병자호란 때 포로가 된 조선인의 후예가 담당하였다.[107] 조선 사신이 중국으로 들어가면, 차통관 2명이 봉황성에서부터 북경까지 호위하여 갔다. 이들은 북경에서 각종 사행 업무나 회동관 무역에 참여하여 사행 원역(員役)이나 상고(商賈)들의 무역을 주선하기도 하였다. 보통 통역을 담당한 차통관을 아역(衙譯)이라고 칭했으며, 중국 측에서 영송관(迎送官)으로 호행(護行)을 맡은

---

106 강호보,『상봉록』〈1727년 2월 7일〉, "壽萬來告曰: "王傅章來謂, 所求二書, 姑未及得, 而適得他書好者, 汝老爺必喜之, 故持來云矣." 余使持來見之, 一則八大家, 一則康熙所選朱書類聚也. 余自在東方時, 唐板八大家無數見之, 而板皆刓細不足觀, 今行亦不得見好本矣, 王傅章所納者, 果是稀本也, 余買之. 書類聚, 內閣本也, 紙厚而字大, 副使令公買之矣. 序班富哥·范哥兩胡知其狀, 捉驅王傅章而猝曳之, 裂其衣裳, 又怒余之與王傅章交易也."

107 홍대용에 의하면 청나라 통관은 모두 '조선의 피를 가진 사람의 자손'을 시켰다고 한다. 다만 이들은 조상의 본래 성(姓)을 쓰지 못하고, 만주의 풍속에 따라 이름으로 칭호를 삼았다. 홍대용 때의 대통관 오림포(烏林哺)와 아역인 쌍림(雙林)은 부자지간인데, 그들의 본래 성은 고(高)씨였다. 당시 조선 사행에 고씨 성을 가진 역관이 있었는데, 북경까지 오는 도중 연상이었던 쌍림이 '내 동생'이라며 잘 대접했다. 고씨 역관은 이를 몹시 부끄러워했고, 다른 역관들도 놀렸다고 한다.『연기』「아문제관(衙門諸官)」참고.

관원은 마패(麻貝)라고 불렀다.

명청대 북경에 있던 외국 사신의 숙소는 회동관(會同館)이라 하였는데, 조선의 사신이 주로 머물렀기에 조선관(朝鮮館) 또는 조선사신관(朝鮮使臣館)이라 불렀다. 회동관 남관(南館)은 옥하교의 곁에 있어서 옥하관(玉河館)으로도 많이 불렀다. 조선 사신이 머무르는 북경의 관소에는 총책임자인 제독(提督) 1명, 대통관 6명, 차통관 6명이 있는데, 차통관 6명은 차례대로 돌아가며 아역을 맡았다. 아역은 조선 사신의 도강에 맞추어 책문에 와서 미리 대기하고 있다가, 영송관인 마패와 함께 조선 사신을 호행하여 북경까지 왕복하였다. 통관의 주된 임무는 사행의 업무를 보조하는 것이었으나, 조선 사신의 관소 출입을 통제하는 문금(門禁)도 담당했다. 이 밖에 통관의 임무에는 하정(下程)을 주는 것도 있었다. 하정이란 연행사에게 식재료를 제공하는 것을 이르는 말로 연행 노정 중에 경유하는 읍(邑)이나 참(站)에서는 지방관이 제공했으며 북경에서는 관소에서 제공했다. 5일마다 한 차례씩 제독이 아문(衙門)에 나와 앉고, 대사(大使)와 통관들도 전부 모인 후 계산한 것을 서로 대조한 다음에 상통사(上通使)와 임역(任譯)에게 주면 그들이 이것을 받아서 나누어준다고 하였다.[108]

중국 통관의 조선어 실력은 개인별로 수준차가 있었겠지만 그다지 신통하지는 않았던 것으로 보인다. 김창업은 통관들의 조선말이 서투르다고 하면서 홍이가(洪二哥)에게 조선말을 어떻게 배웠느냐고 묻자, 홍이가는 부모가 모두 조선 사람으로 집 안에서 만주어나 한어 쓰는 것을 금했

---

[108] 홍대용, 『연기』 「留館下程」, "5일마다 한 차례씩 제독이 아문에 나와 앉고, 대사와 통관들도 전부 모인다. 계산한 것을 서로 대조한 다음 상통사와 임역에게 주면 그들은 받아서 이것을 나누어준다. 쌀은 방료군관(放料軍官)인 의주군교(義州軍校)가 태창(太倉)에서 함께 받아 와서 나누어주었다."

고 노비도 모두 조선인을 두어 가르쳤다고 답하고 있다.[109] 이기지 또한 예부 원외랑이 숙소로 삼사를 찾아와 통관을 시켜 질문을 하였으나 전달하는 말이 불분명해서 결국 필담으로 의견을 주고받았다고 하였다.[110] 박지원의 『열하일기』에서도 비슷한 기록을 찾아볼 수 있는데, 여기에서는 통관이 우리 고전소설을 읽으며 조선말을 익히는 정황이 보여 흥미롭다. 다음은 1780년 박지원이 연행했을 때 책문에서 북경까지 연행 사절을 호송한 호행통관(護行通官) 쌍림(雙林)을 묘사한 대목의 일부분이다.

쌍림의 수레는 삼면을 모직 천으로 휘장을 만들어 말아 놓았고, 동서 양쪽에는 비단 주렴을 드리웠으며, 앞면에는 공단으로 햇빛을 가렸다. 수레 안에는 이불을 깔아 두고, 언문으로 된 『유씨삼대록(劉氏三代錄)』 몇 권이 있는데, 비단 필체가 조잡할 뿐 아니라 책권도 떨어져 나가고 해졌다. 내가 쌍림에게 읽어 보라고 하자, 몸을 흔들며 큰 소리를 내어 읽는데 도대체 끊어 읽기도 안 되고 두루뭉수리로 읽어 내려간다. 입안에 가시가 박힌 듯, 입술은 얼어붙은 듯, 쩝쩝거리는 소리를 수없이 낸다. 내가 한참이나 들어 보았으나 도대체 무슨 말을 하는지 알 수 없

---

[109] 김창업, 『연행일기』 〈1713년 1월 25일〉, "통관들이 비록 우리나라 말을 하나 곡절이 미비하고, 말의 뜻이 서로 어긋나서 우습고, 마치 어린이들이 처음 배우는 말과 흡사하다. 내가 홍이가에게 묻기를 '처음에 어떻게 우리나라 말을 배웠소?' 하니, 홍이가가 말하기를 '부모가 모두 조선 사람인데, 나에게 조선말을 가르치기 위하여 노비도 다 조선 사람을 사다 썼고, 집 안에서는 청국 말이나 한어(漢語)의 사용을 금했기 때문에 자연히 배우게 되었습니다. 부모가 돌아가고 차츰 잊어버리게 되었는데, 나의 자녀들은 비록 가르친다 하더라도 끝내 되지 못할 것입니다. 우리들이 죽은 뒤에 양국의 통화할 길이 막힐 것 같습니다.'라고 하였다.

[110] 이기지, 『일암연기』 〈1720년 9월 22일〉, "今日午, 禮部員外郎孫洪, 與筆帖式一人同來言, '禮部正堂有言于使臣, 欲見三使臣'. 大人及副使書狀同坐副使室, 設椅分賓坐邀入. 孫洪及提督尚崇坦筆帖式, 列坐客位, 通官及我國員譯韓興五李楓同在. 孫洪言通官, 傳語不分明, 遂書言."

으니, 비록 그가 앞으로 평생 읽더라도 조선말 공부에 도움이 될 것 같지 않다"[111]

박지원은 쌍림이 『유씨삼대록』을 읽는 소리를 듣고 무슨 말인지 알 수 없다고 하며, 이대로는 평생 읽어도 소득이 없을 것이라고 여겼다. 이 기록은 『유씨삼대록』의 창작 연대를 추정하는 데에도 도움이 되는 자료이거니와, 통관이 우리 고전소설을 읽으며 조선말을 익히기도 했음을 알려준다. 『유씨삼대록』은 유씨 가문 3대의 역사를 소재로 한 20여 권의 장편 가문소설로 영정조 연간에 지어진 것으로 추정되는 작품이다.[112] 18세기에 지어진 것으로 추정되는 당대의 최신 소설 작품이 중국 통관들의 조선어 교육에 활용되고 있음을 알 수 있는 것이다. 기실 고전소설을 조선어 학습 교재로 활용하는 것은 일본에서도 마찬가지였다. 에도시대 조선과 일본 사이의 외교 업무를 담당한 쓰시마에서 조선어 통역관을 체계적으로 교육하기 시작한 것은 18세기부터였다고 알려져 있다. 쓰시마의 한어사(韓語司) 학생들 또한 『최충전(崔忠傳)』(최치원의 일생을 허구화한 소설), 『임경업전』, 『숙향전』, 『임진록』 등의 소설을 읽게 했다고 한다.[113] 이러한 국문 고전소설은 조선어 학습과 함께 조선의 풍습을 이해하는 데에도 도움이 되었을 것이다.

이 당시 북경의 조선인 후예들이 고전소설을 읽으며 조선어를 학습하는 모습과 이들의 생활상을 알려주는 흥미로운 자료가 다른 연행록에도 보인다. 다음은 1720년 연행한 이기지의 11월 13일의 기록이다.

---

111 박지원 저, 김혈조 역(2009), 『열하일기 1』 292쪽; 『열하일기』 「駰汛隨筆」 〈1780년 7월 17일〉.
112 〈한국민족문화대백과〉, 「유씨삼대록」 참고.
113 박천홍, 『활자와 근대』, 너머북스, 2018, 78~80쪽.

막 누대를 내려가려 하는데, 토아산(兎兒山) 아래에서 어떤 호인(胡人)이 우리말로 물었다.

"무슨 일로 이곳에 왔습니까?"

내가 놀라 돌아보며 물었다.

"당신은 어디 사람입니까?"

그가 대답하였다.

"고려인(高麗人)입니다."

누대를 내려가서 만나서 자세히 물어보니, 모두 우리나라에서 포로로 잡혀 온 사람들의 자손이었다. 성명을 물으니 한 사람은 김국용(金國用)이라 하고, 한 사람은 우천작(禹天爵)이라 하였다. 나를 데리고 누대의 서쪽에 있는 작은 정자 안으로 들어가 셋이 둘러앉아 대화를 나누었다. 김국용의 아버지는 봉산(鳳山) 사람이고, 우천작의 아버지는 평양(平讓) 사람으로, 그 할아버지와 증조부의 무덤이 모두 평양 선연동(嬋娟洞)에 있다고 하였다. 두 사람 모두 우리나라 말을 잘해서 통관들보다 훨씬 나았다. 내가 물었다.

"어떻게 우리말을 이렇게 잘하십니까?"

"부친이 살아 계실 때 약간 배울 수 있었고, 또 조선 언문책을 읽으면서 익혔습니다."

내가 그 책을 보고 싶어 하자, 즉시 사람을 시켜 언문으로 된 서책 두 책을 가져오게 하였는데 하나는 『서한연의(西漢演義)』이고 또 하나는 『두첩여전(杜婕妤傳)』이었다. […]

내가 물었다.

"이 책을 어디에서 구하였습니까?"

그가 대답하였다.

"『서한연의』는 통관 홍이가의 책이고, 『두첩여전』은 또한 조선인 자손의 것인데 그것을 어떻게 구하게 되었는지는 모릅니다."

내가 물었다.

"조선인의 자손 중 여기에 사는 사람은 몇 명이나 됩니까?"

"100~200명쯤 됩니다. 집들은 모두 궁장(宮牆) 안에 있으니, 여기에서 멀지 않습니다. 그곳을 '고려호동(高麗衚衕)'이라고 부릅니다. 집을 나란히 짓고 살면서 우리끼리 서로 혼인을 합니다."

"당신은 무슨 일을 합니까?"

"나라에서 사용하는 화약·조총·화약고를 관리하는데, 여기에서 멀지 않습니다. 조선인 자손들은 이 일을 하는 자가 많습니다."

또 말하기를, 자기 아버지가 살아 계실 때 매번 조선의 고향에 대한 일을 말해주어 조선의 지명과 풍토를 익혔다고 하였다. 내가 물었다.

"당신은 고국으로 돌아가고 싶습니까?"

그 사람이 돌연 정색하고 머리를 저으며 말했다.

"이미 이렇게 되었는데 말해 뭐하겠습니까?"

내가 물어보았다.

"그대들은 어찌 한 번도 회동관(會同館)에 와서 우리나라 사람을 만나지 않습니까?"

"통관들이 관사에 들어가지 못하게 할 뿐만 아니라, 우리도 조선인들을 보기가 부끄럽습니다."[114]

이기지는 북경에서 토아산 유람을 마치고 내려가는 도중에 뜻하지 않게 우리말을 하는 조선인과 마주쳤다. 이들이 나눈 대화를 통해 북경의 조선인 후예들 또한 고전소설을 읽으며 우리말을 익힌 사실을 알 수

---

114 이기지 저, 조융희·신익철·부유섭 역(2016), 앞의 책, 469~471쪽.

있다. 그중 『서한연의』는 통관 홍이가에게서 빌린 것이라고 했는데, 홍이가는 1712년부터 대통관의 직위에 있던 인물로 목극등이 백두산정계비를 세울 때 수행하여 조선에 온 인물이다. 여기에서 우리는 북경 내성 안에 병자호란 때 끌려온 후예들이 모여 사는 고려호동이라는 마을이 있었고, 조선인 후예 중에 화약과 총기 다루는 일을 하는 자들이 많았음을 알 수 있다. 아울러 조선인 후예들이 사신의 관소인 회동관에 출입하는 것을 통관들이 저지하였으며, 조선인 후예 또한 회동관을 찾아가는 것을 꺼렸던 정황 또한 짐작할 수 있다. 이기지는 사신이 머무르는 숙소의 출입을 금지한 것은 아마도 조선 사신들이 이들을 통해 청나라의 허실을 탐지하는 것을 금지하려는 의도가 아닌가 추정하기도 하였다.[115]

이상에서 통관의 역할에 대해 개략적으로 살펴보았는데, 다음은 갑군(甲軍)에 대해 알아보기로 하겠다. 갑군은 갑옷을 입은 군사 또는 무장한 군사를 지칭하는 말인데, 특별히 연행록에서는 연행사들이 책문에서 북경을 왕복하는 동안에 호위를 맡는 청나라 병사를 말한다. 연행 사절이 북경 관소에 도착한 이후에 조선관의 호위를 맡은 병사 또한 갑군이라 칭했다. 연행사를 호행하는 인원은 영송관(迎送官) 1명, 통관 1명, 호송장(護送將) 1명, 보십고(甫十古)[116] 2명, 갑군 10명 이상이다. 영송관과 통관은 책

---

115. 다음 날 기사에서 이기지는 "홍이가는 내가 어제 조선인 자손을 만났다는 말을 듣고 왕종인이 나를 데리고 간 일을 꾸짖고는 앞으로 다시는 고려호동 근처에 데려가지 말라고 하였다고 한다. 어제 보았던 김국용과 우천작 두 사람의 집과 홍이가의 집이 서로 이웃이라서 이 일에 대하여 들었던 것이다. 통관들이 우리로 하여금 조선인 자손을 만나지 못하도록 하는 속뜻을 알 수 없었다. 혹시 그 자손들 가운데 고국을 마음에 품은 사람이 있을 것이라 생각하고, 이곳에서 일어나는 일의 기밀과 그들의 정황이 새어나갈까 걱정되어 그랬던 것인지도 모르겠다."라고 하였다. 이기지 저, 조융희·신익철·부유섭 역(2016), 앞의 책, 473~474쪽.

116. 보십고는 청나라 팔기(八旗)의 좌령(佐領)에 속한 하급 무관을 이르는 말로 만주어 보쇼쿠(bošokū)를 음차한 것이다. 보십고 1명당 10명의 갑군을 거느리며, 撥什庫, 撥甫古 등으로 표기하기도 한다.

문부터 동행하여 북경까지 갔다가 다시 돌아오는 데 비해, 그 외 보십고나 갑군은 주(州)나 현(縣)마다 교대하였다. 원칙적으로는 요동(遼東, 요양), 심양(瀋陽)·광녕(廣寧)·금주위(錦州衛)·산해관(山海關)이 교대처이나, 심양 이후부터는 제대로 지켜지지 않는 경우가 많았다. 정원은 10명에서 18명까지이지만 사행마다 변동이 있었다.

갑군의 주요 임무는 연행 노정 중에 묵는 사행단의 숙소인 찰원(察院)을 지키는 일인데, 여기서 몇 가지 문제가 발생하였다. 갑군들은 자신에게 뇌물을 바치거나 서로 친분이 있는 청나라 상인들만 독점적으로 사행단과 접촉하게 하였다. 그리고 야간 순찰을 도는 과정에서 사행단의 값비싼 물품을 훔치는 경우도 있었다. 북경 관소를 지키는 갑군들은 관소 밖을 나가는 연행사와 동행하기도 했는데, 이때 북경 구경을 하려는 연행사는 인정을 주어야만 갑군들의 감시에서 벗어나 자유롭게 다닐 수 있었다. 따라서 북경에 도착해서 마음먹은 대로 유람을 하려면 통관은 물론 갑군들과도 친하게 지낼 필요가 있었다. 이런 이유로 연행 준비를 하면서 먼저 북경에 다녀온 친분 있는 인사를 통해 미리 갑군을 소개받는 경우도 있었다. 1720년에 연행한 이기지가 그러했다. 이기지는 자신보다 8년 먼저 북경에 다녀온 김창업을 통해 관소의 갑군 왕사(王四)란 인물을 소개받았다. 이기지는 북경에 도착한 당일에 바로 갑군 왕사를 오라 하여 관소를 나가 북경을 유람할 때 자신을 수행해달라고 요청하며 부채와 청심환을 그에게 준 것을 기록해 두었다.[117]

---

[117] 이기지 저, 조융희·신익철·부유섭 역(2016), 앞의 책, 207~208쪽; 『일암연기』〈1720년 9월 18일〉, "김가재(김창업) 어른은 북경에 왔을 때 갑군 왕사와 함께 여러 차례 외출하여 구경을 다녔는데, 그 사람이 아직도 있다고 하였다. 정숙(正叔)을 시켜 그를 불러다 말하였다. '김진사는 내가 잘 아는 분인데, 언제나 그대가 충실하고 근면한 사람이라고 말하였소. 그리고 나보고 그대와 함께 외출할 것을 당부하였는데, 이해해줄 수 있겠소?' 그가 대답하였다. '김 노야(金老爺)께서 매우 아끼고 사랑해주셨기에 지금까지도 잊지 못하고 있

한편 박지원은 통원보(通遠堡)에서 유숙하던 중 한밤중에 발소리를 듣고는 누구냐고 소리를 지르자, "도이노음이오(擣伊鹵音爾幺)"라고 대답하는 소리를 듣는다. 발음과 목소리가 이상해 재차 누구냐고 되묻자, 큰 소리로 "소인 도이노음이오."라는 대답이 들려와 모두 잠에서 깨어난 사실을 기록해 두었다. 박지원은 "대개 청나라 갑군이 매일 밤 우리 일행의 숙소를 순검(巡檢)하면서 사신 이하 몇 명인지 숫자를 세어 가는데, 야심한 시각에 우리가 곤히 잠든 틈에 왔다가 가기 때문에 그동안 몰랐던 것이다. 갑군이 자기를 '도이노음'이라 스스로 칭한 것은 정말 포복절도할 일이다. 우리나라에선 오랑캐를 불러 '되놈'이라 하는데, 아마도 '되'란 말은 '도이(島夷, 섬오랑캐)'의 와전인 것 같다. '노음(鹵音)'이란 비천한 사람을 부르는 '놈'이란 말이고, '이오(爾幺)'라는 것은 높은 사람에게 공대해서 하는 '이오'라는 말이다. 갑군은 다년간 사신들을 맞이하고 보내고 하면서 우리나라 사람들에게 말을 배웠으되, 다만 '되'라는 호칭을 익숙하게 들었기 때문일 것이다."[118] 라고 해석하였다. 이를 통해 숙소를 지키는 갑군의 순박한 모습의 일단을 그려 볼 수 있겠는데, 갑군은 해진 옷에 파리한 말을 타고 칼 한 자루를 지닌 청나라의 말단 군사였다.[119]

(2) 주요 통관과 갑군의 활동 양상

중국 측 조선어 역관인 통관과 사신이 유숙하는 회동관을 방비하던 갑군은 미관말직에 속해서인지 중국 측의 관련 사료가 거의 보이지 않는다.

습니다. 지금 노야께서 외출하여 구경하시겠다면, 마땅히 함께 갈 것입니다.' 그래서 부채 한 자루와 청심환 한 알을 그에게 주었다."

118 박지원 저, 김혈조 역(2009), 『열하일기 1』, 120쪽; 『열하일기』 「도강록」 〈1780년 7월 5일〉.
119 김창업, 『연행일기』 〈1712년 11월 28일〉.

이들이 조선 사신과 교류한 기록 또한 중국 측 사료에는 전무한 형편이고, 조선 사신이 남긴 연행록에서 관련 기록이 간간이 확인될 뿐이다. 이 점이 중국의 명청시대를 연구하는 학자들이 연행록에 주목하는 이유 중 하나이기도 하다. 여기에서는 18세기 연행록에서 통관과 갑군의 실상을 살펴보기로 하겠는데, 이를 통해 연행의 이면과 양국 문화교류의 실상을 좀 더 구체적으로 해명할 수 있으리라 기대한다. 먼저 18세기 연행록에 보이는 주요 통관 몇 사람의 활동 양상을 살펴보도록 하겠다.

먼저 박득인(朴得仁)은 18세기 초반에 활동한 청나라의 통관이다. 그는 1712년의 동지겸사은사행 당시에 대통관의 직책을 맡았다.[120] 박득인은 조선의 연행 사절이 황제가 보낸 칙사와 만날 때는 물론 평소에도 연행사의 숙소에 자주 왕래하며 친분을 다졌다. 김창업은 박득인의 집에 초대받아 차와 술을 대접받고, 여러 차례 진귀한 물건을 선사받기도 했다. 김창업은 박득인이 보내온 회회국(回回國)의 참외를 맛보고는 "그 모양이 남과(南瓜, 호박)와 같으나 작고, 껍질은 푸르고 속은 누르고 붉어서 우리나라의 이른바 쇠뿔참외의 빛과 같으나, 그 씨는 보통 참외와 비슷하거나 조금 크다. 맛은 달며 향기로워 우리나라 참외와는 현격하게 다르고, 껍질이 두껍기가 수박과 같으나, 두꺼운 껍질을 깎아내고 씹으면 단단하면서도 연하고, 깨물면 소리가 나는데, 그 맛이 또한 참외보다 기이하다."[121] 라고 자세히 기록했다. 속이 누르면서 붉으며 껍질이 수박처럼 단단하다 한 것으로 미루어 보아 멜론을 말한 것이 아닌가 생각된다. 박득인은 모과[木瓜]와 향연(香櫞)을 보내며 조선의 종이, 담배, 해삼, 멥쌀, 찹쌀 등을 얻고자

---

120 최덕중, 『연행록』, 〈1712년 12월 27일〉, "옥하교를 건너니 1리쯤 북쪽에 옥하관이 있는데, 여기서 유숙하였다. 대통관 문봉선·홍이가·박득인 등이 와서 기다렸고, 제독이란 자는 곧 예부낭중(禮部郎中)을 겸무하는 자였다."

121 김창업, 『연행일기』 〈1713년 1월 3일〉.

청하기도 하였다.

박득인의 집에 초대받아 가본 김창업이 그의 집 안에 조선 물건이 적지 않고 온돌을 설치하였다고 한 것으로 보면 조선에 대한 관심이 많았던 인물로 보인다. 그의 집에서 김창업은 침향(沈香)으로 만든 가산(假山)을 구경하고 다음과 같은 기록을 남겼다.

> 박득인이 자기 집 장정을 불러 궤 하나를 내왔는데, 높이는 2자가량 되고 넓이는 그 반쯤 되었다. 앞에 두 개의 부채문을 만들어 여는데, 중앙에 침향으로 만든 가산이 있고, 인물들은 모두 밀랍(密蠟)로 만들었으며, 누각, 수목, 꽃, 나뭇잎은 모두 은과 산호 구슬로 만들었다. 가산의 전면에는 작은 구멍이 있는데, 열쇠를 넣어 틀면 똑딱 하는 소리가 나고 인물과 금수가 다 저절로 움직인다. 산 위에는 절이 하나 있어 승려가 누각 가운데서 종을 한 번 울리고, 무지개다리 위로는 나귀 탄 자가 지나간다. 위에는 작은 암자가 있는데, 한 승려가 문을 열고 내려다본다. 그 부채문은 잠깐 열렸다가 닫히곤 한다. 산 밑에는 성문이 있어 배가 성 바깥에서 문에 이르면 문득 열리고, 배가 들어가면 다시 닫힌다. 산 밑에 수초(水草)와 파랑(波浪)을 만들었고 그 속에서 뛰어노는 잉어가 있다. 또 조개가 마침 입을 열고 있는데, 학이 구부려 조개를 쪼고 있었다. 그 동작은 모두 왼쪽에서부터 시작되어 한 바퀴 돌면 다시 시작되고 한참 지나서야 끝이 난다. 끝나면 또다시 튼다. 박득인이 말하기를, "이것은 서양인이 만든 것인데 남방에서 얻었습니다."라고 하였다.[122]

---

[122] 위의 자료, 〈1713년 1월 26일〉.

인물은 밀랍으로 만들고, 수목과 화훼를 은과 산호 구슬로 만들었다고 한 것으로 보아 값비싼 재료를 사용하여 세밀하게 만든 고급 완상품으로 보인다. 김창업은 특히 열쇠를 넣어 틀자 그 안의 인물과 금수들이 저절로 움직이는 것에 놀란 듯하다. 승려가 종을 치고, 나귀 탄 자가 무지개다리를 지나가고 배가 문에 이르면 성문이 열리며, 학이 조개를 쪼는 모습 등 기계장치에 의해 저절로 움직이는 모습이 감탄을 자아냈을 법하다. 박득인은 서양인이 만든 것이라 하였는데, 나중에 천주당에서 파이프오르간의 연주 모습을 보고서 김창업은 "박득인의 집에서 본 침향산과 제도는 비록 다르나 악기는 같았다."고 하였다.

　한편 최덕중은 박득인이 자신의 집 사당을 수리한다는 명목으로 연행 사절에게 부조를 청해 원역(員譯)과 상인 등이 부조한 사실을 기록해 놓았다.[123] 역관과 상인들의 경우 대청 무역의 파트너인 중국 측 통관이나 장경 등과 친밀한 관계를 유지해야 했기에 박득인의 청을 무시할 수 없었을 것이다. 이와 관련해서 1720년 고부사행의 역관 한홍오(韓興五)가 통관의 뇌물 수수를 묻는 중국 칙사 장정매(張廷枚)의 물음에 사실대로 말할 수 없었던 자신의 경험을 이기지에게 털어놓은 것이『일암연기』에 보인다. 장정매는 1717년(숙종 43)에 숙종의 안질을 치료하기 위해 우리나라에서 요청한 공청(空靑)을 전달하려고 상사 아극돈(阿克敦)과 함께 칙사로 왔다. 이때 강희제가 칙사에게 뇌물을 받지 말라고 특별히 단속하였기에, 대통관 김사걸(金四傑)의 탐욕을 의심한 장정매는 통관의 문서를 뒤지고 당시 차비 역관(差備譯官)이었던 한홍오를 자주 불러 이에 대해 물었다고 한다. 통관의 탐욕스러움에 통탄한 한홍오는 그 폐단을 바로잡고 싶은 생각이

---

[123] 최덕중,『연행록』〈1713년 1월 30일〉, "통관 박득인이 제 집 사당을 수리한다고 하면서 첩부(貼付)하는 붉은 종이를 만들어서 권선문(勸善文)이라는 명목으로 관(館) 안에 바치고 부조하기를 청하므로 원역과 상인 등이 은 3냥을 적는 등 형편에 따라 부조하였다."

있었지만 감히 있는 그대로 말할 수 없었다. 한번 통관과 틈이 생기면 훗날 북경 사행 때 불편한 점이 매우 많아지기 때문이라고 하였다.[124]

18세기 초엽에 활동한 중국 통관으로는 박득인 외에 문봉선, 홍이가 등에 대한 기록이 있으나 특별한 내용은 보이지 않는다. 18세기 중후반에 활동한 통관에 대한 기록으로는 서종맹과 쌍림에 대한 기록이 자세한 편이다. 먼저 서종맹에 대해 알아보기로 한다.

서종맹(徐宗孟)은 18세기 중후반에 활동한 청나라의 6품 통관이다. 1750년의 동지사은겸진주사행(冬至謝恩兼陳奏使行)의 연행록에 통관으로 기록되어 있으나, 1765년의 동지겸사은사행(冬至兼謝恩使行)부터는 대통관의 직책으로 소개되고 있다. 조선말에 능숙하지만 성격이 사나우며 탐욕스러운 인물로 그려져 있다. 조선인 서대영(徐大榮)이 중국에 포로로 잡혀 오면서 정착하게 된 그의 집안은 천안(天安)에 세거하였던 달성서가(達城徐哥)라고 밝히고 있다. 서종맹과 관련한 기록은 황재(黃梓)의 『경오연행록(庚午燕行錄)』(1750)을 비롯한 여러 연행록에서 찾아볼 수 있으나, 그의 성품이나 경력을 가장 상세히 담고 있는 것은 홍대용의 『연기』(1765)이다.

홍대용은 『연기』에서 서종맹의 외모에 대해 묘사하기를, 나이 60여 세로 키가 크고 얼굴은 수척하고 까무잡잡하며, 눈은 움푹 들어가 흰자위가 많고 수염은 짧아 고슴도치 같아 바라만 봐도 무서운 인상이라고 하였다. 또 성질이 매우 사납고 탐욕스러운데 조선말을 잘하고 일을 기민하게 처

---

124 이기지,『일암연기』〈1720년 11월 11일〉, "夜韓興五·李樞來話. 話[121]間言及勅使貽弊我國之事. 一勅出去, 我國所費幾至十萬兩銀, 通官駄載至三四百駄云. 盖通官藉勅使而求請百物, 盡敀私橐, 勅使實無所得. 近來皇帝戒飭勅使使勿貽弊, 勅使中亦有淸白無求索者, 而我國所費無毫分之減, 通官求請依前故也. 是以往年空靑勅使張廷枚, 疑大通官金四傑之貪饕, 至搜其文書. 其時韓興五爲勅使差備譯官, 張廷枚頻招興五, 密問通官有所求索, 爾國有所貽遺否?' 其意實痛通官之貪饕, 思欲矯弊, 而興五不敢直告, 終始諱之. 譯官一與通官有隙, 則日後北京之行, 有許多難便故也."

리하여 통역들이 모두 그를 범과 이리처럼 무서워한다고 하였다. 여러 연행록을 참조해 보면, 서종맹은 그의 형 서종순(徐宗順)과 함께 조선 사람의 고혈을 빨아 거부가 되었으며, 북경에도 큰 가사(家舍)를 두었다고 한다. 또 조선의 연행단이 도착하면 통상 뇌물로 바치는 30냥의 은(銀)보다 20여 냥을 더 요구하는데, 이에 응하지 않으면 공문을 내놓지 않기에 어쩔 수 없이 뇌물을 바친다고도 하였다.

그렇지만 통관으로서 맡은 직무에 능숙했고 조선말에 능통했던 인물인 것은 분명한 사실로 보인다. 『경오연행록』에서 통관 중에 서종순과 서종맹, 김복록(金福祿) 세 사람 외에는 조선말에 능한 자가 없다고 하였으며, 『연기』에서는 쌍림이 조선말 배우는 책을 홍대용에게 보여주면서 서종맹이 지은 것이라고 한 것이 보인다.[125] 이로 미루어 보면 서종맹의 조선어 실력이 뛰어났음을 알 수 있다. 서종맹이 죽은 이후에도 연행록에서 그에 대한 언급을 찾아볼 수 있다. 박지원과 김경선은 건자포(乾者浦) 근처에 있는 서종맹의 저택에 대해 서술하였다. 장원(莊院)이 매우 웅장하였으며 그보다 큰 집이 북경에도 있었는데, 서종맹이 조선 사람들의 고혈을 빨고 불법 행위를 저질러 거부가 된 일이 발각되어 예부(禮部)에서 북경의 집을 몰수하였다고 하였다. 1776년에 연행한 이압(李押)은 서종맹의 묘가 안시성 근처에 있는데 분묘(墳墓)에는 양마석(羊馬石)과 곡장(曲墻)이 있다고 하였으며, 이곳은 그들의 후손이 모여 사는 지역이라고 하였다.

---

[125] 홍대용, 『연기』 「衙門諸官」, "쌍림은 조선말을 배우는 길이라 말이 모호하여 알아들을 수가 없었다. 그는 한 권의 책을 보이면서 말하기를, '이 책은 서종맹이 지은 것이라' 하였다. 위에는 중국말이 있고 아래에는 만주말과 조선말로 풀이되었는데, 조선말은 각각 언문으로 씌어졌다. 나는 곧 잘못된 곳을 일러주고, 이어서 중국말과 중국 음운(音韻)으로 질문하였더니, 쌍림이 기쁘게 대답하고 웃으며 말하기를, '조선의 당상관(堂上官)으로는 간혹 할 줄 아는 이가 있기는 하나 모두 범상하고 비천한 사투리로서, 높고 낮은 데를 거꾸로 써서 체모를 아주 잃어버리는 이가 많은데, 어떻게 이러한 어법을 잘 아십니까.' 하였다."

1798년에 연행한 서유문(徐有聞)은 서종맹의 후손인 서계문(徐啓文)을 만나 대화를 나눈 바 있으니, 서종맹 사후에도 그의 집안은 통관의 관직을 계속 맡았던 것으로 보인다.

　홍대용은 자신의 연행록에서 「아문제관(衙門諸官)」이라는 제목하에 조선관의 제도와 통관 등의 관원에 대해 따로 기술하였다. 「아문제관」을 보면 홍대용이 연행에 임하면서 얼마나 치밀하게 대비하고 중국 문인과 교제하기 위해 노력하였는지를 알 수 있다. 조선관을 벗어나 자유롭게 유람하기 위해 홍대용이 심혈을 기울여 환심을 사고자 한 이가 다름 아닌 통관 서종맹이었다. 서종맹이 북경 관소의 실권자임을 알게 된 홍대용은 문금(門禁)을 어찌할 도리가 없다는 역관의 말을 듣고, 마두 세팔(世八)의 계책에 따라 서종맹에게 예물을 보내어 서종맹으로부터 문금을 해제하겠다는 약조를 받는다. 그리고 1766년 1월 9일에는 서종맹의 초대를 받아 역관들과 함께 그의 집을 방문하여 서종맹의 환대를 받는다. 이날 기록에서 홍대용은 "이로부터 문에는 단속이 없어졌으며, 혹 아문에 가게 되면 반드시 환영해주었으며, 혹 사고로 문을 단속하는 일이 생기어 모든 사람이 함부로 나갈 수 없게 될 경우에는 반드시 나가서 유관하라는 말을 함으로써 그의 친절을 보여주었다."라고 적고 있다. 그리고 이후 3월 1일에 예기치 않은 상황이 발생해 북경을 떠날 때까지 관소 출입을 금하게 되는 일이 있었으나, 홍대용은 이때도 서종맹을 찾아가 관소 밖으로 외출하는 것을 허락받는다. 홍대용이 북경에서 엄성·반정균·육비 등의 문사와 9차례나 회동하며 천애지기를 맺을 수 있었던 것은 이러한 노력이 있었기 때문이다. 홍대용의 사례는 관소의 문금을 책임지고 있는 통관과 좋은 관계를 유지하기 위해 연행사가 얼마나 고심했는지를 잘 알려준다.

　쌍림은 18세기 후반에 활동한 청나라의 통관으로 본명은 오쌍림(烏雙林)이며, 조선수통관(朝鮮首通官) 오림포(烏林哺)의 아들이다. 1765년 동지겸사은사행 때는 아역(衙譯)이었고, 1780년의 진하겸사은사행 때는 조선의 연행단을 호송하는 호행통관을 맡았다. 쌍림에 대한 기록은 1780년 연행했던 박지원의 『열하일기』에 자주 보이는데, 여기에 묘사된 그의 모습은 대략 다음과 같다. 쌍림은 조선수통관 오림포의 아들로 집은 봉성에 있다. 호행이라고 하지만 실제로는 태평차(太平車)를 타고 연행단의 뒤를 따를 뿐이며, 괄괄한 성격으로 다른 사람들과 싸우거나 꾸짖는 일이 잦았다. 수역 홍명복(洪命福)과 자주 대화를 나눴고, 박지원의 하인인 장복(張福)과 수레에 앉아 잡담을 나누기도 하였다. 사람됨이 단순하여 박지원은 몇 마디 말로 그의 수레를 공짜로 얻어 타기도 한다. 다른 이에게 전해 듣기로 쌍림은 교활하고 조선말을 잘한다고 하였으나, 박지원은 그의 조선말 실력이 어린아이와 같으며 수레에 있던 『유씨삼대록』과 같은 책을 아무리 읽어도 보람이 없을 것이라 평가하였다. 다음은 쌍림의 괄괄한 성격을 잘 보여주는 『열하일기』의 일화이다.

　내가 책문에 들어온 지 십여 일이 지나도록 쌍림의 얼굴을 보지 못하였다. 통원보(通遠堡)에 이르러 냇물을 건너와서 언덕에 오르며 혼잣말로 "물살이 겁나는구면." 했더니, 언덕 위에 곱고 화려한 모자와 의복을 차려입은 되놈이 우리나라 역관과 함께 서 있다가 홀연히 우리말로, "물살이 겁나네. 물살이 겁나. 잘 건너라." 하더니, 연산관(連山關)에 이르러서는 우리나라 수역에게,
　"아침나절 물을 건널 때 체구와 용모가 건장한 사람이 있던데 누구입니까?"
　라고 물었다. 수역이,
　"정사와 형제 되시는 분으로 문장을 잘하고, 중국에 관광하러 왔답니다."

라고 하니, 쌍림이,

"넉 점(點)인가요?"

한다. 수역이,

"넉 점이 아니고, 바로 정사와 친척 간으로 삼종형제 됩니다."

하니 쌍림은,

"이량위치안[伊兩羽泉]이로구먼."

한다.

'이량위치안'이란 중국 발음으로 한 냥 반의 돈을 말한다. 한 냥 반의 돈은 양반(兩半)이고, 우리나라에서 사족(士族)을 일컬어 양반(兩班)이라 말하므로, 양반(兩半)과 양반(兩班)은 발음이 비슷하기 때문에 쌍림이 '이량위치안'이란 은어를 사용한 것이다. 넉 점이란 서(庶)라는 글자의 밑에 점이 네 개 달린 것을 가리키는 것이니, 우리나라 서얼을 뜻하는 은어이다.[126]

'넉 점', '이량위치안' 등의 은어를 거침없이 써가며 수역 홍명보와 이야기 나누는 쌍림의 언사에서 그의 괄괄한 성격이 그대로 드러나 보인다. 한편으로 두 사람의 대화 내용을 가감 없이 전달하는 작자의 간결한 필치로 인해 사행길의 현장감이 여실히 느껴지기도 한다. 이덕무의 『청장관전서』에는 통역관 오쌍림이 혼하(混河)를 건널 때 책문으로부터 군사를 인솔하고 뱃사공을 지휘하여 인마를 건네주었다는 내용이 실려 있기도 하다.

이상에서 몇몇 연행록에 보이는 청나라 통관의 활동 양상에 대해 살펴

---

[126] 박지원 저, 김혈조 역(2009), 『열하일기 1』, 286~287쪽; 『열하일기』 「馹汛隨筆」〈1780년 7월 17일〉.

보았다. 통관에 비해 갑군에 대한 기록은 더욱 드물게 보이는데, 이는 통관이 회동관에 소속된 정식 관원인 데 비해 갑군은 말단 군사로 하층 백성이었다는 사실과 무관하지 않을 것이다. 앞에서 보았듯이 갑군의 주요 임무는 북경을 왕복하는 연행사를 호위하며 숙소를 지키는 것이었다. 북경을 왕래하는 노정 중에 호행하는 갑군이 주요 주현마다 교체된 데 비해, 북경 조선관을 지키는 갑군은 한 달에서 두 달에 이르는 체류 기간 내내 고정된 사람이 담당했다. 따라서 연행사 중에는 통관과 함께 관소 출입을 통제하는 갑군에게 호의를 베풀며 자신의 북경 유람에 도움을 받고자 하는 이들이 있었다. 김창업과 이기지의 연행록에 등장하는 왕사(王四)와 왕종인(王從仁) 같은 갑군이 그러한 사례를 잘 보여준다.

김창업이 연행한 1712년의 동지겸사은사는 12월 27일 북경에 입성하였는데, 왕사와 관련한 내용은 이듬해 1월 20일 기사에 처음 등장한다. 그 기록을 소개하면 다음과 같다.

갑군 왕사가 유리병에 금붕어 세 마리를 넣어서 들여보냈기에 받아서 벽에 걸어 두었다. 왕사는 나와 같이 물을 길으러 가는 자다. 이날 비로소 이름을 물어서 알았는데, 위인이 지극히 양순하다. 내가 가고 싶은 곳이 있으면 길이 멀더라도 조금도 난색을 표하지 않았고, 내가 모르는 곳이나 가볼 만한 곳이 있으면 그가 인도하여 앞장서기도 한다. 나는 말을 타고 가지만 그는 걸어서 따라오는데, 왕복한 거리를 계산해 보면 하루에 거의 20, 30리씩 되나 조금도 괴로워하는 빛이 없다. 귀동(貴同)이 말하기를,

"만약 동창(東搶, 우리나라를 침략함)의 환란이 있다 하더라도 왕사는 사람을 차마 죽이지는 못할 것 같습니다."

하였다. 내가 매번 밖에 나가 구경하다가 돌아오면 문득 부채나 혹은

담배를 주는 외에도 그가 달라는 것이면 주지 않는 것이 없었다. 왕사는 집이 가난하였으므로, 밥 먹을 때 들어오게 되면 내가 먹던 밥을 귀동이 반드시 함께 나누어 먹었다. 물을 길러 나가는 날은 귀동이 특별히 왕사를 위해서 밥을 지어주었다. 이렇기 때문에 나에게는 극진히 충성하여 내 종이나 다를 바가 없었다. 그가 나와 함께 갈 때에 사람들이 누구냐고 물으면 반드시 대노야의 형제라고 자랑했다.[127]

내용으로 미루어 북경에 들어온 지 얼마 안 됐을 때부터 갑군 왕사는 김창업이 관소 밖을 유람할 때에 호종하며 안내했음을 알 수 있다. 연행사는 식수를 길러 간다는 구실로 관소를 빠져나와 시내를 유람하는 경우가 많았는데, 이는 북경의 물이 석회질을 함유하여 수질이 매우 좋지 않았기 때문이다. 김창업은 왕사에게 조선 부채나 담배를 주기도 하고, 가난한 그의 처지를 동정하여 자신이 데리고 온 하인 귀동으로 하여금 밥을 짓도록 해 먹이기도 하였다. 그리하여 자신에게 종처럼 충성하였다고 했는데, 실제로 왕사는 편지를 전하거나 서책을 가져다주는 등 김창업의 개인적인 심부름을 도맡아 하였다.

김창업은 이러한 왕사를 신뢰하여 8년 뒤에 연행하게 되는 이기지에게 왕사를 추천하기도 하였다. 이기지는 북경에 도착한 당일에 즉시 왕사를 불러 보고는 길 안내를 부탁하였다.[128] 왕사는 이기지가 김창업이 사귄 양징(楊澄)·조화(趙華) 등의 문사와 교류할 때 편지를 전해주거나, 천주당과 백운관 등을 방문할 때 호종하며 길 안내를 하기도 하였다. 김창업이 연행한 1712년 당시 왕사는 매우 가난하여 김창업이 남긴 대궁밥을 하인인

---

127 김창업,『연행일기』,〈1713년 1월 20일〉.
128 이기지 저, 조융희·신익철·부유섭 역, 앞의 책(2016), 207~208쪽

귀동과 함께 나눠 먹기도 하였는데, 이기지가 연행한 1720년에는 살림살이가 나아져 자신의 순번이 아닐 때는 물 긷는 일을 하지 않으려 했다는 내용도 보인다.

이기지는 김창업으로부터 추천받은 왕사 외에 왕종인이라는 젊은 갑군을 새로 사귀고 이와 동행하며 북경 시내 곳곳을 유람하였다. 왕종인은 천주당의 서양 선교사에게 보내는 편지 심부름을 도맡아 하고, 이기지의 북경 시내 관광을 안내하였다. 그중 한 대목을 들어본다.

아침에 왕종인이 비은(費隱, Xavier-Ehrenbert Fridelli)의 답서(答書)를 가지고 왔다. 푸른 유리병에 담은 포도주 한 병을 함께 보내왔기에 대인께 드렸다. 조그만 잔에 따라 함께 마셨는데 맛이 상쾌하였으며, 그다지 취하지도 않았다.

왕종인은 외출할 때마다 난색을 표하지 않고 내가 가고자 하는 곳으로 따라나섰으며, 날이 저물어도 빨리 가자고는 말하지 못하고 그저 민망한 기색만 보였다. 문을 열고 나면 곧장 들어와 나에게 머리를 조아리고 절을 하였으며, 나 또한 언제나 외출하였다 돌아와서는 부채와 연죽(烟竹) 등의 물건을 주었다. 며칠 전부터 날이 매우 추웠는데, 왕종인이 입은 옷이 너무 얇았기 때문에 이날은 얇은 누비바지를 주었다. 곧바로 입고서 문밖으로 나가더니 날듯이 뛰어갔다.

아침을 먹고 물을 길으러 가는데 의주 비장 김상윤(金尙尹), 갑군 왕종인, 정숙, 만억이 따라나섰다. 백운관(白雲觀)에 가서 물을 길으려는 것이었다. 장안가(長安街)를 지나 정양문 안쪽에서 방향을 꺾어 서쪽으로 갔다. 성 안쪽 길을 따라 천주당에 이르렀다. 앞쪽으로 일영(日影)이 하늘 높이 솟아 있었는데 멀리서 바라보기만 해도 즐거웠다. 선무문으로 나간 뒤 다시 서편문으로 나갔다. […] (백운관을 구경함.) 다시 서편문으로 들어가 선무문에서 성 위로 올라가려 하였더니, 왕종인이 말하기를 "정양문 동쪽에 계단이 있어 성 위로 올라갈 수 있습니다. 이곳 사람들도 모두 그곳으로 올라가 구경합니다."라고 하였다. 그래서 성을 따라 동쪽으로 가 정양문을 지났다. 수레와 말이 빼곡하게 늘어서 있어 길을 지나기가 매우 힘들었다. 숭문문을 수백 보 못 미친 곳에 성 위로 올라가는 계단이 있었다. 왕종인이 이끄는 대로 말을 탄 채 벽돌 계단 위로 올라가 성 위에까지 가서 말에서 내렸다. 성 전체가 다 발 아래 쪽에 있었으며 우뚝 솟은 궁성의 네 문이 또렷하게 보였다.[129]

갑사 왕종인이 이기지의 편지 심부름을 하면서 북경 유람을 안내하는 가이드 역할을 하였음을 알려주는 기사이다. 이기지는 왕종인의 호의에 대한 답례로 부채나 담뱃대 등으로 보답했으며, 한겨울에 얇은 옷을 걸치고 있는 그를 불쌍히 여겨 누비바지를 주기도 하였다. 누비바지를 받고서는 기뻐서 날듯이 달려가는 왕종인의 모습에서 젊은 갑군의 순진한 모습이 엿보인다. 북경 성에 올라 시내를 조망하려는 이기지의 의도를 알아챈 왕종인은 정양문으로 안내하였다. 이처럼 친분을 맺은 연행사의 개인적인 심부름을 하며 북경 유람을 안내하는 행동은 사신의 숙소를 방비하며 출입을 통제하는 갑군의 본래 임무에 배치되는 행동이었을 것이다. 이기지와 동행하여 북경 시내 곳곳을 안내한 왕종인이 통관에게 채찍질을 당하는 형벌을 받기도 해 이기지는 은연죽(銀烟竹, 은으로 만든 담뱃대)으로 미안함을 달래기도 했다.[130] 이기지와 정이 든 왕종인은 이기지가 북경 관소를

---

[129] 위의 책, 322~328쪽;『일암연기』〈1720년 10월 11일〉.
[130] 위의 책, 356~358쪽;『일암연기』〈1720년 10월 16·17일〉, "왕종인이 와서 말하기를, 그가 나를 궁성 안에 데리고 다녔다는 이유로 김사걸(金四傑, 당시 대통관이었다)이 가죽 채찍으로 때리는 벌을 주었다고 하였다. […] 왕종인이 들어왔기에 어제 그가 채찍 맞은 일에

떠나는 11월 24일에 통주까지 따라와 작별을 고하고자 하는데 이기지가 만류하였다.

왕사나 왕종인처럼 연행사와 친하게 지내며 많은 편의를 제공한 갑군이 있는가 하면, 우리 측의 마두와 충돌을 빚는 자들도 없지 않았다. 이기지가 귀국길에 심양 찰원(察院)에 도착했을 때 벌어진 소동을 기록한 기사를 보기로 한다.

저녁을 먹은 후에 문 앞이 시끄럽더니 호인 한 명이 갑자기 상방(上房)에 뛰어들며 하소연하였다. 마두들이 쫓아내었으나 필사적으로 뛰어들려 하였다. 까닭을 물으니 다음과 같은 일이 있었다고 한다. 갑군이 해가 지기 전에 문을 닫자, 군노(軍奴)인 삽살(颯殺)이 아직 들어오지 않은 사람이 많으니 문을 닫아서는 안 된다고 말하면서 서로 다투게 되었고, 갑군들이 이에 삽살을 마구잡이로 두들겨 팼다. 삽살이 본디 날래고 건장하여 몇몇 사람을 때렸는데, 모두 얼굴이 깨졌다. 갑군들이 한꺼번에 몰려들어 삽살을 때리자 쇄마구인(刷馬驅人)들은 삽살이 곤욕을 당하는 것을 보고 일제히 일어나 주먹질과 발길질을 하였다. 가장 호되게 맞은 호인 하나가 죽은 척 가로눕자, 호인들이 그가 죽었다고 하면서 위협하려 하였다. 구인 한 명이 그 호인의 가슴을 깔고 앉아 그 사람 입에 오줌을 누려 하자 그 호인이 곧바로 머리를 돌려서 피하였으니, 그가 죽지 않은 것이 분명하였다. 그러나 싸움이 아직 끝나지 않아, 얼굴을 맞아서 깨진 호인 한 명이 크게 소리치며 상방으로 뛰어들자 마두가 끌어내려 하였더니, 그가 기둥을 잡고 필사적으로 저항을 한 것이었다. 호인 하나는 구인들이 털모자를 빼앗아 갔다고 하면서 시끄럽게

대한 보상으로 은연죽을 주었다."

하소연하였다. 대인이 병방(兵房) 두 사람을 시켜 나가서 진정시키도록 하고, 그 일이 삽살로 인해 일어났기 때문에 삽살에게 곤장 세 대를 때렸는데도 여전히 소란은 진정되지 않았다. 모자를 잃어버린 자와 매를 맞은 자 두 사람에게 부채 두 자루를 주자 곧바로 잠잠해졌다. 이곳 사람들이 이익을 밝히는 것이 대부분 이와 같다.[131]

연행사의 군노인 삽살이 숙소의 문을 닫으려는 심양 찰원의 갑군들을 저지하면서 벌어진 양측의 충돌을 묘사한 내용이다. 삽살과 쇄마구인에게 호되게 맞은 갑군 하나가 죽은 시늉을 하며 벌렁 누웠는데, 구인 한 사람이 그 갑군의 가슴팍에 올라타 오줌을 누려고 하자, 머리를 돌려 피하려 하는 대목이 웃음을 터뜨리게 한다. 얼굴이 깨진 갑군 한 명이 상방에 뛰어들어 마두들이 끌어내려 하자 기둥을 붙잡고 필사적으로 버티고 있으며, 다른 한 사람은 자신의 털모자를 빼앗아 갔다고 정사인 이이명에게 하소연하였다. 분쟁을 일으킨 삽살에게 곤장을 때렸는데도 소란이 가라앉지 않아 부채 두 자루를 주고 나서야 진정시킬 수 있었다고 했다. 연행의 실상을 생생히 전해주는 흥미로운 기록으로 찰원을 지키는 갑군들의 열악한 처지를 알 수 있다.

---

131 위의 책, 564~565쪽; 『일암연기』〈1720년 12월 14일〉.

4장
연행 여정에서
문물·고적 체험과 문화교류

1. 연행 노정에서 문물·고적 체험

　명나라로 연행하는 사신들은 처음에 해로(海路)를 이용했다. 황해도 풍천이나 평안도 선천에서 배를 타고 무수한 섬들을 지나 산동성의 등주로(登州路)를 통해 북경에 들어갔다. 등주로 통하는 해로는 일찍이 나당 교류를 통해 개척된 동아시아의 활발한 교역로였다. 조선 사절이 육로만으로 중국에 들어간 것은 산해관에서 요동까지의 역로가 정식으로 개통된 1387년(홍무 20) 이후의 일이다. 15세기에 접어들어 육로로 정착된 연행 노정은 압록강을 건너 요동과 산해관을 거쳐 북경에 이르는 이른바 '중원진공로(中原進貢路)'이다. 조선의 사신이 중원진공로를 따라 북경에 이르기까지는 모두 30개, 혹은 31개의 참(站)이 있었고, 각 참마다 찰원(察院) 하나씩을 설치해서 조선 사신이 머물도록 하였다.[1]

　조선의 사행단이 북경에 가고 오기까지의 노정인 연행 노정은 크게 세 차례의 변화를 겪었다. 조선 전기의 대명 사행은 15세기에 정착되기 시작한 육로 사행로를 따라 이루어졌다. 압록강을 건너 책문(柵門)을 통과해 연산관(連山關)을 거쳐 요동성(遼東城)에 이른 뒤 해주위(海州衛), 반산역(盤山驛)을 지나 광녕(廣寧)에 이른다. 이후 남하해서 여양역(閭陽驛), 전둔위(前屯衛) 등을 거쳐 산해관에 도착하고 영평부(永平府), 계주(薊州) 등지를 거쳐 북경에 이르는 길이었다. 17세기 초반까지 200여 년간 대략 이 노선을 따라 사행단이 왕래했는데, 1621년 3월에 후금의 누르하치가 심양과 요양을 탈취하고 요동반도 전역을 지배하게 되자 더 이상 이 길로 왕래할 수 없게 되었다. 육로로 요동 지방을 지날 수 없게 되자, 이전의 해로 사행

1　김태준, 「중국 내 연행노정고」, 『동양학』 35, 단국대학교 동양학연구소, 2004.

로가 다시 활용되었다. 명청교체기인 1621년에서 1636년까지 17년간 20여 차례에 이르는 대명 해로 사행이 이루어졌는데,[2] 항해 노정은 등주와 각화도(覺華島)로 가는 두 가지 노선이 있었다.[3] 바닷길로 등주와 각화도에 도착한 사행단은 육로로 유현(濰縣)과 제남부(濟南府)를 거쳐 북상하여 북경에 도착하였다.

병자호란에서 청군에게 패함에 따라 조선의 사대(事大) 사행은 명에서 청으로 대상이 바뀌었다. 병자호란 직후인 1638년부터 1644년(인조 22) 청이 북경을 점령하기 전까지 조선은 당시 청의 수도인 심양(瀋陽)으로 사신단을 파견해야 했다. 청이 수도를 북경으로 옮긴 뒤부터는 예전의 대명 육로 사행 노선을 따르되, 심양(성경)을 경유하라는 청의 요구에 따라 요동에서 광녕에 이르는 구간에서 변화가 있었다. 즉 요동에서 해주위, 반산역을 거쳐 광녕으로 가는 길 대신에 십리하보(十里河堡)를 거쳐 심양에 도착한 뒤 거류하(巨流河), 백기보(白旗堡) 등지를 경유하여 광녕으로 가는 노선을 따라야 했다. 요동에서 심양을 거쳐 광녕으로 가는 노정은 이전에 비해 90리 정도가 먼 길이었다. 조선 사행단의 중국 내 노정은 명에서 청으로 중원의 패자가 바뀌는 정치 상황의 변모에 따라 이처럼 크게 세 차례의 변모를 겪었다.

청나라가 정치적 안정을 구가하던 18세기에는 내내 심양을 거쳐 가는

---

[2] 왕가·한종진·당윤희,『명청교체기 대명 해로사행로의 노선과 인문지리학적 고찰』, 역락, 2020.

[3] 등주 노선은 평안도 선천의 선사포(宣沙浦)에서 승선하여 요동반도 남단의 해안선을 따라 여순구(旅順口)까지 갔다가 장산반도를 따라 남진하여 등주에 이르는 길이었다. 등주 노선의 해로는 3,760리에 달하며, 1621년에서 1628년까지 이용되었다. 1629년 원숭환(袁崇煥)의 건의에 따라 해로 사행 노선은 등주에서 각화도로 변경된다. 각화도 노선은 선사포 대신에 증산(甑山)의 석다산(石多山)에서 승선하여 여순구까지는 기존 노선을 따르다가 노철산(老鐵山)을 돌아 북신구(北汛口)까지 올라갔다가 서쪽으로 발해만 북단 항로를 가로질러 각화도로 들어가는 길이다.

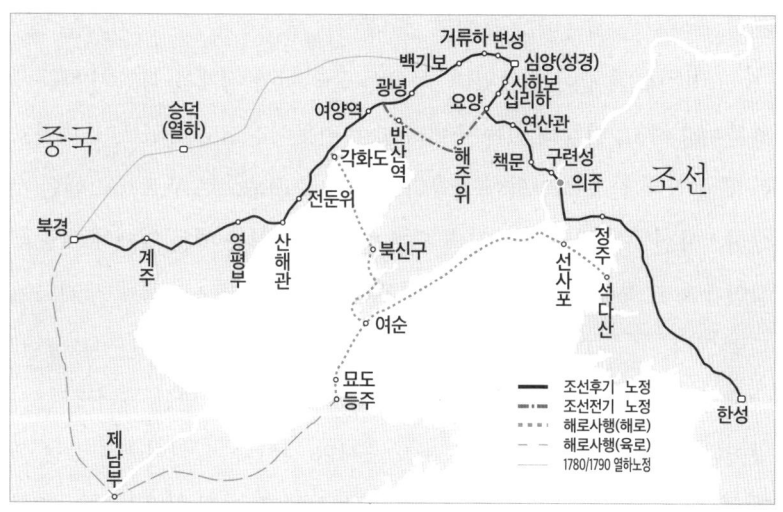

그림 13 | 연행 노정의 주요 유람 장소, 신춘호 작성, 저자 편집

노정에 따라 사행이 이루어졌으며, 1780년 건륭제의 고희 축하사절단과 1790년 건륭제 팔순 축하사절단은 열하(熱河)까지 연행 노정이 연장되었다. 열하까지 간 사행에서는 박지원의 『열하일기』, 서호수의 『연행기』와 『열하기유』, 유득공의 『열하기행시주』와 같은 뛰어난 연행록이 산출되기도 하였다. 여기에서는 책문·동팔참(東八站)·요동벌·심양·산해관·계주·북경·열하 등 여덟 지역을 대상으로 연행사의 중국·문물 고적 체험과 문화교류 양상을 살펴보기로 하겠다.

1) 책문: 책문후시와 봉황산 유람

책문(柵門)은 구련성과 봉황성 사이에 위치한 곳으로, 조선시대 사신들이 압록강을 건너 중국으로 들어가기 위해 처음 만나는 관문(關門)이다.

조선 측에서는 책문이라 불렀고, 중국 측에서는 변문(邊門)·가자문(架子門)·고려문(高麗門)이라 불렀다. 목책을 둘러쳐서 경계를 삼았기 때문에 책문이라 하고, 변경에 있는 문이라 하여 변문이라고도 하였으며, 병자호란 때 붙잡혀 간 고려인들이 살았다고 해서 고려문으로 부르기도 했던 것이다.[4] 사신들을 따라 연행길에 오른 상인들이 이곳 책문 일대에서 중국 상인들과 교역을 했기 때문에 '책문후시(柵門後市)'라는 이름이 생겨나기도 하였다.

책문의 '책(柵)'이란 한 길 반 정도 되는 나무를 쪼개 만든 목책으로, 사람이나 말이 드나들 수 없게 경계를 표시한 것이다. 일찍이 명나라는 흙과 돌, 나무로 울타리를 친 변장(邊牆)을 설치했고, 이후 청나라 때는 17세기에 허물어진 변장 근처에 유조변(柳條邊)이라는 책성(柵城)을 구축하였다. 유조변은 높이 1미터의 제방을 쌓고 제방 위에는 5척마다 3주의 버드나무 가지를 꽂은 뒤에 다시 버드나무 가지들을 옆으로 대고 노끈으로 묶었다. 한편 제방 바깥쪽에는 8척 깊이의 호를 팠는데, 바닥의 넓이는 5척이고 입구의 넓이는 8척이 되게 하여 행인들이 뛰어넘을 수 없도록 만들었다고 한다. 이 유조변은 압록강 하구의 서쪽에서부터 쌓기 시작하여 지금의 봉성(鳳城)·감광(感廣)·신빈(新賓)을 거쳐 위원보(威遠堡)까지 북상한 뒤에 요하(遼河)를 건너 다시 산해관까지 내려가며 설치했다. 즉 발해만 해변에서부터 시작하여 내륙으로 2,000리 정도 뻗어 있었다. 유조변에는 사람이나 마차가 지나다닐 수 있도록 군데군데 책문을 설치하고, 각

---

4   오늘날 책문이 위치했던 변문촌 뒤편에는 일면산(一面山)이라는 나지막한 산 하나가 있는데, 마을 안에 있는 작은 철도 역사도 이 산 이름을 따서 일면산역[一面山站]이라 부르고 있다. 그런데 현지답사에서 확인한 바로 1964년 이전에는 일면산역의 이름이 고려문역이었다고 한다. 또 변문진 북쪽에 있는 마을을 고려마을이라 부른 것으로 미루어 보아 조선과 청국 사이의 국경 마을인 이 일대에 조선인이 많이 살았음을 알 수 있다.

책문마다 지키는 관병을 두었으며, 그 주위에 장정들을 선발하여 거주하게 하였다. 이 유조변에 설치되었던 여러 책문 가운데 하나가 바로 조선의 사신들이 드나들었던 봉황산(鳳凰山) 남쪽의 책문이었다.

책문은 조선과 청나라의 실질적인 국경이었기 때문에 이곳을 지나려면 일정한 통관 절차를 밟아야 했다. 사신단이 책문에서 가까운 총수참(葱秀站)이나 사둔지(沙屯陣)에 도착하면 청어(淸語) 역관 한 명을 미리 봉황성으로 보내 책문을 관장하는 봉황성장에게 사행단의 도착을 알렸고, 사신의 인적 사항과 인마의 수효 등을 적은 문서인 입책보단(入柵報單)을 보냈다. 그러면 봉황성장이 나와 사신 일행의 인마를 점고하고 책문을 통과시켰다. 이때 조선 사신은 관례로 인정예단(人情禮單)을 바쳐야 했으며, 그 액수를 조정하는 데 큰 역할을 한 것이 상판사 마두였음은 앞에서 살펴본 바 있다. 따라서 책문은 조청 간 출입국 절차와 물품 통관 및 관세를 부과하던 장소라 할 수 있다.[5]

김창업(金昌業)이 책문 안에는 성장(城將)의 처소, 주식점(酒食店), 민가를 합쳐 대략 10여 호의 초가가 있다고 한 것으로 보아,[6] 18세기 초반만 해도 책문촌은 그다지 큰 촌락이 아니었던 것으로 보인다. 그런데 박지원이 연행한 1780년에는 "책문 밖에서 다시 책문 안을 바라보니, 여염집들이 모두 대들보 다섯 개가 높이 솟았고 띠 이엉으로 지붕을 덮었다. 집의 등마루가 하늘까지 높고 대문과 창문들이 정제되었으며, 길거리는 평평하고 곧아서 양쪽 연도(沿道)가 마치 먹줄을 튕긴 듯 반듯하다. 담장은 벽돌로 쌓았고, 사람 타는 수레와 짐 싣는 마차가 길 가운데로 종횡무진 누비며, 진열된 살림살이 그릇들은 모두 그림을 그린 도자기이다. 그 제도

---

5 유조변의 영역과 책문의 기능 등에 대해서는 이철성의 「조선 후기 鴨綠江과 柵門 사이 封禁 地帶에 대한 역사·지리적 인식」, 『동북아역사논총』 23(2009) 참고.

6 김창업, 『연행일기』 〈1712년 11월 28일〉.

가 결코 촌티가 나지 않음을 볼 수 있었다."7라고 하여, 자못 번화하고 세련된 모습을 말하고 있다. 18세기 후반 들어 이처럼 책문이 번성하게 된 것은 이곳에서 조청 간에 대규모 무역, 즉 책문후시가 행해졌기 때문이다.

『만기요람(萬機要覽)』「책문후시(柵門後市)」조에는 "경자(1720, 숙종 26) 연간에 요동·봉성의 거호(車戶) 12인이 난두(欄頭)라 칭하고 우리 사행의 왕래하는 복물(卜物)을 운송할 수레를 전매(專賣)하여 수레 삯이 배나 올랐으며, 난두 등이 또 관동(關東)의 탐리(貪吏)와 결탁하고 이익을 도모하여 심고(瀋庫, 심양의 창고)에 납세하기를 자원하고 화물을 많이 운송하여 후시의 이익을 독차지하였다. 사행이 책문을 출입할 때면 만상(灣上, 의주)과 송도(松都)의 상인 등이 은·삼을 몰래 가지고 부마(夫馬) 속에 섞여 들어가 물품을 팔아서 모리(牟利)하며, 귀국할 때에는 수레를 일부러 더디 운전하게 하고 사신이 책문을 먼저 나가게 하여 거리낄 것이 없게 한 뒤에 저희 마음대로 매매하고 돌아오는데, 이것을 책문후시라 한다. 세폐 방물(歲幣方物)을 교부한 뒤에 돌아오는 인마(人馬)에 이르러서는 특별히 단련사(團練使)를 차송하여 간악하고 외람된 짓을 금지하게 하였는데, 그 뒤에 단련사가 도리어 상고(商賈)의 두령이 되어서 뒤에 떨어져서 여러 날을 머무르고 마음껏 매매하여 회마(回馬)하는 편에 싣고 오는데, 이를 단련사후시라고 칭한다."8 라는 내용이 보인다. 이를 보면 연행사 일행의 물자 운송을 독점하던 중국 상인인 난두와 조선의 의주·개성 상인들이 연계하여 책문후시를 주도하였음을 알 수 있다.

아울러 연복무역(延卜貿易)이라 칭하는 것도 있었는데, 연복(延卜)은 '짐

7　박지원, 『열하일기』 「渡江錄」 〈1780년 6월 27일〉.
8　번역문은 〈한국고전종합DB〉에서 제공하는 것을 다듬은 것이다.

바리를 맞이한다'는 뜻으로, 조선시대 중국에 갔던 사신이 돌아올 때 가지고 오는 복물(卜物)을 운반하기 위해 의주에서 압록강을 넘어 책문까지 말과 사람을 보내는 제도이다. 이러한 연복 제도를 이용해 이루어지는 무역을 연복무역이라 칭했는데, 이는 만상(灣商, 의주 상인)이 주도하였다. 만상들은 책문으로 갈 때 연복마(延卜馬)에 조선에서 생산된 자신들의 상품을 실었고, 이를 청나라 상인에게 매매하였다. 이 때문에 의주부윤 이이상(李頤祥)은 연복이 실제로는 책문후시와 같은 것이라고 정조에게 보고하기도 하였다.⁹ 1729년에 연행한 김순협(金舜協)은 연복을 데려오는 이들도 모두 잠상(潛商)을 하려는 마음이 있어 산과 계곡 사이에 숨어서 나타나지 않으려 하였기에 잡혀서 형장(刑杖)을 맞는 경우가 있다고 하였다. 아울러 당시 연복마로 온 말이 3,072필이었고 마부도 같은 숫자가 왔다고 기록하였는바,¹⁰ 얼마나 많은 물화가 책문후시를 통해 이루어졌는지 미루어 짐작할 수 있다.

홍대용은 책문의 세관인 희원외(希員外)에 대해 기록하면서 책문후시에서 거래되는 물품을 소개하였다. 우리나라 상인들은 종이·부채·소가죽·면포·그물·여우나 살쾡이 가죽 등을 의주에서 가지고 왔는데, 은 1만 냥어치를 한도로 정하여 그 이상은 함부로 들여오지 못하게 하였다고 한다. 책문의 상인(책상)들로부터 사들이는 물품은 면화(棉花)·함석(咸錫)·소목(蘇木)·호초(胡椒)·용안육(龍眼肉)·여지(荔枝)·민강(閩薑)·귤병(橘餠)과 각종 도자기 따위인데, 책문의 중국 물품은 모두 세금이 붙고, 우리나라 상품은 세금이 없다고 했다. 사행이 북경에서 들여오는 물건도 세금이 없

---

9 『정조실록』14년(1790) 7월 25일.
10 김순협,『연행록』〈1729년 12월 24일〉, "又促延卜人馬, 而延卜人等, 皆懷潛商之慾, 隱身於山谷間, 不肯出頭, 或有拿入刑杖者."; 〈1729년 12월 25일〉, "延卜人馬, 則馬三千七十二匹, 人數亦如之."

으나, 다만 나귀나 노새를 가진 사람에게는 삼승포(三升布) 몇 필을 반드시 받는데, 나귀나 노새의 크기에 따라 다소 증감이 있다. 세금을 물지 않고서는 감히 책문 밖으로 나올 수 없는데, 이러한 일들을 모두 세관이 맡아 하였다고 했다.[11]

한편 책문 부근에 있는 봉황산은 17세기 이래 고구려의 안시성(安市城)이 있었다고 여겨지면서 여러 연행사의 관심을 끌게 되었다. 이는 고구려와 당의 전쟁에 관한 민간 전승을 다룬 문학 작품들이 임진왜란 당시 조선에 유입된 것이 계기가 되었다. 이 작품들에서 설인귀(薛仁貴) 영웅담의 무대인 봉황산과 역사연의(歷史演義)의 무대인 안시성 및 안시성주로서 양만춘(楊萬春)의 활약이 나타나고 있는데, 이러한 작품들을 접했던 연행사들이 자연스럽게 안시성을 떠올리게 되면서 봉황성을 안시성으로 보는 견해가 생겨나게 된 것이다.[12] 그리고 이러한 견해는 병자호란 이후 민족의식의 강화와 함께 크게 유행하면서 18, 19세기까지 이어지게 된다.

앞으로 또 1리쯤 가니 양쪽 산이 점점 낮아져 오목하게 중간이 뚝 끊어졌는데, 돌성이 산을 따라 내려온 것이 우리나라의 산성과 똑같았다. 중간 끊어진 곳은 북문이 있던 곳이었다. 문에 들어서니 성안은 둥글고 편편한데 주위는 겨우 10여 리밖에 안 되었다. 동서로는 돌산이 높이 성안을 안고 둘러 있어 몸에 날개를 붙이지 않고서는 오르내릴 수 없을 것 같다. 북문 좌우로 흙산이 약간 낮기는 해도 성을 쌓아서 막아야 할 거리는 수백 보에 불과했다. 앞은 평야와 통해 있는데 두 산이 감싸고, 남은 곳 역시 2백여 보에 불과했다. 거기다가 가로로 백 척 돌성

---

11   홍대용, 『연기』「希員外」.
12   봉황산을 안시성으로 보는 견해는 〈한국민족문화대백과〉「안시성」조 참고.

을 쌓아 안팎이 참절하였다. 치첩(雉堞)은 이미 허물어졌지만 그 튼튼하고 웅장한 모습은 짐작할 수 있었다. 이 성이 비록 10리 둘레를 가졌지만 방어할 필요가 없는 곳이 8~9리나 되고, 밖은 험하고 안은 순해서 수만 호가 살 수 있을 만하며, 때마침 오랜 가뭄 뒤였는데도 물과 샘이 넘쳐흐르고 있었으니, 정말 천험(天險)의 금성(金城)이었다. 이곳 사람들이 혹은 고성(古城)이라고 하고 혹은 안시성이라고 한다. 당 태종이 천하의 총병력을 동원해서 몇 달을 두고 계속 공격을 하며 구름사다리니 거인(距闉, 성안을 살피기 위해 만든 흙산)이니 하는 것을 써 가면서도 끝내 공을 세우지 못하고 말았으니, 성주의 재력이 뛰어난 것만이겠느냐? 반드시 지형의 이(利)로써 제압했기 때문인즉 이것이 안시성임이 분명했다. (홍대용, 『연기』 「봉황산」〈1766년 3월 30일〉)

안시성은 봉황산 꼭대기에 있는데, 남은 성가퀴가 아직도 있고 삼면은 모두 절벽이다. 남쪽 한 면이 수문(水門)이어서 조금 평평한데, 그 너비가 수백 보에 불과하고 큰 내가 앞에 둘렀으나 역시 암읍(巖邑)이다. 그러나 성안의 기지(基址)는 경사지고 둘레 또한 좁으니, 곧 탄환만 한 작은 성으로 대군이 오래 머물 곳은 아닌 것 같다. 당 태종이 멀리 친정할 때에 의당 낭패하였을 것 같은데, 그때 명장 양만춘이 이 작은 성을 지켜 능히 만승(萬乘)의 세력을 막아냈으니 참으로 만 명의 군사로도 공략할 수 없는[萬夫莫開] 요새이다. (이압, 『연행기사』〈1771년 11월 30일〉)

삼사를 따라 안시성으로 갔는데, 곧 봉황산의 전면이다. 성터가 아직 남아 있고 보루에 돌이 높이 쌓여 있으며, 성문 터가 남아 있다. 봉황산 3면이 병풍처럼 둘렀고 동남쪽 흙무더기[土屯]에 가리어 천문(天門)을 지었으니, 참으로 "한 사람이 관문을 지킴에 만 명의 군사가 공략할 수 없다. (一夫當關 萬夫莫開)"는 요새로서 당 태종이 여기에서 곤욕을 당할 만하였다. (서경순, 『몽경당일사』〈1855년 3월 19일〉)

위 인용문들은 17세기 이후 봉황산을 안시성으로 보는 인식이 18세기를 거쳐 19세기 중반까지 이어졌음을 알려준다. 세 사람 모두 봉황산에 자리한 안시성이 천혜의 험준한 요새지로 당 태종이 이곳에서 양만춘에게 패한 사실을 떠올리고 있다. 홍대용과 서경순은 봉황성이 천혜의 요새에 자리했기에 당 태종의 대군을 물리칠 수 있었다고 보았고, 이압은 봉황산이 험준하기는 하지만 당 태종이 친정한 대군을 물리친 것은 명장 양만춘의 공이 컸음을 강조했다. 기사에서 알 수 있듯이 연행사는 봉황산이 고구려의 안시성이 있던 곳임을 확인하고, 이곳에서 자연스럽게 양만춘이 당 태종의 대군을 격퇴한 우리 민족사의 자랑스러운 옛일을 떠올리고 있다. 봉황산을 답사하면서 고토(故土)에 대한 기억과 찬란했던 민족사를 회상하고 있는 것이다.

조선 후기의 연행사가 대부분 봉황산을 안시성으로 보는 데 비해 김창업은 다른 주장을 펼쳤다. 그는 봉황산이 안시성이라는 설은 잘못이며 동명왕(東明王)의 옛 성으로 보는 것이 이치에 맞는 듯하다면서 『일통지(一統志)』의 기록을 근거로 들었다.[13] 김창업은 봉황성을 동명왕, 즉 주몽이 도읍할 때 세운 성이라고 본 것인데, 사실 이는 조선 전기부터 이어진 견해였던 것으로 보인다.[14] 1598년 임진왜란 중 북경으로 사행한 이정귀와 이

---

13 김창업, 『연행일기』〈1712년 11월 28일〉, "世以此爲安市城, 而非也. 或云, 東明舊城, 其說近似. 安市城, 『一統志』謂在蓋州東北七十里, 去此蓋遠也." 이기지 또한 "꼭대기에 성이 있어 안시성이라고들 하는데 실상은 그렇지 않다. 어떤 이는 동명왕의 옛 성이라고도 하는데 이 말이 옳은 듯하다. (其上有城, 稱安市城, 而實非也. 或曰'東明舊城', 近是.)"(『일암연기』〈1720년 8월 20일〉)라고 하여 김창업과 견해를 같이하였다.

14 김태준·이승수·김일환, 『조선의 지식인과 함께 문명의 연행길을 가다』, 푸른역사, 2005,

그림 14 | 봉황산성 터에서 바라본 봉황산의 모습, 저자 촬영

항복은 봉황산 아래를 지나면서 시를 주고받았는데, 이정귀는 〈봉황산 2수(鳳凰山二首)-산유동명왕구성(山有東明王舊城)〉이라 하여, 제목의 주석에서 이곳에 동명왕의 옛 성이 있었음을 밝히고 있다. 안시성이든 혹은 동명왕의 성이든 그 어느 경우이든 봉황산은 고구려의 옛 성이 있던 곳으로 자랑스런 민족사를 떠올리게 했을 것이다.[15]

한편 봉황산은 묘하게도 그 높이가 북한산 정상 백운대의 높이인 836미터와 똑같고 석산이기도 해서 연행사들은 봉황산을 바라보면서 삼각산이나 도봉산 등을 떠올리기도 했다. 그러면서 멀리서 바라보는 봉우리의 청수(淸秀)한 모습이 연꽃인 양 어여쁘다고 했다. 봉황산을 실제로

142~143쪽. 이 책의 '안시성의 위치에 대한 두 가지 견해'에서는 조선 후기에 안시성의 위치를 두고 봉황산설과 개주성설의 두 가지가 있다고 소개하였다.

15 "伊昔高句麗, 於妓作邑畿. 地靈眞間世, 天險設重圍. 鳳去山空在, 城遷石自巍. 茫茫興廢跡, 今古一沾衣."(이정귀,『무술조천록』)라는 이정귀의 시에도 고구려를 개창한 동명왕의 영웅적 면모와 세월의 무상함에 대한 회고가 드러나 있다.

유람한 홍대용, 이압, 박사호, 서경순 등은 모두 귀로에 봉황산을 올랐는데, 이들 중 곳곳을 유람하며 상세한 유람기를 남긴 이는 홍대용이다. 그는 귀로에 삼차하(三叉河)에서 점심을 먹은 뒤 일행과 떨어져 봉황산을 넘어 책문으로 들어갔다. 홍대용은 봉황산에 대해 "우리나라의 도봉(道峯)·금강(金剛)·청량(淸凉)·월출(月出) 등 여러 산이 비록 기묘하고 험준하기로 이름이 났으나 봉황산만은 못하다. 뭇 봉우리가 겹겹이 솟아오른 모양이 마치 1만 개의 횃불이 하늘 높이 활활 타오르는 것 같다."[16] 라고 총평하였다.[17]

2) 동팔참: 고토 의식과 천산 유람

동팔참(東八站)은 압록강에서 중국의 요양 사이에 설치된 8개의 역참(驛站)을 일컫는 말인데, 그 위치와 명칭이 시대에 따라 변화하였다. 원나라는 군사 행정 및 상업의 교류를 위해 교통 체제를 대대적으로 정리하면서 정복지마다 역참을 설치하였다. 이때 이 일대에 설치한 8개의 참이 그 연원이다. 1331년(지순 1)에 편찬된『경세대전(經世大典)』에 따르면 원대의 동팔참은 역창참(驛昌站), 탕참(湯站), 개주참(開州站), 사열참(斜列站), 용봉참(龍鳳站), 연산참(連山站), 첨수참(甛水站), 두관참(頭館站)이었다. 이는 원말 명초를 거치면서 15세기 초에는 유명무실해졌다고 한다. 이후 명나라는 1460년 이후 이 지역에 성보(城堡)를 축조하여 탕참보(湯站堡), 봉황성보(鳳凰城堡), 진동보(鎭東堡), 진이보(鎭夷堡) 등을 설치하였다. 원나라 때 설

---

16 홍대용,『연기』〈1766년 3월 30일〉.
17 이상 봉황산 유람 양상에 대한 서술은 필자의「조선후기 연행사의 중국 명산 유람과 특징」(『반교어문연구』40, 2015)의 관련 내용을 정리한 것이다.

치한 역참 자리에 성보를 세운 것으로 보아 군사 방어의 성격이 보다 강화된 것으로 보인다. 이후 청대에 간행된 『요양주지(遼陽州志)』에는 동팔참이 봉황성참(鳳凰城站), 설리참(雪裏站), 통원보참(通遠堡站), 연산관참(連山關站), 첨수참(甛水站), 낭자산참(狼子山站), 영수사참(寧水寺站) 등으로 기록되어 있다. 명대의 보(堡)가 다시 참(站)으로 바뀐 것으로 보아 그 시설의 기능이 달라진 것으로 볼 수 있다.

동팔참은 연행록에 따라 지칭 대상에 차이가 있다. 1712년에 북경에 다녀온 김창업은 봉황성에서 요동까지를 동팔참이라 불렀고, 1798년 서장관으로 북경에 다녀온 서유문(徐有聞)은 책문에서 심양까지를 동팔참이라 불렀다. 이처럼 기록에 따라 다소 차이를 보이기도 하지만, 대체로 구련성-탕참-봉황성-송참-통원보-연산관-첨수참-두관참을 가리키는 것으로 본다. 연행 기록을 살펴보면 조선 전기에는 이곳을 통과하는 데에 대략 6박 7일 정도의 일정이었으나, 청조에 책문이 설치되면서 대체로 7박 8일의 일정이 되었다.[18]

압록강에서 요양에 이르는 이 지역은 산천이 우리나라와 흡사하여 연행사에게 친근한 느낌을 주었다. 홍경모(洪敬謨)는 동팔참의 산천은 모두 장백산에서 유래하며 서쪽으로 요하에 이르기까지 동국과 흡사하기에 강역은 달라도 기맥이 상통하는 땅이라고 하였다. 또 이 지역의 풍속이 우리나라와 비슷한 점이 많다고 하면서 조선의 옛 강역임을 설파하였다.[19] 실제로 동팔참은 산들이 둘러 있는 지역이고 동팔참을 벗어나면서 요동

---

18 이상 동팔참의 연혁에 대해서는 이승수, 「연행로 중의 東八站 考」, 『한국언어문화』 48 (2012) 참고.

19 홍경모, 『遼野記程』「蔥秀山記」, "蓋鴨綠西北諸山, 皆自長白夾水而西薄遼河乃止, 故東八站山川, 全類東國, 疆域雖殊, 可見氣脈相通也. 且柵內之棘籬板壁山樵火耨, 多東俗, 信乎是箕子舊疆也."

평야가 시작된다. 연행록을 보면 동팔참이 끝나는 곳부터 물맛이 나빠진다고 기록한 것을 많이 볼 수 있다.

압록강에서 책문까지는 130여 리가량 떨어져 있는데, 이 일대는 모두 황무지로 비워 놓고 사람들이 살지 못하게 하였다. 이는 조선과 청나라 국경 사이에 봉금(封禁) 지역을 설치하여 양측의 분쟁이 발생하지 않도록 조치한 것이다. 따라서 압록강을 건넌 사행단은 책문에 도착하기 전까지 이틀가량 노숙을 해야 했는데, 이곳은 호랑이가 많이 출몰하는 곳으로 유명했다. 『열하일기』에서는 30여 군데에 횃불을 피워 먼동이 틀 때까지 밝히면서 군뢰의 나팔 소리에 따라 300여 명이 일제히 소리를 맞추어 고함을 쳐서 호랑이를 방비한다고 했다.[20] 사행단이 돌아올 때 먼저 출발하는 선래군관(先來軍官) 또한 이 일대의 호랑이를 두려워해서 새벽에 책문을 나와선 쉬지 않고 말을 몰아 그날 안에 압록강을 건넌다고도 하였다.[21]

책문을 통과해 요양에 이르는 동팔참 지역 중 연산관과 첨수참 부근에 있는 회령령(會寧嶺)과 청석령(靑石嶺)은 험준한 고개로, 가장 힘든 노정의 하나로 알려져 있다. 김창업은 회령령이 우리나라 황해도 봉산(鳳山)에 있는 동선령(洞仙嶺)보다 몇 배나 높지만, 산을 빙빙 돌아가며 길을 닦아 놓았기 때문에 올라가는 길이 가파르지는 않았다고 했다. 박지원은 회령령의 높고 험준함이 우리나라 북관(北關)의 마천령(摩天嶺)에 못지않다고 하였다. 청석령은 첨수참에서 요양으로 가는 도중에 있는 고개로 산에 푸른 돌이 많아서 청석령이라는 이름이 붙었다. 연행사 중에는 청석령의 푸른 돌을 보면서 벼루로 쓸 만하다고 생각한 이들이 많았다. 1720년에 연행한 이의현(李宜顯)은 청석령의 돌을 가지고 와서 공인(工人)에게 보였더

---

20 박지원, 『열하일기』 「도강록」 〈1780년 6월 24일〉.
21 유득공, 『고운당필기』 「柵外猛虎」.

니 못 쓴다고 하며 먹을 갈아 보니 단단해서 잘 갈아지지 않는다고 하였다는 기록을 남겼다.[22] 한편 효종이 봉림대군 시절 청나라에 볼모로 잡혀갈 때 청석령을 넘으면서 〈호풍음우가(胡風陰雨歌)〉를 지었다고 하는데, 많은 연행사가 이곳을 지나면서 이 사실을 언급하며 감회에 젖곤 하였다. "청석령 지나거다 초하구 어디메뇨. 호풍도 차도찰샤 궂은비는 무스 일고. 누가 내 형색 그려 내어 임 계신데 드릴꼬." 하는 시조의 내용이 연행사의 존명배청 의식을 자극해 비분감에 젖어들게 했던 것이다.

청석령 고갯마루에는 사행단이 연행길에 오르면서 가장 먼저 만나게 되는 관제묘(關帝廟)가 있기도 했다. 『열하일기』에는 이곳 관제묘가 아주 영험하다고 하여 역부와 마두들이 서로 앞다투어 절을 하고, 혹은 참외를 사서 바치기도 하고, 역관들 중에는 향을 피우고 제비를 뽑아서 평생의 신수를 점쳐 보는 이도 있다고 하였다.[23] 이 험한 고개를 넘으면 드넓은 요동 벌판이 펼쳐지기 시작하기 때문에 조선인들은 이 고개를 중국과 조선의 경계의 기준으로 여겼다. 따라서 사행단은 청석령 관제묘에 들러 사행길의 무사 안녕을 기원하였던 듯하다.

한편 동팔참 지역을 지나면서 연행사들은 고구려 축성과 안시성의 진위 문제를 논하는 경우가 많았다. 이곳에는 연행사가 머무는 찰원도 없었기에 연행사들은 민가에서 묵으면서 중국인들과 필담을 나누며 중국인들의 풍속과 정치에 대해 다양한 대화를 나누기도 하였다. 그리고 동팔참 지역은 궁벽한 곳이어서 돈이 유통되지 않았기 때문에 사행단은 부시나 종이, 부채 등으로 양식·콩·잡화를 무역하여 쓴다고 하였다. 김창업은 동팔참을 지날 때 상방의 건량 마두 대직(大直)이 승두선 하나로 꿩 한 마리

---

[22] 이의현, 『경자연행잡지』 下, "舊聞靑石嶺石可硯, 回還時覓來示工人, 以爲不堪用. 以墨研之, 亦硬而難磨."
[23] 박지원, 『열하일기』 「도강록」 〈1780년 7월 7일〉.

그림 15 | 최근 복원된 청석령 관제묘의 소상, 저자 촬영

와 바꿨다고 하였으며, 동팔참의 꿩고기 맛이 우리나라의 살진 꿩고기 맛보다 못하지 않다고 하였다.

동팔참은 책문을 통과해 처음으로 접하는 중국 땅이었기에 연행사는 이곳 사람들의 풍속과 제도 등에 많은 관심을 가졌다. 여름철에 길을 가게 된 박지원은 동팔참의 통원보에서 큰비를 만나 불어난 강물을 건너지 못하고 엿새 동안이나 이곳에서 유숙할 수밖에 없었다. 박지원은 이곳에 머무는 동안 이곳 사람들의 생활 풍습과 법제, 가마와 구들 제도 등을 유심히 관찰하면서 다양한 기록을 남겼다.

박지원이 통원보에 머물던 첫째 날, 일행 가운데 일부는 시간을 보내면서 술값도 보낼 겸 심심풀이로 투전판을 벌였다. 그런데 박지원의 투전 솜씨가 서툴다는 이유로 투전판에 끼워주지 않았기에 박지원은 주변으로 시선을 돌렸다. 우선 만주족 여성의 옷차림새와 밥 먹는 모습을 유심히 살펴보았고, 깃털이 다 뽑혀 살덩어리인 채로 뒤뚱거리며 다니는 닭들의 기이한 모습을 바라보면서 인상을 찌푸리기도 하였다. 그런데 닭이 성장하기 전에 이렇게 깃털을 뽑아버려 서늘한 기운이 통하게 해야 닭이 전염병에 걸리지 않고 빨리 자란다는 새로운 사실을 알게 되었다.

이튿날엔 집주인과 잠시 수작을 나누면서 그가 거처하는 방을 구경하며 방 안에 있던 기물들을 하나하나 유심히 살펴보고 기록해 놓았다. 주인이 일자무식이지만 의자나 탁자, 병풍 같은 가구들은 모두 우아한 운치가 있어 궁벽한 변방의 촌티가 전혀 나지 않았다고 했다. 오후엔 수수밭에서 조총을 쏘아 돼지를 잡은 뒤에 끌고 나오는 사람을 보고선, 타인의 농작물에 해를 입힌 가축은 밭 임자가 마음대로 처분해도 가축 주인이 이의를 제기할 수 없게 한 중국 제도에 주목하였다. 그러면서 "강희제는 농사짓는 것을 매우 소중히 여겼다. 그 법제에, 소와 말이 남의 곡식을 밟으면 값을 두 배로 징수하고, 고의로 남의 밭에 방목한 자는 곤장 60대를 친다. 양과 돼지가 남의 밭에 들어가면 밭 임자가 현장에서 잡아도 양과 돼지의 임자는 감히 주인이라고 아는 체할 수 없다. 다만 수레 다니는 길을 막을 수는 없으므로, 길이 진흙탕으로 막히면 수레가 밭 가운데로 가기 때문에 밭 임자는 항상 길을 잘 닦아서 자신의 밭을 보호한다고 한다."[24] 라며, 청나라의 법률제도를 자세히 소개하였다. 동팔참 주민과 대화를 나누면서 청나라 사람들의 풍요로운 삶의 배경에는 개인의 노력뿐만 아니라 국가의 제도적 뒷받침이 있음을 인식하게 된 것이다.

또한 천여 개의 수숫단을 연료로 사용하여 만 개 정도의 벽돌을 구워내

---

[24] 박지원 저, 김혈조 역, 『열하일기 1』, 돌베개, 2009, 101쪽; 『열하일기』「도강록」〈1780년 7월 2일〉.

는 중국의 벽돌로 쌓아 올린 가마를 유심히 살펴 그 유용성에 주목하였다. 반면 우리나라의 기와 굽는 가마는 불길이 고루 퍼지도록 설계되어 있지 못하고, 대량의 소나무를 연료로 사용하기 때문에 무수한 솔밭을 황폐화하고 있다고 지적하였다.

사흘째 되던 날은 숙소 밖으로 나와서 신행(新行) 가는 행차를 구경하고, 관제묘로 가서 늙은 서당 훈장에게서 서적 목록 하나를 빌려다가 베끼면서 시간을 보냈다. 나흘째는 양승암(楊昇菴)의 문집을 보기도 하고, 혹 투전놀이를 하면서 소일하기도 하였다. 닷새째는 점방 주인이 내실 캉[炕]의 방고래를 열고 긴 가래로 재를 끌어모아 버리는 모습을 보고선 중국의 캉 제도를 자세히 언급해 놓았다. 즉 아궁이에서부터 방고래, 개자리[犬座], 굴뚝에 이르기까지 그 구조적 장점을 하나하나 자세히 설명하였다. 반면에 우리나라에서 온돌 놓는 방법은 바닥에 장판지 까는 것만 빼고는 고쳐야 할 점이 너무 많다며 그 단점을 여섯 가지로 자세히 제시하였다. 그러면서 통원보의 숙소에서 수백 칸의 너른 뜰에 쓸모없는 조약돌을 모양과 색깔에 따라 깔아 날아가는 봉황 무늬를 만들며 진흙탕이 되는 것을 방지하는 것을 보고는, 중국 사람들은 버리는 물건이 하나도 없다고 하였다. 사소한 것까지 세밀하게 관찰하면서 우리가 받아들일 만한 중국 풍속이나 제도의 장점을 찾고 있는 것이다.

연행사가 책문에서 주목한 산이 봉황산이었다면, 동팔참 일대는 산으로 둘러싸인 곳이지만 정작 연행 노정에서 지나치는 명산은 없었다. 책문을 통과해서 북경에 이르기까지 연행사가 즐겨 찾은 산은 책문 근처의 봉황산, 안산(鞍山) 인근의 천산(千山), 광녕(廣寧) 부근의 의무려산(醫巫閭山), 산해관에 위치한 각산(角山), 영평부(永平府) 난하(灤河) 가에 위치한 수양산(首陽山), 그리고 계주 북쪽에 있는 반산(盤山)으로, 이를 연행노정 지도에 표시해 보이면 〈그림 16〉과 같다.

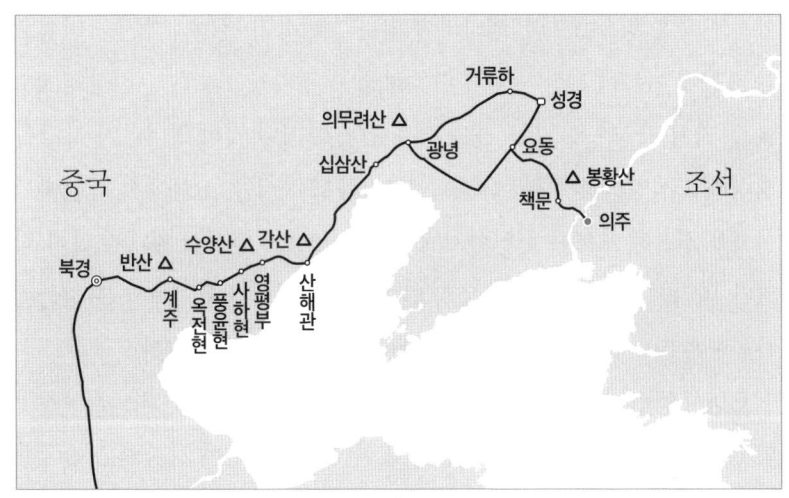

그림 16 | 연행로에 위치한 중국 명산, 저자 편집

 지도에서 알 수 있듯이 천산은 첨수참에서 요동으로 가는 연행 노정에서 안산 방면으로 벗어난 지역에 위치하고 있다. 따라서 18세기 연행사 중 천산을 방문한 이는 산수 유람에 벽이 있었던 김창업이 유일하다. 천산은 1604년에 이정귀가 처음으로 유람하면서 조선인에게 알려진 산이다. 이정귀는 중국 사행 도중 천산·의무려산·각산의 삼산을 유람하고 「삼산유기(三山遊記)」를 남겼는데, 김창업은 연행의 행장을 꾸리면서 이 유기를 챙겨 갔다.[25] 이정귀가 연행한 1604년 당시에는 연행로가 천산이

---

25 김창업, 『연행일기』 권1 「往來總錄」, "길을 떠날 준비를 하는데 포음(아우 김창즙을 말함)이 연로에 있는 명산대천과 고적을 기록한 책 한 권, 월사의 '각산·여산·천산 유기'를 기록한 책 1권과 여지도 1장을 행장에 넣어주었다. (及治行, 圖陰以沿路名山大川古蹟錄一冊, 月沙角山閭山千山遊記錄一冊並輿地圖一張, 置橐中.)" 이 대목이『국역 연행록선집 4』에는 "길을 떠날 때 포음(김창즙의 호)은 연로에 있는 명산·대천·고적이 기록된 책 한 권을, 그리고 월사(이정귀의 호)는『각산·여산·천산유기록』 1책과 여지도 1장을 행장 속에 넣어주었다."고 되어 있는데, 이정귀의 몰년이 1635년임을 살피지 못한 오역이라 하겠다.

있는 안산을 경유했으니, 청나라가 입관(入關)하기 전(1645)까지는 연행로가 요동에 이르러 안산 → 해주위(海州衛) → 평가장(平家庄) → 반산역(盤山驛)을 거쳐 광녕으로 가는 길을 경유했다. 그러던 것이 청나라가 북경을 점령하고 심양에 성경부(盛京府)를 설치하고 나서는, 요동에서 북진해서 이곳을 경유해 오도록 변경했기에 연행 노정에서 안산을 지나지 않게 되었다. 따라서 조선 후기 대부분의 연행사는 이정귀의 유기에서 본 천산을 마음속에 떠올리면서도 실제로 유람할 엄두를 내지 못하였다.

요녕성 안산시에 있는 천산은 중국 동북 지방 3대 명산의 하나로 999개의 봉우리가 있어 천산이라 불린다고 한다.[26] 1712년에 김창업은 귀국길에 일행과 떨어져 하인 세 사람과 함께 2박 3일의 일정으로 천산을 유람하였다. 이는 이정귀 이후 유일한 것으로 보이는데, 김창업이 천산 유람 체험을 연행록에 상세히 기록하여 연행사가 중국 현지에서 유산하며 중국인들과 교류하는 다양한 모습을 살필 수 있다. 김창업의 천산 유람 계획을 전해 들은 정사 김창집(金昌集)은 이를 염려하여 "기러기처럼 만리 길 함께하면서, 잠시도 떨어짐이 없어야 하리. 학야(鶴野)에 와서 일행과 함께 가려 하지 않을 줄 어이 알았으랴?(萬里同賓雁, 惟宜莫少違. 豈知臨鶴野, 不肯一行歸?)"라고 하며 넌지시 아우의 산행을 만류한다. 그렇지만 유산의 흥취를 억누를 수 없었던 김창업은 즉석에서 "만리 먼 길을 이미 왔는데, 며칠 떨어짐 뭘 그리 근심하시오. 나란히 압록강 건너가리니, 길이 달라도 끝내는 함께 가리다. (已涉萬里遠, 何嗟數日違? 聯翩渡鴨水, 殊道竟同歸.)"라고 답하며 자신의 뜻을 접지 않는다.

김창집이 김창업의 천산 유람을 근심스럽게 여겼던 이유는 천산을 유

---

[26] 김창업의 『연행일기』〈1713년 3월 6일〉 기사에도 "세상에 전하기를 이 산은 모두 999봉우리가 있으므로 산 이름이 붙여졌다고 하였다."라고 천산의 유래를 말하고 있다.

람하려면 4~5일은 일행과 떨어져야 했고 곳곳이 험한 길이며 나중에 일행과 합류하는 것도 쉽지 않았기 때문이다. 김창업 또한 이 점을 잘 알고 있었기에 천산 유람이 어려운 여덟 가지 이유를 거론하며, (『연행일기』 〈1713년 3월 3일〉) 출발에 앞서 만반의 대비를 했다. 실제로 그는 심양 성문이 열리기를 기다려 출발하면 천산에 도착하기가 어렵기에, 유람 전날인 3월 5일 심양성 안에서 저녁을 먹고 몰래 홍화보(紅花堡)에 나가 잤다. 그 전날인 3월 4일에 하인 선흥에게 분부하여 행장을 꾸리게 하였는데, "콩잎을 장에 담갔다가 말려서 국거리로 쓰게 하였고, 정은(正銀) 한 냥을 환전하여 노자[盤纏]로 쓰게 하였으며, 정은 두 냥은 불시의 비용에 대비하도록 하였다. 부채, 종이[紙束], 담뱃대, 화철(火鐵, 부시), 초도(鞘刀, 칼집이 있는 작은 칼)를 각각 약간씩 준비하여 면피(面皮) 하는 데 쓰게 하였다. 쌀 6되는 식량으로 삼고, 구리로 만든 솥은 음식을 조리하기 위하여 준비하고, 소주 3, 4잔과 포(脯) 몇 개, 약과 몇 덩어리는 요기하기 위함이요, 반찬으로는 통에 넣은 초장(炒醬)과 석어(石魚, 조기) 몇 마리, 증곤포(蒸昆布, 찐 다시마) 몇 가닥뿐이었다."(〈1713년 3월 4일〉)라고 하여, 불시에 일어날 사태에 대비하여 세심하게 산행을 준비하였다.

이렇게 만반의 준비를 갖추고 떠난 김창업은 3월 6일부터 8일까지 사흘간 천산을 유람하였다. 천산으로 가는 길은 영안사(永安寺)의 승려 낭연(郎然)을 길잡이로 하였고, 천산 안에서는 그곳 승려의 안내를 받아 가며 곳곳을 유람하고 상세한 유기를 남겼다. 그중에서 '진의강(振衣岡)'이라 새겨진 암벽은 그가 연행 장관의 하나로 꼽은 곳이다.[27] 김창업은 천산을 유람하면서 곳곳에서 "월사의 유기에서 말한 것이 이곳이다."라는 말을 여

---

27 김창업, 『연행일기』 「往來總錄」, "第一壯觀, 遼東野·山海關城池. 其次, 遼陽白塔·居庸關疊嶂·千山振衣岡巖刻·薊州獨樂寺觀音金身·通州帆檣·東岳廟塑像·八里堡墳園·天壇三層圓閣·午門外象·大通橋槖馳."

러 차례 하며 그 내용을 확인하고 있다. 이정귀의 유기가 김창업의 천산 유람의 길잡이가 되고 있음을 알 수 있다.

유기의 마지막 대목에서 김창업은 천산 산수의 특색을 삼각산, 의무려산과 비교하면서 다음과 같이 논하였다.

> 이 산의 둘레는 삼각산(三角山)만 하나 높이는 삼각산에 미치지 못하였다. 월사(月沙)가 이르기를, "삼각산과 도봉산(道峯山)을 합하면 이 산과 대등할 것이다."라고 하였는데, 이 말이 또한 그럴듯하였다. 그러나 이 산의 봉우리를 삼각산과 비교하면 인수봉(仁壽峯) 한 봉우리가 없는 것 같지만, 봉황이 날아오르는 것 같고 연꽃이 핀 듯한 봉우리의 정정(亭亭)하고 아름다운 모습은 삼각산이 가지지 못했을 뿐만 아니라, 금강산이라 하더라도 쉽게 당해내지 못할 절경이었다. 또 봉우리 밖으로 기묘한 바위와 크나큰 절벽들이 층층이 드러나고 겹겹이 붙어 나온 모습은 마치 지혜로운 조각가가 쪼아 만든 듯했다. 용천사의 서각(西閣) 앞에 서 있는 돌과 대안사(大安寺) 오른쪽 산마루의 세 봉우리는 아마도 우리나라에서 비교할 만한 것이 없을 듯하다. 다만 이곳의 부족한 점은 물이 없는 것이었다. 만약 여산(閭山)과 비교한다면 암석의 색깔은 두 산이 마찬가지이나, 이 산은 더욱 정교하여 정신이 깃든 듯하였고 또 수목이 많으며, 암석의 틈마다 모두 소나무가 울창한 것이 더욱 승경이었다.[28]

높이는 삼각산에 미치지 못하지만 둘레는 그 못지않다고 하며, 봉우리의 아름다움을 봉황이 날아오르고 연꽃이 피어난 자태에 비유하며 삼각

---

28 김창업, 『연행일기』〈1713년 3월 8일〉.

그림 17 | 천산의 가을 풍경, 〈바이두백과〉

산과 금강산도 당해내지 못할 절경이라고 칭송했다. 그러면서 의무려산과 마찬가지로 석산이지만 바위가 더욱 정교한 모습을 지녔고, 소나무와 어우러진 모습이 뛰어나다고 총평하였다.[29]

3) 심양: 심양관과 병자호란의 기억

심양관(瀋陽館)은 병자호란이 끝난 후 소현세자와 봉림대군 일행이 볼모의 처지로 심양에 끌려와 머물던 곳이다. 청 태종은 1636년 병자호란에서 조선의 항복을 받은 후 조선과 군신 관계를 맺고 소현세자(昭顯世子)와

---

29 이상 김창업의 천산 유람에 대한 서술은 필자의 「조선후기 연행사의 중국 명산 유람과 특징」(『반교어문연구』 40, 2015)의 관련 내용을 정리한 것이다.

봉림대군(鳳林大君, 효종), 삼학사(三學士, 홍익한·윤집·오달제) 이하 대신과 판서의 자제들 180여 명을 볼모로 삼아 당시 청의 수도였던 심양으로 압송했다. 소현세자 일행은 1637년 4월 처음 심양에 도착해 임시 거처에 머물다가 그해 5월 청의 궁궐 인근에 세워진 새 거처인 심양관으로 옮겨졌는데, 조선 세자가 거처하는 곳이므로 세자관이라고 불렸다. 당초에 완성된 건물은 모두 18칸[정침 5칸, 동서 상방(廂房) 10칸, 대문 3칸] 규모였으나, 전체 인원을 수용하기에는 협소하였다. 청은 고려관(高麗館)이라 불렀으며, 『조선왕조실록』 효종과 현종 관련 기사에는 대개 심관(瀋館)이라 기록되어 있다. 소현세자와 봉림대군 일행은 청이 북경을 함락한 1644년 심양에서 북경으로 옮겼다가 1645년 2월 귀국할 때까지 무려 8년간 이곳에서 생활했다. 심양관은 소현세자가 장기간 유폐된 장소일 뿐만 아니라 조선 역사에서 유일하게 타국에서 국왕(현종)이 출생한 장소이기도 하다. 이 당시 소현세자와 봉림대군의 생활에 관해서는 『심양일기』와 『심양장계(瀋陽狀啓)』에 상세히 남아 있다.

영조는 1760년 11월 청나라로 보내는 사신단에 효종과 현종 양대 선조가 고난을 겪은 심양관의 모습을 그림으로 그려 올 것을 명했다. 이 사행에 자제군관으로 참여한 이의봉이 쓴 『북원록』에 의하면 화원 이필성(李必成)이 영조의 어명을 받들어 도첩을 제작했음을 알 수 있다. 이 화첩은 심양관에서 고초를 겪었던 효종과 현종을 상고하기 위해 현종의 탄신 120주년을 맞아 동지사로 연행하는 홍계희(洪啓禧) 일행에게 1761년 2월 영조가 내린 어명에 따라 제작되었다. 심양관의 구지(舊址)를 탐문하여 화첩이 제작된 것임이 『승정원일기』의 기록과 이 화첩 제1폭 영조의 어제(御製) 발문, 제3폭 정사 홍계희의 발문 등에 언급되어 있다. 이 중 〈심양관구지도〉, 〈산해관도(내)〉, 〈산해관도(외)〉 등은 부분적이나마 투시도법과 명암법 등 서양화의 원리에 대한 이해를 반영한 것으로, 18세기 중엽의

그림 18 | 『경진년 연행도첩』(1761) 중 〈산해관도(외)〉, 문화재청 공공누리

화원이 실경(實景) 그림에 서양화법을 구사한 양상을 보여주는 이른 시기의 작품으로 알려져 있다.[30] 이 도첩은 청에 대한 북벌론을 강하게 주장하던 노론 세력을 배경으로 성장한 영조가 병자호란의 치욕을 환기하는 장소로 심양관을 인식하고 있음을 보여준다.

심양관을 배경으로 조선의 문사와 교류한 인물로는 명말 청초에 활동한 화가 맹영광이 있다. 맹영광은(孟永光, 1590~1648 이후) 절강성 회계 산음(山陰) 출신의 화가로 명말 조대수(祖大壽)가 대릉하(大凌河)를 지킬 때에 초상화를 그리고자 초청하였는데, 성이 함락되던 날에 맹영광도 붙들리고 말았다. 이후 청군에 의해 머리를 깎인 채 심양에서 살다가 봉림대군을 만나 심양관에서 그림 그리는 일을 하였다. 맹영광은 봉림대군과 김상헌(金尙憲), 신익성(申翊聖), 이명한(李明漢) 등과 교유하였다. 이후 1647년 4월

---

30 〈한국 역대 서화가 사전〉「이필성」조.

사은사로 사행하였던 인평대군을 따라 그해 9월 조선에 들어왔다. 궁궐 근처에 집을 마련하고 인조의 총애를 받으며 활동하다가 1648년 청으로 귀국하였다.

맹영광은 심양관에서 이들과 교유하기 이전에, 1636년 마지막 대명 사행의 정사인 김육(金堉)과도 만난 것이 확인된다. 이때 맹영광은 김육의 초상화를 그려주었고, 김육이 이별하면서 그에게 써 준 시 〈별사진맹영광(別寫眞孟永光)〉이 문집에 실려 있다.[31] 실학박물관 소장 〈영의정잠곡김문정공소진(領議政潛谷金文貞公小眞)〉은 맹영광이 그린 김육의 초상으로 알려져 있다.

김상헌은 심양관에 억류된 지 6년 만인 1645년 심양을 떠나올 때, 맹영광에게 전별시를 남겼다. 맹영광은 김상헌의 의기(義氣)를 흠모하여 도연명의 고사를 그린 〈연명채국도(淵明採菊圖)〉를 바쳤다. 그런데 이 그림에 대해 송시열(宋時烈)이 "문정 선생이 심양에 억류되었을 때 중국 사람 맹영광이 선생의 의기를 흠모하여 〈연명채국도〉를 바쳤는데, 그 화심(花心)을 붉게 물들여서 은근한 뜻을 보였다"[32] 고 말한 것을 계기로 맹영광은 한 사람의 '직업화가'에서 '우국지사'로 인식되며 조선 문인의 주목을 받게 되었다. 단순히 그림만 잘 그리는 화가가 아니라 멸망한 명나라를 잊지 못하는 예인(藝人)이면서, 같은 처지에 놓인 조선의 아픔에 공감한 지식인으로 평가받게 된 것이다. 봉림대군이 맹영광의 고향인 회계(會稽)를 그려달라고 한 것은 평범한 산수도를 의뢰한 것이 아니라 와신상담(臥薪嘗膽)의 의지를 보인 행위로 해석되기도 했다.[33] 맹영광은 복수설취(復讐雪

---

31 김육, 『潛谷遺稿』 권2.
32 송시열, 『宋子大全』 권141 「陶山精舍記」, "文正先生留瀋時, 中朝人孟英光慕先生義, 來獻淵明採菊圖, 而就丹花心, 以寓深意." 번역은 한국고전번역원의 『국역 송자대전』 참조.
33 맹영광과 조선 문인의 교류와 그에 대한 인식의 변모 양상은 김일환, 「漢族 화가 孟永光에

恥)를 강조하는 북벌론의 흐름 속에서 병자호란의 치욕이 초래한 심양관의 기억을 소환하는 상징처럼 작용했던 것이다.

1712년과 1720년에 연행한 김창업과 이기지는 자신들의 선조인 김상헌과 이경여(李敬輿)가 볼모로 억류되었던 장소를 탐문하였으나 정확한 위치를 알 수 없었다. 김창업은 통관 김사걸(金四傑)의 모친이 전하는 말을 통하여 심양의 아문이 심양관의 옛터라고 적어 놓았으며,[34] 이기지는 심양의 찰원이 1637년 이후 청나라에 볼모로 잡혀 왔던 이들이 머물던 곳이고 이경여와 김상헌이 억류되어 있던 곳은 성의 북쪽에 있다는 전언을 기록해 놓았을 뿐이다.[35]

한편 병자호란 이후 척화를 주장해서 심양으로 잡혀갔던 삼학사의 죽음에 대해서도 연행사는 깊은 관심을 가졌다. 당시 그 죽음을 본 조선인이 아무도 없었고, 청나라의 역사서에서도 이와 관련된 명확한 기록을 확인할 수가 없었기 때문이다. 이러한 사정에 따라 청이 삼학사를 죽이지 않았다는 속설도 있었으니, 1790년 연행했던 서호수의 연행록에 관련 기록이 보인다. 서호수를 수행해 연행했던 박제가(朴齊家)가 북경 유리창 서

대한 조선 후기 지식인의 기억들 - 명청교체기 명나라 포로와 조선 지식인의 만남」, 『동아시아문화연구』 60(2015) 참고.

[34] 김창업, 『연행일기』 〈1712년 12월 6일〉, "성에 들어가서 수백 보를 걸어 동쪽의 작은 골목으로 들어가니 밀원(密院)이 있었다. 동서로 행랑채가 있는데 뜰은 좁고 나지막하였다. 역관들의 말을 들으니, 통관 김사걸의 어머니가 이 집에 살면서 항상 말하기를, '이 집은 정축년(1637, 인조 15) 후로 조선의 볼모(인질)들이 거처하던 집이며, 세자관은 지금의 아문이다.'라고 했다는 것이다."

[35] 이기지 저, 조융희·신익철·부유섭 역, 『일암연기』, 한국학중앙연구원 출판부, 2016, 77쪽; 『일암연기』 〈1720년 8월 27일〉, "남쪽으로 들어가 수십 걸음 가자 동편에 바로 찰원이 있었다. 사행 일행이 이미 다 들어가 있었다. 어떤 이가 말하기를 '여기가 바로 정축년의 일이 있은 뒤에 우리나라에서 온 인질들이 머물던 곳입니다.'라고 하였으나 증험할 수 있는 것은 아니었다. 증조부(이경여)와 청음(김상헌)께서 억류되어 있던 곳은 성의 북쪽에 있다고 하였지만, 이 또한 알 수 없는 일이다."

사에서 병자호란 당시 충절을 지켰던 삼학사의 사적을 기록한 책을 등사해 왔는데, 이를 통해 『황청개국방략(皇淸開國方略)』에 기록된 삼학사의 죽음과 관련한 사실을 확인할 수 있었다. 서호수는 관련 기록을 적고는 주석에서 "홍충정(洪忠正, 홍익한)은 남제(南齊)로 유배되어 오삼계(吳三桂)의 군중(軍中)에 들어갔고, 윤충정(尹忠貞, 윤집)과 오충렬(吳忠烈, 오달제)도 모두 먼 곳으로 유배되었다."는 전언을 기록하였다. 그러면서 『홍충정유산기(洪忠正遊山紀)』가 전한다고 하는 말 또한 소개하였는데, 서호수는 이를 위서로 보았다.[36]

연행사는 노정 중에 심양관 외에도 병자호란 때 붙잡혀 온 조선인 포로들의 후예가 살고 있는 마을을 지나기도 하였다. 앞서 이기지가 북경 토아산을 유람하다가 만난 조선인 후예들에게서 조선인이 모여 사는 고려호동을 알게 되었음을 언급하였다. 산해관을 지나 풍윤현(豐潤縣)에서 옥전현(玉田縣)으로 가는 연행길에는 고려보(高麗堡)라는 지역이 있는데, 이곳 또한 병자호란 때 조선에서 포로로 잡혀 온 사람들이 모여 살던 마을이었다.[37] 이곳에는 조선의 방식으로 집을 짓고 논[水田]을 일구어 벼농사를 하는 풍속이 남아 있어서 연행사들이 고향에 온 것과 같은 느낌을 받곤 하였다. 그들은 쌀을 이용해 떡과 엿, 소주 등을 만들어 먹었고, 이를

---

36 서호수, 『연행기』〈1790년 9월 3일〉, "余聞武英殿新刊『皇淸開國方略』, 丙子丁丑間事實詳備云. 甚欲購得, 而祕諱嚴密, 無可奈何. 朴齊家適往琉璃廠書肆, 見不粧一秩, 在冊工處, 購來數件, 卽三學士取義之跡也. 綱曰:"崇德二年三月甲辰, 誅洪翼漢等." 目曰:"太宗諭令縛送首謀敗盟二三臣. 朝鮮奏言:'臺諫洪翼漢·校理尹集·修撰吳達濟, 曾陳疏斥和.' 並解送盛京. 命誅洪翼漢·尹集·吳達濟于市, 以正其倡議袒明, 敗盟搆兵之罪." ○按三學士取義時, 章京等切禁我人出外攔門, 以後事跡, 尙今茫昧. 公私紀載皆云, 不知所終, 甚至有悠謬之談.【或傳淸不殺三忠. 洪忠正流南齊, 入吳三桂軍中, 尹忠貞·吳忠烈, 亦皆流遠方. 至有僞爲『洪忠正遊山紀』者.】"

37 일부 연행록의 작자들은 고려보가 당 태종이 요동을 정벌할 때 이주시킨 백성들이 사는 곳이라고 보기도 하였다. 이기지의 『일암연기』〈1720년 9월 14일〉에서 "過盧家庄至高麗堡, 此乃唐太宗征遼所移之民也. 村前皆作水田, 制度一如我國." 같은 경우가 한 예이다.

연행사들에게 판매하기도 하였다. 그중에서 연행록에 자주 언급되는 것은 고려병(高麗餅)이라고 하는 떡이었는데, 팥떡 모양의 황량병(黃粱餅), 밤절편[栗切餅]이나 송편[松餅] 등이었다. 이를 연행사들이 지날 적에 떡함지나 쟁반에 담아 판매하였으므로 연행록에 언급되었던 것이다.

사행단이 고려보를 지날 때마다 그 근파(根派)를 캐어묻는 일이 많아 그들을 곤란하게 만들었으며, 사행 일원이 예의에 벗어난 행동을 하여 괴로운 사건이 일어나곤 했다. 박지원은 예전에는 고국 사람들을 반겨주던 고려보의 풍습이 일변하여 사행단을 원수처럼 대하게 된 연유를 연행록에 자세히 기록하면서 참으로 한심한 일이라고 개탄했다.[38] 이에 본래의 장소에서 두어 마장[數帿]되는 곳으로 이주하여 고려보는 전에 비해 규모가 크게 줄어들게 되었다고 한다. 이러한 기록을 대하노라면 오늘날 조선족 동포의 모습이 겹치면서 결코 되풀이돼서는 안 될 역사의 경계로 삼아야 한다는 생각이 든다.

---

[38] 박지원 저, 김혈조 역(2009), 앞의 책, 383~384쪽; 『열하일기』「關內程史」〈1780년 7월 28일〉, "일행이 고려보에 이르렀다. 집들은 모두 띠풀로 지붕을 이었는데, 아주 빈한하고 검소하여 묻지 않아도 고려보인지 알겠다. 병자호란 다음 해인 정축년(1637)에 포로로 잡혀 온 사람들끼리 한 마을을 이루어 사는 곳이라, 산해관 동쪽 천여 리에 걸쳐 논이라곤 없더니 홀로 이 땅에만 벼를 심고 있으며, 떡과 엿은 조선의 모습을 많이 가지고 있었다. 옛날에는 사신이 오면 하인배들이 사 먹는 술과 음식의 값을 혹 받지 않기도 하고, 부녀자들도 내외를 하지 않았으며, 어쩌다 고국 이야기가 나오면 눈물을 흘리는 자들이 많았다고 한다. 말몰이꾼들이 이를 악용하여 미구잡이로 술과 음식을 공짜로 먹는 자가 많이 생기고, 혹 따로 그릇과 의복까지도 억지를 부리며 달라고 하는 자까지 있었다. 같은 나라의 옛 정리를 생각해서 주인이 지키는 것을 그다지 심하게 하지 않으면, 그 틈을 노려 물건을 훔치기까지 하였으니, 이 때문에 우리나라 사람들을 점점 싫어하게 되었다. 매번 사행이 도착하면 술과 음식을 감추고 팔지 않으려 하고, 간절하게 요구하면 마지못해 팔긴 하지만 바가지를 씌우고 혹 값을 먼저 치르라고 한다. 이렇게 되자 말몰이꾼들도 반드시 온갖 꾀를 동원하여 사기를 쳐서 분풀이를 하니, 서로 간에 상극이 되어 원한이 깊은 원수를 보듯 한다. 하인들은 이곳을 지날 때면 반드시 일제히 소리를 질러 욕을 하며 '네놈들은 고려의 자손으로 너희 할애비가 왔는데도 어찌하여 나와서 절을 하지 않는게냐?'라고 하면, 고려보의 사람들도 맞받아서 욕설을 퍼붓는다. 사정이 이렇건만 우리나라 사람들은 도리어 고려보의 풍속이 아주 나쁘다고만 하니 참으로 한심한 일이다."

4) 요동벌: 명청교체기 전란의 기억과 의무려산 유람

요동은 요하의 동쪽 지방을 일컫는 말로 지금의 요녕성 동남부 일대를 말한다. 이곳의 영유권을 두고 역대로 우리나라와 중국, 북방 민족 간의 다툼이 치열하게 벌어지기도 했다. 요동을 지나면서 끝 모르게 펼쳐지는 드넓은 요동벌은 산으로 둘러싸인 곳에 살던 조선 사신단이 볼 수 없었던 기이한 풍경이었다. 아울러 요동 북쪽의 진산인 의무려산은 화이(華夷)의 경계가 되는 상징적 의미를 지녔으며, 홍대용의 『의산문답(醫山問答)』의 배경이 된 명산이다.

요동 지역은 명청교체기에 치열한 전투가 벌어진 격전지였기에 연행사들은 이곳을 지나면서 당시의 기억을 떠올리곤 했다. 그중에서 가장 빈번하게 소환되는 인물은 오삼계이다. 오삼계(吳三桂, 1612~1678)는 명나라 말기 장수로 자는 장백(長白)·월소(月所)이며 요동 출신이다. 요동 총병이 된 그는 산해관의 진장으로 청군의 진출을 막는 데 힘썼다. 그러던 중 1644년 이자성(李自成)이 명나라의 수도를 함락시키고 자신의 애첩 진원원(陣圓圓)을 잡아가자, 오삼계는 청군과 결탁해 산해관으로 들어가 이자성을 격파하고 북경을 탈환하였다. 청나라의 중국 본토 진출에 중대한 역할을 한 오삼계는 평서왕(平西王)에 봉해졌으며, 막강한 군사력과 막대한 재산을 갖게 되었다. 그런데 훗날 강희제가 이를 견제하려 하자 반란을 일으켰고, 여기에 상가희(尙可喜)의 아들 상지신(尙之信)과 경중명의 손자 경정충(耿精忠)의 번(藩)도 가담하여 이른바 '삼번의 난'이 일어났다. 1678년 5월에 오삼계는 호남(湖南)의 형양(衡陽)에서 스스로 황제가 되어 국호를 주(周)라 하고 연호를 소무(昭武)라 하였다. 그러나 그로부터 다섯 달 뒤인 1678년 10월에 병사하였다. 청군에 맞서 산해관을 지키던 용맹스러운 장수가 청군과 결탁해 명의 수도 북경을 함락시킨 공으로 평서왕에 봉해졌으며, 다시 청나라에 반기를 들고 복명(復明)의 기치를 내걸다가 죽은 것이다. 그의 손자 오세번(吳世璠)이 뒤를 이어 홍화(洪化)라 개원하였으나, 1681년 10월 곤명(昆明)에서 청군에 포위되어 자살하였다.

명에서 청으로 중원의 패자가 바뀌는 난세를 맞이해 파란만장한 생애를 살았던 오삼계의 일생을 어떻게 평가해야 하는가는 조선 후기 문인 학자의 관심사 중 하나였다.[39] 이에 18세기의 연행사는 노정에서 보게 되는 오삼계의 자취와 그의 휘하에 있던 부하들과의 만남 등을 자신의 연행록에 기록으로 남겼다.

연행 노정 중에 동관역(東關驛)을 지나 육도하(六渡河) 못 미쳐 이르게 되는 중후소(中後所) 성 뒤 북쪽 언덕이 오삼계의 선산이라고 전해진다. 이곳에 오삼계 선조의 무덤이 있었는데, 오삼계가 반란을 일으키자 청인들이 이 선산을 마구 파헤쳤다고 한다.[40] 또한 오삼계 휘하에 있던 부하 중에서 사로잡혀 요동 지역으로 귀양 와 사는 사람들에 대한 기사도 18세기 연행록에 자주 보인다. 김창업은 심양 변성을 출발해서 곽가둔(郭家屯)이라는 마을을 지나면서, 이 마을의 명칭이 오삼계의 주서였던 곽조서(郭朝瑞)가 귀양 와 생긴 것이라고 하였다. 연행사가 이곳을 지날 때면 곽조서를 초청하여 대화를 나누었으며, 특히 남구만(南九萬)과 최석정(崔錫鼎)이 그와 오랫동안 교유했다고 적어 놓았다.[41]

---

39 이익의 『성호사설』 권12 「人事門」에 「吳三桂」가 한 조목으로 실려 있는 것이 단적인 예라 하겠다.

40 김창업, 『연행일기』〈1712년 12월 17일〉, "내가 오삼계 선조의 묘가 여기서 몇 리냐고 물었더니, 동쪽으로 5리쯤에 있었는데 모두 파 갔다고 하였다. 대개 오삼계는 이곳(중후소를 말함) 사람으로 그의 집이 성안에 있다는 것이었다."

41 위의 자료, 〈1712년 12월 9일〉, "신민둔(新民屯)을 지날 때, 부사와 서장관이 곽조서와 문답하였다. 곽조서는 오삼계의 부하인데, 오삼계가 패한 뒤에 이곳에 정배(定配)되어 왔다. 우리 사행들이 전부터 흔히 그를 초청하여 만나 보고 사정을 묻곤 하였다. 그중에서도 재상 남구만과 최석정은 유달리 친숙하여 오래도록 변하지 않고 편지와 선물을 보냈다고 한다."

이기지도 역관 이추(李樞)의 소개로 이도정(二道井)에서 오삼계의 서기였다고 하는 장신(蔣晨)을 만난 적이 있다. 이추에 의하면, 장신은 오삼계가 청나라 군대에 패망한 후에 참수될 뻔했으나 삼왕(三王)의 도움으로 겨우 목숨을 부지하여 이도정 근처에서 평생 유배인으로 살게 되었다. 장신은 점술에 능하였기에, 이기지를 비롯하여 역관들이 그에게서 운세를 점치기도 했다.[42] 1721년 사행했던 유척기(俞拓基)는 오삼계 휘하에서 포정사를 했던 담온유(談韞瑜)라는 사람이 신요동에 거주하고 있다고 하였으며,[43] 1725년 사행했던 조문명(趙文命)은 그의 연행록에 오삼계 휘하에 있었던 전기(田畸)라는 이에게 준 시를 기록하였다.[44] 이러한 기록을 통해 18세기의 연행사가 오삼계에 대해 관심을 가지고 그의 휘하에 있었던 인물들과 교류하였음을 알 수 있다.

오삼계의 휘하에 있었던 인물로 조선 문사와 널리 교유하며 가장 이름이 났던 이는 임본유(林本裕)로 보인다. 홍대용은 영원위(寧遠衛)에서 왕위(王渭)라는 거인(擧人)과 대화를 나누면서 전각에 능한 임본유를 아느냐고 물은 적이 있으며,[45] 1783년에 연행한 이전수(李田秀)는 이일제(李日躋)의

---

42 이기지 저, 조융희·신익철·부유섭 역(2016), 앞의 책, 77쪽. 이기지의 연행 이듬해에 주청사로 북경을 다녀온 이건명 또한 장신에게 점을 보았다. 『한포재사행일기』 〈1721년 12월 11일〉, "漢人蔣東伯(蔣晨을 말함)明於斗數, 而居在二道井近處, 李譯樞與之相親云, 故爲占奏請成否·還歸遲速." 이기지와 이건명이 연행한 1720년과 1721년은 신임사화가 일어나기 직전의 시기로 노론과 소론의 대립이 격화된 때였다. 이들이 장신에게 점을 친 것은 앞날을 알 수 없는 불안감의 발로로 이해되며, 실제로 이이명과 이기지, 이건명은 신임사화로 목숨을 잃게 된다.

43 유척기, 『연행록』, "新遼東村有老人談韞瑜者, 曾佐吳三桂爲布政使, 三桂敗死, 謫戍此地, 仍居焉. 副使乙未燕行時, 曾與相見云. 其孫廷期, 年十四者, 持示其祖昔年所帶犀鞓及紅印綬, 綬頭以白玉嵌成."

44 조문명, 『연행록』, 「贈田生畸」[卽吳三桂麾下], "少時曾隸雲南幕, 老去來爲關外氓. 七十二年頭似雪, 尚能揮涕說吳王."

45 홍대용, 『연기』 「王擧人」 〈1765년 12월 26일〉, "내가 묻기를 '산해관 사람 임본유는 원래 오삼계의 부하였는데, 도장(圖章)을 잘 새기기로 이름이 우리나라에까지 들렸다. 그대도

『연로필담(燕路筆談)』을 인용하여 임본유 부자와 나눈 대화를 자세히 소개하였다. 이에 따르면 임본유는 임포(林逋)의 후손으로 그의 부친이 운남(雲南) 포정사(布政司)를 지낼 때 함께 가서 부자가 오삼계와 친하게 지냈는데, 오삼계가 반란을 일으키고 실패한 뒤에도 임본유는 섬서(陝西) 조주(洮州)의 지현을 지냈다고 한다. 그런데 혹자가 그가 오삼계의 일당이라고 밀고하여 관직을 삭탈당하였고, 심양성 서쪽에서 지내면서 세상과 절연한 채 독서로 소일하며 지냈으며, 조선 사신 만나는 것을 즐기며 비분강개한 자신의 심사를 거침없이 토로했다고 한다. 임본유의 족적이 중원 땅에 두루 미쳤고 문장에 능하고 글씨가 뛰어났으며, 그의 아들 임농(林弄)이 십삼산(十三山)의 역승(驛丞)으로 있다고도 했다.[46] 임본유는 명의 유민을 자처하며 조선 사신과 대면해 자신의 울분을 거침없이 토로했으며, 연행사 또한 중원 땅을 두루 다녀 지리 고적에 밝고 문장과 글씨에도 뛰어난 그를 반겼던 것으로 보인다. 임본유는 특히 성음학(聲音學)에 밝았으며, 『성위(聲位)』, 『요재전집(遼載前集)』 등의 저서가 있는 것으로 알려져 있다. 성호 이익(李瀷)이 안정복(安鼎福)에게 답하는 편지에서도, 성운에 대한 임본유의 견해가 일리 있다고 수긍하는 대목을 볼 수 있다.[47]

들어서 아는가?' 하니, 대답하기를 '들은 적이 없다.' 하였다."

[46] 이전수, 『農隱入瀋記』, "後見李參判丈日蹟燕路筆談, 有與林四老(임본유를 말함)父子相話者, 略付其槪. 聞見錄云, 瀋之西街, 有林四老者, 名本裕, 自號辱翁. 以其排行居第四, 故人則稱四老云. 其家族卽宋朝林義士之後孫, 藉居蓋州, 而其父明末宦遊江南, 其山水之美仍家焉. 其後入淸屢官, 爲雲南布政使, 本裕隨往, 父子與雲南王吳三桂相善. 及三桂敗, 本裕猶官爲陝西知洮州矣, 人或告之以吳藩之黨, 遂削官回籍. 來居瀋陽城西, 而托以病聾, 不與世事, 惟以書籍自誤. 聞來使之過, 或來見之, 頗有慕悅之色云. 故到瀋館, 遣人致意, 卽來相訪. […] 蓋此人生於吳楚, 長於雲貴, 官於陝西, 回籍於關東, 中原四方, 幾乎足跡殆遍. 而且懸筆疾書, 文字燦然可觀, 論說古今, 袞袞有理, 或不無悲慨之意, 自露於紙墨之間. 仍以迨及淸朝事, 則輒皆呼燭而燒之, 亦可見樞機之周愼也. […] 其子林弄爲十三山驛丞."

[47] 이익, 『성호전집』 27권 「안백순에게 답하는 편지」 (1759, 영조 35), "근세에 북경에 갔던 사

그런데 앞의 홍대용의 언급에서 짐작되듯이 임본유가 조선에 널리 알려지게 된 것은 그의 뛰어난 전각 솜씨가 계기가 되었던 것으로 보인다. 이와 관련해 성대중(成大中)은 『청성잡기(靑城雜記)』에서 유약(柳約)과 임본유가 전각을 매개로 교류한 사실을 다음과 같이 특기하고 있다.

유약은 자는 휴문(休文)이고 본관은 진주이다. 금석문과 전서, 예서에 조예가 깊었다. 도곡(陶谷) 정승 이의현(李宜顯)이 사신으로 연경에 갈 때 유약이 도장 몇 개를 파서 여행 선물로 주었다. 이 당시 유약은 이름이 알려지지 않았으므로 이 정승도 별로 대수롭게 여기지 않았다. 이 정승이 연경에 도착하여 기이한 돌을 사고는 도장을 잘 새기는 자를 물으니 모두 개주(蓋州)에 사는 임본유를 추천하기에 돌아오는 길에 개주에 들러 그를 방문하였다.

임본유는 본래 무림(武林, 항주의 별칭) 출신으로 임화정(林和靖)의 후손이다. 젊어서 오삼계의 서기가 되었는데 청나라로 잡혀가 개주 백성이 되었다. 그는 좌절을 맛보고 떠돌아다닌 뒤로는 독서로 소일하면서 작은 누각에 기거하며 세상에 나오지 않고 자호(自號)를 욕옹(辱翁)이라 하였다. 이때 나이가 90여 세였는데 의관을 차려입고 인사하는데 그의 표가 아주 훌륭했다.

오랫동안 담소를 나누고서 이 정승이 예물을 주며 도장을 새겨줄 것을 요청하자 그가 그러겠노라고 하고는 행장 속에 조선에서 새겨 온 도장이 있는지 물었다. 이 정승이 유약에게서 받은 도장을 꺼내 보여주

람이 귀양살이하던 임본요(林本堯, 林本裕의 오기)란 이를 만났는데, 자기를 오삼계의 종사관(從事官)이라 소개했다고 하였습니다. 이어 그가 말하기를 '귀국의 방음은 바로 기자(箕子)의 유훈(遺訓)이니 그대로 정음(正音)입니다.'라고 하였다고 했습니다. 그 뜻이 혹 일리가 있습니다."

자, 그가 깜짝 놀라 기이하게 여기다가 유약의 솜씨에서 나온 것임을 알고는 손수 편지와 선물을 마련해주면서 유약에게 자신의 도장도 새겨줄 것을 부탁하였다. 임본유가 죽을 때까지 그와 여러 통의 편지를 주고받았는데 마침내 천하에 절친한 친구라고까지 하였으니, 유약의 명성이 이때부터 천하에 알려졌다.

유약은 성품이 소탈하고 자유분방하였다. 산수 유람하기를 좋아하여 처자식이 추위에 떨고 굶주려도 개의치 않더니 결국 가난으로 고생하다가 죽었다.[48]

성대중의 이 기록을 통해 조선에서 인정받지 못했던 유약의 전각 솜씨가 임본유를 통해 널리 알려지고, 두 사람이 깊은 교분을 나누었음을 알 수 있다. 글씨에 대한 임본유의 감식안이 뛰어났음은 이덕무도 기록으로 남긴 바 있다.[49]

오삼계와 함께 명말 요동 지역에서 청군과 전투를 벌이다가 패전한 조대수(祖大壽)와 조대락(祖大樂) 등에 대한 기록도 18세기 연행록에 자주 보인다. 영원성 안으로 들어가면 길가에 조대수와 조대락의 패루(牌樓)가 있어 이들에 대한 기억을 자연스레 떠올리게 했다. 이는 명나라 말기의 황제 주유검(朱由檢)이 당시 후금(後金)과 격전을 벌여 요서 지역을 굳건히 지킨 대장 조대수와 조대락 형제의 전공을 표창하기 위해 세운 것이다. 여러 연행록에서 이 패루의 뛰어남에 대해 말하고 있는데, 홍대용은 "위

---

48 성대중, 『청성잡기』 권4.
49 이덕무, 『청장관전서』 49권 「耳目口心書二」, "임본유는 평하기를 '중국의 필법 정맥(正脈)이 원상(元常)에게서 시작되어 옹기춘(雍紀春)에게서 그치고 다시 계승하는 사람이 없었는데, 지금 보건대 김·이 두 사람의 필법이 해동에서 났으니, 해동의 산천이 과연 어떻게 되어 인재를 출생시켰는지 알 수 없다.' 하였으니, 그렇다면 이 두 사람의 필법을 현재 천하에서 제일가는 필법이라 할 수 있다."

아래를 순전히 돌로만 세 칸을 세웠으며 높이가 4~5길이나 되었는데, 건축의 신기한 조각이 웅장하고 교묘하여 이루 다 표현할 수 없었다"⁵⁰ 라고 하였다.

박지원은 이 패루를 보고는 명나라 말기 금주 지역에서 후금을 상대로 일대 격전을 벌인 조대수를 떠올렸다. 그의 기록에 따르면, 조대수는 요계(遼薊) 지역에서 대대로 이름난 장수 집안 출신이다. 1629년(숭정 2) 청병이 북경에 쳐들어왔을 적에, 독수(督帥) 원숭환이 조대수·하가강(何可剛) 등을 거느리고 들어와 구원하여 지나는 곳마다 군대를 머물러서 지키니, 황제는 원숭환이 온다는 말을 듣고 심히 기뻐하였다. 그런데 청나라 측에서 음모를 꾸며 이들을 이간질시키자, 황제가 원숭환을 잡아 옥에 가두었다. 조대수가 크게 놀라 하가강과 더불어 군사를 거느리고 달아나버렸다. 그 뒤 금주·송산의 싸움에서 조대락·조대성(祖大成)·조대명(祖大明) 등이 모두 사로잡혔고, 조대수는 대릉하성(大凌河城)을 지키던 중 청군에게 에워싸인 채 양식이 떨어져 항복하였다고 한다.⁵¹

조대수·조대락 형제의 패루와 함께 요녕성 안에 있는 이성량(李成樑)의 패루도 연행사가 관심 있게 본 고적이었다. 이성량은 요녕성 철령(鐵嶺) 출신으로 요동 총병(總兵)이 되어 요동 지역의 군권을 장악하고 몽골과 여진에 대한 방위와 교역을 총괄했다. 그의 아들들도 명의 장수로 활약했다. 맏아들인 이여송(李如松)은 임진왜란 때 명나라 군대를 이끌고 조선으로 출병하였으며, 이여백(李如柏), 이여정(李如楨), 이여장(李如樟), 이여매(李如梅) 등의 아들들과 일족 모두가 무장으로 이름을 떨쳐 당시 사람들에게 '이씨 가문의 호랑이 같은 아홉 장수(李家九虎將)'라고 불렸다. 요동 방

50　홍대용, 『연기』 「沿路記略」.
51　박지원, 『열하일기』 「馹汛隨筆」 〈1780년 7월 19일〉.

그림 19 | 조대수·조대락 패루, 〈바이두백과〉

위에 큰 공을 세웠다고 하여 1580년(만력 8)에 황명(皇命)으로 광녕성에 패루가 세워졌다.

이성량 패루의 모습에 대한 묘사는 김순협의 연행록에 자세한 편인데, 지붕을 받치는 돌기둥의 두께가 두 아름 정도 되며, 높이는 20여 척이 넘는다고 하였다. 세 칸의 문이 있는데, 가운데 문이 높고 좌우의 문은 조금 낮으며 문 위를 가로지르는 넓은 돌 하나가 있는데, 이 돌 하나가 패루의 지붕 기와와 서까래 등을 다 표현하고 있다면서, 별다른 장치 없이 몇백 년 동안 무너지지 않고 서 있는 것이 매우 기이하며 만든 이의 솜씨를 측량할 수 없다고 하였다.[52]

이성량은 건주여진을 통제하기 위해 여진족 수장 타커시[塔克世]의 아들 누르하치[努兒哈赤]를 곁에 두었다가 건주여진으로 돌려보내면서 30통의 칙서와 30필의 말을 수여했다. 이를 기반으로 누르하치는 자신의 세력을 넓혀 갔으며, 후에 청나라 태조가 된다. 누르하치가 명과의 전쟁에서

---

52 김순협, 『연행록』 〈1729년 9월 25일〉; 〈1729년 9월 29일〉.

4장 연행 여정에서 문물·고적 체험과 문화교류 317

승리하고 요동을 점령할 때 많은 명나라 유적을 파괴하였으나 이성량의 패루만은 원형 그대로 남겨 두었다고 전해진다. 이에 연행사들은 이성량과 누르하치의 관계를 궁금해하며 정확한 사실을 알고자 하였다. 1720년 연행한 이기지는 요동에서 난두(攔頭) 이삼신(李三信)의 초대를 받아 그의 집을 방문하였을 때 자신들이 이여송의 후손이라고 말하는 것을 듣고, 누르하치가 그대의 선조인 이성량의 종복이었다는 사실을 아느냐고 물어보았다. 그러자 이삼신은 안다고 하면서 이성량이 누르하치를 데리고 북경에 갔을 때 관상을 보는 사람이 누르하치가 반역의 상이 있다고 죽이라고 하였는데, 이성량이 차마 죽일 수가 없어서 좋은 말을 주며 건주(建州)로 돌려보냈다는 일화를 이기지에게 들려주었다.[53]

연행 사절은 동팔참의 마지막 구간인 석문령을 지나 냉정(冷井)을 지나고 나면 갑자기 일망무제(一望無際)로 펼쳐지는 요동 벌판을 대면하게 된다. 김창업은 요동벌을 연행길의 으뜸가는 장관 11개 가운데 하나로 꼽았으며, 홍대용 또한 끝없이 이어진 요동벌에 요양의 백탑만이 연기와 구름 속에 우뚝 서 있는 것이 연행 노정 가운데 제일가는 장관이었다고 했다. 박지원은 광활한 요동 벌판이 문득 자신의 눈앞에 펼쳐지자, "내 오늘 비로소 사람이란 본시 아무런 의탁할 곳 없이 하늘을 이고 땅을 밟은 채 떠돌아다니는 존재임을 알았다."고 말한 바 있다. 또 말을 멈추고 사방을 돌아보다가 자신도 모르게 이마에 손을 얹고서 이곳은 한바탕 통곡하기 좋은 곳이라 생각했다. 그러면서 요동 벌판을 바라보며 울기 좋은 장소라 한 이유는 마치 갓난아이가 어머니의 태중에 있을 때 캄캄하고 막히고 좁은 곳에서 웅크리고 부대끼다가 갑자기 넓고 훤한 곳으로 빠져나와

---

53 이기지, 『일암연기』〈1720년 8월 26일〉, "仍問, '萬歲爺之祖, 乃汝祖李公成樑之家丁, 你知之乎?' 答, '知之. 吾祖曾携其家丁, 往北京, 其時有善相眼明者, 見之謂吾祖, '此胡狀貌是大英雄, 肰心志不善, 且有反相, 請殺之.' 吾祖不忍, 仍與良馬, 使騎走, 還於建州."

손과 발을 펴서 기지개를 켜고 마음과 생각이 확 트이게 되면, 한마디 참소리를 질러 억눌렸던 마음을 모두 씻어내는 것과 같기 때문이라는 기이한 담론을 펼쳤다. 이 대목은 『열하일기』 중에서도 명문으로 꼽히며 「호곡장(好哭章)」이라 불리는데, 당시 폐쇄적인 조선의 현실을 벗어나 천하의 문명을 대면하게 된 벅찬 감격을 절묘하게 우의한 것이다.

요녕성 안에 있는 관제묘 또한 이곳을 지나는 연행사가 대부분 방문하는 곳이었다. 앞에서 청석령에 있는 관제묘에서 연행길의 무사안녕을 기원하는 것을 보았는데, 요동에 있는 관제묘는[54] 연행사가 관광을 목적으로 많이 방문한 곳이다. 그 규모의 광대함에 놀라고 그 지극한 화려함에 입을 다물지 못하기도 했다. 박지원은 별도로 「관제묘기(關帝廟記)」를 지어 『열하일기』 「도강록」 안에 실어 놓았다. 「관제묘기」에 따르면 관제묘 입구에는 패루가 있고, 패루의 동쪽에 적금루(摘錦樓)라는 큰 다락집이 있으며, 종루(鍾樓)의 이름은 용음루(龍吟樓)이고, 고루(鼓樓)의 이름은 호소루(虎嘯樓)였다. 묘당(廟堂)은 웅장하고 화려하여 복전(複殿)과 중각(重閣)에 금빛과 푸른빛이 휘황찬란하고, 정전(正殿)에는 관공(關公)의 소상(塑像)을 모셨고, 동무(東廡)에는 장비(張飛), 서무(西廡)에는 조운(趙雲)을 배향하였으며, 촉(蜀)의 장군인 엄안(嚴顔)의 굴복하지 않는 소상을 설치해 놓았다. 뜰 가운데에는 몇 개의 커다란 비석이 세워져 있는데, 여기에는 사

---

54 관우를 주신으로 받드는 관제묘는 중국의 재신(財神)으로 숭상되며 그 전통이 오래되었는데, 1594년에 만력제는 관왕묘를 관제묘로 승격시켰다. 송대와 마찬가지로 명대에도 관우 신앙은 외부로부터의 위기를 극복하고 내부의 충성심을 고취하기 위한 이데올로기 강화와 연계되면서 더욱 확산되었다. 1727년(옹정 5)에는 전국의 부(府), 주(州), 현(縣)에 관묘를 설치해서 봄과 가을에 제사를 지내고 5월 13일에 탄생제를 지내게 했다. 청대에 관우 숭배는 티베트 불교와도 결합되었다. 각종 티베트 불교 사찰들에는 관제전이 건립되었고 관우가 신앙의 대상으로 모셔졌다. 이훈, 『만주족 이야기』, 너머북스, 2018, 364~374쪽. 연행사는 북경에서도 천단 서북쪽에 있는 관제묘를 자주 찾았으며, 이외에 정양문 오른편에 있는 백마관제묘(白馬關帝廟)를 방문하기도 하였다.

당의 창건과 중수 내력을 적어 놓았다. 사당 안에서는 건달패가 왁자지껄 떠들어 마치 무슨 놀이터 같았는데, 혹은 총과 곤봉을 연습하고, 혹은 주먹 놀음과 씨름을 하고 있었다. 또 사람들을 모아 놓고 『수호전(水滸傳)』을 읽어주는 자도 있었다고 하였다. 이곳의 관제묘가 엄숙한 도관의 분위기보다 일반 사람들의 놀이터가 된 듯한 면모를 지니고 있었음을 알려준다.

한편 요동 지역에는 명대부터 연대(煙臺)가 세워져 있어 북방 민족의 침입에 대비하였다. 연대는 보통 5리에 하나씩 있어서 일대자(一臺子), 이대자, 삼대자, 사대자, 오대자 등등의 지명이 곳곳에 보인다. 신광녕을 출발해서 여양역으로 가는 길에도 삼대자라는 곳이 있었으며, 이는 연행 노정 중에서 자주 보이는 지명이기도 하다. 김창업은 요동에서 심양까지 연이어 연대가 있었지만 전부 허물어져 겨우 터만 남아 있었고, 연대가 무너져 내린 주변에 종종 둘레가 한 아름이 넘는 커다란 나무가 서 있었다고 했다. 김창업은 이 광경을 바라보면서 개탄스럽다고 하여, 청나라가 요동성과 심양성을 함락시킨 역사적 사건을 떠올리며 명나라의 패배를 한스럽게 추억하였다.[55]

요동 북쪽의 진산인 의무려산은 지금의 요녕성 금주시(錦州市)에 있는데, 북진묘(北鎭廟)를 비롯해 도화동(桃花洞), 관음암(觀音庵), 잠곡정사(潛谷精舍) 등 여러 유적지가 있는 이름난 산이다. 여산(閭山)이라고 약칭하는 이 산은 경치도 뛰어나지만 여러 유적지를 보기 위해서 연행사가 자주 찾은 곳이다. 홍대용의 『연기』에서 "관음굴에 이르니 […] 위로 큰 바위집이 있는데, 수백 명이 비바람을 피할 만하였다. 일행은 바위집 속에서 쉬고 얼마 후 바위집 위를 쳐다보니 이름이 적혀 있는데, 모두 우리나라 사람들이었다. 더러는 수백 년 된 옛날 것인데, 먹물 자국이 새것처럼 보였다.

---

[55] 김창업, 『연행일기』 〈1712년 12월 5일〉.

서로들 옛 친구를 만난 듯 이름들을 지적해냈다. 부사(副使)가 평중(平仲)을 시켜 일행의 이름을 그 밑에다 쓰게 했다."[56] 라고 한 것에서, 의무려산이 조선의 연행사가 즐겨 찾은 대표적인 유람처로 이곳의 관음굴 뒤편 바위에 유람온 자들이 이름을 써넣는 풍습이 있었음을 알 수 있다.

일찍이 주나라 때 오악(五岳)의 하나로 봉해졌다고 하는 의무려산은 역대 왕조에서 중시하며 사전(祀典)을 거행한 북방의 진산이다. 만주족의 청나라 때에는 이 산을 더욱 중시하여 황제의 행궁을 건립하기도 하였다.[57] 요동 북쪽의 진산인 의무려산은 조선의 연행사에게 화이의 경계가 되는 상징적 의미를 지녔으니, 이는 의무려산 북쪽 일대가 몽골 땅이 되기 때문이다.[58] 이러한 연유로 역외춘추론(域外春秋論)을 제기하여 화이관(華夷觀)의 해체를 시도한 홍대용은 『의산문답』에서 북경에서 중국 학자들과 사귀면서 실망한 허자(虛子)가 의무려산에서 실옹(實翁)을 만나 학문을 논하는 것으로 설정하기도 하였다.

의무려산 아래에 위치한 북진묘는 의무려산의 산신에게 제사 지내는 사당으로 조선의 연행사가 즐겨 찾은 곳이다. 북진묘에 대해 홍대용은 "북진묘란 의무려의 산신을 모신 사당이다. 네모나게 담을 둘렀으며 남북이 수백 보, 동서가 70~80보가 되었다. 남쪽에 정문이 있는데 더없이 웅장하고 화려했다. 문 앞에 두 쌍의 돌사자가 있는데, 귀는 한 길이 넘고 새긴 모양이 살아 있는 듯했다. 남쪽에는 돌로 된 패루가 있는데, 크고 장엄하기가 조가루(曹家樓, 조대수·조대락의 패루)와 같았다. 묘가 자리한 곳은 풍

---

56 홍대용, 『연기』 〈1766년 3월 17일〉.

57 김경선, 『연원직지』 「北鎭廟記」, "醫巫閭山, 虞封十二山之時, 爲幽州之鎭, 夏商周秦皆因之. 唐開元時, 封醫閭山神爲廣寧公, 遼金時, 始加王號. 元大德中, 封貞德廣寧王, 明洪武初, 只稱北鎭醫巫閭山神, 歲時降香祝, 有天子姓諱, 國有大典, 遣官告祭. 今淸肇基東北, 故崇奉之典尤有加焉."

58 이해응, 『계산기정』, "山外則古凶奴地, 明稱韃靼, 今稱蒙古, 此天所以限夷夏也."

수가 아주 좋아 큰 들이 앞에 임하고 조공(朝拱, 풍수설에서 주위의 산들이 향응해 준다는 뜻)이 엄중하여 명산의 산신묘(山神廟)답다."⁵⁹ 라고 하였다. 북진묘가 명당터에 자리 잡고 있으면서 웅장하고 화려한 위용을 지닌 사당임을 알려준다. 그런데 북진묘가 이처럼 웅장한 위용을 지니게 된 것은 옹정제가 크게 중창하였기 때문으로, 이는 그가 왕자 시절 이곳에 제사를 지내러 왔을 때 황제가 될 몽조를 얻었기 때문이라는 이야기가 일부 연행록에 보인다.⁶⁰

의무려산은 하흠(賀欽, 1437~1510)의 거처인 잠곡정사(潛谷精舍)가 있어서 조선 전기부터 연행사가 주목한 공간이기도 했다. 하흠은 진헌장(陳獻章)의 제자로 이곳에 은거하며 평생을 학문에 정진하여 의무려선생이란 칭호를 얻었다. 그는 퇴계 이황에 의해 주자학의 계승자로 높이 평가받은 인물이기에, 16세기 중반 이래 의무려산이 연행사에게 각별한 의미를 지니게 된 것이다.⁶¹

조선 연행사 가운데 의무려산을 최초로 등반한 이는 이정귀였다. 그는 1616년 3차 연행 때에 이전부터 꿈꿔 온 의무려산 등반을 마치고 유산기를 남겼다. 그 뒤로 김창업, 이기지, 홍대용 등이 이 산에 올랐다. 다음은 김창업의 유산기 중 한 대목이다.

> 절벽을 굽어보며 자그마한 절이 있었으니, 바로 관음사(觀音寺)였다.

---

59 홍대용, 『연기』〈1766년 3월 17일〉.
60 이압의 『연행기사』(1777), 박지원의 『열하일기』(1780), 김경선의 『연원직지』(1832) 등에 유사한 이야기가 보인다. 이 중 박지원의 『열하일기』의 내용은 다음과 같다. "或云, 雍正皇帝爲諸王時, 奉勅降香, 旣祭之夕, 宿齋廬, 夢神人予帝一大珠, 珠化爲日, 歸登大位. 遂大修廟宇, 以報神賜."(「北鎭廟記」)
61 이에 대해서는 김지현, 『조선시대 대명 사행문학 연구』, 한국학중앙연구원 한국학대학원 박사학위논문(2014), 123~127쪽 참고.

[…] 절벽 아래에도 '감로암(甘露庵)'이라는 절이 있었다. […] 대나무 대롱[竹筧]으로 샘물을 끌어다가 처마 끝을 통해 뜰 가운데에 떨어지게 하였다. 졸졸 흐르는 물이 조그만 물통을 채워 넘치고 있었는데 물맛은 청량하고 담박한 것이 다른 물보다 훨씬 좋았다. (이 암자의 이름은 이 샘물로 인하여 붙여진 것이다. -원주) […] 주지승은 이름이 수행(秀行)이며 나이는 40세쯤 되었는데, 인품이 온화하고 사람을 접대함에 있어 지성스럽기 그지없었다. […] 밤중에 잠에서 깨어 드러누워 있는데 '딩동' 하고 구슬 부딪치는 것 같은 소리가 들려왔다. 처음에는 두 암자에서 나는 종소리라고 생각하고 옷을 걸치고 밖으로 나와 소리 나는 곳을 찾아보니, 이는 견천(筧泉, 대나무 대롱으로 물을 받아 와 샘을 만든 것)에서 떨어지는 물이 구리 그릇[銅盆]에 부딪치는 소리였다. 그 울리는 소리가 멀리서 들려오는 것 같았다. 뜰 한쪽에 있는 의자에 앉으니 사방이 고요하였다. 얼마 있다가 곧 다시 방으로 돌아왔는데 두 사람은 아직도 자고 있었다.[62]

　의무려산을 환히 조망하며 여러 유적을 한눈에 바라볼 수 있는 곳은 관음사 뒤편의 관음각(觀音閣)으로 알려져 있다. 김창업은 감로암에 들렀다가 관음각에 올라 구경을 마치고 사행 일행과 떨어져 감로암에서 하룻밤 숙박하였다. 인용문에는 생략되어 있지만 감로암의 주지승 수행(秀行)은 김창업 일행을 매우 따뜻하게 맞아주었으며, 저녁 식사를 차려주고도 굳이 그 값을 받지 않으려 하였다. 인용문 마지막 대목에는 대나무 대롱으로 끌어들인 샘물이 구리 그릇에 떨어지는 청아한 물소리에 이끌려 나와, 감로암의 고요한 정취를 완상하고 있는 김창업의 모습이 그려지고 있다. 한밤중 잠에서 깨어 고요한 정적 속에 들려오는 맑은 물소리를 감상하는

---

[62] 김창업, 『연행일기』〈1713년 3월 1일〉.

모습이 탈속적으로 느껴진다.

 1720년 연행한 이기지는 본래 북진묘에서 하룻밤 묵으며 북진묘와 의무려산을 다 보려고 하였는데, 정사인 부친 이이명의 만류로 북진묘만을 관람하고자 하다가 중도에 계획을 바꿔 오히려 북진묘를 포기하고 의무려산을 유람한다. 그는 이정귀와 김창업의 유산기를 지니고 일일이 확인하며 의무려산을 유람하였으며,[63] 감로암의 주지승 수행을 만나 보기도 하였다. 그의 유산기 중 몇 대목을 들어본다.

 북진묘에 1~2리 정도 미치지 못하였을 때 멀리 의무려산이 바라다보였다. 깎아지른 듯한 산봉우리의 험준한 바위들이 나란히 하늘 위로 솟아 있었다. 관음각 아래의 바위 빛은 환해서 더욱 선명해 보였다. 내가 감탄하여 말하였다. "이곳까지 와서 저 산을 못 보고 간다면, 평생의 한이 되겠구나." […]
 내가 말하였다.
 "스님의 법명이 수행이십니까?"
 그 승려가 깜짝 놀라며 말하였다.
 "제 이름이 수행인데, 그대는 어떻게 아셨습니까? 도술을 부린 것이 아닙니까?"
 내가 웃으며 대답하였다.
 "도술을 부린 것이 아닙니다. 계사년(1713, 숙종 30) 봄에 이 산을 유람한 김진사(김창업을 말함)는 내가 잘 아는 분인데, 귀국한 뒤에 스님이 너

---

63 이기지, 『일암연기』, "余在京時, 以小冊書月沙先生「閭山記」及稼齋金丈燕行錄中「閭山記」, 在掛鞍囊中, 遂取出左手, 到處披閱, 參互考証, 一一按覈, 大抵稼齋所錄, 鑿鑿相符, 無一不合. 月沙先生記, 多相左, 亦有不可曉者, 想年久而川谷逕路有今古之異, 寺觀位置有興廢而然也."

그림 20 | 의무려산 전경, 저자 촬영

그립게 대해주셨다고 매우 칭찬하였습니다. 또 내가 이곳에 올 때 꼭 의무려산에서 훌륭한 수행 스님을 찾아가 보라고 당부하였습니다. 오늘 스님을 만나 보니 과연 들은 바와 같았기에 수행 스님이라는 것을 안 것입니다." […]

이 산은 본래 여섯 겹인데 월사와 가재 및 내가 본 곳은 위와 아래 두 겹뿐이다. 절벽 꼭대기는 산기슭이 두르고 있으며, 그 가운데는 평지가 마치 바둑판처럼 되어 있다. 그 한가운데에 있는 우물가에는 커다란 소나무가 서 있다. 그 나무 동쪽 기슭이 관음각이고 서쪽 기슭은 모두 관제묘의 옛터이다. 양쪽 산기슭이 끝나는 곳에는 바로 절벽이 위태롭게 서 있으니, 곧 산 전체의 수구(水口)이다. 소나무의 북쪽은 청안사(淸安寺)인데, 국(局)의 기세가 모두 모인 곳이다. 그 전체적인 형세가 도봉산의 회룡사(回龍寺)와 흡사하니, 이곳이 위쪽의 한 겹이다. 수구의 절벽 아래로 서쪽에 석굴이 있는데 이것이 관음굴이고 동쪽이 곧 감로암이

니, 이곳이 아래쪽의 한 겹이다.[64]

　멀리서 바라보는 의무려산의 수려한 자태에 이기지는 이곳을 유람하지 못하면 평생의 한으로 남겼다고 생각하였다. 생략한 대목에서 종자 선홍(善興)은 계책을 내어 이기지에게 북진묘는 돌아올 때 보아도 되니 의무려산을 보자고 권한다. 선홍은 김창업의 연행에도 수행했으며 천산과 의무려산 유람 또한 함께했던 인물이기에,[65] 이기지는 그의 말에 따라 함께 의무려산을 유람한다.

　이기지는 감로암에서 김창업으로부터 들은 바 있는 주지승 수행을 만나 보고, 관음각에 올라 산의 전반적인 형세를 살펴본다. 의무려산은 여섯 겹으로 이루어져 있고, 동쪽과 서쪽의 산기슭이 끝나는 곳에 서 있는 절벽이 산의 수구(水口)이며, 청안사에는 국(局)의 기세가 모두 모여 있다고 하였다. 수구와 국은 풍수 용어로 수구는 물이 빠져나가는 지점을 말하며, 국은 풍수의 가장 중요한 부분으로 내룡(來龍), 즉 종산(宗山)에서 뻗은 생기(生氣)가 가장 왕성한 부분을 이른다고 한다.[66] 그러면서 청안사의 형세가 도봉산 회룡사와 매우 흡사하다고 말하고 있다. 산의 형세를 논하면서 풍수지리적 관점에서도 유의하여 살피고 있는 것이 흥미롭다.[67]

64　이기지 저, 조융희·신익철·부유섭 역(2016), 앞의 책, 99~103쪽. 『일암연기』〈1720년 9월 2일〉.

65　이기지, 『일암연기』 "書者善興, 曾於壬辰, 隨稼齋金丈, 往北京, 言'渠與金丈, 自遼東往千山, 經三夜, 出此塔下路, 與使行會.'云. […] 善興曾隨金丈上閭山, 知其路, 而方足病難行, 使騎馬隨之."

66　네이버〈두산백과〉참고.

67　이상 의무려산 유람 양상에 대한 서술은 필자의 「조선후기 연행사의 중국 명산 유람과 특징」(『반교어문연구』 40, 2015)의 관련 내용을 정리한 것이다.

5) 산해관: 산해관성과 강녀묘·각산·징해루 유람

　산해관은 만리장성의 동쪽 끝으로, 만주 방면으로 통하는 연안 및 육상 교통로의 관문이자 요새이다. 북서쪽으로는 연산산맥(燕山山脈), 동쪽으로는 발해만에 접해 있다. 중국이 만리장성을 처음 세운 것은 기원전 3세기 말 진나라 때이지만 현재의 형태로 완성된 것은 명나라가 들어서고 나서이다. 수당 때에는 임유관(臨楡關)이라 일컬었으며 현재보다 약간 서쪽에 위치하였다. 현재의 위치로 옮겨진 것은 11세기 초 요나라 때로 알려져 있다.

　산해관이란 지명은 산과 바다 사이에 있는 관(關)이라는 뜻으로, 14세기 명이 건국되고 나서 성을 쌓고 산해위(山海衛)를 설치해 군대를 주둔시킨 데서 유래되었다. 산해관은 '천하제일관(天下第一關)' 혹은 '유관(楡關)'이라고도 일컫는데, 유관은 옛날에 유수(渝水)가 이곳에 있었기 때문에 붙은 명칭이다. 산해관 문밖에는 '제일관'이라 가로로 쓴 현판이, 산해관 안쪽에는 '금두관(金陡關)'이라 쓴 현판이 걸려 있다. 자획이 풍만하고 매끄러우며 고풍스러우면서도 힘이 느껴지는데, 모두 청나라 건륭 황제인 애신각라(愛新覺羅) 홍력(弘歷)의 필적이다. 산해관 길은 길이 험하고 좁은 요해처에 세워진 고원(高原)의 협도(夾道)로 겨우 한 대의 수레만 지나다닐 수 있는 정도이다.

　만리장성이 북방의 유목 민족이 중원으로 진출하는 것을 방어하기 위한 목적으로 축성된 것임은 잘 알려진 사실인데, 산해관은 그중에서도 가장 요지의 관문이었기에 출입을 매우 엄격하게 통제하였다. 산해관을 출입하는 여행자는 모두 통행증이 있어야 하며, 경비와 사찰이 매우 삼엄하였다. 사행단이 관문에 당도했을 때는 사람과 말의 수를 적은 단자를 보내어 보고하였고, 들어가고 나오기를 모두 동시에 하도록 하여 앞뒤의 순서가 흐트러지지 못하게 하였다. 또 책문에 들어갈 때와 마찬가지로 예단을 바쳐야 했으며 출입이 무척 까다로웠기에 사절단 일행은 이곳을 통과할 때 주의를 많이 기울였다.

1720년에 연행한 이기지는 산해관 세관(稅官) 김상명(金尙明)이 포로로 잡혀간 우리나라 사람의 후예라서 그에게 부탁하기 위해 삼종지간인 의주 비장 김진필(金振泌)을 역관들과 먼저 보낸 사실을 기록하였다.[68] 김상명은 김진필을 보고는 울먹울먹하며 손을 맞잡고 앉아 매우 후하게 대접했으며, 사신 일행이 산해관을 수월하게 통과하도록 힘을 썼다고 한다. 김상명이 우리나라를 위해 애쓴 사실은 당시 널리 알려진 듯하니, 성대중의 『청성잡기(靑城雜記)』에서도 김상명이 항상 고국을 그리워하여 우리나라 사신이 맡은 일은 반드시 주선해서 도와주었으니, 임인년(1722, 경종 2)에 영조를 세자로 책봉할 때에도 그의 도움이 있었다고 하였다. 이에 우리나라에서도 그를 후대하였으며, 『사고전서』 편찬을 총괄 지휘한 공부상서 김간(金簡)이 그의 손자라고 하였다.[69]

산해관 남쪽으로 수백 보쯤 되는 곳에 장성이 끊어져 있어 사람이 지

---

[68] 이기지 저, 조융희·신익철·부유섭 역(2016), 앞의 책, 132쪽;『일암연기』〈1720년 9월 8일〉, "양수하에 도착하여 찰원에 들어갔다. 이튿날 산해관으로 들어가야 하는 까닭에 수역(首譯)·장무관(掌務官)·김문수·정태현과 의주 비장 두 사람이 모두 이경(二更)에 출발한다고 하였다. 의주 비장 김진필과 동성(同姓)인 삼종형이 바로 산해관의 세관이기 때문에 그를 보낸 것이다. 듣기로는 그 사람이 매우 어질어 황제에게 총애받는 신하가 되었으며, […] 그의 이름은 김상명으로, 우리나라에서 포로로 잡혀 온 사람의 자손이다. 그의 증조부와 증조모 모두 포로로 잡혀 청나라에 들어왔는데, 증조모는 젖줄이 풍부하여 칸에게 젖을 물렸으며, 순치 연간에는 그 할아버지의 누이가 칸의 후궁이 되었다. 그리하여 김상명이 지금 황제에게 매우 총애를 받는다고 한다."

[69] 성대중,『청성잡기』권3, "淸金尙明者, 其祖我人也, 丙子被擄, 仕爲貴族. 尙明以文學, 爲雍正帝師, 尊寵用事, 其曾高墓在義州, 碑碣刻淸贈爵, 而尙明常睠念故國, 我使所幹, 必爲之先後, 壬寅封冊, 亦有力焉, 故我亦待之加厚. […] 今尙書金簡, 卽尙明後也, 爲天子寵臣, 總裁四庫全書."

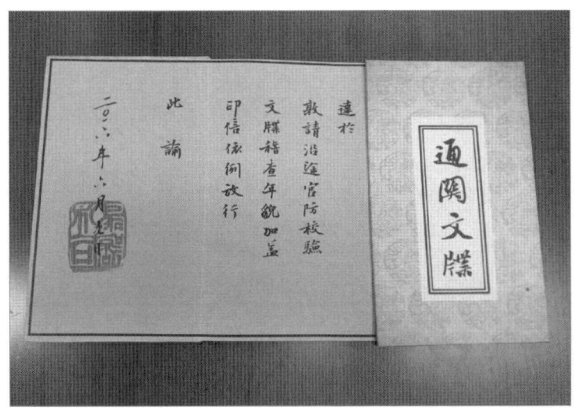

그림 21 | 통관문첩, 저자 촬영. 옛날 산해관 통행증을 본떠서 만든 통행 증서로 2006년 필자가 산해관을 답사할 때 작성한 것이다.

나다닐 수 있었는데, 전하는 말로는 오삼계가 청나라 군사를 산해관으로 맞아들이면서 허문 것이라고 한다는 말을 기록해 두었다.[70] 홍대용 또한 오삼계가 청병을 맞아들이면서 산해관 남쪽 성을 허문 것으로 알고 그 사실 여부를 이곳에서 만난 손진사(孫進士)란 이에게 확인하고 있다.[71] 이에 대한 기록은 서호수의 연행록에서도 찾아볼 수 있으니,[72] 당시 연행사의 주요 관심사의 하나였음을 알 수 있다. 홍대용은 산해관 안과 외성 밖의 기후가 전혀 달라서, 바야흐로 때가 3월 중순이어서 관의 안은 푸른 풀이

---

70 이기지 저, 조융희·신익철·부유섭 역(2016), 앞의 책, 132쪽;『일암연기』〈1720년 9월 9일〉.

71 홍대용,『연기』「손진사」〈1766년 3월 9일〉.

72 서호수,『열하기유』〈1790년 9월 13일〉, "산해관의 남쪽에 있는 장성(長城)은 100여 보가 무너졌는데 다시 수축하지 않고 붉게 칠한 목책(木柵)으로 막아 놓았다. 어떤 사람이 말하기를, 명나라의 평서백(平西伯) 오삼계가 산해관을 헐고 적을 들어오게 한 것이 바로 여기라고 하였다. 그런데 건륭제의『어제전운시』의 주(註)에, 청병(淸兵)이 산해관에 다가오니 오삼계가 휘하의 병사를 거느리고 예친왕(睿親王)을 맞이해 알현하여 앞에서 달려 산해관으로 들어갔다고 하였다."

온 들판에 가득하고 복숭아꽃이 한창 붉게 물들고 있는데, 관 밖으로 나오면 산벼랑에 눈과 얼음이 다 녹지 않았고 바람 기운이 여전히 쌀쌀함을 말하기도 하였다. 그러면서 사람이 하는 일에는 한계가 있지만, 지리가 격리되고 단절되어서 천시(天時)가 지리를 따라간 것이라고 하였다.[73]

박지원은 별도로 「산해관기」를 남겼는데, 여기에서 대략 다음과 같이 설명하였다. 명나라 홍무 17년(1384)에 대장군 서달(徐達)이 유관을 이곳에 옮겨 다섯 겹의 성을 쌓고 이름을 '산해관'이라 하였다. 장성이 의무려산을 따라 굽이쳐 내려와 각산사(角山寺)에 이르렀고, 봉우리마다 돈대가 있고 평지에 들어와서 관을 두었다. 장성을 따라 다시 15리를 가서 남으로 바다에 들어서 쇠를 녹여 터를 닦아 성을 쌓고는 그 위에 삼첨(三簷) 큰 다락을 세워서 '망해정(望海亭)'이라 하니, 이는 모두 서중산(徐中山, 서달의 봉호)이 쌓은 것이다. 이 관의 첫째 관은 옹성(甕城)이어서 다락이 없고, 옹성의 남·북·동을 뚫어서 문을 내고 쇠로 만든 문 위의 홍예(虹霓) 이마에는 '위진화이(威振華夷)'라 새겼고, 둘째 관은 4층의 적루(敵樓)로 되었는데 홍예 이마에 '산해관'이라 새겼고, 셋째 관은 삼척 높은 다락에다 '천하제일관'이라는 현판을 붙였다. 박지원은 「산해관기」의 결말에서 몽염(蒙恬)이 장성을 쌓아서 오랑캐를 막으려 하였지만 진(秦)을 망칠 오랑캐는 오히려 집 안에서 자라났고, 서중산이 이 관을 쌓아 오랑캐를 막고자 하였으나 오삼계는 관문을 열어 적을 맞아들이기에 급급하였다고 꼬집어 말하기도 하였다.

산해관 근방의 유관에 살았던 제패련(齊佩蓮, 1758~?)은 조선 문인들과 많은 교유가 있었던 인물이다. 제패련은 1780년 홍양호(洪良浩)가 1차 연행을 할 때 만나서 여러 시를 수창하였으며, 홍양호가 그의 시문에 평점

---

[73] 홍대용, 『연기』 「沿路記略」.

그림 22 | 산해관 각산장성, 〈바이두백과〉

을 해주면서 홍양호를 스승으로 여기게 되었다. 이후 제패련은 연행 온 조선 문인들에게 홍양호의 제자로 자처하면서 그의 안부를 물으며 자신의 시에 대한 평을 받고자 하였다. 13년 후인 1794년 홍양호의 2차 연행 때 다시 만나 그간의 회포를 풀며 시를 수창한 바 있다. 『동문신교(同文神交)』(국립중앙도서관 소장본)에는 제패련이 홍양호에게 보낸 편지 5통이 실려 있다. 1804년에 연행한 이해응(李海應)을 만났을 때 제패련은 홍양호와 조윤대(曺允大)가 연행할 때 평점을 하고 발문(跋文)을 지어준 자신의 시를 내보이며 화답을 요청하기도 했다. 제패련이 조선 연행사들과 교유하는 과정에서 창작한 작품을 모은 『조청문인수창시문집(朝淸文人酬唱詩文集)』을 편찬했다고 하나 전하지 않는다. 저서로 『황애시고(黃厓詩稿)』가 있는데 홍양호와 조윤대가 써준 서문이 있다.[74]

산해관은 외곽의 각산장성, 각산사, 강녀묘(姜女廟), 동라성(東羅城)과

---

74 임유의, 「연행록을 통해 본 淸代 地方秀才 齊佩蓮의 생애와 朝鮮使臣 과의 교유」, 『어문연구』 46(2018) 참고.

서라성(西羅城), 영해성(寧海城)의 장대(將臺)인 징해루(澄海樓), 노룡두(老龍頭), 해신묘(海神廟) 등 볼거리가 많았던 곳이다. 이 때문에 연행사 일행은 산해관 시내를 관광하기보다 주변의 명소를 유람한 경우가 많았는데, 여기에서는 강녀묘, 각산, 징해루 등에 대한 기록을 살펴보기로 하겠다.

강녀묘는 만리장성 축성에 동원되었던 남편 범기량(范杞良)을 찾아왔다가 남편이 이미 죽었다는 말을 듣고 통곡하다가 죽었다는 맹강(孟姜)을 모신 사당이다. 강녀묘는 산해관 동쪽 13리 지점에 있는 망부석촌 북쪽 봉황산 위에 있는데, 사신 일행은 산해관에 들어가기 전에 대개 강녀묘를 찾았다. 강녀묘에 대한 기록은 대부분의 연행록에서 찾아볼 수 있는데, 그중 김창업의 기록은 다음과 같다.

정녀(貞女)의 성은 허씨요 이름은 맹강(孟姜)이다. 그 남편 범랑(范郞)이 진(秦)나라 때 성 쌓는 군졸로 가서 오래도록 돌아오지 않자 정녀가 남편을 찾아 이곳에 이르렀는데, 남편이 죽었다는 말을 듣고서 울다가 죽었다고 하였다. 후대 사람들이 그곳에 사당을 세우고 소상(塑像)을 만들었다. 여자의 상을 두 동자가 시립(侍立)하고 있는데, 왼쪽 아이는 일산을 들고 오른쪽 아이는 띠[帶]를 들고 있었다. 두 아이는 정녀의 아들로, 일산은 당시의 행장이며, 띠는 평소에 그의 남편이 늘 두르던 것을 가지고 온 것이다. 사당 문에 '성지정(聖之貞)'이란 세 자를 새겼고, 좌우의 기둥에는 이런 구절이 새겨져 있었다. "진시황은 지금 어디 있는고? 만리장성으로 원한을 쌓았네. 강녀는 죽지 않아 천년 된 조각돌이 그녀의 마음을 남겼도다.(秦皇安在哉, 萬里長城築怨. 姜女不死也, 千年片石留貞.)" 옆에 '송 승상 문천상이 쓰다.(宋文丞相天祥書)'라고 하였다. 사당 안의 비판(碑板)에 제영(題詠)이 무척 많았지만 다 기록할 수 없다. 뒤에 작은 전(殿)이 있고 금불상을 모셨으며 사당지기는 역시 승려였다. 불전

뒤엔 한 층의 암석이 있고 암석에 정녀의 발자국이 있으며 그 옆에 '망부석(望夫石)' 세 자가 새겨져 있었다. 옛날엔 암석 위에 작은 정자가 있었으나 지금은 허물어지고 돌조각만 바닥에 남아 있는데, '진의정(振衣亭)' 세 글자는 완연하였다. 이곳에 올라와 장성을 보니 서북으로 가로 뻗었으며 동쪽은 넓은 들판이 아득하여서 장관을 이루었다.[75]

절의를 지켜 죽은 맹강의 전설을 말하고 나서 강녀묘의 모습과 문천상의 시를 소개하고 망부석과 진의정에 대해 말하였다. 대부분의 연행록에서 위의 인용문과 대동소이하게 강녀묘를 소개하고 있는데, 박지원은 맹강이 섬서성(陝西省) 사람이라는 기록이 많은데, 진나라 때는 '섬(陝)'이라 일컬어진 지역이 없고 '강(姜)'이란 제나라 지방의 여자를 지칭한다고 하였다. 따라서 맹강을 섬서성 출신이라 하는 것은 아주 잘못된 것이라고 비판하기도 하였다.[76]

각산(角山)은 산해관 북쪽에 위치한 산으로 정상(해발 519m)에 오르면 서북쪽으로는 만리장성이 바라다보이고 동남쪽으로는 발해가 펼쳐지는 풍광을 자랑한다. 이러한 장쾌한 경관을 보기 위해 연행사는 각산 정상 부근에 있는 각산사(角山寺)에 올랐다. 이와 함께 산해관 남쪽에는 발해를 한 눈에 조망할 수 있는 망해정(望海亭, 징해루라고도 불림)이 있었는데, 이 또한 연행사가 즐겨 찾은 곳이다.

각산은 산해관 안에서 으뜸가는 유람처로 꼽힌 곳으로[77] 이정귀(1604) 이래 김창업(1712), 홍대용(1765), 이해응(1803), 박사호(1829) 등의 연행사가

---

75 김창업, 『연행일기』〈1712년 12월 18일〉.
76 박지원, 『열하일기』「駉汎隨筆」「姜女廟記」.
77 이요, 『연도기행』〈1656년 9월 13일〉, "長城頭有角山寺, 乃關內第一遊觀處."

유람하고 기록을 남겼다. 그리고 망해정은 이정귀, 홍대용, 이해응, 김경선(1832), 서경순(1855) 등의 연행사가 유람하고 관련 기록을 남겼다.[78] 각산과 망해정을 둘 다 유람한 연행사는 이정귀, 홍대용, 이해응 등 세 사람이다.

각산에 대해서는 이정귀, 김창업, 이해응의 유기가 자세한 편인데, 여기에서는 이정귀와 이해응의 유기를 보기로 한다.

> 음식을 풍성히 준비하고 이른 새벽 노새를 채찍질하여 성 북쪽으로 10여 리를 가니 산기슭이 나오고 가파른 돌길이 이어졌다. 노새가 열 걸음에 아홉 번 넘어지며 노새 등에 탄 사람도 숨을 헐떡이며 땀이 흐르고 다리가 떨렸다. 이렇게 7, 8리쯤 가니 길이 끊어져 더 올라갈 수가 없었다. 그래서 노새를 버리고 지팡이를 짚고서 덩굴을 잡고 가파른 길을 올랐다. 앞사람은 끌고 뒷사람은 밀며 혹은 띠를 이용하여 끌었으니, 응소(應邵)가 "뒷사람은 앞사람의 신발 밑을 보고 앞사람은 뒷사람의 정수리를 보게 된다."라고 한 것이다. 한 산등성이에 올라 바위에 걸터앉아서 '산이 여기서 다했구나.'라고 생각했는데, 우러러보니 산문(山門)은 아직도 멀었다. […] 이 산은 단지 이름 없는 산일 뿐이지만 서북쪽 가장 높은 곳에 있고 또 앞에 펼쳐진 수천 리가 모두 들판과 바다이기 때문에 먼 곳의 산들도 모두 눈 아래에 들어오는 것이니, 대개 처한 위치가 그러하기 때문이다.[79]

> 아침에 산해관 성안을 따라가다가 비스듬히 북쪽으로 각산에 오르

---

[78] 이 중 이정귀는 〈망해정구점(望海亭口占)〉(『월사집』 권4)이라는 시 2수를 통해 망해정의 풍광을 노래했다.

[79] 이정귀, 『월사집』 권38 「遊角山寺記」.

니, 곧 의무려산의 여맥이다. 산 중턱에 한 칸의 정자가 산을 의지하여 높이 솟아 있는데 이름이 식보정(息步亭)이다. 좌우에 돌로 된 긴 걸상이 있으니, 아마도 산에 오르는 사람을 위해 걸음을 쉬게 함인 듯하다. 여기서부터 산길과 돌길이 이리저리 돌며 이어지고 돌이 울멍줄멍한데, 그 거리가 약 10리가량 되었다. 절 한 채가 산마루 밑에 있는데, 동구의 문과 작은 탑이 성긴 숲 사이에 어른거리며 돌담이 둘러 있고, 바위에 의지하여 절을 세웠으니, 이른바 각산사이다. 바깥문 편액을 '산문진정(山門鎭靜)'이라 했고 문안에 신장(神將) 둘이 좌우에 벌려 섰는데, 손에 창과 칼을 쥐고 무섭게 내려치려는 뜻을 보이고 있다. […] 산마루에 오르니 그 이름이 평산령(平山嶺)인데, 산해관 안에 있는 대(臺)와 유지(遺址)의 구경거리가 모두 발아래 있다. 북쪽에 봉우리 하나가 있는데, 돌뿔[石角]과 높은 바위가 돌고 얽히어 병풍 두른 것과 같고 그 아래 넘치는 샘물이 있어 자갈 위로 졸졸 흘러내린다.[80]

이정귀가 각산을 유람한 때가 1604년이니, 이해응의 각산 유람기는 그로부터 꼭 200년 뒤의 유람 기록이다. 이정귀는 각산을 오르는 돌길의 험함을 말하면서 응소의 말을 떠올리고 있다. 응소는 1601년 진하사의 부사로 연행한 바 있는 박홍구(朴弘耉)인데, 이정귀는 그와 친분이 있어 이때의 사행길을 전송하는 시를 지어주기도 했다.[81] 이정귀가 "뒷사람은 앞사람의 신발 밑을 보고 앞사람은 뒷사람의 정수리를 보게 된다"는 박홍구의 말을 떠올리고 있는 것으로 보아, 박홍구 또한 각산을 유람하고 그 험함을 이정귀에게 말해준 적이 있음을 짐작할 수 있다. 생략된 부분에서 이

---

80 이해응, 『계산기정』〈1804년 2월 11일〉「角山」.
81 이정귀, 『월사집』권10「奉送東宮進賀使朴參判應邵」.

정귀는 각산에서 바라다보는 호쾌한 전망을 각종 지명을 열거하며 자세히 서술하고 나서 이 산이 그다지 이름난 산은 아니지만 장성의 서북쪽 가장 높은 곳에 위치했기에 이러한 전망을 지니게 된 것이라고 총평했다.

이해응의 유기는 식보정을 거쳐 각산사에 오르는 길과 각산사의 모습을 간략히 서술하였다. 생략한 부분에서는 각산사에 있는 비석 내용을 소개하고 과거시험 준비를 하는 중국의 젊은 선비 두 사람과 대화한 내용을 기록하였다. 그러고는 마지막으로 각산의 정상인 평산진(平山嶺)에 오른 모습을 말하였다.

다음은 망해정을 유람한 홍대용의 기록이다.

남문으로 나가 10리를 가니 정자가 만리장성이 끝난 맨 끝머리에 있었는데, 바다로 수백 보쯤 쑥 들어가 2층으로 되어 성 위에 높이 솟아 있었고, 올라가는 계단이 10여 개 되었다. […] 누에 오르자 눈길이 다하는 곳은 구름과 바다뿐이었는데, 거대한 물결이 솟아오르며 흰 포말이 부딪쳐 솟구치며 마구 흔들려 천지가 무너지는 듯하였다. 북으로 각산을 바라보니, 첩장(疊嶂)과 치첩(雉堞)들이 만리를 이어져 오다가 필경 이 누에 와서 끝을 맺고 만다. 이 누에 올라와서 눈시울이 째지지 않고 머리털이 위로 뻗치지 않는다면 참으로 못난 사나이다. 반평생을 돌아볼 때 우물 안 개구리 신세로 그래도 잘난 체 눈을 크게 뜨고 가슴을 활짝 펴서 함부로 천하 일을 논하려 했으니, 자신을 헤아리지 못함이 이만저만이 아닌 것이다.[82]

홍대용은 망해정에 올라 눈앞에 펼쳐진 발해의 거친 파도와 만리장성을 바라보며 상념에 젖었다. 이처럼 장쾌한 경관을 대해 의기가 솟구쳐

---

82   홍대용, 『연기』「望海亭」〈1765년 12월 19일〉.

눈시울이 찢어지고 머리털이 쭈볏 서지 않는다면 못난 사나이일 것이라 하고는, 자신의 반평생을 돌아보니 좁은 소견으로 천하사를 논하려 했다고 반성하고 있다.

6) 계주: 독락사와 반산 유람

계주(薊州)는 현재 하북성 천진시(天津市)의 북쪽 연산(燕山) 아래편에 있는데, 역사가 유구한 고성(古城)이 있다. 춘추시대에는 무종자국(無終子國)이었고, 수나라 때는 어양군이었으며, 당나라 때 비로소 계주라 일컬어졌다. 김창업은 계주성의 서북쪽은 모두 큰 산들이며 봉우리가 첩첩하고 동쪽은 하수가 흐르고 어양교(漁陽橋)가 있으며 남쪽은 넓은 들판이며 성의 형세가 극히 웅대하다고 했다. 그러면서 성의 높이는 거의 심양만 하였는데 성안의 시가는 그리 번성하지 못했다고도 하였다.[83] 김정중은 계주성에 들어가려니 성의 양쪽 벽에 관우와 장비의 상을 새겨서 수문장을 만들어 놓았는데, 영특한 모습과 용맹한 기상이 살아 있는 듯하다고 하였다.[84]

계주에 도착한 연행사가 즐겨 찾은 곳은 성안에 있는 독락사(獨樂寺)였다. 독락사는 대불사(大佛寺)라고도 불리며, 현존하는 요나라 시대 세 개의 사원 가운데 하나로 알려져 있다. 사찰 경내에서 가장 오래된 건축물인 산문(山門)과 관음각(觀音閣)은 모두 요나라 성종(聖宗) 통화 2년(984)에 중건되었다고 한다. 대불사라는 별칭이 있게 된 것은 독락사 불상의 규모가

---

83 김창업, 『연행일기』〈1712년 12월 23일〉.
84 김정중, 『연행록』〈1792년 2월 2일〉.

어마어마하기 때문으로, 이곳을 찾은 연행사는 대부분 그 불상의 규모에 감탄하였다. 그리고 '관음지각(觀音之閣)'의 현판이 이백의 글씨라는 점과 비단 이불을 덮은 와불(臥佛)의 모습 또한 인상적으로 보았다. 18세기 대부분의 연행록에 계주 독락사에 대한 기록을 찾아볼 수 있는데, 여기에서는 18세기의 마지막인 1799년에 연행한 서유문의 기록을 들어본다.

문안에 삼층집이 있으니, 현판에 '관음지각(觀音之閣)'이라 하고, 아래 '태백(太白)' 두 자를 썼으니 글씨 임자의 이름이었다. 하지만 이것이 진정 이태백의 글씨인지, 혹 태백이라는 승려의 이름인지 알 수 없다. 전(殿) 안에 연화보좌를 베풀고 관음상을 세웠는데, 그 높이가 6, 7장은 되었다. 왼손엔 방울을 들고 오른손을 들어 가슴에 대고 염주를 지녔는데, 손가락이 어른의 팔뚝만 하니, 그 형세가 웅장함을 이것으로 알 수 있었다. 금신(金身)에 비단 가사(袈裟)를 입은 모습으로, 채색이 약간 퇴색되었다. 전(殿)의 서편 벽에 사다리가 위아래로 둘이 있었는데, 아래 사다리는 스물 남짓의 층이었는데 북쪽으로 향하여 오르게 하고, 위 사다리는 여남은 층이었는데 남쪽으로 향하여 오르게 하였다. 두 사다리를 다 오르니, 그 위는 모두 널빤지를 깔고 가운데를 틔워 부처의 몸이 그 위에 솟아 있었다. 빙 둘러 난간을 하여 사람이 돌아가며 부처를 보게 하였다. 부처의 어깨는 난간 두른 데에 닿고, 머리는 용마루에 닿았다. 머리 사면에 불상 열둘이 있었으니, 얼굴이 다 큰 부처의 모양이요, 철망을 가리었으니 관을 쓴 듯하였다. 아래에서 우러러볼 때는 높은 줄을 몰랐는데, 여기에 올라와 보니 어깨 이상이 두 길이나 되었으니, 혹 67척에 이른다고 하였다. 누각 남북에 다 창을 내었는데 북쪽은 굳게 닫고 남쪽은 열어 두었으며, 창밖에 난간이 있어 기대게 하였는데 성안을 다 굽어볼 수 있었다. 난간 안에다 벽돌을 깔고 회를 이겨 발라서 위태롭지는 않았지만 잠깐 서서 먼 데를 바라보자, 기운이 현란하여 오래 머물지 못하고 도로 내려왔다.

북쪽 편으로 돌아가 보니, 관음상 세운 뒤로 벽을 치고 온갖 불상을 만들어 벽 위에 가득하였는데, 모두 생기가 있어 보일 정도로 매우 공교로웠다. 북쪽으로 집이 한 채 있었는데, 칸을 막아 세 칸을 만들었다. 가운데 칸은 일곱 부처를 모두 코끼리와 사자와 사슴을 탄 형상을 만들어 세우고, 동편 칸은 관제상이요, 서편 칸은 북벽 밑에 와탑(瓦塔)을 놓고 당(堂)을 반은 드리우고 그 위에 부처 하나를 눕혔다. 누워 있는 부처는 수(繡) 놓은 베개를 베고 한 손은 이마에 얹고 두 눈을 감고 깊이 잠든 형상이어서 소상인 줄 깨닫지 못하였다. 돌아서 나오는데 누워 있던 부처가 일어날 듯하여, 걸음을 재촉하니 스스로 우스웠다. 어떤 사람이, 이 부처는 이태백이 취하여 자는 소상이라 하였다. 현판에 '태백'이란 두 자 때문에 잘못 전해진 말이었다. 두 눈썹 사이에 호광(毫光)이 달과 같았으니, 이는 석가모니불의 소상이었다.[85]

예로부터 "계주에는 좋은 술이 많다.(薊多美酒)"라는 말이 있을 정도로 계주 술은 맛이 좋기로 유명했다. 김창업은 「산천풍속총록(山川風俗總錄)」에서 "술은 계주, 역주(易州)의 것이 모두 맑고 차서 우리나라의 백하주(白霞酒) 못지않았지만 도수가 약하여 취기가 쉽게 깬다. 술을 담그는 법이 어떤지 알 수는 없지만, 아마 모두 찰기장으로 만든 것인 듯하다."라고 하였다. 그는 북경 관소에서 직접 술을 담가 먹을 정도로 애주가였는데, 담근 술이 동이가 두꺼워서 한 달이 지나도록 익지 않자 계주 술을 넣어 익

---

85 서유문, 『무오연행록』, 〈1799년 2월 11일〉. 번역문은 〈한국고전종합DB〉에서 제공하는 것을 다듬은 것이다.

히기도 하였다.[86] 이압(李岬)은 연행 노정에서 만날 수 있는 여러 지역 술 가운데 계주의 술맛이 가장 좋다고 했으며, 박지원은 북방의 명주인 계주주와 남방의 명주인 임안주(臨安酒)를 비교하면서 임안주는 너무 싱겁고, 계주주는 지나치게 향기롭다고 평하기도 하였다.[87]

이곳의 술맛이 좋기 때문인지 계주에 도착하면 초행례(初行禮)라 하여 신참 역관이 돈을 내서 주찬을 성대히 차리는 것이 관례였다. 김창업은 초행례를 소개하면서 역관 일행이 실컷 즐기고 자신에게도 세 그릇의 찬을 보내주었다고 했다. 김경선은 「계주기(薊州記)」에서 "옛날 초행하던 한 역관이 이곳에 이르러 주찬(酒饌)을 성대히 사서 일행을 먹인 적이 있었다. 그 뒤로는 이것이 준례가 되었는데 이를 '초행례'라 한다."[88]라고 하였다.

계주 서북쪽에 있는 반산(盤山)은 연행사가 즐겨 유람한 산으로 반룡산(盤龍山)이라고도 불린다. 반산은 북경에 도읍을 정한 명청시대의 황제들이 '경동제일산(京東第一山)'이라 칭하며 즐겨 찾은 명산이다. 강희제 때에 반산 아래 정기산장(靜寄山莊)이라는 행궁이 건축된 이래, 특히 청나라의 역대 황제가 자주 방문하였다.[89] 반산은 상반(上盤), 중반(中盤), 하반(下盤)

---

86 김창업, 『연행일기』 〈1713년 2월 8일〉, "담아 놓은 술이 동이가 두꺼워 32일이 되어도 아직 익지 않았다. 수일 전에 계주주(薊州酒) 두 잔을 넣었더니, 이날 비로소 괴려고 해서 곧 누룩과 밥을 더 넣었다."
87 박지원, 『열하일기』 「盛京雜識」「粟齋筆談」.
88 김경선, 『연원직지』 5권 「回程錄」.
89 1794년(정조 18) 연행을 마치고 돌아온 서장관 정동관(鄭東觀)이 정조에게 "황제는 80세 노령이지만 정력이 왕성하여 해마다 정월에는 원명원(圓明園)에 거둥하고 3월에는 반산에 가며 초여름에는 열하에 행차하고 가을과 겨울이 바뀌는 기간에는 몽골의 여러 번왕들을 모아서 만리장성 북쪽 지역에서 사냥을 하는데 한 해 동안의 유람하는 날을 통틀어 계산하면 절반이 넘습니다."(『정조실록』 18년 3월 24일)라고 복명하고 있는 데에서 이 점을 확인할 수 있다.

의 세 부분으로 나누어 그 승경(勝景)을 달리 일컫는다. 상반은 '송승(松勝)'이라 하여 기암괴석에 뿌리내리고 자란 소나무, 중반은 '석승(石勝)'이라 하여 갖가지 기기묘묘한 형상의 암석들, 하반은 '수승(水勝)'이라 하여 암석과 어우러져 흘러내리는 계곡물이 각각 유명하다.[90]

 반산은 당의 유명한 문장가 한유(韓愈)가 벗 이원(李愿)이 벼슬을 버리고 은거하고자 할 때 이를 전송하며 써준 「송이원귀반곡서(送李愿歸盤谷序)」의 배경이 되는 산이며, 명말 성령파의 주창자인 원굉도(袁宏道, 1568~1610)가 이곳을 유람하고 「유반산기(遊盤山記)」를 남긴 바 있다. 「유반산기」는 반산의 명승지를 상세히 묘사하고 유람의 흥취를 잘 표현한 글로 성령설을 주창한 작자의 개성적 정감이 유감없이 발휘된 소품문(小品文)으로 알려져 있다. 반산은 연행 노정 주변에 위치해 있으며, 한유와 원굉도 같은 대문장가가 지은 명문의 배경이 되는 산이었기에 조선시대 연행사들에게 지속적인 관심의 대상이 되었다.

 연행사의 반산 관련 기록은 18세기 이후에 집중적으로 나타나는데, 이는 원굉도의 「유반산기」에 대한 독서 체험에서 비롯되었다. 17세기 후반 원굉도 문학의 수용과 더불어 「유반산기」는 여러 문인에게 널리 읽혔던 것으로 보인다. 즉 반산은 원굉도의 반산 유기로 인해 주목받는 공간이 되고, 이에 18세기 초에서 19세기 중반까지 관련 기록이 지속적으로 출현하게 된 것이다. 조선 후기의 연행사 중 반산에 대해 처음으로 주목한 이는 1712년에 연행한 김창업이다. 그는 원굉도의 유기를 통해 반산이 명산임을 알고 있었지만 실제 유람하지는 못하였다. 원굉도의 유기에 따라 반산을 유람하며 상세한 기록을 남긴 연행사는 1720년에 연행한 이기지이다. 이기지는 원굉도의 유기를 8차에 걸쳐 인용하면서 반산의 승경을 묘사하

---

90 홍경모, 『관암존고』 「盤山記一」, "上盤之勝以松, 中盤以石, 下盤以水."

였고, 이외에도 『일통지(一統志)』·『사상요람(士商要覽)』 등을 참조해 풍부한 기록을 남겼다. 이기지의 『일암연기』 중 반산 유기는 후대 연행사에게 지속적으로 참고되며 많은 영향을 끼쳤다. 그중 한 대목을 소개하면 다음과 같다.

 동쪽으로는 계곡이 깊숙하고 소나무가 무성하게 자라고 있었는데, 승려는 그 안쪽이 더욱 볼 만하다고 말하였다. 원굉도의 「유반산기」에서 "숫구치는 샘물이 씩씩하게 내달리다 굽이쳐 꺾이면서 크고 작은 바위들에 부딪쳐 온통 다투는 듯하였으므로, 울리는 소리가 밤낮으로 그치지 않았다. 샘물은 아득히 흘러가다 떨어져 작은 못을 만든다. 흰 바위가 둥글게 솟아 있고, 바닥은 모두 금빛 모래이다."라 말한 것을 떠올려 보았다. 이곳에서 계곡을 거슬러 올라가면 모두 볼 수 있는데, 일정이 바빠서 찾아보지 못하니 내 정신만 그쪽으로 내달리게 되었다. 산 전체의 높이를 헤아려 볼 때, 탑은 산허리에서 조금 아래쪽에 있었다. 산의 높이는 우리나라 삼각산(三角山)과 비슷하였다. 그렇지만 구불구불 서리고 겹겹이 쌓인 전반적인 형세는 송악산(松岳山)의 곱절이나 되었다. 대체로 반산의 기상(氣象)은 송악산과 비슷하지만, 봉우리가 더 구불구불 둘러싸면서 겹겹이 포개져 있었다. 원굉도의 「유반산기」에서 "바깥은 골산(骨山)이지만 안쪽은 토산(土山)"이라 하였으니, 산의 안은 토산일 것이나 여러 봉우리에 가려져 볼 수가 없었다. 반산(盤山)이라 이름 지은 것도 이 때문이다.[91]

---

91 이기지 저, 조융희·신익철·부유섭 역(2016), 앞의 책, 172~173쪽; 『일암연기』〈1720년 9월 16일〉.

이기지는 사행의 일정에 쫓겨 반산 정상에 오를 수 없었으며, 계곡물이 뛰어나다는 하반 또한 찾아볼 수 없었다. 그는 원굉도가 유기에서 묘사한 대목을 통해 반산 전체의 모습을 떠올리며 이러한 아쉬움을 달래고 있다. 여기에서 18세기 전반 조선의 문사에게 미친 원굉도의 영향력을 가늠해 볼 수 있는데, 조선 후기 연행사의 반산 관련 기록을 보면 대부분 원굉도의「유반산기」를 보고서 반산의 뛰어난 풍광을 알았다고 하며, 원굉도의 기문을 인용하여 반산의 승경을 설명하고 있다.

「유반산기」외에 연행사들이 참고한 서적은 『일통지』·『사상요람』·『반산지(盤山志)』 등이다.『일통지』는 아마도『대청일통지(大淸一統志)』를 말하는 것으로 보이며,『사상요람』은 명대 후기 유람 문화의 성행과 함께 출간된 노정서로 명말 청초에 담의자(澹漪子)가 편찬한 것으로 알려져 있다.[92] 그리고『반산지』는 반산에 머물던 승려 지박(智朴)이 편찬한 것과 건륭제의 명에 따라 장부(蔣溥)가 편찬한 2종이 있는데, 연행사가 참조한 것은 지박이 찬한『반산지』로 확인된다.

반산의 기이한 자태와 함께 대부분의 연행록에는 반산의 유명한 사찰로 소림사(少林寺)를 들고 있으며, 이를 유람한 기록도 적잖게 남아 있다. 반산에는 소림사와 함께 천성사(天成寺)·만송사(萬松寺)·운조사(雲罩寺)·천상사(千像寺) 등 많은 사찰이 있는데, 연행사들이 찾은 곳은 유독 소림사 한 곳에 집중되고 있다. 이는 아마도 중반(中盤)에 위치한 소림사가 '석승(石勝)'이라 하여 원굉도의 유기에서 언급한 기이한 돌들이 많기 때문이 아닌가 짐작된다. 장부가 편찬한『반산지』에 따르면 소림사 주변에 능각석(菱角石), 장방석(帳房石), 망석(蟒石) 등 기이한 자태의 돌들이 많이 있다

---

[92] 명대 유람 문화의 성행과 노정서의 편찬과 관련해서는 권석환,「중국 전통 유기의 핵심 시기 문제」,『한국한문학연구』 49(2012)에서 정리한 내용을 참고하였다.

그림 23 | 『반산지』에 수록된 〈소림사도〉, 〈바이두백과〉

고 소개하고 있다.[93] 소림사를 찾은 연행사는 승려들과 대화를 나누거나 동쪽 언덕 위에 있는 8각 13층 석탑을 방문하였다.

기묘한 바위가 많은 반산은 중국의 낯선 풍토 속에서 고국에 있는 삼각산이나 도봉산, 송악산, 월출산 등의 석산을 떠올리게 했다. 이기지는 "기이한 봉우리가 겹겹이 솟아 있는 것이 대나무가 모여 있는 듯하여 삼각산 백운대나 도봉산 만장봉 같았다. 산의 높이는 우리나라의 삼각산과 견줄 만하며,[94] 넓게 퍼지고 이리저리 중첩된 산세는 송악산에 견주어 갑절은

---

93 장부, 『반산지』 권5 「寺宇」 「少林寺條」, "寺東有紅龍池·多寶佛塔, 下有石曰'菱角'曰'帳房' 曰'蟒', 皆奇秀."
94 삼각산 정상인 백운대의 높이가 836.5미터이고, 반산의 최고봉인 괘월봉의 높이가 864.4미터이니 실제 두 산의 높이가 엇비슷하기도 하다.

되었다."⁹⁵ 라고 하여 바위 봉우리가 솟아 있는 모습이나 산 높이가 삼각산과 도봉산을 떠올리게 하며, 겹겹이 퍼진 산세는 개성의 송악산을 떠올리게 한다고 하였다. 아울러 반산 정상에는 요동석(搖動石)이라는 바위가 있어 손으로 밀면 움직인다고 하는데, 이를 두고 우리나라 월출산(月出山)의 동석(動石)에 견주기도 한다.⁹⁶

7) 북경: 자금성·상방·백운관·태학·유리창 등 관광

명청시대 중국의 수도인 북경에 도착한 연행 사절은 사행의 성격과 임무에 따라 다소 차이가 있지만 대략 한 달가량 관소에 머무르게 된다. 중세 한자문화권 세계의 중심이라 할 수 있는 북경에서 연행사는 서책을 통해서만 접했던 중국의 문물·고적을 실제로 관광하는 한편 중국 문사와도 다양하게 교류하였다. 중국 문사와의 교류 양상 및 북경까지 이르는 노정에서 접한 문물·고적에 대해서는 앞에서 살펴본 바 있다. 여기에서는 북경에 머물면서 연행사가 접한 문물·고적의 대표적인 것으로, 자금성·상방·백운관·태학·유리창 등 다섯 가지에 주목하여 그 주요 양상을 살펴보

---

95 이기지,『일암연기』권2, "奇峰疊立若攢竹, 如三角之白雲臺道峯之萬丈峯. [⋯] 山高可比我國三角, 而全體之盤踞重疊, 比松岳倍之." 이해응의『계산기정』권4〈1804년 2월 4일〉에서도 "이 산의 산세는 우리나라 송악산과 비슷하다. 봉만(峯巒)이 첩첩이 둘러져 있어 원굉도의 기문(記文)에 이른바 '밖은 골산이요 안은 육산이다. (外骨而中膚)'라는 것이 바로 이것이다."라고 하여 반산을 송악산에 견주고 있다.

96 최덕중,『연행일기』〈1712년 12월 24일〉, "산꼭대기에 큰 돌 하나가 있는데, 흔들면 문득 움직여서 우리나라 월출산의 동석과 같았다." 이상 반산 관련 서술은 필자의「조선 후기 연행사의 반산 유람과 원굉도의「遊盤山記」」(『한문교육연구』42, 2014)를 참고하여 서술한 것이다.

기로 한다.[97]

(1) 자금성

자금성(紫禁城)은 북경 천도를 위해 건설되었다. 정난의 변을 통해 즉위한 영락제는 기존 수도인 남경보다 자신의 세력 기반인 북평(北平)이 수도로 적합하다고 판단했다. 영락제는 북평의 이름을 북경(北京)으로 바꾸고 관련 기구를 설치하며 천도를 준비했다. 1410년 이후 건설에 쓸 물자를 보급하기 위해 운하를 정비하고 3,000여 척가량의 작은 배를 증설했다. 수십만 명의 인원이 동원된 자금성 건설은 1420년에 완공되었고, 이듬해 정식으로 명나라의 수도가 북경으로 정해졌다.

자금성은 좌우 대칭의 구조로 직사각형 모양이며, 10미터 높이의 벽과 폭 52미터, 깊이 6미터의 해자로 둘러싸여 있다. 해자는 성곽의 둘레를 감싸는 도랑이다. 동서남북으로 해자를 건널 수 있는 네 개의 다리가 있으며 궁궐 주위에는 높이 10미터, 길이 4킬로미터의 장벽이 있다. 장벽에도

---

[97] 김창업의 『연행일기』에서는 서두에 「산천풍속총록(山川風俗總錄)」과 「왕래총록(往來總錄)」을 별도로 두어 연행에서 접한 중국 풍속과 기이한 볼거리를 자세히 제시하였다. 특히 「왕래총록」에서는 연행 과정에서 접한 사적과 풍물을 장관(壯觀)과 기관(奇觀)으로 구분한 점이 주목된다. 김창업은 제1장관으로 요동 들판과 산해관 성지(城池)를 꼽고, 제2장관은 요동 백탑, 거용관 첩장(疊嶂), 천산 진의강(振衣岡) 암각, 계주 독락사 관음전 신, 통주 범장(帆檣), 동악묘의 소상(塑像), 팔리보(八里堡) 분원(墳園), 천단(天壇)의 삼층석탑, 자금성 오문(午門) 밖 코끼리, 대통교의 수백 필 낙타라고 하였다. 또한 제1기관으로는 계문연수(薊門烟樹), 태액지 오룡정, 정양문 밖 시사(市肆), 태학 석고(石鼓), 토아산 태호석(太湖石), 숭문문 밖 기완(器玩)을 들었고, 제2기관은 조가패루(祖家牌樓), 서직문 밖 야시(夜市), 법장사탑, 두로궁, 용천사, 서각입석(西閣立石), 통주 화기(畫器), 여기의 수묵 공작 그림과 진계유의 수묵 용 그림이라 하였다. 여기에서 밑줄 친 부분은 김창업이 북경에 있으면서 접한 것들이다. 연행의 장관과 기관을 제시하는 것은 후대 이의봉(1760)과 김정중(1791)의 연행록에도 영향을 미쳤다. 이에 대해서는 정은주, 「18세기 연행으로 접한 淸朝文化」, 『대동문화연구』 85(2014) 참고.

동서남북으로 4개의 큰 출입구가 있다. 자금성 안의 건물은 크게 남쪽 구역인 외조(外朝)와 북쪽 구역인 내정(內廷)으로 나뉜다. 외조는 황제가 정무를 처리하는 곳이며 내정은 황제의 가족이 생활하던 곳이다. 외조와 내정 모두 중요한 건물들은 주로 중앙 축에 위치하고 있다.

18세기 연행록에서 황제의 궁을 자금성이라 지칭하는 사례는 드물고, 궁성(宮城), 황궁(皇宮) 등으로 언급하는 경우가 많다. 홍대용은 북경의 황성을 전체적으로 설명하면서 "궁장(宮墻) 안을 자금성이라고 하는데 곧 궁성을 말한다. 둘레가 6~7리, 높이가 4~5장이 되고 성가퀴는 옛 법대로 철(凸)자형으로 되어 있는데, 정밀하고 곱기는 경성의 배나 된다. 남쪽을 오문(午門) 혹은 오봉문(五鳳門)이라 하는데 2층 처마에 문이 다섯이다. 왼쪽을 좌액문(左掖門), 오른쪽을 우액문(右掖門), 동쪽을 동화문(東華門), 서쪽을 서화문(西華門), 북쪽을 신무문(神武門)이라고 한다. 성 주위는 해자로 둘려 있는데 해자 넓이가 수십 보나 된다."[98] 라고 하였다. 아울러 자금성의 동화문과 서화문에서 시작해서 북으로 신무문까지 행각(行閣)을 만들어 통하(通河)로부터 들여오는 미곡들을 저장해 두고 있음을 말하였다. 그러면서 이것만 보아도 중국의 재물과 곡식이 얼마나 많으며, 재주와 지혜가 얼마나 놀라운지 짐작할 수 있다고 하였다.

연행 사절이 자금성 안으로 들어가는 것은 새해 원단의 조참례(朝參禮)에 참여하거나 황제가 베푸는 연희(演戱)에 초대되었을 때였다. 황제의 궁궐을 직접 보는 기회는 흔치 않았기에 대부분의 연행사가 자금성에서 여러 풍물을 관심 있게 살펴보고 기록으로 남겼다. 김창업은, 자금성의 문루와 십자각 사이에 각(閣)이 서로 잇닿아 있는데 모두 누런 기와로 되어 있고, 십자각은 금으로 된 꼭지를 그 위에 덧붙여 빛깔이 유난히 찬란하

---

98 홍대용, 『연기』「京城制」.

였는데, 이것은 금이 아니라 바로 풍마동(風磨銅)이라고 하였다. 풍마동은 외국산으로 금보다 비싼데, 바람을 맞을수록 더욱 빛난다는 전언을 기록해 두었다.[99] 풍말(風沫)이라고도 하는 풍마동은 동과 금을 합금하여 제작한 것으로 바람이 불수록 더욱 빛나는 성질에서 그 이름이 유래하였다고 한다.

홍대용은 조참례에 참여하면서 본 양각등(羊角燈)에 대해, "문무백관이 참여한 가운데 풍악이 울렸고, 이후 종소리가 서른세 번이나 들렸다. 양각등 수십 쌍이 오문(午門)에서 차례로 어로(御路)를 끼고 좌우로 늘어섰다. 양랑(兩廊)의 등불과 어로의 양각등은 수백 쌍이 넘었는데, 뜰이 너무도 넓어 10보 밖은 침침해서 전연 분간할 수 없었다. 잠시 뒤에 문득 어로를 보니, 양각등이 일시에 높이 매달렸다. 잠깐 사이에 두 회랑의 등불이 일시에 꺼져버렸고, 말 탄 호위병의 인도로 황제가 수레를 타고 오는 모습을 멀리서 어렴풋이 바라보았다. 어가가 단문(端門)을 나서자 양각등이 일시에 다시 내려졌다."[100] 고 기술하였다. 양각등은 처마 밑이나 기둥 외부에 거는 등롱(燈籠)의 일종으로 양(羊)의 뿔을 고아 얇고 투명한 껍질을 만들어 겉에 씌운 등이다. 홍대용은 양각등의 구조에 대해서 쇠판과 쇠기둥은 등롱과 같은데 둥근 통은 유리처럼 환하니, 대개 뿔을 고아서 아교를 만드는 모양인데 그 방법은 듣지 못했다고 하였다.

서유문은 자금성 안의 월대 좌우로 동편은 두어 길 영대(影臺)를 세워 시각을 헤아리고, 서편은 두어 길 돌 향로를 세워 향을 피워 놓았다고 했다. 월대 남쪽 편으로 층층이 향로에 열여섯 청동 향로를 벌여 놓았는데, 그 크기가 두어 아름이고 솥과 같은 모양으로 이 향로에 전부 침향(沈

---

99 김창업, 『연행일기』〈1713년 1월 1일〉.
100 홍대용, 『연기』〈1766년 1월 1일〉.

香)을 피웠다고 하였다.¹⁰¹

(2) 상방

　상방(象房)은 코끼리를 관리하는 관서로 명나라 홍치 8년(1495)에 설치되었다. 선무문(宣武門) 안 서성(西城) 북쪽 담장 아래에 있고 80여 마리의 코끼리를 기르고 있었다. 코끼리들은 조회 때 오문에서 의장(儀仗)으로 서기도 하고, 황제가 타는 가마를 끌거나 노부(鹵簿)에 쓰이기도 한다. 코끼리는 몇 품(品)의 녹봉도 받았다. 상노(象奴)가 배속되어 코끼리 훈련을 전담하였기에 연상소(演象所)라고도 불렸다.

　명대부터 매년 삼복(三伏)에 코끼리를 북경 선무문 밖의 하천으로 몰고 가 목욕을 시켰는데 사람들이 그 광경을 구경하면서 하나의 축제로 즐기곤 하였다. 코끼리를 씻기는 행사는 청대에도 거행되었으며, 그때 다양한 재주를 보이기도 했다. 청대 사람 부찰돈숭(富察敦嵩)은 그 광경을, "상방에 코끼리가 있을 때면 매년 6월 6일에 선무문 밖의 하천으로 끌고 가 목욕을 시켰는데, 구경꾼이 담장처럼 둘러섰다. […] 구경꾼이 상노에게 돈을 쥐여주면 가르친 대로 재주를 부렸고, 또 상노를 흘겨보고 받은 돈이 수북하면 코를 위로 쳐들고 머리를 숙이고는 우우 하고 소리를 질렀다."¹⁰²고 하였다.

　북경 자금성 오문에는 코끼리가 지키고 서 있는데, 이에 대한 상세한 묘사는 1656년에 연행한 인평대군(麟坪大君) 이요(李㴭)의 『연도기행(燕途紀行)』에 처음 보인다.

101　서유문, 『무오연행록』 〈1799년 1월 1일〉.
102　富察敦崇, 『燕京歲時記』, "洗象. 象房有象時, 每歲六月六日牽往宣武門外河內浴之, 觀者如堵 […] 觀者持錢畀象奴, 如教獻技, 又必斜溟象奴收錢滿數, 而後昂鼻俯首, 嗚嗚出聲."

오문 밖 동쪽과 서쪽에 코끼리 열두 마리를 줄지어 세웠는데, 여섯 마리는 안장을 갖추어 놓았고 여섯 마리는 안장이 없었다. 그 형상이 높고 커서 길이는 두 길이 넘고, 다리는 큰 기둥만 하였다. 귀는 홍어와 같으며, 몸은 회색으로 털이 없었다. 머리와 목은 굳어서 위를 바라보거나 밑을 굽어보지 못하여 마치 돼지 목과 같다. 좌우로 운용(運用)하는 것은 전적으로 긴 코를 가지고 하는데, 민첩하기가 손을 놀리는 것 같았다. 물이나 풀을 먹거나 가려운 데를 긁는 것도 오직 코만 가지고 한다. 몸은 크고 눈은 작으며 입에는 어금니 둘이 나 있는데, 수컷만 있고 암컷은 없다. 새끼를 배면 열두 달 만에 낳는다고 한다.[103]

코끼리의 거대한 몸집과 함께 귀·털빛·머리와 목·코·눈·어금니에 걸쳐 코끼리의 생김새를 전반적으로 묘사하였다. "새끼를 배면 열두 달 만에 낳는다"는 전언을 말하기도 하였지만, 이요의 코끼리 기사는 대부분 직접 목격한 것을 기술한 것으로 과장이 거의 없다. 그런데 18세기 들어서 연행사가 코끼리를 사육하는 상방을 방문하여 코끼리의 재주를 구경하면서부터 재주 부리는 모습과 함께 코끼리에 관한 과장스러운 내용이 덧붙여지기 시작한다. 예컨대 박지원은 상방을 방문하여 코끼리를 부리는 상노에게 부채와 환약 등을 주고 코끼리 재주를 구경하고는 「상방」을 남겼는데, 여기에는 다음과 같은 대목이 보인다.

코끼리 우리는 선무문 아래 서성(西城) 북쪽 담 아래에 있는데, 코끼리 팔십여 마리가 있다. 무릇 큰 조회 때 코끼리를 오문에 의장으로 세

---

103 이요, 『연도기행』〈1656년 10월 3일〉. 『국역 연행록선집 3』에 실린 번역문을 필자가 일부 다듬어 제시한 것이다.

우기도 하고, 천자의 수레와 출입 시의 의장에 모두 코끼리를 쓰며, 코끼리에게 어떤 품계에 해당하는 녹봉을 주기도 한다. 조회를 할 때 조정 백관들이 모두 오문에 들면 코끼리가 코를 서로 엇대고 서서 보초를 서는데, 아무도 함부로 출입할 수 없게 된다. 코끼리가 병이 들어서 의장을 못 서게 되어 다른 코끼리를 억지로 끌어내서 대체하려고 하면 고집을 피우며 말을 듣지 않는다. 코끼리가 물건을 다치거나 사람을 상하게 하는 죄를 지으면 조칙을 선포하고 매를 때리는데, 엎드려 매 맞는 모습이 사람과 다를 바 없다. 매를 맞고 나면 일어나서 머리를 조아려 사죄하고, 품계가 깎이면 벌을 받은 코끼리의 대열에 가 있어야 한다. […] 숭정 말년에 이자성(李自成)의 반란군이 북경의 성을 함락시키고 들어와서 코끼리 우리를 지나갔는데, 코끼리들이 눈물을 흘리며 먹이를 먹지 않았다고 한다.[104]

박지원은 코끼리를 매우 영이(靈異)한 동물로 그리고 있는데, 이는 청초의 학자 주이준(朱彝尊)이 편찬한 『일하구문(日下舊聞)』의 내용을 참조하여 기술한 것이다.[105] '일하(日下)'란 도성을 일컫는 말로 『일하구문』은 각종 서책에 근거하여 북경의 역사·지리·성곽·궁전·명승지 등을 망라하여 찬집한 책이다. 그리고 북경이 함락되었을 때 코끼리들이 눈물을 흘렸다

---

[104] 박지원 저, 김혈조 역, 『열하일기 3』, 돌베개, 2017, 288~290쪽; 『열하일기』 「皇都紀略」 「象房」.
[105] 전자판 『사고전서』 『欽定日下舊聞考』 권49, "象以先後為序, 皆有位號, 食幾品料. 每朝則立午門之左右, 駕未出時, 縱遊齕草, 及鐘鳴鞭響, 則肅然翼侍. 俟百官入畢, 則以鼻相交而立, 無一人敢越而進矣. 朝畢則復如常. 有疾不能立仗, 則象奴牽詣他象之所而求代行, 而後他象肯行, 不則終不徙也. 有過或傷人, 則宣勅杖之. 二象以鼻絞其足踣地, 杖畢始起謝恩, 一如人意. 或貶秩, 則立仗必居所貶之位, 不敢仍常位, 甚可怪也." 이해응의 『계산기정』(1803)이나 박사호의 『심전고』(1828)에서도 『일하구문』을 참조하여 설명하고 있는 대목이 보이니, 이 책이 당시 북경을 유람하는 연행사에게 널리 참고되었음을 알 수 있다.

는 대목도 보이는데, 이는 "賊經象房橋, 羣象哀鳴, 淚下如雨"라는『명사기사본말(明史紀事本末)』권79의 내용을 참조한 것이다. 일례로 이기지의『일암연기』에서는 "『명사』를 살펴보니 숭정 갑신년(1644)에 유적(流賊, 이자성이 이끈 반란군)이 도성을 함락하고 상방교(象房橋)를 지나갈 때, 코끼리들이 슬피 울며 눈물을 비 오듯 흘렸다고 한다."[106] 라고 하여『명사』의 기록을 인용하고 있음이 확인된다.

박지원은 한편으로「상기(象記)」란 별도의 기문을 짓기도 했다. "괴상스럽고 특별하며 우스꽝스럽고 기이하여 거창하고 뛰어난 구경거리를 보려거든 먼저 북경 선무문 안에 가서 코끼리 우리인 상방을 보는 것이 옳으리라."라고 시작하는 이 명문은 코끼리를 제재로 하여 인간의 한정된 경험으로는 쉽게 속단할 수 없는 만물의 이치에 대한 깊은 사유를 담은 글이다.[107] 이는 북경에서의 환희(幻戲) 공연을 보고 이를 존재론적 문제로 치환시킨「환희기(幻戲記)」와도 연관되는 점이 있어 흥미롭다.[108]

한편 이기지의『일암연기』에는 사행단의 숙소인 법화사(法華寺)의 승려에게 빌려 본『해외기사(海外記事)』[109]의 내용을 인용해 베트남의 여러 풍

---

[106] 이기지,『일암연기』권3〈1720년 9월 27일〉, "按『明史』, 崇禎甲申, 流賊陷城, 過象房橋, 羣象哀鳴, 淚下如雨."
[107] 코끼리가 영이한 동물이라는 인식은 조선 후기 내내 지속되며 여러 이야기를 파생시켰다. 1828년에 연행한 박사호(朴思浩)는 "세상에서 전하기를, '코끼리는 천자를 보면 두 무릎을 꿇고, 제후왕(諸侯王)을 보면 한쪽 무릎을 꿇는다'고 한다. 우리나라 세조대왕이 수양대군으로 있을 때에 사명을 받들고 연경에 들어갔더니, 여덟 마리의 코끼리가 모두 절하여 무릎을 꿇었다고 하니 또한 이상한 일이라고 하겠다."(『연계기정』권2「留館雜錄」)라고 하였다.
[108] 박지원의「환희기」가 지닌 존재론적 의미에 대해서는 임준철,「연행록에 나타난 幻術認識의 변화와 박지원의「幻戲記」」,『민족문화연구』53(2010) 참고.
[109]『해외기사』광동성 장수사(長壽寺)의 승려인 대산(大汕, 1633~1704)이 1695년(강희 34)에 대월국왕(大越國王) 완복주(阮福週)의 초빙으로 그 나라에 가서 설법하고 그곳의 풍물과 노정의 견문을 기록한 책으로 1699년에 간행되었다.

속을 소개하면서 전쟁에 사용하는 코끼리, 산에서 코끼리를 사로잡는 법, 주장(主將)이 적군에게 살해당하자 이를 복수하고 승리한 뒤 음식을 거부하고 굶어 죽었다는 의로운 코끼리 등의 이야기를 기록하고 있는 것이 보인다. 이 기사는 『열하일기』 「동란섭필(銅蘭涉筆)」에도 인용되고 있어, 코끼리는 18세기 연행사가 베트남 풍속을 이해하는 데에도 일조했음을 알 수 있다.[110]

(3) 백운관

백운관(白雲觀)은 북경의 서편문(西便門) 밖에 있는 도관(道觀)으로 도교 교파인 전진교(全眞敎)의 총본산으로 알려져 있다. 당나라 현종의 명에 의해 건립된 천장관(天長觀)이 그 전신인데, 장춘진인(長春眞人)이라는 별칭으로 알려진 구처기(丘處機, 1148~1227)에 의해 중창되었다. 구처기가 원나라 태조 19년(1224) 황제를 배알한 뒤 기존에 태극궁(太極宮)이라 일컬어지던 것을 장춘궁(長春宮)으로 개칭했으며, 그가 사망한 뒤 제자인 윤지평(尹志平)이 장춘궁의 동쪽에 처순당(處順堂)을 지어 구장춘의 유해를 모셨다. 명나라 초기에 이 건물을 중심에 두고 중건하여 백운관이라 불렀다. 청나라 강희제가 중수하였으며, 명나라 판본인 『도장(道藏)』이 이곳에 수장되어 전해졌다고 한다.

백운관은 연행사가 접할 수 있는 가장 큰 도교 사원이었기에 도교에 관심 있는 연행사는 이곳을 방문하였다. 18세기 연행록 가운데 이기지의 『일암연기』(1720), 이의봉의 『북원록』(1760), 박지원의 『열하일기』(1780), 김

---

110 이상 코끼리에 대한 서술은 필자의 논문 「연행록에 보이는 동물 기사의 유형과 특징」, 『동방한문학』 62(2015)의 관련 내용을 정리한 것이다.

기성(金箕性)의 『연행일기(燕行日記)』(1790) 등에서 백운관과 관련된 기록을 찾아볼 수 있다.

백운관에 대해 가장 상세한 기록을 남긴 이는 이기지였다. 이기지는 북경 지역의 연혁을 정리한 『대흥현지(大興縣誌)』와 『완평현지(宛平縣誌)』[111]를 통해 백운관을 비롯해 대전단사(大旃檀寺), 백탑사(白塔寺), 보국사(報國寺), 천녕사(天寧寺) 등 북경의 이름난 사찰과 도관들을 확인하였다. 그리고 당시 사행단의 숙소였던 법화사의 승려 구진(瞿珍)과 대화를 나누며 그 위치를 일일이 확인하였다.[112] 이기지는 10월 3일에 백운관을 방문하여 이원강(李元堈)이라는 도사의 안내로 경내 곳곳을 구경하였다. 백운관을 찾아가기 전에는 천녕사탑으로 유명한 백운관 인근의 천녕사를 구경하였는데, 두 곳 모두 북경성 서편문 밖으로 나가면 볼 수 있는 곳이었다.

『일암연기』의 이날 일기에는 백운관의 외관과 입구에 선 패루 글귀 및 백운관 내부의 구조가 서술되어 있고, 도사들의 의관에 대해서도 언급되어 있다. 구처기의 무덤과 옥황전(玉皇殿) 및 두모전(斗姆殿) 내부의 신상(神像)을 차례로 구경하고 그에 대한 자세한 묘사를 자세하게 남겨 놓았다. 이기지는 백운관 도사 이원강과 문답하며 이곳 도사들의 구성과 수도하는 방식, 전진교의 교리에 대한 설명을 들었다.

> 나는 그제야 나를 안내해준 도사의 성명을 물었는데, 성은 이(李)이고, 이름은 원강(元堈), 자는 양화(陽和), 호는 광섭(鑛燮)이라고 대답

---

111 북경은 황성을 기준으로 동쪽이 대흥현, 서쪽이 완평현에 속하는데, 1712년에 연행한 김창업이 역관 오지항(吳志恒)을 통해 『대흥현지』를 접한 것은 앞에서 살펴본 바 있다.

112 이기지, 『일암연기』〈1720년 9월 29일〉, "夕往僧房, 與僧瞿珍話. 遍城內外寺觀, 以『大興縣誌』·『宛平縣誌』, 相證問之, 皆符合. 大旃檀寺及白塔寺·報國寺·天寧寺·白雲觀·黃金臺, 皆一一指示, 但不知薊丘所在處."

했다. 그 사람은 성품이 쾌활하고 사람을 편안하게 해주어 호감이 갔다. 내가 묻기를, "이 도관에 장천사(張天師)가 계시다고 들었는데, 지금 계시는지요?"라고 하자, 그가 "지난해에 용호산(龍虎山)[113]으로 돌아가셨는데, 올해 11월에 오실 것입니다."라고 대답하였다.

"용호산은 귀계(貴溪)[114]에 있지요?"

"그렇습니다."

"여기에 경(經)을 읽으며 수도하는 도사들은 없습니까?"

"천사[115] 정일(正一)이 이곳 백운관의 법문(法門)으로 하여금 전진교[116]의 교리에 마음을 두게 하여, 법가작용(法家作用)은 하지 않습니다."

"전진교에서는 수양술(修養術)을 하는 것이고, 법가작용은 부주술(符呪術)[117] 이 아닙니까?"

"그렇습니다."

"수도하는 도사는 어디에 있습니까?"

"성이 왕(王)인 분이 있는데 지금은 황제를 따라갔고, 며칠 뒤에 돌아올 것입니다."

"도법이 고명하면 마땅히 깊은 산속에 있어야 하거늘, 어찌하여 황제를 따라 속세에서 분주히 다니는지요?"

그러자 그 사람이 웃기만 하고 답변하지 못하였다.

---

113 강서성 응담시 서남쪽에 위치한 산으로 중국 도교 성지 중 하나이다.
114 강서성 동부에 위치한 귀계현을 말한다.
115 도교의 한 분파로 천사도(天師道)가 있고 그 교주를 천사라 한다. 1대 천사는 장도릉(張道陵)으로 후한 말기에 천사도를 창시했다. 천사의 전승은 장씨 종친을 원칙으로 한다.
116 금대(金代)에 성립된 도교 교단의 한 종파로 시조는 호농(豪農) 출신인 왕중양(王重陽, 1113~1170)이다. 전진교 사상의 핵심은 성(性)을 원신(元神), 명(命)을 원기(元氣)로 보는 성명설로, 원신 즉 성이 우주의 근원, 사람의 근본이라 하여 이 성명의 심오한 뜻의 깨달음을 추구하였다.
117 부적과 주문을 하나로 묶어 이용하는 방술을 말한다.

"이 도관에는 도사들이 몇 명이나 됩니까?"

"5백여 명입니다."

내가 말하기를 "5백 명 가운데 어찌 한 사람도 수도하는 자가 없단 말입니까?" 하니, 옆에 있던 도사가 글을 써서 보여주었다.

"백운관 안에는 도를 지키며 진리를 닦는 자가 참으로 적지 않습니다. 만나 보고 싶으면 직접 단방(丹房)[118]에 가보면 되니, 한번 따라나서서 방문하는 것도 좋겠습니다."[119]

이날 이기지는 부친 이이명과 자신의 사주를 이원강에게 알려주어 점술에 능한 도사에게 사주풀이를 부탁하고 사신이 머무는 관소를 방문해 줄 것을 요청하였다. 10월 6일에 약속대로 백운관 도사 이원강이 조선 사신들의 관소로 찾아왔는데, 이때 이기지는 약과(藥果) 등을 대접하였다. 10월 11일에 다시 백운관을 방문한 이기지는 이원강의 소개로 백운관을 대표하는 관주(觀主) 왕청허(王淸虛)를 만나 수련법을 물었으나 수련법에 대한 별다른 설명 없이 황제를 위하여 기도할 뿐이라는 말을 들었다. 그리고 이원강으로부터 백운관의 도사 가운데 『도덕경(道德經)』을 읽은 사람이 없다는 것을 알게 되었고, 백운관 도사들의 도학적 수준이 낮다고 생각하며 크게 실망하였다.

이의봉은 『북원록』 제1권의 「산천풍속총론(山川風俗總論)」에서 백운관의 도사가 300명이나 된다고 하면서 북경의 사찰과 도관 가운데 백운관이 큰 규모로 손꼽을 수 있다고 하였다. 이의봉은 기존 문헌들을 참고해 가면서 백운관과 관련된 정보를 자신의 연행록에 상세히 기록하였다. 『원

---

118 신선이 사는 집이라는 뜻으로 도교 사원에서 도사들이 수련하는 방을 일컫는다.
119 이기지 저, 조융희·신익철·부유섭 역 (2016), 앞의 책, 280~281쪽; 『일암연기』 〈1720년 10월 3일〉.

사(元史)』에서 구처기의 인물 정보를 자세하게 인용하였고, 명나라 우신행(于愼行)의 저작으로 추정되는 『곡성산방필진(穀城山房筆塵)』에서 칠진인(七眞人)의 이름을 인용하여 칠보전(七寶殿)에 안치된 칠진상(七眞像)에 대한 정보를 제시하였다.[120] 아울러 『제경경물략(帝京景物略)』을 참조하여 매년 정월 19일에 구처기의 생일을 기념하여 백운관에서 술을 올리는 '연구절(燕九節)' 풍습을 소개하기도 하였다.

박지원은 「앙엽기(盎葉記)」에서 북경의 주요 사묘(寺廟)들을 망라하여 서술하였는데, 백운관도 그 가운데 들어 있다.[121] 이 글에서는 먼저 백운관의 규모가 천녕사 못지않게 크다는 점과 입구에 있는 패루의 글귀 등이 언급되었다. 이어서 구처기를 안치한 곳과 옥황전의 내부 모습을 비롯하여, 두모전과 도사들의 거처 등에 대하여 간략하게 요약하여 서술하였다. 그러면서 "도사들이 거처하는 행랑채는 천여 칸이나 되는데 모두 맑고 정숙하여 먼지 하나 일지 않는다. 쌓아 둔 서책들은 모두 비단 두루마리에 옥으로 만든 굴대로 되어 있으며, 마룻대와 처마까지 채우고 있었다. 술과 술잔, 제기 등의 그릇들이 비범하고 예스러우며, 병풍과 서화 중에는 왕왕 세상에 아주 드문 보물들이 있다."[122] 라고 하여, 그 규모가 광대하며

---

[120] 이의봉, 『북원록』 〈1761년 2월 3일〉, "전각의 동쪽 익랑이 칠보전인데 전 안에 칠진상을 벌여 놓았다. 『곡성산방필진』을 살펴보니 다음과 같다. '석(釋)에는 두 종(宗)이 있다. 하나는 금나라 왕철(王嚞)에게 전수하였고, 왕철은 7명의 제자에게 전수하였는데, 구처기(丘處機), 담처단(譚處端), 유처원(劉處元), 왕처일(王處一), 학대통(郝大通), 마옥(馬鈺), 마옥의 처 손불이(孫不二)는 세상에서 '칠진'이라 말하는데 이것이 북종(北宗)이다.'"

[121] 「앙엽기」에서 서술하고 있는 대상은 홍인사(弘仁寺)·보국사(報國寺)·천녕사(天寧寺)·백운관(白雲觀)·법장사(法藏寺)·태양궁(太陽宮)·안국사(安國寺)·약왕묘(藥王廟)·천경사(天慶寺)·두모궁(斗姥宮)·융복사(隆福寺)·다조사(夕照寺)·관제묘(關帝廟)·명인사(明因寺)·대륭선호국사(大隆善護國寺)·화신묘(火神廟)·북약왕묘(北藥王廟)·숭복사(崇福寺)·진각사(眞覺寺)·이마두총(利瑪竇塚) 등 20곳에 이른다. 북경 내의 사찰과 도관 외에 화신의 사당과 이마두의 무덤에 이르기까지 두루 포함되어 있다.

[122] 박지원 저, 김혈조 역(2017), 『열하일기 3』, 355쪽; 『열하일기』 「盎葉記」 「白雲觀」.

각종 서책과 서화, 제기 중에 오래된 보물이 적지 않다고 하였다.

김기성도 『경술연행일기』에서 연구절과 관련된 전설과 풍습을 소개하였다. 여기에서는 구처기가 정월 19일에 다른 사람의 모습으로 화하여 나타난다는 전설이 있어 도성의 사녀들이 백운관에 모이며, 도사들이 소나무 아래에서 가부좌하고 앉아 그를 만나는 행운을 기다린다고 하였다.[123]

(4) 태학

근대 이전 중국의 최고 학부인 태학(太學)은 대부분의 연행사가 탐방한 곳이었다. 산해관과 열하 등지에도 태학이 설치되어 있어 이를 방문한 기록도 있으나, 북경의 태학을 관람하고 그 소감을 적은 기록이 가장 많이 보인다. 태학 안에는 성전(聖殿), 명륜당(明倫堂), 학서(學署), 계성사(啟聖祠), 규문각(奎門閣), 명환사(名宦祠), 향현사(鄉縣祠) 등의 부속 건물이 있고, 주변에는 순천부학(順天府學)과 문천상 사당(文天祥祠堂) 등이 있었다. 태학 안에는 주나라 문왕(文王) 때 새겨져 가장 오래된 금석문으로 알려진 석고(石鼓) 또한 있어, 그야말로 볼거리가 풍부한 명소였다. 태학을 방문한 기록은 18세기 연행록에 두루 보이는데, 그중 이기지는 태학을 두 차례 방문하고 자세한 기록을 남겼다. 이기지가 첫 번째로 태학을 찾아갔을 때의 기록 일부를 소개한다.

> (안정문 길가에서) 동쪽으로 백여 보쯤 가자 맞은편에 패루 하나가 서 있었는데 거기에도 육현방(育賢坊)이라고 씌어 있었다. 패루는 대부분 두

---

[123] 김기성, 『연행일기』, "正月十九日, 都人集白雲觀, 游衍紛沓, 走馬蒲博, 謂之燕九節. 或曰閻丘, 或曰宴丘. 相傳是日眞人必來, 或化冠紳, 或化士女, 或化乞丐, 於是羽士十百, 結坐松下, 冀幸一遇之."

개가 마주 보는 방식으로 서 있었는데, 두 패루의 중간에 부학을 두었다. 부학 앞에는 영성문(欞星門)이 있었다. 영성문 안에는 연못을 파서 반달 모양으로 만들고 다리를 가로질러 놓았으니, 이것이 곧 반수(泮水)이다. 반수의 북쪽에 문이 세 개가 있었는데, 가운데 문은 '대성문(大成門)', 왼쪽 문은 '금성문(金聲門)', 오른쪽 문은 '옥진문(玉振門)'이라고 씌어 있다. 옥진문으로 들어가자 성전(聖殿)이 나왔으며, 뜰의 좌우로는 측백나무가 많이 심어져 있었다. 성전은 다섯 칸이고 남향이며, 좌우로 낭무(廊廡)가 있다. 성전은 대성문·반수·영성문과 일직선을 이루고 있다.

명륜당(明倫堂)은 성전의 동쪽에 있으며, 학서(學署)가 그 사이에 자리 잡고 있다. 명륜당의 북쪽에는 계성사(啓聖祠)가 있다. 규문각(奎門閣)은 명륜당 동쪽에서 약간 북쪽으로 자리 잡았다. 문승상(文丞相, 文天祥)을 모신 사당은 명륜당의 동쪽에서 약간 남쪽으로 자리 잡았다. 중문(中門)이 있었는데, 문의 왼쪽이 명환사(名宦祠), 오른쪽은 향현사(鄕縣祠)이다. 성전의 바깥 편액은 '선사(先師)'라 씌어 있고, 안쪽 편액에는 '만세사표(萬世師表)'라 씌어 있는데, 황제의 글씨였다. 산해관의 태학에도 모두 이런 편액을 걸어 놓았으니, 중국 천하의 모든 학궁(學宮)이 다 그러할 것으로 짐작되었다.

위패에는 '지성선사 공자지위(至聖先師孔子之位)'라고 씌어 있었다. 왼쪽에는 안자(顏子)와 자사(子思)를 배향하였고 오른쪽에는 증자(曾子)와 맹자(孟子)를 배향하였으며, 위패에는 각각 '복성 안자(復聖顏子)'·'술성 자사(述聖子思)'·'종성 증자(宗聖曾子)'·'아성 맹자(亞聖孟子)'라고 씌어 있었다. 그 좌우로 십철(十哲)의 위패가 나뉘어 모셔져 있으며, 모두 '선현(先賢)'이라는 두 글자가 씌어 있었다. 십철의 아래에 주자가 배향되어 있었는데, 또한 '선현'이라 씌어 있었으며 위패는 동쪽에 자리 잡았다. […]

나는 배례를 올렸는데, 우리나라에서는 개인적으로 배알하는 것을 금하고 있으나 이곳에서는 금하지 않았기 때문이다. 또한 생각건대, 성인들이 변발한 사람들의 절을 받은 지가 100년 가까이 되다가 지금 복건에 가죽 띠를 하고서 이 앞에서 예배를 드리니, 혹 문명이 열릴 조짐이 될는지 또한 알 수 없는 일이다. 그러나 성전은 황량하고, 단청은 어두워 통탄스러웠다. 성전의 뜰에 비석 두 개가 있었고, 명륜당 앞에는 비석이 더욱 많았으나, 모두 다 살펴볼 겨를이 없었다.[124]

육현방의 패루로부터 영성문으로 들어가 반수를 지나 옥진문을 통과해 문묘에 이르는 과정을 상세히 서술하고, 문묘 안에 놓인 위패의 칭호와 놓인 자리에 대해서도 하나하나 빠짐없이 기록하였다. 공자의 신위에 배례를 올리면서 백 년 동안 변발을 한 만주족의 인사를 받다가 중화의 의관을 차려입은 자신을 보고 공자도 반가워하리라는 상념에 젖었다. 그러면서 중화의 문명이 다시 열릴 조짐이 될지도 모른다고 하였는바, 만주족 치하에 놓인 중국의 현실에 대해 애석해하는 심리를 느낄 수 있다. 대성전과 명륜당의 비석이 많았으나 일일이 살펴볼 겨를이 없다고 하였는데, 이어서 이기지는 문묘 옆에 위치한 숭교방(崇敎坊) 쪽으로 가서 이륜당(彝倫堂) 등 각 당과 편액, 통로에 위치한 문들과 석고(石鼓)를 비롯한 각종 기물들을 살펴본다.

태학 안에는 이처럼 명소가 많기에 박지원 같은 경우에는「알성퇴술(謁聖退述)」이란 표제하에「순천부학(順天府學)」,「태학(太學)」,「학사(學舍)」,「역대비(歷代碑)」,「명조진사제명비(明朝進士題名碑)」,「석고(石鼓)」,

---

124 이기지 저, 조융희·신익철·부유섭 역(2016), 앞의 책, 237~238쪽;『일암연기』〈1720년 9월 26일〉.

「문승상사(文丞相祠)」, 「문승상사당기(文丞相祠堂記)」 등으로 세분하여 각기 상세한 기록을 남겼다. 여기에서 박지원은 『장안객화(長安客話)』, 『태학지(太學志)』 등의 문헌을 참조하여 태학의 제도와 태학 건물과 기물을 보수한 연혁, 그리고 태학생들이 어떠한 공부를 했는지 등에 대해 자세히 서술하였다. 아울러 자신이 열하에서 숙소로 머물렀던 열하의 태학과 북경의 태학을 비교해서 "내가 지난번에 알현했던 열하의 태학은 이 북경 태학을 본떠서 지은 것이다. 지금 공묘의 모양을 두루 살펴보니, 명나라의 옛것을 그대로 따랐다는 생각이 들고, 황제의 태화전에 비해 약간 작지만 만든 제도는 아주 정제되어 대동소이했다. 뜰과 섬돌의 넓이와 행랑과 곁채의 둘레는 동악묘(東岳廟)에 비교할 바가 아니었다."[125] 라고 하였다.

태학에 있는 많은 명소 중에서 특히 연행사의 관심을 끈 것은 주나라 선왕 때의 사냥 기록을 새겼다고 하는 석고(石鼓)였다. 석고는 북 모양으로 된 10개의 돌 표면에 진대(秦代)의 전자(篆字)에 가까운 문자가 새겨져 있다. 각 돌마다 모두 사언시(四言詩)가 한 수씩 새겨져 있는데, 내용은 모두 사냥에 대한 것이다. 석고는 원래 섬서성 부풍현(扶風縣) 서북쪽에 있던 것을 당나라 때 봉상부(鳳翔府) 공자묘(孔子廟)로 옮겨 왔다가, 다시 북경의 국자감(國子監)으로 이전했다고 한다. 당 이후 몇 번의 곡절을 거쳐 원나라 대덕 11년(1307)에 우집(虞集)이 대도교수(大都敎授)가 되어, 전란 후 진흙 속에서 찾아내어 비로소 국학의 대성문 안에 옮기고 좌우로 늘어놓았다고 한다. 태학 안에 있었기 때문에 흔히 '태학 석고'로 불린다. 앞에서 이기지가 석고를 살펴보았다고 했는데, 대성문으로 들어가서 마주한 석고의 모습에 대해 "석고는 대성문 안의 대(臺) 위에 열 개가 동서로 나뉘어 있었다. 바닥에 줄지어 세워 놓았는데, 크기는 한 아름 남짓이고, 사람의

---

[125] 박지원 저, 김혈조 역(2017), 『열하일기 3』, 321쪽; 『열하일기』 「謁聖退述」 「太學」.

넓적다리 높이였다. 둥글면서도 허리 부분이 더 넓었으며, 위쪽과 아래쪽으로 가면서 조금씩 좁아져 북 모양 같았다. 서쪽에 있는 한 석고는 윗부분이 넓고 아랫부분이 뾰족하며 가운데가 비어 있어 돌절구 같았다. 글자는 대부분 벗겨져 알아볼 수 없었는데, 그중 세 개가 가장 온전하여 각각 수십여 글자씩 남아 있었다."라고 묘사하였다.

김창업은 태학에서 보고 싶은 것들 중에 '주(周) 선왕(宣王) 때의 석고'를 꼽았는데, 1713년 2월 13일에 태학을 방문하여 직접 석고를 본 바를 다음과 같이 기록하였다.

중문 안에 석고 10개가 있는데 동서쪽에 놓여 있었다. 높이는 2자이며 너비는 1자 남짓했는데 생김새는 돌확[石臼] 같았다. 석고는 주 선왕이 크게 사냥을 했을 때 지은 것이다. 모양이 북처럼 생겼으므로 이름을 석고라 하였다. 글자는 주서(籒書)인데 그 문장은 네 자씩 되어 있다.
[…] (『대흥현지』를 인용해 석고가 태학에 있게 된 유래를 기술함)
석고는 갑·을·병·정·무·기·경·신·임·계로 나열하였다. 글자는 모두 657자인데 다 마멸되고 남은 것이 겨우 25자였다. 탁본을 뜨면 그래도 글자 형태가 있다. 당나라 한유(韓愈)와 송나라 소식(蘇軾)이 지은 〈석고가(石鼓歌)〉가 바로 이것이다. 혹은 말하기를, '주 선왕 때가 지금부터 2,000여 년 이전인데 어떻게 전할 수 있겠는가?' 하는데, 이 말은 옳지 않다. 이것은 글씨나 그림이 아니므로 파손될 염려가 없고, 또 금은보석과는 달리 쓸모가 없으니, 비록 만년을 간다 한들 보존이 가능할 것이다. 곁에 한 비석이 섰는데, 예자(隸字)로 석고의 글을 쓴 것이었다.[126]

---

[126] 김창업, 『연행일기』 〈1713년 2월 13일〉.

그림 24 | 태학 석고, 신춘호 촬영

석고의 위치와 배열, 높이 2자 너비 1자 남짓이라는 구체적 크기, 그리고 석고에 새겨져 있는 글씨와 문장의 형식에 대해서까지 자세히 기술하였다. 아울러 석고가 태학에 있게 되기까지의 내력에 대해서『대흥현지』 등의 책을 참고하여 소개하였다. 열 개의 석고에 새긴 글자는 총 657자인데 모두 마멸되고 남은 것이 겨우 25자라고 하였는데, 이기지가 「석고첩서(石鼓帖序)」에서 완전히 남아 있는 것이 26자이고, 모호한 형태로 추정할 수 있는 글자와 구본(舊本)을 통해 확인되는 글자까지 합해서 모두 223자라고 한 것과는 차이가 있다.[127] 한편 송시열은 임진왜란 중에 명나라에 사행 다녀온 조정견(趙庭堅)의 『석고첩(石鼓帖)』에 쓴 발문에서 송나라 황우 연간(1049~1054)에는 판독할 수 있는 글자가 465자였고, 소식 당대에 이미 24자밖에 판독할 수 없었다고 하여 또 다른 차이를 보이고

---

127 이기지는 10월 19일에 다시 한 번 태학을 찾았는데, 이때 문지기를 통해 석고의 인본(印本)을 입수하였다. 귀국한 뒤에 지은 「석고첩서」에서 "遂印而歸. 倂音訓碑爲此帖. 字完者僅二十六, 糢糊隱約可指爲某字者, 七十餘, 就其偏旁點畫之髣髴, 按舊本補缺而爲完字者, 又百餘, 摠之二百二十三."라고 하였다.

있다.[128] 조선의 사대부 문인이 이처럼 석고에 관심을 가지고 남겨진 글자 수까지 헤아리는 것은 그만큼 석고가 현존하는 최고의 금석문이라는 점 외에도 중화 문명의 표상처럼 인식되었기 때문으로 생각된다.[129] 김창업은 한유와 소식의 〈석고가〉에 대해 언급한 뒤에 그 옆에 예서(隸書)로 석고의 글을 적은 비가 있다는 말로 글을 끝맺었다. 예서로 쓴 비란 반적(潘迪)이 지은 「석고문음훈비(石鼓文音訓碑)」를 가리키는 것으로 보인다.[130]

김창업은 태학의 석고가 연행에서 첫째가는 기관(奇觀)의 하나라고 꼽았거니와, 박지원 또한 "내가 나이 열여덟에 처음으로 한유와 소식의 〈석고가(石鼓歌)〉라는 한시를 읽고, 그 문사를 특이하게 여겼으나, 다만 실제 석고의 전 문장을 볼 수 없음을 한으로 여겼다. 그런데 지금 내 손으로 직접 그 석고를 어루만지고서, 입으로는 반적의 「석고음운비(石鼓音韻碑)」까지 읽게 되었으니, 이 어찌 외국인으로서 더없는 행운이 아니겠는가?"[131]라고 하며, 젊은 시절 서책을 통해 접했던 석고를 직접 보게 된 기쁨에 감격했다.

조선의 많은 문인들이 직접 석고를 본 소감을 담은 시문을 남겼는데,

---

[128] 송시열, 『송자대전』 권147 「書石鼓帖後」, "古今論石鼓者多矣. 宋皇祐年間, 其文可見者, 四百六十五字, 至東坡時, 惟二十四字可讀. 今茲趙承旨庭堅朝天時印本, 則惟維楊與柳四字分明, 而餘又不可讀矣."

[129] 위백규(魏伯珪, 1727~1798)가 명 태조 주원장의 어필을 보고 감회를 쓴 글에서 "먼지가 온 천하에 자욱하여 석고가 중화(中華)에서 자취를 감췄고, 푸른 숭산(嵩山)과 맑은 낙수(洛水)에는 당우(唐虞) 삼대의 옛 유물을 찾아도 구할 수 없지만, 기자(箕子)에게 봉한 수천 리 땅은 오랜 세월이 흐른 뒤에도 한 치의 푸른빛을 간직하고 있으니 그 얼마나 다행인가."(『存齋集』 권21 「敬書大明高皇帝御筆眞墨後」)라고 한 데서 석고를 중화 문명의 표상으로 인식하고 있음이 잘 드러난다.

[130] 박사호, 『연계기정』 「留館雜錄」 「石鼓辨」, "곁에 협산(協山) 반적의 석고문음훈비가 서 있는데, 곧 예서이다. 문 오른쪽에 창려(한유)의 석고시(石鼓詩)를 장조(張照)의 글씨로 새긴 비석이 있다."

[131] 박지원 저, 김혈조 역(2017), 『열하일기 3』, 330쪽; 『열하일기』 「謁聖退述」 「石鼓」.

관련 연구에 따르면 17세기 전반까지의 작품이 주로 석고의 유구하면서도 기구한 역사에 감탄하고 주나라 문명에 대한 숭상과 동경심을 표출하였다면, 17세기 후반에서 18세기 전반에 창작된 석고 관련 시문에는 청이 중국을 지배한 당시 현실을 애통해하는 심정이 투영되었다. 그리고 18세기 후반에 들어서면 고증학과 금석학 열풍이라는 학문 풍토를 반영해 건륭제가 석고를 새로 제작한 일로 조선 문인들의 석고에 대한 관심은 한층 높아지며 석고를 이념적으로만 인식하지 않고 보다 객관적으로 바라보고자 하는 지향을 드러내고 있다고 한다.[132]

(5) 유리창

유리창(琉璃廠)은 송대 연수사(延壽寺) 옛터로 정양문 밖 남쪽 성 밑에서 선무문 밖까지 이르는 곳에 조성된 각종 점포가 들어선 시사(市肆)를 말한다. 동쪽 거리 끝의 북쪽에 유약을 발라 구운 유리 기와를 만드는 공장이 있어서 유리창이란 이름을 얻었다. 청조의 지배 이후 북경성 안에는 한족(漢族)이 거주할 수 없게 했으므로, 북경성 남쪽에 위치한 이 지역 인근에 한족들의 주거가 밀집해 있었다.

명나라 말엽부터 조성되기 시작한 이 거리는 북경 시내에서 각종 서적, 서화가 활발히 거래되는 곳이었다. 그런데 18세기 전반의 연행록에는 유리창에 관한 기록이 전혀 보이지 않는데, 이는 아마도 18세기 후반에 이르러서야 유리창이 서사(書肆)가 밀집한 서적의 거리로 형성된[133] 것과 관련이 깊어 보인다. 유리창에 대한 기사는 1752년에 동지겸사은사의 부사

---

[132] 전연, 「조선문인들의 石鼓에 대한 관심과 관련 시문 고찰」, 『동아인문학』 35(2016) 참고.
[133] 박현규, 「조선 사신들이 견문한 北京 琉璃廠」, 『중국학보』 45, 2002.

로 북경에 간 남태제(南泰齊)의 『초자록(椒蔗錄)』이 최초인 것으로 보이는데, "서장관(書狀官)과 함께 유리창에 나갔는데, 이곳이 연경 제일의 시장이었다. […] 비로소 두세 서포(書鋪)를 보니, 층층이 시렁을 줄지어 놓고 여러 책들이 쌓여 있었다. 모두 서명(書名)을 표시해 놓았는데 몇 만 권이나 될지 알 수 없었다. 대부분 평소에 이름을 들어 보지 못한 책들이었다."[134] 라고 하였다. 줄지어 늘어놓은 시렁에 쌓인 책마다 서목을 표시해 두었으며, 대부분 처음 보는 것들로 몇 만 권이 될지 모른다고 한 것으로 보아, 남태제가 방문한 서사는 대형 서점이었던 것으로 여겨진다.

유리창이 서적, 서화 및 문구류 유통의 중심지로 비약한 것은 1773년 건륭제가 『사고전서』 간행 칙령을 반포한 것이 커다란 계기가 되었다. 건륭제가 각 성의 관리들에게 각종 도서를 수집해 바치게 하자, 중국 전역의 도서들이 북경으로 물밀듯이 밀려들었고, 각종 서적이 유리창으로 모여들면서 이곳은 문화거리로 새롭게 면모를 갖추었다. 전국에서 몰려든 과거 수험생들이 서적을 구입하고 정보를 교환하는 사랑방 구실까지 겸하게 되면서, 늘어선 상점이 27만 칸이나 될 정도로 성황을 이뤘다. 유리창 동쪽 거리에는 서점과 안경, 담뱃대 등 일용잡물을 파는 상점이 많았고, 서쪽 거리에는 서점이 적은 대신 골동품점과 법첩, 서화표구점, 인장포, 글씨 써주는 집, 간판집 등이 밀집해 있었다. 이들 상점에서 과거시험 기간에는 전국에서 몰려든 수험생에게 필요한 각종 소모품을 판매해서 사람을 끌었다. 유리창 서점에 대해서는 청나라 이문조(李文藻)가 1769년에 쓴 「유리창서사기(琉璃廠書肆記)」에 상세한 내용이 보인다.[135]

홍대용은 유리창과 이곳 서점을 구경한 느낌을 다음과 같이 기록했다.

---

[134] 남태제, 『椒蔗錄』 〈1753년 1월 13일〉, "書狀同出琉璃廠, 此是燕京第一市肆. […] 初觀數三書鋪, 列置層架庋, 積群書. 皆標以書名, 不知其幾萬卷. 多有素未聞名之書."
[135] 정민 외, 『북경 유리창』 (민속원, 2013) 참고.

시중에는 서적과 비판(碑版), 명기(銘記)가 있는 정이(鼎彝)·골동품 등 모든 기완(器玩) 잡물들이 많다. 장사를 하는 사람들 중에는 과거를 보고 벼슬을 얻기 위해 온 남방의 수재들이 많기 때문에, 이곳에 있는 사람 중에는 가끔 명사들이 끼어 있다. 시장의 전체 길이는 5리쯤 된다. 비록 누각과 난간의 호화나 사치는 다른 시장만 못하지만, 보배스럽고 괴상하며 기이하고 교묘한 물건들이 넘쳐흐르게 벌여 쌓여 있고, 시장의 위치 또한 고아(古雅)하였다. 길을 따라 서서히 걸어가면 마치 페르시아[波斯]의 보물 시장에 들어간 것처럼 그저 황홀하고 찬란하기만 해서 종일 다녀야 물건 하나 제대로 감상할 수 없었다.

책 가게는 일곱이 있다. 3면의 벽으로 돌아가며 수십 층의 시렁을 달아매고 상하로 부서별 표시를 해서 질서정연하게 진열해 두었는데 각 권마다 표지가 붙어 있다. 한 점포 안의 책만 해도 수만 권이나 되어 고개를 들고 한참 있으면 책 이름을 다 보기도 전에 눈이 먼저 핑 돌아 침침해진다.[136]

동문에서 서문에 이르는 유리창 큰길 좌우에 서사가 즐비하였는데, 그중 가장 큰 곳은 문수당(文粹堂)·오류거(五柳居)·선월루(先月樓)·명성당(明盛堂)·문회당(文繪堂) 등이었다. 유리창 서사를 운영하던 인물들은 대개 강남과 강서 지역 출신들이 대부분이었다. 이들이 수집한 장서를 보기 위해 모여드는 사람들은 조선 연행사뿐만 아니라 청국 지식인들과 대부분 유리창에 숙소를 정한 지방 출신의 과거 준비생들이 주류를 이루었다. 이 때문에 유리창 서사는 조선 사절과 중국 문인이 만나 비공식적으로 양국의 정보를 교환하거나 학문과 문예를 교류할 수 있는 중요한 장소가 되

---

[136] 홍대용, 『연기』 「유리창」.

었다. 홍대용이 반정균·엄성·육비 등과 교유를 나누게 된 것도 유리창 서점에서 안경을 빌린 일에서 연유하였으며 이후 서로의 거처를 왕래하기 시작했다.

1801년 세 번째의 사행 기록인 유득공의 『연대재유록(燕臺再遊錄)』은 구체적인 일정은 대부분 생략하고 당시 만난 중국 문인과 교유한 내용이 대부분을 차지하고 있다. 유득공은 유리창을 수시로 찾아 중국 문인들과 사귀었는데, 절강성 전당(錢塘) 출신인 최기(崔琦)가 운영하던 취영당(聚瀛堂)을 특히 많이 방문하였다. 유득공은 "취영당은 특히 서적을 깨끗하게 관리했다. 넓은 정원에 점붕(簟棚)을 설치하여 햇볕에 따라 여닫았으며, 의자 서너 개를 두고 상과 탁자, 붓과 벼루를 깔끔하게 갖추었다."라고 하였는데, 점붕은 삿자리로 둘러친 자그마한 집을 말한다. 아마도 이 점붕에서 취영당을 찾은 문사들이 대화를 나누며 시를 짓고 서화를 즐기곤 했을 것이다. 당시 초여름으로 무척 더운 날씨였기에 유득공은 날마다 수레를 빌려 타고 취영당에 가서 탕건 바람으로 의자에 앉아 책을 보며 소일하는 것을 낙으로 삼았다. 마침 과거를 보는 해여서 각 성(省)에서 초시에 급제한 거인(擧人)들이 회시를 치르기 위해 북경에 몰려든 때였다. 이들 중국 문사 또한 유리창을 즐겨 찾았기에 유득공은 종종 마음이 맞는 자를 만나기도 했다고 하였다. 그중 그림에 능한 진삼(陳森)이란 문인은 최기의 권유로 유득공의 초상을 그려주기도 했는데, 유득공은 그 경위를 다음과 같이 적었다.

진삼은 강남 진강(鎭江) 사람인데, 그림을 잘 그리며 전신(傳神, 초상화)에 특히 뛰어났다. 취영당에 자주 와 노니는데 최생과는 매우 친한 사이였다. 최생이 나에게 말하기를,
"어찌하여 진공에게 초상화를 부탁하지 아니하오?"

하기에, 나는 대답하였다.

"교분이 얕아서 선뜻 청하지 못하겠소."

"내가 마땅히 공을 위하여 청해 보겠소."

라고 하였는데, 며칠 후에 진공이 와서 나에게 말하였다.

"공은 고국에 있을 때 초상화를 그리게 해본 적이 있었소?"

"그런 적이 없었소. 우리나라의 화사(畵師)가 '사람이 마지(麻痣, 얽은 자국이나 사마귀가 난 것), 호자(鬍髭, 수염이 덥수룩한 모양), 관골(觀骨, 광대뼈)이 특이한 데가 있으면 전신하기가 용이하다.'고 했는데, 나는 외모가 평범하므로 어렵겠다고 여긴 것이겠지요."

"그림 그리는 솜씨의 고하는 논할 수 있지만, 외모에 어찌 쉽고 어려울 게 있겠소. 마땅히 공을 위하여 붓을 잡아 보리다."

하고는, 진생이 교의(交椅)를 마주해 앉더니, 분지(粉紙) 한 폭을 펴 놓고 붓을 깨물며 한참 동안 쳐다보았다. 나더러 옷깃을 정제하고 단정히 앉으라 하더니, 조금 후에는 또 담배를 피우고 차를 마시며 돌아보고 웃으면서 말을 해보라고 하였다. 얼마 지나 진생의 어깨 뒤에서 보고 있던 사람들의 입에서 매우 비슷하다는 말이 나오는 사이에 초상화가 이미 완성되었다. 거울을 끌어당겨 비추어 보니, 자못 신운(神韻)을 얻은 것으로 이미 정본(正本)이 이루어져 우리나라 화사들이 두세 번씩 고쳐 그리는 것과는 달랐다. 진생이,

"이것은 웃으려고 하면서 아직 웃지 않는 모습이지요. 배경을 그려 넣어야 하는데, 댁의 누옥(樓屋)은 어떤 모습입니까?"라고 하기에, 내가 답하였다.

"가옥 제도가 중국과는 조금 다르지요. 내 집에 고매(古梅) 한 그루가 있는데, 이로써 배경을 삼으면 어떻겠소?"

진생은 "좋습니다." 하더니, 드디어 〈매화거석간서도(梅花踞石看書圖)〉

를 만들었다. 그것을 가지고 관소로 돌아오자, 정사와 부사가 보고서는 고수라고 탄복하였다. 나를 시켜서 기필코 초대하고자 하였는데, 진생은 날마다 왕공, 패륵(貝勒) 같은 귀인들의 집에 노닐어서 다시 볼 수 없었다.[137]

취영당 주인 최기의 친구 진삼에게 초상화를 얻게 된 경위가 자세히 소개되어 있다. 친구의 부탁에 따라 조선 문사의 초상을 즉석에서 그려주는 진삼의 소탈한 풍모와 함께 조선과 청나라 문인 사이의 진솔한 교유의 한 장면이 눈에 선하게 그려진다.

이덕무는 1778년 연행했을 때에 박제가와 함께 유리창 오류거(五柳居)에 들렀는데, 주인 도정상(陶正祥, 1730~1797)이 "책을 실은 배가 강남에서 와 통주(通州) 장가만(張家灣)에 닿았는데 내일이면 그 책을 이곳으로 수송하여 올 것이고, 책은 모두 4천여 권이 될 것이다"라고 하여 그 서목을 얻어 돌아왔다. 유리창에 유통되는 서적 대부분은 강남 지역에서 인쇄하여 운하를 통해 배로 통주의 장가만까지 수송되었고 이후 육로를 통해 유리창까지 운송되었는데, 한 번에 운송되는 책의 규모가 수천여 권에 이르렀음을 알 수 있다. 또한 각 서점마다 서목을 작성하여 조선 사절단처럼 대량의 책을 구매하려는 이들에게 서목을 비교하여 구입할 수 있는 편의를 제공하였을 정도로 서적의 유통이 대량화되었음을 짐작할 수 있다.

이덕무는 박제가와 함께 1778년 5월 19일 유리창에서 조선에 없는 책과 희귀본 서목을 작성하였는데, 그들이 방문한 서사는 대초당(帶草堂), 경수당(經腴堂), 영화당(英華堂), 문무당(文茂堂), 취성당(聚星堂), 서운당(瑞雲堂), 문수당(文粹堂), 숭수당(崇秀堂), 명성당(明盛堂), 성경당(聖經堂) 등

---

[137] 유득공, 『연대재유록』. 번역문은 〈한국고전종합DB〉에서 제공하는 것을 다듬은 것이다.

10곳에 달했다.[138] 이때 서장관으로 함께 사행한 심염조(沈念祖)는 1,783권 500책으로 이루어진 『통지당경해(通志堂經解)』를 구입하여 오기도 했다. 이 책은 청나라 태학사 서건학(徐乾學)이 당시까지 전해진 경서들의 각종 주석서를 부문별로 집대성하여 간행한 것이다. 심염조가 구매해 온 『통지당경해』는 궁중 서고인 개유와(皆有窩)에 소장되었는데, 성해응(成海應)은 그 서목에 대한 자세한 기록을 남기기도 하였다.[139] 당시 금서(禁書)로 지정된 책을 유리창 서사에서 구입해 오는 경우도 확인되니, 심염조는 당시 금서 300여 종 중 고염무(顧炎武)의 『정림집(亭林集)』을 오류거의 서사에서 입수하여 비장(秘藏)하여 오기도 하였다.

북경 유리창에서 가장 인기 있었던 조선의 책은 허준(許浚)이 편찬한 『동의보감(東醫寶鑑)』이었던 것으로 보인다. 『동의보감』은 중국 의원들에게 높이 평가되며 진귀한 서적으로 여겨졌기에 조선에 온 중국 칙사는 으레 『동의보감』을 구해 갔다고 한다.[140] 1798년에 사행하였던 서유문은 유리창의 서사 13곳을 소개하고는, 이들 서사에서 모두 『동의보감』을 3~4질씩 갖추고 있음을 말하였다.[141] 칙사가 구입해 오는 것만으로 그 수요를 충당할 수 없었기에 『동의보감』은 중국에서 자체적으로 출판하였다. 박지원은 우리나라 책이 중국에 들어가 다시 출판된 경우는 매우

---

138 이덕무, 『청장관전서』 권67 「入燕記 下」.
139 성해응, 『硏經齋全集·外集』 권21 「通志堂經解書目」.
140 이의봉, 『북원록』 〈1761년 2월 10일〉, "청심환의 제조법은 『동의보감』에 실려 있습니다. 이 책은 매번 칙사의 행차가 올 때마다 가지고 갑니다. (淸心丸製法載 『東醫寶鑒』, 此書每勅行携來矣.)"
141 서유문, 『무오연행록』 〈1798년 12월 22일〉, "호동(衚衕) 어귀에 또한 이문(里門)이 있고 문을 들어가자 책 가게가 있으니 각각 당호(堂號)를 명색을 나눠 숭문당, 문수당, 성경당, 명성당, 문성당(文星堂), 유당(裕堂), 취성당(聚星堂), 대초당(大招堂), 유무당(有無堂), 문무당, 영화당(英花堂), 문환재(文煥齋) 모두 13가게이다. […] 가게는 다 우리나라 『동의보감』을 고이 책으로 꾸며서 서너 질 없는 곳이 없으니, 저들이 귀하게 여기는 것인가 싶었다."

드문데,『동의보감』이 중국에서 성행하며 그 판본이 매우 정밀하다고 하였다. 그러면서 열하에서의 견문을 적은 「구외이문(口外異聞)」에서 '동의보감'이라는 표제하에 선조 연간 『동의보감』의 편찬 경위를 약술하고 나서, 1766년(건륭 31) 능어(凌魚)가 지은 중국판 『동의보감』의 서문 전문을 기록해 두었다. 서문을 소개하고 나서 박지원은 지금 이 책을 보자 구하고 싶은 마음이 간절한데, 문은(紋銀) 5냥을 마련할 수 없어 구입하지 못한 아쉬움을 말하면서 끝맺었다.

8) 열하: 피서산장과 외국 사신과의 교류

열하(熱河)는 청나라 황제의 별궁이 있던 곳으로 하북성 승덕시(承德市)에 있다. 승덕의 옛 명칭이 열하였기 때문에 열하행궁(熱河行宮) 혹은 승덕이궁(承德離宮)이라고 불렸다. 황제의 여름 집무지로 사용되었고 주변에는 소수민족 회유를 위한 여러 형식의 사원이 건축되어 정치·군사·외교적으로 중요한 역할을 담당하였다.

열하를 다녀온 사행은 1780년 건륭제의 칠순연과 1790년 건륭제의 팔순연을 축하하기 위해 파견되었던 진하(進賀)사절이다. 1780년 북경에 도착한 사행단 중 일부 일원만 급히 열하로 간 것으로 8월 9일부터 15일까지 머물렀다. 1790년의 진하사절은 심양을 거쳐 이도정(二道井)에서 곧장 열하로 가서 7월 15일부터 21일까지 머물렀다. 1780년 진하사절에는 박지원과 노이점이 연행록을 남겼는데, 박지원은 열하에서 견문한 바를 자세히 기록하고 『열하일기』라 이름하였다. 노이점은 열하에는 가지 않고 열하에 갔던 다른 이들을 통해 관련 기록을 남겼다. 1790년의 사행에서는 서호수와 유득공이 기록을 남겼는데, 유득공은 박지원과 마찬가지로 열하에 간 사실을 특기하여 『열하기행시주(熱河紀行詩註)』라고 제목을 붙였다.

박지원은 피서산장을 구경하고 「피서록(避暑錄)」을 남겼다. 그는 강희제가 열하의 36개 승경지에 각각 전각을 두고 이 전체를 합하여 피서산장(避暑山莊)이라 불렀다고 하였다. 아울러 1711년(강희 50) 6월 하순에 쓴 강희제의 기문(記文)을 자세히 싣고, 강희제가 노년에 주로 열하에 머무른다고 하였다. 한편 박지원은 피서산장이 강희 황제 때부터 역대 황제가 여름마다 더위를 피하던 곳이지만, 실제로는 피서를 위한 곳이기보다는 황제가 이곳에 궁을 두어 북쪽 오랑캐를 막고자 한 것이라고 하였다.[142] 이는 피서산장이 지닌 정치적 의도를 간파한 것으로, 청대의 사학자인 조익(趙翼) 또한 황제가 해마다 가을에 수렵하는 목적이 팔기병의 군사 훈련에만 있지 않고, 사실상 몽골 각 부에게 위협감을 느끼게 하여 통제하고 반란을 일으키지 못하게 하려는 데 있음을 말한 바 있다.

만주족의 역사에서 몽골은 언제나 중요한 요소였다. 몽골은 후금(청)이 북방 민족 중에서 주도권을 장악하고 유지하기 위해 복속시켜야 할 적대자인 동시에 제국을 경영하기 위해 협조받아야 할 동맹자이기도 했다. 청은 몽골을 동맹 세력으로 유지하기 위해 다양한 방식의 안정망을 설치했다. 첫째는 혼인, 둘째는 몽골을 분산시켜서 세력의 집중을 방지하는 것, 셋째는 몽골 귀족층의 자제를 북경으로 데려와 만주족 자제들과 함께

---

[142] 박지원 저, 김혈조 역, 『열하일기 1』, 돌베개, 2009, 449쪽; 『열하일기』「漠北行程錄序」, "지금 청나라가 천하를 통일한즉 비로소 열하라고 이름했으니, 열하는 만리장성 밖의 군사적 요해(要害)가 되는 곳이다. 강희 황제 시절부터 여름이면 황제가 항상 머물며 더위를 피하는 장소가 되었다. 궁전은 채색을 하거나 아로새기지 않고, 이름을 피서산장이라 하였다. 황제가 여기에 거처하며 책을 보기도 하고 아름다운 정원을 거닐며 천하의 일을 잊고 초탈하여 항상 평민이 된 것 같은 생활을 한다. 그러나 실제로는 여기가 지형적으로 험하고 중요한 곳을 차지하여 몽골의 숨통을 쥘 수 있는 변방 북쪽의 깊숙한 곳이므로, 이름은 피서를 한다고 하지만, 사실은 천자 자신이 나서서 오랑캐를 막으려는 속셈이다."

교육시키는 것, 넷째는 청 황제가 몽골의 왕공들을 만나서 위엄을 보이거나 인간적 친밀도를 높이는 것이었다.[143] 유득공 또한 〈열하〉 시의 3~4구에서 "대가의 은미한 뜻이 어디 있는가, 분명히 '피서산장'이라 이름했구나. (大家微意知何在, 明白題來避暑莊)"라 하고, 그 주석에서 열하는 북쪽으로 몽골을, 동쪽으로는 회회(回回)를 포섭하며, 서쪽으로는 요령·심양에 통하게 하고, 남쪽으로는 천하를 통제하려는 은미한 뜻을 숨기고 '피서산장'이라고 이름을 붙였다고 하였다.[144] 박지원과 함께 유득공 또한 황제가 열하의 피서산장에 머무는 정치적 의도를 정확히 간파했음을 알 수 있다.

박지원은 자신의 연행록에서 많은 부분을 열하에서 견문한 사실과 이곳에서 만난 중국 문사와의 교유를 기록하는 데 할애했다. 「태학유관록(太學留館錄)」은 숙소인 태학관에 머물며 중국 문인들과 교류한 내용을 기록했고, 「경개록(傾蓋錄)」은 열하에서 만난 중국 친구들에 대한 기록이며, 「망양록(亡羊錄)」은 윤가전(尹嘉銓) 등의 중국 학자와 고금의 음악에 대해 논한 대화 내용을 수록한 것이며, 「곡정필담(鵠汀筆談)」은 곡정 왕민호(王民皥)와 종교·정치·역사·문화·인물 등 다양한 분야에 대해 하루 종일 주고받은 필담을 기록한 것이다. 박지원은 열하에 있는 라마교의 교리와 황제가 예우하는 라마교의 지도자 반선(班禪)의 정체에 대해서도 비상한 관심을 지녔다. 「황교문답(黃敎問答)」은 황교, 곧 라마교의 교리에 대해 논한 것인데, 그 이면에는 황제가 그 지도자인 반선을 예우하는 정치적 목적을 간파하고자 하는 의도를 담고 있다. 「반선시말(班禪始末)」은 라마교의 법왕(法王)인 반선의 역사와 유래에 대해, 「찰십륜포(札什倫布)」는 사신들이 반선을 만난 경위를 기술한 것이다. 이 밖에 「심세편(審世編)」은 천하의 형

---

143 이훈, 『만주족 이야기』(너머북스, 2018), 297~319쪽 참고.
144 유득공 저, 실시학사 고전문학연구회 편역, 『열하를 여행하며 시를 짓다 - 열하기행시주』, 휴머니스트, 2010, 68쪽.

세를 살핀 글로 청나라의 문화 정책과 사상 통제의 실상을 분석한 글이며, 「산장잡기(山莊雜記)」는 열하에서 지은 여러 기문(記文)을 수록한 편으로 「일야구도하기(一夜九渡河記)」·「야출고북구기(夜出古北口記)」·「상기(象記)」같은 명문이 수록되어 있다.

건륭제의 칠순연과 팔순연에는 각국의 사신들이 참여하는 성대한 연회가 벌어졌기에 사행단은 열하에 머물면서 폭넓은 교류를 할 수 있었다. 열하의 연회에서 만난 각국 사절단의 모습과 교류 양상은 유득공의 『열하기행시주』에 자세히 기록되어 있다. 연회에 참석할 때의 모습을 노래한 〈연회에 참석하다(入宴)〉라는 시와 주석을 소개하면 다음과 같다.

東廊西廡布花氍　동랑과 서무에 꽃방석이 깔렸는데
蠻使番王坐位殊　만사와 번왕의 앉은 위치 다르구나.
日午機房傳內賜　한낮 기방(군기처)에서 하사품 내어주니
沈香如意鼻烟壺　침향목과 여의주, 비연통(鼻烟桶)이라네.

황제가 전각에 나아가 연희(演戲)를 관람하는데, 동무(東廡)에는 친왕(親王)·패륵(貝勒)·다라군왕(多羅郡王)·진국공(鎮國公)·보국공(輔國公) 등 여러 종실(宗室)이 차례로 모시고 앉았다. 서무(西廡)에는 몽골왕(蒙古王)이 첫째이고, 다음으로 회회왕(回回王), 그다음으로 안남국왕(安南國王)이 함께 앞줄에 모시고 앉았는데 회회 두목(頭目) 한 사람이 갑사(甲士)를 거느리고 모시고 섰다. 그다음에 본국 사신, 그다음에 안남국 배신(陪臣), 그다음에 남장(南掌, 라오스) 사신, 그다음에 면전(緬甸, 미얀마) 사신, 그다음에는 대만(臺灣) 생번(生番)이 함께 뒷줄에 모시고 앉았다. 날마다 상으로 비단류, 수 놓인 주머니, 자완(磁椀), 정교하게 꾸민 그릇[牙盤], 침향목과 단목·옥으로 꾸민 여의주(如意珠), 유리로 된 비연통 등 여

러 물건을 하사하는데, 모두 군기처(軍機處)에서 시행되었다.[145]

동무에 앉았다고 하는 친왕·패륵·다라군왕·진국공·보국공은 청나라 때 종실과 몽골 귀족에 대한 작위명이다. 이들에 대한 봉작(封爵)은 9등으로 나뉘었는데, 1등이 화석친왕(和碩親王), 2등은 다라군왕(多羅郡王), 3등은 다라패륵(多羅貝勒), 4등은 고산패자(固山貝子), 5등은 봉은진국공(奉恩鎮國公), 6등은 봉은보국공(奉恩輔國公)이었다. 여기에서 2등인 다라군왕과 3등인 패륵의 순서가 뒤바뀌어 있는데, 이는 아마도 유득공의 착오로 여겨진다. 몽골 귀족을 종실과 같은 자리에 앉게 하여 각별히 우대하고 있음을 알 수 있다. 서무에는 몽골왕, 회회왕, 안남왕 순서로 앉았다고 하였는데, 국왕 자격으로 참석한 이들 중 몽골왕이 첫째 자리를 차지하고 있다. 그리고 사신 일행은 조선, 베트남, 라오스, 미얀마, 대만의 순으로 앉았다고 하여 조선 사신을 우대하고 있음을 볼 수 있다.

유득공은 연회에 참여한 각국의 왕과 사신의 모습을 각기 시로 노래하고 주석에서 그 복식과 풍속 등을 소개하였는데, 그중 이슬람교를 믿는 중앙아시아 인근 회회국의 왕들을 노래한 시와 주석은 다음과 같다.

回回帽子兩頭尖　회회의 모자는 양 끝이 뾰족한데
箇箇髯鬜倒豎髯　저마다 덥수룩한 수염을 거꾸로 세웠네
却愛回王多俊秀　좋구나, 회회왕에 준수한 자 많아
漢蒙淸話也能兼　한어·몽골어·청나라 말을 또한 모두 잘하네

회회의 용모는 눈이 깊고 눈동자가 푸르며 수염이 사납다. 그 왕들은

---

[145] 위의 책, 74~75쪽.

모두 준수한 젊은이다. 혹 조롱박처럼 살찐 이도 있고, 눈썹이 풍부하고 눈이 시름겨운 이도 있다. 의관은 만주와 동일한 모양인데, 어떤 이는 변발을 하였고 어떤 이는 머리를 모두 깎아 중의 머리를 만들었으니, 이는 이상한 일이다. […] 그 왕들은 한어와 몽골어, 청나라 말을 잘했다. 매일 서로 만나 내가 우리나라 말을 하면 회회왕은 회회 글자로 번역하고, 회회왕이 회회 말을 하면 나는 우리나라 글자로 번역하였는데 한어로 질정하였다. 그 왕들은 매우 총명하여 한번 번역하면 곧바로 암송했다. 대저 만주·몽골·회회의 여러 왕들은 대개 모두 각국 말을 하여, 이야기하는 중에 아무 나라의 말로 물으면 그 나라의 말로 대답하니, 매우 짧은 시간에 변환하고 끝없이 순환하여 웃으며 즐거워하였다. 이것은 천하가 크게 힘써야 하는 바이다. 우리나라 사람은 이것에 매우 어두워 회회·몽골·만주어는 말할 것도 없고, 비록 한어라도 또한 배우려고 하지 않는다. 무식한 자는 한어를 오랑캐 말이라고 하는데, 오랑캐 말을 배우는 것이 또한 어찌 쓰일 때가 없겠는가?[146]

푸른 눈동자에 눈이 깊고 수염이 덥수룩한 회회족의 용모를 소개하고 나서, 총명하여 한어·몽골어·만주어에 모두 능숙함을 말하였다. 생략한 대목에서는 열하에 온 자 중 합밀왕(哈密王)과 오십왕(烏什王)이 자신과 친하다고 하면서, 이들에게 귀국의 설손(偰遜)[147]이란 자가 원나라 조정에 입사하였다가 고려에서 벼슬하여 높은 관직을 지냈다는 말을 하였다. 그러면서 그 후손들이 많다고 하자, 두 왕이 기이하게 여겼다고 하였다. 설손

---

146 위의 책, 81~83쪽.
147 설손은 위구르(Uighur, 回鶻) 사람으로 고조부 위래티무르[嶽璘帖穆爾] 이래 원나라에서 벼슬을 하였는데 아버지 설철독(偰哲篤)은 강서행성우승을 지냈다. 조상 대대로 설연하(偰輦河)에 살았으므로 설로써 성을 삼았다고 한다. 〈한국민족문화대백과〉 참고.

그림 25 | 〈만국진공도〉, 〈바이두백과〉. 네모 표시 안에 조선 사신의 모습이 보인다.

은 원 순제(順帝) 때 진사(進士)에 합격하여 한림응봉문자(翰林應奉文字)·선정원단사관(宣政院斷事官)을 거쳐 단본당정자(端本堂正字)로 뽑혀 황태자에게 경전을 가르친 인물로 학문이 깊고 문장에 뛰어난 인물이었다. 1358년(공민왕 7) 홍건적의 난을 피하여 고려로 오게 되었는데, 공민왕과 친교가 있었기에 고려에서 후한 대우를 받았던 인물이다.

위 인용문에서 흥미로운 것은 유득공이 회회왕들과 한어를 통해 중역하며 대화를 나누고, 외국어를 학습하려 들지 않는 조선의 폐쇄적인 풍토를 비판하는 대목이다. 유득공은 인용문 다음에서 "하늘을 아스만[阿思(중국음-원주)蠻], 땅을 지민[脂(중국음-원주)民]"이라 한다는 등 기초적인 회회어 수십 가지를 소개하고, 미얀마 사신과 대화를 나누는 대목에서는 그들이 써준

'고려대신(高麗大臣)'이라는 미얀마 글자를 기록해 놓기도 하였다.¹⁴⁸ 이는 전통적인 화이관에서 벗어나 동아시아 제 민족의 소통을 중시한 유득공의 개방적 인식을 드러내는 대목으로,¹⁴⁹ 북경의 천주당 방문과 함께 연행이 한자문명권 너머의 이국 문명과 소통하는 장이기도 했음을 알려준다.

---

148 전집본에는 이 뒤에 "자세히 살펴보니 약간의 경계가 있었다. ൦൦൦൦൦은 고(高)이고, ൦൦൦은 려(麗)이고, ൜은 대(大)이고, ൗ은 인(人)이다. (細察之, 微有分界. ൦൦൦൦൦者高也, ൦൦൦者麗也, ൜者大也, ൗ者人也.)"라고 되어 있는데, 수일본에는 두주(頭註)로 "高 ൦൦൦൦൦, 麗 ൦൦൦, 大 ൜, 人 ൗ"이라고 부기되어 있다.

149 이에 대해서는 김용태, 「1780년 유득공이 만난 동아시아」(『한문학보』 20, 2009)에서 자세히 고찰한 바 있다.

2. 중국 연희·음식 체험과 문화교류

청나라 시대의 연희(演戱)는 연극류(演劇類)와 잡기류(雜技類), 화희류(火戱類)로 나눌 수 있다. 연극류는 중국의 전통 희곡(戱曲)으로 주요 대사를 노래로 전달하며 반드시 기악의 반주가 따른다. 잡기류는 인체의 힘과 기예를 보여주는 역기(力技), 눈속임에 기반한 환술(幻術), 동물을 이용하는 수희(獸戱), 청나라의 판도에 편입된 신강(新疆) 지역의 여러 민족의 기예와 서양 등 외국의 기예를 포괄한다. 화희류는 화약을 이용하는 불꽃놀이와 등불 조명을 이용하는 등불놀이로 이 둘을 종종 함께 연출하므로 하나의 기예로 분류할 수 있다.

희대(戱臺)와 극장은 송나라 때부터 향촌과 도시에 건설되었다. 향촌에는 주로 도교 사원에 희대가 건설되었으며, 임시 희대도 곳곳에 있었다. 도시의 경우 시장에 상업 극장이 건설되어 각종 연희가 집중적으로 연출되었다. 청나라 때는 북경 정양문 앞의 거리에 극장이 밀집해 있었으며, 북경과 각 성(省)의 여러 도시 지역 회관(會館)에 희대가 주요 시설로 건설되었다. 청나라 궁정에는 삼층대희대(三層大戱臺)를 비롯한 크고 작은 희대가 다수 건립되었다. 이들 삼층대희대에서는 매월 삭망과 절기(節氣), 원단과 추석, 만수절 등의 절일과 황자(皇子)의 탄생과 결혼 등 각종 경사일에 황실을 위하여 연극이 상연되었다.[150]

1780년 건륭제의 70회 생일 잔치에 참가한 박명원(朴明源) 일행과 1790년 건륭제의 80회 생일 잔치에 참가한 황인점(黃仁點) 일행이 궁중 연극을 관람하였으며, 그에 대해서는 박지원의『열하일기』와 서호수의『연

---

150 史仲文 主編,『中國藝術史 雜技卷』, 河北人民出版社, 2006.

행기』에 잘 기록되어 있다. 연행 사절은 북경 성내와 연로(沿路) 지역에서 희장과 희대를 목격하고 그곳에서 상연되는 연극을 관람하기도 하였다. 북경에서는 주로 정양문 밖 극장가의 전문 극장을 방문하였으며, 북경 이외의 향촌 지역에서는 각 지역의 거리와 도교 사원 등에 건설된 희대와 연극을 구경하였다. 김창업은 1713년(숙종 39) 2월 21일 영평부(永平府)에서 연극 5편을 보고 무대 위의 연출 광경을 상세하게 기록하였으며, 희대의 구조와 극단의 조직 및 운영 등에 관해서도 관심을 가지고 그 대강을 파악하였다. 홍대용은 1766년 1월 4일, 북경 정양문 밖의 한 희장(戲場)을 방문해 그 규모와 설비, 연극의 내용, 영업 방식 등을 다음과 같이 세밀히 기술하였다.

정월 4일. 정양문 밖에 구경을 나갔다. 누대와 기물이 배치되어 있는 것이 웅장·화려하였고, 그 진행 절차가 바르고 면밀하여 비록 음란하고 외설스러운 유희라 하지마는 절제가 엄정하여 군대 규칙과 조금도 다름이 없었으니, 큰 대륙의 풍채는 참으로 따를 수가 없는 것이다. 옥상은 13개의 대들보로 되어 있는데 북쪽 벽에 의지하여 수 척 높이의 대를 쌓고 아로새긴 난간을 두른 것이 곧 희대이다. 사방이 10여 보 되는데 북쪽은 비단 장막으로 칸을 막고 장막 밖은 판자로 층계를 하나 만들어 그 위에서 6~7명의 사람이 모두 악기를 잡고 있었다. 생황(笙簧)·현자(弦子)·호금(壺琴)·단적(短笛)·대고(大鼓)·대정(大鉦)·아박(牙拍) 등 여러 악기가 갖추어져 있었다.

비단 장막 안은 희자(戲子, 배우)들이 숨어서 분장하는 곳이었고, 좌우에 마련되어 있는 문에는 수놓은 발이 드리워져 있는데 희자들이 출입하는 곳이다. 문에는 양쪽에 주련(柱聯)한 대구가 걸려 있는데 문장이 매우 고왔다. 위에는 현판이 있는데, 하나는 '옥색금성(玉色金聲)', 다른 하나는 '윤색태평(潤色太平)'이었다. 주위에는 양각(羊角)·화리(花梨)·초화(綃畫)·파려(玻瓈, 유리) 등 여러 등을 달았는데 그 수실은 모두 오색실 끈에 진주와 영락(瓔珞) 같은 구슬을 주렁주렁 달고 있었다. 대(臺)의 3면은 둥그렇게 층계를 만들어 구경하는 사람들을 앉게 하고, 그 위에는 널빤지로 다락 한 층을 만들어 두었는데 역시 3면에는 둥그렇게 탁자를 놓았다. [⋯] 희장 안이 인산인해를 이루었는데도 조용하여 떠드는 소리가 없었다. (이것은 그들이) 구경을 즐기기 때문이기도 하지만 사람들이 모두 참되고 조용한 것을 좋아하였다. 연극이 한창 무르익어 신기한 대목이 나오면 웃는 소리가 우레 치듯 하였다. 연극의 줄거리는 바로 정덕황제(正德皇帝)의 비취원(翡翠園) 고적을 딴 것이라고 하였다. [⋯] 관인들은 모두가 망건(網巾)과 사모(紗帽)를 쓰고 둥근 깃을 달아 완전히 중국의 복제 그대로였고, 어깨를 젖혀 올리고 걸음을 크게 걸으며 좌우를 살피고 하는 것이 다 법도가 있어 이른바 한관(漢官)의 위의라는 것이 여기에 담겨 있었다. [⋯]

우리나라로 돌아오는 길에 옥전현(玉田縣)에 이르렀을 때 거리 위를 보니 삿자리 집을 가설해 놓고 연극을 하고 있었다. 은전 몇 냥을 주고 연극 종목 중에 유쾌한 것을 골라 구경을 하였는데 (내용은) 바로 수호전(水滸傳)으로, 무송(武松)이 술이 취해 장문신(蔣門神)을 치는 대목인데 원본과는 조금 달랐다. 어떤 이가 말하기를, "희장용(戱場用, 무대용)으로 따로 연본(演本, 연출 각본)이 있다."고 하였다. 기물과 규모는 북경의 그것에 비하면 형편없었지만 내용이 이미 아는 것이어서 말과 생각을 대략 알아차릴 수가 있었으므로, 한 마디 한 마디에 감탄하였고 대목이 재미가 있어 돌아가는 것마저도 잊게 되었다. 그제야 온 세상이 이에

미처 홀리는 까닭을 알았다.[151]

　홍대용은 이처럼 북경에서 연극을 직접 관람하며 본 사실을 흥미롭게 기술해 놓았다. 그렇지만 정작 대사를 알아들을 수 없었기에, "그 내용을 알지 못하니 그야말로 바보 앞에서 꿈 이야기하는 격이었다. 장내가 모두 기뻐하여 웃음을 터뜨리면 다만 남들을 따라 덩달아 웃을 뿐이다."라고 하여, 그 답답함을 토로하기도 하였다. 귀국길에 옥전현에서 관람한 연극은 『수호전』의 익히 아는 대목이었는데, 희장용으로 소설 원본과는 조금 달랐다고 했다. 연극 무대나 규모는 북경에 비해 초라했지만, 아는 내용으로 대략 알아들을 수가 있었기에 흥미롭게 관람하였다. 그러면서 중국 사람들이 온통 연극 관람에 빠져드는 이유를 알 것 같다고 하였다.

　중국 연희를 접하는 경험이 쌓이면서 연행사에 따라서는 연극의 내용을 알아들으려고 나름의 대비를 하기도 하였다. 1828년에 연행한 박사호는 "대저 연희의 묘처는 오로지 달리고 쫓고 돌고 할 즈음과 말을 주고받고 하는 사이에 있는데 연극을 구경하는 사람들이 가끔 우레같이 소리를 지르며 웃건마는 우리나라 사람들은 말이 통하지 않아서 마치 진흙으로 빚어 놓은 사람같이 앉은 채 영문을 모른다. 내 마음속에 한 꾀가 생겨 그동안 친해 놓은 이웃 상인 장청운(張青雲)을 시켜 일일이 그 말을 대신하여 전하게 하고, 또한 역관을 시켜 장청운의 말을 번역하게 하여 듣는 한편, 그 연극 이름을 쓴 패를 보고 그 사적을 상상하면서 보니, 조금은 짐작하여 알 만하였다. 의심스러운 것은 빼버려 가면서 밤새도록 구경하다가 파하였다."[152] 라고 하여, 현지 중국인과 역관의 도움을 받아 대사를 이해하

151　홍대용, 『연기』 「場戲」.
152　박사호, 『心田稿』 권2 「留館雜錄」 「演戱記」.

며 연극을 즐기는 모습이 보이기도 한다.

홍대용이 연극을 보면서 한관(漢官)의 위의가 여기에 남아 있다고 했는데, 연희를 보면서 많은 연행사가 중화의 복제(服制)를 볼 수 있다는 점에 만족스러워 했다. 만주족이 통치하면서 한족에게 체발변복(剃髮變服)을 강요하여 명조(明朝)의 복식은 희곡 무대에만 남게 되었던 것이다. 1713년 2월 21일, 최덕중은 연희 무대 복식에서 중화의 흔적을 보았다. 최덕중과 동행한 김창업도 같은 이유 때문에 희곡의 가치를 긍정하였다. 김창업은 희자, 즉 배우도 없을 수 없다고 하며 그 존재 가치를 인정하였다. 이는 단순히 무대 위에 명조의 복식을 재현하는 효용을 넘어 희곡이 가진 권선징악, 즉 교화의 수단이 될 수 있는 가능성을 보았기 때문이다. 1780년에 북경을 다녀온 박지원은 「자소집서(自笑集序)」에서 "예를 잃으면 초야에서 이를 찾는다. 중원의 남은 제도를 보려거든 연극배우에게 가서 찾아야 하리라. (嗟乎. 禮失而求諸野, 欲觀中原之遺制, 當於戲子而求之矣.)"라고 말한 바 있다. 박지원 이후 서유문, 서호수, 이해응 등이 위의 발언을 되풀이하고 있다. 희곡을 비롯한 연희에 대해 긍정적인 인식이 확산되면서 그에 관한 기록도 상세하고 풍부해진다. 병자호란 이후 북벌론에서 북학에 이르기까지 청조에 대한 태도의 변화는 당시 북경을 왕래하면서 기행문을 작성한 조선 기록자의 연희에 대한 시각의 변화와 동궤(同軌)를 이룬다고 할 수 있다.[153]

잡기류 연희는 오늘날 서커스 공연의 각종 종목에 해당한다. 약간의 도구를 인체의 힘과 기교를 이용하여 놀리는 종목, 눈속임에 기반한 환술, 동물을 이용하는 수희(獸戲), 성대모사에 해당하는 구기(口技)도 여기에 포함된다. 청대에는 영토가 대폭 확장되면서 여러 민족의 잡기가 모이고

---

[153] 이창숙, 「연행록에 실린 중국 演戱와 그에 대한 조선인의 인식」, 『한국실학연구』 20, 2010.

서양의 놀이도 들어와 더욱 다양한 잡기 종목이 형성되어 시정과 궁중에서 연출되었다. 만주족의 특기인 마술(馬術)과 빙희(冰戲)도 주요 종목의 하나가 되었다. 빙희는 음력 12월 8일경에 자금성 서쪽에 있던 북해(北海)에서 개최된 빙상 대회로, 국가적 차원에서 제도화된 행사였다.

1720년에 연행한 이의현과 1765년에 연행한 홍대용은 북경 관소에서 환술을 구경하고 각기 자세한 기록을 남겼다.[154] 이의현은 "아문에서 환술 잘하는 사람을 들여보냈다(衙門入送善幻人)"고 하였는바, 관소의 통관들이 조선 사절을 위해 환술인을 주선해주었던 것으로 보인다. 홍대용은 "대개 환술하는 사람은 다 천한 사람들이며, 사람의 집과 거리를 다니며 이 재주를 부려 보는 사람의 돈을 얻어 저희의 생리(生理)를 삼는다. 사행이 보려고 하면 행중 공용(公用)의 은 여덟 냥을 주는데, 통관의 종들이 떼어먹는다고 하였다."[155] 라고 하여, 사신들에게 환술 공연을 주선해주면서 통관 측에서 구전을 떼는 것이 관례였음을 짐작할 수 있다.

이기지는 북경 숭문문(崇文門) 거리를 지나다가 환술 공연을 보고 다음과 같이 기록해 두었다.

숭문문 안쪽에는 길 가운데 앉아서 점을 치거나 소설을 읽어주는 이들이 많았다. 문안에서는 한쪽에 사람들이 빙 둘러 모여 있었다. 그곳 중앙에서 두 사람이 벗은 몸으로 소리를 지르고 활개 치며 왔다 갔다 하기에 물어보았더니 환술쟁이라고 하였다. 이에 말에서 내려 모인 사람들을 밀치고 그 안쪽으로 들어갔다.

두 사람은 각각 쓰고 있던 초립(草笠)을 손에 들고 있었는데, 초립의

---

154 이의현, 『경자연행잡지』 상; 홍대용, 『을병연행록』 〈1766년 1월 8일〉.
155 홍대용 저, 김태준·박성순 역, 『산해관 잠긴 문을 한 손으로 밀치도다』, 돌베개, 2001, 148쪽.

모양은 우리나라의 전립(氈笠)과 같았다. 사람들에게 뒤집어 보여 그 안에 물건이 없음을 밝힌 뒤에, 땅 위에 엎어 놓고 누런 보자기로 덮었다. 그래 놓고 다시 손을 휘젓고 소리 지르며 가만있지 못하고 돌아다니다가, 소리를 지르면서 손으로 누런 보자기를 들어 보여주었는데 여전히 아무것도 없었다. 다시 다급한 목소리로 소리를 지르고는 또 보자기를 들어 보여주었는데 여전히 아무것도 없었다. 그러나 자세히 살펴보니 두 번째로 보자기를 들어 보인 뒤로 보자기 위로 미세한 움직임이 일어 그 속에 무언가 있는 듯하였다. 보자기를 들어 올릴 때 손으로 그 속에 무언가를 넣어 놓은 것 같았다. 그러나 손놀림이 빨라 사람들이 미처 보지 못한 것이다. 그가 주위를 돌아다니며 소리를 지르는 것은 사람들의 눈을 혼란스럽게 만들기 위해서였다. 이윽고 사람들을 향해 돈을 요구하였는데, 구경꾼들이 저마다 1전씩 던져주어 돈이 비 오듯이 어지럽게 쏟아져 내렸다. 나는 돈이 없어 자루 속을 더듬어 화철(火鐵, 부시) 하나를 꺼내 던졌다. 그 사람이 돈은 돌아보지 않더니, 화철은 주워 전대 속에 넣었다. 그러고는 비로소 손으로 초립 속을 더듬어 살아 있는 비둘기를 잡아 꺼내자, 구경꾼들이 일제히 환호성을 질렀다. 갑군들이 날이 늦었다고 재촉하여 마침내 말에 올라탔다.[156]

오늘날의 마술 공연과 흡사한 기예가 북경 거리에서 유행했음을 알 수 있다. 때로는 관소나 북경 거리에서 개나 원숭이, 양 등을 데리고 하는 수희를 관람하고 기록으로 남기기도 했다. 수희에 관한 기사는 김창업의 『연행일기』와 홍대용의 『연기』, 김경선의 『연원직지(燕轅直指)』(1832), 김직

---

156 이기지 저, 조융희·신익철·부유섭 역(2016), 앞의 책, 230~231쪽;『일암연기』〈1720년 9월 24일〉.

연(金直淵)의 『연사일록(燕槎日錄)』(1858) 등에서 볼 수 있다. 이 중 1766년 2월 18일 홍대용이 관소에서 수희를 보고 남긴 기록은 다음과 같다.

두 사람이 발발이와 양 한 마리, 원숭이 한 마리를 거느리고 관(館)에 들어와서 재주놀이를 보여주었다. 먼저 체[篩]같이 생긴 나무테 바퀴 네 개를 땅에다 놓고는 모두 옆으로 세우고 돌로 눌러 문같이 만든 뒤에, 작은 징을 쳐서 발발이를 꾸짖으며 재주를 보이게 했다. 발발이는 나무테 바퀴 속으로 들어갔다 나왔다 하며 빙빙 돌다가 머리를 숙이고 천천히 걷기도 하는데, 모두 절도가 있었다. 몇 차례 되풀이하였는데, 때로는 쭈그리고 앉아 피곤한 기색을 보이기도 하였다. 주인이 채찍을 휘두르면서 꾸짖자 금방 일어나 시키는 대로 하는데, 겁내는 것 같기도 하고 수심기가 있는 것 같기도 하였으니, 정말 요물이었다.

또 궤짝을 뜰 위에 놓고 원숭이를 향해 무어라 중얼중얼하자, 원숭이는 앞에 나와서 궤짝 속에 있는 옷과 모자를 꺼내어 사람처럼 옷을 입고 모자를 머리에 쓰고는 머리를 조아리며 절을 하고 춤을 추었다. 조금 하다가는 반드시 옷을 바꾸어 입는데 지팡이를 짚고 허리를 구부려 노인 행세를 하기도 하고, 조복에 두건(頭巾)을 차려입고 점잖게 걸음을 큼직이 옮겨 놓으며 관인(官人) 행세를 하기도 했다. 가면을 쓰고 연극놀이를 해 보이기도 하며, 투구와 갑옷을 입고 창과 칼을 휘두르는데, 그 날래고 민첩함은 사람이 따르지 못할 정도로 뛰어났다.

마지막에는 호모(胡帽)를 쓰고 양을 타고 달리는데, 누웠다 섰다 하기를 평지에서처럼 하였고, 또 양을 채찍질하여 먼저 달리게 한 다음 나는 듯이 달려가 뛰어 올라타기도 하였다. 그러면서 한번 하고 나면 반드시 손을 모아 쉬게 해달라고 애걸하였다. 주인이 들어주지 않고 채찍을 내리치면 놀라며 겁이 나서 감히 명령을 어기지 못하고 시키는 대

로 하였으니, 보기에 너무 가련하였다.[157]

연행사는 사행의 임무에 따라 차이가 나긴 했지만 북경에서 임무를 완수하고 귀국길에 오르기까지 대개 한 달 정도를 머물렀다. 경우에 따라서는 문금(門禁)으로 인해 꼼짝없이 관소에서 지내야 하는 때도 많았다. 이 경우에 이러한 동물 곡예는 무료함을 달래주는 좋은 구경거리가 되었을 것이다. 김창업의 『연행일기』를 제외한 나머지 세 연행록의 기사는 모두 관소에서 관람한 바를 기록으로 남긴 것이니,[158] 18세기 초부터 북경의 각종 기예인들은 조선 사절단을 대상으로 재주를 부리고 공연료를 받는 영업 행위가 관행이 되었음을 알 수 있다.

발발이 종류의 조그만 개가 주인의 명령에 따라 나무로 만든 수레바퀴 속을 재빠르게 들어갔다 나가기도 하고, 절도에 맞추어 돌기도 하고 천천히 걷기도 한다. 원숭이는 한층 요란한 재주를 보인다. 춤을 추기도 하고 옷을 바꾸어 입으며 노인이나 관인 행세를 하기도 하며, 투구와 갑옷을 차려입은 무장의 흉내를 내기도 한다. 마지막에는 양을 타고 달리면서 온갖 재주를 펼쳐 보이는데, 홍대용은 주인의 채찍질에 쉬지 못하는 원숭이가 가엾다고 했다.

김경선은 숭문문에서 동물 곡예를 하는 사람을 만난 사실을 말하고 있어,[159] 당시 북경에는 동물 곡예로 생업을 삼는 계층이 있었음을 알 수

---

157 홍대용, 『연기』 〈1766년 2월 18일〉.
158 김창업의 『연행일기』에 실린 동물 곡예 기사는 1712년 12월 12일 여양역을 출발해 십삼산(十三山)에 이르는 여정에서 목도한 것인데, 연행사의 숙소에서 본 것인지 아니면 노정의 길가에서 본 것인지 분명치 않다.
159 김경선, 『연원직지』 〈1833년 1월 3일〉, "식후에 부사 및 여러 사람들과 함께 나가서 숭문문에 이르니, 그 안에 원숭이를 짊어지고 지나가는 사람이 있다. 그를 불러 보았더니, 붉은 칠을 한 나무 궤짝을 짊어지고 있었다. 그 궤짝은 희구(戱具)를 담은 것이었다. 원숭이

있다. 원숭이를 데리고 곡예하는 희자를 거리에서 목격한 지 나흘이 지난 1833년 1월 7일에 김경선은 희자를 관소에 불러 동물 곡예를 관람하고,[160] 「견원양희기(犬猿兩戱記)」를 남겨 곡예 모습을 자세히 기술하였다. 김경선이 묘사한 동물 곡예 모습은 홍대용의 기록과 크게 차이 나지 않으며, 밭 가는 농부의 모습을 하고 줄타기를 하는 모습이 추가되어 있다.

연행 사절의 규모는 적게는 250여 명에서 많게는 500여 명에 이르렀다. 이 같은 대규모의 인원이 4개월에서 6개월에 이르는 사행의 일정을 차질 없이 수행하기 위해서 삼사(三使)를 중심으로 각방별로 수행원이 조직되었다. 이동의 효율성과 숙소와 식사 문제를 해결하기 위해서 사행단에 별도의 하위 조직을 구성한 것이니, 연행록에서 상방(上房)·부방(副房,)·삼방(三房)이라 칭한 것은 각각 상사·부사·서장관의 하위 조직을 일컫는 말이다. 식사 단위마다 식재료의 구입은 건량 마두(乾糧馬頭)와 요리를 맡은 관노 출신의 주자(廚子)가 담당했다.

가령 김창업의 『연행일기』 서두에 실린 「일행 인마 도강수(一行人馬渡江數)」에 의하면 정사 김창집을 수행한 상방의 건량 마두는 용천(龍川, 지금의 평안북도 용천)의 관노 대직(大直)이었고, 주자는 곽산(郭山, 지금의 평안북도 정주)의 관노 준석(俊石)과 선천(宣川, 지금의 평안북도 선천)의 관노 일관(一官) 2인이었다. 1명의 건량 마두와 2명의 주자가 총 36명의 상방 소속 수행원

를 궤짝 위에 앉히고서 가죽끈으로 원숭이 목을 매어 함부로 뛰놀지 못하게 하였다. 그 원숭이는 고양이보다 조금 더 크고, 발가락은 뾰족하면서 사람 손처럼 길쭉하고, 털은 얇으면서 누리무레[黃黑]하였다. 꼬리는 서너 치[寸]에 불과하고, 낯에는 털이 없고 눈·귀·입·코는 마치 어린아이와 비슷하였다. 붉은 저고리, 검은 바지를 입고 때때로 뛰어넘으니, 정태(情態)가 매우 요망스러웠다. 그리고 낯선 사람이 가까이 오면 입을 벌리고 물려 하였다."

[160] 위의 자료, 〈1833년 1월 7일〉, "낮에 개를 몰고 원숭이를 짊어지고 지나가는 자가 있기에 관소 안으로 불러들여 재주를 부리게 하였다. […] 원숭이는 3일 숭문문 안에서 만난 것에 비해 조금 더 컸지만 꾸밈새는 매한가지였다."

의 식재료를 마련하고 음식을 만든 것이다. 이들 주자는 의주에서 도강하기 전에 연행길에 필요한 조선의 식재료를 준비하는 일을 담당했다. 압록강을 건너 책문에 도착한 이후에는 기본적으로 청나라에서 제공하는 식재료로 요리를 했다. 그러나 여기에는 사신 일행이 필요로 하는 식재료가 제공되지 않는 경우도 많았기에, 별도로 식재료를 구입하기도 했다. 김창업은 동팔참 지역을 지날 때 상방의 건량 마두 대직이 승두선(僧頭扇) 하나로 꿩 한 마리와 바꿨는데, 이곳의 꿩고기 맛이 우리나라의 살찐 꿩고기 맛보다 좋았다고 하였다.[161] 홍대용 또한 도중에 꿩을 사서 음식을 만들었는데 우리나라 것보다 나았으나, 엽총 탄환이 박혀 있어 먹을 때에 조심해야 한다는 말을 덧붙였다.[162]

연행 노정 중에는 현지의 식재료를 구입해서 요리해 먹는 한편, 현지의 음식점에서 음식을 사 먹기도 했다. 중국 현지의 음식 중에서 여러 연행사로부터 가장 맛이 좋다고 호평을 받은 음식으로 분탕(粉湯)을 들 수 있다. 분탕은 돼지고기로 만든 육수에 계란을 풀어 탕국을 끓인 다음, 삶은 돼지고기를 썰어서 파나 마늘을 넣고 삶은 국수를 말아 먹는 음식이다. 김창업은 북경에 머물 때 분탕을 먹어 보고, 우리나라의 국수와 비슷한 음식인데 간장을 치고 달걀을 넣은 것으로 이곳 음식 중에 가장 맛이 좋다고 했다. 이기지는 계주에서 제일가는 음식점에서 분탕을 먹었고, 분탕은 녹두 가루로 만드는데 탕에 계란을 풀어 섞어서 국물이 진하고 부드러워 맛이 기막히게 좋다고 하였다. 또 우리나라의 음식 중에 분탕과

---

161 김창업, 『연행일기』〈1713년 1월 30일〉.
162 홍대용, 『연기』「沿路記略」, "연로(沿路)에서 꿩을 사서 반찬을 하는데, 기름지고 연하여 우리나라의 것보다 나았다. 다만 엽총 탄환의 작은 알이 살과 뼈마디 속에 여기저기 박힌 것을 다 빼내지 못하였기 때문에 씹다가 이를 상하기 일쑤였으니, 북행길에 가장 경계해야 할 일이었다."

비교할 만한 것이 없다고도 했다. 홍대용은 분탕을 처음 먹을 때는 누린내가 나고 매워서 비위에 거슬렸지만, 차츰 익숙해져서 나중에는 한자리에서 두 그릇을 먹어치웠다고 했다. 홍대용이 음식점에서 분탕을 사 먹는 대목을 소개해 본다.

> 북경 이외의 음식점에서는 안주와 반찬을 돼지고기만을 쓴다. 탕국은 호로분탕(胡蘆粉湯) 같은 것이고, 일상 먹는 음식물엔 파·마늘 같은 것을 섞는다. 갑자기 맛을 보면 누리고 매워 비위를 거스르며 구역질 나서 먹지 못할 때도 있다. 그러나 으스름 새벽녘 눈보라가 칠 때는 이것이 아니고는 추위를 이겨내지 못한다고 한다. 봉성(鳳城)에 당도했을 때다. 곧장 음식점으로 들어가니 음식점 안은 10여 칸쯤 되고 의자와 탁자를 죽 늘어놓았는데 백 명은 앉을 수가 있었다. 한쪽 가에 종업원 아이들 20여 명이 솥과 도마·칼들을 닦고 있다가 한꺼번에 "조선 사람! 어떤 것을 자시겠소?" 하고 외쳤다. 나도 역시 농담으로 "지배인[掌櫃的]! 좋은 걸로 골라서 가져오게." 하였더니, 곧 호로(胡盧) 한 그릇을 가져왔다. 호로라는 것은 탕면(湯麵)이다.
> 하인이 행랑에서 놋젓가락을 갖다주기에 물리치고 탁자 위의 통 속에 있는 손님들이 쓰는 나무젓가락을 집어서 무슨 별난 것이라도 먹는 것처럼 훌훌 들이마시며 씹어 삼켰다. 순식간에 두 그릇을 먹고 차를 마시고는 끝냈다. 이 뒤로는 입에 익어서 마음대로 먹을 수가 있었고 따라서 배고프고 추운 것을 잊게 되었다.[163]

홍대용은 1765년 삼절연공겸사은사(三節年貢兼謝恩使)의 서장관인 숙부

---

[163] 홍대용, 『연기』 「飮食」.

홍억(洪檍)의 자제군관으로 수행했다. 11월 2일 출발한 사행단이 책문에 당도한 것은 11월 29일이었으므로 한겨울의 매서운 날씨였다. 위의 인용문은 사행 일행이 책문이 있는 봉황성에 막 도착해 추위를 달래려 분탕을 사 먹었을 때의 경험을 말한 것으로 여겨진다.

연행 사절이 하북성 난현(灤縣)에 있는 백이와 숙제의 사당인 이제묘(夷齊廟)를 지날 때면 고사릿국을 끓여 먹는 것이 오래된 관례였다. 주나라 무왕이 은나라를 멸하자 수양산에 들어가 몸을 숨기고 고사리를 캐어 먹으며 지내다가 굶어 죽었다는 백이 숙제의 정절을 되새긴다는 의미였다. 김창업은 일행이 이제묘에 오면 주방에서 으레 마른 고사리로 국을 끓이는데, 이번 연행길도 예외가 아니어서 우스웠다고 하였다. 이에 비해 노이점은 이제묘에서 고사릿국을 먹는 것은 백이와 숙제가 고사리를 캐어 먹던 뜻을 취한 것으로, 이번 연행길에도 고사릿국을 배부르게 먹은 것은 또한 성인의 은혜라고 하였다.[164] 이제묘에서 고사릿국을 먹는 것에 대해 동행하던 두 사람이 전혀 다른 생각을 한 것이다.

박지원은 이제묘에서 고사리 넣은 닭찜을 먹고 나서, 이전 사행에서 건량관이 고사리를 빠뜨리고 와서 벌을 받은 후 백이 숙제가 사람 죽인다며 소리쳤다는 이야기를 소개하였다.[165] 그러면서 곧장 이어서 17년 전 서울에 있을 때 숭정 황제의 기일에 시골 서당 훈장이 송시열의 사당에 참배하면서 벌어진 일화를 소개하였다. 이는 의도적인 배치인바, 박지원 또한 이제묘에서 고사리를 먹는 행위를 명분에 사로잡힌 부질없는 행위로 여겼다. 여하튼 이 이야기를 통해 사행이 출발할 때 이제묘에서 먹기 위해 말린 고사리를 준비하는 것이 건량관의 중요한 책무 중 하나였음을 알 수

164　노이점, 『수사록』 〈1780년 8월 25일〉.
165　박지원, 『열하일기』 「관내정사」 〈1780년 7월 27일〉.

있다.

한편 18세기에 중국 음식과 관련해 많은 문인의 주목을 받으며 시문의 소재로 활용된 것은 낙화생(落花生)이란 명칭으로 알려진 땅콩이었다. 1776년 11월 진하겸사은사의 부사인 서호수의 수행원으로 연행한 유금(柳琴)은 이조원(李調元)의 집을 방문하여 『한객건연집(韓客巾衍集)』을 보여 주고 서문과 평을 받는다. 이조원은 유금이 방문했을 때 낙화생을 대접하였는데, 이를 처음 접한 유금이 호기심을 보이자 귀국길에 오르는 유금에게 낙화생 한 포대를 선물로 주었다. 유금은 귀국한 뒤에 이덕무, 유득공, 박제가 등과 함께 낙화생을 나누어 먹었고, 이들이 낙화생을 노래한 시가 문집에 실려 있다. 그중에서 유득공은 낙화생을 소재로 한 장편시 〈낙화생가(落花生歌)〉를 지어 이조원에게 보냈고, 이조원은 이에 차운한 시를 보내오기도 하였다. 유득공은 이 시의 마지막 대목에서 "내 지금 지은 시 바람 타고 떠나가서, 날아가 그대 앞에 떨어져 맑은 소리 낼 터이니. 마치 이 열매가 별처에서 결실을 맺듯이, 지북의 책 속에 간행되리라. 이내 몸 홀로 앉아 설령 알 수 없더라도, 길이길이 동방 선비들의 영예 되기에 족하리.(我今作詩因風去, 飄落君前鏗有聲. 有如此果別處結, 池北書裏爲刊行. 本身兀兀縱未覺, 千秋足爲東土榮.)"[166]라 하여, 왕사정(王士禎)이 『지북우담(池北偶談)』에서 조선 문인들의 시를 소개했듯이 자신의 시가 이조원을 통해 중국 문인에게 알려지기를 염원하는 바람을 담았다. 이는 음식을 매개로 한 한중 문인 교류의 특이한 사례로 주목할 만하다.

이덕무는 『앙엽기(盎葉記)』에서 낙화생의 성질과 이조원을 통해 전해진 경위를 다음과 같이 소개하고 있다.

---

[166] 유득공 저, 실시학사 고전문학연구회 역, 『열재 유득공의 영재집 1』, 학자원, 2019, 345쪽.

낙화생은 형체가 누에 같으면서 몸뚱이가 옹크려져 있다. 허리는 묶은 듯이 오목하고, 빛깔은 건강(乾薑) 같다. 맥락(脈絡)은 쇠힘줄 같고 또 매미 허물 같기도 한데, 그 모양이 대개 엄지손가락을 구부린 것 같다. 길이는 한 치 남짓하며 넓이는 길이의 반이다. 속에 방 둘이 있고 방에는 알맹이가 하나씩 있다. 알맹이는 번데기 같으며 자색(紫色) 껍질이 감싸고 있는데, 껍질을 벗기면 말갛게 희고 맛은 참깨 같다.

일찍이 중국에서 보니 이것을 수박씨와 함께 항상 쓰고 있었다. 면죽(綿竹) 이우촌(李雨村, 이조원)이 유탄소(柳彈素, 유금)에게 이르기를,

"남방 광동·사천에는 모두 낙화생이 있다. 초본(草本)인데 4월에 꽃이 핀다. 꽃이 지면서 모래땅에 떨어져서는 열매가 된다. 본래의 포기와는 서로 붙어 있지 않으며 곧 모래흙 속에서 캐낸다. 다음 해에 씨를 심으면 또 뿌리가 내려서 모종이 되고 꽃이 땅 위에 떨어져 전처럼 열매를 맺는다. 북방에는 땅이 차가워서 생산되지 않는다. 대개 씨로 심으며 묵은 뿌리에서는 다시 나지 않는다."

하였다. 탄소가, "나의 벗 이무관(李懋官)이 초목에 대해 아는 것이 많으니 이것을 보이고 싶다." 하니, 우촌이, "한 포(包) 가지고 조선에 돌아가서 무관에게 시험해 보도록 하라." 하였다. (무술년에 내가 연경에 갔다가 우촌의 종제(從弟) 이기원(李驥元)을 만나서 그것을 심는 법을 자세히 들었다. -원주)[167]

끝에 달린 주석에서 이덕무는 무술년(1778)에 북경에 가서 이기원을 만나 심는 법을 들었다고 했는데, 이덕무의 연행록에서는 이정원(李鼎元)을 만나 낙화생을 선물로 받았다는 기록이 보인다.[168] 이후로 박지원의 『열

---

167 이덕무, 『청장관전서』 권58 「盎葉記五」 「落花生」.
168 이덕무, 『입연기』 〈1778년 5월 20일〉.

하일기』(1780), 김정중의『연행록』(1791), 서유문의『무오연행록』(1799) 등에 낙화생을 대접받은 기록이 보이며, 19세기의 연행록에서도 낙화생은 중국의 색다른 음식으로 계속해서 소개된다.

　북경의 천주당을 방문하여 서양 선교사들과 교류하며 각종 서양 기물을 직접 목도하는 것이 연행의 기이한 구경거리로 꼽혔거니와 일부 연행사는 천주당에서 서양 음식을 맛보기도 하였다. 북경 천주당에서 서양 선교사와 가장 빈번하게 교류한 인물은 1720년에 연행한 이기지였는데 서양 음식과 관련한 기록 또한『일암연기』에 많이 보인다. 이기지는 카스텔라로 여겨지는 서양 떡과 포도주, 건포도 등을 대접받고 이를 먹은 소감을 자신의 연행록에 기록했다. 서양 떡에 대해서는 앞에서 이시필의『소문사설』을 소개하면서 언급한 바 있기에, 여기에서는 서양 포도주 마시는 대목을 들어 본다.

　또 서양 포도주 한 잔을 내왔는데, 색은 검붉고 맛은 매우 향긋하고 상쾌하였다. 나는 본디 술을 마실 줄 모르는데 한 잔을 다 마시고도 취하지 않았다. 배 속이 따뜻해지면서 취기가 약간 오를 따름이었다. 내가 물었다.
　"이것을 서양식으로 빚었습니까? 서양에서 가져왔습니까?"
　그가 대답하였다.
　"최근에 온 서양인이 지금 이곳에 있는데, 한어(漢語)를 알지 못하기 때문에 나와 뵙지 못하고 있습니다. 그 사람이 올 때 이 술을 가져왔습니다."
　내가 물었다.
　"서양 포도는 중국 것과 견주어 어떻습니까?"
　그가 대답하였다.

"열매가 커서 길이가 1촌 남짓 되는 것이 있으며, 맛이 중국 것보다 낫습니다. 이것으로 술을 빚으면 수십 년이 지나도 부패하지 않습니다."[169]

천주당 남당의 비은(費隱, Xavier-Ehrenbert Fridelli)으로부터 포도주를 대접받고 대화를 나누는 장면이다. 술을 마실 줄 모르는데도 한 잔을 다 마셔도 취하지 않고 배 속이 따뜻해지는 경험을 한 이기지는 이 포도주가 중국 포도로 만든 것인지 서양에서 가지고 온 것인지를 묻는다. 비은은 서양에서 가지고 온 것이라고 하며 서양 포도로 술을 빚으면 수십 년이 간다고 하였다. 이기지는 이후에도 서양 포도주를 여러 차례 맛보고는 선인의 음료도 이보다 못할 것이라고 칭찬하였다. 그러면서 서양 포도주의 제조법을 묻기도 하였는데, 비은은 "9월 중에 잘 익은 포도 100곡(斛)을 수확하여, 고운 명주로 만든 자루를 이용해 맑은 즙을 짜냅니다. 그런 다음에 큰 솥 안에다 붓고 끓여서 졸아든 절반으로 만듭니다. 이렇게 만든 것 1곡에 매우 좋은 화소주(火燒酒) 1곡씩을 첨가해 커다란 항아리에 넣어서 보관하고 1년이 지난 다음에 꺼내서 그 색깔을 가지고 완성되었는지를 봅니다."[170] 라고 답하였다. 10월 28일에는 동천주당의 두덕미(杜德美, Pierre Jartoux, 1669~1720)를 방문하여 일행이 성대한 음식 접대를 받는데, 이때 맛본 건포도가 대추만 한 크기로 중국 건포도보다 맛이 훨씬 좋았다고 기록해 두기도 하였다. 당시 서양 선교사들은 서양 떡과 포도주 등을 이기지 일행에게 보내주었고, 이에 대한 답례로 사행의 정사 이이명은 우리

---

[169] 이기지 저, 조융희·신익철·부유섭 역(2016), 앞의 책, 320~321쪽;『일암연기』〈1720년 10월 10일〉.
[170] 위의 책, 377~378쪽;『일암연기』〈1720년 10월 20일〉

나라의 시루떡을 만들어 선교사들에게 보내주었다.[171]

홍대용은 우리 사신들이 책문의 상인들에게서 사들이는 음식으로 용안육(龍眼肉)·여지(荔枝)·민강(閩薑)·귤병(橘餠) 등을 꼽았다.「음식」조에서 여지는 용안·건포도·밀조(蜜棗)·민강·귤병 등과 함께 우리나라에서 진귀하게 여기는 것들이라고 하였다. 그리고 빈랑(檳榔)에 대해서는 "배가 혹 아프거나 체하였을 때는 빈랑 한 조각을 씹으면 조금 후에 편안해진다. 대개 북쪽 사람들은 고기를 과식하였을 때 항상 작은 빈랑을 씹는데 이름을 '계심(鷄心)'이라고 한다. 네 쪽을 내서 주머니에 넣고 다니다가 한 조각을 내면 한나절은 씹을 수 있다."[172]고 기록해 두었다.

---

[171] 위의 책, 404쪽;『일암연기』〈1720년 10월 26일〉, "대인이 주방(廚房)을 시켜 우리나라의 시루떡 두 찬합을 만들어 보내온 것을 그들에게 주었다. 그들이 각각 조금씩 먹어 보고 다들 맛이 좋다고 하고는 두 찬합에 서양 떡을 담아 돌려주었다."

[172] 홍대용,『연기』「음식」.

3. 연행의 인정 물품을 통해 본 문화교류의 풍경

　조선시대 연행사는 종이·부채·청심환·부시[火鐵] 등을 항상 휴대하여, 중국인들과 교유할 때 호의에 대한 답례로 선물하였다. 연행 노정에 위치한 명승고적을 방문할 때에는 문지기에게 뇌물로 주고 들어가기도 하였다. 당시 중국은 은(銀)을 화폐로 사용하였는데, 은을 휴대할 수 없었던 연행사는 휴대가 용이한 이들 물품을 화폐 대용으로 사용하였으며, 담뱃대나 담배가 여기에 추가되기도 하였다. 이들 물품이 사용된 구체적 정황을 살펴보는 것 또한 한중 문화교류의 실상과 함께 그 이면을 들여다보는 데에 도움이 된다.

　종이는 중국 사행의 방물에서 상당한 양을 차지했던 품목으로 백지(白紙)를 비롯해서 장지(壯紙)·대호지(大好紙)·설화지(雪花紙)·죽청지(竹靑紙)·상화지(霜花紙)·화문지(花紋紙)·초도지(初塗紙)·상소지(上疏紙)·궁전지(宮箋紙)·시축지(詩軸紙)·능화지(菱花紙) 등이 있었다.[173] 이 중 죽청지는 대나무 속껍질처럼 희고 얇은 데서 그 명칭이 유래한 한지이다. 1790년에 사행한 서호수는 만주 정황기인(滿洲正黃旗人)으로 예부시랑으로 있던 철보(鐵保)를 만나 필담을 나눈 후 죽청지를 선물로 주었다. 죽청지를 본 당시 청나라 공부상서 김간(金簡)이 이 종이를 특별히 요구하기에 300장을 보내주기도 하였다. 서호수는 죽청지 외에도 야립(野笠) 1개와 왜경(倭鏡) 1개, 백주(白紬) 2필, 백면포(白綿布) 2필, 채화석(彩花席) 10장, 설화지 5묶음, 청심환 30환, 부채 30자루를 함께 보냈던바, 대단히 풍성한 예물이었다. 서호수는 김간이 우리나라 의주 사람으로 그의 조부 김상명(金常明)과 함께 우

---

[173] 〈한국민족문화대백과〉「지전(紙廛)」참고.

리나라를 위해 힘쓴 일이 많기에 유의하지 않을 수 없다고 하였다.[174]

1720년에 연행한 이기지는 북경 천주당의 선교사 비은(費隱)에게 서양 떡과 포도주를 대접받고 설화지 10장과 자금빛이 도는 능화지 30장을 주었다.[175] 설화지는 주로 강원도 평강에서 만드는 한지로 알려져 있고, 능화지는 마름꽃 문양이 새겨진 종이로 반자를 바르는 종이로 쓰인다. 우리나라 한지의 품질이 좋은 것은 북경에 있던 서양 선교사에게도 잘 알려져 있었던 것으로 보인다. 예수회 신부가 본국에 보낸 다음의 편지에서 이를 확인할 수 있다.

나는 고려인이 언제부터 그들의 제지 기술을 발전시켰는지 정확히 알지 못합니다. 아마도 중국의 종이 발명이 매우 빨리 그들에게 전래되었을 것으로 여겨지는데, 다만 <u>그들이 제조한 종이가 훨씬 질기며 보존 시간이 매우 깁니다.</u> 고려 종이는 순전히 면화를 사용해 제조하기에 비단과 동일한 효과가 있으며, 사람들은 중국 붓을 사용해 그 위에 글씨를 씁니다. 만약 우리가 사용하는 펜[羽筆]을 가지고 글씨를 쓴다면 필시 그 표면에 명반수(明礬水)를 뿌려야 할 것입니다. 그러지 않으면 글자가 아마도 흐릿해 모호하게 보일 겁니다.

<u>고려인은 이러한 종이의 일부를 대청황제에게 조공으로 바치며, 매년 황궁에서 사용하는 어지(御紙)를 공급합니다. 고려인은 동시에 이러한 종이를 대량으로 지니고 와서 중국인에게 팝니다.</u> 중국인은 결코 글

---

174 서호수, 『연행기』 〈1790년 8월 24일〉, "工部尙書金簡, 求竹淸紙, 以三百葉送副. 且伴野笠一頂, 倭鏡一面, 白紬二疋, 白棉布二疋, 彩花席十張, 雪花紙五束, 淸心元三十丸, 扇三十柄. 金之先德雲, 我國義州人也, 德雲之孫, 常明內附爲尙書. <u>簡卽常明之從孫, 而前後效勞於我國事甚多, 故不得不加意也.</u>"

175 이기지, 『일암연기』 〈1720년 10월 22일〉, "又出西洋卵餠, 及西洋酒待之. 余以雪花紙十丈·紫金菱花三十丈, 與費而辭出."

씨를 쓰기 위해 고려 종이를 구입하는 것이 아닙니다. 중국인은 창호를 바르는 데 쓰는데, 고려 종이가 중국인 자신의 종이에 비해 비바람을 막는 데 더욱 견고하기 때문입니다. 중국인은 이 종이 위에 기름을 발라 봉지로 쓰기도 합니다. 이러한 종이는 의복을 재봉하는 데 사용하는데, 종이를 손에 쥐고서 힘을 가해 비벼서 매우 얇은 비단처럼 변화시킨 후에 이것을 면화 대신에 의복 안에 넣기도 합니다. 이는 심지어 면화보다 더 낫기도 합니다. […] 공물로 바쳐지는 이러한 종이는 중국의 최상급 종이에 비해 모두 매우 견고하여 찢기가 매우 어렵습니다.[176]

프랑스 출신의 파다명(巴多明, Dominique Parrenin, 1665~1741) 신부가 1730년 8월 11일 북경에서 프랑스 과학원장에게 보낸 편지의 일부이다. 한지의 우수성으로 재질이 질기고 오랫동안 보존할 수 있는 점을 꼽고, 황제에게 조공품으로 바쳐 어지로 공급된다고 하였다. 중국 사람들이 사행단으로부터 한지를 사기도 하는데, 그것을 글씨 쓰는 데 사용하는 것이 아니라 창호를 바르거나 기름을 발라 봉지로 쓴다고 하였다. 한지를 비벼서 얇게 만들어 의복 안에 넣기도 하는데, 그 보온성이 면화보다 낫다고도 하였다. 18세기 중국 생활상의 일면을 엿볼 수 있는 자료라 하겠다. 실제로 이기지는 북천주당을 방문하였을 때 우리나라 장지를 가지고 서양화 병풍 한 첩을 배접하고 있는 장면을 목격하기도 하였다.[177] 홍대용 또한 일관

---

[176] 杜赫德(Jean-Baptiste Du Halde) 저, 鄭德弟·呂一民·沈堅·朱靜·耿昇 역, 『耶蘇會士中國書簡集』(6권 3책, 大象出版社, 2005) 중책 4권, 51쪽, '74. 巴多明神父致法國科學院院長德·梅朗(de Marian)先生的信.'

[177] 이기지 저, 조융희·신익철·부유섭 역(2016), 앞의 책, 421쪽; 『일암연기』〈1720년 10월 28일〉, "방 안에는 마침 서양화 병풍 하나를 배접하고 있었다. 너비는 2장 반쯤 되었고, 서양의 산수·성곽·인물을 그린 큰 그림인데 필법이 기이하고 웅장하였다. 배접에 사용된 종이는 우리나라의 장지였다."

이덕성(李德星)과 함께 천주당을 방문하면서 장지와 화전지, 부채를 예물로 지니고 갔다.[178]

김창업은 천산을 유람한 후 사신 일행과 합류하기 위해 첨수참으로 가던 도중에 날이 저물어 한 촌사(村舍)에서 묵게 된다. 김창업은 별선(別扇) 1자루, 백지 5장, 담뱃대 2개를 숙박료와 저녁 식대로 지불하였다.[179] 동팔참 같은 궁벽한 지역에서 부채, 담뱃대와 함께 한지가 화폐 대용으로 쓰였음을 알려준다.

한편 조선에서 볼 수 없었던 중국 종이를 보고 관심 있게 기록해 둔 경우도 있다. 강호보는 1727년 사행했을 당시 북경으로 향하는 노정 중 옥전현에 당도해서 왕임연(王林鷰)의 집에서 묵었다. 왕임연의 생업이 종이 만드는 것임을 알게 된 강호보는 중국에서 물건을 포장하거나 배접할 때 사용하는 거칠고 누런 빛깔의 종이가 무엇인지 물어본다. 왕임연은 그 명칭이 마분지(馬糞紙)라고 말하고, 마분지 만드는 법에 대해 "말똥을 취하여 가루를 낸 다음 햇볕에 바짝 말려서 잿물에 탄 후 그 물을 끓여서 만든다"고 구체적으로 알려주었다. 강호보는 당시 조선에서 많이 사용했던 고정지(藁精紙)와 이 마분지가 같은 부류라고 생각하였다. 고정지는 조선시대 함경도에서 많이 생산되었으며 볏짚·보릿짚·귀릿짚 등 벼과의 식물을 주원료로 하여 만든 종이이다. 강호보는 조선에서 종이 구하기가 어려운 만큼 돌아가면 직접 마분지를 만들어 보기 위해서 자세하게 기록해

---

178 홍대용, 『을병연행록』 〈1766년 1월 19일〉.
179 김창업, 『연행일기』 〈1713년 3월 8일〉, "밤에 집주인이 오리알[鴨蛋], 돼지고기, 야호(野葫), 염채(鹽菜, 소금에 절인 채소) 각 한 그릇씩을 상에다 차려 왔고, 베를 짜던 사람은 소주를 따르며 권하므로 마지못해 조금 마셨다. 오리알은 잘 삶아 껍질째 잘게 썰었는데 신기할 정도였다. 사람과 말이 먹은 식대를 모두 받지 않기에 별선(別扇) 1자루, 백지 5장, 담뱃대 2개 등 있는 대로 그에게 주었더니, 한사코 사양하였다. 억지로 권하자 그때야 비로소 받았다."

놓는다고 하였다.[180]

조선의 사행단이 지니고 가는 예단의 여러 물목 가운데는 부시[火鐵]도 들어 있었다. 부시는 얇은 쇳조각으로 불을 일으키는 기물로 '화금(火金)', '화봉철(花峯鐵)'이라 표기하기도 했다. 연행록을 살펴보면 부시는 주로 관문을 통과할 때 의례상 주는 예단으로 소용되었고,[181] 노정에서 만나게 되는 하급 관리들, 민간 백성들, 승려들에게 주는 선물로도 자주 쓰였다. 부시 또한 한지나 부채 등과 함께 화폐 대용으로 쓰였으니, 김창업은 소릉하(小凌河)로 가는 도중에 부시로 값을 치르고 어물(魚物)을 산 일이 있다.[182] 이기지 또한 북경 거리에서 환술하는 것을 보면서 돈이 없어 대신 부시를 던졌는데, 환술하는 사람이 중국인이 던진 돈은 보지 않고 부시를 주워서 전대 속에 넣었다고 하였다.[183] 이 밖에도 여러 연행록에서 유람하며 만난 사람들에게 답례로 부시를 준 일을 볼 수 있다.

연행의 인정 물품 중에서 중국 사람들이 가장 귀하게 여기며 얻고자 했던 것은 청심환이었다. 조선에서 만든 청심환의 효험이 중국에 널리 알려지면서 각광받았기에 조선시대 사행에 참여하는 이들은 신분의 고하를

---

180 강호보, 『상봉록』〈1728년 2월 25일〉, "入燕後, 每見封裹及褙接者, 皆用黃色麤紙, 而麤軟若朽腐, 未知造以何物, 主胡業造紙云, 故招問之. 林薦曰: '此則馬糞紙也, 取馬糞爲屑, 曝乾和灰水, 湯出造紙云', 想若和楮浮出, 則似不異於藁精紙. 又聞以茴皮亦造紙云. 余平生患於艱紙, 得此法, 東還後, 欲試用之, 詳錄焉."

181 최덕중의 『연행록』 서두에는 사행 의식 절차를 소개하고 마지막에 여기에 쓰이는 예단의 종류와 수를 상세히 기록해 놓았다. 예컨대 "책문수직 보십고(柵門守直甫十古) 2명, 갑사(甲士) 8명에게 각 백지 1속(束), 연죽(煙竹) 1개, 향봉초(鄕封草) 1봉, 부시 1개를 주었다"고 하여, 한지·담뱃대·담배와 함께 부시가 포함되었음을 알려준다. 최덕중은 예단으로 소용된 부시의 총합이 310개라고 하였다.

182 김창업, 『연행일기』〈1713년 2월 28일〉, "한 호인이 붕어를 가지고 와서 팔기에 부시[火鐵] 하나를 다섯 마리와 바꾸었는데 작은 놈은 손바닥만 하고 큰 놈은 신짝만 하다. 노끈으로 아가미를 꿰어 말안장에다 달고서 몇 리를 지나가니 소릉하의 촌락이 바라보였다."

183 이기지, 『일암연기』〈1720년 9월 24일〉.

막론하고 청심환을 필수품으로 휴대하고 갔다. 김창업의 『연행일기』에는 생명에 화급을 다투던 중국 어린애가 청심환을 복용하고 소생한 일이 기록되어 있고,[184] 이의봉은 청심환을 얻어 오랜 숙환으로 고생하는 조부를 고치려고 한다며 간곡하게 부탁하는 장기증(張其增)의 편지를 자신의 연행록에 기록하였다. 장기증은 청심환을 얻는다면 조부의 목숨을 구할 뿐 아니라 자손 대대로 감격할 일이라며 간청하고 있다.[185] 당시 서장관으로 연행한 이의봉의 부친 이휘중(李徽中)은 사행 기간 내내 병환으로 고생하였는데, 청심환을 복용하고 기력을 회복하는 모습이 여러 차례 보이기도 한다.

청심환은 중국의 명소를 유람할 때 문지기에게 주는 뇌물로도 그 효과가 신통했다. 이조원(李肇源)의 〈청심환가(淸心丸歌)〉에서 "서산(西山) 깊은 곳은 삼엄하게 지키고, 십칠공교(十七孔橋)는 건너가는 것 금하네. 성내다가 웃으며 잠시 유람 허락하니, 청심환 한 알에 얼굴에 봄바람 부네. 자문(紫闥)도 들어가고 금문(金門)도 밀치니, 돈을 쓰지 않아도 홀로 기이하

---

[184] 김창업, 『연행일기』 〈1713년 3월 12일〉, "김응헌(金應瀗)은 '이곳의 호인(胡人)들은 청심원을 구하는 사람이 더욱 많습니다. 어떤 호인이 지난해 9월에 태어난 어린애가 급한 경풍(驚風)을 앓아 눈과 입이 굳어졌는데, 청심원을 씹어 흘려 넣었더니 즉시 소생하여 완쾌했다 하면서 그 아이를 안고 와서 보이며 그 약의 신기한 효험을 칭찬했습니다.' 하였다."

[185] 이의봉, 『북원록』 〈1760년 12월 14일〉, "소년 한 명이 무릎을 꿇고 붉은색 궁전지에 쓴 단자(單子)를 올렸다. 펴 보니 그 첫머리에 쓰기를, '갖추어 아룁니다. 광령현의 백성 장기증은 시약(施藥)을 간청하여 잔질(殘疾)을 구제하고자 합니다.'라 하였고, 또 한 면에 쓰기를, '장기증의 조부께서 항상 화병에 걸려 있어서 시간이 지나면 담이 될까 두렵습니다. 여러 차례 귀국의 청심환이 백번 쓰면 백번 들어맞는다고 들었습니다. 삼가 대인이 내빈으로 오셨다는 소식을 들었으니 청심환 2~3알을 주셔서 겨우 붙어 있는 목숨을 구제해주면 다만 저와 조부가 감사한 마음을 품을 뿐 아니라 곧 자자손손까지 또한 감격함을 이기지 못할 것이니 엎드려서 명이 이르기를 기다립니다.'라고 하였다. 주머니를 더듬어 보니 오직 청심환 1알이 있기에 꺼내어 그 사람에게 주었다. 가게에 있는 중국 사람이 또 서둘러서 붓과 벼루를 가져다가 한 조각의 종이에다 청심환이란 세 글자를 써서 올렸지만 없다고 대답하였다."

네.(西山深處守者嚴, 十七孔橋莫越去. 始怒終笑蹔許窺, 一丸面帶春風吹. 紫闥可入金門排, 罔俾錢神獨專奇.)"라는 구절이 이를 여실히 말해준다.[186] 북경의 서산은 황실의 이궁(離宮)이 조성된 곳이고, 십칠공교는 이화원(頤和園)에 있는 다리로 일반인의 출입이 엄격히 제한된 장소이다. 그런데 이곳을 지키는 자가 처음에는 성난 얼굴로 출입을 막다가도 청심환을 뇌물로 주면 언제 그랬느냐는 듯이 미소를 지으며 관람을 허락한다. 북경의 자금성과 금문도 뇌물로 돈을 쓰지 않아도 청심환만 있으면 무사통과하니, 돈보다 뛰어난 신통력을 발휘한다는 것이다.

청심환이 이처럼 귀하게 여겨졌기에 청조의 현달한 관원들조차 조선 사신을 만나면 청심환을 요구하곤 하였다. 서호수는 군기대신 복장안(福長安)과 패자(貝子) 영단(永丹)이 청심환을 요구한 사실을 자신의 연행록에 기록하였다.[187] 이조원은 〈청심환가〉에서 "용포를 두른 귀인 갑자기 앞에 이르러, 곧장 진짜 청심환을 찾고 향기부터 맡네. 구하는 자가 누구냐고 묻자, 황제의 친형 팔대왕(八大王)이라네. 반차에 둘러선 여러 패륵(貝勒), 소매를 더듬고 행랑을 들추네.(龍袍貴人突至前, 直覓眞丸先嗅香. 借問覓者是爲誰, 皇帝親兄八大王. 班次圍立諸貝勒, 莫不探袖且胠囊.)"라고 노래하기도 하였다. 홍대용과 교류했던 조욱종(趙煜宗)은 1768년에 보낸 편지의 추신에서 "첨언합니다. 청심환은 어린이의 홍진(紅疹)과 두역(痘疫)에 꽤 좋습니다. 만약

---

186 이조원, 『옥호집』 권3 「淸心丸歌」. 이조원은 1816년 동지겸사은사행의 정사로 참여한 바 있으며, 〈청심환가〉는 칠언고시 60구의 장시로 청심환과 관련한 다양한 사실과 정보를 담고 있다. 이하 이와 관련된 서술은 최식, 「淸心丸으로 읽은 燕行의 文化史」, 『민족문화』 55(2020)을 참고하였다.

187 서호수, 『열하기유』 〈1790년 8월 23일〉, "軍機大臣福長安, 求淸心元, 以四十丸送副, 福報以徽墨一匣·湖筆二匣·端硯一方. 貝子永丹, 求淸心元·扇子, 以淸心元二十丸·扇十柄送副, 永報以四美盒一件."

인편이 있으면 다시 한두 개 부쳐주시기를 크게 바랍니다."[188] 라고 하여, 사행 편에 청심환을 보내주기를 부탁하는 것이 보이기도 한다.

청심환의 효험이 중국에 널리 알려지고 이를 구하는 자들이 많아지면서 진품을 가장한 가짜 청심환이 유행하기도 하였다. "하례배 기회 삼아 비싼 값을 받고자, 행랑 채우고 속임수도 마다하지 않네. 진부한 잡초에다 금박을 입히니, 누가 진짜가 아니라 가짜인 줄 알겠는가?(僅隸夤緣媒重價, 滿囊不厭用欺詐. 陳腐雜草衣以金, 誰知匪眞伊乃假.)"라는 〈청심환가〉의 구절은 연행에 참여하는 마두 등의 하례배가 가짜 청심환을 제조하였음을 말해준다. 박제인(朴齊寅)은 자신의 연행록에 이러한 실상을 다음과 같이 기록해 놓았다.

처음 압록강을 건널 때 의주(義州) 등지에서 청심환을 사들이면, 1알 값이 1문(文) 반에 불과하여 은박을 바르고 입혀서 억지로 '청심환'이라 한다. 그런데 실상 어떤 물건인지 알 수 없는데, 진부한 뿌리와 잡초를 단단히 포장하여 낱낱의 환약처럼 만든다. 압록강을 건너고 나서부터 저자와 마을로 들어가 방매(放賣)하는데, 청심환 1알 값이 소전(小錢) 2, 3조(吊)[189] 에 해당한다. 돌아올 적에 모두 한 필의 몽골 말을 끌고 올 수 있으니, 이는 백끽(白喫, 공짜로 먹다)이라 말할 만하다. 이문을 쫓는다면

---

188 숭실대학교 한국기독교박물관 편, 『中朝寄洪大容手札帖』, 2016, 81쪽. "再. 淸心丸頗利小兒疹痘, 倘遇便, 鴻希復惠一二."

189 조(吊)는 중국 화폐 단위의 하나이다. 최초에는 1천 개의 제전(制錢)으로 1조를 삼았는데, 후대로 내려오면서 지방마다 세는 법이 한결같지 않다고 한다. 명나라 하양준(何良俊)의 『사우재총설(四友齋叢說)』 「사팔(史八)」에 "한 사람의 마상인(馬上人)마다 1조를 요구했다. 1조라는 것은 1천 전이다.(每一箇馬上人要錢一弔. 一弔者千錢也.)"라는 구절이 보인다.

어찌 연행 가는 걸 바라지 않겠는가?[190]

중국에서 조선의 청심환이 성행하면서 의주 등지에서 가짜 청심환을 전문적으로 제조하여 파는 장사치가 있음을 알 수 있다. 사행 가는 이들이 이를 사들여 중국에서 판매하면 막대한 이익을 보아 몽골산 달마(韃馬) 한 필을 사 가지고 올 수 있다고 하였다. 이러한 치부 행위가 가능했기에 연행단에 끼어 치부하려는 자들이 몰려들기 마련이고, 박제인은 연행에 참여하기 위해 마두나 노자의 이름을 빌리는 경우가 사행마다 40~50인에 이른다고 하였다.[191] 가짜 청심환이 성행하면서 중국 사람들 또한 가짜가 많은 것을 알게 되었기에, 사신의 행랑에서 얻은 걸 진품으로 여기고, 비장(裨將)과 역관에게서 얻은 것은 진품이 아니라고 생각한다고도 하였다.[192] 이러한 가짜 청심환의 유행으로 사신은 뜻하지 않은 낭패를 보기도 하였다. 1805년(순조 5)에 영조의 계비인 정순왕후(貞純王后)의 죽음을 알리는 고부사(告訃使)의 서장관으로 청나라에 다녀온 강준흠(姜浚欽)은 자신의 연행록에 다음과 같은 사실을 기록해 놓았다.

장청운(張靑雲)이 안경 하나를 가져와 내게 주며 말했다.
"호천(滹川)을 씨준 예물입니다."
내가 받아서 써보니 과연 눈에 알맞았다. 이에 청심환을 주었더니,

---

190 박제인, 『연행일기』「부록」, "始於越江之時, 賣取淸心丸於義州等處, 每丸直文不過一文半, 塗染銀箔, 强曰淸心丸, 而其實不知爲何物, 陳根腐草也, 緊裝若個丸藥. 始自渡江之初, 投入市舖及閭里中放賣, 每一丸, 討直二三吊小錢. 比其還也, 皆能牽致一匹韃馬而來, 此可謂白喫. 究其利竇, 寧不願赴?"
191 위의 자료, "原額之外, 多有冒入者, 每行洽計四五十人."
192 위의 자료, "彼人亦知此藥之有眞有假, 下人輩所賣, 雖不得不買取, 然必以使臣橐裏所得爲眞品. […] 至於裨將譯官處所得, 則猶不以爲眞品焉."

청운이 손으로 만져 보고 말했다.

"이것은 가짜라서 쓸모가 없습니다."

"내가 행장에 지니고 온 것인데, 어찌 가짜라고 합니까?"

"쪼개서 보여드리지요."

청운이 쪼개자, 속은 흰색으로 그 말과 어긋나지 않았다. 나는 얼굴이 붉어져 즉시 부채로 사례하고 물었다.

"어떻게 진짜와 가짜를 구별합니까?"

"이것은 쉽게 알 수 있습니다. 손바닥에 놓아두어 냉기가 어깨까지 이르면 진품이고, 팔뚝까지 이르면 범품(凡品)입니다. 지금 주신 것은 만져 보면 겉은 딱딱하나 손바닥에 놓아 보니 냉기가 손끝에도 미치지 못합니다. 그래서 가짜인 줄 알았습니다."

"이것은 친구에게 얻은 것이라 의심하지 않고 주었습니다. 이렇게 추한 꼴을 보였으니 매우 부끄럽습니다."

"공은 무심히 준 것인데, 제가 유심히 살펴서 우연히 이렇게 된 것이니 염려하실 것 있겠습니까?"

하고는, 이내 인사하고 떠나갔다. 대개 중국 사람이 물품을 관찰하는 방법은 매우 정밀한데, 청심환의 유래가 또한 진실되지 못하니 탄식할 일이다.[193]

---

193 강준흠, 『中州偶錄』〈1808년 1월 21일〉, "張靑雲持一眼鏡來, 賜余曰: '爲書潯川之禮也.' 余受而挾視, 果愜眼. 遂贈以淸心元, 靑雲以手摸之曰: '此贋作無用.' 余曰: '吾箱篋中所帶來, 何謂贋作?' 靑雲曰: '當剖示.' 剖之裏白而無爽. 余不覺顔騂, 卽謝以扇子, 仍問曰: '何以告眞贋?' 靑雲曰: '此易知耳. 置之掌中, 冷氣達于肩, 則謂之眞品. 至于腕, 則謂之凡品. 今此所贈, 摸之外堅, 置之掌中, 冷氣不及指端. 是以知之.' 余曰: '此得之吾故人, 故不疑而贈之. 有此露醜, 愧甚愧甚.' 靑雲曰: '公無心而贈, 吾有意而看, 偶爾致此, 何傷之有?' 仍卽辭去. 蓋中原人觀物之法甚精, 而淸心元之所由來, 又不誠實, 可勝歎哉.'"

장청운[194] 이 '호천'이란 글씨를 써준 예물로 안경을 선사하자 강준흠은 답례로 청심환을 주었는데, 이것이 가짜였기에 벌어진 일이다. 손으로 청심환을 만져 보고는 곧바로 가짜라고 말하는 장청운에게 강준흠은 행장에 지니고 온 것으로 가짜일 리가 없다고 하였다. 장청운이 쪼개서 가짜임을 확인해주자 강준흠은 부끄러움에 얼굴이 붉어지게 된다. 손바닥에 놓아 그 냉기가 어떠한가에 따라 청심환의 진위를 판별한다는 감별법이 독특하다. 1783년에 연행한 이전수(李田秀)의 연행록에도 유사한 기록이 보이는 것을 보면,[195] 이는 당시 널리 유행했던 방법이 아닌가 생각된다.

---

[194] 앞에서 중국 연희에 대해 살펴볼 때, 박사호와 함께 연극을 관람하면서 대사 내용을 전달해주던 장청운과 성명이 일치하는데, 동일인인지는 미상이다. 박사호, 『심전고』 권2 「留館雜錄」 「演戱記」 참고.

[195] 이전수, 『農隱入瀋記』 「雜俗」, "華人辨淸心丸眞假之術, 握之良久, 掌有涼意則稱善, 丸熱掌如舊者擲之云, 而淸心丸雖淸劑, 握之, 豈有生涼之理也? 恒帶之丸, 入掌必溫, 久勞之手, 握丸易涼. 專用此辨, 斯彼屢哄."

5장
한중 문화교류에서 18세기 연행의 의의

1. 연행의 전통과 18세기 한중 문화교류 양상

전근대 동아시아에서 중국과 주변국의 외교 관계는 화이 질서에 입각한 조공 체제에 따라 이루어졌다. 한반도에서 중국에 정기적으로 사행을 파견한 것은 1022년(현종 13)부터로, 고려-거란 관계가 최초였다. 양국이 국경을 맞대게 되면서 안정적·우호적 관계를 유지해야 할 필요가 낳은 결과물이었다. 이 관행은 이후 고려-원, 조선-명, 조선-청 관계까지 거의 900년 가까이 이어지다가 갑오경장으로 조선이 자주국임을 표방한 1894년에 이르러서야 중단되었다.[1]

조선은 명나라와의 외교 관계에서 조공 질서를 적극적으로 활용하였는데, 조선 전기의 대명 사행 기록에는 한중 간 문화교류의 사례가 그다지 많이 보이지는 않는다. 이는 명나라가 해금(海禁) 정책을 고수하며 외국과의 교류에 소극적이었고, 조선 사행단의 관소 출입을 제한하는 문금(門禁) 정책을 엄격히 시행한 것과 관련이 깊다.[2] 1636년의 병자호란 이후 조선은 명 대신에 청에 조공 사절을 파견해야 했는데, 양국의 외교 관계는 한동안 매우 경직되었고 사신 왕래도 이전에 비해 위축되었다. 효종 연간 북벌책 같은 대청 강경론이 지배적인 조류를 형성한 조선의 국내 정세와 명나라 부흥 운동과 삼번의 난 등으로 청국 또한 조선을 견제하고 있던 시대 상황에 따른 것이었다.

이처럼 경직된 양국 관계는 18세기 들어서면서 점차 해소된다. 18세기에 청국은 자국 내의 각종 반란을 진압하고 정치적 안정을 찾게 되면서

---

1 〈한국민족문화대백과〉「조공(朝貢)」참고.
2 정은주,『조선시대 사행기록화』(사회평론, 2012), 30~40쪽 참고.

조선과 화해를 도모하였다. 청나라는 만주족의 황실을 중심으로 한족을 통치하면서 몽골족, 티베트족, 위구르족까지 아우르는 광활한 영토를 다스리는 다민족 국가를 표방한 제국이었다. 청의 황제는 중국 본토에서는 황제로 군림했고, 만주와 몽골 지역에서는 한(汗)이었으며, 티베트에서는 불교의 전륜성왕이었고, 신강 위구르에서는 이슬람교의 보호자로 행동했다. 다민족 국가인 청조의 성격을 한몸에 체현한 사람이 바로 청 황제였던 것이다.[3] 강희제는 조선에 과도한 요구를 하는 것이 한족과 소수민족의 반청 감정을 자극할 수 있다고 보고, 청 제국의 질서에 조선이 순응하도록 유인하는 태도를 취하였다. 이러한 유화적인 태도에 호응하여 조선 역시 효종 대의 북벌책에서 벗어나 청나라와 새로운 관계 수립에 나서게 되면서 양국은 이전의 경색된 외교 관계에서 벗어나 상호 활발히 교류하게 된다.

현전하는 18세기 연행록은 대략 117종으로 추산된다. 여기에서는 그중 비중 있는 20종의 연행록을 주 자료로 삼아 18세기 한중 문화교류의 전모를 다음의 네 가지 방면에 주안점을 두고 고찰하였다. 첫째, 삼사와 자제군관의 청국 문사와의 교유 양상, 둘째, 북경 천주당 방문과 서학 접촉 양상, 셋째, 역관·의원·마두 등 중하층 계층의 활동 양상, 넷째, 연행 노정에서의 문물·고적 체험과 문화교류이다.

첫째, 삼사와 자제군관이 청국 문사와 교유한 양상이다. 연행사의 중국

---

[3] 단조 히로시 저, 권용철 역, 『천하(天下)와 천조(天朝)의 중국사』, AK출판사, 2023, 352쪽. 이를 상징적으로 보여주는 사례가 사체문비(四體文碑)의 건립이다. 청 태종은 심양에 원찰 실승사(實勝寺)를 세우면서 비석 각 면에 한어·만주어·몽골어·산스크리트어[梵語] 4개 국어로 적은 비석을 건립하였다. 사체문비는 다민족 국가인 청나라가 민족의 통합을 염원하면서 세운 것으로, 심양의 북릉과 소릉에도 세워져 있다. 1712년에 김창업이 실승사의 사체문비에 대해 소개한(『연행일기』〈1712년 12월 8일〉) 이래로 많은 연행사들이 이에 주목하고 기록으로 남겼다.

문인과의 교류는 북경과 북경 이외 지역에서 이루어진 것을 나누어 살펴볼 수 있다. 북경 이외 지역으로 무령현의 서진사가(徐進士家)와 풍윤현에 있는 곡응태(谷應泰) 후손가는 연행사가 지나는 길에 대부분 방문하는 곳이었다. 18세기 연행사는 사행을 떠나기 전에 무령현 서진사가에 대한 정보를 지니고 방문하였으며, 연행사를 맞이하는 서진사가 인물로는 서승립 → 서송년·서학년·서부년 → 서소분·서소신에 이르는 3대의 인물이 등장한다. 연행사가 서진사가에서 주목한 것은 진귀한 서화 고동과 운치 있는 집 안 모습이었으며, 방 안에 조명채와 윤순의 시가 걸려 있는 것을 확인하였다.

무령현을 지나 풍윤현에 도착하면 사신 일행은 대개 곡응태가에서 유숙하는 것이 관례였다. 이곳 출신의 곡응태는 『명사기사본말(明史紀事本末)』의 저자로 유명하다. 곡응태가에서 유숙하는 사신 일행에게 서적상이 찾아와 책을 매매하기도 하였다. 곡응태가는 연행사가 북경 밖에서 서적을 구매하는 주요한 장소였다.

북경 및 열하에서 중국 문사와의 교유는 18세기 전기에 연행한 김창업·이기지와 후기에 연행한 홍대용·박지원의 경우로 나누어 살펴보았다. 김창업의 『연행일기』는 숭명배청 사상에서 벗어나 청나라의 실상을 객관적으로 기술하여 후대 북학의 가교 역할을 한 것으로 평가받는데, 중국 문사와 폭넓게 교유한 것도 그가 최초로 보인다. 북경에서 김창업은 조화·양징·이원영·마유병 등의 문사와 사귀었는데, 특히 양징과는 신교(神交)라 칭하며 귀국 후에도 시문을 주고받았다. 이기지는 김창업을 통해 얻은 정보를 바탕으로 북경에서 이들과 교유하였고, 한림원 검토관으로 있던 진법과 백운관의 도사인 이원강 등과도 교류하였다. 김창업과 이기지는 1721년 신임옥사에 연루되어 갑작스러운 죽음을 맞이했고, 이 때문에 양징·조화·진법 등 중국 문인과의 교유는 후대 연행사에게로 이어지지 못하고 단절되었다.

홍대용은 중국 문사와의 교류를 연행의 주요 목적으로 여긴 인물로 다양한 중국 인사와 사귀었고, 특히 엄성·반정균·육비 3인과는 9차례에 걸쳐 만나며 천애지기(天涯知己)를 맺었다. 그는 귀국한 뒤에 이들과 주고받은 편지를『항전척독(杭傳尺牘)』으로 엮었으며, 이 밖에도 여러 중국 문사와 지속해서 편지와 시문을 주고받았다. 홍대용과 중국 문사의 교유는 박지원·이덕무·박제가·유득공 등 북학파 문인에게 많은 영향을 미쳐 18세기 한중 문인 교유의 새로운 장을 여는 계기가 되었다. 홍대용의 뒤를 이어 1776년에는 유금이 연행하면서 이덕무·박제가·유득공·이서구 4인의 시를 선집한『한객건연집(韓客巾衍集)』을 지니고 가서 이조원과 반정균의 평을 받고 돌아오기도 하였다. 이를 통해 조선 후기 한시 사대가로 일컬어지는 이들의 시가 중국에 널리 알려지면서 한중 문인의 교유는 한층 더 친밀해진다. 1778년에는 이덕무와 박제가가 북경을 다녀오고, 1780년에는 박지원이 열하까지 다녀온다. 그리고 1778년에 심양문안사(瀋陽問安使)의 수행원으로 심양을 다녀왔던 유득공이 1790년에는 북경까지 다녀오면서 북학파 문인의 중국 문인 교류는 극성기에 이르게 된다. 이러한 일련의 흐름을 염두에 두면 홍대용과 중국 문사의 교유와 함께『한객건연집』의 전파가 한중 문인의 교유에 미친 영향이 매우 컸음을 알 수 있다.

박지원은『열하일기』에서 일기체와 기사체를 혼용하여 자신만의 독특한 연행록을 이루었는데, 박지원과 중국 문사의 대화는 우주와 천체, 물체의 본질, 생물의 기원 등 자연과학적 문제와 같은 철학적 주제로부터 종교·정치·역사·문화·풍속·인물 등 거의 전 분야에 걸친 것이었다. 논의의 내용 또한 18세기 조선과 청의 문사들이 나눈 필담 중에서 최고의 수준과 깊이를 갖춘 것으로 평가할 수 있다.

유득공은 1796년에『병세집』을 편찬했는데 여기에는 중국·일본·안남·유구 등 4개국의 문사 도합 90인의 시가 수록되어 있다. 이는 유득공이 외국 문사와 지속해서 교류하며 조선이라는 울타리를 넘어서 동시대를 살아가는[井世] 한자문명권의 지식인과 문예로 적극 소통하였음을 말해준다.

둘째, 18세기 연행사의 천주당 방문과 서학 접촉 양상이다. 청국을 매개로 하여 조선과 서구의 문명이 접촉하는 주된 통로는 북경의 천주당이었다. 북경에는 천주당이 네 곳 있었으며, 이곳은 유럽의 선교사가 상주하면서 서구의 과학 문명 및 종교를 전파하는 진원지였다. 청나라 강희 연간 이래 북경 천주당은 연행 사절이 자주 찾는 명소가 되었으며, 옹정·건륭 연간에 이르기까지 이러한 풍조가 지속되었다.

북경 천주당을 방문한 사신 일행의 시선을 가장 먼저 사로잡은 것은 들어서자마자 마주 대하게 되는 천주상과 천장 벽면을 가득 채운 서양화였다. "보통 사람의 지혜와 생각으로는 헤아릴 바가 아니고, 언어와 문자로도 형용할 수 있는 것이 아니다."라는 박지원의 말이 서양화를 처음 보았을 때의 당혹감을 잘 말해주고 있는데, 연행사가 서양화를 보면서 가장 경탄했던 것은 무엇보다 인물과 사물 묘사의 핍진함이었다. 이와 함께 원근법과 명암 대비에 뛰어난 수법을 서양화의 뛰어난 점으로 주목하였다. 매우 이질적인 서양화의 낯선 화풍에 대해 부정적인 시선을 내비친 연행사가 없진 않았지만, 대부분은 서양화를 긍정적으로 인식하였다. 서양화의 사실적인 화법에 매료된 일부 연행사는 서양 선교사에게 자신의 초상화를 그려달라고 부탁하기도 하였다. 서양화가 지닌 사실성에 주목하고 이를 응용하여 사물 인식을 심화하는 데 활용하고자 한 시도도 있었다. 각종 동식물을 사실적이며 다각적으로 세밀하게 묘사하고 장기와 골절까지 그려 놓은 서양화집의 그림은 1720년에 연행한 이기지에게 커다란 충격을 안겨주었다. 이기지는 사물을 자세히 관찰하여 그 이치를 철저하게 탐구하는 서양의 학문 자세에 자극받아 북경에서 구입한 『본초강목』에 수록된 물상(物像)들을 채색 세밀화로 그려 가려고 하였다.

서양화 외에 연행사가 천주당에서 주목했던 것으로는 천문 역법과 세계지도, 서교(천주교), 파이프오르간 등 네 가지를 꼽을 수 있다. 이들은 서양의 근대 학문과 종교, 예술과 관련된 것이다. 대부분의 연행사는 서양의 학술 사상이나 과학 문명에는 관심을 보였지만 서양의 종교에 대해서는 부정적으로 인식하였다. 18세기 연행록에서 서교를 비교적 객관적으로 인식하며 개방적으로 포용하려고 한 것은 이기지의 『일암연기』가 유일해 보인다.

셋째, 역관·의원·마두 등 중하층 인물의 중국 체험과 문화교류이다. 사행에서 역관의 주요 임무는 삼사의 지휘를 받아 통역에 종사하는 것이었으나 국용(國用)에 소요되는 서적·약재·악기 등을 구매해 오기도 하였다.

북경 관소에서 연행사는 주로 서반(序班)을 통해 중국 서적을 매입하였는데, 이 과정에 역관이 개입하였다. 서반과 함께 서적 매매를 중개하면서 중국의 서적을 많이 접하게 된 역관들은 삼사와 자제군관들이 접하지 못한 최신 서적을 관소로 가져오기도 했다. 1720년에 역관 오지항이 입수한 『대흥현지(大興縣志)』는 연행사의 북경 유람에 요긴한 정보를 담고 있어 이후 연행사에게 빠르게 전파되었다. 1765년 삼절연공사의 수석 역관으로 연행한 이정희는 청나라의 대표적인 백과사전인 『고금도서집성』의 목록을 사신단에게 소개하였으며, 이는 1777년 진하겸사은사 일행이 이 책을 구매해 오는 계기가 되었다. 1778년 연행사의 수석 역관 이언용은 『어제전운시(御製全韻詩)』 4책을 구매하였는데, 이는 청나라의 통치 계급인 만주족에 대한 이해를 심화하는 데 도움이 되었다. 이외에 다양한 중국 소설이나 서학서 등이 역관을 통해 국내에 유입 전파되는 사례 또한 빈번하게 보인다.

일부 연행록에는 중국 창기인 양한적과 접촉한 기록이 실려 있어 연행의 이면 풍경을 엿보게 한다. 조선 후기 유흥 문화를 주도한 왈짜패의 일원이기도 했던 역관과 사상(私商)은 연행 도중 양한적이 있는 창루를 찾아 행락을 즐기기도 하였다. 연행록에 등장하는 양한적 관련 기사는 연행을 통해 이루어진 중국 문화 경험의 특이한 일면을 알게 해준다.

18세기에 활동한 의원 중에는 자신의 연행 체험을 학술적인 업적으로 남겨 당시 낙후된 조선의 현실을 개선하고자 한 인물도 보인다. 내의원 의관인 이시필은 여러 차례의 사행과 중국 서적의 열람을 통해 실용적인 지식과 기술을 정리한 『소문사설』을 편찬하였다. 이 책에서 이시필은 벽돌 제작법에 대해서도 상세한 기록을 남겼다. 벽돌 사용의 이점이나 효과를 강조하는 데 치우친 사대부의 기록에 비해, 벽돌 제작법을 체계적으로 소개하고 있는 점이 특징이다. 벽돌 반죽을 위한 전지(甎池)를 만드는 과정, 벽돌을 찍어내는 과정, 벽돌 굽는 가마의 형태와 제작 과정, 가마 안에 벽돌을 굽기 위해 쌓는 과정, 벽돌을 굽는 과정, 그리고 땔감에 대한 기록까지 적어 놓았다. 벽돌의 유용성에 주목하고 그 제작법과 온돌 제작법을 체계적으로 소개한 이이명과 이시필, 그리고 『본초강목』의 도상을 채색 세밀화로 그려 오고자 시도한 이기지는 북학파의 선구라 불러도 손색이 없다.

마두는 연행 일정 내내 사행을 수행하는 하례를 통칭하는 말이다. 마두배는 관서 지방, 그중에서도 특히 의주 지역의 사람들로 구성되는 것이 관례였다. 관서 지방의 백성들에게 연행은 무역을 통해 치부할 수 있는 큰 기회였다. 이들은 기꺼이 사행단의 하례가 되기를 자처했고 일부는 의주에서 책문까지, 일부는 북경까지의 전 일정을 수행하며 고역을 마다하지 않았다. 관서 지방의 백성 중에 하례로 연행에 참가한 마두배 가운데는 연행 횟수가 삼사십 차례에 이르는 자도 적지 않았다. 이들은 중국어에 능통하고, 중국 현지의 지리와 민간 풍속을 환히 꿰뚫고 있었기에 연행 일정에서 부딪치는 여러 난관을 해결하는 데에 큰 역할을 하였다. 18세기 연행록에 등장하는 주요 마두는 서흥에 거주하던 금교역 노비 출신으로 40여 차례 연행 경험이 있었던 세팔, 가산 출신으로 1780년 연행 당시 이미 30여 차례 연행을 다녀왔던 득룡, 선천 출신으로 연행한 횟수가 47차례에 달하는 최운태 등이 있다. 이들 마두는 현지의 생생한 정보를 제공하며 유람의 길잡이와 통역 역할을 하고, 때에 따라서는 청나라 측과의 분쟁을 해결하는 최일선에서 활동하였다.

연행사가 북경 관소에서 문금을 피해 자유롭게 유람하려면 청나라 통관과 갑군과도 좋은 관계를 유지해야 했다. 18세기에 활동한 박득인, 서종맹, 쌍림 등의 통관이나 왕사·왕종인 같은 갑군 등의 활동 양상을 통해 연행의 또 다른 이면을 엿볼 수 있다.

넷째, 연행 여정에서의 문물·고적 체험과 문화교류이다. 18세기의 연행 노정은 대략 세 구간으로 나누어 볼 수 있다. 첫 구간은 의주에서 압록강을 건너 책문에서 입국 심사를 마치고 심양에 이르는 노정이다. 중국으로 들어가는 관문인 책문에서는 부근에 있는 봉황산을 답사하며 고구려의 역사를 회고하거나 귀로에 책문후시에서 청국과 무역을 했다. 압록강에서 요양에 이르는 동팔참 구간은 산천이 우리나라와 흡사하여 연행사에게 친근한 느낌을 주었다. 동팔참 지역을 지나면서 연행사는 고구려 축성과 안시성의 진위 문제를 논하기도 했다. 김창업은 인근에 있는 천산(千山)을 유람하기도 하였다. 요동 벌판을 지나면서는 흔히 고구려의 옛 강역을 회상하거나 명청교체기의 전란을 떠올리곤 했다. 그리고 심양에 도착해서는 소현세자 일행이 인질로 잡혀 있던 심양관을 찾으면서 병자호란의 기억을 소환하기도 하였다.

두 번째 구간은 심양에서 산해관에 이르는 여정이다. 연행 노정 중에서 가장 위도가 높은 광녕 부근에 위치한 의무려산은 연행사에게 한족과 북방 민족의 영토를 구분하는 화이의 경계로 인식되었다. 홍대용은 『의산문답』에서 허자(虛子)와 실옹(實翁)의 대화를 통해 탈중화의 세계관을 개진하였는데, 그 장소를 의무려산으로 설정한 것은 의미심장하다 하겠다. 산해관은 만리장성의 끝자락으로 발해만으로 이어진 곳이다. 여기에서 연행사는 만리장성의 축성과 관련된 강녀묘를 방문하고 각산을 유람하거나 징해루에서 발해를 바라보며 관내와 관외의 의미를 상기하였다.

세 번째 구간은 산해관에서 북경에 이르는 구간이다. 이 노정 중 연행사는 풍윤현에 있는 『명사기사본말』의 저자 곡응태 후손가에서 유숙하면서 서적과 서화를 매입하는 일이 많았다. 그리고 계주 지역을 지나면서는 부근에 있는 반산을 유람하며 원굉도의 「유반산기(遊盤山記)」를 떠올리기도 하였다. 북경에 도착해서는 대략 한 달 남짓 머물렀는데, 18세기에는 전에 비해 관소의 문금이 엄하지 않았기에 틈나는 대로 북경의 문물·고적을 유람하였다. 18세기 연행사가 북경에서 즐겨 방문한 곳은 여러 곳이 있지만, 여기에서는 자금성·상방·백운관·태학·유리창 등 다섯 곳에 주목하여 그 특징적인 면모를 살펴보았다. 18세기 연행사 중 열하까지 다녀온 사행은 1780년 건륭제의 칠순연과 1790년 건륭제의 팔순연을 축하하기 위해 파견되었던 진하사절이다. 이들은 황제의 별궁인 피서산장을 관람하고 각국의 사신들이 참여하는 성대한 연회에서 몽골·안남·회회 등의 사신들과 교류하며 한자문명권 너머의 이국 문명과 접촉하기도 했다. 그 체험은 박지원의 『열하일기』와 유득공의 『열하기행시주』에 충실하게 담겨 있다.

청나라 시대의 연희는 연극류와 잡기류, 화희류로 나눌 수 있다. 18세기가 되면서 연희를 대하는 태도에도 긍정적인 관점이 형성되었다. 이는 만주족이 통치하면서 한족에게 체발변복을 강요하여 명조의 복식은 희곡 무대에만 남게 된 현상과 밀접한 관련이 있다. 18세기에는 희곡을 비롯한 연희에 대해 긍정적인 인식이 확산되면서 그에 관한 기록도 상세하고 풍부해진다. 북벌론에서 북학에 이르기까지 청조에 대한 인식의 전환은 당시 북경을 왕래하면서 기행문을 작성한 조선 기록자의 연희에 대한 시각의 변화와 동궤를 이룬다고 할 수 있다.

중국 현지의 음식 중에서 여러 연행사로부터 가장 맛이 좋다고 호평을 받은 음식으로는 분탕을 들 수 있는데, 여러 연행록에서 이에 대한 긍정적 기술을 찾아볼 수 있다. 18세기에 중국 음식과 관련해 조선 문인의 주목을 받으며 시문의 소재로 활용된 것은 낙화생이란 명칭으로 알려진 땅콩이었다. 1776년 11월 진하겸사은사의 부사인 서호수의 수행원으로 연행한 유금은 이조원의 집을 방문하여 『한객건연집』을 보여주고 서문과 평을 받는다. 이조원은 유금이 방문했을 때 낙화생을 대접하였는데, 이를 처음 접한 유금이 호기심을 보이자 귀국길에 오르는 유금에게 낙화생 한 포대를 선물로 주었다. 유금은 귀국한 뒤에 이덕무, 유득공, 박제가 등에게 낙화생을 보내주었고, 이들이 낙화생을 노래한 시가 각기 문집에 실려 있다. 북경의 천주당을 방문하여 서양 선교사들과 교류하며 각종 서양 기물을 접하는 것이 연행의 주요한 체험 중 하나였거니와, 이때 서양 음식 또한 맛볼 수 있었다. 이기지는 카스텔라로 여겨지는 서양 떡과 포도주, 건포도 등을 먹어 보고 이에 대해 자세히 기록하였다.

조선시대 연행사는 종이·부채·청심환·부시 등을 항상 휴대하여, 중국인과 교유할 때 호의에 대한 답례로 선물하였다. 연행 노정에 위치한 명승고적을 방문할 때에는 문지기에게 뇌물로 주기도 하였다. 당시 은을 화폐로 사용하던 중국을 여행하는 연행사는 은을 휴대할 수 없었기에 휴대가 용이한 이들 물품을 화폐 대용으로 사용하였으며, 담뱃대나 담배가 여기에 추가되기도 하였다. 종이는 중국 사행의 방물에 상당한 비중을 차지했던 품목으로 우리나라 한지가 질이 좋음은 북경에 있던 서양 선교사에게도 잘 알려져 있었다. 프랑스 출신의 파다명(巴多明, Dominique Parrenin) 신부는 한지의 우수성으로 재질이 질기고 오랜 기간 보존할 수 있는 점을 꼽고, 황제의 조공품으로 바쳐 어지(御紙)에 공급된다고 하였다.

연행의 인정 물품 중에서 중국 사람들이 가장 귀하게 여기며 얻고자 했던 것은 청심환이었다. 조선에서 만든 청심환의 효험이 중국에 널리 알려지면서 각광받았기에 조선시대 사행에 참여한 이들은 신분의 고하를 막론하고 청심환을 휴대하였다. 청심환은 중국의 명소를 유람할 때에 문지기에게 주는 뇌물로도 그 효과가 신통했으며, 청조의 현달한 관원들 또한 조선 사신을 만나면 청심환을 요구하곤 하였다. 청심환의 효험이 중국에 널리 알려지고 이를 구하는 자들이 많아지면서 진품을 가장한 가짜 청심환이 유행하기도 하였다.

2. 18세기 연행의 의의

　동아시아 한자문명권의 종주국인 중국과 국경을 맞댄 조선은 조공 체제를 충실히 이행하며 왕조의 존속을 도모해야 했다. 한반도에서는 500여 년의 오랜 세월 동안 조선이 체제를 유지한 데 비해, 중국은 17세기 중엽에 명에서 청으로 왕조의 교체가 이루어졌다. 임진왜란에서 병자호란으로 이어지는 이 시기는 조선을 전후기로 나누는 격변기에 해당하는데, 비슷한 시기에 명과 청은 중원의 패자 자리를 놓고 치열하게 각축하였다. 조선은 한족 정권인 명나라에 대해서는 줄곧 자발적으로 사대 외교를 성실히 수행하였다. '사대'는 명의 한반도 간섭을 막는 방식이자 중국과 친밀하며 독특한 이웃 국가임을 표현하는 방식이기도 했거니와[4] 명의 선진 문물을 받아들이고 무역의 이익을 얻는 기회이기도 했다.

　만주족의 청나라가 중국을 지배하게 된 조선 후기에는 사정이 확연히 달라졌다. 임진왜란 때 조선을 도와 출병한 명의 요구를 무시할 수 없었던 조선 조정은 명을 도와 사르후 전투에 참전하였으나 패전하였다. 이어서 병자호란에서도 치욕스러운 패배를 당했다. 이후 조선은 청에 사대할 수밖에 없었지만 마지못해 소극적으로 응하였다. 이 과정에서 중화의 문명을 조선이 지키고 있다는 소중화 의식이 더욱 강화되었다. 그러면서 이적이 중원을 지배하는 현실을 바꾸어 중화의 상태로 되돌리기 위해서는 북벌이 필요하다는 강경론이 득세하였다. 이처럼 경색된 조청 관계는 18세기 들어서면서 점차 해소된다. 18세기에 청국은 자국 내의 각종 반란을 진압하고 정치적 안정을 찾게 되면서 조선과의 화해를 도모하였고, 조

4　오드 아르네 베스타 저, 옥창준 역, 『제국과 의로운 민족』, 너머북스, 2022, 57쪽.

선 역시 북벌론에서 벗어나 청나라와 새로운 관계 수립에 나서게 된 것이다.

이처럼 변화된 분위기 속에서 18세기에 북경으로 파견된 사절단은 최고의 전성기를 구가하고 있던 청 제국의 실상을 점차 편견 없이 바라볼 수 있었다. 청나라의 선진 문물을 접한 일부 연행사는 조선의 낙후된 현실을 통감하며 소중화 의식을 떨쳐버리게 되었다. 만주족이라도 선진 문명을 건설하고 있다면 중화의 지위를 차지하는 것이 정당하다는 인식이 생기면서 북벌의 논리는 북학으로 전환되었다. 일반적으로 북학론은 18세기 후반에 홍대용, 박지원, 박제가 등을 중심으로 형성된 것으로 알려져 있다. 그렇지만 18세기 초반 이이명, 이기지의 연행록과 이시필의 『소문사설』같은 저작은 청나라의 선진 문물을 예리하게 관찰하고 적극적으로 수용하려 한 점에서 북학의 선구를 이루는 것으로 평가할 수 있다. 따라서 북벌에서 북학으로의 전환은 18세기 연행의 가장 중요한 의의로 평가할 수 있다.

조선과 서구 문명이 접촉하는 주된 통로는 북경의 천주당이었다. 북경에는 천주당이 네 곳 있었으며, 이곳은 유럽의 선교사가 상주하면서 서구의 과학 문명 및 종교를 전파하는 진원지였다. 북경 천주당을 중심으로 한 조선과 서구 문명의 만남은 18세기에 가장 활발하고 순수한 형태로 이루어졌으며,[5] 이에 대한 긍정적 인식이 18세기 연행록에 집중적으로 나타

---

[5] 17세기나 19세기와 비교하여 18세기 서학 접촉의 특성을 지적한 말이다. 17세기에는 조선과 청나라가 매우 경색된 관계였으며, 연행사의 서구 문명 접촉 역시 드물고 피상적이었다. 19세기에는 세도정권이 수립되어 신유사옥을 필두로 서학에 대해 적대적인 정책을 취하였으며, 북경 천주당 방문도 금지되었다. 서구 역시 무력적인 방식으로 개항을 강요하여 아편전쟁을 위시하여 여러 차례의 양요가 일어났다. 19세기 후반에 조선과 서구 문명은 천주당을 매개로하지 않고 직접 접촉할 수 있었지만, 그것은 매우 왜곡된 방향에서 이루어졌다고 하겠다.

난다. 천주당을 방문하여 서양 선교사와 접촉한 연행사는 이기지, 강호보, 김순협, 이의봉, 홍대용, 서호수 등이 주목된다. 18세기 연행사는 대부분 서양화를 긍정적으로 인식하였으며, 이기지 같은 경우 북경에서 구입한 『본초강목』에 수록된 물상들을 채색 세밀화로 그려 가려고 시도하기도 하였다. 서양화 외에도 천주당에서 연행사가 주목한 것은 천문 역법과 세계지도, 서교(천주교), 파이프오르간 등이다.

18세기 연행사는 서양의 학술 사상이나 과학 문명에 깊은 관심을 보였으며, 이들을 통해 수입된 서학 관련 서적은 세계 인식의 확장과 실학사상의 형성 등에 지대한 영향을 끼쳤을 것으로 추정된다. 그렇지만 서양의 종교에 대해서는 대부분의 연행사가 부정적으로 인식하였다. 천주당의 선교사는 연행사에게 『천주실의』, 『칠극』, 『삼산논학기』같은 종교 서적을 선물로 주었지만, 그 내용이 무엇인지 소개한 것은 연행록에서 찾아볼 수 없다. 대부분의 연행사는 서교를 이단의 종교로 배척했으며 이에 관한 구체적인 기록을 남기지 않았다. 필시 유교와 배치되는 불온한 사상으로 여기고 기록 남기는 것을 꺼렸을 것으로 짐작된다. 18세기 연행록에서 서교를 비교적 객관적으로 인식하며 개방적으로 포용하려고 한 것은 이기지의 경우가 유일해 보인다. 이의봉은 자신의 연행록에 『직방외기』와 『곤여도설』의 내용을 상세히 초록하기도 하였다. 그렇지만 이는 예외적인 경우이고, 대부분의 연행록에는 서학 사상을 본격적으로 논한 대목을 찾아볼 수 없다. 그렇지만 18세기 후반에 이르면 천주교는 조선에 상당히 전파되었으며,[6] 1791년(정조 15)에는 진산 사건 같은 사회적 문제를 야기하게

---

6   신광수의 「서마기사사(書馬騎士事)」를 보면 동생(董生)이란 인물이 중국 유람을 목적으로 하인 신분으로 위장하여 연행에 참여했음을 알려주고 있거니와, 당시 사행단의 하례 중에는 종교적 신념을 위해 신분을 숨기고 연행에 참여해 천주당의 선교사를 만난 이들이 있었을 가능성은 충분하다고 생각된다.

된다. 18세기에 연행사가 북경 천주당을 중심으로 서구 문물을 직접 접촉하고 관련 서학서를 조선에 들여온 것은 조선 후기 실학사상이나 천주교의 형성에 큰 영향을 끼쳤음이 분명하다 할 것이다. 이를 18세기 연행의 두 번째 의의로 꼽을 수 있다.

18세기 연행 중에 열하에 간 사행은 두 차례 있었다. 청나라 황궁에 외국 사절이 참여한 주요 행사는 원단 조하(朝賀)와 황제의 생일인 만수절 연연(筵燕)이다. 만수절 연연은 자금성 외에 원명원과 열하의 피서산장에서도 거행되었는데, 1780년 건륭제의 칠순연과 1790년 건륭제의 팔순연에 참여하기 위해 열하까지 간 것이다. 피서산장은 황제의 여름 집무처로 사용되었고 주변에는 소수민족 회유를 위한 여러 형식의 사원이 건축되어 정치·군사·외교적으로 중요한 역할을 담당하였다. 열하 사행은 청 제국의 이민족 통치의 실상을 파악하게 해주었으니, 박지원은 청나라 황제가 피서산장에서 지내는 이유가 몽골과 티베트를 통제하기 위한 고심의 산물임을 간파하였다. 그는 천하의 형세를 살피면서 "천하의 우환은 언제나 북쪽 오랑캐에게 있으니, 그들을 복종시키기까지 강희 시절부터 열하에 궁궐을 짓고 몽골의 막강한 군사들을 유숙시켰다. 중국의 수고를 덜고 오랑캐로 오랑캐를 막는 법이 이와 같으니, 군사 비용은 줄이고 변방을 튼튼하게 한 셈이다. 지금 황제는 그 자신이 직접 이들을 통솔하여 열하에 살면서 변방을 지키고 있다. 서번은 억세고 사나우나 황교(라마교)를 몹시 경외하니, 황제는 그 풍속을 따라서 몸소 자신이 황교를 숭앙하고 받들며, 그 나라 법사를 맞이하여 궁궐을 거창하게 꾸며서 그들의 마음을 즐겁게 하고 명색뿐인 왕으로 봉함으로써 그들의 세력을 꺾었다. 이것이 바로 청나라 사람들이 이웃 사방 나라를 제압하는 전술이다."[7]라고 하여,

---

7   박지원, 『열하일기』 「審勢編」.

한족을 지배하면서 티베트나 몽골 같은 외이 세력을 방비해야 했던 청나라의 고민을 꿰뚫어 보았다. 1790년에 열하에 간 유득공 또한 그 정치적 의도를 간파하여 열하는 북쪽으로 몽골을, 동쪽으로는 회회를 포섭하며, 서쪽으로는 요령·심양에 통하게 하고, 남쪽으로는 천하를 통제하려는 은미한 뜻을 숨기고 '피서산장'이라고 이름 붙였다고 하였다.[8]

열하에서 거행된 만수절 연회에는 청나라와 조공 관계에 있는 각국의 사신들이 참여하여 성대하게 벌어졌기에 북경에 갔을 때보다 폭넓은 교류를 할 수 있었다. 한자문명권 밖에서 온 사신과의 교류가 가능했기에, 열하는 전통적인 화이관에서 벗어나 새로운 문명과 소통하는 공간이 되었다. 이에 주목한 유득공은 열하의 만수절 연회에 참여한 각국의 왕과 사신의 모습을 시로 노래하고 그 복식과 풍속 등을 주석에서 소개하였다. 그중 이슬람교를 믿는 중앙아시아 인근 회회국의 왕들을 노래한 시에서는 회회어 수십 가지를 소개하고, 미얀마 사신과 대화를 나누는 대목에서는 그들이 써준 '고려대신(高麗大臣)'이라는 미얀마 글자를 연행록에 기록해 놓기도 하였다. 유득공이 전통적인 화이관에서 벗어나 동아시아 여러 민족과의 소통을 중시했음을 알 수 있다. 북경의 천주당과 함께 열하는 한자문명권 너머의 이국 문명과 소통하는 장이기도 했던바, 이는 18세기 연행이 지닌 또 다른 의의라 할 것이다.

---

8 유득공 저, 실시학사 고전문학연구회 편역, 『열하를 기행하며 시를 짓다-열하기행시주』, 휴머니스트, 2010, 68쪽.

부록
18세기 주요 연행록의 중국 문인 교유 일람표[1]

1. 김창업 『연행일기(燕行日記)』(1712.11.3.~1713.3.30.)

김창업(金昌業, 1658~1721): 본관은 안동(安東), 자는 대유(大有), 호는 노가재(老稼齋)이다. 1681년 진사시에 합격했으나 벼슬길에 나아가지 않고 한양의 동교(東郊) 송계(松溪)에 은거하였다. 1689년에 기사사화가 일어나자 포천 영평산(永平山)에 들어가 숨어 살았다. 시와 그림에 조예가 깊었으며 원예에도 관심을 지녀 다양한 화초를 재배하며 이를 읊은 장편 연작시를 창작하였다. 북경에서 만난 중국 문사와 시와 그림, 화훼를 주제로 여러 차례 대화를 나누며 교류하였다.

사행 경위와 연행록의 특징: 1712년 청나라는 백두산에 정계비를 세워 경계를 확정하고 예단을 줄여 방물로 이준(移準)하도록 허가하며, 진공하던 금을 혁파하고 표피를 감하며, 국경을 넘은 자를 변경 백성이 사의(查議)하는 것을 면제하면서 이에 대해 사은하게 하였다. 조선 조정에서는 동지겸사은사를 파견하였는데, 정사는 김창집(金昌集), 부사는 윤지인(尹趾仁), 서장관은 노세하(盧世夏)였다. 『연행일기』는 1712년(숙종 38) 11월 3일부터 이듬해 3월 30일까지 5개월 동안의 일기로 체재는 권두(卷頭)의 별록(別錄)과 일기로 구분된다. 별록에는 일행의 인마(人馬) 수, 방물·세폐(歲幣)의 목록, 예단(禮單: 세폐의 품목 명세서)과 인정(人情), 입경(入京)과 하정(下程)의 예식, 표문(表文)·자문(咨文)을 바치는 예식, 중국 조회에 참여하는 예식, 가지고 오는 물목, 상마연(上馬宴), 산천·풍속과 뛰어난 경치의 총록 등이 실려 있다. 김창업의 『연행일기』는 '연행록의 교과서'로 일컬어질 만큼 후대 연행사에게 많은 참고가 되며 영향을 미쳤다.

---

[1] 18세기의 주요 연행록 20종을 대상으로 저자와 사행 경위 및 각 연행록의 특징을 간략히 소개하고, 중국 문인과의 교유 내용을 도표로 만들어 제시하였다. 18세기 연행록에는 천주당을 방문하여 서양 선교사와 교류한 기사도 많이 보이는데, 이는 2장 2절 '북경 천주당 방문과 세계 인식의 확장'에서 이미 소개하였기에 여기에서는 생략한다.

중국 문인 교유 기사[2]

일자	장소	교유 인물	주요 내용
1712. 12.15.	寧遠衛	王寧潘	정축년(1697) 연행의 서장관(書狀官) 송상기(宋相琦)가 만난 왕녕반을 만나봄
12.18.	山海關	郭如栢	늠상생(廩庠生) 곽여백과 시를 주고받음
12.22.	豊潤縣	谷家 주인	책을 팔러 오는 자가 많았는데 비싸서 사지 못함
12.24.	薊州	康田	강전과 과거제도, 유명한 의관, 산해관 등 계주와 관련된 이야기를 나눔
1713. 1.3.	북경	李廷宰, 李廷基	영원백(寧遠伯) 이성량(李成樑)의 둘째 아들 이여백(李如栢)의 초상화 모사를 화원 김진여(金振汝)에게 부탁함
		潘德輿	서반(序班) 반덕여와 몽골인에 대해 이야기함
1.6.	북경	羅延	정사 김창집의 초상화를 그리는 화가를 구함
1.7.	북경	나연	화가 나연이 자신의 친척 조유인(曹孺人)의 묘지(墓誌)가 적힌 서첩에 관해 이야기 함
1.10.	李元英의 집	이원영	이원영이 집 앞을 지나는 김창업을 초대해 그 집을 방문함. 시를 짓고, 소주를 나눠 마시고, 『패문재광군방보(佩文齋廣群芳譜)』에 대한 이야기를 나눔. *〈次李元英韻〉 3수(『노가재집』권5)
1.11.	관소	이원영	이원영이 편지와 절구 5수와 함께 선물을 보내고, 조선의 종이·담배·해삼·멥쌀·찹쌀 등을 얻고 싶다고 함
1.12.	관소	이원영	이원영에게 편지와 종이·담배·찹쌀·멥쌀과 함께 유기그릇을 보내고, 책을 빌리고자 함
1.20.	관소	王四	길을 안내해주는 갑군(甲軍) 왕사에 대한 내용
1.22.	관소	馬維屛	역관 오지항(吳志恒)을 통해 마유병의 집에 화초가 많다는 이야기를 듣고 관소로 초대함. 집에 있는 화초에 대해 이야기 나눔
		이원영	이원영이 찾아와 시를 짓고, 조선 음식을 나누어 먹음. 이원영이 창희(唱戲)를 함께 볼 것을 권유하고, 김창집의 관대를 착용해 봄. 조선의 관대가 매우 좋다고 하였는데, 나중에 필담 기록에서 삭제함
1.23.	관소	이원영	이원영이 시와 음식과 함께「난정서(蘭亭序)」를 보내옴
1.25.	북경	환관들	강희제를 볼 수 있는 기회가 생겨 가는 길에 여러 환관들과 이야기를 나눔
2.3.	이원영의 집	이원영, 이원영의 아우	이원영 집을 방문하여 이원영 및 그 아우와 이야기를 나누고 거문고 연주도 듣고 식사함
	마유병의 집	마유병	마유병의 집을 방문하여 화초에 대해 이야기 나누고, 인물·산수·화조·어해(魚蟹) 등 10폭 병풍에 대한 이야기도 나눔. 수선화와 산수화 한 장을 얻음. *〈水仙花〉(『노가재집』권2)

---

2   연행록 외에 문집 등에서 관련 내용이 확인되는 경우 * 표시를 하여 소개하였다.

일자	장소	교유 인물	주요 내용
2.8.	관소	마유병, 王之啓/趙華	마유병이 관소로 찾아옴. 양심전(養心殿)의 화원 강국충(強國忠)이 그린 그림에 대한 이야기를 나누고, 마유병의 친구 왕지계를 소개받음. 정선(鄭歚), 조영석(趙榮祏), 이치(李穉)의 산수화와 윤두서(尹斗緖)의 인물화 중 마음에 드는 것을 묻자, 정선의 그림이 좋다고 해 그에게 줌. 조화가 만남을 청함
2.12.	관소	조화	조화에게 편지를 보냄
2.13.	마유병의 집	마유병, 왕지계	마유병의 집에 가서 그림을 감상하고, 함께 있던 왕지계와 이야기를 나눔
	조화의 집	조화, 楊澄	조화의 집을 방문하여 처음 대면하고, 양징을 소개받음. *〈寄楊澄〉 2수,〈酬楊澄〉 2수(『노가재집』권5); 金信謙,〈楊澄〉(『檜巢集』권2,〈百六哀吟〉);「鈍庵集序 代家君作」(『증소집』권8); 李器之,「楊鈍菴文集序」(『一菴集』권2); 李德懋,「農巖·三淵慕中國」(『淸脾錄』4)
2.19.	풍윤현	王化	수재(秀才) 가운데 왕화와 과거제도에 대해 이야기하고 음식을 나누어줌
2.22.	楡關	榮琮, 榮箴	유관에 도착한 저녁에 온돌방에 모여 영종과 그의 아들 영잠, 숙소 주인 부자와 함께 이야기를 나눔
2.23.	角山寺	程洪	절에서 만난 소년인 정홍과 과문(科文)의 '팔고(八股)'에 대한 이야기를 나눔
2.24.	각산사	정홍	정홍이 지은 시에 대해 이야기 나누고, 노승을 소개받음. *「寄角山寺僧 幷序」(『노가재집』권5)
2.26.	영원위	왕녕반, 王眉祝	귀국하는 길에 왕녕반의 집에 들러 출타 중인 그의 조카 왕미축과 이야기를 나눔
2.29.	대릉하	王俊公	김창업에게 명소를 소개해줌
3.1.	醫巫閭山	秀行	의무려산 감로암의 주지 수행과 대화를 나누고 시를 지어줌. *「甘露庵」(『노가재집』권5);『일암연기』(1720년 9월 2일 기사)
3.4.	孤家子	郭垣	곽원과 이야기를 나눔
3.6.	永安寺	崇慧	지난 겨울에 만났던 승려 숭혜를 다시 만나 천산(千山)으로 가는 길에 대해 이야기 나눔
3.8.	龍泉寺	雲生, 朗然, 精進	천산을 유람하는 데 길잡이가 되어준 승려들에게 편지를 보냄
	羅漢洞, 大安寺	淸閒, 正悟	천산 유람할 때 같이 간 승려에 대한 이야기

2. 이기지 『일암연기(一菴燕記)』(1720.7.27.~1721.1.7.)

이기지(李器之, 1690~1722): 본관은 전주(全州), 자는 사안(士安), 호는 일암(一菴)이다. 부친은 노론 4대신의 한 사람인 좌의정 이이명(李頤命)이고, 모친은 광산김씨(光山金氏)로 판서 김만중(金萬重)의 딸이다. 1715년(숙종 41) 식년시에 장원급제해 26세에 진사가 되었다. 1720년 숙종의 서거를 알리기 위해 부친 이이명이 고부사(告訃使)의 정사로 연행을 갈 때 자제군관으로 수행했고, 이듬해인 1721년(경종 1)에 귀국했다. 이해에 신임옥사가 일어나, 부친인 이이명은 연잉군에 대한 세제 책봉을 건의한 일로 소론에 의해 거제에 유배되었다. 이기지 역시 이 일에 연루되어 1722년에 남원으로 유배되었다가 목호룡의 고변으로 의금부로 압송되었고, 국문 끝에 옥사했다. 1725년(영조 1) 신원되어 사헌부지평에 추증되었으며, 문집으로 필사본『일암유고(一菴遺稿)』와 목판본『일암집(一菴集)』이 전한다.

사행 경위와 연행록의 특징: 1720년 6월 8일, 숙종이 승하하자 조정은 숙종의 승하를 알리고 시호를 청함과 동시에 경종의 승계를 인준받기 위해 고부청시승습상사(告訃請諡承襲上使)를 청에 보냈는데, 이이명을 정사로, 이조(李肇)를 부사로, 박성로(朴聖輅)를 서장관으로 삼았다. 이기지는 이이명의 자제군관으로 수행했다. 『일암연기』는 이때 지어진 연행록으로, 1720년 7월 27일 서울을 출발하여 1721년 1월 7일 귀국하기까지의 사행 과정을 기록하고 있다. 연행의 일정과 일어난 일들이 거의 매일 빠짐없이 기록되어 있어, 여정을 소상히 살펴볼 수 있다. 『일암연기』에는 여타 연행록에 비해 북경의 천주당을 방문한 기록이 상세하여 서학(西學)에 대한 깊은 관심을 보여주며, 서적·서화에 대해서도 많은 기록을 남기고 있다. 『일암연기』는 1768년(영조 44) 저자의 아들인 이봉상(李鳳祥)이 직접 필사한 5권 5책이 현재 한국은행 귀중본도서로 소장되어 있으며, 연행할 때 지은 시들은 문집에 별도로 수록되어 있다.[3]

---

3 신익철,「『일암연기』해제」,『연행록선집 보유 上』, 대동문화연구원, 2008.

중국 문인 교유 기사

일자	장소	교유 인물	주요 내용
1720. 8.20.	鳳城	覺羅明德	수재 각라명덕과 의관, 팔고문에 대해 이야기를 나눔
8.22.	通遠堡	徐成紋	숙소인 노진제(盧進第)의 집에서 주인의 아들, 아우와 대화를 나눔. 시를 짓고 곡식 이름에 대해서도 질문함
9.2.	醫巫閭山	秀行	의무려산을 유람하다가 김창업이 이전에 만났던 감로암 주지 수행을 만나 안부를 전함. 수행이 점심밥을 지어주겠다고 함. *「薊州路上望盤山」(『一菴集』권1)
9.5.	高橋鋪	宋美成	고고포의 수재 송미성과 팔고문, 과거제도에 대해 이야기를 나눔
9.7.	七里坡	張瑞	칠리파 인가에서 책을 읽는 수재 두 사람, 동자 넷과 대화를 나눔. 이 기지가 부탁을 받고 육유(陸游)의 시를 써줌
9.13.	豊潤縣	谷確	1704년 이이명(李頤命)이 연행길에 머물렀던 곡응태의 종손 집에 가서 종형제들과 서화를 보고 이야기를 나눔
9.14.	玉田縣	鄭愉	한 집안의 부자와 숙질이 함께 과거에 급제한 정유 집안의 사람들과 대화를 나눔. 종이와 먹을 주고, 과일을 답례로 받음
9.15.	薊州	陳徵	계주 어양하(漁陽河)에 정박한 세곡선(稅穀船)을 구경하다가 풍윤지현의 아들인 진징을 만나 관소에서 대화를 나눔. 진징은 북경에 가면 자신의 형 진법을 만나 보라고 권함. *「豊潤縣期陳秀才不遇」(『一菴集』권1)
9.16.	盤山	胡世圖	반산을 유람하다가 소림사에 요양차 와 있는 한림 호세도를 만나 소림팔경에 대해 듣고, 청심환 두 알을 줌
	三河縣	谷一柱	풍윤현에서 만난 곡거(谷確)의 숙부 곡일주를 만나서 근방의 수재에 대해 질문함
9.18.	관소 (法華寺)	王四	김창업의 연행 때 길잡이가 되어준 왕사를 만나 외출 시 동행할 것을 부탁함
9.25.	法藏寺	壁行	법장사의 스님 벽행과 시를 짓고, 벽행 스님에게 글씨를 써달라고 부탁함
9.27.	趙華의 집	楊澄, 趙華	김창업과 교유했던 조화의 집에 가서 양징, 조화와 시를 짓고 과거제도에 대해 논함
10.2.	관소	天然	법화사의 승려 천연이 꽃떨기와 나비가 그려져 있는 부채에 시를 지어달라고 하여 써줌. *「法華寺僧天然 持扇求詩 扇面畵花叢蝴蝶」(『一菴集』권1)
10.3.	白雲觀	李元堈	백운관을 안내해준 도사 이원강과 책에 대한 이야기를 나누고, 다시 만날 것을 약속함(사주를 부탁함)
10.5.	진법의 집	陳法	계주를 지날 때 진법의 동생과 만난 인연으로 진법을 찾아 필담을 나눔. 진법은 한림원 검토관으로 최치원에 대해 묻고 고려 판본 두보 시를 본적이 있다고 함. 두보의 시에 대해 논하고, 진법이 두시 주석서로 전겸익(錢謙益)의 『두공부집전주』와 구조오(仇兆鰲)의 『두시상주』를 추천함

일자	장소	교유 인물	주요 내용
10.8.	관소	양징	양징 시의 '微' 자 운에 차운한 시와 연경을 읊은 시 3수를 보냄. *〈次楊澄韻〉·〈贈楊澄四絶句〉·〈附楊澄次韻〉(『一庵遺稿』권1)
10.9.	관소	양징	양징이 차운시와 눈을 읊은 절구 2수, 가사 10수를 보내옴
10.10.	조화의 집	조화, 양징	천주당을 방문하고 오는 길에 조화의 집에 들러 양징과 조화의 아들 국벽을 만나 봄
10.11.	天寧寺	이원강	이원강과 다시 만나 대화를 나눔
10.16.	조화의 집	양징, 조화	양징이 이기지에게 쓴 서(序)를 주고, 조화가 이기지에게 글씨를 부탁함. 조화가 가진 그림을 함께 구경하다가 당인(唐寅)의 그림으로 소개한 것의 작자가 구영(仇英)임을 판별함. 식사를 하고 나서 『본초강목』의 도상을 세밀화로 그릴 화사로 왕진(王璡)을 추천받음. *〈北京贈楊澄〉·〈又贈楊澄〉2수(『一菴集』권1)
10.17.	관소	조화	조화가 부탁한 글씨로 연구 4장(정사룡, 박은, 이기지, 김춘택의 시구)과 박은의 칠언율시를 써서 보냄
10.21.	관소	瞿珍	이이명이 구진을 불러 강희제와 라마승에 대해 질문함
10.23.	관소	진법	진법이 관소를 방문하여 대화를 나누고, 상품의 붓과 먹, 귀주차(貴州茶)를 선물함
10.25.	관소	진법	진법이 보내온 서화를 구입하지 못하고, 『읍취헌집』을 보내면서 표지 안쪽에 읍취헌 시의 뛰어남을 설명한 글을 써 보냄 *「與陳翰林法書」·「附答書」(『一菴集』권2)
10.30.	북경	조화, 양징, 王璡	조화의 집에 가서 조화의 아들, 양징, 화가 왕진과 함께 대화함. 왕진은 『본초강목』의 도상을 세밀화로 그릴 화가로 추천받은 인물임
11.12.	관소	양징	이기지가 부탁한 그림은 아니지만 양징이 산수화와 편지를 보냈고, 이기지가 답을 함
11.13.	兎兒山	金國用, 禹天爵	고려인 후손 두 사람을 만나서 이야기를 나눔. 소설을 읽으며 조선말을 읽혀 통관이 되려 한다는 이야기를 듣고, 그들이 읽는 소설 『서한연의(西漢演義)』와 『두첩여전(杜婕妤傳)』에 대해 이야기 나눔
11.18.	북경	양징	양징과 『본초강목』세밀화를 그릴 화가를 의논하여 유작구(俞作求)로 정함
11.24.	通州	常伸	수재 상신과 『대학(大學)』과 조선의 의관에 대해 이야기함
12.12.	白旗堡	蔣晨	장신의 집으로 가서 사주를 점쳐 봄
12.19.	通遠堡	盧進孝	집안사람들이 다 함께 사는 노진효의 집에 머물며 시를 짓고 대화를 나눔
12.21.	봉성	趙明德	조명덕이 놀러와서 바둑 두는 것을 구경하고, 시 교정과 시를 짓고 글자를 써줄 것을 부탁함

3. 이의현 『경자연행잡지(庚子燕行雜識)』(1720)

이의현(李宜顯, 1669~1745): 본관은 용인(龍仁), 자는 덕재(德哉), 호는 도곡(陶谷)이다. 김창협(金昌協)의 문인으로 1694년(숙종 20) 문과에 급제하여 검열(檢閱)·정언(正言)·교리(校理)·부응교(副應敎)를 거쳐 1708년 승지가 되었다. 1716년 예조참판이 되었고, 1720년(숙종 46) 동지사로 청나라에 다녀와 이듬해 형조판서·예조판서가 되었다. 1722년(경종 2) 세제를 세우고자 하던 4대신이 화를 입은 신임사화가 일어나 운산(雲山)에 유배되었다. 1725년(영조 1) 해배된 이후 우의정·영의정 등을 역임하였다. 문집으로『도곡집(陶谷集)』32권 16책이 있다.

사행 경위와 연행록의 특징: 1720년 동지사겸성절진하사 정사는 이의현, 부사 이교악(李喬岳), 서장관은 조영세(趙榮世)였다. 이 연행록의 특징은 일기체로 되어 있지 않다는 점이다. 상권에서는 저자 자신이 지난 곳마다 산천 형승에서부터 수많은 사관 고적들에 대해서 자세히 기록했고, 아울러 그곳에서 본 시문에 대해서 구체적인 소감을 술회하였다. 청인과 한인들의 음식, 의복, 상장에 대해서도 비교·대조하면서 비판적인 태도로 서술하였다. 하권에서는 북경 왕복의 소요 일수를 통계 내고 있으며, 지리 및 여러 제도를 자세하게 정리하였다. 장서가로도 유명한 이의현은 사행을 통해 구입한 서적·서화에 대해서도 상세한 기록을 남겼다. 연행 당시에 지은 시는『도곡집』권2에 따로 수록되어 있다.[4]

중국 문인 교유 기사

일자	장소	교유 인물	주요 내용
1720.	榛子店	馬倬	진기(陳琪)의 집에 묵으며 수재 마탁에게 의관에 대해 질문함
	豊潤	谷碕	곡응태의 질손 곡기의 집에 머물며, 송나라 조빈(曹彬)의 후손이 팔려고 가지고 온 서첩을 봄
	북경	年希堯	1719년에 우리나라에 칙사로 온 연갱요의 형 연희요와 서장(지금의 티베트)을 토벌하는 것에 대해 이야기함

---

4 이민수,「〈경자연행잡지〉해제」,『국역 연행록선집』, 민족문화추진회, 1976.

4. 이의현 『임자연행잡지(壬子燕行雜識)』(1732.7.28.~12.7.)

사행 경위와 연행록의 특징: 이 연행은 청나라에서 편찬한 『명사(明史)』에 인조반정 때의 일이 사실과 다르게 기록되어 있던 것을 정정하여 편찬한 『명사』를 1731년에 보내준 것에 대한 사은사(謝恩使)였다. 정사는 이의현, 부사는 조최수(趙最壽), 서장관은 한덕후(韓德厚)이다. 『영조실록』에 따르면 당시 이의현은 64세의 고령으로 양주(楊州)의 고향집에 은거하고 있었는데, 정조의 간곡한 요청에 따라 사행에 참여하게 되었다. 이 연행은 1732년 7월 28일에 사폐(辭陛)하고 출발하여 12월 17일 돌아왔다고 한다. 이때의 기록인 『임자연행잡지』는 문집인 『도곡집(陶谷集)』에 이전 사행 기록인 『경자연행잡지』 뒤에 부록처럼 수록되어 있다. 1721년에 저술한 『경자연행잡지』와 중복되는 산천의 경치나 청인들의 풍속·제도 등에 대해서는 기록하지 않았다. 연행 중에 지은 시는 『도곡집』 권3에 별도로 수록되어 있다. 『임자연행잡지』에는 『경자연행잡지』와는 달리 천주당에 다녀온 내용이 실려 있고, 흡독석·고과 등의 서양 문물을 자세하게 소개하고 있다. 아울러 『경자연행잡지』와 마찬가지로 구입한 책의 서목을 밝혀 놓았는데, 친지들이 부탁해서 사온 책도 있어 당시 조선 문인의 중국 서책 구매의 기호를 엿볼 수 있다.

중국 문인 교유 기사

일자	장소	교유 인물	주요 내용
1732.	小黑山	吳元亮	오원량의 집에 머물며 시를 지음
	十三山	林玠	도장을 잘 새기는 역승 임개와 인간(印刻)에 대한 이야기를 나누고 소주를 나누어 마심
	高橋堡	吳光霱	명나라 무장 오삼계의 원외랑 오광빈을 만나서 당시 이야기를 들음
	豐潤	谷礪	곡란의 집에 가서 음식을 나누어 먹고 시를 지어줌
		王天壽	조선의 의관에 대해 이야기를 나눔

5. 김순협 『연행일록(燕行日錄)』(1729.8.10.~1730.1.18.)

김순협(金舜協, 1693~1732): 본관은 부안(扶安), 자는 사형(士迥), 호는 오우당(五友堂)이다. 아버지는 송시열의 문인인 농암(聾巖) 김택삼(金宅三)이다. 김순협은 종부시의 낭청(郎廳)을 지냈는데, 이때 종실의 여천군(驪天君) 이증(李增)이 동지사은사로 중국에 들어갈 때 수행원으로 연행하였다.

사행 경위와 연행록의 특징: 1729년(영조 5) 동지겸사은사의 연행으로 정사는 이증, 부사는 송성명(宋成明), 서장관은 박사정(朴師正)이다. 김순협은 정사인 이증을 수행하여 연행했다. 사행은 1729년 8월 10일 서울을 출발하여 1730년 1월 18일 돌아와 복명(復命)하였으며, 사행을 떠날 때 영조가 『효순사실(孝順事實)』, 『주문공집(朱文公集)』, 『삼재도회(三才圖會)』를 구해 오라고 당부한 사실을 확인할 수 있다.[5]

중국 문인 교유 기사

일자	장소	교유 인물	주요 내용
1729. 10.12.	禮部	유구국 사신 鄭秉彛 등	유구국 사신과 이야기를 나누고 노정을 물어봄. 정병이의 일기를 봄
	鄭世泰의 집	정세태	귀로에 거상 정세태의 집을 구경함
10.17.	관소	幻術者	환술자를 불러서 마술을 구경함
10.27.	관소	金常明	김경문(金慶門)이 김상명 집을 방문하여 가져온 참외(메론)를 맛봄
11.6.	북경 거리	秀才	문산사(文山祠)를 찾아가는 길에서 이름 모르는 수재와 이야기 나눔
11.13.	김상명의 집	김상명	해은군(海恩君)이 김상명의 집에서 말하는 앵무새와 큰 석경(石鏡)을 구경함
11.23.	김상명의 집	김상명	해은군과 김경문이 인묘조신무사(仁廟朝伸誣事) 때문에 김상명을 찾아가 상의함
11.24.	乾淸宮	雍正帝	옹정 황제가 해은군을 만나 봄
11.24.	관소	劉能額	중국 측 통관 유능액이 들어와서 이별을 고하여 이야기를 나눔

---

5   최강현 역주, 『오우당연행록』, 국학자료원, 1993.

6. 황재 『갑인연행록(甲寅燕行錄)』(1734.7.2.~12.17.)

황재(黃梓, 1689~1756): 본관은 창원(昌原), 자는 자직(子直), 호는 필의재(畢依齋)이다. 문집인 『필의재유고(畢依齋遺稿)』가 일본 동양문고(東洋文庫)에 소장되어 있다. 1718년(숙종 44)에 문과에 급제하고, 사헌부 지평, 이조좌랑 등을 역임하였다. 1728년부터 1740년까지 광주부윤, 예조참의, 공조참의 등의 벼슬을 제수받았으나 '노론의 의리'를 지킨다는 이유로 나아가지 않았는데, 1734년의 사행만은 받아들였다. 윤봉구가 황재에게 보낸 송서(送序)를 보면 임금이 욕을 당하면 신하가 죽어야 한다는 의리관에 따라 외교 문제 해결을 위해 사행한 것임을 알 수 있다.

사행 경위와 연행록의 특징: 북방의 월경(越境) 사건을 해결하기 위한 진주사(陳奏使) 연행으로, 정사는 서명균(徐命均), 부사는 박문수(朴文秀)였으며, 황재는 서장관으로 참여하였다. 『갑인연행록』에는 거의 매일의 기록이 충실하게 담겨 있다. 옹정·건륭 연간의 중국 정세와 한인·만주인·몽골 등 청을 구성하는 제 민족에 대한 관찰이 상세한 편이다. 그중 만주족에 대한 평가는 비교적 긍정적인데, 이는 김창업이 『연행일기』에 기술한 것과 유사한 점이 많다. 청조의 대몽골 정책과 한인과 만주인의 갈등에 대해서도 서술하였다.[6]

중국 문인 교유 기사

일자	장소	교유 인물	주요 내용
1734. 8.8.	鳳凰城	焦璞	수재 초박과 이야기하며 생활 풍속 등을 물어봄
8.10.	甜水站	顧天保	숙소 주인 고천보와 이야기 나눔
8.14.	白塔村	李奉	학장(學長) 이봉과 이야기 나누면서 여유량(呂留良)과 『대의각미록(大義覺迷錄)』을 언급함
8.17.	大黃旗堡	郭垣	오삼계의 부하였던 곽원을 만나고 귀로에 다시 방문하기로 약속함
8.24.	寧遠城	劉長泓 등	숙소인 유장홍의 집에서 『제가보결(齊家寶訣)』, 『역안통서(曆眼通書)』 두 책을 봄
8.27.	김상명의 집	翟賜書	수재 적사서가 방문하여 상제(喪制)에 대해 이야기 나눔
8.29.	撫寧縣	徐升庸	이전 사행이 들른 진사 서승용의 집을 찾아가 구경함

---

6   신로사, 「황재의 갑인·경오 연행록에 대한 고찰」, 『한국한문학연구』 52집, 한국한문학회, 2013.

7. 황재 『경오연행록(庚午燕行錄)』(1750.11.7.~1751.5.13.)

사행 경위와 연행록의 특징: 이 사행은 동지사이지만 외교 현안에 따른 진주사의 성격을 겸한 것이었다. 1차 사행의 기록인 『갑인연행록』은 여정이 상세한 데 비해 『경오연행록』은 기록이 소략하다. 1차 사행에는 황재가 서장관의 직책으로 참여한 반면에 2차 사행에는 부사의 직책으로 가기도 했지만 고령으로 건강 상태가 좋지 않아 관소에 머무는 날이 많았기 때문인 것으로 보인다.

중국 문인 교유 기사

일자	장소	교유 인물	주요 내용
1750. 12.21.	무령현	서승용	진사 서승용이 집에 들를 것을 청하였으나 일정이 다급해 가지 못함
1751. 3.6.	通州	蔡思成	숙소 주인 채사성에게서 건륭제에 대한 소문을 들음
3.29.	무령현	徐阜年	서승문(徐昇文)의 집을 방문해 아들 서부년과 만남

8. 이기경 『음빙행정력(飮冰行程歷)』(1755.11.8.~1756.2.26.)

이기경(李基敬, 1713~1787): 본관은 전의(全義), 자는 백심(伯心), 호는 목산(木山)이다. 이재(李縡)의 문인으로 1739년(영조 15) 정시문과에 장원으로 급제하였다. 병조정랑·호조참의·대사간·황해감사 등을 역임하고 서장관으로 연경에 다녀왔다. 1776년 영조가 승하하자 벼슬에서 물러나 고향인 전주에서 후학 양성에 힘썼다. 벽파(僻派)인 홍계희(洪啓禧)와 가깝게 지냈다는 이유로 1779년(정조 3) 평안도 위원으로 유배되었으며, 1787년에 유배지인 이성에서 세상을 떠났다. 조선 후기 호남을 대표하는 학자였으며, 특히 인물성동이론(人物性同異論)에 해박했다. 문집으로 『목산고(木山藁)』가 전한다.

사행 경위와 연행록의 특징: 본 연행록의 제목인 '음빙(飮氷)'은 얼음을 먹는다는 뜻으로, 사신의 임무를 수행하는 것이 매우 어렵고 두려워서 속이 탄다는 의미를 담고 있다. 이 연행은 정례 사행의 하나인 동지사행으로 정사는 이인(李橉), 부사는 정광충(鄭光忠)이며, 이기경은 서장관으로 참여하였다. 『음빙행정력』은 일기체로 매일의 기록을 담고 있으며, 지명과 여정 등을 주(註) 형식으로 부기하였다. 일부 지역의 지도를 수록하고 있다. 가옥의 구조와 캉[炕]의 기능, 천주교의 교리, 청인과 한인의 복식의 차이 등 청나라의 문물에 많은 관심을 보인다.[7]

중국 문인 교유 기사

일자	장소	교유 인물	주요 내용
1755. 12.9.	심양	朱潤	수재 주윤에게 명나라의 국성(國姓)과 같냐고 물어봄
12.10.	심양	주윤, 盛堯章	수재 성요장을 만나 팔고문과 한족과 만주족의 구별 등에 대해 이야기 나누고 약과를 대접함
12.17.	영원성	甯景武, 甯崇武	영경무, 영숭무 형제가 병중인 어머니를 위해 우황청심환을 청함. 환약 세 알을 내어주면서 붓과 먹도 줌
1756. 1.17.	국자감	趙標, 嚴秉鋼, 冉芳譽	국자감 학생 세 사람과 이야기를 나누고, 청심환 세 알과 황모필 세 자루를 각기 나누어줌
		孟毓衡, 宋時憲	여유량에게 『사서강의』, 『천개루선시문(天蓋樓選時文)』, 『역과당권선(歷科堂卷選)』, 『여유량강의』 등의 서책에 대해 물어봄. 진목과 청심환을 주어 답례함
2.27.	영원성	영경무, 영숭무	영경무, 영숭무 형제가 가져온 음식을 받고 종이와 부채 및 환약으로 답례함

---

7 임준철, 「〈飮氷行程曆〉 해제」, 『국학고전 연행록해제 1』, 유성문화사, 2003.

9. 이의봉 『북원록(北轅錄)』(1760.11.2.~1761.4.6.)

이의봉(李義鳳, 1733~1801): 본관은 전주(全州), 자는 백상(伯祥), 호는 나은(懶隱)이다. 초명은 상봉(商鳳)이며, 연행 당시에는 초명을 쓰고 있었다. 세종의 5남인 광평대군의 후손이며, 대사헌을 지낸 이휘중(李徽中)과 달성서씨 서종옥의 딸 사이에서 장남으로 태어났다. 1773년(영조 49)에 정시문과에 급제하여 부수찬·교리·신천군수·좌승지·대사간·공조참판 등을 역임했다. 18세 때인 1750년에 여러 책을 참고하여『증주어록해(增註語錄解)』를 편찬하였으며, 1789년에『고금석림(古今釋林)』을 완성하였다.『고금석림』은 동양의 여러 언어와 문자에 관한 사서(辭書)로, 1,400여 종의 참고문헌을 통해 광범위한 고증을 거쳤다. 이 밖에『산천지(山川志)』,『나은예어(懶隱囈語)』등의 저서가 있다.

사행 경위와 연행록의 특징: 이 사행은 삼절연공사로 정사는 홍계희(洪啓禧), 부사는 조영진(趙榮進), 서장관은 이휘중이다. 이의봉은 부친 이휘중의 자제군관으로 연행하였다. 사행 당시 연행의 공식 기록을 책임진 부친 이휘중이 병환 중이어서 이의봉이 기록자 역할을 대신한 것으로 보인다. 국문본『셔원녹』이 함께 전하며, 국문본은 한문본이 나온 직후에 필사되었다. 이의봉은『북원록』을 저술하면서 수많은 서적을 인용하여 각 고을의 현황을 상세히 기술하였으며, 연행 중에 중국에서 출간된 최신 서적에 깊은 관심을 가지고 살펴보았다. 특히 강희제와 옹정제에 의해 1725년에 간행된『고금도서집성(古今圖書集成)』을 처음 접하고, 1만여 권, 5,000여 책으로 이루어진 이 책의 목록과 체제에 대해 상세한 기록을 남겼다. 또한 천주당을 방문하여 유송령(劉松齡)과 필담을 나누고, 서양에 대한 관심사를 기록하였다. 유송령의 서기(書記)인 서광계의 후손 서승은(徐承恩)을 알게 되어〈곤여전도〉와『곤여도설』을 보고, 세계지리에 관한 정보를 50여 면에 걸쳐 상세하게 기록하였다. 이 기록은 연행에서 돌아와『직방외기』를 참고하여 주요 내용을 초록한 것으로 보인다.[8]

---

8 김영진,「북원록 해제」,『연행록선집 보유 上』, 대동문화연구원, 2008.

중국 문인 교유 기사

일자	장소	교유 인물	주요 내용
1760. 12.12.	심양	李芝英	수재 이지영과 과규(科規)에 대한 이야기를 나눔. 청심환 한 알을 줌
12.18.	동관역	張豐緒	역승 장풍서와 이야기 나눔
12.21.	무령현	서부년	진사 서부년의 집을 구경하고 『강희자전』, 『성경통지』, 『이십삼대사』를 봄. 조명채와 윤순의 시가 방에 걸려 있고, 회심당(會心堂)의 편액은 안명세(安命說)의 글씨임
12.23.	풍윤현	谷慶元	곡응태의 손자인 곡경원과 이야기 나눔
12.24.	옥전현	劉知良	『고문각사(古文覺斯)』, 『자휘』, 『성교서(聖敎序)』, 『난정』, 『이왕초결(二王草訣)』 등을 구매하고, 부채 10자루로 값을 치름
12.26.	三河縣	薛文儒	교유(敎諭) 설문유와 명청의 학술 경향에 대해 이야기하고 여유량에 대한 평판을 물음
12.30.	鴻臚寺	陳輝泓, 黎貴惇, 鄭春澍	홍려시 습의(習儀)에 참여해 안남 사신 진휘밀·여귀돈·정춘주를 만나 풍속과 의관 제도 등을 문답함
1761. 1.8.	태학	潘相, 蔡世昌	유구관학(琉球館學) 교습(敎習) 반상과 유구공생(琉球貢生) 채세창을 만나 풍속과 지리 등을 문답함
	북경 관소	반상	반상이 방문하여 자신이 지은 문장을 보여줌
1.11.	북경 관소	胡少逸	역관 변헌의 추천으로 초대한 거인(擧人) 호소일이 찾아와 필담을 나눔
1.14.	북경 관소	채세창, 鄭孝德	채세창이 같은 유구공생 정효덕과 함께 관소를 찾아와 문답하고 자신의 시고를 품평해주기를 청함
1.16.	북경 관소	반상	반상이 방문하여 유구 정효덕의 시권과 자신이 지은 시를 보여줌
1.22.	북경 관소	호소일	호소일이 팔고문 세 편과 「화송춘시(和送春詩)」 16편을 보여주고 율시(律詩) 2수를 지어줌
1.28.	북경 관소	호소일	사암운(槎諳韻) 7편을 호소일에게 보내고 또 편지를 줌. 호소일이 답서를 보내옴
1.29.			김군이 융복사(隆福寺) 교시에서 『육선공주의(陸宣公奏議)』와 『당시별재(唐詩別裁)』를 사 가지고 옴
1.30.			오정과 김군이 융복사에 가서 『사서정언』, 『고문각사』, 『내씨역(來氏易)』, 『팔대가』, 『자휘』, 『이왕초결』 등의 책을 사가지고 옴
2.2.	북경 관소	호소일	호소일이 찾아와 송별서와 사암운 7편에 화답한 것을 가지고 옴. 정사 홍계희가 조선시 선집 1책을 보여주며 자신에게 중국에서 조선의 시를 편찬할 때 참고하라고 했다고 말함

일자	장소	교유 인물	주요 내용
2.4.	북경 관소	호소일	이휘중이 『광여기(廣與記)』에 대한 소서(小序)와 편지를 호소일에게 보내고, 이의봉은 작별 편지와 함께 청심환 두 알, 동관(彤管) 세 자루를 주고, 시 두 수를 지어 보냄
2.5.	북경 관소	호소일	호소일이 편지로 사례하고 『두씨전주』, 『합벽사류』, 『광여기』를 보내옴
2.7.	북경 관소	호소일	호소일이 전송하러 옴
2.9.	通州	金仁, 金義, 任煐燿	수재 김의가 절구를 짓고 이의봉도 시 한 수를 지음
2.10.	삼하현	설문유	교유 설문유가 『달생편(達生篇)』, 『삼하신수현지(三河新修縣志)』, 『독사관견(讀史管見)』, 『초사보주』를 가져오고 청심환 제조법을 물어 『동의보감』에 있다고 답함
2.11.	계주	설문유	『초사보주』 서(序)를 설문유에게 보냄
		孟廷璧	맹정새가 『옥해찬(玉海纂)』, 『다보탑비』를 보여줌
	通遠堡	盧炆	숙소 주인 노문의 아들 성지(成志)가 『소학절충』, 『사서설약(四書說約)』을 팔고자 함

10. 홍대용 『연기(燕記)』(1765.11.2.~1766.4.27.)

홍대용(洪大容, 1731~1783): 본관은 남양(南陽), 자는 덕보(德保), 호는 홍지(弘之)이다. 담헌(湛軒)이라는 당호로 널리 알려져 있다. 김원행(金元行)에게 배웠고, 북학파 실학자인 박지원(朴趾源)과 깊은 친분이 있었다. 여러 번 과거에 실패한 뒤 1774년(영조 50)에 음보(蔭補)로 세손익위사시직(世孫翊衛司侍直)이 되었고, 1775년 선공감 감역(繕工監監役), 1776년 사헌부감찰, 1777년 태인현감, 1780년 영천군수를 지냈다. 1765년 연행사의 서장관으로 임명된 작은 아버지 홍억(洪檍)을 따라 자제군관 자격으로 북경에 다녀왔다.

사행 경위와 연행록의 특징: 이 사행은 1765년(영조 41)의 삼절연공겸사은사(三節年貢兼謝恩使)로 정사는 순의군(順義君) 이훤(李烜), 부사는 김선행(金善行), 서장관은 홍억이었다. 홍대용은 자신의 연행 경험을 한문본 『연기』와 한글본 『을병연행록』으로 남겼는데, 한문본은 주제별로 구성하되 주제의 내용은 날짜별로 정리하고, 한글본은 기존의 일기체 연행록과 같이 날짜별로 구성하였다. 홍대용 연행록의 전모를 파악하기 위해서는 두 가지 본을 함께 살펴야 한다.

홍대용은 1765년 12월 27일에 북경에 도착했고, 이듬해 3월 1일에 북경을 떠났다. 북경에 머문 60여 일 동안 두 가지 중요한 경험을 했는데, 하나는 우연히 사귀게 된 항주(杭州) 출신의 중국 학자들과 개인적인 교분을 갖게 된 일이며, 다른 하나는 북경에 머물고 있던 서양 선교사들을 찾아가 서양 문물을 구경하고 필담을 나눈 것이다. 이때 북경에서 깊이 사귄 엄성(嚴誠)·반정균(潘庭筠)·육비(陸飛) 등과는 귀국 후에도 편지를 통한 교유가 계속되었고, 그 기록인 『항전척독(杭傳尺牘)』이 그의 문집에 남아 있다. 그의 사상적 성숙에 결정적인 영향을 준 북경 방문이 『연기』 속에 상세히 담겨 있다.[9]

---

9   이상은, 「〈담헌서〉 해제」, 『국역 담헌서』, 민족문화추진회, 1974.

중국 문인 교유 기사

일자	장소	교유 인물	주요 내용	출처
1765. 12.8.	심양	拉永壽	납영수 집에서 과거제도, 사서, 공자, 맹자에 대한 이야기를 나눔	「拉助敎」
12.7.	沙河所 店房	郭生	곽생과 독서에 대한 이야기를 나눔	「沙河郭生」
12.26.	寧遠衛	王渭	왕위와 도학, 과거시험, 오삼계의 외삼촌인 조대수(祖大壽)와 부하인 임본유(林本裕)에 대한 이야기를 나누고 청심환 한 알을 줌	「王擧人」
1766. 1.1.	西月廊	吳湘, 彭冠	사신 일행의 인물, 의관, 관직 등에 대한 이야기를 나눔	「吳彭問答」
1.3.	아문	史周翰 외 여러 통관	담헌이 사주한에게 출입 금지에 대해 물어보지만 답을 못 받음	「아문제관」
1.4.	路傍食舖	宋擧人	공자의 후손 등 고향과 관련된 이야기를 나눔	「宋擧人」
1.7.	관소	徐宗孟, 烏林哺 등 역관	서종맹의 허락을 받아서 걱정 없이 밖에 나갈 수 있음. 담헌이 거문고를 연주해주고 칭찬을 받음	「아문제관」
1.8.	관소	서종맹	환술에 대한 이야기를 나눔. 서종맹이 홍대용을 자신의 집으로 초대함	「아문제관」
1.9.	徐宗順 故家	서종맹, 오임포 등 역관	서종맹의 집을 방문해 음악을 듣고 밥을 먹고 이야기를 나눔	「아문제관」
1.10.	유리창 陳哥 점포	兩渾, 진가	담헌이 양혼, 진가와 같이 술을 마시고 회중시계[日表]와 자명종[問鍾]에 대한 이야기를 나누고 이를 빌리고자 함	「兩渾」
1.13.	유리창 劉生 점포	유생	거문고에 대해 이야기 나누고, 나중에 함께 거문고를 탄주하기로 약속함	「琴舖劉生」
1.14.	관소	유생	유생이 〈평사낙안〉 12장과 〈사현조(思賢操)〉 두 어 장을 탄주해줌	「금포유생」
1.18.	유리창 유생 점포	유생, 張伶官	거문고에 대해 이야기함. 장씨가 〈평사낙안〉과 〈어초문답〉 한 곡을 탄주함	「금포유생」
1.20.	彭冠家	吳湘, 彭冠	팽관·오상과 함께 과거제도, 서적, 복식, 여유량, 오삼계, 『독례통고』 속편 등과 관련된 이야기를 나눔. 팽관이 동현재(董玄宰)의 글씨, 문백인(文伯仁)의 그림과 문천상(文天祥)의 진적을 가져와 보여줌	「吳彭問答」

일자	장소	교유 인물	주요 내용	출처
1.22.	유리창 유생 점포	유생	〈평사낙안〉 두어 장을 배움	「금포유생」
1.23.	庶吉士廳	오상, 팽관	팽관과 만주인과 한인 간의 통혼, 길일과 흉일의 복식, 만화(滿話), 여만촌(呂晩村)의 문집, 부인의 의복, 탕빈(湯斌)과 육롱기(陸隴其)의 저서에 대한 이야기를 나눔. 팽관이 담헌에게 장감생(蔣監生)과 주감생(周監生)을 추천함	「오팽문답」
	유리창	張經	장경에게 장지 한 다발과 별선 세 자루를 예물로 주고, 수정 인장 한 개 새기는 것을 부탁함	「張石存」
1.26.	味經堂書坊	蔣本, 周應文, 彭光廬, 周舖主	주응문과 경서, 팔고문장, 『목재속집(牧齋續集)』, 『독례통고속집』, 문승상(文丞相)의 소상(塑像), 음식문화, 복식, 태학에 대해 이야기 나눔. 주응문이 담헌에게 조선의 음식, 정전(井田)의 법, 복식, 궁실과 기용(器用)에 대해서 물음	「蔣周問答」
1.28.	양혼가	양혼	양혼과 이야기를 나누고 자명종을 받음	「양혼」
1.29.	유리창	장경	장경을 만나 이야기를 나눔	「장석존」
2.3.	天陞店	엄성, 반정균	담헌이 김양허, 이기성, 엄성, 반정균과 함께 시문, 서화, 역사, 동정호, 서호, 풍속, 과거 등에 대한 이야기를 나눔. 반정균이 김상헌에 대해 묻고, 담헌 일행이 육비의 시를 보고 여유량, 왕양명에 대해서도 물음. 『감구집(感舊集)』을 받음	「乾淨筆談」
	유리창 진가 점포	진가	진가와 양혼에 대한 이야기를 나눔. 담헌이 진가에게 편지를 양혼에게 전해달라고 부탁함	「양혼」
2.4.	관소	엄성, 반정균	편지 내왕. 엄성과 반정균에게 화전(花箋) 두 묶음과 붓 넉 자루, 먹 여섯 자루, 부채 여섯 자루를 선물로 주고 팔경소지(八景小識)를 지어 보냄. 부채 두 자루와 마른 죽순 두 쪽을 얻음	「乾淨筆談」
2.6.	유리창	장경	장경과 자명종, 황후, 재상인 장정옥에 대한 이야기를 나누고 장경에게 오상과 팽관에 대하여 물어봄	「장석존」
2.7.	관소	엄성, 반정균	편지 내왕. 엄성이 부채 두 자루와 붓 두 자루, 복건수산인석(福建壽山印石) 세 개를 보냄. 반정균이 『한예자원(漢隸字源)』한 부를 보냄	「건정필담」
2.8.	천승점	엄성, 반정균	김양허, 엄성, 반정균과 같이 허난설헌의 시, 일본의 능화지, 불교의 『능엄경』 주자, 소고기, 복식 등에 대한 이야기를 나눔	「건정필담」
2.9.	관소	엄성	엄성과 편지를 주고받음	「건정필담」

일자	장소	교유 인물	주요 내용	출처
2.10.	관소	엄성	엄성과 편지를 주고받음	「건정필담」
2.11.	관소	엄성, 반정균	편지 내왕. 담헌이 서산에 가기 전에 편지를 써서 엄성과 반정균에게 보냄	「건정필담」
2.12.	천승점	엄성, 반정균	엄성·반정균을 찾아가 이야기를 나눔	「건정필담」
2.14.	관소	반정균	담헌이 반정균에게 서첩을 보냄. 김양허가 절구 한 수를 지음	「건정필담」
2.15.	관소	엄성, 반정균	편지 내왕. 엄성이 담헌과 김양허의 수적(手迹)을 청함	「건정필담」
2.16.	천승점	엄성, 반정균	담헌이 아문에서 저지당해 나가지 못하고 김양허 혼자 천승점으로 찾아감. 담헌은 김양허가 가져온 담초(談草)를 읽음. 김양허가 엄성·반정균과 함께 시문, 경치, 그림 등에 대한 이야기를 나눔	「건정필담」
2.17.	천승점	엄성, 반정균	엄성·반정균과 같이 밥을 먹고 불교, 과거, 복식, 관직, 풍속, 일본 종이, 전목재(錢牧齋) 등에 대한 이야기를 나눔. 엄성의 팔영시(담헌팔경을 노래한 것)를 봄	「건정필담」
2.19.	관소	엄성, 반정균	편지 내왕. 반정균이 지은 「담헌기」와 엄성이 지은 「양허당기」를 받음. 반정균에게 시 4구와 고원정(高遠亭)의 부(賦)를 써줌	「건정필담」
2.20.	관소	진가	진가가 내방하여 이야기를 나눔	「건정필담」
2.23.	천승점	엄성, 반정균, 육비, 山西韓兄	육비와의 첫 만남. 조선 금주령에 대한 이야기를 나누면서 술을 마심. 김양허가 술을 많이 마셔서 대취함. 시고 5책과 초화(綃畫) 5폭을 받음	「건정필담」
2.24.	관소	엄성, 반정균, 육비	편지 내왕	
	太學	張元觀	태학의 조교 장원관과 생도들에 대한 내용	「大學諸生」
2.25.	관소	엄성, 반정균, 육비	편지 내왕	「건정필담」
2.26.	천승점	엄성, 반정균, 육비	김양허·엄성·육비와 함께 이야기를 나누며 이별함. 반정균은 밤에 다른 곳에서 자고 돌아오지 않음. 형제의 의를 맺어 천애의 지기를 이룸	「건정필담」
2.27.	관소	엄성, 반정균, 육비	편지 내왕	「건정필담」

일자	장소	교유 인물	주요 내용	출처
2.28.	관소	엄성, 반정균, 육비	편지 내왕	「건정필담」
2.29.	관소	엄성, 반정균, 육비	귀국 전날에 작별 편지를 주고받음. 화첩 두 개를 얻음	「건정필담」
		진가	진가에게 대모로 만든 젓가락 20쌍 등을 받고 답례로 화선 한 자루를 줌	「양혼」
3.2.	三河	鄧汶軒	등백도의 후손 등문헌과 의복, 사주 등에 대한 이야기를 나눔. 조맹부의 서첩 두 개를 얻음	「鄧汶軒」
		孫有義, 趙煜宗	숙부 홍억, 손유의, 조욱종과 함께 과거, 주자, 문자, 의복, 풍속, 서법, 시에 대한 이야기를 나눔. 손유의가 시 한 수를 지음	「孫蓉洲」
3.3.	鹽鋪	등문헌	숙부 홍억과 같이 소금 점포에 찾아감. 등문헌에게 종이부채, 청심환을 주고, 떡과 과일 여러 가지를 받음. 손유의의 글씨를 봄	「등문헌」
3.4.	宋家城	宋生	송가성의 유래에 대해 물어봄	「송가성」
3.7.	관음묘	賈熙	관음묘에서 가희와 이야기 나눔. 팽관이 가희의 표형(表兄)임을 알게 됨	「賈知縣」
3.9.	팔리포	孫進士	손진사와 이야기 나누고 청심환 한 알을 줌	「손진사」
3.22.	심양 납영수가	납영수	영고탑, 선창(船廠), 대문개(戴文開), 심양의 군사와 혼인에 대해 이야기함	「납조교」
		周學究	만시(滿試), 기인(旗人)에 대한 이야기를 나눔	「주학구」
3.27.	連山關	白貢生	시에 대한 이야기를 나눔	「백공생」
4.1.	책문	希員外	정치, 과거제도와 풍속, 서화에 대한 이야기를 나눔	「희원외」

[참고] 홍대용이 귀국 후 중국 인사에게 보낸 편지(『항전척독』 소재)

수신자	제목	비고
육비	與陸篠飮飛書	
엄성	與嚴鐵橋誠書	
반정균	與潘秋庫庭筠書	담헌이 고항삼재(古杭三才)와의 왕복 편지를 묶어 『고항문헌』이라 하고, 이들과의 필담을 묶어 『간정동회우록(乾淨衕會友錄)』이라 함
서광정	與徐朗亭光庭書	

수신자	제목	비고
육비	與篠飮書	
엄성	與鐵橋書	
엄과	與嚴九峰果(誠兄)書	엄성의 형 엄과에게 보낸 편지
반정균	與秋庫書	조선 문인들이 『회우록』을 보고 추루를 칭찬함
육비	與篠飮書	
엄성	與鐵橋書	
반정균	與秋庫書	
육비	與篠飮書	
반정균	與秋庫書	
엄과	與九峯書	
엄과	祭嚴鐵橋文	엄성이 죽었다는 소식을 접함
엄노백	與嚴老伯書	엄성의 부친에게 보내는 위로의 편지
엄앙	與嚴昂書	엄성의 아들 엄앙에게 보낸 편지
반정균	與秋庫書	
등사민	與鄧汶軒師閔書	
손유의	與孫蓉洲有義書	
조욱종	答趙梅軒煜宗書	
조욱종	與梅軒書	
손유의	與蓉洲書	
등사민	答鄧汶軒書	
엄과	與嚴九峯書	엄성의 형 엄과에게 보낸 편지
엄앙	與嚴昂書	엄성의 아들 엄앙에게 보낸 편지
주문조	答朱朗齋文藻書	엄성의 고향 친구로, 유집 편찬을 맡은 주문조에게 보낸 편지. 『제금집(題襟集)』을 언급함
손유의	答孫蓉洲書	『제금집』, 「건정필담」을 언급함
손유의	與孫蓉洲書	
등사민	與汶軒書	
손유의	與孫蓉洲書	
등사민	與鄧汶軒書	

11. 이압 『연행기사(燕行記事)』(1777.10.~1778.3.)

이압(李押, 1737~1795): 본관은 연안(延安), 자는 신경(信卿)이다. 1769년(영조 45) 문과에 급제하여 도승지·대사간·대사헌·비변사당상 등을 거쳐, 1775년 황해도 관찰사로 나갔다가 다음 해 뇌물죄의 보고를 여러 달 지체시킨 일로 파직되었다. 1777년 이조판서로 재임할 때 동지겸진주사(冬至兼陳奏使)의 부사로 북경에 다녀왔다. 이어 예조판서·공조판서·병조판서·형조판서·한성부판윤·판의금부사 등의 요직을 두루 거쳤다. 1777년 사행 당시에는 이조판서의 자리에 있었다.

사행 경위와 연행록의 특징: 이압은 1777년(정조 1)에 파견한 진하사은진주겸동지사의 부사로 연행하였다. 정사는 하은군(河恩君) 이광(李垙), 서장관(書狀官)은 겸집의(兼執義) 이재학(李在學)이었다. 이 사행은 정조 즉위년에 정조 즉위를 반대하던 벽파(僻派)의 홍인한(洪麟漢)·정후겸(鄭厚謙) 등의 일파를 사사한 사유를 중국에 보고해 인준을 받으려 한 것이었다. 『연행기사』는 1~2책 일기, 3~4책 문견잡기(聞見雜記)로 구성되어 있다. 일기는 1777년 7월 11일 저자가 동지겸사은부사에 차출된 후 1778년 3월 29일 귀국하기까지 약 9개월간의 기록이다. 이압은 부사의 신분으로 체험한 일들을 상세하게 기록하였으며, 특히 '문견잡기'의 102건에 달하는 기사는 청나라의 실정을 세밀하게 관찰한 기록이다.[10]

중국 문인 교유 기사

일자	장소	교유 인물	주요 내용
1777. 12.2.	무령현 徐柏年家	徐紹芬, 徐紹薪	이압이 서백년의 집을 구경하고 종이 부채를 서소신에게 주고, 서소신이 이압에게 미원장(米元章)의 진적인 〈서여공오도(西旅貢獒圖)〉와 문왕정(文王鼎)·단주연(端州硯)·옥로향로(玉鷺香爐) 등을 보여줌. 윤순과 조명채가 쓴 시가 걸려 있는 것을 봄
12.22.	사하역	紀雲飛	기운비가 좋은 음식과 술로 이압 일행을 초대함. 이압이 기운비에게 종이 부채를 줌
1778. 1.30.	국자감	劉紹寅, 周紘	국자전부(國子典簿) 유소인, 학정(學正) 주굉의 안내를 받으며 국자감을 구경함

---

10 김동주,「『연행기사(燕行記事)』해제」,『국역 연행록선집』, 민족문화추진회, 1976.

12. 이덕무 『입연기(入燕記)』(1778.3.17.~윤6.14.)

이덕무(李德懋, 1741~1793): 본관은 전주(全州), 자는 무관(懋官), 호는 형암(炯庵)·아정(雅亭)·청장관(靑莊館)·영처(嬰處)·동방일사(東方一士)이다. 약관의 나이에 박제가·유득공·이서구와 함께『건연집(巾衍集)』이라는 사가시집(四家詩集)을 내어 문명을 떨쳤다. 『건연집』은 1776년 유금(柳琴)이 연행길에 지니고 가서 이조원·반정균 등 중국 문사에게 서문과 평을 받아 이들의 이름을 중국에 널리 알리는 계기가 되었다. 기윤(紀昀)·이조원·이정원(李鼎元)·육비·엄성·반정균 등 청나라 석학들과 교유하는 한편, 그곳의 산천·도리(道里)·궁실·누대·초목·충어(蟲魚)·조수(鳥獸)에 이르기까지 자세한 기록을 가지고 돌아왔으며, 고증학 관련 책들도 많이 가져왔다.

사행 경위와 연행록의 특징: 이 사행은 1778년(정조 2) 사은겸진주사로 정사는 채제공, 부사는 정일상(鄭一祥), 서장관은 심염조(沈念祖)였다. 이덕무가 입연하게 된 계기는『선고적성현감부군연보(先考積城縣監府君年譜)』에 자세하게 나온다. 이에 의하면 심염조가 사은겸진주사의 서장관이 되자 그와 친분이 있는 이덕무에게 함께 가기를 청하였다. 이 사행에는 채제공을 따라 박제가도 함께 입연했다.

『입연기』에는 청조의 지배 세력과 선진 문물에 대한 부정적·비판적 시선이 드러난다. 이는 당시 채제공이 남긴『함인록(含忍錄)』에 보이는 배청 의식과 부분적으로 상통하는 반면에, 같은 북학파였던 박제가의 관점과는 대조적인 특징이라고 할 수 있다. 이러한 인식이 분명하게 드러나는 기사 중 대표적인 것이 5월 22일 동안문 태학을 방문하였을 때『국조시별재집』이나『사고전서』편찬의 표면적인 목적 이외에 이면에 숨겨진 청조의 정치적인 입장을 신랄하게 비판하고 있는 기록이다. 또한 6월 14일 천주당 그림에 대한 기사에서도 홍대용이나 박지원 등과는 사뭇 다른 어조로 기술하고 있는 것을 볼 수 있다. 그러나 풍부한 서적과 중국의 여러 문사에 대한 그의 견해는 매우 긍정적이며, 학술적인 면에서 특히 문자학과 음운학 등에 깊은 관심을 가졌다는 것을 파악할 수 있다.[11]

---

11 박문열,「靑莊館 李德懋의「入燕記」에 관한 硏究」,『국제문화연구』13, 1996.

중국 문인 교유 기사

일자	장소	교유 인물	주요 내용
1778. 5.12.	계주	朱述曾	수재 주술증을 불러 서장관의 화상을 그리게 함
5.14.	통주	何裕城	하유성의 배에 올라 두루 구경하고 부채와 청심환을 선물함
5.19.	유리창		숭수당·성경당·문성당·취성당·대초당·옥문당·문무당·영화당·문환당 등의 책방을 들러 우리나라에 없는 희귀본 서목을 기록함
5.20.	북경	이정원	이정원을 만나 땅콩을 선물로 받고, 땅콩의 모양과 성질에 대해 기록함
5.22.	관소	黃道煛, 李憲喬	유리창에서 만난 거인 황도경과 이헌교가 내방함. 두 사람은 사고전서 등록관임
5.23.	반정균 집	반정균, 이정원	박제가와 함께 반정균 집을 방문함. 이정원도 있었기에 함께 식사하고 대화를 나눔
5.24.	四川新會館	당낙우	박제가가 당낙우를 방문함. 당낙우에 대한 소개
5.25.	五柳居, 당낙우 처소	陶氏, 당낙우	도씨가 경영하는 오류거란 책방을 방문해 절강서목을 얻어 봄. 당낙우의 처소에서 약에 대해 논함
5.28.	祝德麟 집	축덕린, 이정원	편수관(編修官) 축덕린의 집에서 이정원을 함께 만남. 축덕린에 대해 소개함
6.1.	관소	蘇楞額	제독(提督) 소능액을 만나 대화함
6.3.	富商 林氏 집	沈瀛	수재 심영과 소주와 항주의 우열, 혼상(婚喪)의 예 등에 대해 대화함
6.5.	관소	査祖馥	이정원이 우거하고 있는 사천서회관에 사람을 보내 부채 하나와 청심환 3알을 사조복에게 전함. 사조복은 축덕린의 외척임
6.6.	반정균 집	반정균	청장관이란 당액을 써주고 시집 서문을 지어줌
6.8.	이정원 집	李驥元	이정원이 출타 중이라 아우 기원과 필담을 나눔
6.9.	당낙우 집	당낙우, 축덕린, 沈心醇	당낙우가 조선에서도 중국의 역법을 준용하는지 묻고, 축지당은 나와 박제가의 시 압운에 通韻의 틀린 점을 지적하고 초상화를 줌. 심심순은 원운(元韻)의 잘못된 점을 지적함
6.11.	반정균 집	반정균, 이정원, 심심순	반정균이 이별연을 베풀어준 자리에 참석하여 이정원·심심순과 문장을 논함
6.13.	당낙우 집	당낙우 외 4인	당낙우의 집에서 이별연을 갖고, 이정원·축덕린· 반정균·채증원 등과 술을 마시며 문장을 논함
6.17.	三河	孫嘉衍	어제 통주에서 만난 손유의의 말대로 손가연의 집에 가서 엄성의 유집과 초상화를 찾음. 홍대용이 이것을 구한 지가 10여 년인데 오늘 구했으니 운명이 있는 듯하다고 함
윤6.5.	심양서원	裵振	교관 배진에게 오국성(五國城)이 어디에 있느냐고 묻자, 심양성 북쪽 개원현이 옛날 오국성이라고 대답함

13. 채제공 『함인록(含忍錄)』(1778.3.17.~7.2.)

채제공(蔡濟恭, 1720~1799): 본관은 평강(平康), 자는 백규(伯規), 호는 번암(樊巖)·번옹(樊翁)이다. 1743년(영조 19) 문과정시에 급제하여 이천도호부사·대사간을 거쳤고, 『열성지장(列聖誌狀)』 편찬에 참여한 공로로 1758년에 도승지에 임명되었다. 1770년부터 병조·예조·호조판서를 역임하고, 1778년 사은겸진주사로 연경에 다녀왔다. 1780년(정조 4) 이후 8년간 서울 근교 명덕산에 은거하였으며, 1788년 우의정에 특채되었다. 1790년에 좌의정이 되어 3년간 독상(獨相)으로 정사를 돌보았다. 1793년에 잠시 영의정으로 있다가 이후 주로 수원성역을 담당하였으며, 1798년 사직하였다.

사행 경위와 연행록의 특징: 정조 즉위 원년인 1777년에 청 황실에 왕위 계승을 알린 글이 천자에게 올리는 격식에 맞지 않는다는 문책이 있어 이를 해명하기 위해 보낸 사은겸진주사이다. 정사는 채제공, 부사는 정일상(鄭一祥), 서장관은 심염조(沈念祖)였고, 수행원으로 이덕무와 박제가 등이 참여하였다. 『함인록』은 산문 없이 시만으로 여정의 소회를 읊은 것이 특징이다. 존명의리(尊明義理)·북벌론(北伐論)의 입장에서 236수의 시를 지어 '함인록(含忍錄)'이라고 명명하였다. 서장관이던 심염조는 청나라에 다녀온 후 『서장문견록(書狀聞見錄)』을 정조에게 바쳤고, 이덕무도 『입연기(入燕記)』를 남겼다. 『함인록』에서는 청나라의 도회(都會), 시전(市廛), 도로, 교량, 목축 등의 규모가 크고 번화함에 주목하는 한편, 답답한 느낌을 지울 수 없다며 우리 강역에서 나오는 청량함에 도저히 못 미친다고 지적하였다. 또한 청 문화와 기자조선 이래 우리 문화를 비교하며 감회를 담은 시를 많이 남겼다. 사대부의 풍속보다는 농민을 비롯한 서민과 여성의 처지를 기술한 시가 많다.[12]

중국 문인 교유 기사

일자	장소	교유 인물	주요 내용
1778. 5.8.	永平府	徐進士	서진사 집을 방문하여 느낀 소감을 칠언절구 5수로 노래함
5.14.	통주	鮑氏	통주에 정박 중인 조운선을 구경하고, 통주 점사(店舍)에서 서호 출신인 포씨에게 서호의 승경을 물음. 시 3수를 지음
6.15.	법장사	반정균, 이정원	반정균·이조원과 시를 수창하고 이별의 아쉬움을 담은 장가(長歌)를 지어줌
6.22.	사하역	賈氏	가씨와 필담을 나누고 장편시를 지음

---

12 이종찬, 『含忍錄-蔡濟恭 燕行詩』, 一志社, 1995.

14. 박지원 『열하일기(熱河日記)』(1780.6.24.~10.27.)

박지원(朴趾源, 1737~1805): 본관은 반남(潘南), 자는 중미(仲美), 호는 연암(燕巖)이다. 30세에 실학자 홍대용과 만나 사귀고 서양의 신학문을 접했다. 1777년(정조 1) 권신 홍국영(洪國榮)에 의해 벽파로 몰려 신변의 위협을 느끼자, 황해도 금천의 연암협(燕巖峽)으로 이주하여 독서에 전념하다가 1780년 친족 형 박명원(朴明源)이 진하겸사은사(進賀兼謝恩使)가 되어 청나라에 갈 때 동행했다. 『열하일기』를 지어 청나라의 문화를 소개하고 조선의 정치·경제·사회·문화 등 각 방면에 걸쳐 비판과 개혁을 논하였다. 1786년 왕의 특명으로 선공감감역(繕工監監役)이 되었고 안의현감·면천군수·양양부사 등을 지냈다. 홍대용·박제가 등과 함께 청나라의 문물을 배워야 한다는 이른바 북학파의 영수로 이용후생의 실학을 강조하였으며, 특히 독특한 문체의 한문소설 여러 편을 지어 양반 계층의 타락상을 고발하고 근대사회를 예견하는 새로운 인간상을 창조하여 파문을 일으켰다.

사행 경위와 연행록의 특징: 이 사행은 1780년 청나라 황제의 칠순 잔치 축하 사절로 파견된 것이다. 『열하일기』는 일기체와 기사체를 혼용해 기술했는데, 중국 인사와의 교유 기록은 대부분 필담에 들어 있으며, 동일 인물이 여러 필담에 중복 등장한다. 예컨대 「황교문답」, 「반선시말」에 태학관과 유리창에서 회동한 문인들이 중복 출현한다.
① 「속재필담」·「상루필담」: 1780년 7월 10~11일에 성경(심양)의 골동품 가게 예속재(10일 저녁)와 비단 가게 가상루(11일 저녁)에서 7명의 상인(田仕可, 李龜蒙, 費穉, 裵寬, 吳復, 穆春, 溫伯高)을 만나 나눈 필담으로, 필담에 참여한 사람은 5인이다. 수준 높은 학문적 대화가 진행되지는 못했으나 일상생활의 질고, 골동품의 진위 판별법, 경서 강독 방법, 중국 각 지역 소식, 사농공상에 대한 정보 등을 화제로 대화를 나누었다. 필담의 양은 적지만 참석자에 관한 정보를 상세히 기록하고 있다.
② 「태학유관록(太學留館錄)」·「경개록(傾蓋錄)」: 1780년 8월 9~14일에 열하 태학관에서 왕민호 외 10인과 나눈 필담으로, 열하에 도착해 배정받은 숙소인 태학관에서 만난 청나라 고관, 과시 준비생 및 학자들과 주고받은 이야기이다. 조선의 지리, 풍속, 제도, 중국 시집에 기록된 조선 관련 시화에서부터 천체, 음률, 라마교 등에 이르기까지 다양한 내용을 담고 있으며, 청나라 통치하에 있는 한족 지식인의 고뇌를 엿볼 수 있다. 「경개록서」에 교유한 인물들의 이력과 외모·성품 등을 상세히 기록하고 있다.

중국 문인 교유 기사

이름/자/호	관직	주요 내용
王民皡/미상/鵠汀	擧人	「태학유관록」: 과거제도와 전족 풍습을 두고 대화함 「곡정필담」: 우주와 천체, 물체의 본질, 생물의 기원과 같은 자연과학적 문제와 철학적 주제에서부터 종교·정치·역사·문화·인물 등 다양한 분야에 대해 논함 「망양록」: 윤가전이 양 한 마리를 통째로 쩌서 왕민호와 박지원을 초청해 먹으며 고금의 음악을 논함
郝成/志亭/長城	武人山東都司	「막북행정록」: 열하에 도착하여 산동 출신 도사 학성과 노정의 거리를 따져보았는데 그 역시 열하에 처음 온 사람이었음 「황교문답」: 연암이 액이덕니(5세 반선 라마)를 만난 날 밤, 학성의 처소에서 술을 마시며 나눈 필담
尹嘉銓/미상/亨山	通奉大夫大理寺卿으로 致仕	「태학유관록」: 윤가전이 『명시종(明詩綜)』의 빠지고 잘못된 곳을 이야기해 달라고 하자, 박지원이 이정귀의 호가 율곡이라고 기록된 것, 허난설헌이 여자 도사로 기록되고 호가 경번당(景樊堂)이라 기록된 것이 오류라고 대답함 「피서록」: 북경에서 윤형산이 어떤 사람이냐 물었더니 모두들 백낙천 같은 일류 선비라고 대답함 「망양록」: 윤가전이 양 한 마리를 통째로 쩌서 왕민호와 박지원을 초청해 먹으며 고금의 음악을 논함
敬旬彌/仰漏/미상	講官教授	「황교문답」: 부재(孚齋), 앙루(몽골인) 같은 인물이 모두 문학에 뛰어난 선비라고 함
鄒舍	擧人	(왕곡정과 함께 회시에 응시하지 않음. 용모가 괴이하게 생겼고 행동거지도 과격해서 사람들이 광생이라 지목함)
奇豐額/麗川/미상	貴州按察使	「피서록」: 기려천은 만주족으로 윤가전을 무시하고, 윤가전 또한 싫어한다고 하며 한족과 만주족이 원수가 되어 서로 미워함이 이와 같다고 함 「태학유관록」: 달밤에 기풍액과 거닐며 지전설의 이치를 말하자 기풍액이 기묘한 이치를 혼자서 터득한 것이냐고 물었고, 박지원은 홍대용에게 들은 이야기라고 답함. 기려천이 만주족이기에 홍대용이 항주 출신 선비들과 교유했던 사실을 이야기하지 않았다고 함
汪新/又新/미상	廣東按察使	「경개록」: 절강 인화 사람이기에 육비의 근황을 묻자, "괴짜 선비입니다. 금년이 회갑인데, 강호에 불우하게 떠돌며 시와 그림을 타고난 운명으로 여기고 산수를 벗으로 삼아 세월을 보내며, 많이 마셔서 대취하면 미친 듯 노래하고 분개하여 욕을 퍼붓습니다."라고 답함
破老回回圖/孚齋/華亭	講官(몽골인)	「황교문답」: 종이를 잡고 빠르게 써 내려가는 것을 보니 필법이 정갈하고 민첩하였고, 반정균을 아는지 묻자 일찍이 무영전에서 한 번 만난 적이 있다고 답함
曹秀先/地山/미상	禮部尙書	「경개록」: 새로 창건한 관후묘에 들렀다가 만나서 필담을 나눔. 박지원에게 조선의 과거제도에 관해 상세히 물음

이름/자/호	관직	주요 내용
王三賓		『열하일기』 '옥류산장본'과 '만송문고본'에는 왕삼빈이 기풍액·윤형산과 애정 행각을 벌이는 장면을 목격한 창대의 증언이 기록되어 있음 「경개록」: "창대가 말하기를 '어제 아침에 우연히 명륜당 오른쪽 문 가리개 아래에 있었는데, 기려천과 왕삼빈이 팔짱을 끼고 목을 나란히 하여 홰나무 뒤에 서 있더니 한참 뒤에 입을 맞추고 혀를 빨더군요. 마치 전각 위의 얼룩무늬 목을 한 비둘기처럼 하였는데, 사람이 가리개 사이에 있으면서 훔쳐 보는 줄도 모릅디다. 왕삼빈은 수도 없이 음란한 교태를 간드러지게 떨더이다. 그저께 새벽에는 책을 가지고 윤 대인의 구들방에 갔더니 왕삼빈이 윤 대인의 이불 속에서 머리를 내밀고 책을 받았지요.' 라고 한다. 곡정의 비복인 악씨도 그 아름다운 젊은이를 닮았다. 왕삼빈은 비단 얼굴이 잘생겼을 뿐 아니라, 글씨를 이해하고 그림을 잘 그린다."

③ 「양매시화(楊梅詩話)」: 1780년 8월 3일과 8월 20~27일에 북경 유리창 양매서가에서 유세기(兪世琦) 외 5명이 나눈 필담을 요약한 내용으로, 중국 시인 전방표(錢芳標, 1644~?), 왕사진의 『감구집』, 김상헌의 시 등에 대한 시화뿐 아니라 상복 입는 기간, 안질에 대한 처방법 등 다양한 주제를 다루고 있으며 분량이 매우 적다. 이날 양매서가에서 박지원과 중국 문사들이 나눈 필담은 「양매시화」뿐 아니라 『열하일기』의 다른 여러 기사에 흩어져 기록되어 있다.

중국 문인 교유 기사

이름/자/호	관직	주요 내용
兪世琦/ 式韓/ 黃圃	擧人	「피서록」: 유리창 육일재(六一齋)에서 유세기를 처음 만남. 그에게 유득공·김상헌의 시를 써주고 평한 내용과 반정균을 아느냐고 물어보자 유세기가 반정균의 집이 양매서가에 있다고 알려준 내용 「앙엽기」 '夕照寺': "유세기를 방문하러 석조사에 갔다. […] 절에는 중이라곤 한 명도 거처하지 않고, 복건이나 광동 지방에서 올라왔다가 과거시험에 낙방한 수재들이 고향에 돌아갈 밑천조차 없어 대부분 이곳에서 머물며 살고 있다. […] 유세기 군은 본래 복건 사람으로, 섬서 지방의 병비도(兵備道)를 지내는 진정학(陳庭學)의 자형이다. 금년(1780) 2월에 아내를 잃었다. 아들은 없으며, 네 살배기 어린 딸을 처가에 맡기고, 자신은 홀로 어린 심부름꾼과 함께 이 절에서 지내고 있다." 「동란섭필」: "유세기 집에 방문했을 때 빌려온 난초를 자신이 임시로 거처하는 방에 두고, 방의 이름을 '동란재'라 했다"고 기록함
馮乘驩/ 建一/ 明齋	거인	「피서록」: 고역생, 풍병건, 능야 등과 함께 반정균이 왕추사(王秋史)의 「한류(寒柳)」에 차운한 시에 대해 논함 (『열하일기』다른 기사에서는 이름이 '馮秉驩'으로 기록되어 있기도 함)

이름/ 자/호	관직	주요 내용
凌野/ 미상/ 簑軒	거인	「피서록」: 고역생, 풍병건, 능야 등과 함께 반정균이 왕추사의 「한류」에 차운한 시에 대해 논함 「황도기략」「黃金臺記」: "노군(盧以點)과 함께 동악묘의 연희 구경을 하고, 같이 수레를 타고 조양문을 나와 돌아오던 길에 태사 고역생을 만났다. 그는 사헌 능야와 함께 수레를 타고 지금 황금대를 찾아가는 길이라고 했다. 능야는 월중(越中), 곧 절강 사람으로 아주 특이한 선비인데, 북경이 초행이라고 했다. 고적을 탐방하러 가는 길이니 나에게 함께 가자고 청했다." 「동란섭필」: "왕세정의 『완위여편(宛委餘編)』에는 여자로서 장군이나 군관이 된 자를 실어 놓았다. […] 그런데 알 수 없는 일은 당나라 태종이 신라의 선덕여왕을 추증하여 광록대부로 봉한 일과, 진덕여왕을 책봉하여 상주국으로 삼고 낙랑군왕에 봉한 일과, 진덕여왕이 죽은 뒤에는 당 고종이 개부의동삼사(開府儀同三司)에 추증한 일이 실려 있지 않은 것이다. […] 유리창의 양매서가에서 능야, 고역생 등과 술을 마시며 이야기하다가 이런 내용을 언급했더니, 능·고는 나의 학식이 풍부하다고 칭찬해 마지않는다."
高棫生/ 미상/ 미상	태사	「반선시말」: "태사 고역생 등 여러 사람들과 단가루에서 술을 마시고 있을 때였다. 고 태사가 반선의 일을 말하며 이야기를 막 끄집어내려 했는데, 자리에 있던 풍생(馮生)이란 자가 눈짓으로 이야기하지 말도록 했다. 나는 매우 괴이하게 생각했다. 나중에 알고 보니 산서(山西) 지방 출신의 선비가 황제에게 일곱 조목으로 상소를 하였는데, 그중 한 조목에서 반선의 일을 극렬히 논하는 바람에 황제가 크게 분노해서 살가죽을 벗겨 죽이는 형벌에 처하라고 했다는 사실을 한참 뒤에 들었다."
初彭齡/	한림	「황도기략」「彩鳥舖」: "한림 초팽령과 주거인(周擧人)이 각각 빈 새장을 가지고 점포로 와서 암수 두 마리가 든 새장과 바꾼다. 이 새는 곧 우리나라 속명으로 '뱝새(뱁새)'라는 놈인데, 그다지 기이하거나 희귀한 새가 아닌데도 그 값이 50냥이나 한다." 「동란섭필」: "중국인들은 『시경』의 각 편마다 저작 동기를 밝혀 놓은 소서(小序)를 반드시 폐지할 수 없다고 생각한다. […] 나는 일찍이 한림 초팽령, 태사 고역생과 함께 단가루에서 술을 마시며 '소서' 문제를 가지고 떠들썩하게 서로 토론한 적이 있었다."
王晟/ 曉亭/ 미상	한림 庶吉士	「반선시말」: "왕성은 자신의 숙부가 차(茶)를 팔기 위해 자주 국경 밖으로 왕래하면서 서번 지방 사정을 익혔다고 한다. 또 왕씨는 대대로 서방(西方)의 관리로 있었는데, 왕성은 어려서부터 자못 오사장(서번)의 시말에 밝았었다. 금년 초에 평생 처음으로 북경에 들어와 4월 회시에 몇 등으로 합격했고, 전시에 13등으로 뽑혔다. 경서와 사기에 박학했으며 기억력이 뛰어났다. 북경에 처음 오는 길이어서 교유하는 범위가 넓지 않고 숨기고 꺼려야 할 일이 무엇인지 몰랐다. 이튿날 천선묘(天仙廟)로 나를 찾아와서 서번 승려에 대한 일을 자세히 말해주었다. 그는 필담도 물 흐르듯 하여 박식함과 문아한 것을 자랑하는 듯한데 그의 말을 역사와 전기에 고증해 보면 실제 기록되어 있는 것과 같았다."

15. 노이점 『수사록(隨槎錄)』(1780.5.25.~10.27.)

노이점(盧以漸, 1720~1788): 본관은 만경(萬頃), 자는 사홍(士鴻), 호는 추산(楸山)이다. 무과 출신인 노언준(盧彦駿)의 서자로 태어났으며, 1756년(영조 32) 37세의 늦은 나이로 병자식년사마시(丙子式年司馬試)에 진사 3등으로 합격하여, 장릉참봉과 한성부의 서부봉사(西部奉事)를 역임했다. 4대조인 노응환과 동생인 노응탁, 노응호 등은 임진왜란 당시 스승인 조헌(趙憲)을 따라 왜적에 대항했는데, 노응탁은 스승과 함께 금산에서 전사하였다. 유고 21권은 현전하지 않는다.

사행 경위와 연행록의 특징: 1780년 건륭제 고희연 축하 사절의 정사인 박명원(朴明源)의 수행원으로 참여했다. 이 사행에 함께 참여한 박지원은 북학론에 입각해 청나라의 선진적인 문물을 받아들이고 그 실상을 예리하게 간파하기 위해 고심한 반면에, 노이점은 『수사록』에서 존명배청 의식을 곳곳에서 드러내어 상반된 중국관을 보인다. 노이점은 연행을 통해 몽골인 박명(博明)과 깊이 있는 교류를 나누었다. 『수사록』은 사행이 출발해서 귀국할 때까지의 전 과정을 충실하게 기록하고 있어 당시 사행의 전모를 이해하는 데 도움이 된다. 박지원의 『열하일기』 기록을 보충하고 사행 현장의 분위기를 전달하는 데 참고할 점이 적지 않다.[13]

중국 문인 교유 기사

일자	장소	교유 인물	주요 내용
1780. 6.28.	봉황성	姜永泰	강영태는 21세 만주족으로 서양금을 잘 연주하며, 집 안이 정결하고 아름다움
7.11.	심양	敎官 李氏	이씨 성의 심양 교관과 필담을 나누고, 학동들의 책 읽는 소리를 들음
8.10.	북경 관소	博明	관소를 찾아온 몽골인 박명과 문장과 학술, 풍속과 제도 등 다양한 주제로 필담을 나눔
8.22.	북경 관소	박명	유가 경전의 뜻과 역대 문장가를 화제로 필담을 나눔
9.1.	북경 관소	박명	편지와 함께 시를 지어 보냄. 박명이 시관(試官)이 되어 떠나므로 차운시를 지어 보낼 수 없다는 소식을 들음

---

13 김동석, 「해제: 『열하일기』의 행간을 채우다, 노이점의 『수사록』」, 『열하일기와의 만남 그리고 엇갈림, 수사록』, 성균관대학교출판부, 2015.

16. 서호수 『열하기유(熱河紀遊)』(1790)

서호수(徐浩修, 1736~1799): 본관은 대구(大邱), 자는 양직(養直), 호는 학산(鶴山)이다. 1764년 칠석제에 장원하고, 다음 해 식년 문과에 다시 장원했다. 1770년에 영의정 홍봉한(洪鳳漢)과 함께 『동국문헌비고(東國文獻備考)』의 편찬에 참여하였다. 1776년 정조가 즉위하자 도승지에 임명되어 왕의 측근이 되었고, 이해에 진하겸사은부사로 청나라에 다녀왔다. 대사성·대사헌 등 청관직(淸官職)을 거쳐 당대 문화 사업의 핵심 기관이던 규장각의 직제학이 되어 여러 편찬 사업을 주도했다. 1790년(정조 14)에 다시 진하겸사은부사로 두 번째 청나라에 사행했다. 『열하기유』는 2차 연행 때의 기록이다.

사행 경위와 연행록의 특징: 이 사행은 1790년 음력 8월 13일 청나라 건륭제의 팔순을 기념하는 만수절(萬壽節)의 성절진하사은사(聖節進賀謝恩使)였다. 정사는 황인점(黃仁點), 부사는 서호수, 서장관은 이백형(李百亨)이다. 연암 그룹의 일원이던 이희경(李喜經)이 상사의 막객(幕客)으로 참여하였고, 서호수는 박제가와 유득공을 수행원으로 데리고 갔다. 서호수의 연행록은 『열하기유』와 『연행기』 2종이 전하는데, 『열하기유』에는 『연행기』에 빠진 서문과 문장이 들어 있기에 『열하기유』가 서호수의 2차 연행 기록 원본이라고 할 수 있다. 『열하기유』의 특징적인 면은 ① 만주족 청나라의 현실을 있는 그대로 보고 분석한 점, ② 건륭 시절의 궁중 연극에 대해 상세히 기록하고 있는 점, ③ 천주당에서 만난 선교사 및 서학과 관련한 내용이 상세히 실려 있는 점을 꼽을 수 있다.

중국 문인 교유 기사

일자	장소	교유 인물	주요 내용
1790. 7.9.	朝陽縣	李調元	관제묘에서 이조원이 쓴 시를 보게 됨. 1776년 서호수의 1차 연행 시 이조원과 여러 차례 만나 교유. 당시 유금(柳琴)을 통해 서신 주고받았음
7.16.	열하 피서산장	彭元瑞	『해동비사(海東秘史)』와 『동국성시(東國聲詩)』를 얻을 수 있는지 여부와 조선의 토지 계산법을 물어봄. (자는 掌仍, 芸楣로 鐘鼎 감별에 뛰어난 것으로 알려져 있다. 저서로 『西淸古鑒』, 『寧壽古鑒』 등이 있다.)
7.16.	열하 피서산장	阮光平	정사 황인점에게 조선 국왕이 북경에 온 적이 있는지 물어봄. 유득공과 마찬가지로 수상한 낌새를 눈치챔
7.16.	열하 피서산장	潘輝益	이수광과 안남의 풍극관(馮克寬)이 시를 수창한 사실, 이휘중(1760년 연행 당시 안남 사신과 교류)의 벼슬 등을 물어봄. 서호수는 반휘익에게 풍극관의 문집, 안남의 행정·기후·특산물 등을 물어봄

일자	장소	교류 인물	주요 내용
7.17.	열하 피서산장	鐵保	자신의 『열하시』 한 권을 보여주며 평을 청하고, 서호수에게 저서를 달라고 하여 『혼개도설집전(渾蓋圖說集箋)』을 보여줌
7.18.	열하 피서산장	철보	철보의 숙소를 방문해 전날 주고받은 서로의 시에 대해 평함. 옹방강, 이연 등 율력에 능한 이들과 『성시(聲詩)』, 『왕어양시화(王漁洋詩話)』, 『목재집(牧齋集)』 등 문집에 대해 언급함
7.19.	열하 피서산장	武輝瑨	무휘진이 칠언율시 한 수를 보내 화작을 청함
7.24.	懷柔城 寓館	嵇璜	문사(文詞)를 잘하는 것으로 천하에 명성이 자자했으며, 당시 80세라고 함
7.30.	북경 원명원	紀昀	기윤은 당시 『사고전서』를 편찬하고 있었음. 편찬한 문헌에 대해 질문하고, 『명사』와 『대청일통지』 교정 작업의 진척 상황에 대해서도 물음
8.3.	북경 원명원	王杰	『동국비사』와 『동국성시』 등이 있는지 묻고, 이색과 정몽주의 문집을 구해달라고 간청함. 이러한 요청이 조선의 자료들을 『사고전서』에 편입하기 위해서라고 파악해 들어줌
8.4.	북경 원명원	阿桂	연극이 끝나고 아계와 화신(和珅)이 황제의 하사품을 각국 사신에게 나누어주는 모습을 보며 화신과 비교해 아계의 올바른 체통을 칭찬함
8.4.	북경 원명원	和珅	화신의 권세가 조정을 기울일 듯하여 대신 이하의 관원들이 따라 붙으나 황제의 뜻에 영합하는 것으로 뜻을 얻었고 매우 조급하고 망녕되다고 비판함
8.9.	북경 朝房	衍聖公, 孔憲培	공헌배의 온돌방에 앉아 이야기 나누고, 그의 몸가짐과 행동거지가 성인의 후예답다고 기록함. 다음 날 유득공을 시켜 공헌배에게 청심환, 부채, 색전을 보내고, '학산견일정(鶴山見一亭)'이라는 편액을 써 주기를 청함
8.14.	북경 관소	기윤	기윤에게 서신과 선물을 보내 안부를 물었고, 기윤은 답례로 단계연(端溪硯)과 묵죽을 보내옴
8.21.	북경 관소	연성공, 공헌배	서호수의 시에 화답하는 시와 '학산견일정' 편액을 써 보냄. 북경 연성부 그 내력, 명청 양조에서 연성공에게 베푼 예우를 기록함
8.24.	관소	金簡	김간은 당시 공부상서였으며, 죽청지(竹淸紙)를 요구함
8.25.	관소	옹방강	옹방강이 북경 정양문 밖에 머물고 있다는 소식을 듣고, 박제가를 보내 『혼개도설집전』의 오류를 바로잡아달라고 부탁함. 옹방강은 『춘추』에 수록된 연대의 삭윤표를 작성하던 중이었는데, 그 방법에 대해 서호수에게 질문함 (자는 正三이고, 호는 覃溪. 金石과 譜錄, 서화, 詞章 등 여러 분야에 정통한 석학임)

17. 유득공 『열하기행시주(熱河紀行詩註)』(1790)

유득공(柳得恭, 1748~1807): 자는 혜보(惠甫)·혜풍(惠風), 호는 영재(泠齋)·영암(泠庵)·고운당(古芸堂)·가상루(歌商樓)·은휘당(恩暉堂) 등 다양하다. 증조부 유삼익과 외조부 홍이석이 서자 출신이었던 탓에 신분상 서자였다. 1774년(영조 50) 사마시에 합격해 생원이 되고, 1779년(정조 3) 규장각 검서(檢書)로 들어가 활약했다. 제천·포천·양근 등의 군수를 거쳐 말년에는 풍천부사를 역임하였다. 당대에 시명이 높았으며, 조선 고유의 역사지리에 관심이 많아 관련 저술을 여럿 남겼다. 문집『영재집(泠齋集)』외에『발해고(渤海考)』,『사군지(四郡志)』,『병세집(幷世集)』,『고운당필기(古芸堂筆記)』,『경도잡지(京都雜志)』등의 저술이 있다. 유득공은 세 차례 중국에 다녀왔다. 1778년(정조 2)에 정사 이은(李溵)이 이끄는 심양 문안사에 서장관 남학문(南鶴聞)의 수행원으로 참여하여『읍루여필(挹婁旅筆)』을 저술했지만 현재는 서문만 전한다. 1790년 박제가와 함께 서호수의 수행원으로 참여하여『열하기행시주』를 남겼다. 1801년(순조 1) 주자서(朱子書)의 선본을 구해 오라는 왕명으로 북경에 다녀와『연대재유록』을 남겼다.

사행 경위와 연행록의 특징: 1790년 건륭제 팔순연 축하 사절의 정사인 서호수의 수행원으로 참여했다. 1790년은 건륭제 집권 말기로 과도한 군사 활동으로 재정이 고갈되고, 화신(和珅) 같은 자가 국정을 농단하여 정치체제가 제 기능을 잃어 가던 시절이었다. 유득공은 열하와 북경에서 만난 아시아 각국 인사들과 활발히 접촉하며, 청의 내부 모순과 아시아 정세를 주체적인 시각으로 조망하였다. 칠언절구 형식으로 연행에서 접한 인물이나 지명을 노래하고, 시마다 주를 달아 관련 정보를 소개하였다.

중국 문인 교유 기사

이름	인물 정보	시 제목	주요 내용
金科豫	1783년(건륭 48) 과거 급제	瀋陽書院	유득공은 1778년 가을 심양서원에서 김과예, 배진, 손호, 심영신, 왕원, 왕지기 등과 교유함. 1790년 6월 28일 심양에 도착한 즉시 심양서원을 찾음
成策	만주인으로 성경 부도통을 지냄	周流河	사절단에 짐 싣는 수레 3량을 보내줌
阮光平	안남의 世族	安南王	완광평이 福康安에게 뇌물을 바쳐서 왕에 책봉된 것이라는 소문에 관해 기록
福康安	완광평이 책봉되도록 황제를 설득	安南王	복강안은 안남왕을 대신해 입조한 완광평의 아우가 임무를 무사히 마치도록 도왔으며, 완광평의 아우가 그에게 공경을 표함

이름	인물 정보	시 제목	주요 내용
潘輝益	안남의 이부상서	安南王	1790년 안남왕의 從臣으로 연경에 왔음. 반휘익과 무휘진이 완광평을 무례하게 대하는 모습을 보고 의아해함
武輝瑨	안남의 공부상서	安南王	박제가와 함께 휘익·휘진에게 시를 지어 보냄
和珅	만주인이며 의정대신으로 재임	圓明園	화신의 직함과 대신들이 화신을 대하는 모습 등을 통해 그의 권위를 가늠함
阿桂	자는 廣廷, 호는 雲巖	圓明園	청 조정에서 가장 현명한 인물이며 대신의 풍모를 지녔다고 평함
金簡	金尙明의 증손으로 공부상서로 재임	圓明園	김간이 공부상서이며, 김상명의 증손이라고 기록함
紀昀	『사고전서』 편집 사업의 총찬수관	紀曉嵐 大宗伯	기윤의 집을 방문해 『사고전서』 편찬 상황을 물음. 기윤은 박제가를 통해 유득공의 『영재집』을 읽어 보았다고 말함. 며칠 뒤 박제가와 유득공이 자리를 비운 사이 기윤이 조선 사신 관사를 방문해 붉은 종이의 작은 명자를 남김. 기윤은 『영재집』을 잠시 보겠다며 가져가 돌려주지 않음. 유득공은 기윤에게 『이십일도회고시주』를 줌
潘庭筠	절강성 전당 사람으로 홍대용 등과 교유	御使 潘秋庫	1778년 이덕무, 박제가 연경에서 교분을 맺어 『열상주선집』 서문을 써주었고, 유득공에게도 편지를 보냄. 1790년 박제가가 방문했으나 칩거하고 있어 객을 사양함. 1790년 8월 13일 태화전에서 담소를 나눔
李驥元	이정원의 동생이며 기윤의 문인	李墨莊·李鳧塘 二太史	1790년 당시 이정원은 한림원 시독관, 이기원은 한림원 편수관. 형제는 사천회관에 우거하였음. 유득공은 박제가와 함께 형제의 집에 여러 번 방문하고, 두 사람을 10여 년간 소식을 나눈 천애의 옛 친구라고 말함
李鼎元	이조의 종제로 조선 사신들과 친분이 깊었음		
李調元	사천 나강 출신으로 이부주사, 고공원외랑 등을 역임. 조선 사신들과 친분이 두터웠음	李墨莊·李鳧塘 二太史	이정원과 대화하면서 이조원을 언급. 이조원이 파직된 일을 강개한 어투로 말하고 있다고 기록
祝德麟	한림원 서길사와 편수관 등 역임	李墨莊·李鳧塘 二太史	이정원·이기원 형제에게 축덕린이 어사로 망령되이 사람을 논하다 파직돼 지금은 배를 사서 남쪽으로 내려가려고 한다는 사실을 들음
衍聖公 孔憲培	공자의 72세손으로 1785년에 衍聖公으로 봉해짐. 시와 글씨, 그림에 능함	衍聖公	원명원과 연경에서 공헌배를 만남. 서로 책 선물과 시를 여러 번 주고받았으며, 공헌배는 유득공에게 '泳齋'라는 호를 써줌. 공헌배가 유득공의 중국어 실력을 칭찬함

이름	인물 정보	시 제목	주요 내용
羅聘	양주팔괴의 일원으로 시를 잘 짓고 그림은 다방면에 뛰어남	羅兩峰	박제가와 함께 나빙의 집에 여러 차례 방문함. 나빙은 유득공과 박제가의 초상화를 그려줌. 유득공의 『二十一都懷古詩』를 보고 매우 좋아함
袁枚	성령설의 주창자로 古文에도 뛰어남	羅兩峰	나빙이 그린 〈귀취도〉에 제시(題詩)한 해내의 명사들 중 한 사람으로 원매를 들었음
張道渥	자는 水屋	張水屋	나빙의 처소에서 장도악을 처음 만나고, 그 뒤 유리창 서점에서 우연히 한 번 더 만남. 장도악을 광사(狂士)라고 말함
吳照	시에 능하며 저서로 『說文偏旁考』가 있음	吳白菴	나빙의 소개로 오조가 유득공에게 『설문편방고』를 보내줌. 유득공이 오조의 집에 방문했을 때 첩자에 대나무를 그려줌
莊復朝	자는 植三, 호는 澤珊	莊復朝 中書	유득공이 원명원에 있을 때 장복조의 조방에 방문. 후에 그의 거처를 방문했으나 만나지 못하고, 아우 장회기와 담소를 나눔
劉鐶之	1790년 당시 한림 검토관으로 재임	劉鐶之·阮元 二太史	연경 객관에 있을 때 유환지와 완원이 수레를 타고 왔을 때 유득공이 불러 대화를 나눔. 두 사람을 명망 있는 선비라고 평함
阮元	경학에 뛰어나며 금석문 연구서를 펴낸 고증학자	劉鐶之·阮元 二太史	완원이 유득공의 시집을 보고 싶어 했는데, 옹방수의 처소에 가면 찾아 읽어 보겠다고 답함
熊方受	1790년에 진사가 되어 山東兗汽曹濟道 등을 역임	熊方受·蔣祥墀 二庶常	유득공과 박제가는 서상관(庶常館)에 자주 가서 옹방수·장상지와 시를 논함. 조선으로 돌아갈 때 옹방수가 유득공에게 시를 지어줌
蔣祥墀	1790년에 진사가 되어 左都禦史 등을 역임	熊方受·蔣祥墀 二庶常	유득공과 박제가는 서상관에 자주 가서 옹방수·장상지와 시를 논함. 장상지를 순순하고 고아한 사람이라고 평함
鐵保	만주인으로 강학사, 예부시랑 등을 지냄. 글씨를 잘 쓰고, 의학에도 정통함	鐵冶亭 侍郎	유득공은 박제가와 함께 열하 행궁 궐문 오른편에 갔다가 철보를 만나 대화를 나눔. 객관에 돌아온 뒤 철보와 유득공은 시를 주고받음. 철보가 蒙古副都統을 겸직하고 있다고 기록
玉保	철보의 아우로 이부시랑 역임	鐵冶亭 侍郎	철보와 옥보 형제가 모두 문장을 잘하는 신하로 임금의 측근에 출입한다고 기록
魁倫	만주인으로 1788년 복건장군으로 발탁됨	福建將軍	유득공과 박제가가 朝房에서 괴륜을 만남. 괴륜은 유득공의 부채에 그의 시 〈濃花香滿衣〉를 써 주었고, 박제가의 부채에 국화를 그려줌

18. 김정중 『연행록(燕行錄)』(1791.11.~1792.3.)

김정중(金正中, ?~?): 자(字)는 사룡(士龍), 호는 자재암(自在庵)이다. 연행 당시 약 50세로 평양에 거주하였으며, 시문을 좋아한 사족(士族)으로 여겨진다. 이서구(李書九, 1754~1825)는 오언율시 〈기제김생일옹정(寄題金生一翁亭)〉(『척재집(惕齋集)』권 3)에 '김정중은 평양 외성에 살면서 시에 능한데, 일찍이 사행을 따라 연경에 간 적이 있다.(居平壤外城, 能詩, 甞隨使入燕.)'라는 주석을 달았다.

사행 경위와 연행록의 특징: 『연행록』의 1791년 11월 일기를 보면 김이소(金履素) 상공이 동지정사겸사은사로 명을 받고 나라를 나서는데, 그 덕분에 중국을 다녀온다고 하였다. 1791년 정사 김이소, 부사 이조원(李祖源), 서장관 심능익(沈能翼)이 연공(年貢)·진하(陳賀)의 목적으로 사행했을 때, 정사의 수행원으로 동행하였음을 알 수 있다. 『김사룡연행일기』·『김사룡연행기』 등 이본이 존재한다. 『연행록』은 처음에 '도리(道理)'라는 제목으로, 한성에서부터 연경까지 거쳐간 지명과 그 이수를 적었는데, 지명은 바른 글자가 아닌 것이 많다. 다음에 장관(壯觀), 기관(奇觀), 고적(古蹟)이라는 제목하에 관련 내용을 적었고, 그다음에 '연행일기(燕行日記)'라는 큰 제목 밑에 작은 제목 없이, 저자와 동행한 김이도(金履度), 저자의 형, 연경에서 만나 친해진 중국인 정가현(程嘉賢) 등과 왕래한 서한을 싣고, 그다음에 정가현이 지은 「연행일기서(燕行日記序)」를 실었다. 연행을 적은 부분은 '기유록(奇遊錄)'이라 제명하고, 1794년 11월부터 이듬해 3월 16일까지의 일기를 기록하였다. 마지막에는 제목 없이 일기에 적지 않은 풍속·음식·건축·물산·인물 등에 대해 기록하고, 그 끝에 연경팔경의 명칭과 사신의 이름을 적어 놓았다.[14]

중국 문인 교유 기사

일자	장소	교유 인물	주요 내용
1791. 12.1.	迎水寺	楊某	내용 소개 없이 필담을 나누었다고만 함
12.16.	撫寧縣	徐進士	사행이 서진사집을 방문하는 것이 관례임
12.26.	관소	金簡	조선 출신 상서 김간이 선물을 보내줌
12.30.	琉璃廠 聚好齋	程嘉賢, 胡寶書	취호재라는 서점에서 국자감 유생 정가현과 수재 호보서와 만나 필담을 나누고, 다시 만나기로 약속함

14　정연탁, 「『연행록(燕行錄)』해제」, 『국역 연행록선집』, 민족문화추진회, 1976.

일자	장소	교유 인물	주요 내용
1792. 1.3.	취호재	정가현	조선과 중국의 풍습과 산천, 과거제도 등에 대한 필담 나누고 시를 수창함
1.4.	庶常館	朱砥齋, 章某	주자의 22세손인 주지재와 장모를 만나서 필담함
1.6.	취호재	정가현	정가현과 그의 종자와 함께 운자를 나누어 시를 수창하고 황금대(黃金臺)의 위치를 물음
1.8.	취호재	盧烜	취호재를 방문하여 거인 노훤과 필담을 나눔
1.10.	취호재	정가현, 호보서, 馮成	정가현에게 그림과 청심환 3알을 선물함. 채전상가관(菜田上街官) 풍성을 만나서 필담 나누고, 호보소의 청에 따라 글씨를 써주고 약재 귤홍 갑을 받음
1.11.	관소	정가현, 호보서	시전지 20폭, 색필(色筆) 2자루, 별묵(別墨) 2홀의 선물과 함께 사례하는 편지를 정·호 두 사람에게 주고 답장을 받음
1.20.	취호재	정가현	정가현에게서 〈牡丹圖障子〉와 「一翁亭序文」 별장(別章) 시 한 축을 받음. 자신의 정자인 일옹정에 대한 장문의 서문과 이별시 4수를 기록함
1.22.	취호재	정가현	시 5수를 지어 정가현에게 사례하고, 자신의 글씨로 그림에 대한 사례를 함. 〈모란도장자〉는 저명한 화가 이선(李鱓)의 작품임
1.23.	북경 거리	屠秀才	주막 앞을 지나다가 호가 搏菴인 수재 도씨를 만나 인사를 나눔. 이튿날 도수재가 보내온 편지에서 강세황(1784년 사행)과 김조(金照)를 만나 본 사실을 말하고 이들의 안부를 물음
1.24.	張水屋草堂	張道渥	김이도(金履度)와 함께 장도악의 초당을 방문하여 시를 짓고 원소병(元宵餠)을 먹음
1.25.	취호재	정가현, 江堅	정가현에게 정전화(井田畵) 등의 선물을 주고, 정가현의 고향인 휘주산 먹과 벼루를 받음. 술을 마시면 시를 주고받고, 강견을 소개받음
1.26.	관소	정가현, 호보서, 劉錫瓚, 장도악	전별 이야기를 나눔. 장도악이 〈一翁亭韻詩〉를 쓰고 유거(幽居)를 그린 그림을 선물함
2.5.	永平府	石某	생도를 가르치는 석성(石姓) 사람과 필담
2.6.	撫寧	徐鶴年	서학년의 집을 찾았으나 서학년은 죽고 손자 두 사람도 객지에서 벼슬살이한다는 말을 듣고 집만 구경함
	楡關	齊佩蓮	제패련이 찾아와 이야기를 나눔. 홍양호를 만난 적이 있다며 안부를 물음

19. 이계호『연행녹』(1793.10.22.~1794.3.20.)

이계호(李繼祜, 1754~1833): 본관은 용인(龍仁), 자는 여승(汝承)이며, 호는 휴당(休堂)이다. 충청도와 경상도 찰방을 지낸 바 있다는 것 외에 자세한 행적이 밝혀지지 않았다. 이조참판이던 이재학(李在學)이 부사로 사행을 떠나게 되자, 그의 자제군관으로 연행에 참가한 것으로 보인다. 이재학과 같은 집안으로 숙부뻘이 되며 이재학보다 9세 연하이다.

사행 경위와 연행록의 특징: 이 사행은 삼절연공겸사은사로 정사는 황인점(黃仁點,), 부사는 이재학, 서장관은 정동관(鄭東觀)이다. 5권 5책으로 이루어진 이계호의『연행녹』은 한글본으로 연행 중에 있었던 일을 날짜별로 빠짐없이 기록하고 있다. 이계호가 직접 한글로 필사했다는 점이 주목할 만한데, 중국인들에게 꺼려지는 내용을 숨기기 위해서 한글로 필사했으며, 자신 외에도 같은 이유로 연행록을 한글로 저술하는 예가 많다고 하였다. 이계호가 연행 중에 느낀 감흥을 읊은 시 32수가 실려 있다.[15]

중국 문인 교유 기사

일자	장소	교유 인물	주요 내용
1793. 12.15.	榆關	齊佩蓮	진사 제패련이 홍양호의 글씨와 평이 있는 자신의 문집을 보여줌. 홍양호가 제패련에게 보내는 편지를 받아 왔는데, 연경에서 풀 짐 속에 넣어 전하지 못한다 하니 제패련이 매우 아쉬워함
12.26.	正陽門	金簡	이부상서 김간의 증조가 우리나라 의주 사람이기에 그가 조상의 제사 때 조선 복식을 입고 지내며, 조선 사신을 후대한다고 함

---

15 최강현,「휴당 이계호의『연행록』을 살핌」,『연행록연구총서 5』, 학고방, 2006.

20. 서유문 『무오연행록』(1798.10.~1799.4.)

서유문(徐有聞, 1726~1822): 본관은 달성(達城), 자는 학수(鶴叟)이다. 1787년(정조 11) 정시문과에 병과로 급제하여 예문관 검열에 임명되었고, 1794년에 별겸춘추, 홍문관 교리를 역임하였으며, 양남암행어사로 파견되었다. 그 뒤 통례·승지 등을 역임하였고, 1800년 순조 즉위 후 대사간·충청감사·이조참의·의주부윤·평안감사·이조참판 등을 역임하였다.

사행 경위와 연행록의 특징: 이 사행은 1798년(정조 22) 10월 삼절연공겸사은사로 서유문은 서장관으로 참여하였다. 『연행록전집 62』에 『무오연록(戊午燕錄)』(한문본), 『무오연행록(戊午燕行錄)』(한문본), 『연행록』(한문본), 『무오연행록』(한글본) 등이 수록되어 있다. 김동욱은 「무오연행록 해제」에서 한문본이 한글본(전 6권)에 비해 "내용이 소략하고 저자인 서장관이 서지수로 되어 있어, 그 문헌적 신빙성이 의심스럽다"고 하여, 한글본이 원본이고 한문본은 한글본을 한역한 것으로 판명하였다. 실제로 한글본의 내용이 더 자세하며 연행 출발 전의 일도 기록되어 있다. 이에 비해 한문본은 세주에 한글 주석이 삽입되어 있고, 한글본에 비해 축약된 부분이 보인다. 이상으로 볼 때 『무오연행록』은 한글본이 원본이며 한문본은 한글본을 축약하여 한역한 것으로 보인다.[16]

중국 문인 교유 기사

일자	장소	교유 인물	주요 내용
1798. 11.22.	책문	양 秀才	남방 출신 수재를 만나 절강이나 악양루 등의 고적에 대해 물음
12.16.	玉田縣	왕승휴	북경 상인 왕승휴를 만나 만주족의 풍습과 전족의 유래 등을 물음
12.17.	邦均店	양가	숙소 주인 양가에게 이곳 풍습등을 물으면서, 숙소 벽에 양한적(창녀)과 이별하는 시가 있는 것을 보고 이곳에도 양한적을 들이냐고 물음
12.21.	庶常館	張問陶	중국 문사와 교류가 빈번한 서상관에 갔는데 출입을 금함. 역관이 시독(侍讀) 장문도를 만나 그 이유를 묻자, 한족으로 변발하고 청조에 벼슬하는 이유 등을 캐물어 출입을 금한다고 함
12.22.	유리창		치형으로부터 유리창 모습을 전해 들음. 서포마다 『동의보감』 서너 질을 비치하고 있다고 함

---

16 김동욱, 「『무오연행록』해제」, 『국역 연행록선집 7』, 민족문화추진회, 1976.

일자	장소	교유 인물	주요 내용
12.23.	관소	徐啟文, 倭克精額	통관 서계문이 달성서가로 할아버지 서종맹(徐宗孟)이 조선에 여러 번 다녀왔으며, 대통관 왜극정액은 의주 김가라는 말을 들음
1799. 1.2.	관소	이명	치형이 이명이란 사람을 만나 청국에서 돈을 받고 관직을 파는 일과 화신이 전권을 휘두르는 사실을 전해 들음
1.7.	궐하	趙哥	건륭제가 붕어하여 참여한 곡반(哭班)에서 회회국 사신들이 거짓으로 곡하는 모습을 지켜보고, 종실 조가와 대화를 나눔
1.9.	장문도의 집	장문도	별배행(別陪行) 이광직(역관)이 장문도의 집을 방문하여 홍양호의 비문을 본 사실을 전해줌
1.18.	유리창	李雲, 葉登喬	치형이 공사(貢士) 이운과 섭등교를 만나 소홍주를 마시며 무화과, 낙화생 등을 먹은 사실을 전함
1.25.	궐하	鐵保	철보가 박제가의 안부를 물음
1.26.	궐하	紀生	예부상서 기윤의 둘째 아들을 만나 필담함
1.27.	궐하	기생	기생이 조카를 데리고 와 함께 만나 봄
1.28.	李雲의 집	이운, 섭등교, 周元, 韓休, 秦延	치형과 이광직 등이 이운의 집을 방문하여 이운, 섭등교, 주원, 한휴, 진연이 등과 술자리를 벌이고 시 짓기 놀이를 즐김.(漏巵란 술잔으로 술을 마시며 "술이 취한 후 이생, 섭생은 웃옷과 마래기를 벗고, 우야가 또한 전립을 벗어 던지고 기롱과 재담이 서로 이어 있으니, 한 말을 마치면 한마디 웃음이 좌중에 가득하더라.")
2.1.	관소	기생	기생에게 시와 편지를 보냄. 치형이 이운, 섭등교, 주원, 한휴, 진연이 보내온 시를 보여줌. 섭등교의 시에서 "澹雲微雨蕭孤寺, 東國風流想見之"라 하여 김상헌의 시구를 언급함
2.3.	관	王郎中	왕낭중이 찾아와 필담하면서 화신의 죽음에 대해 말하고, 양봉(나빙을 말하는 듯?)이 김이도를 칭찬하는 말을 들었다고 함
2.6.	관	紀昀	수역 김윤세가 기윤과 나눈 대화 내용을 전해줌
2.7.	관	기윤	기윤에게 글씨를 청하여 받고 답례 선물과 편지를 보냄
2.13.	풍윤	谷延興	곡응태의 5대손 곡연흥과 교육 방식과 과거제도 등에 대해 필담함. 곡연흥이 조선의 갓과 망건 등의 복식에 관심을 표함
2.18.	흥화점	북노	북노는 자신의 아비가 돈 1만 냥으로 진사를 산 이야기를 들려줌
2.28.	白旗堡	張哥	거상(居喪) 중인 숙소 주인 장가와 중국의 상례 제도에 관해 대화함

참고문헌

원전 자료

姜世晃, 『豹菴燕京編』; 임기중 편, 『燕行錄續集 119』, 2008.
姜浚欽, 『中州偶錄』; 임기중 편, 『燕行錄續集 122』, 2008.
姜浩溥, 『桑蓬錄』; 임기중 편, 『燕行錄續集(112~114)』, 2008.
姜浩溥, 『상봉녹』, 연세대학교 중앙도서관 소장 필사본.
權近, 『(國譯)陽村集』, 민족문화추진회, 1979.
金景善, 『燕轅直指』; 『국역 연행록선집 10』, 민족문화추진회, 1976.
金萬重, 『西浦漫筆』, 국립중앙도서관 소장본.
金舜協, 『燕行日錄』; 임기중 편, 『燕行錄全集 38』, 2001.
金正中, 『燕行錄』; 임기중 편, 『燕行錄全集 75』, 2001.
金信謙, 『橧巢集』; 『韓國文集叢刊 續72』, 한국고전번역원, 2009.
金堉, 『潛谷遺稿』; 『韓國文集叢刊 86』, 민족문화추진회, 1988.
金照, 『燕行錄』; 임기중 편, 『燕行錄全集 70』, 2001.
金昌業, 『老稼齋集』; 『韓國文集叢刊 175』, 민족문화추진회, 1998.
南泰齊, 『椒蔗錄』; 임기중 편, 『燕行錄續集 116』, 2008.
盧以漸, 『隨槎錄』, 경북대학교 중앙도서관 소장 필사본.
미상, 『同文神交』, 국립중앙도서관 소장본(古0231-11).
朴思浩, 『心田稿』; 『국역 연행록선집 9』, 민족문화추진회, 1979.
朴齊寅, 『燕行日記』, 서울대학교 규장각한국학연구원 소장 필사본.
朴宗岳, 『隨記』, 한국학중앙연구원 장서각 소장본(K3-625).
朴趾源, 『熱河日記』; 『韓國文集叢刊 252(『燕巖集』)』, 민족문화추진회, 2000.
白景炫, 『燕行錄』, 성균관대학교 존경각 소장 필사본.
徐紹新, 『燕行日乘』, 서울대학교 규장각한국학연구원 소장 필사본.
徐有聞, 『무오연행록』, 서울대학교 규장각한국학연구원 소장 필사본.
徐浩修, 『燕行記』, 서울대학교 규장각한국학연구원 소장 필사본.

徐浩修,『熱河紀遊』, 서울대학교 규장각한국학연구원 소장 필사본.

成大中,『(國譯)靑城雜記』, 민족문화추진회, 2006.

宋時烈,『宋子大全』;『韓國文集叢刊(108~116)』, 민족문화추진회, 1998.

申光洙,『石北集』;『韓國文集叢刊 231』, 민족문화추진회, 1999.

嚴璹,『燕行錄』; 임기중 편,『燕行錄全集 40』, 2001.

柳得恭,『古芸堂筆記 卷1』, 미국 버클리대학 동아시아도서관 소장 필사본.

柳得恭,『古芸堂筆記 卷3~4』; 이우성 편,『栖碧外史海外蒐佚本叢書』, 亞細亞文化社, 1986.

柳得恭,『古芸堂筆記 卷5~6』, 일본 천리대학 도서관 및 서울대학교 규장각한국학연구원 소장 필사본.

柳得恭,『燕臺再遊錄』; 임기중 편,『燕行錄全集 60』, 2001.

柳得恭,『泠齋集』, 국립중앙도서관 소장 필사본.

柳得恭,『熱河紀行詩註』, 일본 동양문고 소장 필사본.

柳夢寅,『於于集』;『韓國文集叢刊 63』, 민족문화추진회, 1988.

兪拓基,『知守齋燕行錄』;『韓國文集叢刊 213』, 민족문화추진회, 1998.

尹汲,『燕行日記』, 국립중앙도서관 소장본.

李家煥,『錦帶詩文抄』;『韓國文集叢刊 255』, 민족문화추진회, 2000.

李岬,『燕行記事』;『국역 연행록선집 6』, 민족문화추진회, 1976.

李健命,『寒圃齋集』;『韓國文集叢刊 177』, 민족문화추진회, 1998.

李繼祜,『燕行錄』

李繼祜,『연행녹』

李圭景,『五洲衍文長箋散稿』, 古典刊行會本(東國文化社), 1959.

李基敬,『飮冰行程歷』;『木山藁』(影印本), 세원사, 1990.

李器之,『一庵燕記』, 한국은행 소장 필사본.

李器之,『一庵燕記』, 부여 본가 소장 필사본.

李器之,『一菴集』, 한국학중앙연구원 장서각 소장 목활자본.

李魯春,『북연긔힝』, 숭실대학교 한국기독교박물관 소장 필사본.

李德懋,『靑莊館全書』;『韓國文集叢刊(257~259)』, 민족문화추진회, 2000.

李睟光,『芝峯集』;『韓國文集叢刊 66』, 민족문화추진회, 1988.

李時弼, 『謏聞事說』, 국립중앙도서관 소장 필사본(간사년 미상).

李心源, 『丁亥燕槎錄』, 일본 동양문고 소장 필사본.

李英裕, 『雲巢漫錄』, 서울대학교 규장각한국학연구원 소장 필사본.

李 湑, 『燕途紀行』; 『韓國文集叢刊 續35 (『松溪集』)』, 한국고전번역원, 2007.

李義鳳, 『北轅錄』, 연세대학교 중앙도서관 소장 필사본.

李宜顯, 『庚子燕行雜識』·『壬子燕行雜識』; 『韓國文集叢刊 181 (『陶谷集』)』, 민족문화추진회, 1998.

李頤命, 『疎齋集』; 『韓國文集叢刊 172』, 민족문화추진회, 1998.

李瀷, 『星湖全集』; 『韓國文集叢刊 (198~200)』, 민족문화추진회, 1998.

李在學, 『燕行日記』; 임기중 편, 『燕行錄全集 58』, 2001.

李在學, 『燕行記事』; 임기중 편, 『燕行錄全集 59』, 2001.

李田秀, 『農隱入瀋記』; 임기중 편, 『燕行錄全集 30』, 2001.

李廷龜, 『戊戌朝天錄』; 『韓國文集叢刊 (69~70) (『月沙集』)』, 민족문화추진회, 1988.

李肇源, 『玉壺集』, 국립중앙도서관 소장 필사본.

李喆輔, 『丁巳燕行日記』; 『韓國文集叢刊 續71 (『止庵遺稿』)』, 한국고전번역원, 2009.

李海應, 『薊山紀程』; 『국역 연행록선집 8』, 민족문화추진회, 1976.

鄭光忠, 『燕行日錄』

趙文命, 『燕行錄』; 『韓國文集叢刊 192 (『鶴巖集』)』, 민족문화추진회, 1998.

趙尙絅, 『燕槎錄』; 『韓國文集叢刊 續63 (『鶴塘遺稿』)』, 한국고전번역원, 2008.

趙榮福, 『燕行日錄』; 임기중 편, 『燕行錄全集 36』, 2001.

趙憲, 『朝天日記』; 『韓國文集叢刊 54 (『重峰集』)』, 민족문화추진회, 1988.

趙㻐, 『燕行日錄』

蔡濟恭, 『含忍錄』; 『韓國文集叢刊 235 (『樊巖集』)』, 민족문화추진회, 1999.

崔德中, 『燕行錄』; 임기중 편, 『燕行錄全集 40』, 2001.

沈樂洙, 『燕行日乘』; 임기중 편, 『燕行錄全集 57』, 2001.

韓德厚, 『燕行日錄』; 임기중 편, 『燕行錄全集 (49~50)』, 2001.

韓致奫, 『海東歷史』, 한국고전번역원 〈한국고전종합DB〉.

許筠, 『朝天記』; 『국역 연행록선집 1』, 민족문화추진회, 1976.

洪敬謨, 『冠巖存藁』, 서울대학교 규장각한국학연구원 소장 필사본.

洪大容, 『燕記』; 『韓國文集叢刊 248(『湛軒書』)』, 민족문화추진회, 2000.

洪大容, 『醫山問答』, 한국학중앙연구원 장서각 및 국립중앙도서관 소장본.

洪大容, 『을병연행록』, 한국학중앙연구원 장서각 및 숭실대학교 한국기독교박물관 소장본.

洪良浩, 『耳溪集』; 『韓國文集叢刊 241』, 민족문화추진회, 2000.

黃梓, 『(國譯)甲寅燕行錄』·『(國譯)庚午燕行錄』, 세종대왕기념사업회 편, 2015.

『景宗實錄』

『正祖實錄』

『中士寄洪大容手札帖』, 숭실대학교 한국기독교박물관, 2016.

한국고전번역원〈한국고전종합DB〉.

敦崇, 『燕京歲時記』

陰太山, 『梅圃餘談』

李調元, 『童山執』

蔣溥, 『盤山志』

何良俊, 『四友齋叢說』

『古今圖書集成』

『論語』

『杜詩詳註』

『四庫全書』

『易經』

『佩文齋廣群芳譜』

『漢語大詞典』

『欽定歷代職官表』

『欽定日下舊聞考』

『文淵閣四庫全書』(電子版, 1997)

원전 번역서

김만중 저, 홍인표 역, 『서포만필』, 일지사, 1990.

김순협 저, 최강현 역, 『오우당연행록』, 국학자료원, 1993.

노이점 저, 김동석 역, 『열하일기와의 만남 그리고 엇갈림, 수사록』, 성균관대학교 출판부, 2015.

박세당 저, 김종수 역, 『국역 서계연록』, 혜안, 2010.

박종악 저, 신익철·권오영·김문식·장유승 역, 『수기-정조의 물음에 답하는 박종악의 서신』, 한국학중앙연구원 출판부, 2016.

박지원 저, 김혈조 역, 『열하일기(1~3)』, 돌베개, 2017.

유득공 저, 실시학사 고전문학연구회 역, 『영재 유득공의 영재집 1』, 학자원, 2019.

유득공 저, 실시학사 고전문학연구회 편역, 『열하를 여행하며 시를 짓다-열하기행시주』, 휴머니스트, 2010.

유몽인 저, 신익철·이형대·조융희·노영미 역, 『어우야담』, 돌베개, 2006.

이기지 저, 조융희·신익철·부유섭 역, 『일암연기』, 한국학중앙연구원 출판부, 2016.

이시필 저, 백승호·부유섭·장유승 역, 『소문사설-조선의 실용지식 연구노트』, 휴머니스트, 2011.

홍대용 저, 김태준·박성순 역, 『산해관 잠긴 문을 한 손으로 밀치도다』, 돌베개, 2001.

줄리오 알레니 저, 천기철 역, 『직방외기』, 일조각, 2005.

『국역 연행록선집』(전12권), 민족문화추진회, 1976.

한국고전번역원, 〈한국고전종합DB〉.

연구서

강재언 저, 이규수 역, 『서양과 조선』, 학고재, 1998.

국립문화재연구소 미술문화재연구실, 『한국 역대 서화가 사전』, 국립문화재연구소 미술문화재연구실, 2011.

김명호, 『열하일기 연구』, 창작과비평사, 1990.

김태준, 『洪大容과 그의 時代燕行의 比較文學』, 일지사, 1982.

김태준·이승수·김일환, 『조선의 지식인과 함께 문명의 연행길을 가다』, 푸른역사, 2005.

김현미, 『18세기 연행록의 전개와 특성』, 혜안, 2007.

박천홍, 『활자와 근대』, 너머북스, 2018.

소재영·김태준·조규익·김현미·김효민·김일환, 『연행노정, 그 고난과 깨달음의 길』, 박이정, 2004.

신익철, 『연행사와 북경 천주당』, 보고사, 2013.

신익철·권오영·박정혜·임치균·조융희 편역, 『18세기 연행록 기사 집성-서적·서화 편』, 한국학중앙연구원 출판부, 2014.

전해종, 『한중관계사 연구』, 일조각, 1970.

오드 아르네 베스타 저, 옥창준 역, 『제국과 의로운 민족』, 너머북스, 2022.

오오키 야스니 저, 노경희 역, 『명말 강남의 출판문화』, 소명출판, 2007.

왕이쟈 저, 이기홍 역, 『중국 문화 속의 사랑과 성』, 인간사랑, 2015.

이성미, 『조선시대 그림 속의 서양화법』, 대원사, 2000.

이종찬, 『含忍錄-蔡濟恭 燕行詩』, 일지사, 1995.

이훈, 『만주족 이야기』, 너머북스, 2018.

임기중, 『연행록 연구』, 일지사, 2002.

임형택, 『한문서사의 영토』, 태학사, 2012.

정인보, 『舊園鄭寅普全集』, 연세대출판부, 1983.

정민·박성순·박수밀·박현규·왕쩬중, 『북경 유리창』, 민속원, 2013.

정민, 『18세기 한중 지식인의 문예공화국』, 문학동네, 2014.

정성희, 『조선후기의 우주관과 역법』, 지식산업사, 2005.

정훈식, 『홍대용 연행록의 글쓰기와 중국인식』, 세종출판사, 2007.

조규익·이성훈·전일우·정영문 편, 『연행록 연구총서(1~10)』, 학고방, 2006.

최소자, 『동서문화교류사연구』, 삼영사, 1987.

최소자·정혜령·송미자 편, 『18세기 연행록과 중국사회』, 혜안, 2007.

후마 스스무[夫馬進] 저, 하정식·정태섭·심경호·홍성구·권진용 역, 『연행사와 통신사』, 신서원, 2008.

朱文藻 編, 劉婧 校點, 『日下題襟集』, 上海古籍出版社, 2018.

費賴之 저, 馮承鈞 역, 『在華耶蘇會士列傳及書目』, 中華書局, 1986.

方豪, 『中國天主教史人物傳 中冊』, 中華書局, 1988.

顧衛民, 『中國天主教編年史』, 上海書店出版社, 2003.

杜赫德(Jean-Baptiste Du Halde) 저, 鄭德弟·呂一民·沈堅·朱靜·耿昇 역, 『耶蘇會士中國書簡集』(6권 3책), 大象出版社, 2005.

史仲文 主編, 『中國藝術史 雜技卷』, 河北人民出版社, 2006.

王鍾翰 點校, 『淸史列傳』, 中華書局, 1981.

朱保炯·謝沛霖, 『明淸進士題名碑錄索引』, 上海古籍出版社, 2006.

徐毅, 『十八世紀中朝文人交流硏究』, 中華書局, 2019.

漆永祥, 『燕行錄千種解題』, 北京大學出版社, 2021.

논문

강동엽, 「연행사와 회동관」, 『비교문학』 41, 한국비교문학회, 2007.

강명관, 「조선후기 서울의 중간계층과 유흥의 발달」, 『민족문학사연구』 2, 민족문학사연구소, 1992.

김미순, 「『庚子燕行雜識』를 통해 본 李宜顯의 청 문물 인식」, 『역사교육논집』 48, 역사교육학회, 2012.

김아리, 「老稼齋燕行日記의 글쓰기 방식-상호텍스트성을 중심으로」, 『한국한문학연구』 25, 한국한문학회, 2000.

김영죽, 「『北轅錄』의 1760년 북경 기록-子弟軍官과 동아시아 지식인 만남의 재구성」, 『대동문화연구』 90, 성균관대학교 대동문화연구원, 2015.

김영죽, 「1790년, 안남 사신의 중국 사행과 그 의미」, 『대동문화연구』 78, 성균관대학교 대동문화연구원, 2012.

김영진, 「한중 문학 교류 자료의 總集『華東唱酬集』」, 『한문학논집』 44, 근역한문학회, 2016.

김일환, 「對淸使行의 永安橋 인식」, 『대동문화연구』 90, 성균관대학교 대동문화연구원, 2015.

고석규, 「18·19세기 서울의 왈짜문화와 상업문화」, 『서울학연구』 13, 서울시립대학교 서울학연구소, 1999.

고운기, 「상봉록 해제」, 『국학고전 연행록해제』, 동국대학교 한국문화연구소·유성문화사, 2003.

권석환, 「중국 전통 유기의 핵심 시기 문제」, 『한국한문학연구』 49, 한국한문학회, 2012.

감준희, 「이의봉의 『북원록』 연구」, 한국학중앙연구원 석사학위논문, 2017.

김대중, 「조선 중기 벽돌 사용 담론과 조선 후기 북학론」, 『한문학보』 46, 우리한문학회, 2022.

김동건, 「이기지의 『일암연기』 연구」, 한국학중앙연구원 석사학위논문, 2007.

김동건, 「『일암연기』에 나타난 글쓰기 방식」, 『민족문화』 40, 한국고전번역원, 2012.

김동석, 「조선과 청나라 문인의 교류와 특징」, 『한국한문학연구』 61, 한국한문학회, 2016.

김동욱, 「『무오연행록』 해제」, 『국역 연행록선집 7』, 민족문화추진회, 1976.

김동주, 「『연행기사(燕行記事)』 해제」, 『국역 연행록선집』, 민족문화추진회, 1976.

김문식, 「박지원이 파악한 18세기 동아시아의 정세」, 『한국실학연구』 10, 한국실학학회, 2005.

김영죽, 「연행, 그 이면의 풍경」, 『한국문학연구』 52, 동국대학교 한국문학연구소, 2016.

김영진, 「북원록 해제」, 『연행록선집 보유 上』, 대동문화연구원, 2008.

김용태, 「1780년 유득공이 만난 동아시아」, 『한문학보』 20, 우리한문학회, 2009.

김윤조, 「18세기 후반 한중 문인 교유와 李調元」, 『한국학논집』 51, 2013.

김일환, 「漢族 화가 孟永光에 대한 조선 후기 지식인의 기억들-명청교체기 명나라 포로와 조선 지식인의 만남」, 『동아시아문화연구』 60, 동북아시아문화학회, 2015.

김정선, 「『본초강목』 해제」, 민족의학연구원 옮김, 『본초강목 1』, 문사철, 2018.

김종철, 「무숙이타령(왈자타령) 연구」, 『한국학보』 68, 일지사, 1992.

김지현, 『조선시대 대명 사행문학 연구』, 한국학중앙연구원 박사학위논문, 2014.

김태준, 「중국 내 연행노정고」, 『동양학』 35, 단국대학교 동양학연구소, 2004.

노대환, 「조선 후기의 서학유입과 서기수용론」, 『진단학보』 83, 진단학회, 1997.

노대환, 「18세기 후반 연암 일파의 연행과 청조 정세 인식」, 『대동문화연구』 85, 성균관대학교 대동문화연구원, 2014.

노혜경, 「조선후기 私商의 대청무역 연결망과 정책의 변화」, 『동북아문화연구』 35, 동북아시아문화학회, 2013.

박경남, 「'행운'과 '기회'의 땅으로서의 중국-16·17세기 대중국무역 관련 야담에 형상화된 중국의 이미지」, 『한문학논집』 37, 근역한문학회, 2013.

박문열, 「靑莊館 李德懋의 「入燕記」에 관한 硏究」, 『국제문화연구』 13, 청주대학교 국제개발연구원, 1996.

박범, 「17, 18세기 의주부 경제상황과 재정운영의 변화」, 『조선시대사학보』 58, 조선시대사학회, 2011.

박수밀, 「18세기 회화론과 문학론의 접점」, 『한국한문학연구』 26, 한국한문학회, 2000.

박현규, 「조선 사신들이 견문한 北京 琉璃廠」, 『중국학보』 45, 한국중국학회, 2002.

夫馬進, 「17~19세기 동아시아 지식 정보의 유통과 네트워크: 국교 두절 하 朝鮮, 琉球 양국 사절단의 北京 접촉」, 『대동문화연구』 42, 2009.

徐毅, 「18세기 朝淸 문인 교류 장소 論略」, 『한문학보』 30, 우리한문학회, 2014.

신로사, 「황재의 갑인·경오 연행록에 대한 고찰」, 『한국한문학연구』 52, 한국한문학회, 2013.

신익철, 「李器之의 『一菴燕記』와 西學 접촉 양상」, 『동방한문학』 29, 동방한문학회, 2005.

신익철, 「연행록을 통해본 18세기 전반 한중 서적교류의 양상」, 『태동고전연구』 25, 태동고전연구소, 2009.

신익철, 「18세기 연행사와 서양 선교사의 만남」, 『한국한문학연구』 51, 한국한문학회, 2013.

신익철, 「조선 후기 연행사의 盤山 유람과 원굉도의 「遊盤山記」」, 『한문교육연구』 42, 한국한문교육학회, 2014.

신익철, 「조선후기 연행사의 중국 명산 유람과 특징」, 『반교어문연구』 40, 반교어문학회, 2015.

신익철, 「연행록에 보이는 동물 기사의 유형과 특징」, 『동방한문학』 62, 동방한문학회, 2015.

신익철, 「연행사와 양한적-역관·사상이 접한 중국의 창루 풍경」, 『한국고전여성문학연구』 34, 한국고전여성문학회, 2017.

신익철, 「김창업·이기지의 중국 문인 교유 양상과 특징」, 『대동문화연구』 106, 대동문화연구원, 2019.

신익철, 「1720년 李頤命·李器之 부자의 연행과 北學의 성격」, 『장서각』 49, 한국학중앙연구원, 2023.

안대회, 「초정 박제가의 연행과 일상속의 국제교류」, 『동방학지』 145, 연세대학교 국학연구원, 2009.

王元周, 「燕行與解語花」, 『이화사학연구』 50, 이화사학연구소, 2015.

유재형, 「연암 그룹과 담원 곽집환의 문예교류」, 『한국한문학연구』 66, 한국한문학회, 2017.

윤용출, 「조선후기 燔甓築城 논의와 기술 도입」, 『한국민족문화』 67, 2018.

윤주필, 「전란의 상처 '잡혀간 여자'(被擄女)의 기억」, 『한국한문학연구』 61, 한국한문학회, 2016.

원재연, 「17~19세기 조선사행의 북경 천주당 방문과 서양인식」, 『서세동점과 조선왕조의 대응』, 한들출판사, 2003.

원재연, 「17~19세기 연행사의 북경 내 활동공간 연구」, 『동북아역사논총』 26, 2009.

이군선, 「김창업 『연행일기』의 서술시각과 수법에 관한 고찰」, 성균관대학교 석사학위논문, 1997.

이민수, 「〈경자연행잡지〉 해제」, 『국역 연행록선집』, 민족문화추진회, 1976.

이민희, 「조선과 중국의 서적중개상과 서적 유통문화 연구」, 『동방학지』 141, 연세대학교 국학연구원, 2008.

이상은, 「〈담헌서〉 해제」, 『국역 담헌서』, 민족문화추진회, 1974.

이승수, 「조선후기 연행 체험과 고토 인식 – 동입참을 중심으로」, 『동방학지』 127, 연세대학교 국학연구원, 2004.

이승수, 「연행로 중의 東八站 考」, 『한국언어문화』 48, 한국언어문화학회, 2012.

이승수, 「연행로 중 瀋陽~廣寧站 구간의 노정 재구」, 『민족문화』 42, 한국고전번역원, 2013.

이종묵, 「조선 후기 연행과 화훼의 문화사」, 『한국문화』 62, 규장각한국학연구소, 2013.

이종주, 「『열하일기』의 서술원리」, 「『열하일기』의 서술원리」, 한국정신문화연구원 한국학대학원 석사학위논문. 1982.

이창숙, 「연행록에 실린 중국 演戲와 그에 대한 조선인의 인식」, 『한국실학연구』 20, 한국실학학회, 2010.

이철성, 「조선 후기 鴨綠江과 柵門사이 封禁 地帶에 대한 역사·지리적 인식」, 『동북아역사논총』 23, 동북아역사재단, 2009.

이철희, 「18세기 한중 문학 교류와 유득공의 『二十一都懷古詩』」, 『동방한문학』 38, 동방한문학회, 2009.

이철희, 「연행 여정에서 형성된 '탈중화'의 두 번째 경로」, 『대동문화연구』 90, 성균관대학교 대동문화연구원, 2015.

이학당, 「김창업의 명말청초 전쟁 기억」, 『동방한문학』 60, 동방한문학회, 2014.

이홍식, 「연행록 소재 북경 유리창 기록의 변화 추이와 의미 탐색」, 『근역한문학』 41, 근역한문학회, 2015.

이홍식, 「연행사와 청대 북경의 朝鮮使館」, 『한국한문학연구』 57, 한국한문학회, 2015.

이현식, 「『열하일기』 「심세편」, 청나라 학술과 사상에 관한 담론」, 『동방학지』 181, 동방학회, 2017.

임영길, 「18~19세기 조선 문인들의 北京 인식과 기록 양상」, 『동양한문학』 54, 동양한문학회, 2019.

임유의, 「연행록을 통해 본 淸代 地方秀才 齊佩蓮의 생애와 朝鮮使臣 과의 교유」, 『어문연구』 46, 한국어문교육연구회, 2018.

임종태, 「극동과 극서의 조우: 이기지의 『일암연기』에 나타난 조선 연행사의 천주당 방문과 예수회사의 만남」, 『한국과학사학회지』 31, 한국과학사학회, 2009.

임종태, 「서양의 물질문화와 조선의 衣冠: 이기지의 『일암연기』에 묘사된 서양 선교사와의 문화적 교류」, 『한국실학연구』 24, 한국실학학회, 2012.

임준철, 「〈飮氷行程曆〉 해제」, 『국학고전 연행록해제 1』, 유성문화사, 2003.

임준철, 「對淸使行의 종결과 마지막 연행록」, 『민족문화연구』 49, 고려대학교 민족문화연구원, 2008.

임형택, 「박지원의 주제의식과 세계인식-『열하일기』 분석의 시각」, 『실사구시의 한문학』, 창작과비평사, 2000.

임형택, 「朝鮮使行의 海路 燕行錄-17세기 동북아의 역사전환과 실학」, 『한국실학연구』 9, 한국실학학회, 2005.

장경남, 「조선후기 연행록의 천주당 견문기와 서학 인식」, 『우리문학연구』 26, 우리문학회, 2009.

전수경, 「1760년 李徽中·李義鳳 부자가 만난 동남아시아-『北轅錄』을 중심으로」, 『한문학보』 28, 우리한문학회, 2013.

전연, 「조선문인들의 石鼓에 대한 관심과 관련 시문 고찰」, 『동아인문학』 35, 동아인 문학회, 2016.

정민, 「『中士寄洪大容手札帖』 6책의 성격과 자료적 가치」, 『中士寄洪大容手札帖』, 숭실대학교 한국기독교박물관, 2016.

정연탁, 「『연행록(燕行錄)』 해제」, 『국역 연행록선집』, 민족문화추진회, 1976.

정은주, 「燕行使節의 西洋畵 인식과 寫眞術 유입-北京 天主堂을 중심으로」, 『명청사연구』 30, 명청사학회, 2008.

정혜중, 「18세기 조선지식인의 청국 여성관-김창업과 박지원의 기록을 중심으로」, 『중국학보』 73, 한국중국학회, 2015.

조선영, 「『一庵燕記』 해제」, 『연행록해제 1』, 동국대학교 한국문화연구소, 2005.

조창록, 「학산 서호수와 『열하기유』-18세기 서학사의 수준과 지향」, 『동방학지』 135, 연세대학교 국학연구원, 2006.

진재교, 「18·19세기 동아시아 지식·정보의 메신저, 역관」, 『한국한문학연구』 47, 한국한문학회, 2011.

최귀묵, 「韓越 唱和詩 연구의 경과와 방향 점검」, 『한국어와 문화』 13, 숙명여자대학교 한국어문화연구소, 2013.

최강현, 「휴당 이계호의 『연행록』을 살핌」, 『연행록연구총서 5』, 학고방, 2006.

최식, 「淸心丸으로 읽은 燕行의 文化史」, 『민족문화』 55, 한국고전번역원, 2020.

최다정, 「북학파 문인의 만주족 인식과 문예교류 양상 연구」, 한국학중앙연구원 석사학위논문, 2020.

허방, 『철종시대 연행록 연구』, 서울대학교 박사학위논문, 2016.

山口正之, 「淸朝에 있어서 在支歐人과 朝鮮使臣」, 『史學雜誌』, 44-7, 1933.

王振忠, 「朝鮮燕行使者與18世紀北京的琉璃廠」, 『安徽史學』, 2011.

찾아보기

ㄱ

각산 298, 299, 327, 332~336, 419
각산사 330, 331, 333, 335, 336
간정동필담 88, 89
감로암 323~326
강녀묘 327, 331~333, 419
강세작 253, 254
강준흠 406, 408
강호보 27, 28, 43, 61, 62, 139, 142, 147, 149, 150, 157, 164, 165, 175, 194, 208~210, 212~215, 220, 254, 256, 401
계주 8, 33, 43, 75, 281, 298, 337~340, 390, 419
고려보 308, 309
고려호동 260, 261
고증학 112, 122, 365
곡응태가 37, 38, 43, 55~62, 189, 413, 419
공청 229, 231, 266
곽집환 110, 125, 126, 128, 129
관노 183, 220, 389
관상대 165, 169
관음각 323~326, 337
관제묘 39, 295, 298, 319, 320
광녕 262, 281, 298, 419
구조오 79
구처기 353, 354, 357, 358
구첩 207, 208

균병 287, 397
기풍액 117
김간 328, 398
김광국 227~229
김덕삼 225, 226, 229
김복록 268
김사걸 266, 307
김상명 328, 398
김상헌 85, 92, 94, 123, 125, 126, 128, 305~307
김순협 31, 32, 40, 139, 287, 317, 424, 435
김신겸 70, 71, 82
김원행 64
김육 306
김재행 89, 91, 92, 94
김정중 32, 40, 41, 46, 337, 395, 462
김조 211
김지남 203, 232,
김창업 6, 7, 22, 27, 30, 32, 39~41, 56, 58, 63, 64, 67~71, 74, 75, 81, 82, 85, 87, 140, 188, 199, 226, 248, 249, 256, 262~266, 272, 273, 285, 290, 293~295, 299~302, 307, 311, 318~326, 332~334, 337~341, 347, 362, 364, 381, 384, 386, 388~392, 401~403, 413, 418, 427
김창집 21, 32, 68, 85, 197, 199, 300, 389

찾아보기 479

ㄴ

낙화생 393~395, 420
난두 188, 208, 286, 318
남당 6, 71, 132~140, 147, 151, 157,
　159, 161, 165, 168, 169, 222, 396
남장(라오스) 248, 249, 375, 376
남태제 366
낭세녕 150
노이점 31, 32, 40, 372, 456
농수각 97, 169
뇨종(알람시계) 159, 169
능야 123
능화지 398, 399

ㄷ

대직 295, 289, 290
대진현 136, 160, 161, 167
대홍현지 197~199, 203, 354, 362, 363,
　416
독락사 337, 338
동당 71, 132, 133, 136~139, 143, 159,
　161, 165, 167, 169
동유 236, 238, 240
동팔참 8, 33, 283, 292~298, 318, 390,
　418
두로궁 39
득룡 251, 254, 418
등사민 95, 105, 106, 129
등주 94, 281, 282

ㄹ

라마교 116, 117~121, 374, 425
라오스 → 남장

ㅁ

마건 149
마두 7, 8, 33, 183, 184, 196, 242~254,
　295, 389, 390, 405, 412, 416, 417,
마분지 401
마유병 64~67, 413
만상 185, 187, 204, 287
만천형 239, 240
망원경 134, 165
망해정 225, 330, 333, 334, 336
맹강 332, 333
맹영광 305, 306
면전(미얀마) 375, 376, 378, 379, 426
목극등 203, 234, 261
몽골 15, 207, 111, 112, 120~122, 253,
　316, 373~377, 405, 406, 412, 425,
　426
무령현 7, 22, 37, 38, 41~46, 50, 55, 74,
　88, 188, 413
문금 38, 207, 250, 256, 269, 388, 389,
　411, 418, 419
문수당 126, 367, 370
문천상 332, 333, 358
미얀마 → 면전
민강 287, 397
민진원 233, 235

ㅂ

박동추 232, 234
박득인 264~267, 418
박명원 32, 110, 380
박사호 183, 254, 292, 333, 383
박은 80, 81, 86

박제가 7, 40, 42, 54, 89, 108~110, 128~130, 202, 236, 307, 370, 393, 414, 420, 423
박제인 242~244, 405, 406
박종악 177
박지원 6, 7, 22, 27, 30, 32, 37, 39~41, 50, 51, 87, 89, 94, 97, 110~131, 145, 147, 148, 171, 172, 202, 203, 207, 208, 212, 215, 216, 220, 236, 251, 253, 257, 258, 263, 268, 270, 283, 285, 294, 296, 309, 316, 318, 330, 333, 340, 350~353, 357, 360, 361, 364, 371~374, 380, 384, 392, 394, 413~415, 419, 423, 425
박홍구 335
반산 298, 300, 337, 340~345, 419
반선 111, 122, 229, 374
반선시말 111, 131, 374
반정균 40, 88~106, 109, 110, 114, 120, 123, 127~130, 269, 368, 414
백운관 39, 273, 274, 345, 353~358, 413, 419
법장사 199, 248~250
법화사 352, 354
베트남 → 안남
변문 → 책문
변창화 212, 214
별선 57, 58, 401
본초강목 81, 86, 153, 193, 416, 417, 424
봉성 74, 251, 270, 284, 286, 391
봉황산 252, 283, 285, 288~292, 298, 332, 418, 252, 283, 285

봉황성 37, 244, 255, 283, 285, 288, 290, 292, 293, 392
부시(화철) 60, 295, 301, 386, 398, 402, 420
북당 71, 132, 139, 151, 153, 159
북진묘 320~326
북학 40~42, 85, 89, 108, 109, 123, 128~131, 202, 236, 384, 413, 414, 417, 420, 423
분탕 390~392, 420
비은 136, 162, 274, 396, 399
빈랑 397
빙희 385

ㅅ
사류하 206, 217, 218
산해관 74, 110, 114, 225, 243, 244, 262, 281, 283, 284, 298, 308, 310, 327~335, 358, 359, 418, 419
삼하현 74, 216, 218
삽살 276, 277
상방 349, 350, 352
상봉록 27, 28, 37, 43, 142, 209, 213, 214, 219, 254, 255, 402
상삼 215~217, 251, 252
상통사 → 상판사
상판사(상통사) 185, 217, 243, 251, 252, 256, 285
서경순 290, 292, 334
서교 → 천주교
서당 132, 133, 139
서무덕 161
서무승 81

찾아보기 481

서반 189~197, 204, 255, 416
서번(티베트) 111, 112, 120~122, 412, 425, 426
서부년 47~50, 52, 54, 413
서소분 47, 54, 413
서소신 47, 54, 55, 413
서승립 44, 46, 47
서승은 166, 200
서양 떡 → 카스텔라
서양금(양금) 48, 51~53, 117, 171
서양병 → 카스텔라
서유문 22, 27, 33, 40, 41, 62, 63, 146, 211, 218, 254, 269, 293, 338, 348, 371, 384, 395, 465
서종맹 267~269
서진사가 37, 38, 41~56, 188, 413
서학 28, 71, 86, 135, 155~159~162, 165, 168, 170~176, 199, 200, 203, 412~416, 423
서학년 47, 413
서호수 31, 32, 37, 40~42, 136, 139, 157, 171, 172, 174, 175, 200, 283, 307, 308, 329, 372, 380, 384, 393, 398, 404, 420, 424, 457
선교사 39, 54, 71, 81, 87, 132~139, 149~163, 169, 170, 172, 176, 178, 250, 274, 395~397, 399, 415, 420, 421, 423, 424
선무문 132, 274, 275, 349, 350, 352, 365
선천 183, 186, 246, 281, 389, 418
설화지 398, 399
성대중 314, 315, 328

세계지도 156, 158, 159, 161, 165~167, 424
세밀화 81, 86, 153, 416, 417, 424
세팔 147, 247~250, 269, 418
손유의 88, 95, 98, 106
송시열 306, 363, 392
숭문문 275, 385, 388
승두선 58, 295, 390
시헌력 159~161,
심낙수 47, 50, 55
심염조 32, 371
십삼산 22, 87, 313
쌍림 257, 258, 267~271

ㅇ

안남(베트남) 15, 41, 352, 353, 375, 376, 419
안명열 49, 52, 53
안정란 205~207
애신각라 201, 327
애유략 166, 168
양각등 47, 50, 348
양금 → 서양금
양매서가 112, 122, 123, 127
양명학 41, 92, 99, 101, 105
양징 67, 69~71, 75, 81~87, 273, 413
양한적 204~224, 417
양혼 22, 86, 106
엄과 98, 102, 105
엄성 40, 88, 89, 92, 94~96, 99, 102, 104, 105, 114, 269, 368, 414,
여지 287, 397
『연기』(홍대용) 6, 22, 26, 27, 29, 32,

87, 88, 97, 144, 157, 247, 267, 268, 289, 312, 320, 386, 442
연산관 270, 281, 293, 294
『연행일기』(김창업)
『열하일기』(박지원) 6, 22, 27, 30~32, 42, 94, 111~113, 119, 122, 123, 130, 131, 145, 172, 187, 207, 219, 236, 251, 257, 270, 283, 294, 295, 319, 353, 372, 380, 414, 419, 452
영평부 43, 55, 88, 281, 298, 381
예속재 27, 112
예수회 132, 134, 136, 139, 155, 156, 159, 162, 178, 399
오삼계 308, 310~315, 329, 330
오상 87, 250
오지항 64, 197~199, 416
옥전현 37, 43, 73, 308, 382, 383, 401
옥하관 132, 136, 243, 256
왕민호 116, 117, 119, 374
왕사 69, 262, 272~274, 276, 418
왕사정 94, 125, 126, 128, 393
왕세정 62, 128
왕양명 99~101
왕전장 94, 255
왕종인 272, 274~276, 418
왕진 84
외고려 237, 238, 240
요동벌 8, 33, 283, 310, 318
요양 262, 281, 292~294, 318, 418
요청 216~218
요하 29, 284, 293, 310
용안육 287, 397
용천 253, 389

원굉도 341~343, 419,
원근법 147, 148, 154, 415
원명원 150, 425
원숭환 316
유관 327, 330
유금 108, 109, 125, 128, 393, 394, 414, 420
유득공 7, 27, 31, 32, 40~42, 89, 104, 108~110, 123, 125~130, 202, 236, 246, 283, 368, 372, 374~379, 393, 414, 415, 419, 420, 426, 459
유리창 39, 40, 54, 87, 89, 92, 98, 112, 122, 123, 128, 154, 171, 196, 307, 345, 365~371, 419
유반산기 341~343, 419
유세기 122~130
유송령 87, 133, 136, 151, 165~172, 200, 250
유약 314, 315
유척기 142, 312
육비 40, 88~92, 94~99, 105, 114,
육상산 100~101
육약한 54, 156, 160
육일재 123, 127, 128, 130
윤가전 116, 117, 120, 374
윤급 44, 46, 50
윤도 213, 215
윤순 44~48, 50, 51, 54, 413
의무려산 298, 299, 302, 303, 310, 320~326, 330, 335, 419,
이건명 57, 58, 139, 142
이계호 27, 32, 40, 464
이기경 32, 40, 438

이기성 89
이기지 5, 7, 22, 30~32, 39~41, 63~84, 86, 87, 139, 140, 147, 151~153, 159~162, 175, 176, 192, 193, 199, 226, 230, 237, 240, 257~262, 266, 272~276, 307, 308, 312, 318, 322, 324, 326, 328, 341~344, 352~356, 358~363, 385, 390, 395, 396, 399, 400, 402, 413, 415~417, 420, 423, 424, 430
이덕무 32, 40, 41, 50, 51, 54, 58, 62, 85, 89, 108~110, 128~130, 198, 201, 202, 271, 315, 370, 393, 394, 414, 420, 449
이도정 312, 372
이마두 105, 132, 133, 139, 144, 156, 164, 166, 172~175
이석채 233, 234
이성량 228, 316~318
이세근 27, 149, 194, 195, 214
이시필 7, 229~241, 395, 417, 423
이압 32, 40, 50, 268, 289, 290, 292, 340, 448
이언용 198, 200, 416
이원강 354, 356, 413
이원영 67~69, 413
이의봉 27, 32, 40, 41, 47, 49~53, 134, 139, 143, 147, 148, 150, 151, 157, 165~168, 175, 186, 198~200, 244, 247~249, 304, 353, 356, 403, 424, 439,
이의현 32, 40, 56, 58, 61, 143, 148, 149, 189~193, 294, 314, 385, 433

이이명 30, 32, 60, 71, 76, 160, 161, 229, 232~236, 239~241, 277, 324, 356, 396, 417, 423
이재학 32, 46
이전수 51, 312, 408
이정귀 116, 290, 291, 299, 300, 302, 322, 323, 333~335,
이정원 110, 394
이정희 197, 199, 200, 245, 416
이제묘 392
이조원(李肇源) 403, 404
이조원(李調元) 108~110, 125, 128, 130, 393, 394, 414, 420
이추 237~240, 312
이해응 331~336, 384
이확 198, 202, 203,
『일암연기』 5, 6, 22, 30~32, 71, 74, 79, 140, 157, 159, 163, 176, 226, 237, 240, 266, 342, 352~354, 395, 416, 430
임본유 312~315

ㅈ

자금단 239~241
자금성 345~349, 385, 404, 419, 425
자명종 159, 165
자제군관 7, 27, 30, 32, 33, 38~39, 49, 63, 71, 110, 149, 150, 165, 169, 184, 212, 214, 230, 304, 392, 412, 416
장신 312
장정매 266
장지 398, 400, 401
장천사 107, 355

장청운 383, 406, 408
재봉 215~217
재자관 53
전겸익 55, 79, 92
전족 221~223
전진교 353~355
정두원 54, 156, 160
제패련 330, 331
조대락 228, 315, 316, 321
조대수 228, 305, 315, 316, 321
조명채 46, 48, 50, 413
조선관 226, 256, 261, 269, 272
조욱종 95, 106, 404
조헌 206, 216
조화 67, 69, 75, 81~87, 153, 273, 413
주명신 228, 229
주문조 99, 106
주자학 41, 92, 93, 99, 101, 112, 322
죽청지 398
진법 75~81, 86, 87, 413
진삼 368, 370
징해루 327, 332, 333, 419

ㅊ

찰원 76, 262, 276, 277, 281, 295, 307
채제공 31, 32, 451
책문(변문) 113, 187, 208, 211, 217, 243, 244, 251, 256, 257, 261, 270, 271, 281, 283~288, 292~294, 296, 298, 328, 390, 392, 397, 417, 418
천리경 156, 159
천산 292, 298~303, 326, 401, 418
천주교 105, 107, 155, 158~162, 165, 168, 170, 171, 174~179, 416, 424, 425
천주당 5~7, 28, 30, 39, 71, 86, 105, 132~140, 143, 145, 147~179, 200, 230, 266, 273, 274, 379, 395, 396, 399~401, 412, 415, 416, 420, 423~426
천주상 135, 140, 142, 147, 415
철보 110, 254, 398
첨수참 292~294, 299, 401
청심환 8, 33, 60, 262, 398, 402~408, 420, 421
최기 368, 370
최운태 183, 246, 254, 418

ㅋ

카스텔라(서양병, 서양 떡) 158, 159, 230, 231, 395, 396, 399, 420
코끼리 339, 349~353

ㅌ

탕사선 136, 174, 175
탕약망 132, 157, 159, 172
태학 39, 250, 345, 358~365, 364, 419
태학관 111, 112, 114, 374
통원보 74, 263, 270, 293, 296, 298
통주 43, 110, 218, 237, 239, 240, 276, 370
티베트 → 서번

ㅍ

파이프오르간 158, 159, 163, 168, 169, 171, 266, 416, 424

팔포 185
패루 248, 315~319, 321, 354, 357~360
팽관 87, 250
포도주 158, 159, 274, 395, 396, 399, 420
포우관 133, 169, 250
풍윤현 7, 37, 38, 41~43, 50, 55~63, 74, 76, 81, 189, 194, 218, 308, 413, 419,
피서산장 121, 253, 372~374, 419, 425, 426

ㅎ

학성 117, 119
한홍오 266
해주위 281, 282, 300
혼개통헌 173
혼천의 81, 97, 159, 161, 165, 166, 169
홍계희 245, 304
홍대용 6, 7, 22, 26, 27, 30~32, 39~42, 46, 51, 57, 62, 87~110, 114, 119, 123, 128~131, 133~139, 144, 147~149, 157, 169~171, 175, 188~192, 196, 247, 250, 255, 267~269, 287, 290, 292, 310, 312, 314, 315, 318~322, 329, 333, 334, 336, 347, 348, 366, 368, 381~391, 397, 400, 404, 413, 414, 419, 423, 424, 442
홍러시 189
홍만운 208~210, 212~214
홍순언 204~207, 224
홍양호 50, 330
홍억 32, 392

홍이가 256, 259, 261, 267
화철 → 부시
황교 → 라마교
황교문답 116, 119, 120, 131, 374
황재 32, 40, 267, 436, 437
회동관 189, 255, 256, 260, 261, 263, 272
흠천감 136, 151, 159, 160, 165

AKS 인문총서 **37**

연행사와 18세기 한중 문화교류

지은이 신익철
제1판 1쇄 발행일 2023년 12월 30일
발행인 임치균
발행처 한국학중앙연구원 출판부
출판등록 제1979-000002호.(1979년 3월 31일)
주소 경기도 성남시 분당구 하오개로 323
전화 031-730-8773   **팩스** 031-730-8775
전자우편 akspress@aks.ac.kr   **홈페이지** www.aks.ac.kr

ⓒ 한국학중앙연구원 2023

ISBN 979-11-5866-758-0 94810
      978-89-7105-772-8 (세트)

◆ 이 책의 출판권 및 저작권은 한국학중앙연구원에 있습니다.
   이 책 내용의 전부 또는 일부를 재사용하려면 반드시 서면 동의를 받아야 합니다.
◆ 이 책은 2018년도 한국학중앙연구원 한국학기초연구 모노그래프 과제로 수행된 연구임(AKSR2018-M02)